D1720516

Ulrike Kunz

Geschichte der saarländischen Polizei 1945–1959

UNION STIFTUNG

MALSTATTER BEITRÄGE
aus Gesellschaft, Wissenschaft, Politik und Kultur
Herausgegeben von Franz Schlehofer (†),
Rudolf Warnking und Markus Gestier.

Ulrike Kunz

Geschichte der saarländischen Polizei 1945 – 1959

 GOLLENSTEIN

Inhaltsverzeichnis

Erster Teil
Hintergrundwissen

Zweiter Teil
Geschichte der Saarpolizei 1945 bis 1959

Vorwort

2009 jährte sich der „Tag X" für das Saarland, der durch die Einführung der Deutschen Mark den Abschluss der politischen und wirtschaftlichen Rückgliederung der Region in die Bundesrepublik Deutschland verkörperte, zum fünfzigsten Mal. Der 6. Juli 1959 bedeutete allerdings nicht nur den letzten Schritt auf dem Weg der stückweisen Loslösung des neuen Bundeslandes aus der bisherigen Wirtschafts- und Zollunion mit Frankreich, die mit einer engen kulturellen und politischen Kooperation einherging. Er verkörpert auch für die hiesige Polizei eine wichtige Zäsur in ihrer Entwicklung seit dem Ende des Zweiten Weltkrieges.

Die vorliegende Geschichte der saarländischen Polizei von 1945 bis 1959 stellt die erste wissenschaftliche Monographie zur Reorganisation des Sicherheitswesens an der Saar dar. Umso schwerer lastet die Verantwortung auf den Schultern des mit diesem ohnehin komplizierten Themenkreis betrauten Historikers. Dieser bewegt sich durch die vielfältigen gesellschaftlichen Verflechtungen der Polizei, die eine stete Gratwanderung zwischen dem allgemeinen Recht auf Sicherheit und Ordnung und dem Freiheitspostulat für das Individuum vollführt sowie der Verpflichtung zur Umsetzung wechselnder politischer Grundsätze unterliegt, bereits auf schwierigem Terrain. Außerdem widersetzt sich diese meist mit Glacéhandschuhen anzufassende Institution gerne dem geschichtswissenschaftlichen Grundsatz der möglichst objektiven Beurteilung historischer Fakten – auch heutzutage noch.

Mit dem Theorem der „guten wissenschaftlichen Tradition" an das Forschungs- und Publikationsprojekt herangehend und durchaus in dem Bewusstsein, dabei keineswegs einen unbedeutenden „weißen Fleck" in der äußerst kontrovers diskutierten Nachkriegsgeschichte der Region zu tilgen, habe ich mich gerade als aus dem Saarland stammende Historikerin gerne dieser seitens der hiesigen Polizeibehörde gestellten Aufgabe gewidmet. Die projektinitiierende Direktion Saarbrücken schloss jedoch bedauerlicherweise kurz vor Fertigstellung des Manuskripts überraschend ihre historische Forschungsstelle und verwarf somit auch die Veröffentlichung der Arbeit.

Dankenswerterweise erklärte sich die Union Stiftung bereit, die Publikation dieses den Wiederaufbau der saarländischen Polizei untersuchenden Werkes, das zugleich die Beurteilung der regionalen Gesamtentwicklung nach dem Krieg ergänzt, zu unterstützen und somit auch einer breiten Leserschaft zugänglich zu machen.

Da ich bei meinen Recherchen bemüht war, den Blick über den polizeiinternen Tellerrand hinweg nicht zu verlieren, ist dieses Buch sowohl Laien als auch Experten gleichermaßen gewidmet, die sich entweder für die allgemeine Nachkriegsgeschichte des Saarlandes oder die hiesige Polizeihistorie dieser Jahre im speziellen interessieren.

Aus diesem Grund besteht die Untersuchung aus zwei Teilen. Im ersten wird vor allem dem akademisch orientierten Leser das unabdingbare Hintergrundwissen zum heutigen Stand der deutschen Polizeigeschichtsforschung vermittelt. Darüber hinaus erleichtern die Informationen zur Reorganisation des Sicherheitswesens in den übrigen Besatzungszonen und hiesigen politischen Entwicklung einen detaillierten Vergleich zwischen dem polizeilichen Wiederaufbau im okkupierten Deutschland und demjenigen des besatzungs- und staatsrechtlich völlig anderen Bedingungen unterlegenen Saargebietes. Im zweiten Teil erfolgt ausschließlich eine Erläuterung der Polizeihistorie an der Saar ab 1945 für den behörden- oder regionalgeschichtlich ausgerichteten Leser.

Zuletzt möchte ich mich bei den Mitarbeitern aller benutzten Bibliotheken und Archive für ihre hilfreiche Unterstützung bedanken und vor allem die wenigen, dafür aber umso enthusiastischeren Polizeibeamten erwähnen, die mir für Zeitzeugeninterviews zur Verfügung standen und zahlreiches Quellen- wie Photomaterial überließen.

Saarbrücken, April 2010
Ulrike Kunz

Erster Teil

Hintergrundwissen

A. Forschungssituation

1. Forschungsstand zur deutschen Polizeigeschichte

Hinsichtlich der deutschen Polizeigeschichtsforschung fanden Historiker noch in den 90er Jahren nur ein „sträflich vernachläßigtes Feld"[1] vor, das innerhalb der historiographischen Landschaft ein äußerst lückenhaftes Schattendasein führte. Da auch die danach einsetzende Studienflut zur deutschen Nachkriegsära der Polizeigeschichte dieser Zeit zunächst noch keinen „eigenständigen Ort" einräumte, konstatierten die Experten weiterhin einen höchst „unbefriedigenden Forschungsbefund"[2]. Diese schlechte Einschätzung bedingte unter anderem die gute internationale Studiensituation, denn in der europäischen und nordamerikanischen Geschichtswissenschaft bildet die Polizeihistorie schon seit Jahrzehnten einen festen Bestandteil. In den USA wurden bereits vor 1914 polizeirelevante Einrichtungen begründet. Auf dem europäischen Kontinent spielt neben Großbritannien und der Schweiz auch Frankreich eine wichtige Rolle, da sich hier neben zahlreichen Hochschulinstitutionen seit den 80ern auch Staatseinrichtungen der Police nationale und des Innenministeriums diesem speziellen Studienbereich widmen.[3] Angesichts dieser international längst etablierten Polizeigeschichtsforschung wiegt deren Rückständigkeit in der Bundesrepublik umso schwerer, zumal dieser als „Gedächtnis der Polizei" durch die verbrecherischen Ereignisse im Dritten Reich eine außerordentliche Bedeutung zukommt. Ein Grund hierfür ist in dem Umstand zu erkennen, dass die deutschen Sicherheitshüter in den ersten Nachkriegsjahrzehnten die Aufarbeitung ihrer „dunklen Vergangenheit ... mit beharrlicher Biederkeit" bewusst verschliefen, da eine „historisch-kritische Auseinandersetzung mit der ... Polizei als Garant staatlicher Macht in Innern nicht erwünscht"[4] war. Während Verwaltung, Rechtsprechung oder Militär auch zeitenübergreifend untersucht und mit universitären Institutionen verfestigt wurden, führt das Sicherheitswesen bis heute landesweit ein „Mauerblümchendasein". Polizeiintern entstandene Historiographien zur Entwicklung in der NS- und Nachkriegsära spiegelten stets die Angst vor unbequemen Wahrheiten wider und untermauerten nicht die ohnehin zweifelhafte These vom radikalen Bruch mit der Vergangenheit. Erst jüngst falsifizierte der Nachweis zahlreicher Kontinuitäten bei der Polizei aus der Vorkriegszeit die Auffassung vom Neuanfang ab Sommer 1945.[5] Des weiteren trug die omnipotente Stellung dieser staatlichen Einrichtung zur Zurückhaltung bei eingehenderen polizeihistorischen Forschungsansätzen bei. Durch seine Verflechtung in gesellschaftliche, administrative und politische Belange lässt sich das Sicherheitswesen kaum isoliert betrachten, sondern verpflichtet meist zum Blick über den Tellerrand hinweg, was wechselnde Herrschaftsverhältnisse zusätzlich verkomplizieren. Da die deutsche Kleinstaaterei bzw. föderalistischen Regierungs- und Verwaltungssysteme eine einheitliche Entwicklung verhinderten, prägt zudem der pluralistische Begriff „Länderpolizeien" oftmals solche Fragestellungen.

Einzelne Geschichtsepochen haben sich als polizeihistorisch besonders interessante **Zeitabschnitte** erwiesen. Die Ursprünge der Polizei – aus dem Kanzleiwesen Burgunds um 1464 ins Deutsche übernommen und bis zum 18. Jahrhundert die gesamte Territorialadministration umfassend – sind kaum untersucht worden. Der Begriff „Polizeistaat" im positiven Sinn, also der „guten policey" als Garant für die Glückseligkeit eines Landes, existierte lange vor der für totalitäre Staatsformen gebräuchlichen pejorativen Variante und beinhaltete neben Gefahrenabwehr und Straftatverfolgung auch die „Wohlfahrtspolizei" (Überwachung von Handel, Post, Markt- und Gesundheitswesen, Zoll, Straßenbau etc.). Trotz dieser in Teilen bis ins 19. Jahrhundert bestehenden Aufgabenvielfalt finden sich zu diesem Zeitraum erst seit kurzem vermehrt Publikationen.[6]
Ähnlich mangelhaft stellt sich die Forschungssituation zu den volkswirtschaftlichen Denkern dar, die eine Reduzierung der Vielfalt polizeilicher Kompetenzen verfolgten. Justus Christoph Dithmar (gest. 1737) wollte erstmals Militär, Justiz, Handel sowie auswärtige und geistliche Angelegenheiten aus der Polizei ausklammern; Johann Stephan Pütter (gest. 1807) suchte sogar die gesamte innere Administration zu extrahieren. Lediglich für Johann Heinrich Gottlob von Justi (1717–1771, Wiener Professor für Kameralistik) und Joseph Freiherr von Sonnenfels (1732–1817, Nachfolger auf Justis Lehrstuhl), die beiden österreichischen Repräsentanten der klassischen Kameral- und Polizeiwissenschaften, gestaltet sich der Wissensstand günstiger, zumal die von ihnen als

Hochschullehrer verfassten Schriften bereits zu Lebzeiten eine enorme Breitenwirkung besaßen.[7] Die seitens Justi propagierte Loslösung von Justiz und Finanzen aus dem Polizeibereich fand ihren praktischen Niederschlag in den josephinischen Reformen. Sonnenfels formulierte den „engeren" Polizeibegriff der reinen Sicherheitspolizei zur Kontrolle der Sauberkeit in den Städten sowie zur Marktüberwachung. Diese am ökonomischen und juristischen Fundament eines Landes ausgerichteten Vorschläge interessierten vor allem Volkswirtschaftler, Sozial- und Wirtschaftshistoriker sowie Staatsrechtler.[8]

Eine weitere Etappe verkörperte das 1794 unter Friedrich Wilhelm III. in Kraft getretene Preußische Allgemeine Landrecht (ALR), das als Paradebeispiel eines Kodex des aufgeklärten Absolutismus gilt. Der hierin enthaltene modifizierte Polizeibegriff schränkte diese jedoch nur insoweit ein, als es der humanitäre Zeitgeist erforderte.[9] Das ALR wird daher zu Unrecht als Wendepunkt auf dem Weg zur reinen Sicherheitspolizei eingestuft, zumal der aufgeklärte Polizeibegriff bereits 1808 wieder verschwand. Diese Qualität besaß erst das „Kreuzberg-Urteil" des preußischen Oberverwaltungsgerichts von 1882, das die Polizeiaufgaben auf die Gefahrenabwehr reduzierte und jede wohlfahrts- und kulturpflegerische Betätigung untersagte.[10] Somit läutete in Preußen erst ein Beschluss des späten 19. Jahrhunderts das Ende des absolutistisch geprägten Polizeistaates ein, während Bayern, Baden und Württemberg bereits ab den 1860ern über rechtsstaatliche Polizeistrafgesetze verfügten.

Das den wechselnden Staatsformen angepasste Maß an Sicherheitsfunktionen und die fortbestehende Wohlfahrtspolizei bis 1914 verkörpern die Studienschwerpunkte zum 19. Jahrhundert. Alf Lüdtke erhellte mit seinen Arbeiten zur preußischen Polizei – allen voran das Werk „Gemeinwohl', Polizei und ,Festungspraxis'" aus dem Jahr 1982 – diese polizeihistorisch hochinteressante Ära.[11]

Die Epoche der Weimarer Republik wurde bis Ende der 80er eher stiefmütterlich behandelt, obwohl sie durch den Wandel von der Monarchie über die Republik zum Totalitarismus gerade der Polizei infolge organisatorischer und juristischer Modifikationen eine besondere politische Bedeutung verlieh.[12]

Während die Publikationen aus der frühen Nachkriegszeit zur Polizei im Dritten Reich um unverfängliche Themen kreisten, erhellten viele jüngere Schriften zunehmend die dunklen Kapitel deutscher Polizeige-schichte.[13] Aber auch dieses Veröffentlichungssegment prägten vor-nehmlich Aspekte zum Übergang von der Weimarer Republik zur na-tionalsozialistischen Machtübernahme bzw. sukzessiven Abbau rechtsstaatlicher Bestimmungen für die Polizei sowie zum gesamten Fra-genkomplex rund um die Gestapo.[14] Den dritten Studienfokus bildete der Einsatz von Polizeibataillonen zur Ermordung von Juden und Zi-geunern in den besetzten Ostgebieten.[15] Dass es rund eines halben Jahr-hunderts nach Hitlers Ende bedurfte, um zu einer gleichermaßen in-tensiven wie objektiven Auseinandersetzung mit den Schattenseiten deutscher Polizei zu gelangen, lässt sich leicht erklären. Einerseits ver-körperte das Dritte Reich nach 1945 lange Zeit ein Tabu für die akade-mische Forschung, andererseits behinderte die personelle Kontinuität bei der Polizei eine Aufarbeitung ihrer Vergangenheit. Erst nach Aufdeckung dieses (hartnäckig bestrittenen) Sachverhalts setzte eine schonungslose Offenlegung der Ereignisse ab 1933 ein, wie sie zum Beispiel die 2000 erschienene Publikation „Wessen Freund und wessen Helfer?" zur Köl-ner NS- und Nachkriegspolizei betrieb, die geradezu eine Forschungs-hausse auslöste.[16]

Ebenso problematisch erweist sich die deutsche Polizeihistoriographie für die **Nachkriegszeit**. Erst seit wenigen Jahren findet eine kritische Er-forschung unliebsamer Aspekte wie der gescheiterten „Entpolizeili-chung" oder „Entnazifizierung" statt, da ein großer kontinuierlicher Per-sonalanteil auch die Untersuchung der Epoche nach 1945 behinderte. Nicht von ungefähr stieg die Zahl der betreffenden Veröffentlichungen genau zu dem Zeitpunkt sprunghaft an, als die Mehrheit der Betroffe-nen entweder verstorben war oder den aktiven Polizeidienst verlassen hatte. Nimmt man die zwischen 1913 und 1923 Geborenen als letzte Re-krutierungsgeneration der NS-Polizei, so eröffneten erst die letzten zwan-zig Jahre die Chance, ohne Einschränkung durch Personendatenschutz oder Aktenverschlusshaltung zu recherchieren. Einen Meilenstein ver-körpert das von Gerhard Fürmetz, Herbert Reinke und Klaus Weinhauer 2001 edierte Sammelwerk „Nachkriegspolizei", in dem führende Wis-senschaftler ihre Studienergebnisse erstmals gemeinsam publizierten.[17] Durch die getrennte staatliche Entwicklung und strikte Abschottung der DDR nach außen kann man vor der Wiedervereinigung 1990

weder für Ost- noch Westdeutschland von einem Forschungsgegen-
stand „DDR-Polizei" sprechen.[18] Aber auch nach Zugänglichmachung
der Quellen wiederholten sich die bereits zu den westlichen Schwestereinrichtungen bekannten Studienschwerpunkte, beim Staats-
sicherheitsministerium (Stasi) wie bei der Volkspolizei. Da die „Gauck-
Behörde" die Stasi-Akten vor der üblichen dreißigjährigen Schutzfrist
öffnete, setzte die Erforschung dieses Repressionsapparates zwar früh
ein, doch ohne polizeispezifische Aspekte zu berücksichtigen.[19]

Bei der **fachbereichsgemäßen Zuordnung** der Polizeihistorie stellt sich
die Frage, welchen Institutionen diese Aufgabe überhaupt zukommt und
wem deren Erkenntnisse nutzen. Innerhalb der **Polizeibehörden** dominiert bedauerlicherweise die Auffassung, dass die hausinterne Forschung
nur verbesserten Arbeitsweisen dienen soll. Die Einsicht, dass profunde
Kenntnisse über die eigene Geschichte auch die Standortbestimmung,
Ausbildung und Öffentlichkeitsarbeit optimieren, ist bisher nur in vereinzelten Köpfen gereift.[20] Länderübergreifend existieren lediglich drei
Institutionen der Bundespolizei. Der Deutschen Hochschule der Polizei
in Münster-Hiltrup, im Oktober 2008 als Nachfolgerin der Polizei-Führungsakademie eröffnet, stünde ohne Zweifel mehr polizeihistorisches
Engagement gut zu Gesicht, zumal ihre Bemühungen um Anerkennung
als akademische Ausbildungsstätte aufgrund ihrer extrem konservativen
Ausrichtung jahrelang vergeblich blieben. Momentan beschränkt sich ihr
Angebot neben einer rudimentären Dokumentensammlung auf eine
Dauerausstellung zur eigenen Bildungsarbeit und einige Unterrichtsstunden im Selbststudium.[21] Infolge seiner spezialisierten Aufgabenstellung lässt sich für das Wiesbadener Bundeskriminalamt (BKA) verständlicherweise eine totale Vernachlässigung der Polizeihistorie
konstatieren. Die Lübecker Bundespolizeiakademie hingegen, bis Juni
2005 Bundesgrenzschutzschule, bietet eine Aufarbeitung ihrer Vergangenheit mit Technikausstellung, Archiv und Überblick zur Historie im
eigenen Internetangebot.
Günstiger gestaltet sich die Situation bei den Polizeibehörden der
Bundesländer. Hier reicht das Spektrum geschichtsorientierter Bemühungen von der Anstellung forschender und lehrender Historiker über
den interessierten Polizeibeamten, der als Laie die Vergangenheit seiner

Landespolizei aufarbeitet, bis hin zur völligen Leugnung eines solchen Bedarfs. Hierbei entscheiden keineswegs Größe oder Prosperität eines Landes über die Intensität polizeihistorischer Forschung, sondern ausschließlich die Einsicht in deren Notwendigkeit. Als lobenswerte Einrichtung soll das Berliner Polizeipräsidium erwähnt werden, das eine Exposition zur Stadtpolizeihistorie und fundierte Bibliothek sowie ein wissenschaftliches Archiv beherbergt.[22]

Die Polizeischulen und Verwaltungsfachhochschulen für die Vorbereitung zum Vollzugsdienst nehmen bei der behördeneigenen Forschung eine Zwitterstellung ein. Als staatliche Ausbildungsstätten sollen sie zwar eine von politischen Interessen unbeeinflusste Lehre garantieren, können diese aber aufgrund ländereigener Regelwerke nur selten anbieten. Man sucht daher in deren Curricula vergebens nach polizeigeschichtlichem Unterricht, so dass Peter Nitschke über die BRD-Polizeischulen zu Recht das harsche Urteil fällt, dass die Anwärterausbildung die „Perspektive auf (ihre) historischen Grundlagen" fast völlig „aus dem Blick verloren"[23] hat.

Erfreulicherweise lassen sich aber auch hier erste Ansätze für ein neues Geschichtsbewusstsein verzeichnen. Die hessischen Anwärter des gehobenen Dienstes müssen sich in einer Studieneinheit „Polizei und Geschichte" mit der eigenen Vergangenheit auseinandersetzen zwecks Erkenntnis, „dass die Ausgestaltung des Polizeiwesens und der polizeilichen Arbeit auch vom Charakter des jeweiligen Staates" abhängt und „die aktuelle Organisation und das … polizeiliche Handeln historisch bedingt sind."[24] Die Hamburger Verwaltungsfachhochschule fördert verstärkt an der gesellschaftlichen Entwicklung orientierte Studien. An der Berliner Fachhochschule für Verwaltung und Rechtspflege publiziert man Forschungsergebnisse und diskutiert diese für einen optimalen Wissenstransfer in offenen Gesprächsrunden. Die effektivste Verbindung zwischen Lehre und Forschung weist zurzeit das Land Nordrhein-Westfalen auf, da man dort in Münster 2003 eine Dokumentations- und Forschungsstelle für Polizei- und Verwaltungsgeschichte, besetzt mit einem Fachhistoriker, eingerichtet hat. Die bei der wissenschaftlichen Quellenauswertung gewonnenen Erkenntnisse fließen unmittelbar in den fest etablierten polizeigeschichtlichen Unterricht mit ein.

Auf dem deutschen **Hochschulsektor** kristallisierte sich nach 1945 zur Polizeigeschichtsforschung das Dreigestirn Rechtswissenschaften (bzw. Kriminologie)-Soziologie-Politologie heraus, wobei der erste Platz im Ranking dem Forschungstrend der Zeit entsprechend untereinander ausgetauscht wurde. Die Medizin ist nur am Rande durch gerichtsmedizinische oder forensische Gesichtspunkte tangiert. Im juristischen Bereich kreisen die Untersuchungen zunächst meist um Rechtsfragen und den europaweiten Vergleich. Die Entwicklung eines eigenständigen kriminologischen Studienzweigs hat in den 80er Jahren eine Welle von polizeihistorischen Publikationen ausgelöst – als fakultätenübergreifend arbeitende Kapazität ist an dieser Stelle Thomas Feltes von der Ruhr-Universität Bochum zu nennen.

Der im Nachhall der 68er Revolte sowie Friedens- und Konfliktforschung bedeutsame soziologische Gesichtspunkt zog einen Boom polizeihistorischer Projekte nach sich, die sich primär mit dem Gegensatz zwischen individueller Freiheit und behördlich geschütztem Allgemeininteresse beschäftigten. Durch die häufige Auftragsvergabe seitens der Polizei waren aber rein behördenintern verwertbare Ergebnisse ohne rückwärtsgewandte Ausrichtung vorprogrammiert. Als Ausnahmeerscheinung der polizeiorientierten Soziologie hat sich Manfred Brusten von der Bergischen Universität Wuppertal mit historischen Aspekten auseinandergesetzt. Seit den 90ern konnte sich sogar ein empirischer Forschungszweig über die Polizei etablieren, der unbequeme Themen wie die ausländerfeindliche Gesinnung von Polizeibeamten aufgriff. Als dessen Wegbereiter fungierte 1984 das Werk „Die Restauration der deutschen Polizei. Innere Rüstung von 1945 bis zur Notstandsgesetzgebung" des Soziologen Falco Werkentin, der darin das resignierende Fazit zog, dass trotz alliierter Vorgaben für eine demokratische Polizei durch interne Bestrebungen ideelle und organisatorische Traditionen der Vorkriegszeit wieder Einzug halten konnten. Thomas Ohlemacher, Professor an der Verwaltungsfachhochschule Hildesheim, steht stellvertretend für die jüngere Generation sozialwissenschaftlicher Polizeiexperten.[25]

Albrecht Funk, Politikwissenschaftler und Soziologe, veröffentlichte mit Heiner Busch und Falco Werkentin die erste kritische Analyse der Polizeientwicklung unter Berücksichtigung struktureller und gesellschaftlicher Aspekte („Die Polizei in der Bundesrepublik", 1985). Bei den Vorrecherchen erwies sich die Polizei zwar als „hermetische Institution, die sich möglichst nicht in die Karten schauen läßt". Dennoch gelang es den Autoren, „mehr oder minder karätige Goldkörnchen"[26] aus dem Informationsfluss herauszuwaschen. Ihr kompromissloses Abhandeln von Tabus wie Gewaltmonopol oder fehlende Kontrollmechanismen brachte den Stein für eine kritische Polizeiforschung in Deutschland ins Rollen. Politologisch orientiert, hat sich Hans-Jürgen Lange mit „Staat, Demokratie und Innere Sicherheit in Deutschland" im Jahr 2000 hervorgetan, da hierin der damalige Wissensstand über die Ära vom Deutschen Kaiserreich bis zur Nachkriegszeit zusammengetragen wurde. Die Verknüpfung geschichtswissenschaftlicher Fragestellungen mit politologischen ist Peter Nitschke, Historiker in Vechta, gelungen, dessen Studien sich primär mit prämodernen Organisationsformen beschäftigen.[27] Somit sind die ersten Schritte zu einer intensivierten polizeihistorischen Forschung unter Anbindung an den internationalen Diskurs vollzogen.

Die ersten, **rein polizeihistorisch ausgerichteten Untersuchungen** sind fachbereichsübergreifend denkenden Soziologen zu verdanken, so dass deren „Geburtsstunde" in bestem akademischem Sinn auf interdisziplinärem Denken beruht. Es bleibt zu hoffen, dass diese Bemühungen in Zukunft auch bei den Sicherheitsbehörden eine Initialzündung entfachen ... Der Beiname „Urvater der deutschen Polizeigeschichte" gebührt zweifelsohne dem Erfurter Historiker Alf Lüdtke, der wiederum eine Brücke zur Soziologie schlägt.[28] In dem Sozial- und Geschichtswissenschaftler Herbert Reinke schließt sich der interdisziplinäre Studienkreis bezeichnenderweise, denn er gehörte auch dem Team um Manfred Brusten an. Reinke konzentriert sich auf das Deutsche Kaiserreich, die Weimarer Republik und den Zeitraum nach 1945 und verlieh der deutschen Polizeiforschung einen enormen Intensivierungsschub, besonders durch die Aufsatzsammlung „... nur für die Sicherheit da ...? Zur Geschichte der Polizei im 19. und 20. Jahrhundert", die 1993 erstmals mehrere Jahrhunderte, Länder und Kontinente umfasste und die divergierende Entwicklung der europäischen Polizei unter Miteinbeziehung der USA erhellte.

Aus dem rein geschichtswissenschaftlichen Blickwinkel heraus agiert Klaus Weinhauer von der Universität Hamburg. In „Schutzpolizei in der

Bundesrepublik – zwischen Bürgerkrieg und Innerer Sicherheit: die turbulenten sechziger Jahre" untersuchte er 2003 das „Scharnierjahrzehnt" 1960–1970, in dem sich die nach Weimarer Tradition organisierte Polizei zu einer modernen demokratischen Einrichtung wandelte. Diesen Schwerpunkt teilt er sich mit seinem bayerischen Kollegen Gerhard Fürmetz, der sich dem Konfliktpotential zwischen Bürgern und Polizei widmet.[29] Ralph Jessen (Freie Universität Berlin) gehört ebenso der jüngeren Forschergeneration an und setzt sich vorrangig mit den Ordnungshütern des 19. und 20. Jahrhunderts sowie der Beibehaltung wohlfahrtsstaatlicher Aufgaben auseinander.[30]

Abschließend sollen einige **unabhängige Einrichtungen** Erwähnung finden, die sich ohne institutionelle Anbindung polizeihistorischen Projekten widmen. Das Ideal einer dergestalt freien Lehr- und Studienstätte bildet der von der Stadt Münster finanzierte „Geschichtsort"[31] Villa ten Hompel, dessen Mitarbeiter seit 1999 ein breitgefächertes Programm zum Fortgang der nordrhein-westfälischen Administration und Polizei aufbauen. Als „didaktische, interdisziplinäre und generationenübergreifende Schnittstelle" zwischen Schule, Universität, Experten und Laien bietet sie sowohl Forschungs- als auch Bildungsmöglichkeiten an.[32]

Im Tagungsbereich besitzen die alljährlichen „Kolloquien zur Polizeigeschichte" die größte Bedeutung. 1990 beim Bochumer Historikertag auf Lüdtkes Vorschlag hin begründet, werden an wechselnden Orten interdisziplinäre Treffen mit deutlicher Historikerdominanz organisiert, wobei fach- und zeitenübergreifende mit epochenspezifischen Aspekten abwechseln. 1997 fand sich in Stuttgart der grenzüberschreitend auch Österreich und die Schweiz miteinbeziehende „Arbeitskreis Policey" zusammen, dessen Schreibweise bereits den Interessenfokus der geschichtswissenschaftlich arbeitenden Mitglieder ausdrückt: den Wandel obrigkeitlicher Herrschaftspraktiken im vormodernen Europa vom mit der gesamten Landesverwaltung betrauten zum ausschließlich sicherheitsorientierten Gesetzeshüter. Unter Federführung Frank Konersmanns diskutieren jedes Jahr Archivare und Historiker aus ganz Europa allgemeine und polizeispezifische Themen. In Hohenheim 1999 gegründet, haben sich im „Arbeitskreis historische Kriminalitätsforschung in der Vormoderne" über hundert Geschichtswissenschaftler, Juristen und Volkskundler dem Faszinosum Kriminalhistorie verschrieben. Die

„Deutsche Gesellschaft für Polizeigeschichte" aus Hannover versteht sich zwar als „überregionale und unabhängige Vereinigung" zur Weckung „des historischen Bewußtseins in der Polizei"[33], doch die enge Anbindung an die Polizei-Führungsakademie, die auch deren „Münsteraner Tagungen zur Polizeigeschichte" veranstaltet, bedingt unweigerlich inhaltliche Zwänge.[34]

Es lässt sich also das erfreuliche Fazit ziehen, dass die in den letzten Jahren vor allem auf universitärer Ebene verstärkten Bemühungen um die deutsche Polizeihistorie jegliche Betrachtung des Sicherheitswesens mit den Scheuklappen selbstkritischer Ignoranz in die Ecke unseriöser Geschichtsklitterung verbannt haben. Auch die vorliegende Untersuchung fühlt sich dem Postulat Peter Nitschkes verpflichtet: „Wenn die Institution selbst und ihre Vergangenheit mehr sein soll als nur eine Herrschaftsabsicherung bzw. Bestätigung der (machthabenden) politischen Richtung, … dann gehört die Auseinandersetzung mit eben dieser Geschichte zweifellos zu (den) Grundaufgaben einer parlamentarischen Demokratie, die auf Repräsentation ihrer Bürger und auch Institutionen Wert legt."[35]

Anmerkungen

1 So Lüdtke 1992 u. Heinz-Gerhard Haupt mit Wolf-Dieter Narr 1996 – zit. n. Alf Lüdtke (Hrsg.): „Sicherheit" und „Wohlfahrt". Polizei, Gesellschaft und Herrschaft im 19. und 20. Jahrhundert, Frankfurt a.M. 1992; S. 22 und Haupt/Narr in diess.: Vom Polizey-Staat zum Polizeistaat (1978), zit. b. Herbert Reinke: Polizeigeschichte in Deutschland – ein Überblick; in: Peter Nitschke (Hrsg.): Die deutsche Polizei und ihre Geschichte. Beiträge zu einem distanzierten Verhältnis, Hilden 1996 [= Schriftenreihe der Deutschen Gesellschaft für Polizeigeschichte e.V., Bd. 2]; S. 13–26 a. S. 13 – Zitat n. Nitschkes Vorwort zu ders.: Deutsche Polizei; S. 8.

2 So Gerhard Fürmetz, Herbert Reinke u. Klaus Weinhauer in der Einleitung zum Sammelband a. den S. 23f; in: diess.: Nachkriegspolizei. Sicherheit und Ordnung in Ost- und Westdeutschland 1945–1969, Hamburg 2001 [= FORUM ZEITGESCHICHTE; hrsg. von der Forschungsstelle für Zeitgeschichte in Hamburg, Bd. 10].

3 Einen Überblick zur angelsächsischen Polizeiforschung bietet Hans Joachim Schneider: Kriminologie für das 21. Jahrhundert. Schwerpunkte und Fortschritte der internationalen Kriminologie – Überblick und Diskussion, Münster/Hamburg/Berlin u.a. 2001 [= Wissenschaftliche Paperbacks, Bd. 4]; S. 1–3 u. 114–124 – zur Situation in Frankreich s. René Levy: Polizeiforschung auf dem Prüfstand der politischen Konjunktur. Eine Analyse der Verhältnisse von Wissenschaft und Politik am Beispiel Frankreichs; in: Manfred Brusten (Hrsg.): Polizei-Politik. Streitfragen, kritische Analysen und Zukunftsperspektiven. Weinheim 1992; S. 220–231.

4 So Nitschke in: Vom Umgang mit der Polizeigeschichte in Polizei und Wissenschaft; in: Archiv für Polizeigeschichte. Zeitschrift der Deutschen Gesellschaft für Polizeigeschichte 2(1991)3; S. 76f – hier zit. n. S. 76.

5 Vgl. zur Diskussion über Neuanfang u. Kontinuität bei der deutschen Polizei nach Kriegsende a. Reinke: Polizeigeschichte – Überblick; S. 23f.

6 Veröffentlichungen zur „guten Policey" bis Ende 19. Jh.: Horst Albrecht: Die Geschichte der Polizei und Gendarmerie des Herzogtums Nassau. Lübeck 2001 [= Schriftenreihe der Deutschen Gesellschaft für Polizeigeschichte, 5]; André Holenstein u.a. (Hrsg.): Policey in lokalen Räumen. Ordnungskräfte und Sicherheitspersonal in Gemeinden und Territorien vom Spätmittelalter bis zum frühen 19. Jahrhundert, Frankfurt a.M. 2002; Peter Blickle u.a. (Hrsg.): Gute Policey als Politik im 16. Jahrhundert. Die Entstehung des öffentlichen Raumes in Oberdeutschland, Frankfurt a.M. 2003; Karl Härter: Policey und Strafjustiz in Kurmainz: Gesetzgebung, Normdurchsetzung und Sozialkontrolle im frühneuzeitlichen Territorialstaat, 2

23

Bde. Frankfurt a.M. 2005 [= Studien zur europäischen Rechtsgeschichte, 190]; Wolfgang Wüst: Die „gute policey" im Reichskreis. Zur frühmodernen Normensetzung in den Kernregionen des Alten Reiches, Berlin 2008 u. Horst Gehringer u.a. (Hrsg.): Landesordnung und Gute Policey in Bayern, Salzburg und Österreich. Frankfurt a.M. 2008.

7 Werke Justis: „Staatswirtschaft oder systematische Abhandlung aller ökonomischen und Cameralwissenschaften" (1755), „Grundsätze der Polizeiwissenschaften" (1756), „Die Natur und das Wesen der Staaten als Grundwissenschaft der Staatskunst, der Polizey und aller Regierungswissenschaften" (1766) u. „System des Finanzwesens" (1766) – Schriften v. Sonnenfels: „Grundsätze der Polizei-, Handlungs- und Finanzwissenschaften" (1765/66) u. „Handbuch der inneren Staatsverwaltung" (1798).

8 S. zu den Kameralisten a. Erhard Dittrichs „Die deutschen und österreichischen Kameralisten" (1974), Karl-Heinz Osterlohs „Joseph von Sonnenfels und die österreichische Reformbewegung im Zeitalter des aufgeklärten Absolutismus. Eine Studie zum Zusammenhang von Kameralwissenschaft und Verwaltungspraxis" (1970), Dolf Lindners „Der Mann ohne Vorurteil – Joseph von Sonnenfels" (1733–1817), Helmut Reinalters (Hrsg.) „Joseph von Sonnenfels" (1988) u. Gerald Grimms „Joseph von Sonnenfels" (1993) sowie Wolfgang Ullrichs „Beiträge zur historischen Entwicklung des Begriffs ‚Polizei'"; in: Die Polizei. Polizei-Praxis (1956)17/18; S. 202f.

9 Das ALR gesteht in § 10, Teil II, Titel 17 der Polizei zwar nur „die ... Erhaltung der öffentlichen Ruhe, Sicherheit und Ordnung, und ... Abwendung der dem Publiko ... bevorstehenden Gefahr" zu, zugleich aber auch die Überwachung v. Gottesdienst, Jagd u. Stadthygiene! – s. zum ALR a. Martin H.W. Möllers (Hrsg.): Wörterbuch der Polizei – Stichwort „Polizei". München 2001; S. 1195–1208.

10 Es ging um eine Anordnung der Berliner Polizei, die einem Privatmann aus Ästhetikgründen eine Baugenehmigung verwehrte, da das Objekt die Sicht auf das Kreuzberg-Denkmal eingeschränkt hätte; das Gericht entschied sich gegen die Ansicht des Polizeipräsidenten, ihm unterliege als Baupolizeileiter auch die Stadtplanung und begrenzte dessen Aufgabe auf die reine Gefahrenabwehr.

11 Außerdem: Wolfram Siemanns „Deutschlands Ruhe, Sicherheit und Ordnung. Die Anfänge der politischen Polizei 1806–1866" (1985); Albrecht Funks „Polizei- und Rechtsstaat" (1986) u. Harald Boldts „Geschichte der Polizei in Deutschland" (1992) sowie Stephan M. Eibich: Polizei, „Gemeinwohl" und Reaktion. Über Wohlfahrtspolizei als Sicherheitspolizei unter Carl Ludwig Friedrich von Hinckeldey, Berliner Polizeipräsident von 1848 bis 1856, Berlin 2004 (zugl. Diss. Berlin 2003) u. Jakob Nolte: Dema-

gogen und Denunzianten. Denunziation und Verrat als Methode polizeilicher Informationserhebung bei den politischen Verfolgungen im preußischen Vormärz, Berlin 2007 (zugl. Diss. Berlin 2004).

12 Zur Polizei der Weimarer Republik s.a. Hsi-Huey Liang: Die Berliner Polizei
in der Weimarer Republik. Berlin u.a. 1977; Christoph Graf: Politische Polizei zwischen Demokratie und Diktatur. Die Entwicklung der preußischen
politischen Polizei vom Staatsschutzorgan der Weimarer Republik zum Geheimen Staatspolizeiamt des Dritten Reiches, Berlin 1980; Jürgen Sigge-
mann: Die kasernierte Polizei und das Problem der inneren Sicherheit in der
Weimarer Republik. Eine Studie zum Auf- und Ausbau des innerstaatlichen
Sicherheitssystems in Deutschland 1918/19–1933, Frankfurt a.M. 1980;
Johannes Buder: Die Reorganisation der preußischen Polizei 1918–1923.
Frankfurt a.M. u.a. 1986; Peter Leßmann: Die preußische Schutzpolizei in
der Weimarer Republik. Streifendienst und Straßenkampf, Düsseldorf 1989;
Carsten Dams: Staatsschutz in der Weimarer Republik. Die Überwachung
und Bekämpfung der NSDAP durch die preußische politische Polizei von
1928 bis 1932, Marburg 2002; Bernhard Schreiber: Die Sicherheitskräfte in
der Republik Baden 1918–1933. Von der Volkswehr zur Einheitspolizei, Glot-
tertal 2002; Joachim Unger: Die sächsische Schutzpolizei zwischen 1919 und
1933. Marburg 2005 (zugl. Diss. Dresden 2005); Carsten Dams (Hrsg.):
Dienst am Volk? Düsseldorfer Polizisten zwischen Demokratie und Diktatur. Frankfurt a.M. 2007 u. Daniel Schmidt: Schützen und dienen. Polizisten im Ruhrgebiet in Demokratie und Diktatur 1919–1939, Essen 2008 (zugl.
Diss. Münster 2007) [= Schriften der Villa ten Hompel, 9].

13 Als Überblick ist Friedrich Wilhelms Monographie „Die Polizei im NS-
Staat. Die Geschichte ihrer Organisation im Überblick" (Paderborn [2]1999)
zu empfehlen.

14 Zur Gestapo erschienen u.a.: Herbert Jäger: Verbrechen unter totalitärer
Herrschaft. Studien zur nationalsozialistischen Gewaltkriminalität, Olten
u.a. 1967 u. Frankfurt a.M. 1982; Reinhard Mann: Protest und Kontrolle im
Dritten Reich. Nationalsozialistische Herrschaft im Alltag einer rheinischen
Großstadt, Frankfurt a.M. u.a. 1987 [= Studien zur Historischen Sozialwis-
senschaft, Bd. 6]; Klaus-Michael Mallmann/Gerhard Paul (Hrsg.): Die
Gestapo. Mythos und Realität, Darmstadt 1995; Robert Gellately: Gestapo
und die deutsche Gesellschaft. Die Durchsetzung der Rassenpolitik 1933–
1945, Paderborn u.a. 1993; Hans-Joachim Heuer: Geheime Staatspolizei.
o.O. 1995; Gisela Diewald-Kerkmann: Politische Denunziation im NS-Regime oder die kleine Macht der Volksgenossen. Bonn 1995 (zugl. Diss. Bie-
lefeld 1994); Norbert Frei: Keine Angst vor der Gestapo. o.O. 1996; Rupert
Butler: Die Gestapo. Hitlers Geheimpolizei 1933–1945, Klagenfurt 2004 sowie Frank Gutermuth: Die Gestapo. Berlin 2005 u. Carsten Dams/Michael

Stolle: Die Gestapo. Herrschaft und Terror im Dritten Reich, München 2008 – zur saarländischen Gestapo: Klaus-Michael Mallmann/Gerhard Paul: Herrschaft und Alltag. Ein Industrierevier im Dritten Reich, Bonn 1991; Elisabeth Thalhofer: Neue Bremm – Terrorstätte der Gestapo. Ein erweitertes Polizeigefängnis und seine Täter 1943–1944, St. Ingbert [3]2004 u. Horst Bernard: „Trotz der Leiden … wir sind immer noch da!". Ehemalige Häftlinge des Gestapolagers Neue Bremm erinnern sich; hrsg. von der Vereinigung der Verfolgten des Naziregimes VVN, Landesvereinigung Saar e.V. Saarbrücken 2005.

15   Hierzu sind u.a. veröffentlicht: Michael Zimmermann: Ausgrenzung, Ermordung, Ausgrenzung – Normalität und Exzeß in der polizeilichen Zigeunerverfolgung in Deutschland (1870–1980); in: Alf Lüdtke (Hrsg.): „Sicherheit" und „Wohlfahrt". Polizei, Gesellschaft und Herrschaft im 19. und 20. Jahrhundert, Frankfurt a.M. 1992; S. 344–370 u. ders.: Rassenutopie und Genozid. Die nationalsozialistische „Lösung der Zigeuner", Hamburg 1996; Alexander Primavesi: Die Ordnungspolizei als Bewachungsmannschaft von jüdischen Ghettos; in: Peter Nitschke (Hrsg.): Die deutsche Polizei und ihre Geschichte. Beiträge zu einem distanzierten Verhältnis, Hilden 1996 [= Schriftenreihe der Deutschen Gesellschaft für Polizeigeschichte e.V., Bd. 2]; S. 168–173; Frank Sparing: Die Dienststelle für Zigeunerfragen bei der Kriminalpolizeileitstelle Köln; in: Harald Buhlan/Werner Jung (Hrsg.): Wessen Freund und wessen Helfer? Die Kölner Polizei im Nationalsozialismus. Köln 2000; S. 519–574; Christopher R. Browning: Ganz normale Männer. Das Reserve-Polizeibataillon 101 und die „Endlösung" in Polen, Reinbek [5]2002; Jürgen Matthäus u.a. (Hrsg.): Ausbildungsziel Judenmord? „Weltanschauliche Erziehung" von SS, Polizei und Waffen-SS im Rahmen der Endlösung, Frankfurt a.M. 2003 u. Richard Rhodes: Die deutschen Mörder. Die SS-Einsatzgruppen und der Holocaust, Bergisch Gladbach 2004 sowie Wolfgang Curilla: Die deutsche Ordnungspolizei und der Holocaust im Baltikum und in Weißrußland 1941–1944. Paderborn 2006 – die positiven Aspekte polizeilichen Handelns im NS-Staat zeigt der Band „Polizisten im Nationalsozialismus als Täter und Retter" auf, den die Dokumentations- und Forschungsstelle für Polizei und Verwaltungsgeschichte der nordrhein-westfälischen Verwaltungsfachhochschule in Münster 2006 herausgab.

16   Harald Buhlan/Werner Jung (Hrsg.): Wessen Freund und wessen Helfer? Die Kölner Polizei im Nationalsozialismus. Köln 2000 [= Schriftenreihe des NS-Dokumentationszentrums der Stadt Köln, Bd. 7] – zur Kontinuitätsfrage s.a. Klaus Weinhauer: Schutzpolizei in der Bundesrepublik. Zwischen Bürgerkrieg und Innerer Sicherheit – die turbulenten sechziger Jahre, Paderborn/München/Wien u.a. 2003.

17   S. hierzu a. Stephan Linck: Der Ordnung verpflichtet – deutsche Polizei 1933–1949. Der Fall Flensburg, Paderborn/München/Wien u.a. 2000 (zugl.

Diss. Kiel 1998); Fürmetz/Reinke/Weinhauer: Nachkriegspolizei; Albert Pütz: Angehörige der ehemaligen Lager-SS, Gestapo und NS-Justiz vor Gericht. Das SS-Sonderlager/KZ Hinzert 1940–1945, Frankfurt a.M. 2001; Dieter Schenk: Auf dem rechten Auge blind: Die braunen Wurzeln des BKA. Köln 2001; Stefan Noethen: Alte Kameraden und neue Kollegen. Polizei in Nordrhein-Westfalen 1945–1953, Essen 2002 [= Schriftenreihe der Villa ten Hompel, 3]; Erwin B. Boldt: Die verschenkte Reform. Der Neuaufbau der Hamburger Polizei zwischen Weimarer Tradition und den Vorgaben der britischen Besatzungsmacht 1945–1955, Münster u.a. 2002 (zugl. Diss. Hamburg 2001) [= Veröffentlichungen des Hamburger Arbeitskreises für Regionalgeschichte, 12]; Patrick Wagner: Hitlers Kriminalisten. Die deutsche Kriminalpolizei und der Nationalsozialismus zwischen 1920 und 1960, München 2002; Stefan Klemp: „Nicht ermittelt". Polizeibataillone und die Nachkriegsjustiz – ein Handbuch, Essen 2005 [= Schriften der Villa ten Hompel, 5] u. Dirk Lukaßen: „Menschenschinder vor dem Richter" – Kölner Gestapo und Nachkriegsjustiz. Der „Hoegen-Prozeß" vor dem Kölner Schwurgericht im Jahr 1949 und seine Rezeption in den lokalen Tageszeitungen, Siegburg 2006.

18 DDR-intern sind entstanden: „Volkspolizei. Von der Partei geführt, der Arbeiterklasse treu ergeben, mit der Sowjetunion für immer verbunden" (1980) u. „Geschichte der deutschen Volkspolizei", 2 Bde. (1987) – in der BRD-Forschung: Hartwig Lürs: Das Polizeirecht der DDR. Aufgaben, Befugnisse und Organisation der Deutschen Volkspolizei, Köln 1974; kurz vor der Wende erschien Karl Wilhelm Fricke: Die DDR-Staatssicherheit. Entwicklung, Strukturen, Aktionsfelder, Köln [3]1989 – Publikationen ab 1990: Reinhard Haselow: Der Wandel der Volkspolizei zu einer rechtsstaatlich-demokratischen Polizei. Lübeck 2000; Thomas Lindenberger: Vaters kleine Helfer. Die Volkspolizei und ihre enge Verbindung zur Bevölkerung 1952–1965; in: Peter Nitschke (Hrsg.): Die deutsche Polizei und ihre Geschichte. Beiträge zu einem distanzierten Verhältnis, Hilden 1996 [= Schriftenreihe der Deutschen Gesellschaft für Polizeigeschichte e.V., Bd. 2]; S. 229–253; ders.: Volkspolizei. Herrschaftspraxis und öffentliche Ordnung im SED-Staat 1952–1968, Köln/Weimar/Wien 2003 (zugl. Habil. Potsdam 2001/2002) u. Jörn Steike: Die Bereitschaftspolizei der DDR 1950–1990. Geschichte, Struktur, Aufgaben, rechtliche Ausgestaltung. München 1992.

19 Von der „Gauck-Behörde" veröffentlicht: Jens Gieseke: „Die DDR-Staatssicherheit. Schild und Schwert der Partei", Bonn [2]2001; ders.: „Mielke-Konzern". Die Geschichte der Stasi 1945–1990, Stuttgart/München 2001 u. Henry Leide: NS-Verbrecher und Staatssicherheit. Die geheime Vergangenheitspolitik der DDR, Göttingen 2005 [= Analysen und Dokumente/Der Beauftragte für die Unterlagen des Staatssicherheitsdienstes der Ehemaligen

Deutschen Demokratischen Republik, 28] – Ausnahme: „Im Dienste der Partei" (1998) v. Militärgeschichtlichen Forschungsamt Potsdam zeigt erstaunliche Parallelen zwischen West- u. Ostpolizei auf!

20 Hans Joachim Schneider unterscheidet in der Polizeiwissenschaft zw. der Nutzbarmachung wissenschaftlicher Erkenntnisse für die tägliche Polizeiarbeit u. Weiterentwicklung der Polizei durch akademische Methoden, in beiden Fällen spielt die historische Polizeiforschung als Basiswissenschaft eine wichtige Rolle – vgl. hierzu a. Schneider: Kriminologie; S. 114–124 u. S. 353–355.

21 A. Nitschke beklagt, dass die Vorgängereinrichtung PFA „zwar ... eine polizeihistorische Bibliothek, doch keinen Forschungsauftrag in Sachen ‚Polizeigeschichte' bekam" – zit. n. ders.: Umgang, S. 76 – von 35 Unterrichtsstunden zur Polizeihistorie werden nur fünfzehn durch Dozenten angeboten!

22 In Schleswig-Holstein bietet der Landesbeauftragte f. Polizeihistorie Vorträge, Seminare u. Ausstellungen zur Geschichte der regionalen Ordnungshüter an; die Verwaltungsfachhochschule Altenholz verfügt über eine umfangreiche Bibliothek; Thüringen unterhält in der Polizeidirektion Nordhausen eine polizeigeschichtliche Sammlung u. im Bildungszentrum Meiningen eine Forschungsstelle mit Museum, Fahrzeugsammlung, Bücherei, Foto- u. Dokumentenarchiv.

23 Nitschke: Vorwort Polizei; ebda.

24 Zit. n. der Ausbildungs- u. Prüfungsordnung in www.vfh-hessen.de

25 Vgl. zur soziologisch orientierten Polizeiforschung a. Günter Endruweit: Struktur und Wandel der Polizei. Organisations- und berufssoziologische Untersuchungen über die Polizei in der Bundesrepublik Deutschland und in den USA, Berlin 1979 [= Soziologische Studien, Bd. 29]; S. 15–18; Thomas Ohlemacher in ders.: Workshops „Empirische Polizeiforschung" – ein Kurzbericht über Geschehenes und Geplantes; in: Kriminologisches Journal 32(2000)3; S. 235–238 u. zur Methodik Hans Joachim Schneider: Kriminologie für das 21. Jahrhundert. Schwerpunkte und Fortschritte der internationalen Kriminologie – Überblick und Diskussion, Münster/Hamburg/Berlin u.a. 2001 [= Wissenschaftliche Paperbacks, Bd. 4]; S. 119f.

26 Zit. n. Heiner Busch/Albrecht Funk/Udo Kauss u.a.: Die Polizei in der Bundesrepublik. Frankfurt a.M./New York 1985; S. 34.

27 Schriften Nitschkes: Die deutsche Polizei und ihre Geschichte. Beiträge zu einem distanzierten Verhältnis, Hilden 1996 [= Schriftenreihe der Deutschen Gesellschaft für Polizeigeschichte e.V., Bd. 2]; Verbrechensbekämpfung und Verwaltung. Die Entstehung der Polizei in der Grafschaft Lippe 1700–1814, Münster/New York 1990 u.: Von der Politeia zur Polizei. Ein Beitrag zur Entwicklungsgeschichte des Polizei-Begriffs und seiner herrschafts-

politischen Dimensionen von der Antike bis ins 19. Jahrhundert; in: Zeitschrift für historische Forschung (1992)19; S. 1–27.

28 Lüdtke untersuchte u.a. den deutschen Polizeistaat im Vormärz (Journal für Geschichte (1981)4), das Polizeiverständnis in Handbüchern des 19. Jhs. (Wissenschaft und Recht der Verwaltung seit dem Ancien Régime, 1984), staatliche Gewalt, administrative Definitionsmacht u. Polizeipraxis im Vormärz (Beiheft des Kriminologischen Journals (1987)2) u. die Darstellung v. Polizisten im „Simplicissimus" vor 1914 im „Jahrbuch für Europäische Verwaltungsgeschichte" 6(1994).

29 Gerhard Fürmetz' Schriften: Die „Schwabinger Krawalle" von 1962. Annäherungen an einen spektakulären Münchner Straßenprotest der Nachkriegszeit (2003); ders.: „Betrifft: Sicherheitszustand" – Kriminalitätswahrnehmung und Stimmungsanalysen in den Monatsberichten der bayerischen Landespolizei nach 1945; in: Sozial.Geschichte – Zeitschrift für historische Analyse des 20. und 21. Jahrhunderts 12(1997)3; S. 39–54 u. Protest oder „Störung"? Studenten und Staatsmacht in München um 1968. München 1999 – Mitherausgeber bei: Denunzianten in der Neuzeit – politische Teilnahme oder Selbstüberwachung? [= Themenheft (1998)2 der Reihe „Sozialwissenschaftliche Informationen"] u. „Nachkriegspolizei" (2001).

30 Arbeiten Jessens: Polizei im Industrierevier. Modernisierung und Herrschaftspraxis im westfälischen Ruhrgebiet 1848–1914, Göttingen 1991; Gewaltkriminalität im Ruhrgebiet zwischen bürgerlicher Panik und proletarischer Subkultur (1870–1914); in: Dagmar Kift (Hrsg.): Kirmes-Kneipe-Kino. Arbeiterkultur im Ruhrgebiet zwischen Kommerz und Kontrolle (1850–1914), Paderborn 1992; S. 226–255; Unternehmerherrschaft und staatliches Gewaltmonopol. Hüttenpolizisten und Zechenwehren im Ruhrgebiet (1870–1914); in: Alf Lüdtke (Hrsg.): „Sicherheit" und „Wohlfahrt". Polizei, Gesellschaft und Herrschaft im 19. und 20. Jahrhundert, Frankfurt a.M. 1992; S. 161–186; Polizei, Wohlfahrt und die Anfänge des modernen Sozialstaates in Preußen während des Kaiserreichs; in: Geschichte und Gesellschaft 20(1994); S. 157–180.

Die Polizeihistorikerzunft verkörpert keine Männerdomäne. Maria Wego publizierte 1994 die „Geschichte des Landeskriminalamtes Nordrhein-Westfalen", außerdem: Entstehung und Entwicklung des Landeskriminalamtes Nordrhein-Westfalen; in: Peter Nitschke (Hrsg.): Die deutsche Polizei und ihre Geschichte. Beiträge zu einem distanzierten Verhältnis, Hilden 1996 [= Schriftenreihe der Deutschen Gesellschaft für Polizeigeschichte e.V., Bd. 2]; S. 174–189 u. „Wertvoll, da einziges Stück und Akten nicht mehr vorhanden." Lichtbildmappe Mordsache Haarmann im Landeskriminalamt Nordrhein-Westfalen entdeckt; in: Archiv für Polizeigeschichte. Zeitschrift der Deutschen Gesellschaft für Polizeigeschichte 2(1991)3; S. 78–80. Ursula

Nienhaus (Berliner Frauenforschungszentrum FFBIZ) wies sich 1999 mit „Nicht für eine Führungsposition geeignet. Josefine Erkens und die Anfänge weiblicher Polizei in Deutschland 1923–1933" als Expertin für die weibliche (Kriminal-)Polizei aus u. publizierte außerdem: Einsatz für die Sittlichkeit. Die Anfänge der weiblichen Polizei im Wilheminischen Kaiserreich und in der Weimarer Republik; in: Alf Lüdtke (Hrsg.): „Sicherheit" und „Wohlfahrt". Polizei, Gesellschaft und Herrschaft im 19. und 20. Jahrhundert, Frankfurt a.M. 1992; S. 243–266 – ihre Vorträge im Rahmen der Kolloquien z. Polizeigeschichte: Einsatz für die „Sittlichkeit" – die Anfänge der weiblichen Polizei im wilhelminischen Kaiserreich und der Weimarer Republik (1990); Männlichkeit/Weiblichkeit bei der Polizei (1992); Vorgänge – Berichte – Statistiken und die feministische Reform der Polizei nach 1925 in Deutschland; „Schwache Statur" aber „stärkere Neigung zur Leichtsinnigkeit"? Weibliche Polizei in Bayern und Berlin nach 1945 (1995); Zur Auseinandersetzung um die Uniformen weiblicher Polizei im 20. Jahrhundert (1998).

31 Die Geschichte der Villa spiegelt die verhängnisvolle Entwicklung Deutschlands im zwanzigsten Jh. bestens wider: In den 20ern v. Zementproduzenten u. Reichstagsmitglied Rudolf ten Hompel erbaut, wechselte das Gebäude nach dessen Ruin mehrmals den Besitzer; ab Frühjahr 1940 organisierte hier Dr. Heinrich B. Blankenau, Befehlshaber der Ordnungspolizei, Deportationszüge in die östlichen KZs u. Massenerschießungen v. Zigeunern u. Juden durch Polizeibataillone; ab Mai 1945 fungierte es als Dienstsitz des Landespolizeipräsidenten Friedrich Grützmann, später zogen die Kriminalpolizei u. das Wasserschutzpolizeikommando Westfalens ein; 1953 richtete man hier pikanterweise eine Wiedergutmachungsstelle für NS-Opfer ein – s.a. unter www.muenster.de/stadt/villa-ten-hompel

32 Das Angebot umfasst: die Dauerausstellung „Im Auftrag. Polizei, Verwaltung und Verantwortung"; Präsentationen zu Zwangsarbeit, Judendiskriminierung u. Dienstfahrzeugen; die monatlichen „Mittwochsgespräche" als internationales Diskussionsforum; eine Materialsammlung, Multimediabibliothek, Arbeitsräume, Fachberatung u. Konzeption v. Thementagen oder Seminaren – bisherige Veröffentlichungen: Alfons Kenkmann/Christoph Spieker: Im Auftrag. Polizei, Verwaltung und Verantwortung – Katalog zur Dauerausstellung, Essen 2001 [= Schriften, 1]; Corinna Fritsch: Rudolf ten Hompel. Aus dem Leben eines westfälischen Industriellen und Reichstagsabgeordneten, Essen 2002 [= Schriften, 2]; Stefan Noethen: Alte Kameraden und neue Kollegen. Polizei in Nordrhein-Westfalen 1945–1953, Essen 2002 [= Schriften, 3] sowie Sabine Mecking: „Immer treu". Kommunalbeamte zwischen Kaiserreich und Bundesrepublik, Essen 2002 [= Schriften, 4]; u. Johannes Houwink ten Cate/Alfons Kenkmann: Deutsche und hol-

ländische Polizei in den besetzten Niederlanden. Münster 2003 [= Villa ten Hompel aktuell, 2].

33 So gemäß den Vereinsinformationen in www.polizeigeschichte.com

34 Der Verein versendet Materialien vorrangig an Mitglieder, nur ihre Schriftenreihe richtet sich auch an Externe; in den Arbeitskreisen sind unliebsame Themen tabu; beim Aufbau polizeigeschichtlicher Sammlungen erhalten lediglich die rd. 400 Mitglieder Hilfe; diese setzen sich primär aus Polizeiangehörigen, kaum Wissenschaftlern zusammen; es wird ausschließlich der Kontakt mit gleichgesinnten Experten gepflegt – die Studie zur Verfolgung v. Sinti u. Roma nach 1933 durch die Polizei stellt daher eine Ausnahme dar (Martin Luchterhandt: Der Weg nach Birkenau. Entstehung und Verlauf der nationalsozialistischen Verfolgung der „Zigeuner", Lübeck 2000 [= Schriftenreihe der Dt. Gesellschaft für Polizeigeschichte e.V., Bd. 4]).

35 Zit. n. Peter Nitschke in ders.: Umgang; S. 77.

2. Archiv- und Quellensituation im Saarland

Das Brachliegen der polizeigeschichtlichen Forschung an der Saar lässt sich nicht allein auf Personalmangel, Institutionengerangel oder Berührungsängste mit der eigenen Vergangenheit zurückführen, sondern fußt auch auf mangelnden Archivalien. Verzweifelt so mancher Historiker bereits an den lückenhaften Quellen zur allgemeinen Regionalgeschichte, so kann der unter polizeilichem Aspekt sichtende Archivbesucher weder auf geschlossene Aktenbestände geschweige denn ein spezielles Polizeiarchiv zurückgreifen. Intensive Materialrecherchen in Sammlungen, die zunächst keine großartigen Funde erahnen ließen, förderten jedoch überraschenderweise bis dato unbearbeitete Unterlagen zutage, die für die Erforschung des saarländischen Sicherheitswesens ungeahnte Schätze beinhalten!

Aufgrund vielfältiger territorialer Zersplitterungen und staatlicher Neuzuordnungen seit dem 10. Jahrhundert verkörperte die hiesige Grenzregion bis ins 19. Jahrhundert hinein weder einen geschlossenen geographischen Raum noch eine historisch gewachsene Landschaft.[1] Das anfallende Aktengut befand sich entsprechend der politischen Zugehörigkeit in den jeweiligen Behörden und verblieb selten im Land, so dass sich eine eigenständige **archivalische Erschließung** nicht entwickeln konnte. Die der Handelskammer Saarbrücken angehörenden Gebrüder Alexander (Syndikus) und Armin Tille (Archivar) vollbrachten daher 1906 mit der Gründung des südwestdeutschen Wirtschaftsarchivs (Saar-Mosel-Raum) eine wahre Pioniertat.[2]
Die Folgen des Ersten Weltkriegs versetzten allerdings der aufkeimenden regionalen Archivtradition schwere Rückschläge: Der Versailler Vertrag von 1919 stellte das Saargebiet unter Völkerbundsverwaltung und sah die Aktenübergabe an die künftige Regierungskommission vor. In der Praxis kam es aber lediglich zur bruchstückhaften Aushändigung, da etliche Behörden nur die Unterlagen zu laufenden Geschäften übergaben. Das im Versailler Saarstatut intendierte Zentralarchiv wurde durch den Metzer Archivar ebenso wenig realisiert. Nach der Rückkehr ins Deutsche Reich überstellte man 1935 die unter Völkerbundadministration aufgelaufenen Akten weitgehend an dessen Zentralarchiv in Genf, nur wenig verblieb beim hiesigen Reichskommissar.[3] Für den Archivsektor an der

Saar gestalteten sich die Jahre bis zum Kriegsausbruch chaotisch. Die im März 1937 beschlossenen Aktenaussonderungen zwischen Speyer, Koblenz und dem Saargebiet verliefen nicht wie geplant, und auch das seit 1938 angedachte Saarbrücker Archiv der Westmark wurde nicht verwirklicht. Stattdessen wechselte nach der Annexion Lothringens 1941 die Zuständigkeit des Speyerer auf das Metzer Staatsarchiv über, das jedoch ab Frühjahr 1942 keine regelmäßige Bestandspflege mehr betrieb.[4] Durch direkte Kriegs- (Bomben, Brände etc.) und mittelbare Umstände (Vernichtung durch die Bevölkerung aus Angst vor Verfolgung ihrer Vergehen im Dritten Reich seitens der Besatzer) gingen zudem viele noch existierende Akten bis zum Frühjahr 1945 verloren. Der auf die Zwischenkriegszeit kaprizierte Historiker ist also weitgehend auf das Zentralarchiv der Vereinten Nationen in der Schweiz angewiesen.

Nachdem die US-Truppen unter Oberst Kelly das Saarland bis zum 21. März 1945 vollständig besetzt hatten, tauchten Verschriftlichungsprobleme auf, die eine Erforschung der letzten Kriegsmonate äußerst erschweren: Es mangelte in der „Stunde Null" an allen Schreibutensilien, und die damaligen Verwaltungsfachleute neigten nicht gerade im Übermaß zur schriftlichen Fixierung ihrer Arbeit. Darüber hinaus unterlagen die Provinzialregierungen einer ständigen Neugliederung, so dass wochenlanges Kompetenzgerangel und Postenschachern zu eigenmächtigem administrativem Handeln und reduziertem Schriftgut führten.[5] Nach der Übergabe der Region an die Franzosen am 10. Juli 1945 nahmen die US-Truppen die seit März im Saarland angefallenen Unterlagen an ihre neue Wirkungsstätte Darmstadt mit, um sie von dort dauerhaft in den National Archives in Washington D.C. (USA) zu lagern. Der Zugang zu diesen OMGUS-Aktenbeständen (Office of Military Government for Germany, US) bleibt bis heute anfragenden Wissenschaftlern meist versperrt.[6] Für die Erforschung des frühen Wiederaufbaus der Saarpolizei unter amerikanischer Besatzung stehen folglich kaum Materialien zur Verfügung.[7]

Unter französischer Okkupation erhöhte sich zwar gemäß den Traditionen des westlichen Nachbarn der Verschriftlichungsgrad erheblich, doch der anhaltende Papiermangel, der in Saarbrücken sogar zur Verwendung älterer Archivschriftstücke zwang, und die sprichwörtliche Bürokratiefeindlichkeit der Saarländer, deren Vorliebe zu „kurzen Wegen" im Nachkriegschaos besondere Blüten trieb, reduzierten das Behördenschrifttum auf ein Minimum. Im Gegensatz hierzu legte die Besatzungsmacht gesteigerten Wert auf konsequente Archivierung aus dem Bestreben heraus, sich später gegenüber Vorwürfen zu ihrer hiesigen Tätigkeit rechtfertigen zu können und durch eigene regionale Einrichtungen die intendierte Unabhängigkeit der Saar zu unterstreichen. Der Verpflichtung zur korrekten Aktenführung kamen die Verwaltungsbediensteten aus den genannten Gründen aber nicht nach, wobei auch die obstruktive Haltung der Saarländer gegenüber den französischen Militärfunktionären eine große Rolle spielte. Das von den Franzosen im Februar 1947 bei der Verwaltungskommission beantragte zentrale Saararchiv fand keine praktische Umsetzung.

Das nach dem Besatzungsende beim Informationsamt im April 1948 eingerichtete Referat „Landesarchiv" erfüllte seine Pflichten wiederum nur in Bezug auf die Rückführung externer saarländischer Archivalien; die kontinuierliche Übernahme landesinterner Unterlagen wurde weiter sträflich vernachlässigt. Am 31. Mai 1949 monierte die Kulturabteilung des Hohen Kommissariats gegenüber ihrem Pariser Dienstherrn erneut die fehlende Aktenarchivierung an der Saar und forderte für einen Friedensvertrag sogar einen entsprechenden Passus. Das Landesarchiv unterstand ab 1. Juni 1951 direkt dem Ministerpräsidenten und von November 1955 bis November 1957 dem Kulturminister, doch auch die folgende Zuordnung zur Staatskanzlei bis 1958 optimierte weder dessen Arbeitsweise noch die Unterbringung in einer Baracke. Erst der Erlass vom 20. Dezember 1960 über die Aufgaben des Landesarchivs setzte eine konsequente Aktenübergabe der Behörden in Gang und die Rückführung saarlandrelevanter Materialien aus der bayerischen Administrationszeit. Eine Kooperationsvereinbarung mit Rheinland-Pfalz vom Juli 1973 erlaubte die Dauerleihgabe von Beständen zur Saarhistorie aus Speyer und Koblenz nach Saarbrücken. Infolge andauernden Personalmangels lässt sich aber auch von 1960 bis 1980 keine regelmäßige Aktenaussonderung der Behörden konstatieren. Das saarländische Archivgesetz vom September 1992 definierte daher erneut auf penible Weise die Kooperation zwischen staatlichen Institutionen und Landesarchiv, so dass fortan wenigstens die regionalhistorisch wertvollsten Akten vor dem Reißwolf gerettet werden konnten.[8]

Einige **landesspezifische Umstände** dürfen bei einer Beurteilung der saarländischen Archiv- und Quellensituation nicht in Vergessenheit geraten. So beschlagnahmten amerikanische Besatzungssoldaten im Frühjahr 1945 alle Unterlagen, die für die Internierung von NS-Straftätern bzw. nachfolgende Untersuchungsverfahren eventuell Beweismaterial enthielten. Diese gingen bei der Übergabe des Saarlandes an die Franzosen im Sommer 1945 bzw. der Weiterleitung in andere US-Okkupationsgebiete teilweise verloren oder stehen als OMGUS-Akten noch heute nur eingeschränkt zur Verfügung. Die Papierknappheit führte, gekoppelt mit einem Mangel an Schreibmaschinen, bis Ende der 40er Jahre ebenfalls zur reduzierten Verschriftlichung. Große Lücken riss zudem das Saarhochwasser zum Jahreswechsel 1947/48, das wertvolle Akten zerstörte. Die hiesige Polizeiforschung ist davon besonders hart betroffen, da das Referat für Inneres am Saarbrücker Schlossplatz saß und die im dortigen Kellergewölbe am Saarufer aufbewahrten Restbestände aus der Kriegs- und Vorkriegszeit nicht rechtzeitig auslagern konnte. Jüngste Forschungen erhärten zusätzlich den schon lange gehegten Verdacht, dass nicht wenige Bedienstete des Innenressorts die Gunst der Stunde nutzten, um belastendes Material aus der NS-Zeit in den Überschwemmungsfluten zu „entsorgen". Aber auch ohne Naturkatastrophe gelangten einige Jahre später Beschäftigte bei Innenministerium und Polizei zur Erkenntnis, dass das Verschwinden von Akten Repressalien vermeiden hilft ... Das Phänomen der „persönlichen Aktenaussonderung" lässt sich für die Zeit nach der Johannes-Hoffmann-Regierung ab November 1955 und vor dem BRD-Anschluss Ende 1956 beobachten. Die größten archivalischen Lücken sind daher nicht von ungefähr für diese Phasen und beim heiklen Innensektor anzutreffen!

Gegenüber der französischen Archivverwaltung erhob man teilweise unberechtigte Vorwürfe. Durch längere Sperrfristen und strengere Bestimmungen bei der Zugänglichmachung von Unterlagen als in Deutschland, die sich durch den Persönlichkeitsschutz ergaben, gestaltete sich die dortige Quellennutzung lange Zeit schwierig. Die mangelhafte Registrierung und verwirrende Verteilung auf mehrere Archive und Privatsammlungen komplizierte die Aushebung zusätzlich. Eine intensive Erforschung der Okkupationszeit ist erst seit Öffnung der dortigen Bestände in den 80ern möglich.[9] Für das Saarland und seine Nachkriegsentwicklung sind die Akten des französischen Außenministeriums

(Archives du ministère des affaires étrangères) im Pariser Quai d'Orsay und der Besatzungsarchive in Colmar (Archives de l'occupation française en Allemagne et en Autriche) und Nantes (Archives des postes consulaires et diplomatiques à l'étranger) relevant.[10] Die Mitarbeiter Rainer Hudemanns von der Saaruniversität haben diese gesichtet, erfasst und mit ihrer Auswertung neue Einsichten zur Besatzungs- und Deutschlandpolitik Frankreichs gewonnen.[11]

Bei einer Sondierung der **regionalen polizeirelevanten Archivbestände** bilden das saarländische Landesarchiv und das Stadtarchiv Saarbrücken die ersten Anlaufstellen. Leider verfügt die Sammlung der Landeshauptstadt aus den geschilderten Gründen nur über vereinzelte Urkunden zum Sicherheitswesen ab 1945, die aber wertvolle Hinweise zur Frühphase der Kommunalpolizei liefern. Beim hiesigen Landesarchiv muss der Nutzer aufgrund der regelgemäßen Zuordnung gemäß Übernahmezeitpunkt, die mit dem heutigen Behördensystem kaum übereinstimmt, schier unendliche Aktenberge sichten. Infolge der Rubrizierung aller in der Polizeiadministration nach 1945 angefallenen Akten unter mehrere, aus dem damaligen permanenten Organisationsrevirement resultierende Oberbegriffe lässt sich relevantes Material nicht unter Begriffen wie Gendarmerie oder Kriminalpolizei aufspüren. Es gilt vielmehr, den 200 Einzelsignaturen umfassenden Bestand ab Kriegsende äußerst zeitintensiv zu durchforsten, um thematisch und chronologisch die Spreu vom Weizen zu trennen. Die mühevolle Kleinarbeit belohnen dafür aber überraschende Detailfunde!

Einen unerwarteten Erfolg brachte auch die Sichtung der St. Ingberter Stadtarchivalien, da sich mit diesen die bruchstückhaften Kenntnisse über die Entwicklung der dort angesiedelten Polizeischule komplettieren ließen. Einen wahren Schatz in Sachen Polizeigeschichte barg ein Saarbrücker Stadtteilarchiv. Dessen geschlossene, bis dato unausgehobene Aktenbestände einer örtlichen Bürgermeisterei ermöglichten eine Rekonstruktion der täglichen Polizeiarbeit in der direkten Nachkriegszeit – die Erläuterungen zur regionalen Kriminalitätsbekämpfung fußen hauptsächlich auf diesen Unterlagen.

Manch lohnenswerte Blickwinkelverschiebung bot gerade in diesem Kontext das Archiv der „Saarbrücker Zeitung", das durch seinen nahezu kompletten Nachkriegsbestand unzählige Informationen lieferte. Die Tätigkeitsberichte zum Polizeieinsatz zwecks Begrenzung von Kriminalität, Schwarzmarkt und Verkehrsproblemen erweiterten das Wissen nach nüchternem Aktenstudium außerordentlich.

Die Materialien des hiesigen Landtagsarchivs ließen sich hingegen für den zugrundeliegenden Themenkomplex überhaupt nicht verwerten. Sitzungs- und Redeprotokolle, Konferenz- und Gremienberichte bestätigten die Vermutung, dass die wichtigen Entscheidungen zur Polizei ab Ende 1947 nicht auf der parlamentarischen, sondern ministeriellen Ebene oder in untergeordneten Behörden getroffen wurden.

Eine Überraschung boten die beim Statistischen Landesamt aufbewahrten Archivalien, mit denen sich Fragen zur allgemeinen Nachkriegsentwicklung wie auch polizeispezifische beantworten ließen, da hier sogar französische Originale aus der Okkupationszeit vorliegen. So konnten Wissenslücken bei Lebensstandard, Wohnsituation, Einkommen, Personal im öffentlichen Dienst oder Kriminalitätsentwicklung in der zweiten Jahreshälfte 1945 geschlossen werden. Das Amt, de jure am 25. Juni 1949 als „Zentralstelle für den gesamten statistischen Dienst" begründet, existierte in praxi bereits ab Juli 1945 zwecks Kooperation mit der Abteilung „Statistique et contrôle" der französischen Militärregierung und von Oktober 1946 bis Ende 1947 als statistische Behörde der Verwaltungskommission, um Erhebungsdaten zum Saarland zu veröffentlichen.[12]

Das zweite quellentechnische Standbein bilden die **von Privatpersonen zur Verfügung gestellten Quellensammlungen**, die behördliche wie private Unterlagen gleichermaßen enthielten und Fehlbestände staatlicher Institutionen vervollständigten. An erster Stelle sind die Akten des Saarbataillons zu nennen, die, von den Ursprüngen in französischen Kriegsgefangenenlagern bis zur Auflösung im Herbst 1955 reichend, alle Bereiche dieser Polizeiabteilung abdecken. In ihrem Informationsgehalt sind sie mit den zeitweise sogar wöchentlich erscheinenden Nachrichtenblättern des Landespolizeipräsidiums gleichzusetzen, die als Rundschreiben mit allen nur erdenklichen Verfügungen ein enormes Basis- und Detailwissen vermitteln. Mit Ausnahme der Jahrgänge 1948 und 1954 geschlossen vorhanden, spiegeln sie die Bedeutung des bis Sommer 1956 existenten Polizeipräsidentenamtes sehr gut wider.[13] Die Kommandoanordnungen der Gendarmerie eröffnen durch deren vielfältiges Einsatzspektrum eine Fülle an Informationen zum Dienstalltag. Sie sind erfreulicherweise von Oktober 1949 bis August 1956 lückenlos erhalten und erlauben eine zufriedenstellende Rekonstruktion der Entwicklung dieser wichtigen Sparte. Eine auch nur grobe Übersicht zum Diensthundewesen erschien bei Recherchebeginn wegen eines totalen Aktenfehlbestandes nicht realisierbar. Gemäß dem Motto „Wer lange sucht, wird endlich fündig!" und mit einem Quäntchen Glück war aber auch für diese Abteilung ein Quellenschatz zu heben, der sich durch umfangreiches Photomaterial wohltuend von den übrigen Archivalien unterscheidet. Ebenso aussagereich erwies sich die landeseigene Polizeifachzeitschrift, deren bei der Polizeischule angesiedelte Redaktion von 1948 bis 1955 Artikel zu polizeirelevanten Themen aller Art publizierte.

Eine sinnvolle Ergänzung dieser maximal ein knappes Jahrzehnt umfassenden Materialien boten Dokumente aus kürzeren Zeiträumen. So ließen sich beispielsweise anhand der akribischen Statistiken des Jahresberichts der Gendarmerie von 1955 interne Dienstprobleme und gesamtgesellschaftliche Entwicklungstendenzen wie die Kriminalitätsverschiebung gut ablesen. Gleiches gilt für die Polizeibekleidungsvorschriften mitsamt ihren Supplementen von 1950 und 1954.

Bedauerlicherweise kann die Entwicklung einiger Polizeiabteilungen weder mit behördeneigenen noch privaten Quellen auch nur annähernd nachvollzogen werden. Diese „weißen Flecken" betreffen weitgehend die tägliche Arbeit der Luftpolizeidienststelle, das Musikkorps und die Reiterstaffel. In den beiden letztgenannten Fällen ermöglichten lediglich Zeitungsartikel einen chronologischen Überblick; die seitens eines ehemaligen berittenen Bediensteten bereitgestellten Photographien zur Reiterstaffel verkörpern sogar die einzigen unmittelbaren Überreste dieser Dienststelle. Eine seriöse Gesamtdarstellung der Kriminalpolizei ist mangels Unterlagen ebenso wenig realisierbar. Zurzeit beschränkt sich eine akzeptable Erörtung auf die Bereiche Organisation, Kriminalstatistik, Ausbildung, Weibliche Kriminalpolizei und Technik. Ihre Ermittlungstätigkeiten in den 40er und 50er Jahren sind nur für einzelne Aspekte oder spektakuläre Fälle zu eruieren.

Weitere **zeitgenössische Materialien außerhalb des behördlichen Verschriftlichungssektors** erweitern die bei Historiographien an erster Stelle rangierenden schriftlichen Quellen oftmals ganz erheblich. Glücklicherweise ließ sich das polizeieigene Photoarchiv mit Aufnahmen von Zeitzeugen ergänzen, zumal auch die Bilderrecherche in regionalen Sammlungen erfolglos geblieben war. Folglich beschränkt sich die vorliegende Untersuchung nicht auf die Wiedergabe bloßer Texte, sondern vertieft deren Information noch durch Abbildungen.

Problematisch gestaltete sich auch die Suche nach verwertbaren Zeitungsartikeln im zugrunde gelegten Zeitraum. Bis Ende 1947 ist die saarländische Presselandschaft mit derjenigen in der französischen Besatzungszone vergleichbar; erst ab 1948 wurde sie nach Einrichtung der autonomen Regierung unabhängiger. Die erste Tagesblatt-Lizenz erhielt die „Saarbrücker Zeitung" (SZ) im August 1945 von der „Direction de l'information". Deren geschickte Redaktionspolitik ließ weder die französische noch Vorzensur durch das Hoffmann-Pressebüro erahnen und die Auflage bereits im ersten Jahr hochschnellen (170 000). Da die SZ ab Herbst 1945 zweimal pro Woche erschien, die übrigen Regionalblätter aber nur einmal, hatte sie mit rund sechzig Prozent an der Auflage aller hiesigen Zeitschriften eine Monopolstellung inne. Der Informationsgehalt ihrer Beiträge zur Polizei ist auf dem mittleren Treppchen anzusiedeln: Sie unterstützen den Historiker beim Analysieren der „Stimmung der breiten Masse" oder Aufspüren „eines Vorganges …, der (ansonsten) entgangen wäre".[14]

Die übrigen, meist als Parteiorgan edierten Zeitungen sind als zeitgenössische Quelle nur bedingt zu nutzen, da sie infolge der zeitweise rigiden Pressezensur Hoffmanns mit Veröffentlichungs- oder Einfuhrverboten unregelmäßig erschienen und aufgrund ihrer parteilichen Anbindung ohnehin wenig objektiv agierten. Die von den politischen Gegnern des Ministerpräsidenten als „brutale Schlägertruppe" verunglimpften Ordnungshüter des „polizeistaatähnlichen Regimes" konnten in solchen Gazetten keine neutrale Bewertung erwarten. Der Historiograph muss sich also mit gebotener Vorsicht an diese Artikel herantasten, ob aus hoffmanntreuen oder -feindlichen Kreisen.[15]

Einen ganz besonderen Fundus bietet die saarländische Satirezeitschrift „Der Tintenfisch", die trotz Auflagen von bis zu 30 000 Exemplaren stets in kürzester Zeit vergriffen war. Sie unterlag erstaunlicherweise mit ihren bissigen Texten, gnadenlosen Karikaturen und der offenkundigen Kritik am Kabinett Hoffmann meist nur einer verlagsinternen Zensur, denn es erging während ihres sechsjährigen Bestehens von Mitte 1948 bis Ende 1953 nur selten ein Erscheinungsverbot. Da der „Tintenfisch" im regierungstreuen SZ-Verlagshaus gedruckt wurde, das sich mehrheitlich in französischer Hand befand, keimt die pikante Vermutung auf, dass die ehemalige Besatzungsmacht vielleicht auch mit Hilfe der Politsatire die demokratische Umerziehung der Saarländer beschleunigen wollte?! Als Enfant terrible der Saarpresse konnten sich jedenfalls seine Macher manche Freiheit herausnehmen, auch in Bezug auf das hiesige Sicherheitswesen: Polizeirelevante Ereignisse wurden hierin liebevoll durch den Kakao gezogen – mit hohem Informationsgehalt auch noch für heutige Leser.[16]

Im Gegensatz hierzu bewegt sich der Historiker bei **Zeitzeugeninterviews** auf höchst problematischem Terrain, denn die Nachteile der (wissenschaftlich ohnehin bedenklichen) hermeneutischen Methode der „Oral History" wurden bei der Befragung ehemaliger Polizisten besonders augenfällig. Grundsätzlich ist die Ergänzung quellenkundlicher Einsichten, die auch der Gefahr einseitiger Beurteilung unterliegen, durch mündliche Zeugnisse sicher sinnvoll. Ihr Stellenwert für eine historische Gesamtbewertung ist allerdings niedrig anzusetzen, da Zeitzeugen selten ohne subjektive Einfärbung berichten.

Diese Komplikation erwies sich bei den Gesprächen mit Ex-Bediensteten der Saarpolizei als dominant. Eine „im Geiste der Objektivität" und „wissenschaftlich integre"[17] Befragung war kaum möglich, zumal durch den großen zeitlichen Abstand zwischen Dienstzeit und Interview nur Polizisten aus der Altersgruppe der heute mindestens Fünfundsiebzigjährigen in Frage kamen. Deren überwiegende Mehrheit erklärte sich jedoch nicht zu einer Befragung bereit, wobei diese Abwehrhaltung, dies lassen zahlreiche Anspielungen vermuten, auf den negativen Erfahrungen mit einzelnen Kollegen, Vorgesetzten oder der gesamten Polizeibehörde beruht. Während der Vorgespräche kristallisierte sich außerdem heraus, dass viele ehemalige Beamte eher zur Übernahme allgemeiner Vorurteile gegenüber der Polizei denn zur korrekten Wiedergabe eigener, auch positiver Erlebnisse neigen. Dies gilt insbesondere für das Saarbataillon, dessen schriftliche Akten paradoxerweise der Falsifizierung mündlicher Aussagen dienten! Dies spornt verständlicherweise erst recht dazu an, unlautere Wertungen zu entlarven und die historische Wahrheit herauszufinden!

Ohne die Mithilfe vieler ehemaliger Polizeiakteure wäre die vorliegende Studie zum Scheitern verurteilt gewesen, da sie zahlreiche Unterlagen beisteuerten, die die auf innerbehördlichen Aktenbeständen und Presseartikeln fußenden Erkenntnisse vertieften. Ihnen allen sei an dieser Stelle mein Dank ausgesprochen!

Anmerkungen

1   Länderzuordnungen u. Territoralaufsplitterungen bei Hans-Walter Herrmann und Georg Wilhelm Sante: Geschichte des Saarlandes. Würzburg 1972 [= Geschichte der deutschen Länder – Territorien-Ploetz: Sonderausgaben, o. Nr.].

2   S. zur Archivtradition a. Hans-Christian Herrmann: Grundzüge zur saarländischen Archivgeschichte. Archive im Kontext fehlender Verwaltungstraditionen und eines sich bildenden historischen Raumes; in: Jahrbuch für westdeutsche Landesgeschichte 22(1996); S. 213–232 u. Wolfgang Laufer und Hans-Walter Herrmann: Das Landesarchiv Saarbrücken. Einführung in Geschichte, Aufgaben, Bestände und Benutzung; hrsg. vom Chef der Staatskanzlei. Saarbrücken ²1983; S. 6–9.

3   S. hierzu a. Laufer: Landesarchiv; S. 7f.

4   Vgl. zum saarländ. Archivwesen ab 1935 a. Karl Heinz Debus (Hrsg.): Das Landesarchiv Speyer – Festschrift zur Übergabe des Neubaues. Koblenz 1987 [= Veröffentlichungen der Landesarchivverwaltung Rheinland-Pfalz, Bd. 40]; S. 230f.

5   So bestand Dr. Hermann Heimerich, seit 6.5.1945 Oberpräsident der Zentralregierung Rheinhessen, Pfalz, Darmstadt u. Saar (Neustadt) auf Unterordnung des v. Kelly am 4.5. für das Saargebiet (Saarbrücken) eingesetzten Regierungspräsidenten Dr. Hans Neureuther; s. a. Quellen zum Neubeginn der Verwaltung im rheinisch-pfälzischen Raum unter der Kontrolle der amerikanischen Militärregierung – April bis Juli 1945; bearbeitet von Hans-Jürgen Wünschel; hrsg. im Auftrage der Kommission des Landtages bei der Landesarchivverwaltung Rheinland-Pfalz von Franz-Josef Heyen. Mainz 1985 [= Veröffentlichungen der Kommission des Landtages für die Geschichte des Landes Rheinland-Pfalz, Bd. 7]; S. 214f.

6   Das Münchner Institut f. Zeitgeschichte verfügt über die OMGUS-Akten auf Mikrofiches, doch diese beinhalten nur ca. ein Drittel des US-Gesamtbestandes; direkte Anfragen in Washington werden leider meist negativ beantwortet.

7   Dankenswerterweise hat Wünschel alle zugänglichen Archive berücksichtigt u. auch polizeirelevantes Material ausgewertet, so dass die für das Saarland zw. März u. Juli 1945 klaffenden Lücken zumindest verkleinert werden konnten; s. ebda.

8   Vgl. zur Frühzeit des Landesarchivs a. Laufer: Landesarchiv; S. 10ff sowie Herrmann: Grundzüge; S. 224ff u. ders. in: Vom Wiederaufbau zur Landeshauptstadt, Europastadt und Grenzmetropole (1945–74); in: Rolf Wittenbrock (Hrsg.): Geschichte der Stadt Saarbrücken. Bd. 2: Von der Zeit des

stürmischen Wachstums bis zur Gegenwart, Saarbrücken 1999; S. 339–452, S. 450f sowie Debus: Landesarchiv; S. 228; s. zum Regelwerk des saarländ. Archivgesetzes v. 23.9.1992 a. Wolfgang Müller und Michael Sander (Hrsg.): Saarländischer Archivführer. Saarbrücken ²2002; S. 10f.

9 Direkt nach dem Krieg galt fast europaweit eine Archivsperrfrist v. fünfzig Jahren – die in Frankreich noch lange übliche Frist v. 35 bzw. fünfzig Jahren wurde mittlerweile an die verkürzte dreißigjährige in der BRD u. anderen Ländern angeglichen; die Sichtung privater Nachlässe ist in Frankreich aber weiterhin v. Einzelgenehmigungen durch die Erben oder Archivleiter abhängig.

10 S. zur Problematik a. Dietmar Hüser: Frankreichs „doppelte Deutschland politik". Dynamik aus der Defensive – Planen, Entscheiden, Umsetzen in gesellschaftlichen und wirtschaftlichen, innen- und außenpolitischen Krisenzeiten 1944–1950. Berlin 1996 [= Dokumente und Schriften der Europäischen Akademie Otzenhausen e.V., Bd. 77] (zugl. Diss. Saarbrücken 1994); S. 21–42 u. Stephan Schölzel: Die Pressepolitik in der französischen Besatzungszone 1945–1949. Mainz 1986 [= Veröffentlichungen der Kommission des Landtages für die Geschichte des Landes Rheinland-Pfalz, Bd. 8]; S. 5f.

11 Hier sei auf Arbeiten ehemaliger Hudemann-Mitarbeiter verwiesen: Armin Heinen: Saarjahre. Politik und Wirtschaft im Saarland 1945–1955, Stuttgart 1996 [= Historische Mitteilungen i.A. der Ranke-Gesellschaft, Vereinigung für Geschichte im öffentlichen Leben e.V., Beiheft 19]; Rainer Möhler: Entnazifizierung in Rheinland-Pfalz und im Saarland unter französischer Besatzung von 1945 bis 1952. Mainz 1992 [= Veröffentlichungen der Kommission des Landtages für die Geschichte des Landes Rheinland-Pfalz, Bd. 17] u. Dietmar Hüser, ebda. – s. zu den Quellen der Nachkriegszeit: Rainer Hudemann/Burkhard Jellonek: Saar-Geschichte. Neue Methoden, Fragestellungen, Ergebnisse; in: Rainer Hudemann/Burkhard Jellonek/Bernd Rauls (Hrsg.): Grenz-Fall. Das Saarland zwischen Frankreich und Deutschland 1945–1960, St. Ingbert 1997 [= Schriftenreihe Geschichte, Politik und Gesellschaft der Stiftung Demokratie Saarland, Bd. 1]; S. 11–29.

12 Im Einzelnen: Statistischer Jahresbericht der Stadt Saarbrücken für die Jahre 1939 bis 1947; hrsg. vom Statistischen Amt der Stadt Saarbrücken. Saarbrücken 1948; Journal officiel du commandement en chef français en Allemagne – Gouvernement militaire de la zone française d'occupation (= Amtsblatt des französischen Oberkommandos in Deutschland). Baden-Baden 1945–1946; Rapport sur l'évolution de l'emploi en Sarre depuis le rattachement économique et l'introduction du franc (novembre 1947–novembre 1949); hrsg. vom Commissariat de la république française en Sarre, o.O.o.J.; Bulletin d'informations et de statistiques. Das Saarland während des ersten Halbjahres 1948, Saarbrücken 1948; Rudolf Köster: Die Lebens-

haltung im Saarland. Eine Übersicht über die Entwicklung der Lebenshaltungskosten im Saarland von 1920 bis April 1948; hrsg. vom Statistischen Amt des Saarlandes, Saarbrücken 1948; Richtlinien für die Bewirtschaftung der Haushaltmittel (Beschluß der Regierung des Saarlandes v. 12.5.1948). Saarbrücken 1948 – hervorzuheben sind die Kriminalstatistiken für 1949 u. 1954–58: Die Kriminalität im Saarland im Jahre 1949. o.O.o.J u. Polizeiliche Kriminalstatistik und Jahresbericht; hrsg. vom Landeskriminalpolizeiamt des Saarlandes. o.O. 1954–1956 u. Polizeiliche Kriminalstatistik und Jahresbericht; hrsg. vom Landeskriminalamt Saarland, o.O. 1957f sowie Quellennachweise zur Statistik des Saarlandes; hrsg. vom Statistischen Amt des Saarlandes. Saarbrücken 1976 [= Einzelschriften zur Statistik des Saarlandes, Nr. 53]; S. 10.

13 Ihr Erscheinen wurde Ende März 1956 eingestellt, da die Saarstatutabstimmung im Okt. 1955 das Ende des Präsidiums (Juni 1956) eingeläutet hatte

14 So Jacques Freymond zum Informationsgehalt von Zeitungen; in: ders.: Die Saar 1945–1955. München 1961 [= hrsg. vom Carnegie Endowment for International peace european centre]; S. 20–22.

15 Vgl. zur Entwicklung der SZ a. Schölzel: Pressepolitik; S. 218–225 u. Robert H. Schmidt: Saarpolitik 1945–1957. 3 Bde. Berlin 1959–1962 – Bd. 1: Politische Struktur. Berlin 1959; S. 547–552 – die durchschnittl. SZ-Auflagen: 1945 103 000, 1946 170 000, 1948 188 000 u. 1949 148 000 Exemplare – die „Saarländische Volkszeitung" rangierte an zweiter Stelle (130 000); für die oppositionelle SPS (Sozialdemokratische Partei des Saarlandes) kämpfte ab 1946 die „Volksstimme" mit 60 000 Exemplaren pro Woche, zeitgleich die „Neue Zeit" (Kommunistische Partei/Saar) mit meist 30 000; anhand dieser Zeitungen sind kontinuierliche oder neutrale Darstellungen nicht möglich – Zahlen a. Schölzel: Pressepolitik; S. 220.

16 Vgl. zu den Bedingungen des „Tintenfisch" a. Nachgefragt: 23. Oktober 1955. Zeugnisse und Dokumente zum 25. Jahrestag der Volksbefragung im Saarland; zusammengestellt von Klaus Altmeyer und Franz-Rudolph Kronenberger, Saarbrücken 1980; S. 159–163 u. Roland Stigulinszky: Der „Tintenfisch" und was danach kam; in: Von der „Stunde O" bis zum „Tag X". Das Saarland 1945–1959; hrsg. vom Stadtverband Saarbrücken. Katalog zur Ausstellung des Regionalgeschichtlichen Museums im Saarbrücker Schloß, Merzig 1990; S. 327–334 sowie Dieter Berwanger: Massenkommunikation und Politik im Saarland 1945–1959. Ein Beitrag zur Untersuchung „publizistischer Kontrolle", München 1969; S. 94f.

17 So Louis M. Starr zur Handhabung v. Zeitzeugeninterviews a. S. 72; in: ders.: Oral History in den USA. Probleme und Perspektiven; in: Lutz Niethammer (Hrsg.): Lebenserfahrung und kollektives Gedächtnis. Die Praxis der „Oral History", Frankfurt a.M. 1985 [= Suhrkamp-TB Wissenschaft,

Bd. 490]; S. 37–74 – die Vorgaben Frieder Stöckles für Befragungen entsprechen Idealbedingungen; s. a. ders.: Zum praktischen Umgang mit Oral History; in: Herwart Vorländer (Hrsg.): Oral History. Mündlich erfragte Geschichte – acht Beiträge, Göttingen 1990; S. 131–158.

3. Erforschung der saarländischen Nachkriegsgeschichte

Die Reorganisation der hiesigen Polizei nach Kriegsende kann aufgrund ihres weitverzweigten Aufgabengebietes nicht isoliert betrachtet werden, sondern ist mit der allgemeinen Regionalhistorie untrennbar verknüpft. Da der französische Einfluss nach der Okkupation infolge der Wirtschafts- und Zollunion noch ein rundes Jahrzehnt andauerte, besaßen bei den **wissenschaftlichen Untersuchungen** die Aspekte „saarländisch-französische Kooperation" bzw. „deutsch-französische Beziehungen" verständlicherweise Vorrang. Die wichtigsten Forschungsergebnisse sind dem Lehrstuhl für Neuere und Neueste Geschichte am Historischen Institut der saarländischen Universität zu verdanken. Mit ihren Veröffentlichungen schlossen Professor Rainer Hudemann und seine Mitarbeiter in den letzten Jahren weitklaffende Lücken zur Nachkriegsära, so dass das Saarland der 40er und 50er Jahre nicht mehr länger eine Terra incognita verkörpert und auch dem polizeihistorisch Interessierten unerlässliches Hintergrundwissen zur Verfügung steht.

Zusammen mit Raymond Poidevin gab Rainer Hudemann 1992 Gesprächsbeiträge eines Kolloquiums beim saarländischen Landtag[1] heraus. In diesem Kontext steht auch die Aufsatzsammlung „Grenz-Fall", in der die ersten fünfzehn Nachkriegsjahre, in denen die Saarregion zwischen Marianne und Michel hin- und hergerissen wurde und der Autonomiegedanke mit Blick auf Luxemburg die Debatten beherrschte, erläutert werden.[2] Armin Heinen, Mitarbeiter Hudemanns, hat sich 1996 in seiner Habilitationsschrift „Saarjahre" mit dem politischen und ökonomischen Fortgang des Landes bis 1955 auseinandergesetzt. Dieses Standardwerk zur Nachkriegsära beantwortete viele ungeklärte Fragen zur Wirtschaftsunion mit Frankreich und diente zugleich der Revision von Fehleinschätzungen zur französischen Besatzungs- und Kooperationspolitik.[3] Denselben Zeitraum hat sein Institutskollege Rainer Möhler unter dem Entnazifizierungsaspekt erforscht: Für seine Studie über die unterschiedlichen Säuberungsverfahren der französischen Okkupationsmacht wertete er 1992 bislang verschlossene Archivbestände aus und rettete dieses heikle Thema aus dem fast sagenumwitterten Überlieferungsbereich in die ernsthaft betriebene Geschichtsschreibung hinüber. Ohne die Säuberung der Saarpolizei en détail abzudecken, lieferte seine Arbeit doch zahlreiche Informationen zum vorliegende Entnazifizierungskapitel.[4] Der dritte Mitstreiter im Bunde ist Dietmar Hüser mit seiner Dissertation „Frankreichs ‚doppelte Deutschlandpolitik'. Dynamik aus der Defensive" (1996).[5] Im Reigen neuerer Publikationen zur Saarhistorie nach 1945 darf Martin Kerkhoffs zeitgleich erschienene Dissertation[6] nicht fehlen, in der die Bedeutung der Region für die Anpassung der Pariser Deutschlandpolitik ab Sommer 1945 untersucht wird. Der Autor erhellt auch die Rolle des Saarlandes auf dem internationalen Parkett und das rigorose sowjetische Vorgehen gegen jede weitere französische Annektion, wobei die internationalen Konferenzen bis zum Frühjahr 1946 wichtige Weichen auch für das Saarbataillon stellten. Der Politologe Ulrich Pohlmann widmete sich ebenfalls der Saarfrage im Konzert der alliierten Mächte ab 1942.[7] Wertvolle Details zum sozialen Besitzstand im ersten Nachkriegsjahrzehnt bietet die Doktorarbeit des Historikers Hans-Christian Hermann. Anhand dieser lässt sich die finanzielle und soziale Situation der saarländischen Polizisten infolge des hiesigen Lohn- und Zulagensystems abwägen.[8] In puncto kriminalpolizeilicher Fachunterricht lieferten die biographischen Skizzen zu den Lehrstuhlinhabern des Kriminologie-Instituts von Universitätsarchivar Wolfgang Müller wertvolle Details, da er hochschulinterne, politische und gesellschaftliche Hintergründe berücksichtigt hat.[9] Sinnvoll ergänzt werden diese durch Gerhard Kielweins Abhandlung zum Institutsjubiläum, in der die Einflüsse der deutsch-französischen Kooperation auf den kriminologischen Fachbereich zum Tragen kommen.[10] Die identitätsstiftende Zielsetzung der französischen Besatzungsmacht bei der Einführung ihrer Feiertage und Kultur im Saarland arbeitete Armin Flender in seinem Buch zur öffentlichen Erinnerungskultur auf.[11]

Bezüglich des Pressewesens, das unter der Militärregierung und Johannes Hoffmann einer scharfen Zensur unterlag, kann auf zwei Werke verwiesen werden. Für die frühe Nachkriegszeit erläutert Stephan Schölzel detailfreudig die Pressegesetze im gesamten Besatzungsgebiet Frankreichs, wobei das Saarland durch seinen politischen Sonderstatus nicht im Mittelpunkt steht.[12] Zeitlich und thematisch ausgeweitet, beschäftigte sich Dieter Berwanger mit der Kontrolle publizistischer

Medien im Saarland durch die Politik.[13] Für den Rundfunksektor ist, trotz stellenweise mangelnder Neutralität, Heribert Schwans Dissertation zum Radio als politisches Instrument zu nennen.[14] Albert H.V. Kraus liefert etliche Informationen zu den kontrovers geführten Diskussionen rund ums Saarstatut.[15] Wilfried Busemanns Abhandlung[16] schloss 2005 die Lücke zur Geschichte der regionalen Gewerkschaften. Wolfgang Harres' streckenweise deutschtümelnde Darstellung der Sportpolitik zwischen Kriegsende und BRD-Anschluss erhellt die Hintergründe für den Aufbau des Polizeisportvereins.[17]

Bereits im Betrachtungszeitraum erschienen amerikanische, deutsche und französische Publikationen, von denen zwei hervorzuheben sind. In den noch heute in Wissenschaftskreisen anerkannten Bänden des Politologen Robert H. Schmidt zur „Saarpolitik 1945–1957" (Berlin 1959 bis 1962) wird eine enorme Materialfülle inklusive Zeitzeugeninterviews, Amtstexten und Presseartikeln ausgewertet. Die Ergebnisse einer internationalen Arbeitsgruppe zum Saarkonflikt edierte Jacques Freymond 1961 in München unter dem Titel „Die Saar 1945–1955".[18]

Erhellen all diese Schriften Einzelaspekte der Saarhistorie auf teilweise hohem Niveau, so befriedigen sie nicht das bislang ungestillte Bedürfnis nach einem fundierten Überblick. Dieser Aufgabe hat sich erfolgreich ein Autorenteam des Historischen Museums Saarbrücken verschrieben und anlässlich einer Ausstellung über die Jahre 1945 bis 1957 einen Katalog[19] herausgegeben, der nicht in der Abbildung von Exponaten und Photos verharrt, sondern diese mit Beiträgen zu Alltag und internationalem Kontext ergänzt. Dieses für Laien wie Experten nutzbare Kompendium eignet sich auch für polizeiambitionierte Leser.

Eine Gratwanderung zwischen akademischer und **populärwissenschaftlicher Arbeit** vollzog das Landesarchiv mit dem Bildband „Der Saarstaat" 2005. Diese Dokumentation zur Regionalgeschichte im ersten Nachkriegsjahrzehnt enthält zwar viele informative Photos, die Begleittexte stillen aber nicht den Wissensdurst eines detailinteressierten Lesers.[20] Die Stimmung während des Wahlkampfes zum Saarstatut vermitteln die Herausgeber von „Nachgefragt: 23. Oktober 1955", die anhand von Dokumenten und Zeitzeugeninterwies das Szenario der weitreichenden Auseinandersetzungen zwischen „Ja-" und „Nein-Sagern" nachzeichnen.[21] Die Auswirkungen politischer Entscheidungen auf das alltägliche Leben beleuchten zahllose Publikationen zur frühen Nachkriegsperiode.[22] Der Saarbrücker Hans Trautes liefert in seinen Erinnerungen auch Einzelinformationen zum Polizeiaufbau in der Landeshauptstadt nach dem Einmarsch der US-Truppen.[23]

Anmerkungen

1 „Die Saar 1945–1955. Ein Problem der europäischen Geschichte – La Sarre 1945–1955. Un problème de l'histoire européenne", München ²1995.

2 Rainer Hudemann/Burkhard Jellonek/Bernd Rauls (Hrsg.): Grenz-Fall. Das Saarland zwischen Frankreich und Deutschland 1946–1960, St. Ingbert 1997 [= Schriftenreihe Geschichte, Politik u. Gesellschaft der Stiftung Demokratie Saarland, Bd. 1].

3 So a. des Vorurteils, Frankreich habe zur Wiedergutmachung seiner Kriegsverluste die Saar ausgebeutet – Armin Heinen: Saarjahre. Politik und Wirtschaft im Saarland 1945–1955, Stuttgart 1996 [= Historische Mitteilungen im Auftrage der Ranke-Gesellschaft, Vereinigung für Geschichte im öffentl. Leben e.V., Beiheft 19].

4 Rainer Möhler: Entnazifizierung in Rheinland-Pfalz und im Saarland unter französischer Besatzung von 1945 bis 1952. Mainz 1992 [= Veröffentlichungen der Kommission des Landtages für die Geschichte des Landes Rheinland-Pfalz, Bd. 17].

5 Untertitel: Dynamik aus der Defensive – Planen, Entscheiden, Umsetzen in gesellschaftlichen und wirtschaftlichen, innen- und außenpolitischen Krisenzeiten 1944–1959. Berlin 1996 [= Dokumente und Schriften der Europäischen Akademie Otzenhausen e.V., Bd. 77] (zugl. Diss. Saarbrücken 1994) – den „politischen Spielball Saar" untersucht er in „Die Saar in den internationalen Beziehungen nach dem Zweiten Weltkrieg. Ungewisse Planspiele, zögerliche Praxis und funktionales Potential in einem nachgeordneten Politikfeld"; in: Rainer Hudemann/Burkhard Jellonek/Bernd Rauls (Hrsg.): Grenz-Fall. Das Saarland zwischen Frankreich und Deutschland 1945–1960, St. Ingbert 1997 [= Schriftenreihe Geschichte, Politik u. Gesellschaft der Stiftung Demokratie Saarland, Bd. 1]; S. 97–120.

6 Ders.: Großbritannien, die Vereinigten Staaten und die Saarfrage, 1945 bis 1954. Stuttgart 1996 [= Historische Mitteilungen, Beiheft 22] (zugl. Diss. Trier).

7 Ulrich Pohlmann: Die Saarfrage und die Alliierten 1942–1948. Frankfurt a.M./Berlin/New York u.a. 1993 [= Europäische Hochschulschriften, Reihe 31: Politikwissenschaft, Bd. 213] (zugl. Diss. Bonn).

8 Hans-Christian Herrmann: Sozialer Besitzstand und gescheiterte Sozialpartnerschaft. Sozialpolitik und Gewerkschaften im Saarland 1945 bis 1955, Saarbrücken 1996 [= Veröffentlichungen der Kommission für saarländische Landesgeschichte und Volksforschung, Bd. 28] (zugl. Diss. Saarbrücken 1995).

9 Wolfgang Müller: Ulrich Stock und Ernst Seelig – biographische Skizzen zu zwei Professoren der frühen Jahre der Universität des Saarlandes; in: Unrecht und Recht – Kriminalität und Gesellschaft im Wandel von 1500–2000.

Gemeinsame Landesausstellung der rheinland-pfälzischen und saarländischen Archive, Koblenz 2002 [= Veröffentlichungen der Landesarchivverwaltung Rheinland-Pfalz, hrsg. von Heinz-Günther Borck u. Beate Dorfey, Bd. 98]; S. 210–228.

10 Gerhard Kielwein: Zur Gründungsgeschichte des Instituts für Kriminologie der Universität des Saarlandes; in: Gerhard Kielwein (Hrsg.): Entwicklungslinien der Kriminologie. Vorträge und Beiträge anläßlich des 30. Jahrestages der Gründung des Instituts für Kriminologie der Universität des Saarlandes, Köln/Berlin/Bonn u.a. 1985 [= Schriftenreihe Annales Universitatis Saraviensis: Rechts- und Wirtschaftswissenschaftliche Abteilung, Bd. 117]; S. 1–12.

11 Armin Flender: Öffentliche Erinnerungskultur im Saarland nach dem Zweiten Weltkrieg. Untersuchungen über den Zusammenhang von Geschichte und Identität, Baden-Baden 1998 [= Schriftenreihe des Instituts für Europäische Regionalforschungen, Bd. 2] (= zugl. Diss. Siegen 1997).

12 Schölzel: Pressepolitik.

13 Berwanger: Massenkommunikation.

14 Heribert Schwan: Der Rundfunk als Instrument der Politik im Saarland 1945–1955. Berlin 1974 [= Beiträge zur Medientheorie und Kommunikationsforschung, Bd. 11] (zugl. Diss. Mainz 1973) – das Vorurteil der polit. Unterdrückung des Saarlandes durch die Franzosen ist hier unterschwellig stets vorhanden.

15 Albert H.V. Kraus: Die Saarfrage (1945–1955) in der Publizistik. Die Diskussion um das Saarstatut vom 23.10.1955 und sein Scheitern in der deutschen und französischen Presse, Saarbrücken 1988 (zugl. Diss. 1982).

16 Wilfried Busemann: Kleine Geschichte der saarländischen Gewerkschaften nach 1945; hrsg. im Auftrag der Arbeitskammer des Saarlandes. Saarwellingen 2005.

17 Wolfgang Harres: Sportpolitik an der Saar 1945–1957. Saarbrücken 1997 (zugl. Diss. Saarbrücken 1996).

18 Außerdem: Walter R. Craddock: The Saar-Problem in Franco-German relations, 1945–1957. Ann Arbor 1965; Per Fischer: Die Saar zwischen Deutschland und Frankreich. Politische Entwicklung von 1945–1959, Frankfurt/Benin 1959 – s. zur Saar-Forschung u. den Publikationen Fischers, Schmidts u. Freymonds a. Hans-Walter Herrmann: Literatur zur frühen Nachkriegsgeschichte des Saarlandes 1945–1957; in: Revue d'Allemagne et des pays de langue allemande 18(1986)1: La question sarroise dans les années 50; S. 115–142, S. 119f.

19 Von der „Stunde O" bis zum „Tag X". Das Saarland 1945–1959; hrsg. vom Stadtverband Saarbrücken. Katalog zur Ausstellung des Regionalgeschichtlichen Museums im Saarbrücker Schloß, Merzig 1990.

20 Ludwig Linsmayer (Hrsg.): Der Saarstaat – Bilder einer vergangenen Welt; Redaktion: ders./Paul Burgard. Saarbrücken 2005 [= Echolot. Historische Beiträge des Landesarchivs Saarbrücken, Bd. 2].

21 Nachgefragt: 23. Oktober 1955. Zeugnisse und Dokumente zum 25. Jahrestag der Volksbefragung im Saarland; zusammengestellt von Klaus Altmeyer und Franz-Rudolph Kronenberger, Saarbrücken 1980.

22 Doris Seck: Nachkriegsjahre an der Saar. Mit einer Einführung von Hans-Walter Herrmann, Saarbrücken 1982 u. ihre gemeinsam mit Paul Peters verfasste Publikation: Die Stunde Null. Das Kriegsende an der Saar, Saarbrücken 1986.

23 Hans Trautes: Erinnerungen an Saarbrücken während des zweiten [sic!] Weltkrieges 1939–1945. Saarbrücken 1974.

4. Polizeihistorische Bemühungen an der Saar

Für die Geschichte der Saar-Polizei kann man weder von einem fundierten Wissensstand geschweige denn einer adäquaten Forschungsliteratur sprechen, wobei dieses Manko für alle Epochen gleichermaßen gilt. Spezifische Forschungsvorhaben vereitelten jedoch weniger der Archivalienmangel denn das Fehlen jeglicher Institution in der Region zu diesem Themenkreis: Weder auf der universitären Ebene[1] noch bei der Verwaltungsfachhochschule existieren bis dato adäquate Dozentenstellen oder gar eigenständige Abteilungen. Die relativ späte Begründung letztgenannter Ausbildungsstätte für die Landespolizei im Jahr 1980 und knappe Haushaltskassen entschuldigen aber diesen Missstand keineswegs, denn der Vergleich mit anderen, ebenfalls Sparzwängen unterliegenden Bundesländern, die über jüngere Verwaltungsschulen verfügen, beweist, dass die „polizeihistorische Diaspora Saarland" allein auf dem mangelnden Willen hierzu beruht …

Eine intensive Literaturrecherche fördert überwiegend Laienabhandlungen von Polizeibediensteten zutage, die aus privatem Engagement heraus den ehrenhaften Versuch starteten, den Nebel um die eigene Behördengeschichte zu heben. Diese Arbeiten erlauben oft nur einen Überblick oder die streiflichtartige Erhellung einzelner Aspekte ohne wissenschaftliches Fundament. Der an speziellen Fragen interessierte Leser fischt daher in einem trüben Tümpel polizeihistoriographischer Schriften, die es dennoch zu erläutern gilt.

Werner Köth behandelte in seinem Aufsatz „Wie es früher war" die Entwicklung des Sicherheitswesens an der Saar vom 17. bis frühen 19. Jahrhundert.[2] Für das 18. existiert lediglich eine Publikation, die primär die Polizeiordnung des fürstlichen Nassau-Saarbrücken von 1762 und deren Nachfolgeregelungen untersucht.[3] Das 19. und frühe 20. Jahrhundert haben ebenso wenig einen monographischen Niederschlag erfahren; und auch für die Zwischenkriegszeit kann nur auf einen Artikel von Wilhelm Botz verwiesen werden.[4] Ertragreicher fällt die Recherche zur Polizei des Dritten Reichs aus, zumal sich in diesem Publikationssegment zwei wissenschaftliche Arbeiten befinden. 1992 erschien Klaus-Michael Mallmanns Werk zur Geheimen Staatspolizei und zum

Widerstand der Saarländer gegen diese.[5] Elisabeth Thalhofer verfasste zehn Jahre später eine Studie zum – vor allem in der Endphase des Krieges schrecklichen – Terror dieser NS-Polizeitruppe im Saarbrücker Gefängnis „Neue Bremm".[6] In diesem Kontext sind auch eine Abhandlung Reinhard Klimmts über den von der Gestapo ausgeübten psychischen Druck sowie einige Beiträge aus dem Expositionskatalog des Historischen Museums Saarbrücken zur NS-Zeit zu erwähnen.[7]

Helmut Lieber untersuchte die **Entwicklung der Polizei nach 1945** im Birkenfelder Land bis in die 50er Jahre hinein und berücksichtigte dabei indirekt auch die Reorganisation des saarländischen Sicherheitswesens, da dortige Teilgebiete 1945/46 vorübergehend zum hiesigen Territorium gehörten.[8] Georg Frank schilderte 1960 en détail das wachsende Aufgabenfeld der Nachkriegspolizei an der Saar; zeitgleich veröffentlichte Leo Stürmer einen Aufsatz zur Neugestaltung des gesamten Polizeiwesens.[9] Einen groben Gesamtüberblick lieferte 1964 der damalige Landespolizeipräsident Walter Scheu mit einer Aufsatzsammlung, in der sowohl einzelne Sparten als auch der tägliche Vollzugsdienst erläutert werden.[10] 1982 erschien im Rahmen einer polizeigewerkschaftlichen Publikation der Beitrag „35 Jahre staatliche Vollzugspolizei im Saarland" zum Wiederaufbau der Polizei ab 1945.[11]

Unter den polizeiintern entstandenen, oftmals sehr knappen Veröffentlichungen besticht die 1989 zum Jubiläum der Lebacher Polizeiausbildungsstätte edierte Festschrift durch ihre ungewohnte Darstellungsbreite.[12] Da Lebach als Folgeeinrichtung der ersten St. Ingberter Nachkriegsschule fungierte, beinhaltet das Heft auch einen geschichtlichen Abriss zu dieser „Urmutter" aller polizeilichen Unterrichtsstätten an der Saar.[13] Den Polizeisportverein erhellen ebenfalls Festschriften, wobei der jüngsten auch eine kurze Chronologie vorangestellt wurde.[14] Daneben existiert für diesen Bereich ein Beitrag Georg Franks inklusive eines Überblicks zur Vereinsgründung. Um die Aufarbeitung der eigenen Vergangenheit besonders bemüht zeigt sich der gewerkschaftliche Sektor. Hier besticht vor allen anderen Publikationen die jüngste zum fünzigjährigen Bestehen der Gewerkschaft der Polizei des Saarlandes (GdP), die neben Zeitzeugeninterviews und etlichen Abbildungen auch eine erweiterte Chronik bietet.[15] Unter der Redaktion H. Boussonvilles erschien 1977 eine Abfassung zur saarländischen Bereitschaftspolizei, die aber in Bezug auf deren Vorläufereinrichtung, das Saarbataillon, zahlreiche Fehlinterpretationen aufweist. Allen Aufsätzen zu dieser einmaligen Polizeiabteilung haftet das Manko einer fundierten Darstellung ihrer Frühzeit an.[16]

Kaum besser gestaltet sich die Literatur zur sehr beliebten Nachkriegsgendarmerie: Hierzu gibt es nur drei kürzere Abhandlungen von Georg Frank, deren Schwerpunkt durchweg der mehrfache Organisationswandel bildet.[17] Während Frank die Gendarmerie als publizistisches Steckenpferd betrieb, hat sich Heinrich Schneider zeitgleich der Landespolizei verschrieben. Seine Erläuterungen sind allerdings, wie so oft bei polizeiinterner Herkunft, mehr an zeitgenössischen Problemen denn historischen Aspekten ausgerichtet und bieten folglich nur eine grobe Übersicht.[18] Ohne die Initiative Ludwig Zeigers würde man für die Kriminalpolizei auf gähnende Leere stoßen, denn seine Beiträge verkörpern bis heute die einzige sekundäre Informationsmöglichkeit zu dieser Abteilung. Sie zeichnen sich durch eine enorme Detailfreude und zahlreiche Photos technischer Hilfsmittel aus.[19]

Mit der Geschichte der Kriminalpolizei untrennbar verbunden ist die Entwicklung der Verbrechenssituation, für die man, wenn überhaupt, auf meist unausgewertete Statistiken zugreifen muss. Eine erfreuliche Ausnahme bildet Paul Brauns Abhandlung zum Kriminalitätswandel und den daraus resultierenden Modifikationen bei der Kripo.[20]

Für einige polizeihistorische Aspekte gibt es sogar nur eine einzige literarische Quelle. So lässt sich beispielsweise das Aufgabengebiet der Sanitätsstelle nur anhand eines Artikels in der „Saarbrücker Zeitung", einiger Archivalien und einer wenig informativen Darstellung des damaligen Polizeiarztes rekonstruieren.[21] In derselben Beitragssammlung erschien Ludwig Tiefensees Überblick zur Hilfs- und Sterbekasse der Polizei.[22] Der außergewöhnlichen Verkehrssituation in den 50ern und den damit verknüpften Spezialaufgaben der Polizisten trägt eine Abhandlung Friedrich Schneiders aus dem Jahr 1964 Rechnung.[23] Bleiben in diesem Zusammenhang nur noch die reich bebilderten Ausführungen Gustav Günthers zum Aufbau des Polizeifuhrparks nach dem Krieg respektive zum Mercedes-Verkehrsunfallwagen zu erwähnen.[24]

Anmerkungen

1 Für die Abteilungen d. Historischen Instituts der Saaruniversität gab es durch ihre thematische u. zeitliche Abgrenzung keine Veranlassung zu einer Beschäftigung mit der Saarpolizei; im klass. Fachbereich für Wirtschafts- u. Sozialgeschichte lehrte zwar Prof. Ernst Klein bis Ende der 1980er Jahre die „Polizei- u. Kameralwissenschaften" länderübergreifend, die Regionalentwicklung blieb aber hierbei außer Acht.

2 Werner Köth: Wie es früher war – „Polizey"-geschichtliches; in: Das Saarland und seine Polizei; hrsg. v. Walter Scheu, redaktionelle Gestaltung: Werner Köth. Wiesbaden 1964 [= Sonderausgabe v. „Polizei-Technik-Verkehr" (1964)1]; S. 53–63.

3 Die Polizei im Saarland – aus zweihundertjähriger Policey-Ordnung. Delegiertentag 1966 der Gewerkschaft der Polizei (15./16.6.1966 in Saarbrücken), Düsseldorf-Benrath 1966.

4 Wilhelm Botz: Die Polizei an der Saar von 1920–1957; in: Polizei-Technik-Verkehr. Fachzeitschrift für Verkehrs-, Kraftfahr-, Fernmelde- und Waffenwesen der Polizei. Sonderausgabe (1966)1; S. 57f.

5 Klaus-Michael Mallmann: Gestapo und Widerstand. St. Ingbert 1992 [= Beiträge zur Regionalgeschichte; H 11: Braune Jahre – wie die Bevölkerung an der Saar die NS-Zeit erlebte].

6 Elisabeth Thalhofer: Neue Bremm – Terrorstätte der Gestapo. Ein erweitertes Polizeigefängnis und seine Täter 1943–1944, St. Ingbert 2002 und ³2004 (= zugl. Magisterarbeit Saarbrücken 2001).

7 Reinhard Klimmt: „Wenn du nicht artig bist, kommst du auf den Schloßplatz!" Die Gestapo an der Saar 1933–1945; in: Klaus-Michael Mallmann/Gerhard Paul/Ralph Schock u.a. (Hrsg.): Richtig daheim waren wir nie. Entdeckungsreisen ins Saarrevier 1815–1955, Berlin/Bonn 1987; S. 166–171 – „Zehn statt tausend Jahre – die Zeit des Nationalsozialismus an der Saar (1935-1945)." Katalog zur Ausstellung des regionalgeschichtlichen Museums im Saarbrücker Schloß – Saarbrücken 1988; hrsg. vom Stadtverband Saarbrücken, Merzig 1988 – hierin sind u.a. abgedruckt: Dietmar Renger: Das KZ „Neue Bremm" in Saarbrücken u. Inge Plettenberg: Die Wandinschriften in der Gestapo-Zelle.

8 Helmut Lieber: Geschichte der Polizei des Birkenfelder Landes. Vom Fürstentum zum Landkreis, Birkenfeld 1987 [= Schriftenreihe d. Kreisvolkshochschule Birkenfeld, Bd. 20].

9 Georg Frank: Anwachsen der polizeilichen Aufgaben; in: Die Polizei im Saarland. Zum Delegiertentag 1960 der Gewerkschaft der Polizei/Landesbezirk Saarland, Hamburg 1960; o.S.; Leo Stürmer: Das Wesen der Polizei. Ein Beitrag zur Neugestaltung des Polizeiwesens im Saarland; in: Die Poli-

zei im Saarland. Zum Delegiertentag 1960 der Gewerkschaft der Polizei/ Landesbezirk Saarland, Hamburg 1960; S. 123–131 u. ders.: Die Organisation der Vollzugspolizei im Saarland; in: Der deutsche Polizeibeamte 16(1966)5; S. 119–121.

10 Das Saarland und seine Polizei; hrsg. v. Walter Scheu, redaktionelle Gestaltung: Werner Köth. Wiesbaden 1964 [= Sonderausgabe (1964)1 v. „Polizei-Technik-Verkehr"].

11 35 Jahre „Staatliche Vollzugspolizei" im Saarland (Redaktion: Ludwig Haben); in: Bürger und Polizei – Partnerschaft bringt Sicherheit. Landesdelegiertentag der Polizeigewerkschaft im Deutschen Beamtenbund/Landesverband Saarland (30. April 1982 in Saarbrücken); hrsg. von der Polizeigewerkschaft im Deutschen Beamtenbund/Landesverband Saarland, Wuppertal 1982; S. 33–53.

12 Polizeischule des Saarlandes Lebach – Festschrift 25 Jahre (1964–1989); redaktionelle Bearbeitung: PHK Carsten Baum, o.O. 1989.

13 Rudolf Batsch: Die Polizeischule des Saarlandes; in: Die Polizei im Saarland. Zum Delegiertentag 1960 der Gewerkschaft der Polizei/Landesbezirk Saarland, Hamburg 1960; S. 71–77 sowie Walter Lamy: Die Ausbildung der saarländischen Polizeibeamten an der Polizeischule des Saarlandes; in: Das Saarland und seine Polizei; hrsg. v. Walter Scheu, redaktionelle Gestaltung: Werner Köth. Wiesbaden 1964; S. 37–39 [= Sonderausgabe (1964)1 v. „Polizei-Technik-Verkehr"] u. ders.: Die Ausbildung des Polizeibeamten an der Polizeischule des Saarlandes; in: Der deutsche Polizeibeamte 16(1966)5; S. 151–153.

14 Sechzig Jahre Polizeisportverein – Festschrift 15. März 1985; hrsg. vom Polizeisportverein „Saar" e.V. Wadgassen-Schaffhausen 1985 sowie Fünfundsiebzig Jahre Polizeisportverein Saar e.V. – Festschrift; hrsg. vom Polizeisportverein Saar e.V. Saarbrücken 2000 u. Georg Frank: Sportausübung innerhalb der saarländischen Polizei; in: Die Polizei im Saarland. Zum Delegiertentag 1960 der Gewerkschaft der Polizei/Landesbezirk Saarland, Hamburg 1960; S. 133.

15 Ball der Polizei 2001 – 50 Jahre Gewerkschaft der Polizei. Polizei für Bürger – Bürger für Polizei (St. Ingbert, 22.9.2001); hrsg. von der Gewerkschaft der Polizei/Landesbezirk Saarland, Redaktion: Hugo Müller/Charly Wannenmacher. Hilden 2001 – s. a.: Fünfundzwanzig Jahre Gewerkschaft der Polizei im Saarland; hrsg. von der Verlagsanstalt Deutsche Polizei GmbH (Hilden); redaktionelle Bearbeitung: Willli Schnerwitzky. Koblenz-Neuendorf 1976 u. Fünfunddreißig Jahre Gewerkschaft der Polizei im Saarland. 14. Ordentlicher Delegiertentag – „Neubewertung des Polizeiberufes" (16.–18.4.1986 – Stadthalle St. Ingbert); redaktionelle Bearbeitung: Gewerkschaft der Polizei/Landesbezirk Saarland, Hilden 1986.

16 Zwanzig Jahre Bereitschaftspolizei Saarland – vom Saarbataillon zur Bereitschaftspolizei; hrsg. von der Polizeiverlags- und Anzeigenverwaltungs-GmbH; redaktionelle Bearbeitung: H. Boussonville. Dortmund 1977 u. ders.: Fünfundzwanzig Jahre Bereitschaftspolizei Saarland; in: Fünfundzwanzig Jahre Bereitschaftspolizeien der Länder; hrsg. vom Arbeitskreis II „Öffentliche Sicherheit und Ordnung" der Arbeitsgemeinschaft der Innenministerien der Bundesländer. Wiesbaden 1976 [= Sonderausgabe (1976)1 v. „Polizei-Technik-Verkehr"]; S. 60–63 u. ders.: Die Entwicklung der Bereitschaftspolizei Saarland; in: Die Polizei des Saarlandes – eine Information der Polizeigewerkschaft im DBB-Landesverband Saarland; hrsg. von der Polizeigewerkschaft im Deutschen Beamtenbund/Landesverband Saarland. Wuppertal o.J. (1979?); S. 13–19.

17 Georg Frank: Organisation und Aufbau der saarländischen Gendarmerie; in: Die Polizei im Saarland. Zum Delegiertentag 1960 der Gewerkschaft der Polizei/Landesbezirk Saarland, Hamburg 1960; S. 53–59 u. ders.: Die Aufgaben der saarländischen Gendarmerie; in: Das Saarland und seine Polizei; hrsg. v. Walter Scheu, redaktionelle Gestaltung: Werner Köth. Wiesbaden 1964 [= Sonderausgabe (1964)1 v. „Polizei-Technik-Verkehr"]; S. 24–28 sowie ders.: Die Aufgaben der saarländischen Gendarmerie; in: Der deutsche Polizeibeamte 16(1966)5; S. 131–135.

18 Heinrich Schneider: Die Landespolizei des Saarlandes; in: Die Polizei im Saarland. Zum Delegiertentag 1960 der Gewerkschaft der Polizei/Landesbezirk Saarland, Hamburg 1960; S. 33–51; ders.: Die Landespolizei des Saarlandes; in: Der deutsche Polizeibeamte 16(1966)5; S. 125–129 u. ders.: Die Landespolizei des Saarlandes; in: Das Saarland und seine Polizei; hrsg. v. Walter Scheu, redaktionelle Gestaltung: Werner Köth. Wiesbaden 1964 [= Sonderausgabe (1964)1 v. „Polizei-Technik-Verkehr"]; S. 17–23.

19 Ludwig Zeiger: Organisation und Aufgaben der Landeskriminalpolizei und des Landeskriminalamtes Saarland. Überblick über die organisatorische Entwicklung der Kriminalpolizei seit 1918; in: Der deutsche Polizeibeamte 16(1966)5; S. 137–143 u. ders.: Das Landeskriminalamt und die Landeskriminalpolizei des Saarlandes; in: Die Polizei im Saarland. Zum Delegiertentag 1960 der Gewerkschaft der Polizei/Landesbezirk Saarland, Hamburg 1960; S. 95–111 sowie ders.: Die Aufgaben der Landeskriminalpolizei und des Landeskriminalamtes im Saarland; in: Das Saarland und seine Polizei; hrsg. v. Walter Scheu, redaktionelle Gestaltung: Werner Köth. Wiesbaden 1964 [= Sonderausgabe (1964)1 v. „Polizei-Technik-Verkehr"]; S. 31–36.

20 Paul Braun: Die Kriminalität des Saarlandes; in: Die Polizei im Saarland. Zum Delegiertentag 1960 der Gewerkschaft der Polizei/Landesbezirk Saarland, Hamburg 1960; S. 113–119.

21 A. Dillschneider: Polizeiärztlicher Dienst; in: ebda.; S. 135.

22 Ludwig Tiefensee: Die Hilfs- und Sterbekasse der saarländischen Polizei; in: ebda.; S. 137.

23 Friedrich Schneider: Verkehrssituation und Verkehrspolizei; in: Das Saarland und seine Polizei; hrsg. v. Walter Scheu, redaktionelle Gestaltung: Werner Köth. Wiesbaden 1964 [= Sonderausgabe (1964)1 v. „Polizei-Technik-Verkehr"]; S. 40–47.

24 Gustav Günther: Verkehrsunfallwagen Mercedes, Typ L 319, im Einsatz bei der saarländischen Polizei; in: ebda.; S. 98–103 u. ders.: Die kraftfahrtechnische Entwicklung und Kraftfahrzeug-Ausrüstung der saarländischen Polizei; in: Die Polizei im Saarland. Zum Delegiertentag 1960 der Gewerkschaft der Polizei/Landesbezirk Saarland, Hamburg 1960; S. 80–81.

B. Historischer Hintergrund

1. Reorganisation der deutschen Polizei nach dem Hitler-Regime

1.1. Alliierte Verfügungen zur Polizei während des Krieges

Bei den polizeirelevanten Bestimmungen der Siegermächte sind verschiedene Zeitphasen und divergierende Entwicklungen in den einzelnen Besatzungsgebieten voneinander zu trennen. Bis zur Kapitulation am 7. Mai 1945[1] kann man von einem einheitlichen Gedankengerüst sprechen, das aber auf bloße Allgemeinplätze zu Politik und Administration beschränkt blieb. Danach verdichteten sich zwar die gemeinsamen Vorstellungen zu einem genaueren Maßnahmenkomplex und verliehen der angedachten deutschen Polizei ebenfalls schärfere Konturen. Deren Wiederaufbau erfolgte allerdings in den Okkupationszonen auch gemäß den heimatlichen Gepflogenheiten des jeweiligen Besatzers und wies folglich teilweise erhebliche Unterschiede auf.

Die zögerliche Haltung der Alliierten im letzten Kriegsjahr resultierte aus der Übergangssituation sowie den Erfahrungen nach dem Ersten Weltkrieg. Wie 1918 erkannten die Siegerstaaten auch ein Vierteljahrhundert später in einer nach dem Prinzip des „indirect rule" zu konzipierenden Besatzungsregierung für das Deutsche Reich die ideale Lösung. Bei dieser sollten die Militärs im Rahmen noch intakter Verwaltungen nach Eliminierung des nationalsozialistisch belasteten Personals nur leitende Funktionen übernehmen. Die Truppen fanden jedoch beim Einmarsch Verhältnisse vor, die alle Vorstellungen über die Machtausübung Hitlers Lügen straften, so dass sich die Alliierten zu einem radikaleren Vorgehen gezwungen sahen. Dies betraf vor allem das Polizeiwesen. Das Ausmaß und die Perfidität des NS-Polizeiterrors lösten bei den Besatzungssoldaten „schieres Entsetzen aus", denn „obwohl die SS die Spuren des organisierten Mordens ... verwischt hatte", offenbarten sich „immer mehr furchtbare Geheimnisse"[2]. Angesichts dieser grausigen Hinterlassenschaft musste deren effektive Zerschlagung einer tiefgreifenden Strategie gehorchen.[3]

Ab Frühjahr 1943 stellten die vereinten Regierungen einen Richtlinienkatalog zusammen, der den Militärs im besetzten Deutschen Reich die ersten administrativen Schritte erleichtern sollte. Das US-Kriegsministerium überreichte Ende **April 1944** Oberbefehlshaber General Eisenhower die **„Gemeinsame Direktive für eine Militärregierung in Deutschland vor dessen Niederlage oder Kapitulation"** mit noch vagen Anweisungen (Verwaltungsübernahme unter Beibehaltung vertrauenswürdiger Bürger, Aufhebung der politischen Polizei, Verbot politischer Aktivitäten, Ausschaltung deutscher Gerichte). Im August 1944 gab das alliierte Streitkräfteoberkommando SHAEF (= Supreme Headquarters Allied Expeditionary Forces) im Gefolge eines Gutachtens über die faschistische Administration eine konkretere Version heraus. Dieses „Handbook for Military Government in Germany" genügte jedoch nicht dem gestrengen US-Finanzminister Henry Morgenthau, so dass die Endfassung erst im Dezember 1944[4] erschien.

Deren Supplement, das **„Technical Manual"** vom **Februar 1945**, enthielt Anweisungen zur praktischen Durchführung des Handbook – für die Polizei unter der Rubrik „Public Safety". Die Verfasser waren sich über die Umsetzungsschwierigkeiten durchaus im Klaren: „Da die Nazi-Partei … die Polizei zu ihrem wichtigsten Instrument … gemacht hat, wird die Verantwortung der Public Safety Offiziere … für (deren) … Reinigung, Reorganisation und Kontrolle besonders schwer sein."[5] Im Einzelnen verfügten Handbook und Manual folgendes Vorgehen:

· Organisationsübernahme unter Wegfall faschistischer Elemente
· Eliminierung aktiver Nazis aus dem Dienst trotz Fachkräftemangel
· Auflösung von SD, SS, Gestapo und kasernierten Einheiten
· Beibehaltung der Ordnungs- und Kriminalpolizei nach Säuberung
· dezentraler Neuaufbau auf lokaler und regionaler Ebene
· Schutz des Individuums vor Willkür (Arrest, Haft oder Folter)[6]

Diese Bestimmungen enthielten weitreichende Verfügungen zur Ausmerzung nazitypischer Aspekte wie Zentralisierung oder Gleichschaltung. Die verbleibende Administration für alliierte Ziele zu nutzen, erwies sich als unrealistisch, da die Truppen meist zerstörte Verwaltungen und Menschen ohne großes Demokratieverständnis vorfanden.

Nachdem das Teheraner Gipfeltreffen 1943 vor allem militärische Strategiefragen dominiert hatten, fehlten der Anti-Hitler-Koalition präzise Vorstellungen zur Administration. Doch auch die zweite Kriegskonferenz, vom **4. bis 12. Februar 1945** auf der Schwarzmeerhalbinsel Krim nahe **Jalta** abgehalten, zeitigte keine genaueren Ergebnisse. Das Abschlusskommuniqué sah neben der bedingungslosen Kapitulation, Entnazifizierung, Grenzfestlegung und Anerkennung Frankreichs als vierte Siegermacht lediglich die Einrichtung eines Kontrollrates vor; die polizeispezifischen Paragraphen ließen erneut weite (und verhängnisvolle) Auslegungsspielräume zu.[7] Im **März 1945** verkündete daher General Eisenhower in der **Proklamation Nr. 1 an das deutsche Volk** sein auch hinsichtlich der deutschen Polizei präziseres Programm:

1. „Mitglieder der Geheimen Staats-Polizei und andere Personen, die verdächtigt sind, Verbrechen und Grausamkeiten begangen zu haben, werden gerichtlich angeklagt und ... gerecht (bestraft)."
2. „Alle Personen (im) besetzten Gebiet haben unverzüglich und widerspruchslos alle Befehle ... der Militärregierung zu befolgen ..."
3. „... Sondergerichten, ... SS Polizei-Gerichten und anderen außerordentlichen Gerichten wird ... die Gerichtsbarkeit entzogen ..."
4. „Alle Beamten sind verpflichtet, ... auf ihren Posten zu verbleiben, ... Befehle und Anordnungen der Militärregierung ... zu befolgen."[8]

1.2. Alliierte Polizeiverordnungen von 1945 bis 1951

Diese repetierenden Grundsatzerklärungen reichten nach der Kapitulation nicht einmal für die ersten Wiederaufbauschritte aus, doch der „normativen Kraft des Faktischen" wichen die Siegermächte bis zur Regierungsübernahme weiterhin aus. Als oberstes Organ, vertreten durch die auch als Militärgouverneure agierenden Oberbefehlshaber der Besatzungszonen (USA: Eisenhower, England: Montgomery, Frankreich: Lattre de Tassigny und UdSSR: Schukow), fungierte der **Alliierte Kon-**

trollrat in Berlin nebst seiner Wiener Dépendance für Österreich. Beim Amtsantritt dieses nur einstimmig beschlussfähigen, ohne Exekutivgewalt agierenden Gremiums am 5. Juni 1945 überreichten die Repräsentanten der Siegerstaaten eine „Erklärung in Anbetracht der Niederlage Deutschlands", die „**Berliner Deklaration**", die auch die Wahrnehmung der Polizeihoheit durch die Besatzer regelte.[9]

Doch weder nach Übernahme der Regierungsgewalt noch beim letzten großen Siegertreffen vom 17. Juli bis 2. August 1945, der im Berliner Schloss Cecilienhof abgehaltenen „**Potsdamer Konferenz**", waren die Alliierten zur Formulierung exakterer Polizeiverfügungen bereit. Sie markiert dennoch einen Wendepunkt in der alliierten Polizeipolitik, da die hier festgeklopften Leitlinien auch die Taktik der Militärregierungen gegenüber dem Sicherheitswesen mitbestimmten. Die Prinzipien des irrigerweise als „Potsdamer Abkommen" geläufigen Abschlussprotokolls (das Kommuniqué vom 2. August 1945 besaß als Gesprächsnote keinen völkerrechtsvertraglichen Charakter!) umfassten die fünf großen „D" zur politischen und ökonomischen Zukunft Deutschlands: **D**enazifizierung, **D**emilitarisierung, **D**ezentralisierung, **D**emokratisierung und **D**ekartellisierung (letztere war für die Polizei ohne Belang).

Die Textlektüre verdeutlicht das Kreisen der Potsdamer Gespräche um altbekannte Schwerpunkte, die aber nun zu detaillierten Formulierungen geführt hatten. Daher gebührt der Konferenz auch unter polizeilichem Aspekt eine andere Qualität als bisher zugesprochen. Falco Werkentin moniert, dass in „keinem der interalliierten Dokumente ... Aussagen zur Reorganisation der deutschen Polizei zu finden sind, die über ... die Festschreibung allgemeiner Prinzipien ... hinausgehen."[10] Er unterschätzt dabei aber die Eindringlichkeit der gewählten Worte, die kein Missverständnis über den Willen der Alliierten zur Umsetzung ihres Gedankengerüsts aufkommen ließen.[11]

Bei einer Bewertung der Beschlüsse darf auch das politische Hintergrundgeschehen nicht in Vergessenheit geraten, das behördenspezifische Anweisungen vermeiden half. Die Konferenz fand wegen der unhaltbaren Gebietsforderungen de Gaulles in Deutschland und Italien ohne französische Beteiligung statt. Zusätzlich erhöhten Stalins Bemühungen, durch das Vordringen der Roten Armee in Osteuropa einen Satellitengürtel kommunistischer Staaten um die UdSSR aufzubauen, die Gefahr einer Ost-West-Blockbildung. Die unverschämten Reparationsansprüche Moskaus (fünfzig Prozent des Gesamtvolumens) vertieften den diplomatischen Graben zwischen der Sowjetunion und den USA nebst Großbritannien umso mehr, doch der amerikanische Präsident wollte keinen Bruch mit Stalin angesichts des US-Krieges gegen Japan riskieren. Diese verzwickte außenpolitische Lage hebt den inhaltlichen Nebel um das Potsdamer Protokoll: Endgültige demokratische Regelungen waren unter dem wachsenden Druck des kommunistischen Ex-Kriegspartners unrealistisch. Man beschritt daher mit der vorläufigen gegenseitigen Anerkennung freiheitlicher Leitlinien ohne bindenden Vertrag den goldenen Mittelweg aus dem Dilemma fehlender „Demokratisierungskonzepte".[12] Die Militärs agierten infolge dieser optionalen Einstufung in den Zonen völlig frei, zumal der Kontrollrat fortan nur noch koordinierende Funktionen besaß.[13]

Alle Folgeverfügungen zum Polizeiwesen von November 1945 bis März 1948 wurden auf der **Kontrollratsebene** erlassen. Die erste Anweisung (= **Direktive Nummer 16** vom **6. November 1945**) versuchte, das durch die wachsende Kriminalität dringliche Problem der Wiederbewaffnung zu lösen.[14] Gemäß dem Potsdamer Demilitarisierungsgrundsatz versahen die deutschen Polizisten ihren Dienst nur mit Schlagstöcken, Gummi- oder Holzknüppeln. Da aber in den einzelnen Zonen bereits äußerst restriktiv Waffen an die Polizei ausgegeben worden waren, verfügte der Kontrollrat nur noch im Nachhinein deren erweiterte Ausrüstung, „um (sie) in die Lage zu versetzen, sich an der Aufrechterhaltung von Recht und Ordnung tatkräftig beteiligen zu können."[15] Die gekennzeichneten Waffen sowie streng rationierte und kontrollierte Munition wurden erst nach erfolgreicher „Entfernung aller der Militärregierung feindlich gesinnten Elemente"[16] und adäquater Ausbildung ausgegeben; Gendarmerie und Grenzpolizei erhielten sogar automatische Waffen wie zum Beispiel Karabiner.

Da in Deutschland die Produktion von Waffen und Munition verboten war, konnte die „Wiederbewaffnung der ... Polizei (nur) durch die Zuteilung von außerhalb ... hergestellten Feuerwaffen erfolgen".[17] Befehl **Nummer 2** vom **7. Januar 1946** regelte deshalb deren Einziehung und Ablieferung bzw. die adäquate Ausstattung der Polizeibeamten.[18]

Die dritte polizeirelevante Kontrollratsverordnung vom 1. Juli 1946 (= **Gesetz Nummer 31**) löste das Problem der politischen Überwachung durch die Polizei mit knappen Worten: Schließung „aller deutschen Polizeibüros und -agenturen, die die Überwachung oder Kontrolle der politischen Betätigung von Personen zum Zweck haben, … (in) ganz Deutschland" und Verbot „jeder Neueinrichtung sowie jeder Tätigkeit" von Abteilungen mit „politischem Charakter."[19]

Am 1. März 1948 erging die letzte Verfügung als **Direktive 135**, die den Oberbefehlshabern eine rechtsstaatliche Polizeidefinition an die Hand gab, die durch die Debatte um eine erneute Zulassung der Bereitschaftspolizei notwendig geworden war: „Die Polizei ist eine selbständige, nichtmilitärische Einrichtung. Ihre Angehörigen sind an die Grundsätze des Rechtsstaates gebunden."[20] Zu betonen bleibt mit Blick auf das Saarland, dass durch dessen Sonderstatus innerhalb des französischen Besatzungsgebiets und den Ausschluss aus der Zuständigkeit des Kontrollrats Mitte Februar 1946 die weiteren Erlasse dieses Gremiums keine Relevanz mehr für die hiesige Polizei besaßen.

Da der Kontrollrat durch die sowjetische Obstruktion seit Frühjahr 1948 nicht mehr beschlussfähig war, konnten die westlichen Sieger nur auf der Ebene der Alliierten Hohen Kommission oder Militärregierungen handeln. Letztere waren ab Herbst 1948 in den polizeilichen Fragenkomplex mit eingebunden, da der Parlamentarische Rat mit der Grundgesetz-Beratung die autonome Zukunft Deutschlands einleitete. Dieser „Ersatzverfassung" oblag auch eine Definition der Polizei unter strenger Einhaltung der Potsdamer und allgemeinen Okkupationsleitlinien, die die Militärgouverneure überwachten. Die von den westlichen Besatzungsvertretern am 1. Juli 1948 an die deutschen Ministerpräsidenten übergebenen **„Frankfurter Dokumente"** zur Ausarbeitung einer Verfassung sprechen zwar von einem „Mindestmaß … notwendiger Kontrollen … über innenpolitische Richtlinien …, um zu gewährleisten, daß die Verpflichtungen, welche die Besatzungsmächte in Bezug auf Deutschland eingegangen sind, geachtet werden …"[21] Am alliierten Polizeistandard kam aber hierdurch keinerlei Zweifel auf.

Die Verfassunggebende Versammlung tagte von September 1948 bis Mai 1949 in Bonn. Unterdessen definierte das Besatzungsstatut vom 10. April 1949 (gültig vom 21. September 1949 bis 4. Mai 1955) die Zuständigkeiten der Siegermächte und künftigen Bundesregierung, die den Deutschen keine Autonomie in den Bereichen Außen- und Innenpolitik, Entmilitarisierung und Gefängniswesen gewährten. Die **Alliierte Hohe Kommission** nahm ab **21. September 1949** auf dem Bonner Petersberg die Rechte der Siegerstaaten wahr. Bis dahin oblagen deren Aufgaben den Militärgouverneuren Clay (USA), Robertson (Großbritannien) und Koenig (Frankreich), die am **14. April 1949** den „**Polizeibrief**" an den Präsidenten des Parlamentarischen Rats richteten, der unter anderem die Befugnisse der künftigen Bundesregierung in Fragen der inneren Sicherheit genau umriss:

1. Gründung zentraler Bundesorgane bzw. -behörden zur Verfolgung von Gesetzesübertretungen (Grenzkontrollen, Sammlung und Weitergabe polizeilich relevanter Daten, internationale Koordination zur Verbrechensverfolgung und Überwachung des Reiseverkehrs)
2. Einrichtung einer Zentralstelle „zur Sammlung und Verbreitung von Auskünften über umstürzlerische, (regierungsfeindliche) ... Tätigkeiten"[22] ohne Polizeirechte (= Polizei und Geheimdienst getrennt)
3. jedes Bundesorgan und jede Bundespolizeibehörde unterliegt der Genehmigungspflicht durch die Militärgouverneure, ebenso alle außerhalb der definierten Bereiche angedachten Institutionen
4. die Bundespolizei darf keine Landes- oder Ortspolizei befehligen
5. jede Abteilung muss nach dem Besatzungsstatut funktionieren[23]

Trotz Polizeibrief und Besatzungsstatut enthielt das Exposé des Parlamentarischen Rats Klauseln, die bei den Militärgouverneuren auf erheblichen Widerstand stießen. Sie lobten zwar die gelungene Verbindung „deutscher demokratischer Überlieferung mit den Prinzipien einer repräsentativen Regierung und ... Rechtsordnung"[24], drückten aber ihre Bedenken bezüglich der intendierten Polizeirechte aus.[25]

Nach Inkrafttreten des Grundgesetzes am 23. Mai 1949 nahmen die **Hohen Kommissare** McCloy (USA), Robertson (Großbritannien) und

François-Poncet (Frankreich) deren Vetorechte wahr und kontrollierten ab September die Bundes- und Länderregierungen im Rahmen ihrer Sonderbefugnisse, die weiterhin einen Einspruch bei der Entmilitarisierung, Grundgesetzwahrung und Sicherheit umfassten. Bereits am ersten Arbeitstag gaben sie Anweisungen zur Länderpolizei heraus („**Vorschriften des Rats der Alliierten Hohen Kommissare an die Landkommissare bezüglich der Organisation, Kontrolle und Verwaltung der Polizei innerhalb der Länder**" vom 21. September 1949). Deren Dezentralisierungs- und Demilitarisierungsfokus beruhte auf den von Konrad Adenauer perpetuierend eingeforderten Bereitschaftspolizeieinheiten, die durch Kasernierung, Ausstattung und Mannstärke paramilitärischen Charakter besaßen und daher bei den Siegerstaaten auf ehernen Widerstand stießen. Sie pochten gegenüber dem Bundeskanzler eindringlich auf die Einhaltung alliierter Polizeivorgaben: „Zwei oder mehrere Gemeinden können sich freiwillig ... zusammenschließen, vorausgesetzt, daß keine ... Polizei-Einheit mehr als zweitausend Angehörige zählt, und ... kein ... zusammengeschlossenes Gebiet größer ist als ein Regierungsbezirk."[26] Daneben spielten der Wegfall rechtsprechender und gerichtlicher Befugnisse und das Verbot der politischen Betätigung für Polizisten eine wichtige Rolle. Ein Eingriff in die deutsche Souveränität ist dabei nicht zu konstatieren, da die Bundesregierung bis Ablauf des Besatzungsstatuts 1955 nicht die uneingeschränkte Polizeigewalt besaß.[27]

Für die Bundesländer erließ die Hohe Kommission am **13. November 1950** ein umfangreiches **Instruktionsschreiben**, das die Neuorganisation zugunsten deren Regierungen flexibilisierte. Die dezentralen Gemeindepolizeien betonend, erlaubte sie ihnen künftig, Einstellung, Beförderung, Personalausbildung und Disziplinar- oder Amtsenthebungsverfahren gegen höhere Beamte selbst durchzuführen und Polizeischulen einzurichten. Die größten Zugeständnisse erfolgten bei der Notstandsregelung, da die Landesbehörden fortan „den Befehl über sämtliche Landespolizeikräfte ... übernehmen"[28] durften (dieser Erlass war durch ältere Bestimmungen für einzelne Bundesländer längst obsolet geworden). Hierdurch erhielten die Innenminister fünfeinhalb Jahre nach Kriegsende im Ernstfall die Verfügungsgewalt über ihre

Polizeikontingente.[29] Infolge der im Oktober 1950 wiedererrichteten Bereitschaftspolizei betonte sie, dass Verstärkungstrupps nur „an andere Polizeiverbände innerhalb des Landes" entsandt werden dürfen und forderte die Landeskommissare auf, verstärkt die zweckmäßige „Art und Anzahl von Polizeiwaffen" zu kontrollieren, um die alliierte Sicherheit zu gewährleisten.[30]

Eine längerfristige Auseinandersetzung zwischen Hoher Kommission und Bonner Regierung um die polizeiliche Souveränität entstand nur bezüglich der **kasernierten Polizeieinheiten**. Bereits Ende 1949 verfügte Konrad Adenauer über ein die Möglichkeiten einer Bundespolizei positiv bewertendes Gutachten. Mit diesem untermauerte er seine unter dem Vorwand des eskalierenden Ost-West-Konflikts erhobene Forderung einer Bereitschaftspolizei. De facto strebte er darüber hinaus erweiterte Regierungsbefugnisse bei der Polizei an. Gegen den hartnäckigen Widerstand in den Ministerreihen richtete der Bundeskanzler am 28. April 1950 eine Note an die Hohe Kommission, in der er auf einer „Bundesgendarmerie" mit 25 000 Beamten bestand. Er begründete diese Forderung mit dem Fehlen einer Armee und zentraler Polizeieinheiten, die als „Sicherungsinstrument" gegenüber der „subversiven Tätigkeit aus der Ostzone", die „Unruheherde bilden"[31], eingesetzt werden könnten. Die Kommissare lehnten eine solche Truppenpolizei selbstredend ab, boten aber mit einer auf Länderebene kasernierten, 10 000 Mann starken Polizeiformation einen Kompromiss an. Für diese Personalaufstockung musste aber Absatz 2 des Grundgesetz-Artikels 91 außer Kraft gesetzt werden, der dem Bund im Notstand die Vereinigung der Polizeikräfte mehrerer Länder erlaubte.

Während der **New Yorker Außenministerkonferenz** wurde am **19. September 1950** ein Deutschlandkommuniqué verfasst, das zunächst generaliter die „Aufstellung motorisierter Polizeikräfte auf Landesbasis" genehmigte und für die Bundesregierung das Recht erwog, „diese … einzusetzen, wie es die … Lage erfordert."[32] Völlig überraschend stellte die Hohe Kommission wenig später in einem Annex mehr Personal und größere Befehlsgewalten in Aussicht.[33] Details wie Kostenverteilung oder Personalstärken diskutierten beim Aushandeln des Verwaltungsabkommens Bund und Länder äußerst kontrovers, wobei das restriktive

Verhalten der Ministerpräsidenten und Innenminister aufgrund ihrer Vorbehalte in Sachen Verfassungskonformität im Vorfeld den Hohen Kommissaren besser zu Gesicht gestanden hätte – Ironie der Geschichte![34] Das **Musterabkommen über die Bereitschaftspolizei (27. Oktober 1950)** verlagerte die Entscheidung auf die Länderverwaltungsebene, räumte dem Bund nur im Notfall erweiterte Rechte ein und betonte die strikte Abtrennung vom Vollzugsdienst:

1. „Die Länder errichten zur ... inneren Sicherheit und Ordnung ... (Bereitschaftspolizeien mit) ... bis zu 30 000 Mann" (bis März 1951 auf Drängen der Innenminister auf 10 000 Mitglieder begrenzt).
2. „... die Länder verwenden die in der Grundausbildung stehenden Teile der Bereitschaftspolizeien nicht, die übrigen ... nicht für allgemeine polizeiliche Zwecke, insbesondere nicht im Einzeldienst."
3. „Hält die Bundesregierung die Notwendigkeit des Einsatzes gem. Art. 91 Abs. 2 GG für bevorstehend, so kann sie den Einsatz der Bereitschaftspolizeien durch die Landesregierungen von der Zustimmung des Bundesministers des Innern abhängig machen."[35]

Artikel 91 des Grundgesetzes bestimmte auch die beiden letzten Polizeiverfügungen der Hohen Kommission. Dieser wies der Bundesregierung das Recht zu, bei Gefahr die Polizeikräfte des betroffenen Bundeslandes zu befehligen sowie mit Einheiten anderer Länder zu vereinigen.[36] Da die Besatzungsmächte nach der Genehmigung einer Bereitschaftspolizei auch eine zeitlich begrenzte Konzentration von Polizisten unter zentraler Befehlsgewalt strikt ablehnten, setzte die Hohe Kommission Absatz 2 im Sommer 1950 außer Kraft. Nach Ablauf dieser Suspension am 30. Januar 1951 durfte die Bonner Regierung erneut die hierin bezeichneten Polizeibefugnisse ausüben.[36] Mit Blick auf die Bereitschaftseinheiten hatte die Hohe Kommission am 10. Januar 1951 auch die Demilitarisierungsmodi abgeändert und die Bewaffnung sowie Munitionierung der Bundespolizei und aller anderen Polizeidienststellen erlaubt, die das militärische Sicherheitsamt aber weiterhin kontrollierte. De facto besaßen die Westalliierten also erst nach Ablauf des Besatzungsstatuts am 5. Mai 1955 keinerlei Eingriffsrechte mehr bei der bundesdeutschen Polizei.

Anmerkungen

1 Die gängige Datierung 7.5. = Kapitulation – 8.5. = Kriegsende wurde über-nommen, tatsächlich unterzeichnete die Wehrmachtführung aber erst am 9.5. die Kapitulation im sowjet. Hauptquartier Berlin-Karlshorst.

2 So Benz auf S. 255; der Autor spricht a. die durch die SS in den KZs ver-übten Judenmorde an; vgl. a. ders. in: Geschichte des Dritten Reiches. Mün-chen 2000 (zugl. Diss. FU Berlin).

3 S. zur gewandelten Polizeipolitik a. Herbert Reinke: Die Polizei als Objekt und als Subjekt politischen und sozialen Wandels. Beobachtungen zu den Anfängen der Polizei in Ost- und Westdeutschland nach dem Ende des Drit-ten Reiches; in: Kriminologisches Journal 32(2000)3; S. 176-184, insbes. S. 178f.

4 S. zur Direktive AZ CCS (Combined Chiefs of Staff) No. 551 bzw. „Hand-book for Military Government in Germany, prior Defeat or Surrender" a. Falco Werkentin: Die Restauration der deutschen Polizei. Innere Rüstung von 1945 bis zur Notstandsgesetzgebung, Frankfurt a.M./New York 1984; S. 17.

5 Zit. n. dem Vorwort zum Supplement in ebda.; S. 20.

6 Die Verfügungen des Handbook u. Technical Manual zit. n. ebda.; S. 20f.

7 „Es ist unsere unbeugsame Absicht, … deutschen Militarismus und Nazismus zu zerstören, (damit) … Deutschland nie wieder in der Lage sein wird, den Weltfrieden zu stören. Wir sind entschlossen, alle … militärischen Einrichtungen … zu beseitigen … alle Kriegsverbrecher einer gerechten Strafe zuzuführen … die Nazi-Partei, Nazi-Gesetze, Organisationen und Einrichtungen aufzuheben; alle nazistischen … Einflüsse aus öffentlichen Ämtern … zu entfernen … (und) Verhältnisse zu begünstigen, unter welchen die befreiten Völker diese Rechte (= Atlantik-Charta v. 1941 – Anm. des Verf.) ausüben können … die drei Regierungen (werden) … alle Völker … unter-stützen, … um … den inneren Frieden zu schaffen; Notstandsmaßnahmen (für) bedrängte Menschen durchzuführen; … Regierungsbehörden zu bilden, in denen alle demokratischen Elemente … vertreten sind …" – zit. n. dem bei Arthur Conte a. S. 309–325 abgedr. Abschlußprotokoll v. 11.2.1945 in: ders.: Die Teilung der Welt – Jalta 1945. München 1967 – die zu Unrecht der Krim-Konferenz zugewiesene Bedeutung für die Polizei findet sich bei: Franz-Ludwig Knemeyer: „Polizei"; in: Otto Brunner u.a. (Hrsg.): Ge-schichtliche Grundbegriffe. Historisches Lexikon zur politisch-sozialen Sprache in Deutschland. Bd. 4, Stuttgart 1978; S. 875–897; Helmut Lieber: Geschichte der Polizei des Birkenfelder Landes. Vom Fürstentum zum Land-kreis, Birkenfeld 1987 [= Schriftenreihe der Kreisvolkshochschule Birkenfeld, Bd. 20]; S. 321; Fritz Kopp: „Chronik der Wiederbewaffnung in Deutsch-

land. Daten über Polizei und Bewaffnung 1945–1958, Rüstung der Sowjetzone – Abwehr des Westens, Köln 1958; S. 26 u. Hans-Hugo Pioch: Das Polizeirecht einschließlich der Polizeiorganisation. Tübingen ²1952 [= Grundriß des Verwaltungsrechts, Reihe B: Verfassungs- und Verwaltungsrecht, Bd. 25]; S. 78f.

8 Text zit. n. dem undat. Original a. der Dokumentensammlung d. Deutschen Historischen Museums in www.dhm.de/lemo/html/dokumente/Nachkriegsjahre

9 „Auf Verlangen sind den Alliierten … alle Auskünfte und Unterlagen zur Verfügung zu stellen … Die Vernichtung, Entfernung … Beschädigung von Militär-, Marine-, … Eigentum und Einrichtungen … ist verboten … Die hauptsächlichen Naziführer … und alle Personen, … (die) im Verdacht stehen, Kriegs- oder ähnliche Verbrechen begangen, befohlen oder ihnen Vorschub geleistet zu haben, sind festzunehmen … (Es) … werden … zivile Dienststellen … stationiert … Sämtliche … Schutzstaffeln, … Sturmabteilungen, … Geheime Staatspolizei und alle sonstigen mit Waffen ausgerüsteten Verbände … werden restlos entwaffnet … Zivile Polizeiabteilungen, die (zur) Aufrechterhaltung der Ruhe und Ordnung und … des Wachdienstes nur mit Handwaffen auszurüsten sind, werden von den Alliierten … bestimmt." – zit. a. der „Berliner Deklaration" v. 5.6.1945; s. ebda.

10 Vgl. hierzu a. die Ausführungen Werkentins a. S. 16.

11 Die Auszüge verdeutlichen den alliierten Wunsch zum Neuanfang im Sommer 1945: „… das deutsche Volk (büßt) … die furchtbaren Verbrechen … Der Militarismus und Nazismus werden ausgerottet, … damit Deutschland niemals mehr seine Nachbarn oder (den) Frieden … bedrohen kann … das deutsche Volk … kann sich nicht der Verantwortung entziehen für das, was es … auf sich geladen hat … Die nationalsozialistische Partei … ist zu vernichten … Alle nazistischen Gesetze … müssen abgeschafft werden … Das Erziehungswesen … überwacht werden …" – Potsdamer Protokoll (2.8.1945), das in mehreren, nicht deckungsgleichen Varianten existiert; die Zitate stammen a.: Ergänzungsblatt Nr. 1 z. Amtsblatt des Kontrolrates in: www.homepages.compuserve.de/verfassungen/de/verf458.htm

12 So Benz zu den Potsdamer Mängeln in ders.: Drittes Reich; S. 269.

13 „III. Deutschland … A. Politische Grundsätze: 1. Entsprechend der Übereinkunft über das Kontrollsystem in Deutschland wird die höchste Regierungsgewalt … durch die Oberbefehlshaber der Streitkräfte … ausgeübt, *und zwar von jedem in seiner Besatzungszone, sowie gemeinsam in ihrer Eigenschaft als Mitglieder des Kontrollrates* in den (ganz) Deutschland … betreffenden Fragen. 2. Soweit dieses praktisch durchführbar ist, muß die Behandlung der deutschen Bevölkerung in ganz Deutschland gleich sein …" – die kursiven Passagen zeigen den Wandel zugunsten einer vom Kontrollrat losgelösten

Zonenverwaltung; zit. n. ebda. – vgl. zu den Potsdamer Beschlüssen a. Manfred Görtemakers Einschätzung der Konferenz in Wolfgang Benz (Hrsg.): Deutschland unter alliierter Besatzung 1945–1949/55 – ein Handbuch, Berlin 1999; S. 214-217 u. Charles L. Mee: Das Ende des Zweiten Weltkrieges. Die Potsdamer Konferenz 1945, München 1995; S. 8–10.

14 S. zur frühen Kriminalität a. Herbert Kosyra: Die deutsche Kriminalpolizei in den Jahren 1945–1955. Ein Beitrag zur Problematik ihres Wiederaufbaus in der Bundesrepublik im ersten Jahrzehnt nach dem Zweiten Weltkrieg, St. Michael 1980; S. 11–23.

15 AKR-Direktive Nr. 16 v. 6.11.1945 – zit. a. dem Journal officiel du commandement en chef français en Allemagne – Gouvernement militaire de la zone française d'occupation (= Amtsblatt des französischen Oberkommandos in Deutschland). Baden-Baden 1945–1946; S. 180f – die Zählung der AKR-Anordnungen gerät polizeiintern oft durcheinander, Nr. 16 wird z.B. meist als Nr. 3 geführt.

16 Zit. n. Artikel 1, Abschnitt d) der Direktive Nr. 16 a. ebda.

17 Zit. n. Art. 1, Abschn. b) a. ebda.; vgl. zur AKR-Direktive Nr. 3 a. Gerhard Wettig: Entmilitarisierung und Wiederbewaffnung in Deutschland 1943–1955. Internationale Auseinandersetzungen um die Rolle der Deutschen in Europa, München 1967 [= Schriften des Forschungsinstituts der Deutschen Gesellschaft für Auswärtige Politik e.V., Bd. 25]; S. 106.

18 Befehl Nr. 2 des AKR v. 7.1.1946, Ziffer 5: „(Diese) Bestimmungen … sollen … die deutsche Polizei (nicht) hindern, Waffen und Munition unter den vom Alliierten Kontrollrat festgesetzten … Bedingungen … in Besitz zu haben. Alle … Feuerwaffen, die an die ordentliche Polizei … ausgegeben werden, sind (beim) örtlichen Militärbefehlshaber … einzutragen …"; zit. n. dem Amtsblatt des AKR in Dtl. – Blatt Nr. 6 (30.4.1946), Berlin 1946–1948; S. 36.

19 So in Gesetz Nr. 31, Art. 1 u. 2 – zit. n. ebda., Blatt Nr. 8 v. 1.7.1946; S. 54.

20 Zit. n. Horst Schult: Aspekte des täglichen Dienstes und der Bildungsarbeit der deutschen Polizei im gesellschaftlichen Wandel von 1945–1995; in: Fünfzig Jahre polizeiliche Bildungsarbeit in Münster-Hiltrup – Festschrift; hrsg. vom Kuratorium der Polizei-Führungsakademie. Lübeck 1995; S. 15–42, hier S. 23 – eine Erklärung für die wenigen polizeispezifischen Kontrollratserlasse: Die französischen Vorlagen korrelierten oft nicht mit denen der anderen Regierungsvertreter u. blockierten einstimmige Beschlüsse; Frankreich setzte seine dezentralen Wünsche für die eigene Zone mit dieser obstruktiven Politik durch u. führte permanent zu Verhandlungsstillstand, wodurch der grundsätzliche Dualismus des Gremiums zutage trat. Begründet zur Durchführung der Potsdamer Vereinbarungen, zeigten sich in der Praxis dessen exekutive Schwächen. Außerdem formulierte man die Entwürfe vorab im Sinne aller Regierun-

gen zwecks einstimmigem Beschluss! S. zur Kontrollratstaktik Frankreichs a. Gunther Mai: Der Alliierte Kontrollrat in Deutschland 1945–1948. Alliierte Einheit – deutsche Teilung? München 1995 [= Quellen und Darstellungen zur Zeitgeschichte; hrsg. vom Institut für Zeitgeschichte, Bd. 37]; S. 83–92 – zu den Schwächen des AKR s. a. Benz: alliierte Besatzung; S. 229–234.

21 Frankf. Dokumente, Text 3 (1.7.1948); zit. n. www.dhm.de/lemo/html/dokumente/Nachkriegsjahre_erklaerungFrankfurterDokumente/index.html

22 A. Artikel 1, Abschnitt c) des Polizeibriefs d. Militärgouverneure an den Präsidenten d. Parlamentar. Rats v. 14.4.1949; zit. n. d. Abdruck bei Pioch, S. 289f.

23 Vgl. zum gesamten Wortlaut d. Polizeibriefs a. ebda.

24 So im Genehmigungsschreiben der Militärgouverneure v. 12.5.1949, Abschn. 1; zit. n. www.verfassungen.de/de/de45-49/grundgesetzgenehmigung49.htm

25 S. a. die Genehmigung d. Militärgouverneure v. 12.5.1949 b. Pioch; S. 290.

26 „... die Alliierte Hohe Kommission fühlt sich ... verantwortlich, ... daß ... Organisation und Verwaltung der Polizei innerhalb der Länder nicht (paramilitärische) Merkmale ... annimmt, und ... derart zentralisiert wird, daß sie (die) demokratische Regierungsform oder ... Sicherheit der Besatzungsmächte" (bedroht)" – Abschnitte 2 u. b) d. „Vorschriften" (21.9.1949), zit. n. Pioch; S. 208ff.

27 Werkentins Vorwurf bezieht sich a. Ziffer 1 d. Besatzungsstatuts: „Die Regierungen Frankreichs, der Vereinigten Staaten und des Vereinigten Königreichs ... beabsichtigen, daß das deutsche Volk ... das größtmögliche Maß an Selbstregierung genießt. Abgesehen von den (im) Statut enthaltenen Beschränkungen besitzen der Bund und die ... Länder volle gesetzgebende, vollziehende und richterliche Gewalt gemäß ... Grundgesetz und ... Verfassungen." Zif. 2 fixiert diese Rechte auch für die Militarisierung, die durch die Erlasse der Okkupationszeit die Polizei einschloss! – s. ebda.; S. 44 u. Zif. 1–2d Besatzungsstatut in: www.dhm.de/lemo/html/dokumente/NachkriegsjahreverordnungBesatzungsstatut

28 So im AHK-Instruktionsschreiben v. 13.11.1950, Ziffer 3 an die Landeskommissare über Organisation, Kontrolle, Verwaltung d. Landespolizei in Pioch; S. 292f.

29 Der Innenminister Schleswig-Holsteins hatte bereits im April, sein nordrhein-westfälischer Kollege im Mai 1949 die Befugnis erhalten – vgl. a. Werkentin; S. 51.

30 Vgl. a. Ziffer 4 u. 6 d. Instruktionsschreibens v. 13.11.1950 b. Pioch; S. 292f.

31 So in Adenauers Note an die AHK v. 28.4.1950; zit. n. Gilbert Welter: Entstehung und Entwicklung der Bereitschaftspolizei; in: Vierzig Jahre Bereit-

schaftspolizei. Ulm 1991 [= Bereitschaftspolizei – heute. Unabhängige Zeitschrift für die Bereitschaftspolizei Juni/Juli 1991]; S. 10–57, hier S. 16.

32 Die Außenminister nannten noch keine genauen Zahlen – zit. n. ebda.; S. 20.

33 „Die Außenminister … sind … bereit, ihre Zustimmung (zu) … Sicherheitspolizeikräften zu geben … auf Länderbasis (und) deren Gesamtstärke von 30 000 Mann … erneut (zu prüfen). Diese … würden … keine … polizeilichen Aufgaben … erfüllen …, sondern wären ausschließlich (für) die Aufrechterhaltung der öffentlichen Ordnung … zu verwenden. (Sie) würden in Kasernen untergebracht und nur mit leichten Waffen ausgestattet … Die Stärke der … Länderkontingente ist … nach … (den) Verhältnissen in jedem Land festzusetzen und … der Notwendigkeit, für die Länder … Bestimmungen zu treffen, in denen Unruhen am meisten zu befürchten wären … Bei Gefahr kann die Bundesregierung gemäß Art. 91 Grundgesetz die Befehlsgewalt über die Gesamtheit dieser Kräfte übernehmen." – Annex „Mobile Formationen der deutschen Polizei" der AHK (23.9.1950); zit. n. ebda.

34 Bayerns Ministerpräsident Hans Ehard baute auf den Willen der Innenminister, „eine Bereitschaftspolizei (nur) im Sinne … der alliierten Außenminister" zu genehmigen, die „keinen militärischen Zweck haben …" sollte – so in seinem Brief an Adenauer v. 1.10.1950, zit. n. ebda.; S. 22.

35 Verwaltungsabkommen v. 1.10.1950, zit. n. Pioch; S. 287–289 – es diente als Vorlage für bilaterale Bund-Länder-Verträge, die aber bei Kosten, Personal etc. die Ländersituation berücksichtigten u. daher mit dieser kaum deckungsgleich sind.

36 Artikel 91 GG: „Zur Abwehr einer drohenden Gefahr für den Bestand oder die freiheitliche demokratische Grundordnung des Bundes oder eines Landes kann ein Land die Polizeikräfte anderer Länder anfordern … Ist das (bedrohte) Land … nicht selbst zur Bekämpfung der Gefahr bereit oder in der Lage, so kann die Bundesregierung die Polizei in diesem Lande und die Polizeikräfte anderer Länder ihren Weisungen unterstellen. Die Anordnung ist nach Beseitigung der Gefahr … (oder) auf Verlangen des Bundesrates aufzuheben." – zit. n. Pioch; S. 279–283.

37 S. a. dem AHK-Schreiben zur Aufhebung d. Suspension v. Art. 91 Abs. 2 GG v. 30.1.1951, abgedr. ebda.; S. 293.

2. Polizeilicher Neuanfang in den Besatzungszonen

Für das nach alliierten Vorgaben reorganisierte Sicherheitswesen zeigten die deutschen Polizisten aus der Ohnmacht des besiegten Gegners heraus wenig Verständnis. Diese Obstruktion verstärkte noch die fehlende Einsicht zur demokratischen Fundierung der Polizei und förderte vor allem die Abwehrhaltung gegenüber allen, seitens der Siegerstaaten übergestülpten heimatlichen Behördensysteme. So trauerte noch im Jahr 1956 der Präsident des Bundesverwaltungsgerichts, Hans Egidi, der Polizei Weimarer Tradition nach:

„Daß … die britische und amerikanische Besatzungsmacht dem Staat … die Polizeifunktion aus der Hand nahm und … ominösen Polizeiausschüssen … (oder) Kommunen … übertrug, beruht auf einem … Mißverständnis deutscher Verwaltungstradition … Der inneren Verwaltung ist es … gelungen, ihre Aufgaben wieder zu übernehmen und (zur) alten Polizeirechtstraditon zurückzukehren … Ein geschlossener Einsatz, wie … (in) Preußen …, mit … 35 000 Mann kasernierter Bereitschaftspolizei …, ist mit … Revierpolizisten … nicht möglich …"[1]

Egidi traf mit seiner Kritik ungewollt den Kern der polizeilichen Wiederaufbauproblematik ab 1945. Die Siegerstaaten erkannten zwar zu Recht in den deutschen Sicherheitstraditionen die Wurzel vergangenen Übels. Die Übertragung ihrer Behördenstrukturen musste jedoch in einem Fiasko enden, da die gebietsübergreifende Einführung des parlamentarischen Prinzips der Anwendung divergierender Polizeisysteme in den Besatzungszonen widersprach und unweigerlich zum Rückgriff auf ältere Verwaltungsschemata führte. Heutzutage ein theoretisches Szenario darüber aufzustellen, ob die alliierte Polizeireform besser funktiert hätte, wenn sie mit den jeweiligen heimatlichen Regierungs- und Administrationsformen verknüpft worden wäre, erscheint müßig, da das föderative Grundprinzip Unterschiede auf Länderebene ausschloss. Ein weiteres Hindernis lag im versäumten Werben um Verständnis für die Polizeireform bei Bevölkerung und Bediensteten. Stattdessen radierten die Siegermächte die gewohnte Behördenmaschinerie ohne Betonung ihres angebrachten Demokratisierungswillens einfach aus.

Da jede Reformmaßnahme in Deutschland ab Sommer 1945 auf den Leitlinien des **Potsdamer Protokolls** fußte, muss die Relevanz der **fünf großen „D"** für die Polizei näher untersucht werden. Unter Wegfall der das Sicherheitswesen nicht betreffenden Dekartellisierung ergab sich durch die vier Grundsätze Denazifizierung, Demilitarisierung, Dezentralisierung und Demokratisierung folgender Anforderungskatalog[2]:

1. Denazifizierung: systematische Säuberung von Polizisten, die als aktive NSDAPler, schuldige Täter bzw. Verbrecher gegen die Menschlichkeit oder als „Mitläufer" eingruppiert wurden
2. Demilitarisierung: Verbot kasernierter militärähnlicher Polizeieinheiten; Wegfall militärischer Ränge, Uniformteile und Verhaltensmuster; Ausstattung der Polizisten mit Schlagstöcken
3. Dezentralisierung: Abschaffung zentraler Organisationen und Gewalten zugunsten eines föderativen Aufbaus („Polizei = Ländersache"); Wegfall staatlicher zugunsten kommunaler Dienststellen
4. Demokratisierung: strikte Trennung von Verwaltungs- und Sicherheitspolizei; „polizeifremde" Aufgaben erledigen Zivilbehörden – Polizisten agieren nur in den klassischen Tätigkeitsfeldern Wahrung von Sicherheit und Ordnung, Gefahrenabwehr, Straftatverfolgung; Wegfall aller der Gewaltentrennung widersprechenden Polizeibefugnisse (Verbot, Verordnungen für das eigene Ressort zu erlassen oder Gerichtsurteile auszusprechen); Abschaffung der „politischen Polizei"; demokratisch orientierte Ausbildung[3]

Der Begriff „Entpolizeilichung" besitzt in der Historiographie eine doppelte Bedeutung. Der überwiegende Teil der Autoren versteht hierunter die Reduzierung polizeilicher Aufgaben auf den Vollzugssektor. Einige subsumieren aber unter dieser Bezeichnung sowohl alle alliierten Verfügungen, die der Ausmerzung von NS- oder Weimarer Elementen dienten als auch eine Behördenreform gemäß dem Trennprinzip. Eine Überprüfung der praktischen Umsetzung der polizeirelevanten Potsdamer Beschlüsse in den Besatzungsgebieten beginnt sinnvollerweise mit dem US-Terrain, da die Washingtoner Regierung mit dem „Military Handbook" und „Technical Manual" die Federführung beim gemeinsamen Vorgehen in Deutschland übernommen hatte.

2.1 Wiederaufbau des Polizeiwesens im US-Gebiet

Handbuch und Supplement erfuhren am 26. April 1945 eine erweiterte Neuauflage durch die **Besatzungsdirektive JCS** (= Joint Chiefs of Staff) **1067**, die für die amerikanische Zone genauere Vorschriften lieferte[4] und die Arbeit der US-Repräsentanten im Kontrollrat bestimmte. Wie gut diese den realen Gegebenheiten in Deutschland entsprach, beweist deren verhältnismäßig lange Gültigkeit von zwei Jahren. Am 7. Juli 1945 veröffentlicht, erschienen im Februar 1946 und Mai 1947 revidierte Fassungen, wobei nun nicht mehr das Hauptquartier USFET (= United States Forces, European Theatre), sondern das OMGUS-Büro verantwortlich zeichnete. Ihre wichtigsten Anordnungen zum künftigen Sicherheitswesen, das Titel 9 („Public Safety") regelte, bestanden jetzt in der Säuberung und Zerschlagung der deutschen Polizei[5] sowie in detaillierten Anweisungen zu deren Wiederaufbau, die Nachfolgebeschlüsse ergänzten. Die Direktive schrieb zwar folglich zur Entnazifizierung Einzelschritte vor, diese musste aber der Kontrollrat beschließen.[6] Die Einführung eines „Fragebogens" mit 130 Punkten in der US-Zone am 7. Juli 1945 erleichterte die Trennung bloßer Mitläufer von Aktivisten. Am 26. September 1945 räumte Gesetz Nummer 8 der Militärregierung den unter Beschäftigungsverbot Stehenden ein Widerspruchsrecht ein, falls sie passive Parteimitglieder ohne Betätigung in einer NSDAP-Organisation gewesen waren.[7] Der Kontrollrat verfügte am 12. Januar 1946 (Direktive Nummer 24 für Gesamtdeutschland) die Säuberung aller Ämter und Positionen von Nazis und Personen, die die Besatzungsziele nicht teilten, wies bei leitenden Beamten auf die gegenüber Fachkenntnissen vorzuziehende politische Zuverlässigkeit hin und listete Ausschlusskriterien für NS-Polizisten auf:

- hauptamtliche Mitarbeiter der NSDAP oder solche im Offiziersrang
- NSDAPler ohne zwangsweise Mitgliedschaft (vor 1937 eingetreten)
- Offiziere bzw. Unteroffiziere der Waffen-SS, andere SS-Mitglieder
- Bedienstete, Unter- und Oberoffiziere der SA (vor dem 1.4.1933 beigetreten)
- Polizeipräsidenten und -direktoren
- Offiziere der technischen Nothilfe

- Polizeioffiziere ab dem Rang eines Leutnants aufwärts
- Verwaltungspolizeibedienstete bei Sicherheitsdienst oder Gestapo
- Offiziere und Personen des Reichssicherheitshauptamtes (RSHA)
- verhaftete Offiziere und Mitarbeiter „der uniformierten Polizei, Kriminal- oder ... Geheimpolizei oder ... anderer Polizeiformationen"[8]

Die westlichen Militärregierungen übernahmen diese mit nur geringfügigen Abänderungen. Im gesamten US-Besatzungsterrain (Großhessen, Baden-Württemberg, Bayern, Bremen) basierte das weitere Vorgehen gegen Nazis auf dem „Gesetz Nummer 104 zur Befreiung von Nationalsozialismus und Militarismus für die amerikanische Zone" vom 5. März 1946 und dessen Sühnekategorien (1. Hauptschuldige, 2. Belastete = Aktivisten, Militaristen, Nutznießer, 3. Minderbelastete, 4. Mitläufer und 5. Entlastete).[9] Am 7. Oktober 1947 erließ Washington ein strafmilderndes Gesetz: Nun war zwar eine Anklage als „Mitläufer" auch bei bloßem Verdacht möglich, doch viele Beschäftigte auf der unteren Verwaltungsebene kamen jetzt mit einer Geldstrafe statt Einstellungsverbot davon. Eine Novelle vom 28. März 1948 schränkte die Beschäftigungssperre auf abgeurteilte Hauptschuldige ein und räumte fast ausnahmslos die Herabstufung Belasteter zu Mitläufern ein.

In der Praxis warteten die Militärs derart feine Ausfeilungen gar nicht erst ab, sondern begannen anhand der JCS 1067 bereits ab Mai 1945 mit gezielten Säuberungen. Während man in der „Stunde Null" den Polizeiapparat nicht zerschlug, um eine totale Gesetzlosigkeit zu vermeiden[10], ging man später zu massiver Internierung und Amtsenthebung führender Verwaltungsleute über. Durch die erste große Entlassungswelle im öffentlichen Dienst der US-Zone im Juni 1945 verloren rund 150 000 Menschen (80 000 Verhaftete, 70 000 Dienstenthebungen) ihre Stelle. Der Fragebogen verschärfte die Situation noch, so dass auch Tausende Polizisten, die anfangs als unbedenklich gegolten haten, ihren Dienst quittieren mussten. Mangels Fachpersonal dünnte sich so die Personaldecke der Polizei trotz permanenter Einstellungsbemühungen weiter dramatisch aus, wie ein amerikanischer Inspektionsbericht vom Oktober 1945 verdeutlicht.[11]

Aufgrund lückenhafter Archivbestände für den Polizeisektor muss der Historiker leider meist mit Annäherungszahlen arbeiten – lediglich für

die frühen amerikanischen Internierungen lassen sich einzelne Quellen-
auswertungen verwenden. Im Lager Garmisch gehörten am 15. Oktober
1945 von rund 4 500 Inhaftierten 812 der Polizei an (SS/Waffen-SS =
499, SS-Führer-Amt = 6, SD = 69, Polizei = 169, Gestapo = 69).

Die konsequente Ausmerzung vorbelasteter Polizisten füllte Ende 1946
die bayerischen Internierungsgefängnisse mit rund 2 000 Gestapo- und
SD- sowie 26 000 SS-Bediensteten. Eine Häftlingsstatistik von Ende
Februar 1947 weist über 56 Prozent aller Insassen als Mitarbeiter dieser
Organisationen aus.[12] In der bayerischen Gendarmerie existierten im
Januar 1947 nur noch acht Prozent ehemalige NS-Beamte; in München
entließ man mehrere hundert Polizisten bereits im September 1946
auf einen Schlag. Die Tendenz zu einer in den weiß-blauen Städten
gründlicheren Entnazifizierung als auf dem Land belegen auch andere
Statistiken. Bei der Münchner Stadtpolizei hatte man nur bei dreizehn
Prozent auf Vollzugsbeamte der Zeit vor 1945 zurückgegriffen, bei der
gesamten Landespolizei stammte hingegen über ein Viertel aus der
Vorkriegsära. Auch zur Stadt Pforzheim liegen Einzelangaben vor: Befanden sich in der dortigen Polizei in der zweiten Jahreshälfte 1945 noch
sechs Beamte mit NSDAP-Zugehörigkeit, so waren dies am 9. November 1946 in einem hundertprozentig entnazifizierten Mitarbeiterstab
lediglich drei Mitläufer.[13]

Die von der US-Militärregierung mit hoher deutscher Beteiligung
begründeten Laiengerichte gingen als „Spruchkammern" in die Ent-
nazifizierungsgeschichte ein. Diese stellten anhand von Fragebögen für
Arbeitnehmer im öffentlichen Dienst sowie bei der Besetzung höherer
Positionen in der freien Wirtschaft eine Bescheinigung aus, die allein eine
Wiederbeschäftigung ermöglichte. Das Strafmaß reichte bei den ersten
drei Sühnekategorien von der Wahlrechtsaberkennung über Berufs-
bzw. Amtsverbot oder Pensionsverlust bis hin zu mehreren Jahren
Arbeitslager; Mitläufer kamen meist mit Geldstrafen davon. Nachdem
die Säuberung am 31. März 1948 aus politischem Kalkül abrupt beendet
und an deutsche Behörden übertragen worden war, schrumpften die
Spruchkammern rasch zusammen; in Hessen gab es bereits im Oktober
nur noch acht von einst 110 Einrichtungen![14]

Schlagartig ließen nun auch die Entlassungen bei der Polizei nach, wobei ein Schwerpunkt der Spruchkammernarbeit zu berücksichtigen ist. Verfolgte man in der Frühphase auch geringfügige Straftaten, ging man später verstärkt gegen schwerwiegend Belastete vor. Folglich stand eine Aburteilung der NSDAPler in den beiden ersten Kategorien erst zu einer Zeit an, als die USA diese nicht mehr bestimmte.[15] Zwischen Juli 1948 und Juni 1949 mussten in Bayern zwei, in Bremen drei, in Hessen neun und in Baden-Württemberg achtzehn Beamte den Dienst quittieren, so dass in der Spätphase nur noch 31 von 39 143 Polizisten durch das Säuberungsraster fielen![16]

In der Rückschau lässt sich für die Entnazifizierung in der amerikanischen Zone eine konsequente Umsetzung der strengen Säuberungskriterien bis zum Frühjahr 1948 konstatieren, die eine Rehabilition Minderbelasteter ermöglichte, Polizisten mit schweren Straftaten aber die Rückkehr in den öffentlichen Dienst (generell oder als Vollzugsbeamte) verwehrte. Die Deutschen zog man zwecks Umerziehung von Beginn an in die Verfahren mit ein. Nach deren Überantwortung an deutsche Instanzen im Sommer 1948 setzte allerdings allmählich eine Abschwächung ein, der eine schleichende Wiederbeschäftigung ehemaliger NS-Aktivisten auch bei der Polizei folgte. Die Gründe hierfür lagen in der Überlastung der Spruchkammern durch langwierige Fälle, die nach Leerung der Internierungslager ab Mitte 1948 drastisch anwuchs sowie im anhaltenden Mangel an Fachpersonal. Die Reaktion des im französischen Teil Württembergs regierenden Ministerpräsidenten Reinhold Maier auf das US-Entnazifizierungsgesetz beinhaltete eine kluge Weissagung des praktisch Machbaren: „Wer bei der Neuordnung ... mitzuwirken hat, der muß über die staatspolitische Einsicht verfügen, daß einem Großteil ... die Rückkehr ermöglicht werden muß ... Sühne und Strafe muß sein. Aber die Rehabilitation des Gros der minder Schuldigen muß ... Endziel sein."[17]

Ein vergleichbarer Wandel vollzog sich bei der **Demilitarisierung** des deutschen Sicherheitswesens. Die UFSET-Direktive vom 7. Juli 1945 rückte unter dem Eindruck der sprunghaft ansteigenden Nachkriegskriminalität von der strikten Entwaffnung ab und erlaubte wieder teilweise den kontrollierten Einsatz von Feuerwaffen: „Die deutschen Polizeidienste sind ... zivile Einrichtungen, ... so zu verwalten, daß sie (nicht) ... für heimliche militärische Organisationen ... genutzt werden können ... Mit Ausnahme von Knüppeln, Revolvern und Pistolen ist der Besitz von Waffen verboten. Der Land- und Grenzpolizei (können) ... Karabiner erlaubt werden. Das Tragen dieser Waffen muß ... durch das amerikanische Hauptquartier genehmigt werden."[18]

Von dieser Regelung profitierte ab Herbst 1945 die bayerische, ab Februar 1946 die Grenzpolizei der gesamten US-Zone. Deren Vollausrüstung mit Karabinern und Pistolen war aber an Ländergrenzen, die Militärangehörige eines UN-Mitgliedstaates bewachten, im Umkreis von einem Kilometer weiterhin verboten. Obwohl eine OMGUS-Studie vom August 1946 vermehrte Verbrechen durch alliierte Soldaten belegte, forderte Washington lange vergeblich die Aufhebung des Schusswaffengebrauchsverbots für deutsche Polizisten zugunsten der Selbstverteidigung gegenüber Besatzungsangehörigen (1. Februar 1947).[19]

Für den Bewaffnungsstatus der Polizei in der US-Zone liegen genaue Zahlen vor. In Bayern verfügten die Beamten im November 1946 über 15 617 Kurzwaffen (8 078 Karabiner, 7 539 Pistolen), wobei erstgenannte überwiegend bei der Landpolizei eingesetzt wurden, davon knapp 2 600 in Zoll- und Grenzpolizeistationen. Die Kommunalpolizei musste sich infolge ihrer Ausstattung mit 6 218 Pistolen mit 24 Karabinern begnügen, die Landpolizei mit 1 021 Kurzwaffen, von denen wiederum der Zoll- und Grenzsektor 300 Stück erhielt. Bis Sommer 1949 herrschte in der gesamten Zone ein ausgeglichenes Verhältnis zwischen den Waffentypen, da sich der Gesamtbestand von 38 367 Handfeuerwaffen (Bayern: 20 585, Hessen: 7 048, Bremen: 2 765 und Württemberg-Baden: 7 969) auf 19 401 Pistolen und 18 966 Karabiner verteilte. Letztere dominierten nur noch die Ausrüstung im Freistaat Bayern (11 721 Karabiner : 8 864 Pistolen).[20] Für die dortigen Polizeisparten mit 15 959 Beamten und 15 617 Waffen insgesamt ergibt sich im November 1946 eine durchschnittliche Ausstattungsquote pro Polizist von 0,99. Bis November 1949 hob man die bayerische Ausrüstungsquote mit 1,07 auf diejenige des Stadtstaats Bremen an; Württemberg-Baden wies zu dieser Zeit 0,92, Hessen 0,82 auf.

Zur polizeilichen Demilitarisierung gehören ebenso die Aspekte Uniform, Dienstrang, Verhaltenskodex und Verbandsbildung. Hier waren die USA angesichts der weitreichenden Gleichsetzung von Polizei und Armee im Dritten Reich zu keinen Abstrichen bereit, entsprechend streng fielen die UFSET-Vorschriften zur Ausmerzung aller soldatischen Gesichtspunkte aus: „Zur Kennzeichnung der Dienststellen sind keinerlei militärische Rangbezeichnungen oder Dienstabzeichen zu benutzen, das Personal darf keine ... militärischen Grußformeln oder Gesten anwenden, ... die Verleihung und das Tragen von Ehrendolchen, Orden oder anderen Ehrenzeichen ist (un)zulässig."[21] Am 1. Dezember 1945 erging eine Anordnung zu Dienstgraden und Abzeichen für die Landespolizei Württemberg-Badens, die durch die Bevorzugung von Silber gegenüber Gold, „stars and stripes" und Orientierung an Ziviluniformen den amerikanischen Einfluss kaum verhehlen konnte:

Unterwachtmeister: kein Zeichen	Meister: 1 Silberstreifen
Wachtmeister: 1 blauer Streifen	Kommissar: 2 Silberstreifen
Oberwachtmeister: 2 blaue Streifen	

Oberkommissar: 1 Goldstreifen	Landespolizeidirektor: 1 Silberstern
Regierungsrat: 2 Goldstreifen	Oberregierungsrat: 1 Goldstern
	stellvertr. Direktor: 2 Goldsterne

Das Dienstgradabzeichen befand sich am linken Unterarm, die persönliche Kennung des Beamten als gesticktes oder Metallschild mit Landeswappen auf der linken Brustseite. Mit ihrem betont zivilen Erscheinungsbild konnten sich jedoch viele Polizisten nur schwer Respekt bei den Bürgern verschaffen.[22]

Das Verbot militärischen Verhaltens stieß bei vielen Polizeibediensteten sogar auf offenen Widerstand. Noch zwei Jahre nach Kriegsende pflegten derart viele Ausreißer den Soldatengruß, dass es am 6. August 1947 einer erneuten Ermahnung durch die Militärregierung bedurfte, die Handkante nicht armeegemäß an die Kopfbedeckung zu legen.[23] Das Verbot fester, personalstarker Polizeiverbände zog sich als roter Faden durch die alliierten Verfügungen, und auch die UFSET-Direktive vom

7. Juli 1945 enthielt die bekannte Klausel „Polizeireservekorps bzw. Hilfspolizeikräfte jeglicher Art sind nicht gestattet."[24]

Konnten die Amerikaner auch die Wiedererrichtung von Bereitschaftspolizeieinheiten nicht verhindern, so gelang ihnen dies bei der **Dezentralisierung** zumindest mittelfristig. Die sukzessive Zentralisierung der NS-Polizeiabteilungen und deren Missbrauch unter reichseinheitlichem Befehl machte die dezentrale Reorganisation zu einem Kernstück ihrer Besatzungspolitik. Folglich sahen die Vorschriften vom Juli 1945 für das deutsche Sicherheitswesen einen regionalen bzw. lokalen Neuaufbau nach dem Muster nordamerikanischer Bundesstaaten mit Verantwortlichkeit des Stadt- oder Landkreises vor. Dieses Ideal „gesonderter"[25] Polizeibehörden beherrschte auch die US-Folgeerlasse:

· kleine Landgemeinden und Städte unter 5 000 Einwohnern erhalten eine Gendarmerie mit einem Landrat als Polizeivorgesetzter
· mehrere Kommunen unter 5 000 Einwohnern dürfen freiwillig einen Polizeiverband mit zivilem Verwaltungschef bilden
· Städte mit mehr als 5 000 Einwohnern erhalten eine Kommunalpolizei, deren Leitung ein „Polizeipräsident" oder „-direktor" innehat
· der örtliche Polizeiverwalter ist dem Bürgermeister verantwortlich
· die Kriminalpolizei gehört zur Gemeinde- bzw. Landpolizei

Da die kommunale Reorganisation im amerikanischen Okkupationsgebiet[26] fast gleichförmig verlief, ist sie als weitgehend realisiert einzustufen. Nach der teilweisen Übergabe der Entscheidungsbefugnis über die Polizei an inländische Instanzen ab 1949 fand allerdings bundesweit eine, regional unterschiedlich ausgeprägte, Reverstaatlichung dezentraler Dienststellen statt. Abhängig von der praktischen Erfahrung behielten aber etliche Kommunen ihre Stadtpolizei, trotz des Kostendrucks, den der Unterhalt einer Polizeibehörde ausübte, freiwillig bei. Die erste Kodifikation des bayerischen Polizeiorganisationsgesetzes vom 28. Oktober 1952 gewährte den Gemeinden die Übertragung polizeilicher Aufgaben auf die Landpolizei (ab Juli 1968 auch den kreisfreien Kommunen), doch erst im August 1976 wurde das Land wieder alleiniger Träger polizeilicher Befugnisse. In Heilbronn hob man die örtliche Polizeibehörde 1955, in Pforzheim 1959, in Karlsruhe und Mannheim 1971 sowie in Stuttgart 1973 auf. München behielt am längsten in der BRD seine Kommunalpolizei bei (September 1975).[27]

Die **Demokratisierung** der deutschen Nachkriegspolizei führte zu tiefgreifenden Modifikationen der juristischen, organisatorischen und inhaltlichen Aspekte des Vollzugsdienstes. Der „Verpolizeilichung" des Hitler-Staates, in deren Gefolge diese Behörde den Bürger von der Wiege bis zur Bahre „begleitet" hatte, setzten die Siegermächte eine demokratisch ausgerichtete „Entpolizeilichung"[28] entgegen. Die Polizeiaufgaben beschränkten sie auf den Sicherheitsbereich und übergaben alle administrativen Funktionen wieder an die Verwaltung.[29] Die Entnazifizierung gehört ebenso in den Komplex alliierter Demokratisierungsmaßnahmen, ihrem hohen Stellenwert in der gesamten Besatzungspolitik entspricht aber die gesonderte Erläuterung zu Beginn des Abschnitts. Die konsequente Demokratisierung umfasste neben eingeschränkten dienstlichen Aufgaben auch formale Änderungen, die in den Köpfen der Betroffenen jedoch nur langsam Platz griffen. Dies war beispielsweise bei der Neubenennung ziviler Ordnungsbehörden ohne die Endung „-polizei" der Fall: Bezeichnungen wie „Amt für öffentliche Ordnung und Sicherheit" setzten sich nur schwer durch.

Das inhaltliche Trennungsgebot wurde in der US-Zone strikter umgesetzt als im übrigen Okkupationsraum, doch auch hier galt das Motto: „Keine Regel ohne Ausnahme". So erwies sich die amerikanische Militärregierung insofern flexibel, als sie der bayerischen Polizei die Kontrolle von Lotterien, Glücksspiel, Gaststätten, Theatern, Schießbuden, Sprengstoffen sowie die Jagd- und Fischereiaufsicht beließ. In Württemberg-Baden räumte sie den Orts- und Kreisvorstehern ein begrenztes Recht ein, die Landespolizei für den Vollzug administrativer Angelegenheiten einzusetzen. Für einzelne Belange im hessischen Meldewesen gab es sogar eigene Verwaltungspolizeidienststellen.[30]

Die „Entpolizeilichung" stieß bei den betroffenen Beamten oftmals auf Unverständnis oder gar Widerstand. Eine derartige Abwehrhaltung spiegelt das Beispiel des Pforzheimer Polizeidirektors wider, dessen Vorgesetzter zwei Reformentwürfe ablehnte, da diese trotz wiederholter Ermahnung nicht den Trennungsvorgaben entsprachen. Erst im Sommer 1948 war der Polizeichef zu Zugeständnissen bereit, doch seine persönliche „Entpolizeilichungsvariante" beließ den Pforzheimer Beamten auch künftig das Melde-, Gesundheits- und Vereinswesen, die Verkehrsabteilung, Kfz-Zulassung und Obdachlosenbehörde![31]

Entstanden bei der Organisationsreform manche Probleme, so kamen sie beim Wegfall richterlicher oder gesetzgeberischer Funktionen nicht auf, da dieser allein auf alliierten Erlassen ohne Durchführungsverordnung fußte. Diese ließen keine Zweifel über die praktische Handhabung aufkommen und erfuhren auch im Nachhinein keine Änderungen. Die Gewaltenteilung von Exekutive, Legislative und Justiz wahrend, verboten die US-Besatzungsvorschriften der Polizei bis zuletzt jede legislative oder rechtsprechende Befugnis.[32] Gleiches galt für die Abschaffung „politischer Polizeiabteilungen ... mit dem Zweck der Beaufsichtigung oder Kontrolle der politischen Tätigkeit der deutschen Bevölkerung" sowie für die „gesonderte Sicherheitspolizei oder Geheimpolizei".[33] Kriminalpolizeiliche Ermittlungsbüros wurden mit den Einschränkungen für übergeordnete Polizeibehörden ausdrücklich zugelassen. Ein Erlass des württembergisch-badischen Innenministers hingegen bedeutete Ende 1947 eine bedenkliche Gratwanderung: „Es ist auch ihre Aufgabe, umstürzlerische Umtriebe, die den gewaltsamen Sturz der Regierung zum Ziel haben, ... sich gegen die Sicherheit der Besatzungsmächte ... oder (die) Ziele der Besetzung (wenden), zu melden ..."[34]

Hinsichtlich der für die Demokratisierung so wichtigen Polizeischulen zwangen Personal-, Geld- oder Materialmangel sowie verkrustete Denkweisen die amerikanischen Militärvertreter oftmals zur Aufgabe ihrer hehren Pläne oder zweifelhaften Kompromissen. Während die ersten Maßnahmen für Berufsumsteiger oder ältere Polizisten infolge des Zeitdrucks kaum demokratisches Verständnis vermitteln konnten, wohnten einer reformierten Ausbildung hierzu bessere Chancen inne. In der „Stunde Null" umfasste die Schulung neben vierzehntägigen Kursen auch Aufklärungsfilme, Diskussionen und Vorträge über NS-Verbrechen. Vereinzelt erläuterten amerikanische Soldaten darüber hinausgehend in den Revieren vor Ort ihr heimatliches Polizeisystem.[35]

Die UFSET-Direktive vom Mai 1945 sah polizeiliche Ausbildungsstätten in kommunaler Verantwortung vor zur Unterrichtung ohne national-sozialistischen oder militärischen Einfluss. Bis Mitte Oktober 1945 verfügte die US-Zone über drei Polizeischulen in Marburg, Stuttgart und München, die die ersten Einstellungsschwünge in sechswöchigen Lehrgängen vorbereiteten. Zeitgleich richtete man sechzehn weitere ein, von denen zwei im Herbst 1945 wegen vorbelasteter Lehrkörper geschlossen wurden.[36] In Nordwürttemberg mussten die Bezirkspolizeien der Städte mit bis zu 20 000 Einwohnern ab November 1945 bei der Einrichtung von Polizeischulen folgenden Lehrplan beachten:

· allgemeines und spezielles Polizeirecht sowie bürgerliches Recht
· Kriminologie
· Pflichten der Polizeibeamten
· Gesetze und Anordnungen der Militärregierung
· praktische Übungen zur Polizeiarbeit
· Deutsch, Englisch und Sport

Erste acht- bis zehnwöchige Unterweisungen bot ab Mai 1946 die Polizei-fachschule des Stuttgarter Polizeipräsidiums an. Ein geregelter Unterricht fand ab September zunächst auf dem Vaihinger Schloss Kaltenstein statt, bevor die Landespolizeifachschule im Juli 1947 endgültig nach Stuttgart-Vaihingen umzog. Den dezentralen kommunalen oder provinzialen Schulungsstätten fehlten nicht nur häufig Lehrer und finanzielle Ressourcen, sie riefen auch in vielen Führungsköpfen die Furcht vor einer „verzettelten" Ausbildung und ungerechten Prüfungsbedingungen hervor, da jedes Institut sein Curriculum selbst konzipierte. Während für eine zentrale Unterrichtung die Konzentration auf das Lernen sprach, da zusätzliche Dienstzeiten entfielen und praktische Erfahrungen erst bei Ausbildungsende gesammelt wurden, beriefen sich die Befürworter der kommunalen Schulen auf die Nähe zum Dienstort und den Wegfall langer Anfahrtswege. In der Praxis setzte sich letztlich entgegen den alliierten bzw. amerikanischen Besatzungszielen die zentrale Schulungsstätte durch.

In Karlsruhe verfügte man ab Februar 1946 über eine Polizeischule, die später in die Kaserne Durlach umzog und als „Landespolizeischule" Anwärterlehrgänge und Fortbildungen für Kriminalbeamte anbot. Sie unterstand der Aufsicht eines US-Oberleutnants und des örtlichen Polizeidirektors, die Leitung oblag einem aktiven Polizeibeamten.[37] Neben dem klassischen Dienstunterricht umfassten ihre Fächer auch die Bereiche Recht, Sport und Sanitätswesen:

1. Revierkunde (Verhalten und Erscheinungsbild der Beamten; Protokollaufnahme; Verfassen von Berichten, Meldungen etc.)
2. Polizeirecht (allgemeines Polizeirecht, Organisation, Befugnisse)
3. Strafrecht (Strafgesetzbuch und -prozessordnung, NS-Gesetzverbot)
4. Verkehrsrecht (Straßenverkehrsordnung und Gesetzgebung)
5. Gewerberecht
6. Sport/Sanitätskunde (Erste Hilfe, Erkennen von Todesursachen)

Trotz reformierter Lehrpläne schlichen sich erneut Ausbildungsaspekte aus der Vorkriegszeit ein. So durften nur am Ort beheimatete Polizeischüler zu Hause schlafen, während die übrigen auf dem Schulgelände übernachten mussten. Die gemeinsamen Mahlzeiten und verschiedene Dienste blieben dennoch für beide Gruppen verpflichtend. Nimmt man noch den streng geregelten Tagesablauf mit Abhalten des Zapfenstreichs[38] hinzu, so erinnert der Anwärteralltag eher an Kasernendrill denn entmilitarisierten Unterricht. Nach Einweihung der Freiburger Landespolizeischule im Herbst 1953 als zentrale Ausbildungsstätte für das ganze Bundesland wurde Durlach geschlossen.

Eine Ausnahmeerscheinung bildete die bereits im Herbst 1944 begründete und somit älteste Einrichtung dieser Art im gesamten US-Gebiet: die Polizeischule im hessischen Marburg. Ab Oktober 1944 hatten britische und amerikanische Ex-Polizisten in einem französischen Kriegsgefangenenlager bei Verviers deutsche Kollegen auf eine Ausbilderfunktion nach dem Krieg vorbereitet. Nach Stationen in Aachen und Bonn verlegte man die „German Civilian Police School" im Frühjahr 1945 nach Marburg, das als Regierungssitz für Hessen-Nassau angedacht war. In fünfwöchigen Schnellkursen unterrichtete man dort durchschnittlich fünfzig Teilnehmer, wobei das Fach „demokratisierte Polizei" die fachliche Qualifikation überwog.[39] Pionierstellung und Qualitätsbewusstsein retteten aber auch diese Schule in Zeiten knapper Kassen nicht: Mitte

November wurde Marburg zur Grenzpolizeischule umfunktioniert, die im Herbst 1946 ihre Pforten endgültig schloss, da diese Aufgaben die Landespolizeischule in Bad Selters übernahm.

Insgesamt verfügte Hessen in der Besatzungszeit mit vier kommunalen (Marburg, Frankfurt ab August, Kassel ab September und Wiesbaden ab Oktober 1945) und zwei landesweiten über sechs Schulen. Zu den letztgenannten gehörte die am 25. Juni 1945 ebenfalls in Kassel begründete „Provinzial-Polizeischule Kurhessen", die in dreiwöchigen Kursen die ersten Ordnungshüter unterwies. Nach einem Zwischenspiel in Homberg/Efze, wo ab Oktober sechsmonatige Lehrgänge stattfanden, zog die Schule im Herbst 1949 nach Hofgeismar um. Dort absolvierten die Beamten ein erweiteres Schulungsprogramm mit Spezialkursen für Kriminalbeamte und Verkehrspolizisten. Die zweite regionale Ausbildungsstätte nahm ihren Betrieb erst ab Februar 1946 im Kurhaus von Bad Selters auf, da Darmstadt über keine geeignete Unterbringung verfügt hatte. Auch diese schloss man im Juni 1948, da die Schaffung der Bi-Zone die Schulung von Grenzpolizisten obsolet machte und die Ausbildungszentralisierung in Hessen voranschritt. Ab November 1950 teilte sich das dortige Polizeischulwesen wie folgt auf: Die nördliche Landeshälfte deckte bei der Vollzugsdienstausbildung die neue „Landespolizeischule Nord" in Hofgeismar ab; in der südlichen übernahm deren Pendant in Wiesbaden-Dotzheim den Unterricht. Bei deren Eröffnung kündigte man die Schließung aller kommunalen Schulstätten an, die vor Ort 1951 erfolgte, in Frankfurt 1953 und ein Jahr später in Kassel. Nach Zusammenlegung der beiden Landespolizeischulen in Wiesbaden unter Auflösung des Standortes Hofgeismar (Dezember 1951) existierte nur noch eine Zentrale mit mehreren Zweigstellen, die ab 1958 alle Aus- und Fortbildungskurse anbot.

Das Land Hessen vollzog aber auch inhaltlich „mit zu vielen formalen Ausbildungsinhalten und militärähnlichem Drill" eine Kehrtwendung zur Polizeischultradition des Deutschen Reichs und hebelte dabei die alliierten Vorgaben durch viele kleine Schritte in praxi aus: „Lehrkräfte, die zum größten Teil ehemalige Wehrmachtsangehörige waren oder ... in der Weimarer Republik ... in kasernierten paramilitärischen Einheiten ... tätig gewesen waren, ... taten sich oft recht schwer beim Aufbau einer demokratischen bürgernahen Polizei ... Führungsmittel ... waren absoluter Gehorsam und strenge Disziplin, ... militärähnliche Formalausbildung, ... Stuben- und Kleiderordnung, Haarschnitt ... Grüßenlernen, ... Kolonnenmarsch ... die Polizeianwärter (wurden) nicht zu ... einem verantwortungsvollen polizeilichen Handeln erzogen ..."[40]

2.2 Reorganisation der Polizei in den übrigen Zonen

Britisches Besatzungsgebiet

Großbritannien musste durch die schlechte ökonomische Situation in seinem Okkupationsgebiet, eine Wirtschaftskrise im eigenen Land und den großen Personalaufwand in den Kolonien seine Besatzungspolitik diesen Einschränkungen anpassen. Neben dem hohen Kostendruck durch die spätere Bi-Zone begünstigte auch das Ansehen des preußischen Berufsbeamtentums bei den Briten die Beibehaltung des „indirect rule". Der minimierte Kapital- und Personaleinsatz der englischen Militärregierung funktionierte nur mit Rückgriff auf erfahrene deutsche Verwaltungsfachleute und ähnelte der Kolonialpraxis in Übersee.

Für die praktische Umsetzung der alliierten Ziele wirkte sich die Taktik des indirekten Herrschens jedoch nachteilig aus, besonders bei der behördlichen **Entnazifizierung**.[41] Deren Säuberung verkörperte einen Kompromiss zwischen den Vorstellungen der übrigen Sieger und der Notwendigkeit, die öffentliche Ordnung und Administration aufrechtzuerhalten. So richteten sich die Briten bei der Denazifizierung zwar theoretisch nach den US-Vorgaben, pragmatische Zwänge führten aber zu Widersprüchen sowie Auf- und Abschwungphasen. In der Frühzeit bis Dezember 1945 wendeten die englischen Militärs die amerikanischen Vorschriften weitestgehend, aber langsamer an. Von knapp 420 000 Bewerbern wurden bei der favorisierten Neueinstellung nur rund zehn Prozent abgelehnt. Da man lieber versetzte statt zu entlassen, mussten lediglich 43 300 Mitarbeiter den Dienst quittieren. Im Innensektor wies bis Ende 1945 paradoxerweise gerade die Polizei mit acht Prozent die geringste Entlassungsquote auf gegenüber 41 im Ernährungsbereich – von Massenentlassungen wie bei den Amerikanern war also hier nicht die Rede!

Die zweite strengere Säuberungsphase, eingeläutet durch die Kontroll-ratsdirektive Nummer 24 vom 12. Januar 1946 zur zonenübergreifend vereinheitlichten Entnazifizierung, prägten die Ausschüsse, die Mitarbeiter von Verwaltung, Großbetrieben und einzelnen Berufsgruppen drei Sühnekategorien unterzogen. Nun verließen bis Sommer 1946 von rund 111 000 überprüften Personen knapp 57 000 ihren Posten, und nur 25 000 Belastete wurden weiterbeschäftigt. Ausnahmeregelungen unterliefen hierbei ohne Erklärung die US-Bestimmungen, auch für die Polizei.[42] Da man dieser einen hohen Stellenwert zuordnete und um Vertrauen für das am britischen Bobby orientierte Polizistenimage warb, richtete man zwar ab Mai Polizeientnazifizierungsausschüsse ein, deren eingeschränkte Möglichkeiten und der Grundsatz „In dubio pro reo" ließen aber kaum Entlassungen zu.

Im April 1947 eröffnete die alliierte Anweisung Nummer 3 im britischen Gebiet die dritte Phase mit verfeinerter Beurteilung der Angeklagten, reduzierter deutscher Beteiligung und abgestuften Sanktionen. Da den Sonderausschüssen erst nach der Polizeisäuberung im Sommer 1947 ein flexibleres Sühnesystem an die Hand gegeben wurde, konnte es in diesem Verwaltungszweig nicht mehr greifen.

Im Herbst 1947 übergab man die Entnazifizierung an die deutschen Behörden und leitete die letzte Phase bis Ende 1948 ein, in der die Militärregierung nur noch bei der Aburteilung von Kriegsverbrechern und Aktivisten ein Veto einlegen konnte. Ab 1948 waren Entlassungen gänzlich unzulässig, Revisionen erfolgten nur noch periodisch. Legt man die Spruchgerichtsurteile bis Dezember 1948 als Maßstab für die Polizeisäuberung in der britischen Zone an, so sprach man von 1 835 Gestapo- und SD-Angehörigen rund siebzehn Prozent frei, bei acht stellte man das Verfahren ein. Von 8 859 SS-Mitgliedern verließ im Durchschnitt jedes fünfte als freier Bürger die Untersuchung, bei dreizehn Prozent fanden gar keine Ermittlungen statt. Im einwohnerstarken Nordrhein-Westfalen erfolgte sogar nur bei neunzig Personen eine Rubrizierung in den beiden ersten Sühnekategorien! Bei der Kölner Polizei agierten im Februar 1949 nur 13,6 Prozent der Beamten aus der „Mitläufer"-Gruppe gegenüber 86,4 Prozent „Entlasteten", bei der Kripo waren sogar über 25 Prozent in der NSDAP gewesen.[43]

Die im Vergleich zur amerikanischen Zone geringfügigere Säuberung des Polizeiapparates fußte im britischen Bestreben, schnell eine funktionierende Verwaltung aufzubauen, so dass nur in den ersten Nachkriegsmonaten aktive NS-Polizisten rigoros ausgemerzt wurden. Deren exponierte Führungseliten besaßen bei Einstufung in mittlere Sühnekategorien ab 1947 erneut eine Einstellungschance im alten Metier.

Eine einzigartige organisatorische Modifikation verkörpern die mit den Potsdamer Leitlinien zur **Demokratisierung und Dezentralisierung** gleichermaßen korrespondierenden Polizeiausschüsse in der englischen Zone. Gemäß der polizeilichen Selbstverwaltung in Großbritannien (police committee) definierte die Militärregierung das deutsche Sicherheitswesen als „selbständige, nichtmilitärische Einrichtung, die ihre Aufgaben unabhängig von anderen Verwaltungsbehörden wahrnimmt". Die Verordnung zur Polizeiorganisation vom 25. September 1945 führte für Stadt- und Regierungskreise mit mehr als 100 000 Einwohnern diese Ausschüsse ein, die ab 1946 durch lokale Selbstverwaltungsorgane beschickt wurden. Ihnen oblag ohne wirkliche Machtbefugnis über die Polizei deren demokratische Kontrolle und Leitung. Sie bildeten mit dem Polizeichef die oberste der kommunalen oder regionalen Sicherheitsbehörden, überprüften im Sinne einer „leistungsfähigen Polizei"[44] Personal-, Finanzwesen und Ähnliches und verabschiedeten Beschlüsse für folgende Bereiche:

· Administration (Haushalt, Kleider, Ausrüstung, Gebäudeverwaltung)
· Stellenplan (inklusive Festlegung der Personalstärken)
· Ernennung, Beförderung und Entlassung der führenden Beamten
· Vorgehensempfehlungen an den Polizeichef
· Vermeidung des politischen Missbrauchs polizeilicher Dienststellen
· Vertretung der Polizei in juristischen Angelegenheiten

Die Ausschüsse fungierten nicht als Beschwerdeinstanz bei unkorrektem Beamtenverhalten, da der Polizeichef bei exekutiven Belangen unabhängig entschied. Die Befugnisse der Länderinnenminister waren somit eingeschränkt auf die Vergabe von Geldern an die kommunalen Dienststellen und Empfehlungen. 1953 löste man die Polizeiausschüsse wieder auf, in Nordrhein-Westfalen sogar unter expliziter Betonung der „historischen preussischen Entwicklung".[45] Die demokratische Tradition Englands bestand in Nordrhein-Westfalen, Niedersachsen und Schleswig-Holstein mit den Polizeibeiräten, die als Verbindung zwischen Bevölkerung, Selbstverwaltungsgremien, Ministerium und Polizei nur beratend wirkten, noch bis in die 70er Jahre fort.[46] In der britischen Zone fand also ein drastischerer Bruch mit dem bisherigen Behördensystem als in der amerikanischen statt, dieser verhinderte aber nicht die Kehrtwendung zur zentralen Polizeiorganisation.[47]

Französisches Okkupationsterrain

Frankreich orientierte sich bei der **Entnazifizierung** am Vorgehen der Vereinigten Staaten, adaptierte jedoch nicht deren Systematik. Eine relativ freie Handhabung der Säuberung in den Teilregionen, strengere Beurteilung ehemaliger Parteigenossen, anhaltende Entnazifizierung im administrativen gegenüber vernachlässigter im Wirtschaftssektor sowie frühe Beteiligung der Deutschen an den Verfahren kennzeichneten die französische Taktik. Letztgenannter Aspekt erweiterte den Entnazifizierungskomplex der Pariser Regierung um die sogenannte **„Épuration"**, die über die bloße Entfernung schuldiger Nazis aus dem öffentlichen Leben und deren Bestrafung hinaus eine moralische Säuberung und demokratische Umerziehung des deutschen Volkes als Basis für einen gemäß den Ideen der Französischen Revolution konzipierten Nachfolgestaat des Deutschen Reiches anstrebte.[48]

In den ersten Nachkriegsmonaten internierten die Franzosen zwar äußerst rigoros, die anschließenden Entnazifizierungsverfahren betrafen jedoch nur noch einen geringen Bevölkerungsteil. Deren Effizienz schmälerte das der erzieherischen Demokratisierung dienende Mitspracherecht der Deutschen, die ihre Landsleute selbstverständlich sehr zurückhaltend aburteilten. Aus diesem Grund verordnete die Baden-Badener Militärregierung am 19. September 1945 ein strengeres Vorgehen im Verwaltungsbereich, das bis Frühjahr 1947 galt. Fortan bezog man die Deutschen zwar intensiver in die Säuberung mit ein, die Verantwortung blieb aber ausschließlich bei der Besatzungsmacht. Die Ausschaltung aller NS-Aktivisten und jedweden NS-Einflusses aus dem öffentlichen Dienst besaß oberste Priorität, wobei die diversen Kommissionen anhand eines erweiterten Sanktionenkatalogs vorgingen.

Ein Berufungsrecht wurde nur noch selten eingeräumt, da die verstärkte Berücksichtigung aller Hintergründe im Einzelfall eine ungerechte Beurteilung in der ersten Instanz fast ausschloss.

Während man in der Gesamtverwaltung bis Dezember 1945 rund sechzig Prozent der Mitarbeiter entließ, vermitteln die Statistiken der Teilgebiete ein anderes Bild. In Südwürttemberg mussten bis 1946 nur 7,5 Prozent der Beamten ihren Dienst quittieren, hingegen bis April 1947 in Rheinland-Hessen-Nassau 28,6, in der Pfalz sogar 41,1 Prozent. Soldaten, Forstbeamte oder Polizisten unterlagen verschärften Bestimmungen wie Beschäftigungsverbot oder Dienstkontrollen.

Das geringe Zahlenmaterial zur deutschen Polizei in der Besatzungszone Frankreichs belegt zumindest eine gründliche und dauerhafte Épuration („Notre action politique risquerait d'être irrémédiablement compromise si nous donnions un instant l'impression de ne pouvoir ou de ne pas vouloir nettoyer radicalement la Police allemande."[49]). Von den im Oktober 1946 registrierten 9700 Internierten hatten mit 2642 Personen knapp 29 Prozent einer NS-Polizeiabteilung angehört. Entlassen wurden bis Februar 1947 von 11266 überprüften Polizeibediensteten 2202 (rund neunzehn Prozent), in 2079 Fällen eine Disziplinarstrafe verhängt. Mit Blick auf die Gesamtstatistik für den öffentlichen Dienst vom Juni 1946 bedeutete dies keine Steigerung, da sich deren Entlassungsquote auf 34,6 Prozent belief.

Mit der Verordnung Nummer 79 vom 27. Februar 1947 überantwortete die Militärregierung die Épuration komplett an deutsche Behörden und behielt nur einige Sonderrechte wie die Bestätigung von Spruchkammerentscheiden, Amnestien und das Gnadenrecht bei. Zeitgleich erfolgte gemäß Kontrollratsbeschluss Nummer 38 (Oktober 1946) eine Angleichung an die US-Säuberung. Bis Ende Juni 1947 mussten im französischen Teil Württembergs und Hohenzollerns neun Prozent ihre Stelle ohne Bezüge aufgeben, im Innenressort von Rheinland-Hessen-Nassau stufte man bis Ende 1947 sieben Prozent als belastet, aber niemanden als hauptschuldig ein. Erst nach Gründung der Bundesrepublik zogen sich die Franzosen aus der Entnazifizierung zurück.

Vergleicht man die Épuration des Polizeisektors mit derjenigen anderer

Administrationen, so ergeben sich in den Teilregionen extreme Schwankungen und gebietsübergreifend nur durchschnittliche Quoten.[50] Für das saarländische Sicherheitswesen ist vorab auf den politischen Sonderstatus der Region innerhalb der französischen Zone zu verweisen, der durch die Integration in das Wirtschaftssystem Frankreichs und staatliche Autonomie des Landes für die hiesige „Entpreußung" andere Zielsetzungen bedingte und infolgedessen einen Vergleich mit dem restlichen Okkupationsterrain hinken lässt.

Beim organisatorischen Neuaufbau machte die deutsche Polizei unter den Franzosen eine den alliierten Bestimmungen entgegengesetzte Entwicklung durch. Auch hier fand zwar ab Sommer 1945 zunächst eine den **Dezentralisierungsprinzipien** folgende Kommunalisierung statt mit einer städtischen Polizei in Großkommunen ab 5 000 Einwohnern und einem Pendant in kleineren Gemeinden unter Verantwortung des Bürgermeisters bzw. Landrats. Der parallele Rückgriff auf zentralistische Behördenstrukturen Frankreichs führte aber zur paradoxen Wiederbelebung altpreußischer Polizeitraditionen.[51] Dies implizierte neben der Reverstaatlichung eine Einheitspolizei mit Verwaltungs- und Sicherheitsfunktionen, die aber als zentrale Einrichtung bevölkerungsarmer Länder keine bedenkliche Machtkonzentration darstellte. Eine Anweisung Laffons vom 15. Januar 1946 brachte diesen Wandel früh in Gang, doch er vollzog sich in den Regionen abgestuft und zeitlich versetzt. Nach Ablauf des ersten Nachkriegsjahres kann man für das gesamte Gebiet Frankreichs von einem Scheitern des Potsdamer Dezentralisierungsgrundsatzes sprechen.

Ab April 1946 führte sie in Baden erneut die Gendarmerie (Land) und Schutzpolizei (größere Städte) inklusive Kriminalabteilung ein; nur in Freiburg, Konstanz und Baden-Baden bestand die polizeiliche Selbstverwaltung weiter fort. Im Oktober 1950 erhielten schließlich alle badischen Gemeinden eine Schutzpolizei sowie ihre Amts- und Ratsdiener im Juli 1951 polizeiliche Eingriffsrechte. Im Mai 1947 richtete man in Rheinland-Pfalz wieder eine staatliche Ordnungspolizei für Städte mit mehr als 10 000 Einwohnern ein, für Landgemeinden unter 5 000 eine Gendarmerie; nur in Ortschaften zwischen 5 000 und 10 000 Bürgern blieb eine Kommunalpolizei „unter straffer Staatsaufsicht"[52] bestehen.

Für eine Mischform entschied man sich in Württemberg-Hohenzollern, wo staatliche Polizeidirektionen am 18. Januar 1946 aufgehoben wurden. Die neustrukturierten Landespolizeiaufgaben überließen dort ab Oktober Funktionen im Gesundheits- oder Gewerbesektor den kommunalen und regionalen Dienststellen. Mit der Reverstaatlichung und Zentralisierung untrennbar verknüpft war die erneute Unterstellung der Polizei in das innenministerielle Ressort.[53]

Da die **Demilitarisierung** bei der französischen Okkupationspolitik eine wichtige Rolle spielte, verhielt sich die Pariser Regierung in puncto Wiederbewaffnung der deutschen Polizei wesentlich zurückhaltender als Washington oder London. Im Besatzungsgebiet Frankreichs benutzten die Polizisten daher ungewöhnlich lange ausschließlich Schlagstöcke, noch Ende 1946 besaß in Württemberg-Hohenzollern nur jeder zwölfte Beamte eine oft veraltete Handfeuerwaffe.[54] Zum polizeilichen Wiederaufbau in der gesamten französischen Okkupationszone lassen sich folgende Schwerpunkte festhalten:

· zeitlich und inhaltlich differierende Umsetzung der Potdamer „D" in den einzelnen Teilregionen
· vorrangige Denazifizierung und Demilitarisierung
· indirekte Erneuerung deutscher Organisationen der Vorkriegszeit durch Übertragung zentralistischer Amtsstrukturen Frankreichs
· Zuweisung von Verwaltungs- und Sicherheitsaufgaben entgegen der von den Alliierten intendierten Auflösung der Einheitspolizei

Sowjetische Besatzungszone

Hier zielte die **Entnazifizierung** auf eine „antifaschistisch-demokratische" Neuorientierung und einen radikalen Gesinnungswechsel zur Errichtung eines sozialistischen Staates nach Moskauer Modell ab. Die sowjetische Staatsleitung betrieb rigorose Internierungen sowie Entlassungen und beteiligte dabei die einheimische Bevölkerung früher als in der französischen Zone. Die Konsequenz dieser unerbittlichen politischen Säuberung schlägt sich in den Statistiken nieder, die jedoch sowjetischerseits stets mit Vorsicht zu verwenden sind. Während im

Gebiet Frankreichs bis Januar 1947 von circa 19 000 Inhaftierten mehr als 8 000 (42 Prozent) wieder in Freiheit kamen, betrug die Entlassungsquote in britischen Lagern fünfzig, in amerikanischen 47 und – nach älteren SU-Veröffentlichungen – in sowjetischen knapp elf Prozent. Die vom Moskauer Außenministerium publizierten Zahlen belaufen sich auf etwa 123 000 Insassen, von denen jedoch 44 000 die Haft nicht überlebten. Da aber nach westlichen Schätzungen in den russischen Lagern bis zu 260 000 Internierte lebten, muss die tatsächliche Zahl der Verstorbenen ein Vielfaches betragen haben, den realen Entlassungen kann man sich also nur vage annähern.[55]

Einer intensivierten Säuberung unterlagen im öffentlichen Dienst Justiz, Erziehung und Inneres, wobei die Polizei „als einziges bewaffnetes Organ der antifaschistisch-demokratischen Ordnung … im Mittelpunkt"[56] stand. Hier wurden ab Kriegsende generaliter alle Bediensteten mit Parteibuch entlassen, bevorzugt Neulinge aus anderen Berufszweigen angeworben und Ausnahmen nur in dringenden Fällen genehmigt (Widerstand gegen das Hitler-Regime oder ältere Beamte zur Anwärterausbildung). Bei der Personalrekrutierung achtete man auf eine strikte Aussortierung von NS-Aktivisten und die durchgängige Besetzung der Schlüsselpositionen mit Kommunisten, die den Umschwung auch ideologisch mittrugen. Für die breite Masse der NSDAPler sicherte man mit der „Nationaldemokratischen Partei Deutschlands" einen Parteiblock, um sie langfristig in die sozialistische Einheitspartei SED zu integrieren. Die Sowjets wendeten auch in der frühen Entnazifizierungsphase keine strenge Überprüfung an, sondern verließen sich auf die Aussagen der Bewerber zur eigenen Vita oder Leumundsbürgen. So fanden schuldige Nazis oder Kriminelle erneut Eingang in die Polizei – ein damaliger Witz über Berliner Sicherheitshüter traf daher auf den West- wie Ostteil zu: „In Hamburg macht man aus alten Polizeiuniformen Lumpen, in Berlin aus Lumpen Polizisten."[57]

Ab August 1947 kam es auch in der russischen Zone zur Rehabilitierung nomineller Parteibuchbesitzer; politische Aktivisten oder schwerer Belastete blieben aber weiter ausgeschlossen. Da die Polizei als Instrument des künftigen sozialistischen Staates auch konservative Aufgaben übernehmen musste, schloss man mit Abstrichen bei der Entnazifizierung einen Kompromiss zwischen moralischem Anspruch und realem

Machtbedürfnis. Zur Polizeisäuberung fehlen fast flächendeckend Zahlen, so dass nur Tendenzen zu konstatieren sind. Unter Berücksichtigung des Umstands, dass 1953 mindestens 25 Prozent der SED-Mitglieder ehemalige NSDAPler waren, kann man für die Polizei im sowjetischen Teil Deutschlands nur bis Anfang 1946 mit fast vollständig berufsfremdem Personal von der konsequentesten Entnazifizierung ausgehen. Pragmatismus wie im Westen und die Machtsicherung des Ostberliner Regimes ermöglichten aber auch hier eine schleichende Wiedereinstellung von NS-Polizisten, so dass sich der „kristallklare Körper"[58] der Volkspolizei bereits früh trübte.[59]

Beim **organisatorischen Neuaufbau** bemühte sich die Sowjetunion erst gar nicht um eine Verschleierung ihrer Absichten, lokale Posten entstanden daher nur unmittelbar vor und nach Kriegsende. Wie wenig sich die Russen bei der Volkspolizei um alliierte Abmachungen scherten, zeichnete sich schon im August 1945 am für Gesamtberlin zuständigen Polizeikommandanten Heinrich ab, den sie eigenmächtig absetzten; seine Nachfolge im SU-Sektor trat der moskautreue Wehrmachtshauptmann Markgraf an. Da das preußische Polizeiverwaltungsgesetz von 1931 und Reichsstrafgesetzbuch auch im östlichen Okkupationsgebiet zunächst noch Gültigkeit besaßen, bestand formaljuristisch für die Reverstaatlichung des Sicherheitswesens kein Hindernis. Bereits im Oktober 1945 fassten die drei östlichen Zonenländer ihre Polizeiorganisationen zusammen, da diese ab Ende 1945 als Landespolizeibehörde wieder den Innenministern unterstanden. Sie gehörten ab Juni 1946 der via Geheimbefehl errichteten „Deutschen Verwaltung des Innern" in Berlin an, so dass die Volkspolizeien der Länder wieder eine zentrale Kopfstelle besaßen. Der Widerstand der Landespolizeiführungen gegen diese Regelung blieb erfolglos.

Bei der schrittweisen **Remilitarisierung** ist zwischen der zonenweiten Entwicklung und dem Fortgang in Ost-Berlin zur unterscheiden. Die Wiederbewaffnung der Volkspolizei im gesamten SU-Gebiet erfolgte bereits am 31. Oktober 1945, während man bei Schutz- und Kriminalpolizei der Hauptstadt bis Anfang 1946 abwartete, um die westlichen Alliierten nicht zu reizen. Im Gegensatz hierzu dauerte es noch einmal knapp drei Jahre, bis man zur teilweisen Kasernierung der landesweiten Volkspolizei überging, während die Ostberliner schon im Januar 1946 vier Hundertschaften und eine Bereitschaft für das Präsidium mit mehr als 500 Beamten besaßen. Diese Polizeiverbände bildeten 1951 mit rund 65 000 Mann eine einsatzbereite Truppe, die fünf Jahre später in der „Nationalen Volksarmee" aufging, während die Volkspolizei weiter Bereitschaften unterhielt. Daneben existierten zwei im Westen völlig unbekannte Sparten: die Transportpolizei zur Kontrolle der Bahn bzw. des Schienenreiseverkehrs und der Betriebsschutz A zur Ausbildung für die „Betriebskampfgruppen". Ende 1946 belief sich die Personalstärke der Volkspolizei auf etwa 60 000 Mann, wodurch ein Polizist durchschnittlich 370 Einwohner sicherte (in den Westzonen kamen bei 78 000 Beamten 800 Bewohner auf einen Bediensteten – damit war die Ost-Polizei mehr als doppelt so stark besetzt!).

Diese **undemokratische Polizeientwicklung** akzeptierten auch die politisch Verantwortlichen im Osten keineswegs als automatische Folge des Sozialismus und übten vehemente Kritik: „Die Gemeindevertretung muß über ... die Polizei als Organ (für) Sicherheit und Ordnung, verfügen können ... Wir müssen ... die Gefahren sehen, ... wenn (diese) ... als neues autoritäres System entwickelt wird. Die Demokratie wird ... zur Fassade, hinter der ein Polizeistaat aufgebaut wird."[60] Einer politischen Polizei, die die Bürger bespitzelte und jede Opposition unterdrückte wie im Dritten Reich, verhalf die UdSSR ebenfalls zur Renaissance, in dem sie dem „Staatssicherheitsdienst" (Stasi) exekutive, mit den Gewalten der Gestapo und SS vergleichbare Rechte verlieh. 1950 aus der Volkspolizei ausgegliedert, unterstand die Stasi einem eigenen Ministerium und verfügte Ende der 50er Jahre über circa 13 000 hauptamtliche Mitarbeiter, mit deren Hilfe sie gemäß dem Polizeimotto Ulbrichts „alles in der Hand" hatte. Von einer dezentralisierten demokratischen Vollzugspolizei ohne vorbelastete Beamte und militärische Befugnisse war man also in der Ostzone weit weg.

Eine Besonderheit der Polizei im sowjetischen Besatzungsgebiet darf nicht unerwähnt bleiben: der frühe **Einsatz von Frauen**. Als fortschrittliche Neuerung des die Geschlechter gleichstellenden Sozialismus gepriesen, wurden diese weiblichen Bediensteten aber nicht wie später im Westen im Kriminalsektor eingesetzt, sondern vor allem in Schutzpolizei- und Verkehrsabteilungen. Bereits zwei Monate nach Kriegsende warb man in Dresden zwanzig Frauen für die Verkehrspolizei an und stockte diese im Frühjahr 1946 noch einmal um 120 Kolleginnen auf. Auch die Leipziger Frauenverkehrspolizei verfügte bis Ende 1946 über 110 Mitarbeiterinnen. Da die Siegermächte den Einsatz von Frauen bei der Berliner Polizei sektorenübergreifend förderten, stellte man im Oktober 1945 auch im Ostteil über 500 Frauen für Verwaltungsaufgaben ein. Im August 1946 kam es aber auch dort aufgrund eines alliierten Befehls zur Einrichtung einer weiblichen Schutzpolizei mit 105 Mitarbeiterinnen.[61]

Der Überblick zur Umsetzung der Potsdamer Grundsätze bei der polizeilichen Reorganisation in den vier Besatzungszonen am Schluss dieses Abschnitts erleichtert den Vergleich zwischen den einzelnen Gebieten. Bei der Beurteilung der britischen und französischen Maßnahmen flossen die Kriterien aus den bisherigen Erläuterungen mit ein. Bei der amerikanischen und sowjetischen Politik fiel die positive bzw. vernichtende Einschätzung nicht schwer aufgrund der überdeutlichen Schwerpunkte. Das gegenüber der französischen Zone günstigere Fazit zur britischen beruht, trotz früh gescheiterter Polizeisäuberung, auf dem starken Londoner Demokratisierungswillen. Bei der durch die wiederbelebte Einheitspolizei schlechteren Bewertung der französischen Vorgehensweise bleibt zu bedenken, dass unsere westlichen Nachbarn ihr heimatliches Behördensystem unter demokratischem Aspekt höher einstuften als das preußische und daher keinen Bruch mit den Potsdamer Prämissen erkannten. Da die Polizeireorganisation aber grundsätzlich alliierten Vorgaben zu folgen hatte, waren die Fehlentwicklungen im Besatzungsgebiet Frankreichs stärker zu gewichten.

Reorganisation der Polizei in den Zonen von 1945 bis 1950

Amerikanisches Gebiet	Britisches Gebiet
Denazifizierung	
systematisch-gründlich unter US-Dominanz, ab 1948 Wiedereintritt von NS-Polizisten unter deutscher Verantwortlichkeit +++	unsystematisch und oberflächlich, weniger Belastete können bereits vor 1948 wieder zurückkehren + - -
Dezentralisierung	
konsequent, bis 1949 anhaltend kommunalisiert; kommunale Polizeischulen überwiegen regionale Ausbildungsstätten +++	flächendeckende Einrichtung kommunaler Polizeidienststellen und -behörden +++
Demokratisierung	
keine politische Polizei; strikte Gewaltentrennung; Kommunalisierung weitgehend nach örtlichen Bedingungen gehandhabt ++ -	Einrichtung von Polizeiausschüssen zur Selbstverwaltung der Polizei, die bis 1953 existierten +++
Demilitarisierung	
entmilitarisierte Ausbildungsreform, in der Praxis nicht genügend kontrolliert; frühe, aber streng überwachte Wiederbewaffnung; strikte Ausmerzung aller militärischen Aspekte ++ -	Wiederbewaffnung nach praktischer Notwendigkeit; Vorbild des zivilen Bobby für deutsche Polizeibeamte; Verbot kasernierter Polizeieinheiten +++
Fazit: +++	**Fazit: ++ -**

Reorganisation der Polizei in den Zonen von 1945 bis 1950

Französisches Gebiet	Sowjetisches Gebiet
Denazifizierung	
anfangs viele Entlassungen, später unterschiedliche regionale Entwicklung, durchschnittliche Polizeisäuberung	im Sommer 1945 äußerst konsequente Säuberung, danach unkontrollierte Wiederbeschäftigung von NS-Aktivisten
++ -	- - +
Dezentralisierung	
strikte Kommunalisierung, ab 1946 frühe Reverstaatlichung mit regionalen Abweichungen zugunsten der Gemeindepolizei	frühe Rückkehr zu zentralistischen Organisationsformen und Befehlsgewalten
++ -	- - -
Demokratisierung	
weitgehende Einheitspolizei mit großen regionalen Unterschieden bei der Aufgabenverteilung	Wiedereinrichtung einer umfassenden politischen Polizei; frühe Beschäftigung weiblicher Beamten in der Schutzpolizei
+ - -	- - +
Demilitarisierung	
hoher Stellenwert einer demokratisch-rechtsstaatlichen Ausbildungsreform; strike Ablehnung kasernierter Polizeieinheiten; späte und oftmals unzureichende Wiederbewaffnung	früheste Wiederbewaffnung bei der Volkspolizei; anfänglich parallele Entwicklung von Armee und Polizei; hoher Polizeipersonalstand; rasche Bildung kasernierter Einheiten
++ -	- - -
Fazit: + - -	**Fazit: - - -**

Anmerkungen

1 So Egidi zur BRD-Polizei in ders.: Gegenwartsprobleme der inneren Verwaltung unter besonderer Berücksichtigung der Aufgaben der Polizei; in: Herbert Kalicinski/Hermann Knoche (Hrsg.): Die Polizei und ihre Aufgaben. Referate anläßlich der „Wissenschaftlichen Wochen" während der Internationalen Polizeiausstellung 1956 in Essen, Essen 1957; S. 21–38, insbes. die S. 24 u. 32.

2 Vgl. zum Maximalkatalog a. die Erläuterungen Reinkes: Objekt; S. 178–181.

3 General Clay: „Ich weiß nicht, wie es möglich gewesen wäre, unsere Militärregierung ohne JCS 1067 wirkungsvoll einzusetzen." – zit. n. Benz: Besatzung; S. 349 – Eisenhower publizierte die Serie (am 28.5.1945 mit den bis zur UFSET-Direktive v. 7.7. geltenden „Neuen Grundsätzen beim Polizeiwesen") im Göppinger Amtsblatt:
   · sofortige Auflösung von Gestapo, SS und Kripo zugunsten kriminalpolizeilicher Abteilungen bei den örtlichen Dienststellen
   · dezentrale Wiedereinrichtung der Polizei auf regionaler u. lokaler Ebene unter ziviler Verantwortung (Landräte bzw. Bürgermeister) u. milit. Kontrolle
   · Entwaffnung der Polizei, Ausstattung mit Kleinwaffen nur in Ausnahmefällen
   · Bewerbungschancen für alle Deutschen (keine Bevorzugung v. Militär- oder Polizeiangehörigen)
   · Wegfall militärischer Ausbildungsbildungsaspekte bei der deutschen Polizei
   so im Amtsblatt „Der Hohenstaufen"; hier zit. n. Hans-Werner Hamacher (Hrsg.): Polizei 1945 – ein neuer Anfang. Zeitzeugen erinnern sich, Hilden 1986; S. 90.

4 S. zu den US-Besatzungsanordnungen a. Werkentin; S. 25–29.

5 „Alle Mitglieder der Nazipartei, die … den Nazismus oder Militarismus aktiv unterstützten … sollen entfernt und ausgeschlossen werden aus öffentlichen Ämtern und … Stellungen … Als (solche) … sind diejenigen zu behandeln, die … Naziverbrechen, rassische Verfolgungen oder Diskriminierungen veranlaßt oder an ihnen teilgenommen haben … Keiner … darf … aus … verwaltungstechnischer Notwendigkeit … beibehalten werden …" JCS 1067, Punkt 6 v. 26.4.1945; zit. n. Clemens Vollnhals (Hrsg.): Entnazifizierung. Politische Säuberung und Rehabilitierung in den vier Besatzungszonen 1945–1949, München 1991; S. 99 – ein Berater des US-Präsidenten, Robert Murphy, riet inoffiziell am 7.5.45, bei der Ausmerzung von NSDAPlern neben dem Parteibuch auf die demokratische Gesinnung zu

achten; ob dies praktiziert wurde, lässt sich nicht mehr rekonstruieren, da es aber an unbelastetem Personal mangelte u. die Klärung politischer Überzeugungen Zeit kostete, ist dies unwahrscheinlich – vgl. a. Murphys Richtlinien bei ebda.; S. 120.

6   Ziffer 5: „Personen, die ... entlassen werden oder denen die Anstellung verweigert wird und die ... sich nicht für irgendeine Tätigkeit der NSDAP oder einer ... angeschlossenen Organisation aktiv eingesetzt zu haben, können bei der ... Militärregierung Vorstellung erheben." – zit. n. ebda.; S. 101.

7   Zit. a. der AKR-Direktive „Entfernung von Nationalsozialisten und Personen, die den Bestrebungen der Alliierten feindlich gegenüberstehen, aus Aemtern [sic!] und verantwortlichen Stellungen" v. 12.1.1946; zit. n. dem Amtsblatt des franz. Oberkommandos in Deutschland; S. 228–240, insbes. 235; zur Bevorzugung v. politisch unbedenklichen Beamten durch die Direktive Nr. 24/Ziffer 13 s. a. Reinhold Billstein: Neubeginn ohne Neuordnung. Dokumente und Materialien zur politischen Weichenstellung in den Westzonen nach 1945, Köln 1984; S. 70.

8   Art. 13: „... wer trotz ... formeller Mitgliedschaft oder Anwartschaft oder eines anderen äußeren Umstandes sich nicht nur passiv verhalten, sondern ... aktiv Widerstand gegen die nationalsozialistische Gewaltherrschaft geleistet und dadurch Nachteile erlitten hat." – zit. n. „Geschichte in Quellen. Die Welt seit 1945", München 1980; o.S., abgedr. in www.wissen.swr.de/sf/begleit/bg0021/bg_bd07e.htm

9   Technical Manuals/17 (Febr. 1945): „Die gegenwärtige deutsche Polizeimaschinerie ist bekannt für ihre Effektivität, die für die ... militärischen Kräfte ... instrumentalisiert werden muß, wenn ... Gesetzlosigkeit und ... soziale Unruhe die militärische Besetzung ernsthaft beeinträchtig(t)" – zit. n. Werkentin; S. 23.

10 Zit. n. ebda.; S. 35.

11 „In keinem Fall ist festzustellen, daß die Polizeiabteilungen die notwendige Stärke erreicht haben, die sie benötigen, um ihre Aufgaben ausreichend erfüllen zu können ... eine Verdoppelung der Personalstärke (wird) verlangt. Die ... Polizeiorganisationen (examinieren) ständig ... Bewerber ... Die große Schwierigkeit liegt darin, daß zu wenige als Nicht-Nazis angesehen werden können ..." – zit. n. ebda.

12 Statistiken a. Lutz Niethammer: Entnazifizierung in Bayern. Säuberung und Rehabilitierung unter amerikanischer Besatzung, Frankfurt a.M. 1972; S. 256–258 – von 49 973 Internierten gehörten 25 984 der SS, 1 367 der Gestapo u. 667 der SD an; die Zahlen zur US-Internierung wurden Vollnhals a. S. 251 entnommen.

13 Die Prozentsätze: Polizeipräsidium München – 12,91 % Vollzugsbeamte mit Dienstzeiten vor 1945; bayerische Polizei insgesamt mit der Dienststelle

München – 26,04 %; vgl. hierzu a. Manfred Biernath: Die bayerische Polizei – Geschichte, Sozialstruktur und Organisation. Diss. München 1977; S. 86 – die Pforzheim Angaben stammen a. Christian Groh: Kommunale Polizei im Wiederaufbau.

Sozialgeschichte der Pforzheimer und Heilbronner Polizei von 1945 bis 1959, Heidelberg/Ubstadt-Weiher/Basel 2003 [= Quellen und Studien zur Geschichte der Stadt Pforzheim; hrsg. von Hans-Peter Brecht, Bd. 4]; S. 74–80.

14 Die hessische Statistik v. Oktober 1949 zeigt das verschobene Verhältnis zw. den Sühnegruppen sowie d. Anteil eingestellter Verfahren bzw. Amnestien:

verpflichtet zur Abgabe eines Meldebogens:	3 222 922
vom US-Entnazifizierungsgesetz betroffen:	934 938
eingestellte Verfahren/Amnestien:	663 273
als hauptschuldig erkannt:	416
als Aktivist eingestuft:	5 350
minderbelastet:	28 208
als Mitläufer rubriziert:	133 722
entlastet:	5 279

a. Armin Schuster: Die Entnazifizierung in Hessen 1945–1954. Wiesbaden 1999; S. 368; zit. n.
www.stad.hessen.de/digitalarchiv/nachkriegszeit/kap2/dokumente-kap2.htm

15 Dank Werkentins Auswertung der OMGUS-Halbjahresrapporte z. Personalstand existieren für die Endphase d. Säuberung genaue Zahlen – s. ebda.; S. 46.

16 Das US-Rechts- u. Demokratieverständnis („Würdigung der Gesamtpersönlichkeit" des Angeklagten) führte zu zeitraubenden Verfahren; da die BRD Verwaltungsleute benötigte, beurteilten die Gerichte milder als 1946/47 – vgl. Niethammer; S. 658f.

17 So Maier vor dem württemberg. Landtag am 6.3.1946 zur Entnazifizierung nach amerik. Muster in Bayern – Rede zit. n. Vollnhals; S. 272.

18 UFSET-Direktive v. 7.7.1945; zit. n. dem Teilabdruck b. Pioch; S. 203–208, insbes. Ziffer 9–303 a. S. 206 sowie b. Werkentin a. S. 28.

19 S. ebda.; S. 37ff.

20 Die statistischen Angaben zur Waffenausstattung in den US-Sektoren stammen a. Werkentins Auswertung d. OMGUS-Akten, vgl. ebda.; S. 38 u. 46.

21 So in Titel 9, Teil 3, Zif. 303 d. UFSET-Direktive (22.5.1947) b. Pioch; S. 206.

22 S. zu Abzeichen u. Dienstgraden a. die VO v. 1.12.1945; das „entnazifizierte" Outfit im US-Teil Baden-Württembergs beschrieb ein Zeitgenosse: „Die Mütze gleicht einer norwegischen Skimütze und trägt ein Mützenabzeichen mit Nummer. Das Hemd wird mit Krawatte getragen. Der Rock weist am Rücken zwei Längsfalten auf, die … freie Bewegungsmöglichkeit gestatten

... Zur langen Hose wird noch eine Marschgamasche getragen. Die Schuhe sind zwiegenäht und schließen mit einem Filz ab. Als Winteroberbekleidung und bei Regen wird eine Überhose getragen, zu der eine Windjacke im Schnitt eines Anoraks gehört. Auf einen Mantel wird verzichtet. Für die kalte Jahreszeit (werden) ein Pullover gestellt und ... gute Handschuhe. Die Bekleidung ist wasser-, regen- und wärmedicht...", Schilderung der am 7.3.1946 in Stuttgart gezeigten Uniform in Manfred Teufel: Vierzig Jahre staatliche Polizei in Baden-Württemberg – eine illustrierte Zeittafel 1945–1948. Die Geschichte der Polizei im heutigen Baden-Württemberg im Kontext politischer Veränderungen, Holzkirchen/Obb. 2000; S. 11–13.

23 Vgl. ebda.; S. 38.

24 Zit. n. Ziffer 232 UFSET-Vorschrift (22.5.1947), abgedr. b. Pioch; S. 205.

25 Ziffer 200, Titel 9, Teil 2 der UFSET-Vorschriften: „Innerhalb des Aufbaus der deutschen Polizeidienste hat jede Polizeibehörde ihre Tätigkeit als eine gesonderte Einheit auszuüben, die nur gegenüber der Verwaltungsbehörde, in deren Diensten sie steht, verantwortlich ist. Sie darf nicht der Befehlsgewalt oder Dienstaufsicht einer anderen amtlichen Stelle unterliegen." – zit. n. ebda.; S. 204.

26 Eine Ausnahme bildete die Exklave Bremen (mit Bremerhaven), die als Stadtstaat keine Aufspaltung in Kommunal- u. Landpolizei zuließ, sondern eine Einheitspolizei mit Kripo erhielt, der wie bisher Melde-, Gesundheits-, Lebensmittelwesen etc. unterlagen – s. Gesetz zur Bremer Polizei (2.8.1947), ebda.; S. 270.

27 Vgl. zur Reverstaatlichung a. Fünfzig Jahre Bayerische Polizei; hrsg. vom Bayerischen Staatsministerium des Innern, Redaktion: Wolfgang Schlee/Norbert Götz/Wolfgang Stengel. München 1996 [= Jubiläumsausgabe v. „Bayerns Polizei" (1996)2]; S. 2–26.

28 Zum formell-materiellen Polizeibegriff u. Einheits-/Trennprinzip s. a. Martin Winter: Politikum Polizei. Macht und Funktion der Polizei in der Bundesrepublik Deutschland, Münster 1998 [= Arno Klönne/Sven Papcke (Hrsg.): Politische Soziologie, Bd. 10] (zugl. Diss. Halle-Wittenberg 1997); S. 47-49.

29 „Alle früher von der ... Polizei wahrgenommenen Aufgaben, die nicht ... im Zusammenhang mit dem Schutz von Leben und Eigentum, der Aufrechterhaltung der öffentlichen Ordnung und der Verhütung und Entdeckung von Straftaten stehen, werden dem polizeilichen Tätigkeitsgebiet entzogen ... und können von anderen ... Stellen wahrgenommen werden, doch ist die Bezeichnung ‚Polizei' für derartige Funktionen, ... Dienststellen oder Personen nicht zu benutzen ..." – Titel 9, Zif. 235 d. UFSET-Vorschriften für das öffentl. Sicherheitswesen v. 7.7.1945; ebda. S. 205 – auch die Feuerwehr wurde von der Polizei getrennt: „Die deutsche Feuerwehr ist

kein Bestandteil des deutschen Polizeisystems, und keine polizeiliche Stelle darf ... Aufgaben oder Kontrolle über die deutschen Feuerwehren, ... Angelegenheiten der Feuerverhütung oder -bekämpfung ausüben ... Feuerschutzbesichtigungen und -erhebungen (unterstehen) der Verantwortung der ... Feuerwehr und nicht der ... Polizei." – zit. n. Ziffer 700, ebda.; S. 208.

30 S. zu den Abweichungen bei der Trennung v. Sicherheits- u. Verwaltungspolizei in der US-Zone a. die Erläuterungen v. Hans-Hugo Pioch, ebda.; 130–140.

31 S. a. Grohs Ausführungen zur Obstruktionspolitik führender Polizeibeamter gg. die amerikan. Vorgaben in Heilbronn u. Pforzheim; S. 49–51.

32 S. zu den Einzelbestimmungen Titel 9, Zif. 430, Abschnitte b) u. c) d. US-Besatzungsvorschriften (Fassung v. 22. Mai 1947) – zit. n. Pioch; S. 128.

33 Vgl. hierzu a. ebda., Ziffer 233 u. 234; zit. n. S. 205.

34 So in Abschn. A, Teil II, Zif. 4 u. Teil IV d. Erlasses an die Landespolizeidirektion Stuttgart u. Landräte bzw. Bürgermeister im Bezirk Württemberg zur Neuordnung d. Polizei v. 22.12.1947, abgedr. bei ebda.; S. 260–266.

35 Vgl. hierzu a. Groh; S. 83.

36 Vgl. zur Entwicklung der Polizeischulen in der US-Zone a. Werkentin; S. 27–36.

37 Zu den Polizeischulen Württemberg-Badens s. a. Groh; S. 81f u. Teufel; S. 8–16.

38 Tagesablauf: 6:00 Wecken, 7:00 Frühstück, 8–12:00 Schule, 13:30 Mittagessen, 14–18:00 Schule, 19:00 Abendessen – zum Durlacher Plan s. a. Groh; S. 83.

39 „Es gilt, ... (die Beamten) gänzlich freizumachen von nationalsozialistischem Denken ... Weltanschauungsunterricht wird gelehrt und ... Einblick in die Jahre seit der Machtübernahme durch Hitler und den Krieg ..." a. dem Artikel eines Ex-Kriminaldirektors in der „Marburger Presse" v. 9.11.1945 – zit. n. Thomas Gnad: Hüter der Demokratie – Garant der Ordnung. Polizei und Polizeischulwesen in Hessen nach 1945; in: Fünfzig Jahre Hessische Polizeischule Wiesbaden. Wiesbaden 2000; S. 4–50, hier S. 14.

40 Gnad war stellvertr. Direktor der hessischen Polizeischule Wiesbaden, ebda.; S. 38.

41 Vgl. zu den brit. Besatzungsleitlinien am Beispiel Schleswig-Holsteins a. Stephan Linck: Der Ordnung verpflichtet – deutsche Polizei 1933–1949. Der Fall Flensburg, Paderborn/München/Wien u.a. 2000 (zugl. Diss. Kiel 1998); S. 180ff.

42 „With conditions in our zone as they are, it would perhaps seem that the essential is to have a reliable police force ... At this stage we surely still need the police as an instrument of Military Government." (ein brit. Offizier am

11.4.1946) – zit. n. Frank Liebert: „Die Dinge müssen zur Ruhe kommen, man muß einen Strich dadurch machen". Politische ‚Säuberung' in der niedersächsischen Polizei 1945–1951; in: Gerhard Fürmetz/Herbert Reinke/Klaus Weinhauer (Hrsg.): Nachkriegspolizei. Sicherheit und Ordnung in Ost- und Westdeutschland 1945–1969, Hamburg 2001 [= FORUM ZEITGESCHICHTE, hrsg. von der Forschungsstelle für Zeitgeschichte Hamburg, Bd. 10]; S. 71–103, S. 83.

43 Zur Entnazifierung in der brit. Zone s. bei Vollnhals; S. 24–34 u. Linck; S. 178–186, 337–341 u. zur Polizei Kölns nach 1945 Harald Buhlan/Werner Jung (Hrsg.): Wessen Freund und wessen Helfer? Die Kölner Polizei im Nationalsozialismus. Köln 2000 [= Schriften des NS-Dokumentationszentrums der Stadt Köln, Bd. 7]; S. 585–590 u. Herbert Reinke/Robert Seidel: Die Entnazifierung und die „Säuberung" der Polizei in West- und Ostdeutschland nach 1945; in: Schriftenreihe der Polizeiführungsakademie (1997)4–(1998)1. Lübeck 1998; S. 53–67.

44 Zitate zu den Polizeiausschüssen a. der Verordnung Nr. 135 der brit. Militärregierung „Deutsche Polizei" v. 1.3.1948 – zit. n. Pioch; S. 196–200.

45 So 1952 bei der Beratung d. Polizeiorganisationsgesetzes im NRW-Landtag – hier zit. n. Kurt H.G. Groll: Die Entwicklung institutioneller Formen der demokratischen Kontrolle der Polizei im Nachkriegsdeutschland; in: Kriminologisches Journal 32(2000)3; S. 185–195, S. 188.

46 S. zu den Ausschüssen ebda., S. 186–188, Linck; S. 210–214, Pioch; S. 88–93 u. Herbert Reinke: Polizei und Kriminalität in rheinischen Großstädten nach dem Zweiten Weltkrieg; in: Volker Ackermann/Bernd-A. Rusinek/Falk Wiesemann (Hrsg.): Anknüpfungen. Kulturgeschichte – Landesgeschichte – Zeitgeschichte, Gedenkschrift für Peter Hüttenberger. Essen 1995 [= Düsseldorfer Schriften zur neueren Landesgeschichte und zur Geschichte Nordrhein-Westfalens, Bd. 39]; S. 394–402, insbes. S. 395–398.

47 „… the British Zone, until 1953 had decentralized police systems that had broken more with the past than have those of any other section of Germany. Most of the area … whose police system was highly centralized … (the) popular demand has now (1953 – Anm. d. Verf.) resulted in marking off police districts in the traditional way, a changeover which has also resulted in increased central police control at Land level." – so das Urteil des Amerikaners Robert M.W. Kempner in ders.: Police Administration; in: Edward H. Litchfield (Ed.): Governing Postwar Germany. Ithaca (New York) 1953; S. 403–418, zit. n. S. 413f.

48 Eine Anweisung d. Militärregierung v. 22.8.1945 eröffnete die Säuberung in der franz. Zone mit dem Ziel, das „politische Leben in Deutschland wieder aufleben zu lassen …, die Voraussetzungen für … freie Wahlen (zu) schaffen … (und) … eine beschleunigte Durchführung der Säuberung der

Verwaltung ... von Nazi-Einflüssen (zu veranlassen)" – zit. n. Vollnhals; S. 105.

49 So Administrateur Général Laffon am 31.1.1947 – zit. n. Rainer Möhler: Entnazifizierung in Rheinland-Pfalz und im Saarland unter französischer Besatzung von 1945 bis 1952. Mainz 1992 [= Veröffentlichungen der Kommission des Landtages für die Geschichte des Landes Rheinland-Pfalz, Bd. 17]; S. 102.

50 So hatten 1946 u. 1947 von den Bediensteten der Frankenthaler Polizei noch 18,3 % das NSDAP-Parteibuch besessen, Ende 1949 nur noch 17 %; in der übrigen Verwaltung war es umgekehrt, da beim Erziehungswesen die Zahlen von 33,8 auf 47,7 %, bei der Justiz von 54,3 auf 62,8 % u. bei der Stadtverwaltung von 45,6 auf 64,5 % stiegen (Statistik zum Anteil der NSDAPler in Frankenthal v. 1949), s. a. Möhler; S. 400, zur Épuration im gesamten franz. Besatzungsgebiet ebda.; S. 54–73 u. zu den vereinzelten Polizeistatistiken S. 67, 363, 233 u. 344 sowie Werkentin: Restauration; S. 41ff, Vollnhals; S. 34–42 u. Billstein; S. 30ff.

51 „Indeed, quite the contrary – in line with their own tradition and practice, the French supported German police systems centralized at Land level though they were at the same time insisting upon the decentralization of other functions of government which are equally centralized in France." – so Kempner a. S. 414.

52 So Piochs Definition der besagten Verordnung v. 14.5.1947 – s. Pioch; S. 145.

53 Teilregionen s. a. ebda; S. 143–148 u. Reverstaatlichung Werkentin; S. 41–43.

54 Vgl. Wettig a. S. 111.

55 Die Zahlen für alle Lager beruhen auf der allgem. Historiographie zur Nachkriegsära, zur neueren SU-Statistik s. a. Vollnhals; S. 54f.

56 So in einer DDR-Publikation zur eigenen Polizeihistorie – zit. n. Seidel; S. 60.

57 Zit. n. Norbert Steinborn/Hilmar Krüger: Die Berliner Polizei 1945 bis 1992. Von der Militärreserve im Kalten Krieg auf dem Weg zur bürgernahen Polizei? Berlin 1993; S. 21.

58 So ein Bericht zur Polizei Sachsens v. 1946 – zit. n. Herbert Reinke: „Ordnung, Sicherheit und Hilfe". Die Anfänge der Volkspolizei in den sächsischen Großstädten Leipzig und Dresden 1945–1947; in: Gerhard Fürmetz/Herbert Reinke/Klaus Weinhauer (Hrsg.): Nachkriegspolizei. Sicherheit und Ordnung in Ost- und Westdeutschland 1945–1969, Hamburg 2001; S. 51–70, hier S. 58.

59 S. zur Renazifizierung in der SU-Zone a. Benz: Besatzung; S. 114ff, Reinke: Objekt; S. 180 u. Seidel; S. 58–62; zu Berlin Steinborn/Krüger; S. 3–10 u.

Michael Behnen (Hrsg.): Lexikon der deutschen Geschichte. Ereignisse – Institutionen – Personen im geteilten Deutschland von 1945 bis 1990, Stuttgart 2002; S. 184f.

60 So der Bürgermeister der sächs. Gemeinde Böhlen in einem Brief an den Ministerpräsidenten in Leipzig v. 14.1.1947 – zit. n. Reinke: Ordnung; S. 55.

61 Zu Reorganisation u. Wiederauferstehung d. politischen Polizei s. a. Wettig; S. 112–114, Hans Lisken/Erhard Denninger (Hrsg.): Handbuch des Polizeirechts. München ²1996; S. 28 u. Reinke: Ordnung; ebda. sowie Steinborn/Krüger; S. 1–35.

3. Politische Entwicklung des Saarlandes von 1945 bis 1959

Der Wiederaufbau der saarländischen Nachkriegspolizei ist untrennbar mit dem politischen Fortgang der Region verknüpft, die sich aufgrund wechselnder Besatzungsregierungen und wirtschaftlicher Anbindungen sowie ihres zeitweisen Autonomiestatus bis Ende der 50er Jahre den übrigen Okkupationsgebieten entgegengesetzt entwickelte. Dieses Wechselbad begann in der Schlussphase des Krieges, die **amerikanische** Truppen mit der Besetzung des Saargebiets am **21. März 1945** einleiteten. Bis zur Übernahme der Verwaltung durch die Franzosen vergingen über drei Monate, in denen die US-Militärs auch erste polizeirelevante Maßnahmen trafen. Oberstleutnant Louis G. Kelly ernannte den Fabrikanten Heinrich Wahlster zum Saarbrücker Oberbürgermeister, die erste Bürgerratssitzung fand bereits am 22. März statt. Durch die zügige Wiedereinrichtung von Dienststellen verfügte die Landeshauptstadt ab Anfang April 1945 über eine relativ funktionstüchtige Verwaltung für die dringendsten Angelegenheiten wie Meldewesen oder Wohnungsbeschaffung. Erhebliche Schwierigkeiten bereiteten jedoch im Frühjahr 1945 die hahnenkampfähnlichen Querelen um die Befugnisse der Verwaltungsspitzen von Saar-Pfalz und Rheinhessen, da die von den Amerikanern mit überschneidenden Kompetenzen versehenen Fachleute die Arbeit im Bezirk „Mittelrhein-Saar" streckenweise lahmlegten.[1] Da die Übergabe der Region an Frankreich bereits ab Mai feststand, konnten die Franzosen schon früh die Entwicklung ihrer künftigen Zone mitbestimmen. Unter Mitwirkung ihres Oberbefehlshabers, General Pierre Koenig, bildete man am 8. Juni 1946 für das Saargebiet eine Verwaltungskommission; der Regierungsbezirk Saar unterstand weiterhin Dr. Hans Neureuther.

Am **10. Juli 1945** erfolgte zwar die offizielle Überführung in das **Besatzungsterrain Frankreichs,** wobei zunächst General Morlière den Militärgouverneur, General Jean de Lattre de Tassigny, vertrat, den Pierre Koenig am 23. Juli in Baden-Baden ablöste. Die faktische Übernahme fand jedoch erst am 29. Juli im Rahmen der Truppenablösung statt. Am 31. Juli wurde das Gebiet als fünfte, aber selbständige Einheit in die französische Zone (Rheinland, Pfalz, Baden, Württemberg) integriert, doch erst am 30. August Colonel Gilbert Grandval zu deren Militärgouverneur (Délégué Supérieur) ernannt. Taggleich nahm auch das neue **Regierungspräsidium Saar** seine Arbeit unter der Leitung Neureuthers auf, das zwecks Unterstützung in dringenden Angelegenheiten am 22. Januar 1946 einen konsultativen Ausschuss erhielt.[2] Ende Dezember 1945 überantwortete ein Kontrollratsbeschluss die Sequesterverwaltung der Saargruben in französische Hände.

Seit **Herbst 1945** debattierte man auf internationaler Ebene um die wirtschaftliche oder gar politische Eingliederung des Saargebiets in den Einflussbereich Frankreichs, die sogenannte „Saarfrage". Die Streitigkeiten um die kleine Grenzregion eskalierten infolge des hartnäckigen sowjetischen Widerstandes gegen jedwede weitere Gebietsausdehnung zugunsten der vierten Siegermacht. Entgegen der noch heute weit verbreiteten Behauptung, die Regierung Frankreichs unter Charles de Gaulle hätte bis 1947 die Annexion des Saarlandes angestrebt, um die hohen Kriegsverluste auszugleichen, rückte sie offiziell bereits Mitte Januar und regierungsintern ab Herbst 1946 von diesem Plan ab, da Frankreich trotz schwindender angloamerikanischer Bedenken keine weitere Eskalation riskieren wollte.[3] Die im Januar 1946 in Saarbrücken eröffnete französische Botschaft war ein erstes Signal hierfür. Grandval schloss die Vertretung aber wieder, da er darin – dies lässt sein späteres politisches Handeln vermuten – einen voreiligen Schritt zuungunsten seiner europapolitischen Ziele erkannte, die der Saar, vergleichbar mit Luxemburg, erst mittelfristig eine eigenständige gleichberechtigte Partnerschaft mit Frankreich zugestanden. Ein erstes Nachgeben in der „Saarfrage" signalisierte der französische Außenministers Bidault mit seiner Rede vor der Nationalversammlung am 17. Januar 1946, in der er das Bemühen seiner Regierung darlegte, das Saarland „in den französischen Zoll- und Währungsbereich" einzubeziehen, „da sich die beiden Wirtschaften gegenseitig ergänzen ... Über das endgültige Regime des Saargebiets werden wir uns (später) mit unseren großen Alliierten verständigen müssen"[4] (ergänzend hierzu äußerte er sich wenig später im April). Seine am 12. Februar 1946 an die Botschafter der USA, Russlands und Großbritanniens gerichtete Note steckte die nächsten Maßnahmen bezüglich des Saarlandes ab und markierte daher eine wichtige Zäsur in dessen Geschichte:

- Wirtschaftsunion der Region mit der Besatzungsmacht
- Integrierung des Saarlandes in das Zollgebiet Frankreichs
- schnellstmögliche Einbeziehung ins französische Währungssystem
- endgültige Feststellung des Saarstatuts nach einem Friedensvertrag: „Das Saargebiet wird sofort der Zuständigkeit des Kontrollrats in Berlin entzogen und … (darf) auch in Zukunft niemals mehr von einer deutschen Zentralregierung abhängen."[5]

Damit war ab Mitte Februar 1946 die Wirtschafts-, Zoll- und Währungsunion mit Frankreich eine Tatsache, verbunden mit einer weitgehenden Herauslösung des Gebiets aus dem Verfügungsbereich des Baden-Badener Militärgouverneurs und des Kontrollrats. Außerdem unterstand das Regierungspräsidium Saar nicht mehr länger einer deutschen Oberbehörde.[6] Ein Memorandum der Pariser Regierung vom 25. April 1946 behielt das „endgültige politische Statut und die Staatsangehörigkeit … einer späteren Regelung"[7] vor. Nachdem im Juli 1946 Außenminister Molotow die Zustimmung Moskaus zur Abtrennung der Saar von Deutschland von einem Plebiszit abhängig gemacht und dies auch sein US-Kollege Byrnes am 6. September 1946 für ein Einlenken der USA gefordert hatte, wurde die Abkehr Frankreichs von der Annexionsidee immer manifester. Die endgültige Wende zugunsten einer rein wirtschaftlichen Eingliederung vollzogen Bidault in einer Erklärung vom 12. Januar 1947 und der Pariser parlamentarische Ausschuss für Auswärtige Angelegenheiten mit dem Beschluss: „Il ne s'agit nullement d'une annexion politique."[8]

Im Zuge dieses Gesinnungswandels richtete die fanzösische Militärregierung am **8. Oktober 1946** einen **vorläufigen Verwaltungsausschuss** für das Saarland als Nachfolger des Regierungspräsidiums ein. Vorsitzender der siebenköpfigen Runde wurde Erwin Müller; den Ressortleitern mit Ministerfunktionen oblagen folgende sechs Bereiche:

- Wirtschaft, öffentliche Arbeiten und Wiederaufbau
- Finanzen
- Inneres
- Landwirtschaft und Ernährung

- Arbeit, Sozialversicherung und soziale Fürsorge
- Erziehungswesen, Jugend, Sport und Kultus

Die Interimsfunktion dieses auf dem Gemeindewahlergebnis vom 15. September 1946 basierenden Gremiums ergab sich aus einem weiteren Arbeitsschwerpunkt, den Gilbert Grandval am 13. Februar 1947 festlegte: die Einrichtung einer verfassunggebenden Arbeitsgruppe. Die Eröffnungssitzung der zwanzigköpfigen **Verfassungskommission des Saarlandes** fand am 27. Mai 1947 im Saarbrücker Rathaussaal statt. Den Vorsitz hatte der im Herbst 1945 aus dem brasilianischen Exil zurückgekehrte Journalist Johannes Hoffmann inne, der das Saarland wie mehr als ein Drittel aller Versammlungsmitglieder als politisch Verfolgter unter Hitler hatte verlassen müssen. Als Arbeitsgrundlage überreichte die französische Besatzungsbehörde der Kommission einen Richtlinienkatalog nach Bidaults Vorgaben. Da auch der Verwaltungsausschuss Vorschläge nach dem Muster anderer deutscher Länderverfassungen unterbreitete, stimmten mehr als 150 der über 190 Bestimmungen des Entwurfs vom 25. September 1947 mit diesen überein. Am 25. August ordnete Baden-Baden die Wahl einer fünfzig Mitglieder umfassenden **Gesetzgebenden Versammlung** an, die am 5. Oktober 1947 stattfand. Diese tagte vom 14. Oktober bis 17. Dezember im Alt-Saarbrücker Offizierskasino, dem späteren Landtagssitz, und verabschiedete nach mehrfachen Überarbeitungen auf Wunsch Frankreichs am 8. November ein Verfassungskonzept, dessen Endfassung am 15. Dezember 1947 angenommen wurde.[9] Taggleich erfolgte die Wahl des Landtagspräsidenten Peter Zimmer und Ministerpräsidenten Johannes Hoffmann, dessen Kabinett die Verwaltungskommission ablöste. Hoffmann fungierte auch als Minister des Innern und für Wiederaufbau; Edgar Hector betraute man im Rang eines Staatssekretärs mit dem innenministeriellen Geschäftsbereich.

Nach der Verfassungsveröffentlichung im Amtsblatt vom **17. Dezember 1947** erhielt das Saarland nach zweieinhalbjähriger Besatzung als „autonomes, demokratisch und sozial geordnetes Land"[10] und nur in Außenfragen durch Frankreich repräsentiert, seine weitgehende **Souveränität**. Die Militärregierung wandelte man am 1. Januar 1948 in ein Hohes

Kommissariat um, dessen Leitung bei Gilbert Grandval verblieb. Seine nun eingeschränkten Befugnisse erlaubten ihm aber weiterhin ein Veto bei allen wichtigen Entscheidungen, unter anderem bei der Ernennung von Führungsbeamten. Sein Mitspracherecht bei der Entnazifizierung schmälerten hingegen erst spätere Bestimmungen.

Nachdem am 20. November 1947 der Franc die bisherige Saarmark als Übergangswährung abgelöst hatte, trat am 1. April 1948 die Zollunion mit Frankreich in Kraft. Das Gesetz über die saarländische Staatsangehörigkeit vom 15. Juli 1948 implizierte, jedoch ohne völkerrechtliche Anerkennung, den Verlust des deutschen Passes.

Den Zeitabschnitt zwischen 1948 und 1955 prägten vor allem die beiden bilateralen **Saarkonventionen** von **1950** und **1953**. Die ersten zwölf Abkommen vom 3. März 1950 bedeuteten eine wichtige Etappe auf dem Weg zur vollen Souveränität, denn sie reduzierten unter Hinweis auf einen künftigen Friedensvertrag für Westdeutschland die Eingriffsbefugnisse des Hohen Kommissars bei Zoll-, Währungs- und Wirtschaftsfragen sowie der politischen Unabhängigkeit und Sicherheit nach außen. Im Nachhall der Konventionen beantragte Hoffmann mit französischer Unterstützung die Aufnahme des Saarlandes in den Europarat, doch dieser stimmte aufgrund des provisorischen staatsrechtlichen Status im Mai 1950 nur einer Mitarbeit als assoziiertes Mitglied zu. Obwohl das Saarland bei Gesetzgebung, Rechtsprechung und Administration mittlerweile über eine weitgehende Autonomie verfügte, firmierte das Hohe Kommissariat erst ab Januar 1952 als „Mission Diplomatique", mit Gilbert Grandval als „Ambassadeur" an der Spitze. Im Gegenzug hierzu richtete das Saarland am 1. März 1952 seine diplomatische Vertretung in Paris ein.

Die zweiten Saarkonventionen vom 20. Mai 1953 hoben die „Saarfrage" wieder auf ein supranationales Niveau, zumal die länderübergreifende Diskussion um das Saarland neu entfacht worden war, da sich im Kontext der ab Sommer 1952 praktizierten Montanunion Saarbrücken als deren Behördensitz beworben hatte. Die Konventionen von 1953 weiteten die bestehende politische Autonomie des Saarlandes (nicht staatsrechtliche Souveränität!) weiter aus, da die hiesige Regierung nun auch Besatzungsbestimmungen aufheben durfte, der französische Repräsentant kein Vetorecht mehr bei der Gesetzgebung besaß und französische Gesetze künftig nicht automatisch auch an der Saar galten. Von deutscher wie internationaler Seite wurde das Vertragspaket als ungenügend eingestuft, so dass es indirekt auch die Vorverhandlungen zwischen Bonn und Paris über das Saarstatut einläutete, die im Oktober 1954 ihren Abschluss fanden. Die französische Nationalversammlung billigte das Abkommen an Weihnachten desselben Jahres, der deutsche Bundestag am 27. Februar 1955. Noch vor dem Referendum verließ Grandval das Saarland und fungierte ab 21. Juni 1955 als Generalresident Frankreichs in Marokko; seine Nachfolge in Saarbrücken trat Eric de Carbonel an.

Nach der **Abstimmung zum Saarstatut** am 23. Oktober **1955**, der ein heftiger dreimonatiger Wahlkampf mit tiefer nationalistischer Färbung vorausging und die den Anschluss an die Bundesrepublik zur Folge hatte, legte Ministerpräsident Hoffmann sein Amt sofort nieder. Am 29. Oktober stimmte das saarländische Parlament über die Bildung eines parteilosen Interimskabinetts unter Leitung von Heinrich Welsch ab und setzte für den 18. Dezember Neuwahlen fest; die Regierung Welsch amtierte bis zum 9. Januar 1956. Der neugewählte Saarlandtag betonte am 31. Januar 1956 in einer Grundsatzerklärung „seine feste Absicht, ... Maßnahmen zu treffen ..., (um) die politische Vereinigung mit der Bundesrepublik ... so schnell wie möglich"[11] zu realisieren. Hierzu handelten Adenauer und Mendès-France den in Luxemburg am 27. Oktober 1956 unterzeichneten deutsch-französischen Saarvertrag aus, der die politische Angliederung als zehntes Bundesland zum Jahresbeginn 1957 und die wirtschaftliche Einbindung in die BRD für den 6. Juli 1959 festlegte. Von Ende 1955 bis zum Sommer 1959 befand sich das Saarland aufgrund dieser Stufenregelung in einem tiefgreifenden Übergangs- und Anpassungsprozess, der auch der Polizei, vergleichbar mit den ersten zehn Nachkriegsjahren, tiefgreifende Veränderungen abverlangte.

Anmerkungen

1 Zu den Auseinandersetzungen um Dr. Neureuther u. Dr. Heimerich s. a.
Wünschel/Schmidt: Saarpolitik, Bd. 1; S. 157–168 – zur Entwicklung in
Saarbrücken die Lebenserinnerungen von Hans Trautes: Erinnerungen an
Saarbrücken während des zweiten [sic!] Weltkrieges 1939–1945. Saarbrücken
1974; S. 80–121.

2 S. a. § 2 der Ausschußbildungsverordnung v. 22.1.1946 in: Amtsblatt des
Regierungspräsidiums Saar und der Verwaltungskommission des Saarlandes
1946. Saarbrücken 1946; S. 5.

3 Schon im Aug. 1945 führte die Pariser Direction des affaires politiques et
commerciales ökonomische Aspekte ins Feld: „… non une annexion pure
et simple, mais une union à la France, caractérisée par une incorporation
économique et la création d'une administration autonome à direction
française où les Sarrois, … occuperaient une large place dans un régime
de liberté respectant leurs particularités et leur dignité." – zit. n. Frank R.
Pfetsch: Die französische Verfassungspolitik in Deutschland nach 1945; in:
Die französische Deutschlandpolitik zwischen 1945 und 1949. Ergebnisse
eines Kolloquiums des Institut Français de Stuttgart und des Deutsch-Französischen
Instituts in Ludwigsburg am 16. und 17. Januar 1986 in Stuttgart;
hrsg. vom Institut Français de Stuttgart. Tübingen 1987; S. 115–137, S. 117.

4 Zit. n. Materialien zur Saarfrage; hrsg. vom Deutschen Büro für Friedensfragen
in Stuttgart, 5 Bde. Stuttgart 1949 – Bd. 3: Die französische Saarforderung
auf den internationalen Konferenzen seit 1945; S. 5.

5 Die Zitatstellen der franz. Note v. 12.2.1946 stammen a. ebda.; S. 5–7.

6 Vgl. a. Pfetsch, Heinrich Küppers: Wollte Frankreich das Saarland annektieren?;
in: Jahrbuch für westdeutsche Landesgeschichte 9(1983); S. 345–356,
Schmidt: Saarpolitik, Bd. 2; S. 1–11 u. Hüser: Saar – Ungewisse Planspiele.

7 Zit. n. Materialien, Bd. 3; S. 8.

8 Zit. n. ebda.

9 S. zur saarländ. Verfassungskommission a. Vierzig Jahre Landtag des Saarlandes
(1947–1987); hrsg. vom Präsidenten des Landtages des Saarlandes
(Redaktion: Michael Sander/Thomas Schäfer). Dillingen/Saar 1987;
S. 13–40.

10 Artikel 60 der Verfassung in: Amtsblatt des Saarlandes 1947; S. 1084.

11 Erklärung d. Saarlandtags v. 31.1.1956 – zit. n. Sander; S. 93.

Hotline: 0800-777 3446

Technische Daten Fernsehen:

ASTRA Satellit:	1H
Frequenz:	12.266 MHz
Transponder:	93
Polarisation:	horizontal
Symbolrate:	27500
FEC (Coderate):	3/4
Audio (Audioprogramm ID):	1191 GER
SPID (Service Programm ID):	28489

Technische Daten Hörfunk:

ASTRA Satellit:	1H
Frequenz:	12.266 MHz
Transponder:	93
Polarisation:	horizontal
Symbolrate:	27500
FEC (Coderate):	3/4

Programm SR 1

SPID (Service Programm ID):	28 461
Audio (Audioprogramm ID):	901

Programm SR 2

SPID (Service Programm ID):	28 462
Audio (Audioprogramm ID):	911

Programm SR 3

SPID (Service Programm ID):	28 463
Audio (Audioprogramm ID):	921

Weitere Informationen auch unter:
www.sr-online.de und Saartext ab Seite 443.

Zweiter Teil

Geschichte
der Saarpolizei
1945 bis 1959

A. Polizeilicher Neuanfang in der „Stunde Null"

1. Erste Maßnahmen amerikanischer und französischer Besatzer

Abb. 1: Am 20.3.1945 marschieren US-Soldaten in der Saarbrücker Dudweilerstraße ein

Für das Saargebiet endete der Krieg mit der sukzessiven **Besetzung** der Region und Einnahme der Städte Saarbrücken, Homburg sowie Neunkirchen durch die sechste **amerikanische Armee** am **21. März 1945**. Die Bevölkerung leistete nur selten Widerstand gegenüber den US-Truppen und verhielt sich weitgehend ruhig.

Das niedergehende NS-Regime verfolgte zwar die Kooperation deutscher Verwaltungsleute mit den Alliierten mit der Todesstrafe, und fanatische Nationalsozialisten intensivierten noch die „Werwolf"-Propaganda im deutschen Rundfunk. Doch die Administration des Dritten Reichs existierte nur noch rudimentär, da die meisten Volkssturmmitglieder und Beamten längst geflohen waren und sich der verbleibende Rest fast ausnahmslos freiwillig den Besatzern unterstellte.[1] Zwecks schnellem Wiederaufbau der wichtigsten Verwaltungszweige zur Versorgung der Bevölkerung mit Lebensmitteln und Wohnraum sowie zur Aufrechterhaltung von Ruhe und Ordnung verfügte die Militärführung beim Einmarsch über eine Liste mit Bürgern, deren Vita eine erfolgreiche Zusammenarbeit versprach. Auf dieser befand sich auch der von Oberst Kelly am 21. März zum Saarbrücker Bürgermeister berufene Fabrikant Heinrich Wahlster, der bereits drei Tage später die Ressortleiter benannte, unter ihnen Kaufmann Richard Neu als Beigeordneter für das Innenressort. Am **letzten Märztag** berief Wahlster für die etwa 6 000 verbliebenen Einwohner der Landeshauptstadt **zehn Hilfspolizisten** mit Wache im Rathaus sowie einem Spazierstock und weißer Armbinde mit dem Aufdruck „Police" als Ausstattung. Die katastrophalen Mißstände in Saarbrücken, die zwei Handvoll unbewaffnete Hilfsbeamte kaum in den Griff bekommen konnten, beschrieb Wahlster am 3. April in einem Brief an die Militärregierung:

„Die Fremdarbeiter … treiben sich nach wie vor plündernd in den Häusern der Stadt herum. Polizeistreifen … sehen interesselos zu, ja sie beteiligen sich selbst daran. Die Fälle, in denen wehrlosen Zivilisten auf der Straße und in den Wohnungen Wertgegenstände unter Androhung von Waffengewalt entrissen werden, häufen sich von Tag zu Tag … Wiederholt wurden Zivilisten durch französische Militärstreifen festgenommen … Andere wieder werden nicht aus ihren Wohnungen gelassen oder stundenlang (von den Franzosen) festgehalten. Selbst die städtische Polizei, … mit erkennbaren Armbinden versehen …, wurde von französischen Militärstreifen festgenommen und bedroht …"[2]

Hier sind gleich drei Faktoren genannt, die in der gesamten Grenzregion, insbesondere aber der Landeshauptstadt zum **Problem einer** täglich **ansteigenden Kriminalitätsrate** führten: die Versorgungsnot der Fremdarbeiter bzw. Displaced Persons, die Übergriffe von Besatzungsmitgliedern sowie der Mangel an Nahrung, Kleidung und Unterkunft bei vielen Einheimischen. Erstgenannte waren hauptsächlich während der Eroberungsfeldzüge Hitlers im Osten aus ihrer Heimat ins Deutsche Reich als billige Arbeitskräfte verschleppt worden. Neben Polen, Ungarn, Tschechen, Rumänen, Ukrainern und Jugoslawen zählten hierzu vor allem sowjetische Zwangsarbeiter. Da es infolge der Kriegshandlungen an regulären Reise-, Unterbringungs- oder Verpflegungsmöglichkeiten fehlte, mussten sie die nötigsten Dinge zum Leben auf illegale Weise beschaffen. Hierbei stachen die russischen Fremdarbeiter hervor, die oft in großen Gruppen durch die Straßen zogen und durch ihr grausames, auch die Taktik der „verbrannten Erde" beinhaltendes Vorgehen schnell den Begriff „Russenschreck" prägten:

„Immer neue Russenhorden tauchen auf ... Ein Bürger ... wird restlos ausgeplündert. Heimkehrenden Einwohnern ... wird alles abgenommen ... Raub, Mord, Totschlag und die ersten Vergewaltigungen werden gemeldet ... durch den ‚Russenschreck' beginnen die Dienststellen im Rathaus ... zu verwaisen. Kein Mensch wagt sich ... auf die Straße ... Auch das Haus des Oberbürgermeisters ist des öfteren von Russen und Polen umlagert ... es ist in Saarbrücken Mode geworden, daß die Plünderer ... die von ihnen heimgesuchten Wohnungen in Brand stecken, wenn sie ... Bilder von Hitler, Göring (entdecken)."[3] „Es kamen Tausende von Russen und Polen, die siegestrunken und schwerbewaff-

Abb. 2: Polizist vor den Ruinen des Saarbrücker Theaterhauses bei Kriegsende

net nach ihren früheren Unterdrückern forschten, und alle erreichbaren heilgebliebenen Fensterscheiben einwarfen."[4]

Die strikten amerikanischen Demilitarisierungsbestimmungen engten allerdings Kellys Spielraum dergestalt ein, dass er für eine optimierte **Bewaffnung der Saarbrücker Stadtpolizei** nur zehn Karabiner mit je zehn Schuss Munition bereitstellen konnte, die mit einem Waffenschein bis zum **10. April** ausgehändigt wurden. Am 14. April 1945 erging im Verlauf einer Sitzung des Saarbrücker Verwaltungsausschusses der Beschluss, dass auch „alle Deutschen, die beim Plündern angetroffen werden, ... durch die Stadt-Polizei festzunehmen ... (sind)."[5]

Angesichts der zunehmenden Unsicherheit durch die Plünderungszüge von Fremden und Einheimischen stockte man die **Personalstärke** der städtischen Polizei von dreizehn in den ersten Apriltagen (ein Polizeichef, ein Revieroberleutnant der Schutzpolizei, ein Polizei- und ein Kriminalsekretär sowie neun Schutzpolizisten) auf **siebzig Bedienstete** auf.[6] In den Monaten März/April 1945 taucht auf dem Posten des Saarbrücker Polizeidirektors erstmals der Name Tilk auf. Auf Wunsch Kellys ging dieser im Juli mit den Amerikanern nach Darmstadt; sein Amt übernahm Kriminalrat Schmidt. Zu den beiden in den Quellen zur Endphase des Krieges genannten Polizisten Licht und Karl Politz fehlen ebenso nähere Informationen: Licht wirkte offenbar nach der US-Besetzung als Leiter der Saarbrücker Kriminalpolizei, Politz erscheint später als Chef der Landespolizei.

Da die getroffenen Maßnahmen und unterstützende Abordnung lothringischer Hilfspolizisten seitens der Siegermacht Frankreich zum Streifendienst in Saarbrücken das Problem nicht merklich eindämmten, entschlossen sich die Amerikaner in der zweiten Aprilhälfte zu einem strikteren Durchgreifen ihrer Militärpolizei und zwangsweisen Internierungen von Fremdarbeitern in der Below-Kaserne im Stadtwald, die kurze Zeit später bereits 7 500 Menschen beherbergte: „Die ‚Ostländer' müssen sich, bis sie in ihre Heimat abtransportiert werden können, eine Internierung gefallen lassen ... die Amerikaner holen die ... in Frage kommenden Menschen scharenweise aus den Betten."[7]

Daraufhin besserte sich die Situation zwar spürbar, das grundsätzliche Problem war aber nicht behoben, wie die erste Ein-Jahres-Nachkriegsbilanz der Saarbrücker Polizei zeigt: „... die in der ... Kaserne untergebrachten ... ausländischen Zivilarbeiter durchzogen plündernd und brandstiftend das Stadtgebiet, ... die wenigen vorhandenen Polizeikräfte ... vermochten dieses Treiben nicht zu unterdrücken. Trotzdem traten sie (die Stadtpolizisten – Anm. d. Verf.) den Plünderern, ihres Lebens nicht achtend, immer wieder mutig und tatkräftig entgegen und retteten ... manches Abwesenden Hab und Gut ..."[8]

Ein Zwischenbericht des zuständigen US-Korps und amerikanischen Roten Kreuzes verdeutlicht den außerordentlichen Druck, den die Versorgung der überfüllten Lager auf die Besatzer ausübte. Danach befanden sich im Saarland zwischen dem 10. April und 5. Juni 1945 insgesamt 25 118 ehemalige Zwangsarbeiter, von denen in Saarbrücken 4 638, in Homburg 7 402 und St. Ingbert 7 114 Russen sowie in Lebach 2 559 Russen, 2 532 Polen und 873 Italiener lebten.[9] Da die Vereinigten Staaten teilweise bis zu 15 000 Menschen pro Unterkunft versorgten, deren Heimkehr nach Osteuropa mangels Verkehrswegen oder -mitteln nur schleppend vor sich ging[10], gab es weiterhin besonders brutale Plünderungen aus diesem Bevölkerungssegment.

Keinerlei Klagen kamen in Bezug auf französische Fremdarbeiter und Kriegsgefangene auf, die in Saarbrücken auf die Wiederherstellung zerstörter Straßen und Brücken warteten, um zurückzukehren. Es bleibt in diesem Zusammenhang zu betonen, dass nicht nur Osteuropäer Verbrechen verübten, wie polizeiinterne Schriften gerne behaupten, sondern auch Einheimische, die vor dem Nichts standen. Neben den Saarländern plünderten in der hiesigen Region auch Deutsche aus anderen Reichsgebieten. Diese waren nach der Eroberung Elsaß-Lothringens von Hitler dort zur Durchdringung mit deutschem Brauchtum angesiedelt worden und machten nun auf dem Rückweg in ihre Heimat im Saarland Zwischenstation. Im Frühjahr 1945 überantworteten die Franzosen knapp 500 Menschen der Saarbrücker Verwaltung, die diese im Polizeibunker Mainzer Straße notdürftig versorgte.

Ein Blick auf die per Lebensmittelberechtigungskarte Ende Mai 1945 erhältlichen Rationen verdeutlicht den Hunger vieler Menschen, die nur etwas mehr als ein halbes Pfund (265 Gramm) Nahrung pro Tag erhielten: 214 Gramm Brot, achtzehn Gramm Nährmittel, vierzehn Gramm Zucker, je sieben Gramm Fleisch und Fett sowie vier Gramm Käse.[11] Da den Angehörigen der Militärpolizei ein Einschreiten bei Delikten von Bürgern alliierter Kriegspartner anfänglich strikt untersagt war, standen sie den russischen Übergriffen machtlos gegenüber. Gleiches galt für unkorrektes Handeln französischer oder amerikanischer Truppenmitglieder, wobei letztgenannte im Saarland seltener unangenehm auffielen als ihre Kollegen aus Frankreich, die von Paris nur sehr schlecht mit Lebensmitteln, Zigaretten oder gar Luxusartikeln versorgt wurden. Oberst Kelly griff bei jeglichem Fehlverhalten von US-Soldaten energisch durch, konnte aber nicht verhindern, dass diese sich „hin und wieder ... polternd als Sieger" aufspielten, „unschöne Übergriffe" erlaubten und „ihr Mütchen an den ‚Germans'"[12] kühlten. Von Raubüberfällen, Vergewaltigung oder gar Mord durch französische Militärangehörige ist im hiesigen Raum nichts bekannt.

In die Gruppe der Displaced Persons gehörten neben den entwurzelten Fremdarbeitern aus Ost-, Mittel- und Südeuropa sowie den aus Frankreich heimkehrenden Deutschen auch Franzosen, die die Kriegswirren nach Deutschland oder weiter in den Osten verschlagen hatten und bei ihrer Rückreise in Saarbrücken eine Zwangspause einlegen mussten. Der politische Sonderstatus der Grenzregion innerhalb der französischen Zone, der die Bewältigung des bilateralen Verwaltungsaufwands erleichterte und durch kontrollierte Abreisen Remigrationsstoßwellen in Frankreich vermeiden half, verpflichtete diese zu einem oft mehrwöchigen Zwischenaufenthalt.

Dienten die erläuterten Maßnahmen zum polizeilichen Neuanfang in den beiden ersten Monaten der amerikanischen Besetzung zunächst der Bekämpfung der täglich wachsenden Kriminalität, so folgten später erste organisatorische Überlegungen. Die Wiedereinrichtung einer **Gendarmerie** basierte zu diesem frühen Zeitpunkt vor allen Dingen auf dem Betreiben der saarländischen Landräte, die in dieser Sparte unter den gegebenen Umständen zurecht einen optimalen Neubeginn für das Sicherheitswesen erblickten. Außerdem entsprach diese Abteilung in vielerlei Hinsicht den alliierten Kommunalisierungsvorgaben für die deutsche Polizei sowie der ländlich geprägten Infrastruktur der Region und konnte auf die von Diebstahl, Einbruch und Plünderung dominierte Verbrechenslage der „Stunde Null" bestens reagieren.

In einer Unterredung des Oberregierungspräsidiums mit Mitgliedern der Stadtverwaltung Saarbrückens, Repräsentanten der Landeshauptstadt sowie dem Landrat am **26. Mai 1945** in Neustadt nahmen die bislang vagen Ideen für eine neue Polizeistruktur konkrete Formen an: „Die Polizei erhält eine Spitze im Oberregierungspräsidium in einem dem Referat Justiz und Polizei unterstehenden Gendarmerieoberst, dem bei den Regierungspräsidenten ein Gendarmeriemajor untergeordnet"[13] wird. Im Nachhall dieses Beschlusses berief Oberst Kelly zur Vorbereitung der Gendarmerie und kommunaler Polizeidienststellen Gendarmerieoberst Heese in den Stab Hans Neureuthers.

Heeses Planungen basierten auf dem im Saargebiet bis 1935 existierenden Landjägerkorps, das jedoch infolge der von Frankreich dominierten Völkerbundsverwaltung der Region sowohl organisatorisch als auch aufgabentechnisch eine höchst bedenkliche Mischung aus altpreußischer Gendarmerie, Landkriminalpolizei und französischen Armeeformationen verkörperte und somit den Entmilitarisierungsbestrebungen der Siegermächte widersprach. Da die Reorganisation der Gendarmerie aber erst ab Januar 1946 in die praktische Phase überging und so der amerikanische Einfluss auf die Theorie beschränkt blieb, schaltete die französische Besatzungsmacht nach Gutdünken. Sie ernannte in der zweiten Jahreshälfte 1945 nur noch Karl Albrecht zum Gendarmeriebeauftragten für den Saarlouiser Landkreis.

In der am **8. Juni 1946** für das Saargebiet gebildeten **Verwaltungskommission** war Direktor Georg Schulte für das **Innenressort** verantwortlich, während im Regierungsbezirk Saarland Dr. Hans Neureuther weiterhin die kommunalisierten Polizeibehörden beaufsichtigte. Die in einem Zwischenbericht vom 15. Juni 1945 zum Stand des Polizeiwesens im Regierungsbezirk „Mittelrhein-Saar" geschilderte Situation stimmte in weiten Teilen mit der Lage im Saarland überein: „As to the police, there will be not state-organizes police in the former sense … In the towns, he (der Oberbürgermeister – Anm. d. Verf.) will be assisted by a director of the police (Polizeidirektor) or a policemaster (Polizeimeister). In the Landkreise, a Gendarmery will be drafted, which is supervised by the Landrat ... Furthermore, an agency will be established within the Oberregierungspräsidium, which will be concerned with the central ... police affairs,... warrant register, finger prints ... the ORP thinks it very necessary to provide uniforms to the police and Gendarmery. The difficulties as to personnel are about the same as mentioned in the field of justice."[14]

Ende **Juni 1945** verfügte Saarbrücken mit 95 Schutz-, zehn Kriminalbeamten und zwölf Verwaltungskräften über 117 Polizeibedienstete und hatte damit innerhalb von drei Monaten das Personal verneunfacht. Der von Neureuther als Polizeidirektor intendierte Heinrich Edelbluth wurde am 9. Juli 1945 abgelehnt.

Entsprechend den erläuterten Vorgaben führte die amerikanische Militärregierung im Saarland ab **Ende März 1945** eine konsequente **Internierung** aller Polizisten mit Parteibuch, bei Verdacht auf schuldhaftes Verhalten oder strafbare nationalsozialistische Aktivitäten durch. Verhaftet wurden bei der allgemeinen Polizei alle Präsidenten, Direktoren und Offiziere; bei SS und Waffen-SS Bedienstete im Offiziersrang sowie alle Gestapo- und SD-Mitglieder. Leider liegen zu den Internierungen keine genauen Zahlen vor, da die US-Truppen bei Übergabe des Saargebiets an die Franzosen die betreffenden Unterlagen entweder verbrannten oder mitnahmen; eine grobe Schätzung von mehreren hundert Verhafteten erscheint aber durchaus realistisch. Unter Berücksichtigung des Handbook und der Tatsache, dass die Vereinigten Staaten gerade im Polizeisektor beim geringsten Verdacht Beamte rigoros entfernten, kann man sich den Personalmangel und die Rekrutierungsprobleme der letzten Kriegsmonate gut vor Augen halten.

Die Franzosen übernahmen die US-Internierungsrichtlinien im März 1945 weitgehend als Annex Nummer 2 zur „Instruction particulière No. 1 sur le gouvernement militaire en Allemagne" und machten lediglich bei den verschärften Instruktionen zur Verhaftung verdächtiger Nazis einer vier Wochen später veröffentlichten Handbook-Novelle eine Ausnahme (diese sahen auch die Festsetzung aller Waffen-SS-Mitglieder

Bekanntmachung

An die Bevölkerung von Saarbrücken!

Am Dienstag, den 10. Juli 1945 wird das Saargebiet von französisch. Truppen besetzt. Damit hat der ungewisse Zustand über die Besatzungsfrage ein Ende gefunden.

Frankreich,

vertreten durch die französische Militär-Regierung in Saarbrücken, wünscht mit der Saarbevölkerung eine gute Zusammenarbeit.

Bürger von Saarbrücken!

Es liegt in unserem größten Interesse das Vertrauen des französischen Volkes wieder zu gewinnen, welches wir durch den verbrecherischen Krieg Hitlers verloren haben. Aus diesem Grunde ist es notwendig, für eine reibungslose Zusammenarbeit mit der französischen Militärbehörde zu sorgen, wozu jeder Bürger die Mitverantwortung trägt. Durch unsere Haltung gegenüber der französischen Armee und durch unser Streben nach Wiedergutmachung ist die Hoffnung gegeben und der einzige Weg, das Vertrauen unseres großen Nachbarvolkes wieder zu gewinnen.

Der offizielle Einmarsch der französischen Besatzungstruppen ist für Dienstag, den 10. Juli 1945 gegen 13 Uhr festgelegt. Dieser Aufmarsch bewegt sich von der Alten Brücke, Mainzer Str., Arndtstr., Großherzog-Friedrich-Str., nach dem Rathausplatz, wo der Vorbeimarsch durch den französischen Oberkommandierenden abgenommen wird.

Saarbrücken, den 9. Juli 1945.   Der Oberbürgermeister

Abb. 3: Bekanntmachung des Saarbrücker Oberbürgermeisters vom 9.7.1945

ab Scharführer aufwärts sowie aller SS-Bediensteten ab Unterscharführer vor).[15] Für das grundsätzliche Eingruppierungsprocedere bei der Verfolgung ehemaliger NS-Polizisten lassen sich folglich an der Saar zwischen der Phase unter dem Sternenbanner und dem Trikolore-Zeitraum keine wesentlichen Unterschiede feststellen.

Ein gänzlich anderer Wind wehte ab **Mitte September 1945** bei der **Verfolgung besonders gefährlicher Nationalsozialisten**, die sich noch auf freiem Fuß befanden. Mit Hilfe intensiver Fahndungs- und Festsetzungsaktionen stieg die Zahl der Internierten im Saarland bis Dezember 1945 auf 1383 Personen an. Da berufsspezifisch aufgesplittert nur jüngere Statistiken zum Lager Theley existieren, müssen diese hier genügen: Von den dort Ende 1947 Inhaftierten gehörten 47 der allgemeinen Verwaltung und 29 der Privatwirtschaft an; siebzehn entstammten jeweils der Polizei und dem Gewerbe, fünfzehn der Lehrerschaft; dreizehn waren Reichsbahnbeschäftigte. Auch hieraus lässt sich schlussfolgern, dass die saarländischen NS-Polizisten unter dem französischen Besatzungsregime keiner strengeren Internierung unterlagen als während der US-Okkupation.[16]

Ab **Juli 1945** verstärkte sich jedoch der **Entlassungsdruck**, da die Beschäftigten des öffentlichen Dienstes den politischen Fragebogen ein zweites Mal ausfüllen mussten. Diese zweite Überprüfung bedeutete bis Dezember 1945 für über fünfzig Prozent der Befragten eine Sanktion, die in 85 Prozent der Fälle zur sofortigen Entlassung führte.[17]

Im Zuge der im Saarland wesentlich schärfer als im restlichen Besatzungsgebiet durchgeführten „Entpreußung" stellten die Franzosen bei der Polizei nur Bewerber an, die weder Mitglied der NSDAP noch Berufssoldat gewesen waren und keiner NS-Gliederung angehört hatten. Es kann also für die frühe französische Okkupation eine konsequente Ausschaltung aller bedenklichen Bediensteten bei der hiesigen Polizei vermutet werden – dies erhärten auch spätere Klagen über die anhaltende Personalknappheit.

So bemängelte die Saarbrücker Landespolizeidirektion noch im Januar 1947 die erhebliche Differenz zwischen Ist- und Sollstärke, vor allem bei

Beamten des mittleren und gehobenen Dienstes, unter Hinweis auf die restriktive Einstellungspolitik der Franzosen: Von 33 Planstellen für Kommissare waren sieben tatsächlich besetzt, statt 260 Polizeimeistern existierten nur 55, und bei den Hauptwachtmeistern erreichte die Ist-Stärke (58 Polizisten) nur ein gutes Zehntel der Soll-Zahl (495). In St. Ingbert stockte man Ende Februar 1946 das Personal von vier um vierzehn Polizisten auf, so dass hier ab Oktober auf insgesamt 58 000 Einwohner achtzehn Sicherheitshüter kamen.[18]

In diesem Kontext darf nicht in Vergessenheit geraten, dass die Rückkehrquote der Mitarbeiter im öffentlichen Dienst des Saarlandes (bis 1945 beschäftigte dieser Sektor rund 19 200 Menschen) nach dem Krieg mit nur 10 500 Personen relativ niedrig ausfiel. Hatten Kriegsdienst, die in der hiesigen Grenzregion zahlreichen Kampfhandlungen, Gefangennahme und Evakuierungen ohnehin zu hohen Verlusten geführt, so verstärkten sich diese noch durch das Wegbleiben vieler Arbeitnehmer ab Sommer 1945 aufgrund der Befürchtung, dass die Franzosen das Saargebiet besonders streng entnazifizierten.[19]

Pro forma existierte bei der Saarbrücker Polizeidirektion bereits seit dem 1. August 1945 ein Passbüro, das bis Ende März 1946 40 000 Brücken- und Grenzzonenpässe sowie 14 000 Kennkarten, 5 500 Passierscheine und 1 500 Führungszeugnisse aushändigte. Vollständige **Meldebehörden**, die auch kriminaldienstliche Funktionen übernahmen, richtete man im **Januar 1946** bei den örtlichen Polizeidienststellen ein. Das außerordentliche Pensum, das in diesem Verwaltungssektor zu bewältigen war, verdeutlicht die Tatsache, dass ab Spätsommer 1945 allein bei der Meldestelle in der Landeshauptstadt täglich zwischen 1 500 und 2 000 Menschen vorstellig wurden.[20]

Im Gefolge der gewandelten politischen Pläne Frankreichs für das Saarland löste Paris das Gebiet **Mitte Februar 1946** sowohl aus dem Zuständigkeitsbereich des Alliierten Kontrollrats und Regierungspräsidiums Saar als deutscher Oberbehörde als auch des Baden-Badener Zonengouverneurs heraus, so dass Gilbert Grandval künftig nur noch in Abstimmung mit der Pariser Zentralregierung entscheiden musste.

Hatte die organisatorisch wie personell noch in den Kinderschuhen steckende Polizei ohnehin seit Kriegsende die **Obdachlosenbetreuung** unterstützt, so wurde ihr dieser Aufgabenbereich immer mehr aufoktroyiert, da das Internationale Rote Kreuz mittlerweile völlig überlastet war. Der Saarbrücker Polizeidirektion, die oftmals Schweizer und Irische Spenden verteilte[21], übertrug der Oberbürgermeister im **Januar 1946** offiziell die Unterbringung und Verpflegung aller Personen, die sich vorübergehend (Flüchtlinge, französische Remigranten, Kriegsgefangene) oder dauerhaft (ausgebombte Einwohner, heimatlose Saarländer) in der Stadt aufhielten. Ein Polizeibericht vom Frühjahr 1946 vermittelt deren Not und die vielfältigen Hilfsdienste der Polizisten für diesen Bevölkerungsteil:

„… (Es) mussten … auch … viele … obdachlose Reichsdeutsche betreut werden … Hier zeichnete besonders der Revier-Oberwachtmeister Rieß sich aus. Tag und Nacht war er unterwegs, um die Familien mit ihrem Gepäck nach Hause zu schaffen … Die aus der Kriegsgefangenschaft heimkehrenden Soldaten, sowie die Obdachlosen … wurden in … der Ulanenkaserne untergebracht … Anfang Januar 1946 (wurde) der Bunker Talstraße als Wohlfahrtsbunker eingerichtet … Anfangs waren nur 22 Betten vorhanden. Ende März … 100 Betten. In diesem Vierteljahr übernachteten nicht weniger als 5 687 Personen im Bunker. (An) Essen wurden 4 942 Liter-Portionen ausgeteilt. An Kaffee … rund 9 000 $^{3}/_{4}$-Liter-Portionen … Seit Mitte Februar 1946 werden auch sämtliche Kinder des Wohlfahrtsbunkers unter 14 Jahren von diesem Hilfswerk (der Schweiz – Anm. d. Verf.) gespeist … Die Nahrungsmittelbeschaffung für den Bunker war … schwierig. Nur durch den unermüdlichen Einsatz meiner … Polizeibeamten war es möglich, … ausreichende Kartoffelmengen zu beschaffen. Da jedoch niemand von der kleinen täglichen Kartoffelportion … in Suppenform … gesättigt werden kann, … gelang es den Beamten …, Nahrungsmittel … aufzutreiben, sodaß [sic!] im Bunker vielfach … eine … sättigende wohlschmeckende Suppe (bereitet werden konnte) … Nach langem Bemühen ist es einem meiner … Polizei-Verwaltungsbeamten gelungen, von der Saargruben-Verwaltung 12 Grubenlampen zu erhalten … (sie) werden als Notbeleuchtung eingesetzt …"[22]

Im **April 1946** verfügte die Saarbrücker Polizei über rund 200 Vollzugsbedienstete und 26 Angestellte, von denen jedoch achtzehn Polizisten als Verkehrsposten, sieben für die Preiskontrolle und über vierzig für Wach- und Ermittlungsaufgaben zur Militärregierung abgeordnet worden waren und folglich bei der Schutzpolizei fehlten. Am **8. Oktober 1946** richtete die Militärregierung einen **vorläufigen Verwaltungsausschuss** für das Saarland als Nachfolger des Regierungspräsidiums ein. Den Vorsitz übernahm Rechtsanwalt Erwin Müller, für den **Innensektor** war Direktor Georg Schulte zuständig.

Danach besaßen nur noch die bilateralen Verträge der 50er Jahre zwischen Frankreich und dem Saarland Bedeutung für das hiesige Sicherheitswesen. Im Nachhall der ersten **Saar-Konventionen von 1950** beantragte Hoffmann vergeblich die Aufnahme des Saarlandes in den Europarat, da dieser aufgrund des provisorischen staatsrechtlichen Status nur einer assoziierten Mitarbeit zustimmte. Für die Polizei zogen die Gesetzesnovellierungen im Zuge des Abkommens vom **13. Juli 1950** wesentliche Neuerungen nach sich. Zur künftig alleinigen Zuständigkeit für Ruhe, Sicherheit und Ordnung gesellte sich nun ein erweiterter, besatzungsunabhängiger Handlungsspielraum der politisch Verantwortlichen bei allen Polizeiangelegenheiten: „Der Minister des Innern und … die zuständigen Minister können … Polizeiverordnungen innerhalb ihres Geschäftsbereiches für den Umfang des Landes oder für Gebietsteile … erlassen."[23] Die zweiten Saarkonventionen, ratifiziert am **20. Mai 1953**, beinhalteten folgende Abänderungen:

- „Die von … Besatzungsbehörden erlassenen Gesetze und Ausführungsvorschriften können … von den saarländischen Behörden geändert oder aufgehoben werden."
- „(Diesen) obliegt die Aufrechterhaltung der öffentlichen Ordnung und Sicherheit im Saarland" (französische Amtshilfe war nur bei Ersuchen der saarländischen Regierung möglich).
- „Die Überwachung der Grenzen des Saarlandes erfolgt durch die saarländische Polizei. Maßnahmen, die die äußere Sicherheit betreffen, werden von beiden Regierungen gemeinsam festgelegt."[24]

Anmerkungen

1 S. zur Situation im Saarland u. in Saarbrücken beim US-Einmarsch a. Doris Seck/Paul Peters: Die Stunde Null. Das Kriegsende an der Saar, Saarbrücken 1986.

2 So der Saarbrücker OB Heinrich Wahlster in einem Beschwerdebrief an Oberst Kelly v. 3.4.1945 – hier zit. n. dessen Abdruck bei Trautes; S. 90f.

3 Zeitgenöss. Schilderung zu Saarbrücken im März/April 1945, in: ebda.; S. 89, 98.

4 So ein Artikel der „Saarbrücker Zeitung" v. 18.3.1970 zu den Ereignissen während d. US-Besetzung Saarbrückens im Frühjahr 1945 (Quelle: Polizeiarchiv).

5 Zit. n. Trautes; S. 118.

6 Die Angaben zur Saarbrücker Polizei Anfang stammen a. dem Tätigkeitsbericht d. Ortspolizeidirektors an den OB v. 3.4.1946 für die Zeit zw. Kriegsende bis April 1946 (Stadtarchiv Saarbrücken – Bestandsnummer Dezernat G 10, Nr. 77).

7 Beschreibung d. US-Vorgehens gg. Fremdarbeiter; zit. n. Trautes, S. 92 – s. zum Konflikt zw. unbewaffneten Polizisten u. mit „Maschinenpistolen … und Gewehren" bestückten Zwangsarbeitern aus dem Osten a. Liebers Schilderungen; S. 333ff.

8 So im Polizeibericht an den Saarbrücker OB v. 3.4.1946.

9 Zahlen a. dem Bericht v. 23. US-Korps/Rotes Kreuz v. 1.6. a. Wünschel; S. 363.

10 V. 25.–31.5.1945 schickte man von Homburg aus 13 222 Russen zur Einschiffung nach Hause, ebenso fuhren täglich Züge gen UdSSR mit ca. 1 400 Menschen, so dass rd. 11 000 Personen pro Woche das Lager verließen – s. ebda.; S. 320.

11 Die Berechnung basiert auf den bei Hans Trautes a. S. 122 genannten Zahlen.

12 So ebda.; S. 85.

13 Zit. n. dem Neustädter Besprechungsprotokoll v. 26.5.1945, abgedr. b. Wünschel; S. 105f – das polizeiintern genannte Datum 5.5. für die Berufung eines Gendarmerieexperten d. Saarbrücker Verwaltung lässt sich mit dieser Quelle u. der Kontrolle durch US-Militärs falsifizieren, da ein solch vorzeitiger u. folgenschwerer Alleingang Neureuthers unwahrscheinlich ist.

14 Dr. Anschütz in seiner Polizeibilanz b. der Konferenz v. Angehörigen d. Oberregierungspräsidiums Mittelrhein-Saar u. US-Militär-Vertretern in Neustadt a. 15.6.1945 – zit. n. ebda; S. 165.

15 Vgl. zu den US-Internierungen, SHAEF-Bestimmungen u. zur franz. Verhaftungstaktik im Frühjahr 1945 a. Möhler; S. 358–363.

16 S. zu den Insassen d. Theleyer Internierungslagers a. ebda.; S. 378.

17 S. ebda.; S. 60–68.

18 In dem am 7.3.1966 in der „Saarbrücker Zeitung" publiz. Artikel „Polizeibeamte begingen Jubiläum – Kommunale Polizei wurde vor 20 Jahren wiederbegründet (Quelle: Stadtarchiv St. Ingbert, o. Bestandsnr.) werden achtzehn Beamte im Jan. 1946 als erster Schritt zu einem „ordnungsgemäßen Polizeiwesen" bezeichnet!; Bevölkerungsangaben a. dem Statistischen Jahrbuch für die Bundesrepublik Deutschland; hrsg. vom Statistischen Bundesamt in Wiesbaden. Stuttgart/Köln 1952ff, S. 545; zur Polizeipersonalpolitik ab 1945 s. ebda.; S. 102 u. S. 60f.

19 Die franz. Militärregierung entließ alle Verwaltungsbeschäftigten, die nach Kriegsende ohne Erklärung dem Dienst fernblieben.

20 Die Zahlen entstammen dem Bericht des Polizeidirektors v. Frühjahr 1946.

21 Für die Schulspeisung (27.12.1945–23.3.1948) stifteten: Schweizer Hilfswerk 157 000, Irische Spende 53 000, Rotes Kreuz 42 000, Frankreich 28 000 Kilo Milch/Lebensmittel – s. Statistischer Jahresbericht d. Stadt Saarbrücken für die Jahre 1939 bis 1947; hrsg. vom Statistischen Amt d. Stadt Saarbrücken. ebda. 1948; S. 188f.

22 Zit. a. dem Tätigkeitsbericht d. Saarbrücker Polizeidirektors v. 3.4.1946.

23 S. a. Titel 4, §§ 36 u. 37 d. Gesetzes über die allg. Landesverwaltung d. Saarlandes v. 13.7.1950, zit. n. dem Amtsblatt d. Saarlandes (1950); S. 801.

24 S. Konventionenartikel 7–10 – zit. n. Schmidt: Saarpolitik, Bd. 2; S. 681–691.

2. Mangelerscheinungen in der frühen Nachkriegszeit

Überforderten die steigende Nachkriegskriminalität und außerordentliche Not der Bevölkerung die Polizisten der „Stunde Null" ohnehin, so erschwerten zahlreiche Mängel die praktische Bewältigung ihrer täglichen Aufgaben noch zusätzlich. In einem Bericht zum zweijährigen Bestehen des hiesigen Sicherheitswesens konstatierte die „Saarbrücker Zeitung" für die Jahre 1945/46 „ungeahnte Schwierigkeiten ...", nicht nur was die Uniformen anbelangt, sondern weit mehr noch (bei der) Beschaffung des Mobiliars und ... technischer Hilfsmittel ... Denn die gesamte Ausrüstung war von den abziehenden deutschen Truppenverbänden über den Rhein abtransportiert worden. Daß diese Schwierigkeiten schon jetzt zu einem großen Teil überwunden werden konnten, ist nicht zuletzt der Initiative der Militärregierung sowie der Stadtverwaltung zu verdanken."[1] Diese erhielten dabei von den Beamten nicht selten tatkräftige Unterstützung dank der landestypischen Mentalität, Mißständen mit Raffinesse und Einfallsreichtum zu begegnen ...

2.1 Fehlende Büromaterialien – Unterkunftsproblematik

Besonders gravierend fiel der Mangel an Büroutensilien aus, der einfachste Schreibmaterialien wie auch Mobiliar und technische Hilfsmittel betraf. Vor allem das lang anhaltende Fehlen von **Papier** erschwerte die Verschriftlichung dienstlicher Vorgänge, für die weder Blankounterlagen wie Schreibpapier oder Briefumschläge geschweige denn Vordrucke zur Verfügung standen. Noch im Juni 1946 beschwerte sich die Dienststelle Dudweiler über das regelmäßige Ausgehen der Formulare „zur Ausstellung von Radkarten"[2], im Oktober über eine „erhebliche Stockung" bei der „Annahme von Passierscheinanträgen ..., da seit etwa 3 Wochen vom Landratsamt keine Formulare mehr geliefert werden."[3] Im November musste man hier Anträge des Meldeamtes für den bevorstehenden Zensus im Saarland ablehnen, da die „erforderlichen achtseitigen Volkszählungsfragebogen vergriffen"[4] waren.
Aufgrund der ausbleibenden Lieferungen von Zellulose, Kohle und Leim hing die Papierfabrikation von regelmäßigen Altpapierlieferungen ab, die

allerdings kaum stattfanden. Daher sah sich die Verwaltungskommission im Oktober 1947 zu einem Aufruf zwecks „alleräusserster Einschränkung des Papierverbrauchs" in den Behörden gezwungen. Für den abteilungsinternen Schriftverkehr mussten Konzeptpapiere, bei der Reproduktion von Matrizen Rückseiten genügen; die Vervielfältigung von Vordrucken war auf das absolute Minimum zu begrenzen. Außerdem ermahnte sie zur Beteiligung an der Altpapiersammlung, „da die Papiernot derart gross geworden ist, dass augenblicklich in vielen Lagern kein Ballen Papier vorhanden ist."[5] Noch im Frühjahr 1948 finden sich in den Richtlinien der Saarregierung zur Haushaltsmittelbewirtschaftung Ratschläge zum sparsamen Papierverbrauch, die sogar die optimale Ausnutzung einer Seite betrafen: „Im inneren Dienstverkehr sind brauchbare, billigere Papiersorten zu verwenden. Beim Beschreiben des Papiers ist der Raum gut auszunutzen. Es ist möglichst engzeilig zu schreiben ... Ein freier Rand von 2 cm Breite genügt zum Einheften der Akten. Das Papier ist zweiseitig zu beschreiben ... Zu Entwürfen und als Notizbogen sind möglichst überzählige, einseitig bedruckte Formblätter pp. zu benutzen ... Briefumschläge aus kräftigem Papier sind wieder zu verwenden."[6]

Diese Sparwut stieß beim Rückgriff auf Restbestände des Dritten Reichs an ihre Grenzen. So musste der Kontrolldienstdirektor des Hohen Kommissariats noch 1949 den Polizeipräsidenten ermahnen, in seinen Dienststellen nicht länger Briefumschläge zu versenden, die den Hitler-Stempel nebst deutschem Adler und Hakenkreuz aufwiesen, um einer „Verwirrung, die dadurch in den Gemütern entstehen ... sowie falschen Auslegung, die durch übelgesinnte Elemente angedeutet werden könnte"[7], zu entgehen. War die Verwendung aus finanziellen Gründen nicht zu vermeiden, so empfahl dieser das Überkleben bedenklicher Aufdrucke. Es erstaunt folglich kaum, dass das Polizeipräsidium im selben Jahr Bewerber zur Eignungsprüfung immer noch mit der Bitte einlud, Schreibzeug nebst Papier mitzubringen.[8]

Als 1949 infolge des Wegfalls der Kontingentierung von Büromaterialien der Kostendruck nachließ, stiegen die Bedarfsmeldungen für Schreibmaschinen- und Durchschlagpapier prompt derart an, dass die laufenden Haushaltsgelder nicht mehr ausreichten.[9] Aber selbst für das Jahr 1952 kann man noch nicht von einer befriedigenden Papierausstattung sprechen, wie eine Anordnung zur Zeugenbefragung zeigt: „Zum Zwecke der Papierersparnis ... (sind) diese Vorladungen nur unter Aufdruck des Inspektionsstempels und ohne weiteren schriftlichen Vermerk (weiterzureichen). Der später ... zu erstellende Bericht wird auf der Rückseite der Vorladung vorgenommen ..."[10]

Ebenso problematisch gestaltete sich die Ausrüstung der Polizeibüros mit **Schreibmaschinen**, wobei man hier die allergrößte Not in der unmittelbaren Nachkriegszeit durch Beschlagnahme oder Anmietung überbrückte. Letzteres Verfahren wurde seit 1946 praktiziert und endete erst in den 50er Jahren durch sukzessiven Ankauf. Pikanterweise erfolgte die Zahlung des Mietzinses für Schreibmaschinen nicht selten an die Polizisten selbst, die ihre Büroausstattung aus dem privaten Fundus auffüllten. Direktor Grommes vom Regierungspräsidium Saar schloss im Mai 1946 einen Mietvertrag mit einem Privatmann, der seine „Kofferschreibmaschine Marke Reinmetall" dem Geschäftszimmer des Saarbataillons für einen Monatsbeitrag von zehn Reichsmark überließ. Der Nutzer verpflichtete sich zur „pfleglichen Behandlung der gemieteten Maschine" und hatte „bei vorsätzlicher oder fahrlässiger Beschädigung ... Ersatz zu leisten."[11] Solche Ermahnungen waren auch langfristig vonnöten. Noch im Januar 1949 rügte das Landespolizeipräsidium die Bediensteten, „trotz ... geringer ... Mittel" und „sparsamer Bewirtschaftung" zu wenig Sorgfalt walten zu lassen, da die Geräte bis zu dreimal pro Jahr repariert wurden oder die Besitzer deren Rücknahme verweigerten, da diese nach kurzer Zeit „herabgewirtschaftet"[12] waren.

Hinsichtlich der Ausstattung mit **Büromobiliar** existieren leider keine unmittelbaren Polizeiquellen, doch angesichts der insgesamt schlechten Versorgung mit Möbeln nach dem Krieg war diese keinesfalls rosig. Entsprechend den für alle Haushaltmittel geltenden Sparzwängen kam „bei der Beschaffung von Möbeln" aber auch nach Abflauen der größten Not ab Sommer 1948 keine Verschwendung auf, da man auf „auf gediegene, aber einfache Ausführung zu achten" hatte, wobei aus „billigeren Holzarten ... hergestellte Möbel in der Regel" vorzuziehen waren. Der „Erwerb von Teppichen ... und anderen ... Einrichtungsgegenständen" erfolgte erst nach „Freigabe der Gelder durch den Finanzminister ...,

Vorhänge oder sonstiger Fensterschmuck (waren) nur bei dringender Erforderlichkeit"[13] erlaubt. Ausrangiertes Mobiliar wanderte in eine zentrale Materialbeschaffungsstelle zur weiteren Verwendung. Die allgemeinen Bestimmungen über die Dienststellenausstattung lässt auch für die Polizei nur auf eine karge Variante schließen, wobei zwischen den ersten beiden Nachkriegs- und späteren Jahren keine nennenswerten Unterschiede bestanden.

Im Gegensatz hierzur waren die Polizeibeamten beim **Stromverbrauch** und der **Beheizung** ihrer Diensträume nur bis Ende 1947 rigorosen Einsparvorschriften unterworfen, da sich die diesbezügliche Versorgung ab 1948 normalisierte. Mangels polizeiinterner Unterlagen müssen leider auch hier Überreste anderer Verwaltungszweige herangezogen werden. Wie sehr die eingeschränkte Stromabgabe in den Morgen- und Abendstunden die Polizeiarbeit in den ersten Nachkriegsmonaten einschränkte, zeigt der Tätigkeitsbericht einer Saarbrücker Dienststelle an den für Fragen der öffentlichen Sicherheit zuständigen französischen Offizier, in dem modifizierte Öffnungszeiten zur optimalen Tageslichtnutzung vorgeschlagen wurden:

„Mais maintenant nous sommes fort empêchés par le défaut du courant éléctrique pendant les heures du matin et du soir. Il serait utile de fixer les heures du travail au bureau ainsi qu'on puisse profité de la lumière du jour. Dans l'intérêt d'épargner des énergies électriques fut fait une proposition à monsieur le Landrat concernant les heures de fermeture des magasins à Dudweiler. Il fut proposé de laisser ouvert les magasins les jours de la semaine de 8–12 et de 13–17 heures, les jours de dimanche et fête de 8–12 heures."[14]

Aufforderungen zum sparsamen Umgang mit knappen Heizstoffen waren immer wieder vonnöten wie im Januar 1946, als das Regierungspräsidium Saar darauf verwies, dass die Brennstoffzuteilung bei „haushälterischer" Bewirtschaftung durchaus genüge und ein Aufheizen von Klassenzimmern auf über 22 Grad Celsius zur vorzeitigen Schließung zwinge, da kein Brennmaterial nachgeliefert werde.[15] Hierzu sah sich die Verwaltungskommission im letzten Quartal 1946 tatsächlich gezwungen: Vom 1. Oktober bis Silvester blieben etliche Schulgebäude mangels Kohlen geschlossen.[16] Im erneut harten Winter 1947/48 durften die Klassenräume im Dezember nur noch auf fünfzehn, im Januar und Februar wieder auf achtzehn Grad Celsius erwärmt werden.[17] Die strenge Kälte verschonte auch die Polizei nicht, deren Wachposten im Internierungslager Theley im November 1946 keine Kohlen mehr besaßen, da man damit im Sommer hatten kochen müssen. Auf Bitten des Gendarmeriedirektors Heese wies die französische Militäradministration der Lagerleitung für Januar und Februar 1947 zwei Sonderrationen Kohlen zu, diese kamen allerdings nie an ihrem Bestimmungsort an![18]

Bei der Einrichtung ihrer Amtsstuben konnte die Polizei kaum auf Häuser in Staatsbesitz zurückgreifen, da diese größtenteils im Krieg zerstört worden waren. Von den im Jahr 1939 im Saargebiet registrierten 192 000 **Gebäuden** existierten nach Kriegsende noch 116 000; in der Landeshauptstadt waren 43 Prozent vernichtet; einzelne Kommunen der Kreise Saarlouis, Merzig, Homburg und St. Ingbert meldeten sogar einen Zerstörungsgrad von über neunzig Prozent. Bei den öffentlichen Bauten bezifferten sich die Saarbrücker Verluste teilweise auf über fünfzig Prozent. Von einst 213 Gebäuden standen nur noch 63, 546 Schulhäuser waren auf nunmehr 207 zusammengeschrumpft, 388 Kirchen auf 121; von sieben Museen und 114 Fabriken hatten lediglich eines bzw. 43 den Krieg überstanden.[19] Entlang des Saarufers, wo sich ein Großteil der Regierungs- und Verwaltungsbehörden befunden hatte, waren fast alle Häuser zerbombt oder ausgebrannt.

Diese Raumnot zwang die Polizei, sich in kommunalen Bauten niederzulassen, die die Gemeinden wiederum für ihre eigene Verwaltung benötigten. So beklagte die Saarbrücker Baudirektion nach einer Dienstreise in die Schweiz zwecks Ankauf von Baracken für die städtische Administration noch im Frühjahr 1948, dass die Landeshauptstadt „Bedarf an Unterkunft für ihre eigene Administration" hat, da ihre Dienstgebäude immer noch „verschiedene Dienststellen der Polizeidirektion … und Kriminalpolizei"[20] beherbergten. Dieses „Kuckuckseidasein" der saarländischen Polizei sollte erst in den 50er Jahren ein Ende finden.

Abb. 4: Gebäudetrümmer am Saarbrücker Theaterplatz (März 1945)

Anmerkungen

1 A. dem Artikel „Zwei Jahre saarländische Polizei. Intensive Ausbildung des Nachwuchses in der Polizeifachschule St. Ingbert"; in: Saarbrücker Zeitung v. 1.7.1947.

2 Zit. a. einem Brief d. Dudweiler Polizeikommissars Florsch an den Saarbrücker Landrat v. 11.6.1946 (Quelle: Archiv des Rathauses Dudweiler, Lagernr. 836).

3 Zit. n. dem Tätigkeitsbericht d. Polizeiabtlg. Dudweiler (21.10.–31.10.1946) an den Landrat v. Saarbrücken v. 31.10.1046 (Quelle: ebda.).

4 Zit. n. dem Bericht der Polizeiabtlg. Dudweiler v. 20.11.1946 (Quelle: ebda.).

5 So die Aufforderungen d. Generalsekretärs der saarländ. Verwaltungskommission v. 23.10.1947 (Tagebuch-Nr. 1709/47) an die Mitglieder d. Gremiums zur Weiterleitung an nachgeordnete Dienststellen (Quelle: Polizeiarchiv).

6 Zit. n. Kapitel III, Abschn. 19, 20 u. 26 a. den Richtlinien für die Bewirtschaftung der Haushaltmittel. Beschluß der Regierung des Saarlandes v. 12.5.1948, Saarbrücken 1948; S. 4f (Quelle: Archiv des Landeskriminalamtes, Bestandsnr. N 147).

7 Zit. a. der Anweisung d. Hohen Kommissariats Nr. 1007 PG/CPS an den saarländ. Polizeipräsidenten v. 12.1.1949 (Quelle: Polizeiarchiv).

8 A. der Einladung an die Bewerber fürs Saarbataillon v. 3.4.1949 (Quelle: ebda.).

9   S. Nachrichtblatt d. Landespolizeipräsidiums v. 20.6.1949; S. 72 (Quelle: ebda.).

10 So d. Kommandoanordnung für d. Gendarmerie v. 28.7.1952 (Quelle: ebda.).

11 So im genannten Mietvertrag v. 17.5.1946 (Quelle: ebda.).

12 Zit. n. einer Anordnung v. 20.1.1949 a. dem Nachrichtenblatt d. Landespolizeipräsidiums (1949)1; S. 6 – eine Landespolizeikommandoanordnung v. 10.10.1950 ordnete eine Schreibmaschine als „Sache von hohem Wert" ein! (Quellen: ebda.).

13 S. zu den Sparzwängen beim Mobiliar a. Kapitel III, Abschnitte 45, 49 u. 59 a. die Richtlinien für die Bewirtschaftung d. Haushaltsmittel; S. 8ff.

14 So Polizeikommissar Florsch (Dudweiler) am 17.12.1945 in seinem Bericht zur zweiten Dezemberwoche an den franz. Sicherheitsoffizier Muller in Saarbrücken (Quelle: Archiv des Rathauses Dudweiler, Lagernr. 836).

15 So die Abteilung Erziehung, Unterricht u. Kultus d. Regierungspräsidiums im Amtlichen Schulblatt für das Saarland Nr. 2 v. 20.1.1946; S. 3.

16 S. a. die Veröffentlichung Nr. 92 in ebda., Nr. 23 v. 5.12.1946; S. 57.

17 S. ebda.; S. 38.

18 Vgl. a. die Klagen v. Inspektor Woll (Saarbataillon) an Oberinspektor Habicht v. 19.3.1947 (Quelle: Polizeiarchiv).

19 S. zum Gebäudestand a. Materialien, Bd. 4; S. 12f; „Was nicht vergessen werden darf: Der Wiederaufbau an der Saar bis 1956"; in: „Saarlandbrille – die freie und unabhängige Zeitung an der Saar" 3(1958)40 u. Tilo Mörgen: Nachkriegszeiten; in: Das gewöhnliche Leben. Zur Geschichte des Alltags in Saarbrücken; hrsg. v. der Geschichtswerkstatt Saarbrücken 1989 e.V., Saarbrücken 1995; S. 163–187.

20 S. Reisebericht d. Saarbrücker Regierungsbaudirektors zur Inspektionsfahrt in die Schweiz v. 9.5.1948 (Quelle: Stadtarchiv Saarbrücken, Dezernat G 60, Nr. 318).

2.2 Beschaffung von Uniformen und Waffen

Erschwerte die mangelnde Büroausstattung die Bewältigung der schriftlichen Aufgaben (Protokolle, Dienstberichte, in- und externe Korrespondenz etc.) bereits gravierend, so standen die Polizisten bei der persönlichen Ausstattung anfangs vor dem völligen Nichts. Sie mussten auf private Kleidung zurückgreifen und verfügten in den ersten Nachkriegsmonaten zur Kennzeichnung ihres Berufsstandes nur über eine Armbinde mit dem Aufdruck „Polizei", die bis Herbst 1946 Verwendung fand. Die Dienstausübung in Zivil beruhte jedoch nicht allein auf der großen Bekleidungsnot, sondern fußte auch auf dem alliierten Demilitarisierungsprinzip, das den Vollzug polizeilicher Aufgaben in Uniform zunächst strengstens untersagte.

Schuhe stellten, wie alle Lederwaren, nach dem Krieg eine begehrte Ware dar – das Zahlenverhältnis einer Schweizer Hilfswerk-Spende vom Winter 1946/47 spricht Bände: Die Saarländer erhielten damals neben Lebensmitteln, Oberbekleidung und Wäscheteilen auch Schuhe, wobei eine Kiste Leintücher und vierzehn mit Kinderkleidern zweitausend Paar Schuhe begleiteten![1] Fehlbestände glichen auch französische Sonderkontingente aus, die der Bevölkerung an der Saar im Sommer 1946 3 200 Männer-, 600 Frauenarbeits- sowie 9 200 Kinderschuhe bescherten.[2] Da

Abb. 5: Nachkriegskarikatur zur Uniformierung der deutschen Polizei, die – Tschako selbstverständlich ausgenommen – durchaus auf saarländische Verhältnisse übertragbar ist!

auch noch ein Jahr nach Kriegsende der private Besitz von Ledertextilien weiterhin beim Bürgermeister zu melden war, kann man sich den Mangel an Schuhwerk bei der hiesigen Polizei gut vor Augen führen.[3]

Das anfängliche Tragen brauner Schuhe wurde im Herbst 1948 mit dem Hinweis auf die dienstlich gelieferten schwarzen Modelle ausdrücklich untersagt, vor allem bei der Stellung von Bereitschaften zugunsten eines einheitlichen Erscheinungsbildes. Zur ersten Uniformausstattung von 1946 musste folglich auch Schuhwerk aus schwarzem Leder gehören.[4] Dessen Wert veranschaulicht eine Anweisung bezüglich eines ehemaligen Bataillonsmitgliedes, das seine Schuhe nach der Entlassung nicht abgeliefert hatte: Die zuständige Gendarmerie musste „das Paar ... einziehen"[5] und an das Saarbrücker Kommando zurücksenden.

Bei der Kopfbedeckung verzichteten die französischen Besatzer an der Saar wie in ihrer restlichen Zone konsequent auf eine Wiederverwendung des **Tschakos**, um jedweden militärischen Touch der Polizeiuniform zu vermeiden (dieser durfte nur im britischen Gebiet nach Umfärben und Entfernung aller alter Abzeichen getragen werden, um den dortigen Polizisten zu mehr Respekt bei der Bevölkerung zu verhelfen). Die hiesigen Beamten erhielten stattdessen wie ihre Kollegen im amerikanischen Terrain die wegen ihres geringen Gewichts beliebten flachen Dienstmützen, zumal der Tschako entgegen seinem stabilen äußeren Anschein keinerlei Schutz vor Verletzungen bot.

Die erste **Uniform** erhielten die saarländischen Kommunalpolizisten am **14. Januar 1946**: Aus dunkelblauem Tuch gefertigt, erlaubte sie durch ein Mützenabzeichen mit Stadtwappen eine genaue Zuordnung der Beamten. Die Gendarmerie trug später zur besseren Unterscheidung der Sparten einen grauen Dienstanzug, die Mitglieder des im Frühjahr 1946 gegründeten Saarbataillons waren khakifarben gekleidet. Da im Sommer 1946 ehemalige Kriegsgefangene immer noch zur Abgabe „aller militärischen Bekleidungsstücke ... innerhalb von 8 Tagen im Hilfslager ... Neuscheidt"[6] verpflichtet waren, entstanden hieraus sicherlich auch Ausstattungsteile für die Polizei. Diese Annahme verfestigt ein Schreiben des Regierungspräsidiums Saar vom Oktober 1946 an das Saarbrücker Polizeireferat, in dem ein Entschädigungsgeld für das Tragen ziviler Kleidung im Dienst nur gewährt wird, wenn sich die Uniform als hinderlich erweist oder „durch die Ungunst der Verhältnisse eine Beschaffung von ... Dienstkleidung bisher nicht möglich war und die Pol.Beamten ... vorübergehend ... Zivilkleidung ... tragen (müssen)."[7] Bis Ende 1946 kombinierte man dienstliche und zivile Kleidung nach Bedarf und Ausstattung miteinander.

Eine erste quellenkundliche Nennung eines Lieferanten beinhaltet das Protokoll einer Dienstbesprechung beim Polizeireferatsleiter Dr. Gerber am 15. September 1947. Die in der Saarbrücker Bahnhofstraße ansässige Berufs- und Sportkleiderfabrik Berklei stattete die Beamten aber auch langfristig mit Uniformen, Gürteln und anderen Teilen aus.[8]

Abb. 6: die erste Polizeiuniform des Saarlandes vom 14. Januar 1946 für die kommunale Vollzugspolizei der Landeshauptstadt, auf dem Hof des Saarbrücker Rathauses präsentiert

Die erste Uniformierung entsprach allerdings bei weitem nicht den tatsächlichen Bedürfnissen. Anfang April 1946 beklagte sich der Saarbrücker Polizeidirektor in seinem Tätigkeitsbericht über den anhaltenden Notstand bei den Dienstanzügen, da „bisher nur etwa $^1/_5$ der vorhandenen Kräfte mit Uniformstücken ausgestattet werden konnte."[9] Und auch noch ein Dreivierteljahr später fördert das Protokoll einer Dienstbesprechung ähnliche Kritik zutage. Im Januar 1947 bemängelte Kriminalrat Lauriolle die ungenügende Ausrüstung der Saarlouiser Verkehrspolizisten mit Mänteln, die „bei der strengen Kälte frierend auf der Strasse herumstehen" und dabei nicht wie Polizisten, sondern „wie Handwerksburschen aussehen".[10]

Wie begehrenswert noch 1947 Teile der Dienstbekleidung waren, zeigt die Reaktion der Landesgendarmeriedirektion auf deren Verschwinden. Ein entlassener Bataillonspolizist behielt „nach der Kleiderabgabe ... seinen Mantel und 1 Paar Schuhe im Besitz ... zu Hause" trotz Mahnung zurück. Daraufhin erfolgte eine Hausdurchsuchung, die nach dem Sicherstellen des Mantels eine Anzeige bei der Kriminalpolizei sowie eine Fahndungsaktion nach dem Schuhwerk auslöste.[11]

Die **Dienstgradabzeichen**, angelehnt an die Winkel und Streifen der französischen Sicherheitshüter, waren im Nachhall der Erstuniformierung ab 1947 am linken Unterarm angebracht:

Wachtmeister: 1 Silberwinkel
Oberwachtmeister: 2 Silberwinkel
Hauptwachtmeister: 3 Silberwinkel

Polizeimeister: 1 Silberstreifen und silbernes Mützenband
Polizeiobermeister: 2 Silberstreifen und silbernes Mützenband

Waffenrevisor: 2 Goldstreifen und goldene Mützenkordel
Polizeikommissar: 3 Goldstreifen und goldene Mützenkordel
Polizeirat/Oberinspektor: 4 Goldstreifen und goldene Mützenkordel

Hinsichtlich der **Waffenausrüstung** existieren für die frühe Nachkriegszeit nur rudimentäre Angaben zu Typen und Modellen, deren Anzahl durch das vom französischen Militärgouvernement streng überwachte Wiederbewaffnungsverbot nur gering ausfallen konnte. Aus den Tätigkeitsberichten der Polizeidienststellen aus der zweiten Jahreshälfte 1945 geht jedoch deutlich hervor, dass die ungenügende Bewaffnung die Sicherheitshüter zunehmend schutz- und wehrlos machte, da sie den oft bestens ausgestatteten Straftätern keinen Einhalt gebieten konnten. Am 9. März 1946 bat daher zum Beispiel der Homburger Landrat die dortige Militärregierungsstelle dringend um mehr Waffen für die Beamten der Nachtschicht.[12]

Aufgrund der gehäuften Beschwerden wurde Gendarmeriechef Oberst Heese zu Beginn des Jahres 1946 beim Regierungspräsidenten vorstellig

Abb. 7: doppelter Winkel am linken Unterärmel einer Uniform des Saarbataillons

und erhielt von diesem am 2. April die Nachricht, dass nach Intervention bei Gilbert Grandval „die Angelegenheit" zwar weiter „als eine prin-
zipielle Frage betrachtet" werde, der Gouverneur aber „bei steigender Not
… einer Lösung … nicht ablehnend gegenüberstehe."[13] Bereits am 13.
April konnte die „Neue Saarbrücker Zeitung" in ihrem Artikel „Einbre-
chen wird gefährlich!" einen ersten Bewaffnungsschub verkünden:
„Durch das Entgegenkommen der Militärbehörde hat die Polizei jetzt
Waffen erhalten, so daß die Beamten in Zukunft dem Verbrechergesin-
del nicht mehr schutzlos gegenüberstehen. In allen Stadtteilen werden

nunmehr allnächtlich ständig bewaffnete Streifen unterwegs sein ..."[14] Die im Zuge der Bewaffnungsdebatte vom Alliierten Kontrollrat Anfang November 1945 erlassene Direktive Nummer 16, die das von den Franzosen streng praktizierte Entwaffnungsgebot für die Polizei lockerte, publizierte das Amtsblatt des französischen Oberkommandos bezeichnenderweise erst am 11. Mai 1946. Hierin wurde für die Sparten Gendarmerie und Grenzdienst eine Ausstattung mit Karabinern eingeräumt, die übrigen Abteilungen durften Pistolen oder Revolver verwenden. Zum Einsatz sollten zwar grundsätzlich nur deutsche Fabrikate mit sichtbarer Kennzeichnung kommen, doch der Kontrollrat ließ „in Ermangelung der ... beschriebenen Waffen" auch eine Ausrüstung mit „anderen zweckmäßigen"[15] zu. Das letztlich nur geringfügige Nachgeben der französischen Besatzer in diesem Punkt (die Herauslösung des Saarlandes aus dem Zuständigkeitsbereich des Berliner Gremiums erfolgte im Frühjahr 1946) bedeutete für die hiesigen Polizisten aber dennoch eine spürbare Verbesserung ihrer Situation.

Die erste Nennung eines Waffentyps enthält ein Polizeibericht vom 19. Juni 1946[16], in dem der **Karabiner 98 K**, ein verkürztes Repetiergewehr, erwähnt wird (s. Abb. 8 im Anhang). Dabei kann es sich aufgrund übereinstimmender Modellnamen sowohl um ein Gewehr der im thüringischen Suhl ansässigen Firma Sauer & Sohn als auch um eine Mauser-Waffe aus dem württembergischen Oberndorf handeln. Sauer produzierte den Karabinertyp 98, eine Standardwaffe der deutschen Infanterie, seit 1940. Da die Sowjets diesen Hersteller aber nach Kriegsende zwangsenteigneten, konnte ein solches Gewehr bei der Saarpolizei nur aus Vorkriegsbeständen resultieren. Die Herkunft aus der Mauser-Produktion erscheint plausibler, da die Franzosen diese Werke 1945 weitgehend unbeschädigt vorfanden und bei der bis 1949 andauernden Demontage auf funktionsfähige Altbestände stießen.

Die beiden vier Monate später vom für Sicherheitsfragen zuständigen Kommissar der französischen Militärverwaltung, Larre, an das Saarbataillon überstellten Gewehre mitsamt acht Schuss lassen sich ebenfalls nicht näher spezifizieren. Dieser hatte das Sonderkontingent auf Anfrage für einen zusätzlichen Wachdienst gestellt und dabei auf die unverzügliche Rückerstattung nach dessen Beendigung gedrängt.[17]

Die gleiche Verfahrensweise fand im Herbst 1947 bei drei Gewehren Modell 36 und einer widersprüchlich bezeichneten Handfeuerwaffe „PP ... Modell 1873" mit fünf Schuss Munition Anwendung: Am 4. Oktober ausgehändigt, gab sie das Bataillon am 7. wieder zurück. Die Nennung eines „Modells 36" lässt auf den im Zweiten Weltkrieg eingesetzten französischen Hinterlader „MAS 1936" mit Kaliber 7,5 mm schließen, den die Saarpolizei auch noch in den 50er Jahren führte (s. Abb. 9 im Anhang). Die Bezeichnung „PP" weist einerseits auf eine in der Zwischenkriegszeit gebaute Polizeipistole der Firma Walther in Zella-Mehlis (Thüringen) hin, „Modell 1873" andererseits auf den ersten reglementierten Revolver für französische Soldaten der Manufacture d'Armes in St. Etienne. Auch in diesem Fall lassen die Umstände letztgenannte Variante plausibler erscheinen: Das Herkunftsland Frankreich war beim „1873er" mit der Okkupationsmacht im Saarland identisch und setzte oft eigene Armeebestände beim Saarbataillon ein.[18]

Eine Anfrage auf Sonderausrüstung mit Waffen, dies belegen mehrere Bataillonsquellen, erhielt selten eine negative Antwort. So lieferte Militärkommandant Radoux im Oktober 1947 zwanzig Mauser-Gewehre zur Absicherung der ersten Sitzung des saarländischen Parlaments, zwei Tage später ergänzt seitens der Sûreté durch zehn weitere.[19] Einen interessanten Vermerk enthält eine Anordnung des Polizeipräsidenten vom 18. März 1948 anlässlich einer Waffenumtauschaktion beim Saarbataillon. Die bisherigen Mauser-Waffen wurden samt Munition gegen neue Gewehre aus Großbritannien ausgewechselt, ebenfalls ohne genaue Modell- oder Herstellerbezeichnung.[20] Den ersten Beleg für den Einsatz von Maschinenpistolen enthält eine Bestrafungsanordnung vom August 1946, mit der das spielerische Betätigen von Spannhebel und Abzug dieses Waffentyps geahndet wurde.[21]

Bereits im Januar 1947 konnte die „Saarbrücker Zeitung" einen Ausstattungsschub mit Handfeuerwaffen durch die Militärregierung verkünden. Die Feststellung, dass es „bisher infolge des Fehlens jeglicher Bewaffnung dem im Exekutivdienst stehenden Beamten bei seinem oft sehr schweren und gefährlichen Dienst geradezu unmöglich war, sich den nötigen Respekt zu verschaffen, noch sich tätlicher Angriffe sich umhertreibender und lichtscheuer Elemente zu erwehren"[22], entsprach aber zu diesem Zeitpunkt nicht mehr ganz der Realität. Sicherlich war die Ausrüstung anderthalb Jahre nach Kriegsende immer noch unzureichend, doch seit Anfang 1946 hatte eine sukzessive Verbesserung stattgefunden, da die Franzosen trotz ihrer Remilitarisierungsängste vor den realen Gegebenheiten keineswegs die Augen verschlossen.

Die Mehrzahl der ab 1948 bei der Vollzugspolizei verwendeten Waffen stammten aus der im französischen Bayonne beheimateten Fabrik **MAB** (Manufacture d'Armes Automatiques), wobei Faustfeuerwaffen (**Pistolets**) Karabiner und Maschinenpistolen überwogen. Bei der Entscheidung zugunsten der MABs spielten politische wie zollrechtliche Aspekte eine Rolle (Waffenlieferungsmonopol für französische Hersteller, Lizenzeinschränkungen bei deutschen Waffen, Einfuhrverbote für westdeutsche Produkte, Steuervorteile französischer Importe). Hinzu kam der geringere finanzielle Aufwand: Während eine Walther PP 1948/49 im Saarland circa sechzehntausend Franken kostete, betrug der Preis für ein MAB-Pistolet rund viertausend Franken. Da auch zu den MAB-Fabrikaten für die ersten fünf Nachkriegsjahre genaue Quellenhinweise fehlen, kann man nur anhand späterer Bestandslisten auf die zuvor verwendeten schließen. Mit großer Sicherheit kann man vom Einsatz der beiden Pistolen MAB, Modell A, Kaliber 6,35 mm (von 1925 bis 1964 gebaut – s. Abb. 10 im Anhang) und MAB, Modell D, Kaliber 7,65 mm (mehrere Versionen ab 1933 – s. Abb. 11 im Anhang) ausgehen.

Trotz optimierter Waffenausstattung waren die Polizisten auch fortan grundsätzlich zum primären Einsatz von Gummiknüppeln oder hölzernen Schlagstöcken verpflichtet, da die streng kontrollierte Schusswaffenverwendung unverändert auf den Notfall beschränkt blieb:

Innenminister Hector: „Ich werde keinen Polizeibeamten schützen, der ohne Not von seinen Waffen Gebrauch macht ... es ist im allgemeinen kein gutes Zeichen der Polizei, wenn es ihr nicht gelingt, auf andere Weise die Autorität des Staates herzustellen."

Polizeipräsident Lackmann: „Ich mache nochmals auf die Dienstanweisung über den Waffengebrauch aufmerksam; danach muß jeder Exekutivbeamte sich in der rechtmässigen Ausübung seines Dienstes befinden, wenn er von seiner Waffe Gebrauch machen muß und der polizeiliche Zweck nicht auf andere Weise erreicht werden kann … Über jeden Waffengebrauch bitte ich um Bericht in doppelter Ausfertigung mit Stellungnahme des Dienststellenleiters, ob die Anwendung der jeweiligen Waffe zu Recht bestanden hat."[23]

Abb. 12: In den Köpfen der Saarländer blieb trotz guter Waffenausstattung der gummiknüppelschwingende Polizist haften … („Tintenfisch"-Karikatur vom Mai 1951)

Die Schusswaffengebrauchsbestimmungen vom 16. Dezember 1946 wurden den Polizisten einzeln bekanntgegeben nebst Belehrung über die disziplinarischen und strafrechtlichen Konsequenzen bei einem Fehlverhalten; außerdem mussten sie diese als Aktenvermerk unterschreiben. Beim Einsatz einer Waffe reichte der Beamte eine „Gebrauchsmeldung" ein, in der Anlass sowie Hergang des Geschehens zu schildern und die verbrauchte Munition zwecks Ersatz zu belegen war:

„Am Abend des 4.7.1948, gegen 24.00 Uhr, griff der zur Landeskriminalpolizei kommandierte Polizeiwachtmeister B. in eine am St. Johanner-Markt zwischen … Marokkanern und mehrerer [sic!] Zivilisten entstandene Schlägerei ein, in deren Verlauf B. 4 Warnschüsse aus seiner Dienstpistole abgab. Um Ersatz der … Patronen wird gebeten."[24]

Anmerkungen

1 S. zu den Kleiderspenden d. Schweizer Hilfswerks a. den Statistischen Jahresbericht der Stadt Saarbrücken für 1939 bis 1947; S. 188ff.

2 S. a. die Bekanntmachung v. 23.7.1946 über die Ausgabe v. Schuhen im Monat Juli im Amtsblatt des Regierungspräsidiums Saar v. 28.7.1946; S. 127.

3 Vgl. a. die Verfügung d. Gouverneurs zur Anmeldung v. Leder u. Textilien v. 5.8.1946 im Amtsblatt des Regierungspräsidiums Saar v. 13.8.1946; S. 140 – den ersten Lieferantenhinweis bzgl. Lederwaren (Fa. Müller, Saarbrücken) enthält das Protokoll v. 16.9.1947 zur Dienstbesprechung b. Polizeireferat Saarbrücken, geleitet v. Polizeiverwaltungsdirektor Dr. Gerber am 15.9. (Quelle: Polizeiarchiv).

4 Vgl. zum schwarzen Polizeischuhwerk a. die Kommandoanordnung d. Landespolizeileiters v. 3.9.1948 (Quelle: Landesarchiv des Saarlandes, Bestand Schutzpolizeiamt, lfde. Nr. 9).

5 Gendarmeriekommandoanordnung v. 7.10.1946 (Quelle: Polizeiarchiv).

6 Zit. a. der Bekanntmachung über die Einsammlung der Militärbekleidungsstücke der ehemaligen Kriegsgefangenen v. 24.8.1946 im Amtsblatt des Regierungspräsidiums Saar v. 29.8.1946; S. 155.

7 Zit. n. dem Schreiben d. Regierungspräsidiums Saar v. 10.10.1946 an das Polizeireferat in Saarbrücken (Quelle: Polizeiarchiv).

8 S. im Protokoll v. 15.9.1947 zur Sitzung bei Dr. Gerber (Quelle: ebda.).

9 Zit. n. dem Bericht über die Polizeitätigkeiten in Saarbrücken von Kriegsende bis April 1946 des Leiters der Saarbrücker Polizeidirektion an den Oberbürgermeister v. 3.4.1946 (Quelle: Stadtarchiv Saarbrücken, Dezernat G 10, Nr. 77).

10 So Lauriolle in einer Dienstbesprechung v. 30.1.1947 (Quelle: Polizeiarchiv)

11 Vgl. a. die Anweisungen der Landesgendarmeriedirektion an die Saarbrücker Kriminalpolizei v. 7.8.1947 (Quelle: ebda.).

12 S. a. das Schreiben des Homburger Landrates an die dortige Militärregierung v. 9.3.1946 betr. die Bewaffnung der Polizei (Quelle: ebda.).

13 So in der Antwort Dr. Neureuthers an den Gendarmeriekommandeur v. 2.4.1946 nach seinem Besuch bei Gilbert Grandval (Quelle: ebda.).

14 Zit. a. der „Neuen Saarbrücker Zeitung" v. 13.4.1946 (Quelle: SZ-Archiv).

15 So in Abschnitt 2, Direktive Nr. 16 des Berliner Kontrollrats v. 6.11.1945; abgedr. im Journal officiel du commandement en chef français en Allemagne – Gouvernement militaire de la zone française d'occupation, Nr. 23 v. 11.5.1946.

16 S. a. den Bericht des ersten Saarbrücker Schutzpolizeireviers an die saarländ. Polizeidirektion v. 19.6.1946 (Quelle: Polizeiarchiv).

17 S. a. das Schreiben Larres an Bataillonschef Oberst Heese v. 22.10.1946:
    „Suite à la visite de l'inspecteur Woll je vous confirme ... deux fusils no B
    75 395, G 29 850 et 4 cartouches par fusil vous seront prêtés exceptionelle-
    ment, et uniquement, pour assurer le service demandé. Ils seront restitués
    au Commissariat de Sûreté quand ce service de garde prendra fin." (Quelle:
    ebda.).
18 S. Empfangs- u. Rückgabebelege v. 4. u. 7.10.1947 (Quelle: ebda.).
19 S. Empfangsnotizen des Bataillons v. 15./16.10.1947 (Quelle: ebda.).
20 Die am 22.3.1948 abzuliefernden Mauser-Gewehre erhielt lt. Schreiben
    Lackmanns (18.3.1948) nach Einsatz der Service de contrôle zurück (Quelle:
    ebda.).
21 S. Bestrafungsanweisung Heeses v. 26.8.1946 (Quelle: ebda.).
22 Zit. a. „Polizei erhält Handfeuerwaffen" v. 7.1.1947 (Quelle: SZ-Archiv).
23 Zitat der innenministeriellen Verfügung an das Polizeireferat n. dem Brief
    Hectors an Referatsleiter Mann v. 12.3.1948; Lackmanns teilweise wieder-
    gegebene Anordnung an den Landespolizeikommandeur stammt v.
    19.3.1948 (Quellen: Landesarchiv des Saarlandes, Bestand Kriminalpolizei-
    amt, lfde. Nr. 100).
24 Meldung der Kripo v. 5.7.1948 an das Polizeipräsidium (Quelle: Polizei-
    archiv).

2.3 Kommunikations- und technische Hilfsmittel

Ein funktionierendes Kommunikationsnetz bildete ein weiteres wichtiges Standbein zur Bewältigung der vielfältigen Polizeiaufgaben. In dieser Hinsicht hinkte das saarländische Sicherheitswesen der Entwicklung in den übrigen Besatzungszonen mit großem Abstand hinterher. In den letzten Kriegsmonaten wurde die komplette **Fernschreibanlage** der Saarpolizei (Hersteller: Siemens & Halske) demontiert und tauchte erst nach Kriegsende in Würzburg wieder auf. Da das Saarland innerhalb der Okkuptionsgebiete einen Sonderstatus einnahm, unterlag diese nicht den üblichen Austausch- bzw. Rückerstattungsmodi zwischen diesen und kehrte infolgedessen nicht an ihren ursprünglichen Standort zurück. Erst 1953 erhielt die hiesige Polizei eine neue Fernschreibausrüstung, deren Endstelle sich beim Landespolizeikommando befand; von hier aus wurde die Verbindung zur Landesvermittlungsstelle Mainz hergestellt. Im September desselben Jahres folgte nach Einrichtung des saarländischen Amtes für Europäische Angelegenheiten auch die Anbindung an den dortigen Fernschreiber, der einen schnellen Informationsaustausch mit der landeseigenen Gesandtschaft in Paris ermöglichte.

Der Blick auf andere Bundesländer verdeutlicht den verspäteten Zeitpunkt, zu dem diese Kommunikationstechnik die Polizeibeamten an der Saar zur Verfügung stand. In Nordrhein-Westfalen genehmigte die britische Militärregierung bereits Anfang September 1945 ein Fernschreibnetz für die Düsseldorfer Schutzpolizei, in der gesamten angelsächsischen Zone waren schon Mitte Dezember 1945 65 Dienststellen via Fernschreiber miteinander verbunden. Bayern begann 1946 mit dem Aufbau eines polizeieigenen Fernschreibdienstes. Die hessischen Besatzungsbehörden regten im Sommer 1946 die Wiederbelebung einer rudimentären Anlage aus der Vorkriegszeit an, mit deren Hilfe bereits ab Juli 1946 vierzehn Polizeidienststellen über drei Vermittlungsämter in Frankfurt, Kassel und Wiesbaden kommunizierten.

Wesentlich früher erfolgte hingegen die Ausrüstung mit einer **Funksprechanlage**, die von Saarbrücken-Bischmisheim aus betrieben und infolge der engen Anbindung an Frankreich auch in das Interpol-Netz integriert wurde. Der Anschluss an das Leitfunkstellennetz der Bundesrepublik Deutschland war selbstredend erst nach der Abstimmung zum Saarstatut im Verlauf des Jahres 1956 möglich.

Bereits im Juni 1946 schwärmte zwar ein Oberwachtmeister in der Fachzeitschrift „Unsere Polizei" von den Vorzügen der Funktechnik[1], bedauerlicherweise ist aber eine genaue Datierung der Einführung des Polizeifunks im Saarland mangels Quellen nicht möglich. Verschiedene Karikaturen in der Juni-Ausgabe des „Tintenfisch" im Jahr 1950 beziehen sich zwar auf die überschneidenden Interessen zwischen Hobby- und dienstlichen Funkern; es handelte sich hierbei aber noch um Zukunftsvisionen. Das am 4. April 1951 im saarländischen Amtsblatt veröffentlichte Gesetz über den Amateurfunk enthielt Bestimmungen, die zumindest auf in naher Zukunft vorhandene behördliche Funkanlagen schließen lassen.[2]

„Wissen Sie nicht, dass Privat-Funken noch verboten ist!?"
„Aber Herr Kommissar, gucken Se doch mal, ich funke doch ganz leise."

Abb. 13: „Tintenfisch"-Karikatur vom Juni 1950

Erst der letzte Tätigkeitsbericht des Landespolizeikommandos für das Jahr 1951 spricht von einer „in Angriff genommenen Ausrüstung von Kraftfahrzeugen mit UKW-Funksprechanlagen", die „in drei bis vier Wochen beendet sein dürfte."[3] In diesem Kontext wird die Montage einer Antenne auf dem Dach der Saarbrücker Ulanenkaserne erwähnt, deren fünfzehn Kilometer Reichweite aber nicht über die Grenzen der Landeshauptstadt hinausging.

Die genannten „gefahrenen Einsätze, die die Notwendigkeit der Verwendung von Funkstreifenfahrzeugen unter Beweis gestellt haben", lassen unter Berücksichtigung weiterer Quellen den Schluss zu, dass die praktische Umsetzung des ab 1950 geplanten Polizeifunks erst in der zweiten Jahreshälfte 1951 stattfand. Diese Datierung erhärtet ein Beitrag aus der Polizeifachzeitschrift vom April 1952, dessen Verfasser die „vorliegenden Erfahrungen" mit „festen und fahrbaren Funkstellen" anspricht, die „bemerkenswerte Perspektiven bei Fahndungen, Verkehrsüberwachungen oder während des Streifendienstes eröffnen."[4]

Im vorliegenden Zusammenhang muss eine spezielle Kommunikationsform zur Verhütung von Einbrüchen Erwähnung finden: die **Polizeirufanlage**. In Kooperation mit der Firma Siemens & Halske mit zentralem Alarmierungspunkt bei der Saarbrücker Polizeidirektion installiert, verband sie diese unmittelbar mit allen angeschlossenen Banken, Juwelieren, Museen, Großlagern und anderen diebstahlgefährdeten Gebäuden. Spezifische, den Ortsverhältnissen individuell anzupassende Raumschutzanlagen lösten bei unbefugtem Betreten einen optischen wie akustischen Alarm bei der Polizei aus, die über einen beim Überfallkommando installierten Fernsprecher zusätzliche Einsatzkräfte anfordern konnte. Erweitert wurde die mit einem exakten Gründungsdatum nicht zu belegende Rufanlage im Frühjahr 1952 um einen Melder beim damaligen Saarbrücker Café Sartorio (Ecke Dudweiler-/Bahnhofstraße), über den Verkehrs- oder Streifenbeamte ihre Instruktionen vom zuständigen Revier erhielten.[5]

Der Vergleich mit dem Funkeinsatz in den restlichen Besatzungsgebieten lässt die saarländische Polizei zum wiederholten Male nicht auf der Höhe ihrer Zeit erscheinen, wobei zwischen stationären Einrichtungen in den Dienststuben und mobilen Fahrzeugfunkanlagen anhand lückenhafter

Unterlagen nicht differenziert werden kann. Erste Sprechfunkerfahrungen sammelten die Berliner Sicherheitshüter bereits im April 1948 im amerikanischen Sektor. In diesem Jahr fuhr auch das erste Funkstreifenfahrzeug, ein Mercedes-Benz 170 V (genannt „Peterwagen") bei der Hamburger Polizei.

Infolge der erläuterten Situation mussten sich die Polizeibeamten an der Saar zwischen 1945 und 1951 zur direkten Nachrichtenvermittlung mit **Fernsprechapparaten** begnügen. Da in der frühen Nachkriegszeit lediglich die wichtigsten Verbindungen wiederhergestellt wurden (s. Abb. 14 im Anhang) und hierzu kaum behördeninterne Verlautbarungen vorliegen, ist lediglich deren sukzessive Erweiterung zu einem polizeilichen Telefonnetz nachvollziehbar. Anhand des amtlichen Fernsprechbuchs der Oberpostdirektion Saar vom Februar 1947 kann man aber bereits einen erheblichen Fortschritt konstatieren, da zu dieser Zeit selbst kleinere Dienststellen in ländlichen Gegenden mit eigenem Anschluss eingetragen sind. Hierzu zählten beispielsweise die Gendarmeriestationen in der Einöder Wustenthalstraße und in Kirkel-Neuhäusel (Goethestraße), der Einzelposten Nohfelden im dortigen Gasthaus Wieder, der Gendarmerieposten in Naßweiler (Emmersweiler Straße) und dessen Hüttersdorfer Pendant. Gendarmeriegruppen mit mehreren Dienststellen wie in Schmelz verfügten aber oftmals nur über nur ein Telefon in der zentralen Amtsstube.[6]

Der grundsätzlich sparsame Umgang bei der Nutzung dieser Anschlüsse war nicht nur zu Notzeiten oberstes Gebot, wie die Richtlinien für die Haushaltsmittelbewirtschaftung von 1948 zeigen. Selbst ein halbes Jahr nach Besatzungsende gab es direkte Fernsprechverbindungen offiziell nur in ministeriellen Dienstzimmern und waren bei untergeordneten Behörden sogar wieder aufzuheben. Diese Regelung schloss das Polizeiwesen jedoch glücklicher- und sinnvollerweise aus, wie die Durchsicht des Fernsprechverzeichnisses von 1948 beweist.[7]

Das Führen von Fern- und selbstgewählten Gesprächen war auf das Mindestmaß einzuschränken, ein privates Telefonat nur in „dringenden Fällen" zulässig. Die Vermittlungsstelle führte zwecks Kontrolle und Abrechnung eine monatliche Liste, auf der neben dem dienstlichen oder privaten Charakter auch die Dringlichkeit der Verbindung vermerkt wurde. Die Aufstellung eines Telefonapparates in Dienstgebäuden erforderte stets eine Genehmigung durch den Finanzminister. Für die Wohnung von Beamten, Angestellten oder Arbeitern waren Anschlüsse nur in Ausnahmefällen erlaubt und durften auch dann nicht auf Staatskosten zu privaten Zwecken verwendet werden. Diese Regelung praktizierte man im Herbst 1947 bei der Ablehnung eines Antrages seitens eines Polizeioberinspektors auf ein Diensttelefon in der Wohnung mit folgender Begründung: „... mit Rücksicht auf die ... äusserst angespannte finanzielle Lage des Saarlandes ... muss der Personenkreis der Inhaber von Fernsprechdienstanschlüssen eng begrenzt bleiben ... Ausnahmen können nur in dienstlich unbedingt notwendigen Fällen und wenn z.b. die Antragsteller in der näheren Nachbarschaft nicht angeläutet werden können gemacht werden ... Im vorliegenden Fall wohnen die Antragsteller sogar in der gleichen Strasse ... die Gemeinde besitzt überdies eine Polizeiwache, die Tag und Nacht besetzt ist und Telefonanschluß hat."[8] (Auch im Folgejahr waren „behördeneigene Fernsprechanlagen oder Fernsprechmietanlagen mit Selbstwählanschlüssen von Privattelefongesellschaften" wegen der hohen Kosten „zu vermeiden"[9] und die Postvermittlung vorzuziehen.)

Zu guter Letzt sollen streiflichtartig weitere Randerscheinungen des weitreichenden Mangels beleuchtet werden, die die Abhängigkeit der Polizisten von technischen Hilfsmitteln bei ihrer Diensterfüllung verdeutlichen und den Notstand vor Augen führen, mit dem diese vor allem bis Ende der 40er Jahre zu kämpfen hatten.

Anfang 1948 bemängelte der Polizeiposten Dudweiler in einem Verkehrsunfallbericht den Umstand, dass „während der vergangenen Jahre ... bei jeder Polizeidienststelle **Blutentnahmeröhrchen** ... vorrätig gehalten worden (waren) ... Im Falle H. konnten die erforderlichen Kabillaren [sic!] hier überhaupt nicht beschafft werden, so dass der der die Blutentnahme durchführende Arzt sich ... eines gewöhnlichen Reagenzglases bedienen mußte ..."[10]

Die Ausstattung mit **Dienstuhren** übernahm die Verwaltungskommission nur so lange, wie diese nicht im freien Handel erhältlich waren. Eine Anfrage des Saarbataillons zur Lieferung von Taschenuhren und Weckern vom April 1947 wurde abschlägig beschieden mit der Aufforderung, „die Uhren in den einschlägigen Geschäften zu kaufen."[11]

Eine positive Antwort erhielt das Bataillon hingegen auf eine Anfrage zur Beschaffung einer **Nähmaschine**, die für Reparaturen an der Dienstkleidung dringend gebraucht wurde. In diesem Fall versprach der Leiter des Polizeireferats Ende Oktober 1947 sogar, sich „mit den in Frage kommenden Firmen" persönlich „ins Benehmen zu setzen" und trotz der zu erwartenden Schwierigkeiten „für eine baldgefl. Erledigung der Angelegenheit besorgt zu sein."[12]

Selbst ein Dreivierteljahr nach Kriegsende war die Ausstattung mit **Taschenlampen** bei der Polizei noch nicht selbstverständlich, obwohl deren „Tätigkeit ... durch das Fehlen elektrischer Lampen wesentlich beeinträchtigt" war, wie ein Schreiben des Homburger Landrats an das dortige Militärgouvernement betont. Angesichts der zahlreichen nächtlichen Einbrüche forderte dieser für die Polizisten seines Bezirks neben Feuerwaffen auch die vermehrte Ausrüstung mit Taschenlampen und „elektrischen Lampen-Scheinwerfern".[13] Es fehlten aber nicht nur Gerätschaften, sondern auch Ersatzteile zu deren Betrieb.

Die Haushaltsrichtlinien der Regierung vom Mai 1948 empfahlen zwecks Stromersparnis den eingeschränkten Einsatz „lichtstarker Glühbirnen", obwohl bereits grundsätzlich die elektrische Beleuchtung nur dann eingeschaltet werden durfte, „wenn das Tageslicht zum Arbeiten nicht ausreicht"[14]!

Insgesamt verfügte die Saarpolizei der Nachkriegsjahre hinsichtlich Büromaterialien, Bekleidung und Bewaffnung über einen mit den übrigen Besatzungszonen vergleichbaren Ausstattungsstandard, der allerdings im Kommunikationsbereich unter dem üblichen Niveau lag.

Anmerkungen

1 „Bei Anwendung der drahtlosen Telegraphie (Funk) ist eine sichere und zuverlässige Nachrichtenverbindung gewährleistet, was bei Telefonie nur bedingt der Fall sein dürfte ..." – so in „Etwas über Funktechnik" des Polizeioberwachtmeisters Aloys Petry in der Polizeifachzeitschrift „Unsere Polizei" 2(1946)6 a. S. 90f.

2 Vgl. a. das Gesetz, abgedr. im Amtsblatt d. Saarlandes v. 19.5.1951 a. S. 583ff.

3 Zit. n. dem Landespolizeikommandobericht für Nov./Dez. 1951 (Quelle: Landesarchiv des Saarlandes, Bestand Schutzpolizeiamt, lfde. Nr. 31).

4 Zit. n. dem Beitrag „Fernmeldetechnik im Dienst der Polizei" des Polizeidirektors Kirstein in der Sondernr. „Unsere Polizei" v. April 1952; S. 9f.

5 S. zur wahrscheinlich vor 1952 eingerichteten Polizeirufanlage a. ebda.; S. 9.

6 Vgl. zu den Telefonanschlüssen der Saarpolizei a. das Amtliche Fernsprechbuch der Oberpostdirektion Saar 1947 v. 15.2.1947 (Quelle: Privatarchiv Kunz).

7 S. im Amtlichen Fernspruchbuch der Post- und Telegraphenverwaltung des Saarlandes v. August 1948 a. die Telefonanschlüsse der Saarpolizei (Quelle: Privatarchiv Kunz) – zur Einschränkung direkter Hauptanschlüsse s. a. die Richtlinien für die Bewirtschaftung der Haushaltsmittel v. 12.5.1948, Kapitel III, Abschn. 39.

8 So der ablehnende Bescheid d. Direktion für Wirtschaft u. Verkehr, Abt. Bauwesen v. 7.11.1947 auf die Beantragung eines Diensttelefons in der Wohnung durch einen Polizeioberinspektor v. 6.10.1947 (Quelle: Polizeiarchiv).

9 Zit. n. den Bewirtschaftungsrichtlinien, Kap. III, Abschn. 43 – vgl. a. die Bestimmungen zur Errichtung u. Nutzung v. Fernsprechern in Abschn. 39–44.

10 So im Bericht der Polizeidienststelle 2 Dudweiler an die Landespolizeidirektion v. 16.1.1948 über einen Verkehrsunfall, bei dem am 15.1.1948 ein Fahrradfahrer verletzt u. ein Blutalkoholtest des verursachenden Lkw-Fahrers erforderlich wurde (Quelle: Archiv des Rathauses Dudweiler, lfde. Nummer 667).

11 So in der Antwort d. Polizeireferats der Verwaltungskommission v. 11.12.1947 auf eine Anfrage d. Saarbataillons v. 23.4.1947 (Quelle: Polizeiarchiv).

12 Polizeiverwaltungsamtmann Mann in seiner Antwort v. 28.10.1947 auf eine Bataillonsanfrage v. 25.10.1947 (Quelle: ebda.).

13 Zit. n. der Anforderung d. Homburger Landrats an die dortige Militärverwaltung v. 9.3.1946 (Quelle: ebda.).

14 Zit. n. den Bewirtschaftungsrichtlinien v. 12.5.1948, Kap. III, Abschn. 56.

2.4 Ausstattung mit Kraftfahrzeugen und Zubehör

Der Aufbau des **Kraftfahrzeugfuhrparks** der saarländischen Polizei erfolgte, bis auf wenige Ausnahmen, aus dem Nichts heraus und entsprach so im wahrsten Sinne des Wortes der „Stunde Null". Da Requirierungen durch die beiden Militärverwaltungen vorrangig der Bevölkerungsversorgung sowie dem allgemeinen Transport- und Verkehrsbereich gegolten hatten, konnten die hiesigen Sicherheitshüter zum **Jahresende 1945** landesweit nur auf acht Fahrzeuge zurückgreifen: drei Personenkraftwagen, vier Krafträder und einen Gefangenentransporter – leider allesamt ohne nähere Typisierung. Die überwiegende Zahl der Fahrten mussten sie per pedes oder auf dem die Gendarmerie bis weit in die 50er Jahre hinein prägenden Fahrrad absolvieren.

Nicht von ungefähr stammt daher der früheste Quellenbeleg über den Einsatz privater Kraftfahrzeuge aus dieser Polizeisparte. Am 22. Dezember 1945 bat ein Gendarmeriewachtmeister um die Genehmigung zur Nutzung seines Kraftrades Marke Triumph, wobei er die Unkosten für Versicherung, Betrieb, Unterhalt und Reparaturen sowie eventuelle Dienstunfälle vorab selbst übernahm „mit Rücksicht auf die den Gend.-Beamten gewährte Dienstaufwandentschädigung ..." Das Kommando gewährte ihm lediglich eine monatliche Pauschalvergütung von dreißig Reichsmark (die Haftpflichtversicherung kostete bereits pro Jahr hundert Reichsmark).[1]
Dieser Beschaffungsweg wurde in den ersten beiden Nachkriegsjahren auch bei Personenkraftwagen gerne beschritten. Wiederum war es ein Gendarmeriebediensteter, der ab Januar 1946 seinen DKW Typ Meisterklasse einsetzen wollte, da „ein Dienstkraftwagen nicht zur Verfügung"[2] stand. Auch in diesem Fall ging ein Teil der Kosten auf Rechnung des Beamten, da er nur eine pauschale Rückerstattung bekam. Auch von Privatleuten wurden in der größten Not, vergleichbar mit den Schreibmaschinen, dringend benötigte Fahrzeuge zwecks verbesserter Mobilität angemietet. Das Saarbataillon schloss am 29. Juli 1946 für ein halbes Jahr einen Leihkontrakt mit einem Püttlinger Motorradfahrer und erstattete dessen NSU-Maschine nach Fristablaufablauf generalüberholt zurück.[3]
Die Ausrüstung mit Kraftfahrzeugen bei der Saarpolizei hing dabei kei-

neswegs von der Bedeutung einer Dienststelle oder vom Rang eines Bediensteten ab. So beantragte beispielsweise ein Gendarmerieinspektor und Kreisführer noch im Frühjahr 1947 die Benutzung seines privaten Pkw Marke Steyr unter Übernahme aller Unterhaltskosten; für den dienstlichen Einsatz zahlte man ihm nur ein Kilometergeld aus.[4] Zwischen der Bestandsnennung vom Dezember 1945 und dem ersten größeren Ankauf seitens der Polizeibehörde zwei Jahre später muss es aber neben Anmietung und Einsatz privater Fahrzeuge auch hin und wieder einen offiziellen Erwerb von Dienstwagen gegeben haben – hierzu lassen sich aber keine Quellenbelege in den Archiven auffinden. Auf solch vereinzelte Fälle lassen Unterlagen vom Sommer 1947 schließen, die das Bemühen um ein vernünftiges Haushalten mit dem zwar mittlerweile erhöhten, aber immer noch knappen Budget verdeutlichen. Genehmigungen zur dienstlichen Nutzung privater Kfz wurden auch wieder zurückgenommen, wie ein Schreiben des Gendarmeriedirektors Heese an den Ottweiler Kreisführer belegt:

„Für die Benutzung eines privateigenen PKW's sind im Haushaltsplan … 1947 monatlich nur 150,- RM vorgesehen … Da ausserdem mit einem Abzug von etwa 10 bis 20 % noch zu rechnen ist, halte ich die Weiterbenutzung Ihres privateigenen PKW's im Dienst bei derartig hohen Unkosten, wie … sie in den Monaten Mai und Juni 1947 zu verzeichnen (waren), für untragbar. Gleichzeitig muss ich bemerken, dass der Kreis Ottweiler einer der kleinsten Kreise … ist. Demzufolge sehe ich mich gezwungen, meine Verfügung … betr. Benutzung … zurückzuziehen. Für die Kontroll- und andere Dienstfahrten steht Ihnen der Dienstkraftwagen SA-03-4045 … zur Verfügung …"[5]

Am **23. Juli 1947** erließ Landespolizeidirektor Edelbluth einen ersten Katalog vorläufiger **Dienstvorschriften für den Kraftfahrbetrieb**, in dem behördeneigene, angemietete und dienstlich genutzte Privatfahrzeuge erfasst waren. Diese verpflichteten zum Führen eines Bestands- und Fahrtenbuches, regelten detailliert Fälle, in denen kein Dienstfahrzeug zur Hand war und gaben strenge Anweisungen zur Verwaltung von Kraftstoffen, Ölen und Fetten, die durch die Kontingentierung stets nur in ungenügenden Mengen vorhanden waren.[6]

Die **erste** größere **Anschaffungswelle** erreichte den Polizeifuhrpark nach der Währungsumstellung am **20. November 1947**, die im Vorfeld der Wirtschafts- und Zollunion des Landes mit Frankreich die nur rund ein halbes Jahr im Umlauf befindliche Saarmark durch den französischen Franc ablöste. Bereits am 22. Dezember 1946 hatte die Einrichtung der französischen Zollkontrolle den uneingeschränkten Grenzverkehr zwischen dem Saarland und Restdeutschland beendet und damit auch die Einfuhr deutscher Fahrzeuge unterbunden. Unmittelbar nach der Währungsreform erweiterte sich der Bestand an Polizeifahrzeugen bis Ende 1947 mit 88 Stück auf das Elffache:

- 19 Personenkraftwagen (Renault – Modell Juvaquatre)
- 6 Streifenwagen (Marke Renault)
- 43 Krafträder (23 Krafträder (Hersteller Standard) und 20 Krafträder (Fabrikat Peugeot), davon 6 mit Beiwagen)
- 12 Mannschaftskraftwagen (Marke Renault)
- 8 Kombinationsfahrzeuge (Marke Renault)

Abb. 15: Renault Juvaquatre

Die Hälfte des Fuhrparks bestand aus Motorrädern, über ein Viertel verteilte sich auf Personenkraft- und Streifenwagen, ein knappes Viertel belegten Lastkraftwagen. Die überdeutliche Dominanz des Zweirades gegenüber vier- und mehrrädrigen Fahrzeugen resultierte aus der ungewöhnlichen Straßensituation und dem hohen Verkehrsaufkommen im

Nachkriegssaarland, die an späterer Stelle zu erläutern sind. Der nächste größere Anschaffungsschub, der sich durch ein breitgestreutes Sortiment an Motorrädern und Spezialfahrzeugen mit technischer Sonderausrüstung auszeichnete, erfolgte erst im Jahr 1952.

Den **Renault Juvaquatre**, von 1937 bis 1960 als zwei- oder viertürige Limousine gebaut (in die gleiche Modellreihe gehören Juva 40, Juvastelle 40, Break Juvaquatre und Dauphinoise), erwarb die saarländische Polizei fabrikneu.[7] Der wassergekühlte Vierzylinderreihenmotor mit 23 PS verfügte über tausend Kubikzentimeter Hubraum, der Hinterradantrieb war gekoppelt mit einem Dreigangschaltgetriebe. Mit selbsttragender Ganzstahlkarosserie und 760 Kilogramm Leergewicht, starrer Hinterachse und Einzelradaufhängung markierte der enorm langlebige Juvaquatre in seiner Klasse den Höhepunkt autotechnischen Fortschritts, weshalb er bis Ende der 50er Jahre noch vielfach bei der hiesigen Polizei im Einsatz war.

Abb. 16: Renault 4 CV aus dem Jahr 1948

Bei den sechs „Renault-Streifenwagen" der Saarpolizei handelte es sich Ende 1947 noch nicht um den werkseitig gelieferten Polizeispezialwagen, da dieser erst 1950 auf den Markt kam. Das hauseigene Umbaumodell basierte vielmehr auf dem **Renault 4 CV**, der seit 1946 als viersitziger Personenkraftwagen gebaut wurde. Dieses im Saarland wegen seiner beigefarbenen Lackierung auch liebevoll als „Crèmeschnittchen" bezeichnete Automobil verbrauchte durchschnittlich nur sechs Liter Normalbenzin auf hundert Kilometer und erreichte mit seinem wassergekühlten Vierzylinderreihenheckmotor (neunzehn PS, entsprechend siebzehn SAE-PS) und selbsttragender Ganzstahlkarosserie infolge des niedrigen Leergewichts (600 Kilogramm) eine Spitzengeschwindigkeit von neunzig Kilometern pro Stunde. Seine Leistungsstärke, ein Dreigangschaltgetriebe und die gute Straßenlage durch Teleskopstoßdämpfer, Schraubenfedern sowie Einzelradaufhängung vorne und Pendelachse hinten verliehen ihm ein wendiges Fahrverhalten und machten es so zu einem idealen Polizeifahrzeug.

Im **Mai 1948** erhielt die Saarpolizei noch einmal 27 Personenkraftwagen, die betreffenden Unterlagen nennen aber weder Marken noch Modelle. Darüber hinaus ist nicht zu klären, ob die Fahrzeuge seitens des Hohen Kommissariats verliehen oder behördlich angekauft wurden. Von diesem Kontingent gingen drei Stück an das Landespolizeipräsidium für dortige Referenten bzw. Sachbearbeiter, die übrigen Fahrzeuge verteilte man gleichmäßig auf Inspektionen der Landespolizei und Gendarmerie.[8]

Abb. 17: Standard-Motorrad, Modell Rex Sport 350 aus dem Jahr 1935

Für die motorisierten Zweiräder existiert leider wie beim Renault Juvaquatre über die Modellbezeichnung hinausgehend keine Spezifizierungsmöglichkeit, da weiterführende Belege gänzlich fehlen. So lässt sich nur grundsätzlich die Nutzung von Fahrzeugen des seit 1926 unter dem Namen **Standard** produzierenden Ingenieurs Wilhelm Gutbrod konstatieren. Diese konnten sowohl aus der 1939 in Stuttgart ausgelaufenen Produktion als auch aus der nach Kriegsende bis 1952 andauernden Schweizer Fabrikation desselben Herstellers stammen. Berücksichtigt man die hohen Importzölle, die für deutsche Waren seit der Währungsreform 1947 im Saarland anfielen, so erscheint die letztgenannte Bezugsquelle wahrscheinlicher, da Frankreich als Zwischenhändler in der Schweiz günstig einkaufen konnte.[9]

Bei den zeitgleich gelieferten Zweiradmodellen der französischen Firma **Peugeot** tappt man bezüglich einer näheren Typisierung (mit oder ohne Beiwagen) ebenfalls im Dunkeln, da genauere Modellbezeichnungen erstmals 1949 anzutreffen sind. Die 1947 erworbenen Fahrzeuge müssen aus der hubraumstarken Produktionsreihe der Vorkriegszeit herrühren, die mit seiten- oder kopfgesteuerten Viertaktblockmotoren bis zu zwanzig PS erreichten, da Peugeot schwächere Maschinen mit schlitzgesteuerten Ein- oder Zweizylinder-Zweitaktmotoren (maximal zwölf PS) erst wieder ab 1949 konstruierte (die Produktionsbänder standen nach der deutschen Besetzung Frankreichs bis 1948 zwangsweise still). Da der Ende 1947 erworbene Motorradtyp auch als Gespannvariante fuhr, der leer wie mit

Abb. 18: Peugeot-Motorrad, Modell 517 (1934 bis 1939 gebaut)

164

Zuladung eines stärkeren Motors bedurfte, kommen für die Zweirad-varianten der saarländischen Polizei nur die drei Modelle P 105 (bis 1939 mit vierzehn PS gebaut), 515 und 517 in Frage. Die beiden letzten, nur bis Kriegsbeginn hergestellt, verfügten über zwanzig bzw. zwölf PS.[10]

Die britische Zweiradmarke **Triumph** war bei der hiesigen Polizei sowohl mittels Fahrzeugen aus Privatbesitz als auch über Leihgaben seitens der französischen Vertretung im Saarland vorhanden, wie eine Meldung an das Landespolizeipräsidium zeigt: „Am 6.8.48, gegen 22.30 Uhr, wurde dem … Kriminal-Assistenten B. am Hauptbahnhof Saarbrücken das … dienstlich zur Verfügung stehende Kraftrad des Hohen Kommissariats, Marke ‚Triumph' … gestohlen …"[11]

Den **Lastwagensektor** inklusive der Ende 1947 erworbenen Mann-schaftskraftwagen und Kombinationsfahrzeuge dominierte beim saar-ländischen Polizeifuhrpark bis zu Beginn der 50er Jahre der französische Automobilhersteller Renault, aber auch hierzu liegen ebenso wenig exakte Angaben vor. Die Produktpalette Renaults im Schwerlastbereich beschränkte sich zwischen 1945 und 1949 auf sieben Modelle, so dass als Transporter für größere Polizeieinheiten mit oder ohne auswechsel-bare Ladefläche nur die Typen 212 E 1, R 2160 bzw. R 4080 und 208 D 1 dienen konnten (s. Abb. 19 im Anhang).[12]

Eine dem täglichen Dienst gerecht werdende Ausstattung mit Kraft-fahrzeugen macht ohne entsprechendes **Zubehör** wenig Sinn – dies spür-ten auch die saarländischen Polizisten in der frühen Nachkriegszeit nur allzu deutlich. Angesichts der Tatsache, dass noch im Oktober 1946 die Saarbrücker Straßenbahnen mangels Glühbirnen vorübergehend ohne Richtleuchten verkehren durften[13], erstaunt das permanente Fehlen von Ersatzteilen beim polizeilichen Fuhrpark nicht mehr.

Besonders gravierend fiel dies bei den aufgrund ihres oftmals hohen Al-ters ohnehin stark reparaturbedürftigen **Fahrrädern** aus, die für viele Po-lizeibeamten das einzige Fortbewegungsmittel verkörperten. Eine Liefe-rung von zehn Fahrradmänteln und fünf Schläuchen innerhalb einer Woche für die Dienststelle Dudweiler stellte auch noch Ende 1946 einen außerordentlichen Glücksfall dar, da man dort zeitgleich ohne jegliche Ersatzteillieferung für Kraftfahrzeuge auskommen musste.[14]

Die bis Ende der 40er Jahre fehlenden **Reifen** verhinderten die Polizeiarbeit sogar teilweise gänzlich. Im Sommer 1946 scheiterte eine vom Straßenverkehrsamt geplante Beschlagnahmung von Reifen und Schläuchen in Dudweiler zugunsten des französischen Militärgouvernements an der simplen Tatsache, dass die vorhandenen Reifengrößen nicht auf die zu bestückenden Felgen passten.[15] Verschiedene Polizeiabteilungen versuchten zwar rund ein Jahr später, Reifenmaterial auf dem Umweg über andere Administrationszweige zu beschaffen, blieben jedoch erfolglos. Das Polizeireferat der Verwaltungskommission verbat sich derartige Anfragen bei Kollegen der Wirtschafts- und Verkehrsdirektion und pochte ohne jedes Gespür für das pragmatische Vorgehen der Beamten auf strikter Einhaltung des Dienstweges ...[16] Wegen Reifenmangels mussten auch im Juni 1947 die Fahrten der Saarbataillonsmitglieder von der Unterkunft Wackenberg nach Theley ausfallen, wobei es sich schon bei den eingesetzten Omnibussen um Leihfahrzeuge der Saarbrücker Firma Peter Götten & Söhne handelte. Das Reiseunternehmen bedauerte gegenüber der Bataillonsleitung, die Pendelfahrten einzustellen zu müssen, doch obwohl man sich „seit über 2 Jahren ... beim Regierungspräsidium sowie dem Kreisstrassenverkehrsamt um Zuteilung (von) 5 Reifen" für den eingesetzten Bus mit 55 Sitzplätzen bemüht habe, sei man bislang „erfolglos geblieben."[17] Die Situation besserte sich auch später nicht wesentlich, denn im November erhielt der Leiter des Innenreferats ein Sonderkontingent Reifen, das aber bevorzugt auf andere Stellen verteilt wurde und der Polizei nur für behördeneigene Fahrzeuge zugutekam: „Angemietete Fahrzeuge können nur berücksichtigt werden, wenn sie restlos von dem Mieter in Anspruch genommen werden, ... nur vorübergehend (genutzte) ... dürfen ... nicht befriedigt werden."[18] Letzterwähnte, weiterhin das Gros des polizeilichen Fuhrparks stellend, gingen leer aus und wurden auf einen künftigen Reifensegen vertröstet.

Ähnlich ungünstig gestaltete sich die Versorgung mit **Treib- und Schmierstoffen**, insbesondere Benzin und Diesel. Die regulären Treibstoffrationen für die Polizei deckten auch noch im Sommer 1946 nicht den tatsächlichen Bedarf und mussten immer wieder durch Sonderzuteilungen ergänzt werden, wie ein Bericht vom 30. August zeigt: „In der Einbruchsdiebstahlsangelegenheit M. und K. … mußte eine Fahrt nach Bingen ausgeführt werden, so dass eine grössere Menge an Benzin … benötigt wurde, die aus der normalen Zuteilung nicht hätte bestritten werden können … beim Kreisstrassenverkehrsamt wurde folgende Forderung … gestellt: 250 kg Diesel, 150 ltr. Benzin und 30 ltr. Öl, da die bisher gelieferte Menge … nicht ausreicht."[19]

Es sollte über ein Jahr vergehen, bis das Polizeireferat zur flexibleren Handhabung der Zulieferungen am 15. September 1947 die Klärung von Kraftstoffanfragen auf direktem Weg zwischen den einzelnen Dienststellen und dem Polizeiverwaltungsdirektor beschloss.[20] Noch im Februar 1948 waren alle dienstlichen Fahrten auf das notwendige Mindestmaß zu reduzieren, da das bisherige Benzinmarkenkontingent auf 75 Prozent geschrumpft war und für März sogar lediglich fünfzig Prozent zur Verfügung standen, die nicht durch Sonderrationen ausgeglichen werden konnten.[21] Dieser Mangelzustand änderte sich auch in der Folgezeit nicht grundlegend, denn im Februar 1950 musste der Polizeipräsident auf die unveränderte Sperrung der Mittelbewirtschaftung hinweisen, die für die Polizei eine erneute Kürzung ihres monatlichen Kraftstoffkontingents um vierzig Prozent bedeutete, da nur noch in diesem Sektor Einsparungen möglich waren.[22]

Möchte man den Kraftfahrzeugbestand der frühen Nachkriegspolizei an der Saar in Relation zur Dienstwagenausstattung der übrigen Länderpolizeien setzen, so hinkt ein solcher Vergleich, da die ältesten Bestandslisten für die westdeutschen Besatzungszonen vom Sommer 1949 stammen. Zudem erschwert der Umstand, dass sowohl behördeneigenene als auch Fahrzeuge des Militärgouvernements respektive Hohen Kommissariats leihweise zur Verfügung standen, polizeiintern aber nicht mehr von den hauseigen erworbenen unterschieden wurden, eine Bestandsaufnahme. Da sich die Kfz-Ausstattung der Saarpolizei nach der ersten großen Ankaufaktion Ende 1947 bis zur nächsten 1952 nur geringfügig verbesserte, basiert der nachstehende Vergleich auf dem quellentechnisch belegbaren Stand vom Mai 1948.

Die Polizei verfügte zu diesem Zeitpunkt über 52 Personenkraft- und Streifenwagen, 43 Motorräder sowie zwanzig Lastkraftwagen, insgesamt 115 Fahrzeuge. Das flächen- und bevölkerungsmäßig mit der Region vergleichbare Bremen stellte seinen Polizisten Ende Juni 1949 134 Autos und 71 motorisierte Zweiräder, zusammen 205 Fahrzeuge. Die Polizeibeamten des erheblich größeren Württemberg-Baden konnten auf 1 188 Fahrzeuge (428 Automobile und 760 Motorräder) zurückgreifen.[23] Berücksichtigt man noch die nicht von der Hand zu weisenden Beschaffungsvorteile, die die beiden letztgenannten Gebiete innerhalb des amerikanischen Besatzungsterrains besaßen sowie die erheblich eingeschränkten finanziellen Mittel und Einkaufsmöglichkeiten des Saarlandes, so kann man für dessen Polizeifuhrpark bis Mitte 1948 eine mittlere, den eingeschränkten Ressourcen sowie der geringen Landesfläche und Beamtenanzahl angepasste Position konstatieren. Diese sollte sich jedoch zu Beginn der 50er Jahre schlagartig verbessern.

Als Fazit zur gesamten Ausstattungssituation der saarländischen Polizeibeamten nach dem Krieg kann man zum einen für die Besatzungszeit wie auch danach einen durchgängig äußerst sparsamen Umgang mit dem teilweise ohnehin knapp bemessenen Sachkapital feststellen. Dieser trieb aber zuweilen auch seltsame Blüten und behinderte nicht selten die Polizisten bei ihrer täglichen Dienstausübung, wie die Beispiele bei der Versorgung mit Telefonapparaten, Fernschreibern oder Papiervordrucken zeigten. Unter wirklich gravierenden Mängeln, von der schlimmsten Not im ersten mageren Nachkriegsjahr einmal abgesehen, litten die Polizeibediensteten an der Saar allerdings nicht. Sie wurden vielmehr für die extrem schlechten Startbedingungen in der Folgezeit mit einer teilweise überdurchschnittlich guten Ausrüstung mit allerneuesten Hilfsmitteln, vor allem technischer Art, entlohnt.
Die durch Besatzung und bilaterale Abkommen erwachsende Dominanz französischer Fabrikate zog bei der saarländischen Polizei im Kraftfahrzeug- und Waffensektor keinerlei Nachteile gegenüber den westdeutschen Schwestereinrichtungen nach sich. Eher das Gegenteil war der Fall: Die Produkte aus dem westlichen Nachbarland waren oftmals nicht nur qualitativ besser, sondern vor allen Dingen auch erheblich langlebiger als die deutschen Konkurrenzwaren jener Jahre.

Anmerkungen

1 S. a. den Genehmigungsantrag z. Benutzung eines privaten Kraftfahrzeugs beim Gendarmeriekreisposten Ottweiler v. 22.12.1945 (Quelle: Polizeiarchiv).

2 So im Antrag eines Saarlouiser Kreisgendarmen v. 10.1.1946 an seinen Kommandeur, der diesen nur nach Genehmigung d. Regierungspräsidiums positiv beantworten durfte! (Quelle: ebda.).

3 Vgl. a. das Kündigungsschreiben v. 26.11.1946 zum genannten Mietvertrag zw. dem Saarbataillon u. einem Püttlinger Bürger (Quelle: ebda.).

4 S. zur Nutzung des privaten Steyr durch den Leiter des Saarlouiser Gendarmeriekreises a. den diesbezügl. Antrag v. 24.4.1947 (Quelle: ebda.).

5 So Heese an den Gendarmerieinspektor in Ottweiler a. 11.7.1947 (Quelle: ebda.).

6 S. a. die vorläuf. Dienstvorschriften für den Kraftfahrbetrieb bei den Dienststellen der Landespolizeidirektion sowie der Kriminalpolizei (23.7.1947) (Quelle: Landesarchiv des Saarlandes, Bestand Kriminalpolizeiamt, lfde. Nr. 89).

7 Am 8.10.1948 wies der Landespolizeileiter seine Bediensteten darauf hin, dass die „neugelieferten Renault-Pkw's" nur mit 4 Personen zu besetzen sind" – zit. n. Anordnung Nr. 3/1948; S. 5 (Quelle: ebda., Bestand Schutzpolizeiamt, lfde. Nr. 9).

8 Beschlossen während einer Besprechung der Polizeiinspektionschefs v. 3.5.1948 beim Polizeipräsidenten Lackmann (Quelle: Polizeiarchiv).

9 S. zu Standard a. Udo Riegel: Motorradoldtimerkatalog. Europas größter Marktführer für klassische und historische Motorräder der Welt, Königswinter ⁶1997; S. 181f.

10 S. zu Peugeot-Motorrädern a. Riegel; S. 167 u. Stefan Knittel: Motorradoldtimerkatalog – der Marktführer für historische und klassische Motorräder. Bde. I, IV und V; Königswinter 1989, 1993 u. 1995 – Bd. I, S. 127f. u. Bd. IV; S. 152f. – der Hinweis in einem polizeiinternen Artikel, dass die Ende 1947 erworbenen Motorräder von Standard u. Peugeot fabrikneu waren, ist anhand behördeninterner Quellen nicht belegbar u. zudem unlogisch, da der Autor im selben Beitrag die große Reparaturanfälligkeit beklagt, die bereits 1952 zu hohen Ausfallquoten führte u. große Probleme bei der Ersatzteilbeschaffung verursachte; solche Mängel lassen sich meist nur bei älteren Modellen feststellen; s. a. die Ausführungen des Polizeikommissars Günther in ders.: Die kraftfahrtechnische Entwicklung und Kraftfahrzeug-Ausrüstung der saarländischen Polizei; in: Die Polizei im Saarland. Zum Delegiertentag 1960 der Gewerkschaft der Polizei/Landes-

bezirk Saarland, Hamburg 1960; S. 80–81 – die in Fachbüchern genannte Maschine Modell 55 mit 5 PS, die 1946–61 gebaut worden sein soll, bestätigen die meisten Zweiradexperten nicht!

11 Zit. n. der Meldung eines namenlosen Regierungs- u. Kriminalrats an das Landespolizeipräsidium in Saarbrücken v. 10.8.1948 (Quelle: Landesarchiv des Saarlandes, Bestand Kriminalpolizeiamt, lfde. Nr. 100).

12 Der mehrfach in den Polizeiakten, vor allem des Saarbataillons, aufgeführte Mercedes-Mannschaftswagen „Type M 60" entspringt der Phantasie, da ein solches Modell von Mercedes nicht gebaut wurde; es liegt die Vermutung nahe, dass es sich hierbei um eine Verwechslung der seitens Mercedes ab 1946 benutzten Zusatzbezeichnungen handelt, da die Motorenstärke von Lkws bzw. ihrer Modellvarianten zu dieser Zeit mit Kürzeln wie „M" oder „OM" angegeben wurden (so lässt sich beispielsweise der Typ „M 36" für die frühe Nachkriegszeit nachweisen).

13 So eine Bekanntmachung zu Straßenbahnen ohne Richtleuchten v. 9.10.1946 im Amtsblatt des Regierungspräsidiums Saar (1946)48; S. 208.

14 S. zum Fahrradersatzteilkontingent, das die Dienststelle Dudweiler Anfang Nov. 1946 erhielt, sowie zum Mangel an Kfz-Teilen a. deren Tätigkeitsbericht v. 10.11.1946 (Quelle: Archiv des Rathauses Dudweiler, Lagernummer 836).

15 Vgl. hierzu a. den Tätigkeitsbericht der Polizeidienststelle Dudweiler v. 29.7.1946 an den Landrat v. Saarbrücken (Quelle: ebda.).

16 Die unter den gegebenen Umständen unpassende Antwort des Polizeireferenten d. Verwaltungskommission ist in dessen Bekanntmachung zu den Bereifungen bei der Polizei v. 10.6.1947 nachzulesen (Quelle: Polizeiarchiv).

17 S. zu den näheren Umständen a. das Schreiben der Firma Peter Götten & Söhne v. 27.6.1947 an das Saarbataillon in Saarbrücken (Quelle: ebda.).

18 So im Schreiben des Mitgliedes d. Verwaltungskommission des Saarlandes für Inneres an das Polizeireferat in Saarbrücken v. 27.11.1947.

19 So im Arbeitsbericht des Dudweiler Polizeikommissars v. 30.8.1946 an den Saarbrücker Landrat (Quelle: Archiv des Rathauses Dudweiler, Lagernummer 836).

20 So am 15.9.1947 bei einer Dienstbesprechung im Polizeireferat beschlossen, zit. n. der Niederschrift v. 16.9.1947 (Quelle: Polizeiarchiv).

21 S. zum reduzierten Treibstoff für die Gesamtadministration a. das Schreiben d. Innenministeriums an die Polizei v. 26.2.1948 (Quelle: ebda.).

22 Vgl. zur Kraftstoffzuteilung a. das Rundschreiben Lackmanns v. 28.2.1950 (Quelle: Landesarchiv des Saarlandes, Bestand Kriminalpolizeiamt, lfde. Nr. 89).

23 Zahlen a. Werkentin zur Polizei in der US-Zone (Stand 30.6.49), ebda.; S. 46.

3. Probleme bei der Personalrekrutierung

3.1 Bevölkerungsrückgang infolge des Krieges

War der Mangel an Büro- und sonstigen Arbeitsmaterialien noch durch sparsames Wirtschaften, Einbringen von Privateigentum oder Erfindungsgabe zu überbrücken, so ließen sich die Personallücken, die im Saarland weiter klafften als im restlichen Deutschland, kaum schließen. Hier führten die auch in den übrigen Besatzungsgebieten zum Tragen kommenden Faktoren Kriegseinsatz, Gefangenschaft und Luftangriffe sowie Auswanderung und Nichtrückkehr Evakuierter zu einem ungewöhnlich starken Bevölkerungsrückgang. Bereits zu Beginn des Zweiten Weltkrieges hatte das Saargebiet zudem den Schauplatz kämpferischer Auseinandersetzungen anlässlich des Frankreichfeldzuges Hitlers gebildet, dessen nachfolgende Grenzverschiebungen rund 300 000 Saarländer zum Verlassen ihrer Heimat zwangen. Diesen ohnehin hohen Fehlbestand an Arbeitskräften bzw. einsatzfähigen Menschen verschlimmerte die Entpreußung noch weiter.

Anhand der Saarbrücker Statistiken lässt sich das hiesige Bevölkerungsszenario der „Stunde Null" genau umreißen. Von den zwischen 1939 und 1945 an direkten Kriegsfolgen verstorbenen 3 970 Einwohnern der Landeshauptstadt blieben 3 102 auf dem „Feld der Ehre" zurück (davon allein 1 611 an der Ostfront), 799 fielen Fliegerangriffen zum Opfer und 69 fanden den Tod in Gefangenschaft. Am 1. Oktober 1947 befanden sich 1 463 Saarbrücker in Gefangenschaft, wovon 962 ihr Dasein in russischen Lagern fristeten und 339 in britischer Internierung lebten, die übrigen verteilten sich gleichmäßig auf Frankreich, Amerika, Jugoslawien und Polen.

Als überwiegend in Russland und Polen vermisst galten im Jahr 1948 noch 1 246 Bewohner, da bis Ende 1947 fast alle in französischen oder angloamerikanischen Lagern befindlichen Saarländer entlassen worden waren. Die erste große Heimkehrerwelle aus osteuropäischen, primär sowjetischen Gefangenenlagern erreichte die Saar an Ostern 1948, die Mehrheit durfte aber erst über ein Jahr später, meist in katastrophalem Gesundheitszustand, nach Hause reisen.[1]

Infolge der geschilderten Lage fielen die saarländischen **Bevölkerungs-verluste** ungewöhnlich hoch aus. In der gesamten Region waren am 17. Mai 1939 909 598 Menschen registriert, am 29. Oktober 1946 nur noch 853 397 (fast sieben Prozent weniger); am 1. Januar 1948 umfasste die Bevölkerung erneut 887 709 Menschen. Betrug die Saarbrücker Einwohnerschaft 1939 noch 131 285 Personen, so waren dies nach der Volkszählung am 26. Januar 1946 mit 80 740 nur noch rund 61 Prozent der Vorkriegsbevölkerung, die bis Dezember 1947 wieder auf 94 852 anstieg. Der prozentuale Rückgang in den einzelnen Stadtteilen unterlag großen Schwankungen: Während in Bischmisheim, Klarenthal und Altenkessel die Einwohnerschaft maximal um 1,2 Prozent schrumpfte, beliefen sich die Verluste in Bübingen, Eschringen oder Scheidt bis aus 7,5 Prozent. In Völklingen ging sie sogar um 35,2 Prozent zurück und übertraf damit die Tendenz der Landeshauptstadt sogar noch um knapp acht Prozentpunkte.[2]

Die nach dem Krieg langsam wieder anwachsende Bevölkerung basierte vor allem auf Überschüssen der **Ein- und Auswanderungswellen.**[3] Während im ersten Halbjahr 1948 insgesamt 26 743 Menschen immigrierten, verzeichnete man gleichzeitig nur 13 704 Emigranten. Vergleicht man die hiesige Migrationsbewegung mit derjenigen in den übrigen Besatzungszonen, so lässt sich für das dritte Nachkriegsjahr 1948 mit 2 741 Menschen ein überproportional starker Zuzug an die Saar feststellen, die überwiegend der Generation zwischen zwanzig und vierzig angehörten. Gleichzeitig gingen in das beliebte US-Okkupationsterrain 1 108 Saarländer, während in den restlichen französischen Besatzungsraum, ausgenommen Rheinland-Pfalz, nur 266 einwanderten. Einzig durch die hohe Einwanderungsquote, die sich mit dem vorteilhaften, an Frankreich ausgerichteten Lohn- und Zulagensystem erklären lässt, waren die zahlreichen Emigranten zu verschmerzen, denn während 1948 1 505 Menschen aus dem Saarland wegzogen, verließen die übrigen Okkupatonsgebiete nur maximal 441.[4]

Deutliche Verschiebungen bei der **Einwohnerdichte** in den einzelnen Regionen sind anhand der Statistiken für 1939 und 1946 trotzdem nicht registrierbar. Im Durchschnitt lebten ein Jahr nach Kriegsende lediglich etwa fünf Prozent mehr oder weniger Einwohner pro Quadratkilometer in den Landkreisen als zuvor (147 bzw. 135 in Merzig-Wadern, 344 bzw. 320 in Saarlouis). Eine Ausnahme bildete nur der Stadtkreis Saarbrücken, dessen Flächeneinwohner durch umfangreiche Evakuierungen und schwere, viele Todesopfer fordernde Luftangriffe sowie einen enormen Wohnraum- und Nahrungsmangel, der zur Flucht auf's Land zwang, von 2 594 auf 1 745 sank.

Gewaltige Veränderungen gab es bei der **Altersstaffelung und Geschlechterverteilung**. Der größte Anteil männlicher Einwohner Saarbrückens war zwar vor (1939: elf Prozent) wie nach dem Krieg (1947: dreizehn Prozent) zwischen fünfzig und sechzig Jahre alt war. Bei den jüngeren Generationen verschoben sich aber die Relationen durch die Kriegsverluste. Männer im Alter zwischen 25 und 35 machten nicht mehr über neun, sondern nur noch fünf Prozent der Bewohner aus. Die nächste Generation zwischen 40 und 50 vergrößerte sich von einst sieben (1939) auf knapp zehn Prozent (1946). Infolgedessen erhöhte sich der weibliche Bevölkerungsanteil: Besetzten die 30- bis 35-Jährigen sowie 50- bis 60-Jährigen 1939 noch mit 10,2 bzw. 10,9 Prozent die beiden größten Altersgruppen, so waren dies 1947 Frauen zwischen 40 und 45 bzw. 50 und 60, wobei letztere mit 13,6 Prozent das Gros bildeten. Differenziert man geschlechterunspezifisch nach dem Alter, so stellten vor dem Krieg die 25- bis 45-Jährigen die vier größten Bevölkerungsteile, der Schwerpunkt verschob sich bis 1947 auf 40- bis über 65-Jährige.

Ohne Berücksichtigung des Alters wird der demographische Wandel noch drastischer sichtbar. Machten am 17. Mai 1939 die männlichen Einwohner Saarbrückens mit 64 915 von insgesamt 134 711 knapp die Hälfte aus, so lebten hier am 26. Januar 1946 nur noch 35 058 Männer. Dieses niedrige Niveau blieb auch in den Folgejahren unverändert, lediglich die 60- bis 80-Jährigen wuchsen von 1946 auf 1947 sprunghaft auf fast elf Prozent an.[5]

Für den polizeilichen Wiederaufbau besaß der nach dem Krieg gewandelte Altersstufenaufbau entscheidende Bedeutung. Die Mehrheit der verstorbenen Kriegsteilnehmer aus der Landeshauptstadt, 927 Menschen, gehörte den 20- bis 25-Jährigen an, 679 waren 25 bis 30 Jahre alt und 523 fielen im Alter zwischen 30 und 35. Dementsprechend bewarben sich kaum jüngere Leute bei der saarländischen Nachkriegspolizei. Ebenso drastisch gestalteten sich die Verschiebungen in der **beruflichen und sozialen Gesellschaftsgliederung.** Mitte Mai 1939 standen noch 44,1 Prozent aller Erwerbstätigen (57 919 Personen) in einem Abhängigkeitsverhältnis, Anfang 1946 nur 37,9 Prozent (26 405 Menschen). Als typische Nachkriegserscheinung ist der steigende Anteil arbeitender Frauen zu bewerten, der sich trotz sinkender allgemeiner Beschäftigungsrate im Januar 1946 leicht erhöhte. Hinsichtlich der sozialen Stellung im Beruf sind nennenswerte Veränderungen nur bei Selbständigen und Arbeitern zu registrieren, da erstere Anfang 1946 von zehn auf 14,7 Prozent anwuchsen und letztere von 50,7 auf 41,1 Prozent absanken. Die wachsende Zahl hauptberuflich erwerbstätiger Frauen erhöhte die Beschäftigungsquote bei den weiblichen Angestellten 1946 von 37,1 auf 41,1 Prozent, im Beamtensektor erreichte sie mit 13,5 Prozent fast das Doppelte der Vorkriegsära.

Auch innerhalb der Arbeitgeberbereiche sind erhebliche Umbrüche zu verzeichnen. Während die Sektoren Landwirtschaft, Forsten, Tierzucht und Fischerei sowie Industrie und Handwerk im Vergleich zu 1939 nur geringe Verschiebungen erfuhren, sank der Anteil der in Handel und Verkehr Beschäftigten um knapp zehn, im Öffentlichen und Kirchendienst sowie bei den Freiberuflern um rund fünfzehn Prozent.[6]

Die überproportional niedrige **Rückkehrquote in den öffentlichen Dienst** des Saarlandes war nicht nur eine Folge des Krieges, sondern auch des weitverbreiteten „freiwilligen Verzichts", mit dem etliche Staatsbedienstete ganz bewusst der gefürchteten Entnazifizierung durch französische Militärstellen aus dem Weg gingen. Von den über 19 000 Vorkriegsbeschäftigten meldeten sich bis Mitte Oktober 1945 nur etwas mehr als die Hälfte (10 500) wieder zur Arbeit. Wie drastisch diese Zahl ausfiel, wird weniger in der rückwärtigen Sicht denn beim Blick auf die ersten Nachkriegsjahre deutlich. Bereits 1951 umfasste die öffentliche Verwaltung unter Miteinbeziehung aller angeschlossenen Dienstleistungsbereiche erneut rund 33 500 Mitarbeiter, wobei der Beamtenanteil (8 795) denjenigen der Angestellten (8 172) kaum übertraf. Nach der Entscheidung zugunsten der politischen Wiedervereinigung mit der BRD sank jedoch die Arbeitnehmerzahl im öffentlichen Dienst 1956 wieder auf knapp 26 800 ab und reichte auch bis Ende 1957 mit rund 28 500 nicht mehr an die alte Hausse heran.[7]

3.2 Arbeitskräftemangel durch die Entnazifizierung

Hatten die vielfältigen Kriegsauswirkungen die saarländische Arbeitnehmerschaft bereits erheblich reduziert, so verschärfte die strikte **Entnazifizierung** zunächst durch die US-, später die französische Militärregierung die Situation umso mehr. Unter amerikanischer Besatzung füllten sich ab Frühjahr 1945 die **Internierungslager** schlagartig mit Insassen, die meist nach bloßer NSDAP-Zugehörigkeit und ohne eingehende Schulddifferenzierung inhaftiert wurden. Da der Besitz des Parteibuchs zwischen März und Juli jeden Einsatz Deutscher an verantwortlicher Stelle oder im öffentlichen Dienst ausschloss, ließen sich auch für den Wiederaufbau des Sicherheitswesens kaum ehemalige Polizisten finden.

Diese Problematik bestimmte immer wieder die Besprechungen der Neustädter Provinzialregierung mit Vertretern des US-Militärs, so auch Mitte Mai 1945: „Major Berendt kommt auf Fragen, die mit dem Ressort des Polizeiwesens zu tun haben, zu sprechen und bemerkt auf eine Zwischenfrage von Dr. Heimerich, ob nicht in Kriegsgefangenenlagern nach ... geeigneten Offizieren gefahndet werden könnte, daß dies ... nicht möglich sei ... Dr. Mitscherlich wirft ein, ob man bei der bestehenden ‚Armut an Menschen‘ nicht auch Parteigenossen, die nicht aktiv tätig waren und mehr oder weniger nur dem Druck gehorchend der Partei beigetreten sind, bei ganz besonderer Befähigung heranziehen könnte. Major B. meint, daß dies bei der Polizei besonders schwierig sei und frägt, ob es denn niemand gäbe, der 1933 vielleicht aus dem Polizeidienst entlassen worden sei ...“[8]

Nach Übernahme des Saargebiets durch die Franzosen bemühte sich Gilbert Grandval ab Herbst 1945 um schnellstmögliche Beendigung der Internierungsmißstände und richtete zu diesem Zweck eine Prüfungskommission ein. Nach deren exakter Beurteilung aller im Saarland internierten Personen kam es rasch zur Entlassung ungerechtfertigt Inhaf-

Bekanntmachung

Es ist festgestellt worden, daß zahlreiche ehemalige Mitglieder der NSDAP sich unter den verschiedensten Vorwänden vom Sonderarbeitseinsatz fernhalten oder es verstanden haben, die Registrierung zu umgehen und so nicht erfaßt wurden.

Im Auftrage der Militär-Regierung wird deshalb eine

Neuregistrierung
der ehemaligen Mitglieder der NSDAP

vorgenommen. In Frage kommen alle ehemaligen Mitglieder oder Anwärter der NSDAP oder ihrer Formationen (SS, fördernde Mitglieder der SS, NSKK, NSFK, usw.) und zwar männliche Personen vom 17. — 60. Lebensjahre.

Melden muß sich ausnahmslos jeder der obengenannten Personen, gleichzeitig ob schon im Arbeitseinsatz oder nicht.

Die Neuregistrierung findet statt für die Namen mit den Anfangsbuchstaben

A—D am 12. November 1945		O—R am 15. November 1945	
E—I „ 13. „ 1945		S—V „ 16. „ 1945	
J—N „ 14. „ 1945		W—Z „ 17. „ 1945	

in der Zeit von 8 — 12 Uhr, im Nauwieser-Schulhaus.

Personen aus obengenannten Organisationen, welche nach dem 17. Nov. 1945 ohne die neue Arbeitseinsatzkarte angetroffen werden, oder sich bei evtl. späterem Eintreffen nicht sofort ohne besondere Aufforderung zur Registrierung melden, werden strafweise einer Arbeitskolonne unter Polizeiaufsicht zugeführt.

Unkenntnis dieser Verordnung gilt nicht als Entschuldigung und schützt vor Strafe nicht.

Saarbrücken, den 5. November 1945

Der Oberbürgermeister

Abb. 20: Aufruf zur Neuregistrierung der NSDAPler vom 5. November 1945

tierter, deren Zahl bis Ende 1945 auf 635 zurückging. Die Akten der bis zuletzt internierten rund 250 Saarländer überreichte das französische Militärgouvernement am 4. Oktober 1947 dem saarländischen Staatskommissar für politische Säuberung und überantwortete sie somit der hiesigen Gerichtsbarkeit.

Die Säuberung der **innenministeriellen Verwaltung** führte bis Dezember 1945 bei knapp der Hälfte aller überprüften Bediensteten in 82 Prozent der Fälle zur Entlassung und knapp sechzehn Prozent zur Suspendierung. Damit lagen der Innensektor bzw. die Polizei deutlich höher als die saarländische Gesamtadministration, bei der man zum gleichen Zeitpunkt etwa ein Viertel der Beschäftigten überprüfte, von denen nur knapp 63 Prozent den Arbeitsplatz verloren und über 23 Prozent vor-

übergehend vom Dienst entfernt wurden.[9] Eine spezifische Polizeisäuberung fand noch nicht statt, so dass die Statistiken zur inneren Administration auch für das Sicherheitswesen Gültigkeit besitzen. Da allerdings sowohl die amerikanischen als auch französischen Besatzer gerade
bei der Polizei auf eine strikte Entnazifizierung größten Wert legten,
konnte im ersten Nachkriegsjahr kaum jemand das engmaschige Raster
durchschlüpfen, so dass die permanent publizierten Säuberungslisten
dieses Zeitraums meist nur geringfügige Sanktionen aufweisen wie ge-
kürzte Dienstaltersstufe und ähnliches.

Im Dezember 1945 leitete das Militärgouvernement eine verstärkte
Suche nach noch in Freiheit befindlichen NS-Verbrechern ein, die die
hiesigen Lager bis Mitte Januar 1946 wieder mit 1 383 Menschen anfüllte.
Nach Abschluss der Entnazifizierungsverfahren Ende 1946 sank die Zahl
der in Theley, Neunkirchen und Saarbrücken Internierten bis Oktober
1947 wieder auf rund 300. Da in der gesamten Zone Frankreichs im
Oktober 1946 von 2 700 inhaftierten Personen knapp 29 Prozent einer
NS-Polizeiabteilung angehört hatten, kann man für das Saarland eine
mindestens ebenso hohe Quote vermuten, denn hier kam die strengere
Säuberungsvariante, die **„Entpreußung"** bzw. **„Épuration"** zur Anwendung, die neben der Ausmerzung nationalsozialistischen Gedankenguts
auch auf die Bekämpfung preußischer Untugenden wie Kadavergehorsam und Pflichtüberhöhung abzielte.

Für größere Betriebe und höhere Behörden errichtete man am
27. Februar 1946 eine **permanente Säuberungskommission,** deren
Beschlüsse aber erst nach arbeits- und vor allen Dingen zeitintensiver
Ratifizierung durch die Militärregierung rechtskräftig wurden. Um
diesen Aufwand zu umgehen, konnten die französischen Stellen eine unverzügliche Amtsenthebung bei bloßem Verdacht oder unkorrekter Be-
antwortung des politischen Fragebogens veranlassen – so geschehen bei
einem Kreisleiter nebst vierzehn Mitarbeitern der Merziger Gendarmerie.[10] Andererseits verleitete die lange Wartezeit so manche Einrichtung
aus ganz pragmatischen Gründen zur Einstellung ohne vorhergehende
Meldung bei der Kommission.

Abb. 21: Épurationsbescheid eines Anwärters der saarländischen Gendarmerie

Nach Abschluss der Säuberungsverfahren Ende 1946 machte die wachsende Personalnot vor allem für die Gendarmerie als Hauptsparte der Polizei eine Interimslösung zugunsten eines sicheren, aber verkürzten **Einstellungsverfahrens** unumgänglich. Das französische Militärgouvernement reagierte hierbei flexibel auf polizeiinterne Vorschläge, die eine Leitung der Landesgendarmerie durch den Sûreté-Chef favorisierten, der diese zum Jahresbeginn 1947 übernahm. Das nachfolgend beschriebene Verfahren, dies deuten einzelne Quellen an, fand aber bereits seit Herbst 1945 Anwendung – Kants normative Kraft des Faktischen galt folglich auch für die Nachkriegspolizei an der Saar:

„Da das bisherige politische Überprüfungsverfahren der Gend.-Bewerber sehr zeitraubend ist und dadurch Bewerbungsanträge erst nach Monaten abschliessend bearbeitet werden ..., können Neueinstellungen nicht ... durchgeführt werden, wie es das dienstliche Interesse erfordert. Nach entsprechendem Vortrag beim Herrn Contrôleur de la Sûreté wurde von dort aus angeordnet, dass zur beschleunigten Durchführung eine vorläufige ... Überprüfung durch diejenigen Kreisführer zu erfolgen hat, in deren Bezirk der Bewerber wohnt. Je nach ... Ergebnis ... erfolgt die vorläufige Einstellung ... Nach erfolgter Überprüfung legen die

Kreisführer das Ergebnis mit Stellungnahme, ob politisch tragbar oder nicht, ... schriftlich nieder ... Die bearbeiteten Vorgänge sind ... zum 5., 15. und 25. jeden Monats ... vorzulegen."[11]

Ab der ersten Jahreshälfte 1947 häufen sich prompt in den Säuberungslisten die Aufzählungen schwerwiegender Sanktionen gegen Polizeibedienstete, die mehrheitlich die „Untragbarkeit für die Polizei" bescheinigten und meist in der Weiterverwendung „in einer anderen Verwaltung" mit zehn- oder zwanzigprozentiger „Kürzung der Gehaltsbezüge" für zwei bis fünf Jahre endeten.[12]

Die in der französischen Zone und im Saarland am 2. Mai 1947 erlassene **„Jugendamnestie"** ordnete für alle „seit dem 1. Januar 1919 geborenen Personen" den Wegfall von „Säuberungsmaßnahmen" aufgrund der bloßen „Zugehörigkeit zur Nationalsozialistischen Partei oder zu einer ihrer Organisationen" und die Aufhebung aller bisher bei der Entnazifizierung sinngemäß getroffenen Bestimmungen an. Ausgenommen blieben weiterhin NSDAPler ab dem Rang eines Zellen oder Arbeitsleiters aufwärts sowie Mitglieder der Gestapo, SS, des Sicherheitsdienstes und Kriegsverbrecher.[13] Da die unter die Amnestie fallenden Deutschen maximal rund 26 Jahre alt waren und diese Generation bei den saarländischen Männern nach Kriegsende nur noch etwa knapp fünf Prozent der Bevölkerung ausmachte, fiel sie beim personellen Wiederaufbau der Polizei kaum ins Gewicht.

Zwei große, die Polizei direkt betreffende **Säuberungsschübe** erfolgten im **Sommer und Herbst 1947** in den Bereichen Inneres und Justiz. Von rund 700 am 24. Juni und 15. Juli sanktionierten Verwaltungsangehörigen waren nur drei Prozent (23) Polizisten, von denen wiederum achtzehn den Dienst quittieren mussten. Identisch fiel die am 30. September abgeschlossene Entnazifizierungsaktion aus: 24 Polizeibedienstete der 810 überprüften Arbeitnehmer in der öffentlichen Verwaltung unterlagen einer Sanktion, die für neunzehn Beamte die Entlassung oder Versetzung in einen anderen Sektor nach sich zog.[14] In dieser Säuberungsphase ist folglich für die Saarpolizei eine fast achtzigprozentige Entlassungsquote zu konstatieren.

Das erste **polizeispezifische Entnazifizierungsverfahren** fand am 10. September 1947 statt und sortierte wesentlich rigoroser als bisher alle untragbaren Bediensteten aus, da die Franzosen nun bei der Inneren Sicherheit und Lehrerschaft mit einem verschärften Beschäftigungsverbot und vermehrten Personalkontrollen eine besonders gründliche Aussortierung ehemaliger NS-Aktivisten anstrebten. Im Rahmen der Septemberaktion sanktionierte man bei der Gendarmerie 262 Beamte, von denen 134 (= 51 Prozent) als „entlassen", „entlassen ohne Ruhegehalt", „ohne Pension" oder „untragbar für die Polizei" eingestuft wurden. Von den 259 sanktionierten Schutzpolizisten mussten 115 den Dienst quittieren oder den Verwaltungssektor wechseln, womit 45 Prozent der Bediensteten wegfielen.[15] Für fast die Hälfte der insgesamt 521 mit Strafe belegten Polizisten bedeutete folglich die politische Säuberung im Herbst 1947 den Verlust des bisherigen Arbeitsplatzes, wovon die Mehrzahl versetzt wurde. Da für diesen Zeitpunkt keine Personalbestandslisten vorliegen, kann man nur Behelfskalkulationen vornehmen. Im August 1946 verfügte die Saarpolizei über 590 Beschäftigte, deren Zahl sich während der laufenden Entnazifizierung kaum veränderte. Da die gelockerte Säuberung erst nach September 1947 einsetzte, kann man bei der polizeispezifischen Entnazifizierung vom 10. des Monats in etwa vom gleichen Personalstand ausgehen, so dass sehr wahrscheinlich mindestens neunzig Prozent der Bediensteten einer Sanktionierung unterlagen und somit ein effektives Arbeiten nicht mehr gewährleistet war.

Bei der **Einstellung** in die Polizei galten zunächst besonders strenge Kriterien. Die Berufung von Führungsbeamten erforderte während der Besatzung bis Ende 1947 eine Genehmigung durch den Militärgouverneur, die nur nach intensiver Überprüfung durch die französischen Sicherheitsdienste bzw. Sûreté erfolgte. Kommunale Dienststellen und allgemeine Polizeiabteilungen verlangten oft in Ergänzung der offiziellen Épurationsbescheide eine Leumundsbescheinung von der Heimatgemeinde, honorigen Mitbürgern oder Geistlichen, die als „Persilschein" in die Geschichte einging. In der frühen Nachkriegszeit schlugen die Militärregierung und ihre Verwaltungsstellen auch Kandidaten zur Einstellung bei der Polizei vor, wobei weniger deren frankophile Gesinnung denn unbedenkliches Verhalten im Dritten Reich den Ausschlag gab.

Eine positive Beurteilung seitens Grandval bewahrte einen Polizeibeamten aber keinesfalls vor einem negativen Épurationsbescheid, wie der Fall eines Gendarmeriekreisführers beweist. Dessen „tadelloses Auftreten" im August 1946 anlässlich einer Inspektionsfahrt des Gouverneurs führte zwar zu einer Belobigung durch die Militärregierung, im April 1947 forderte jedoch die Sûreté infolge der politischen Überprüfung dieses Beamten die Polizeiverwaltungsdirektion zu dessen Entlassung auf. Diese erfolgte Mitte Mai 1947 als Beurlaubung bis zur Versetzung in den Ruhestand und wurde trotz mehrerer Leumundsbescheinigungen erst Ende April 1948 revidiert.[16]

Ende 1947 konnte sich auch der französische Chefkommandant in Deutschland nicht mehr länger einem Einlenken bei der Entpreußung widersetzen, da diese zum eklatanten Arbeits- und Fachkräftemangel erheblich beitrug und vor allem die Personaldecke der öffentlichen Administration immer bedrohlicher ausdünnte. Artikel 3 der Verordnung Nummer 133 vom **17. November 1947** verbot daher künftig jedwede „Säuberungsmaßnahme gegen die einfachen nominellen Mitglieder der Nationalsozialistischen Partei und der ihr angeschlossenen Verbände ..., die (hierin) weder einen Titel noch ein Amt innehatten."[17] Diese **„Mitläuferamnestie"** erlaubte der saarländischen Polizei verstärkt die Einstellung ehemaliger Parteimitglieder, die aber auch weiterhin politisch ohne Fehl und Tadel sein mussten. Bis zum Februar 1948 ließ sich so der Personalbestand auf 1 846 Bedienstete aufstocken, von denen der größte Teil (1 003) bei der Gendarmerie arbeitete; 700 Beamte wurden der Landespolizei und 126 der Kriminalabteilung zugeordnet, siebzehn Beschäftigte agierten im Innendienst.

Das vierte Entnazifizierungsmittel neben Internierung, Säuberung und Einstellungsverbot verkörperte die **Ausweisung**, die innerhalb der französischen Okkupationszone nur im Saarland angewendet wurde. Da zu den hiervon betroffenen Berufsgruppen weder Quellen noch Studien vorliegen, die deren Ausmaß für die Saarpolizei erhellen, müssen die vorhandenen allgemeinen Angaben genügen. Nach abgeschlossener Vorbereitung einer umfassenden Ausweisungsmaßnahme in den östlichsten Teil der französischen Zone, nach Württemberg-Hohenzollern, standen im Frühjahr 1946 ursprünglich 847 Saarländer auf der Liste. Durch Intervention von Politikern, Familienangehörigen, Freunden und Geistlichen verringerte sich deren Zahl auf 504, das Land letztlich verlassen mussten bei der einzigen großen Aktion dieser Art am 2. Juli 1946 nur 450 Personen. Bei den Ausweisungen wog übrigens im Gegensatz zu den Einstellungen die ablehnende Haltung gegenüber Frankreich schwerer als die NS-Vergangenheit.

Summa summarum zwangen die Franzosen von 1946 bis 1947 insgesamt 1 820 Saarländer zum Verlassen ihrer Heimat, von diesen durften aber bis Ende 1949 wieder 1 228 zurückkehren. Lediglich für 193 Familien hob das Hohe Kommissariat auch bis April 1951 die Ausweisung nicht mehr auf. Die Auswertung der Maßnahme vom 23. Juni 1947 zeigt, dass von den 1 058 aufgezählten Personen nur 22 SS-Mitglieder und 195 NSDAP-Beamte gewesen waren, 407 gehörten zu den allgemein Verdächtigten und 374 zu den Entlassenen. Der Anteil der Polizisten dürfte also nicht exorbitant hoch ausgefallen sein.[18]

Gemäß Kontrollratsdirektive Nummer 38 vom Oktober 1946 reformierte auch im Saarland ab Frühjahr 1947 die Einrichtung von **Spruchkammern** das bisherige Entnazifizierungsverfahren. Diese konnten jedoch erst ab November ihre Arbeit aufnehmen, da sich die Richterstellen kaum mit politisch unbefangenen Juristen besetzen ließen. Es fehlte zum einen an unbescholtenen Rechtsexperten, zum andern verweigerten diese wenigen oftmals ihre Mitarbeit bei einer solch unangenehmen Aufgabe und mussten via Dienstverpflichtung gezwungen werden. Aufgrund dieser misslichen Situation veröffentlichte das „Journal officiel" erst am 21. November 1947 die Verordnung der Militärregierung Nummer 133 zur gewandelten Entnazifizierung, die die „Saarbrücker Zeitung" bereits am 27. Februar des Jahres als gerechtere Neuvariante gepriesen hatte, durch die „die Deutschen die Möglichkeit haben, sich vor den Spruchkammern selbst zu verantworten, während bisher ... die Betroffenen der Verhandlung nicht beiwohnen und gegen das Urteil auch keine Berufung einlegen konnten."[19]

Von den zwischen Januar 1948 bis August 1949 im Amtsblatt publizierten Urteilsblöcken der Spruchkammern betrafen von 705 Entscheiden nur sieben Prozent die Polizei. Von diesen 49 Polizisten unterlagen sieben drastischen Strafen und zwölf mittelschweren Sanktionen. Dieses Ergebnis belegt die besondere Gründlichkeit der politischen Säuberung des Sicherheitswesens zu Zeiten der französischen Okkupation, zumal nur verhältnismäßig wenige Polizeibeamte eine Revision ihrer bisherigen Bescheide beantragten. Die Spruchkammern bestätigten deren Einstufung in 61 Prozent der Fälle und verschärften nur bei neunzehn Beamten das ursprünglich verhängte Strafmaß.

Abschließend soll eine Besonderheit der Entnazifizierung an der Saar erläutert werden: das **Fehlen berufsgruppeninterner Säuberungsgremien.** Diese Überprüfungskommissionen, die zum Beispiel in der britischen Zone ab Sommer 1946 im Einsatz waren, existierten in der hiesigen Region nicht, da sie dem französischen Demokratieverständnis widersprachen und, unter menschlichen Aspekten betrachtet, zu einer fatalen Wende bei der Aussonderung nationalsozialistisch vorbelasteter Arbeitnehmer führten. Im Okkupationsterrain Großbritanniens richteten innerhalb der Polizeibehörden Beamte über ihre Kollegen, was die Korruption und Wiederbeschäftigung bedenklicher Mitarbeiter sowie die Ausradierung schwächerer, aber politisch unbelasteter Polizisten förderte. Das Hauen und Stechen, das die deutsche Nachkriegspolizei vor allem in der englischen Zone erlebte, blieb der saarländischen Schwestereinrichtung glücklicherweise erspart …

Das Besatzungsende und der damit verbundene Wandel des Saarlandes zu einem weitgehend autonomen Staatsgebilde ab Ende 1947 läuteten eine schleichende **Renazifizierung** ein. Die Kontrollbefugnisse bei der Besetzung führender Beamtenpositionen des fortan nur noch als Hoher Kommissar agierenden Gilbert Grandval bestanden zwar weiterhin, wurden aber von der Regierungsmannschaft um Johannes Hoffmann regelmäßig umgangen, was zu massiven Auseinandersetzungen zwischen den beiden Politikern führte. Nach mehreren Interventionen Grandvals im Pariser Quai d'Orsay-Ministerium einigte man sich im März 1948 auf einen Kompromiss: Bei der Berufung von Polizisten war ab Ministerialrang eine Sondererlaubnis durch das Hohe Kommissariat einzuholen, für alle anderen Dienstränge besaß künftig der einwandfreie Épurationsbescheid eine höhere Wertigkeit.

Da diese Regelung allerdings in der Praxis wie manch andere Vorgängerbestimmung negiert wurde, monierte Grandval bei seinen Vorgesetzten an der Seine von Juli bis November 1948 mehrfach die anhaltende Missachtung seiner Vetorechte mit dem Hinweis, dass die Renazifizierung des öffentlichen Dienstes an der Saar bereits seit dem Frühjahr in Gang sei. Der enorme politische Druck, der auf den Schultern der Pariser Regierung durch die wirtschaftliche Anbindung der Region an Frankreich lastete, nötigte diese zu einem Einlenken entgegen den berechtigten Vorwürfen Grandvals. Sie erlaubte Johannes Hoffmann am **31. Juli 1948** den Erlass der **„Saarlandamnestie"**, die aufgrund der Interventionen des Hohen Kommissars erst vier Monate später im Amtsblatt publiziert werden konnte. Dieses Gesetz vereinfachte das Säuberungsverfahren, legte es ausschließlich in die Hände der saarländischen Regierung und hebelte ein Mitwirken Grandvals aus, dessen Behörde im November 1948 auch das Ausweisungsrecht verlor.

Taggleich kam ein Gesetz zur **Bereinigung der Dienstverhältnisse** zustande, das saarländischen Beamten nun selbst nach Entlassung infolge mangelnder Épuration eine Rückkehr auf ihren Posten gemäß Stellenplan zusicherte, solange das Verfahren mit der Einstufung in einer harmlosen Kategorie geendet hatte. In diesem Zusammenhang verabschiedete der Landtag ebenso ein Gesetz „zur Vereinfachung des politischen Säuberungsverfahrens", das allerdings in Paragraph 2 auch künftig die Befreiung von Sühnemaßnahmen für Personen ausschloss, die „der allgemeinen SS" oder „Waffen-SS" ohne zwangsweise Einziehung nach dem 1. Januar 1943 angehört hatten bzw. „Beamte und sonstige Mitglieder der Gestapo und des SD gewesen waren."[20]

Zur Einstellungspolitik bei der Polizei ab Sommer 1948 lässt sich infolge des bis dato fehlenden Zugangs zu den Personalakten nur anhand der Kenntnisse über den Stand in den 50er Jahren zumindest die Feststellung treffen, dass aktive NS-Polizisten mit schweren Vergehen auch in der Johannes-Hoffmann (kurz: Jo-Ho)-Ära keine Chance zum Wiedereinstieg erhielten. Infolgedessen kann von einer nationalsozialistischen Kontinuität, wie sie in jüngster Vergangenheit für andere Länder- und Kommunalpolizeien nachgewiesen wurde, im Saarland nicht die Rede sein. Die Auswertung einer Personalliste von 1951 ergab am Rande der

Säuberungsproblematik eine interessante Korrelation. Zwei Drittel aller Bediensteten traten nach dem 8. Mai 1945 neu ein, von denen wiederum 94 Prozent den Rang eines Wachtmeisters einnahmen. Die übrigen gehörten zwar der Polizei bereits vor Kriegsende an, hatten aber nun erst mehrheitlich mittlere oder gar Führungspositionen inne! Nach der gründlichen Entnazifizierung unter den Franzosen bis Ende 1947 fielen an der Saar lediglich 23 Personen in die Rubrik der „Schuldigen". Bis zum Herbst 1951 verloren nur noch 21 Einwohner nach Erhalt ihrer Épurationspapiere das aktive und passive Wahlrecht.

Die im Saarland ab 1945 mehrfach modifizierten Regelungen zur Anerkennung der durch das Hitler-Regime geschädigten Personen fanden am **31. Juli 1948** einen vorläufigen Abschluss mit dem „Gesetz über die Wiedergutmachung der den **Opfern des Nationalsozialismus** zugefügten Schäden", das den ersten Erlass dieser Art für Nachkriegsdeutschland verkörperte. Saarländer, die zwischen Januar 1933 und Mai 1945 wegen ihrer politischen, rassischen oder religiösen Zugehörigkeit oder weltanschaulicher Gründe durch die Nazis verfolgt und als deren Opfer anerkannt worden waren, durften ihren ursprünglichen Arbeitsplatz als Beamter beanspruchen oder waren bei der Besetzung von Stellen im öffentlichen Dienst bevorzugt zu behandeln.
Ab August 1945 bildete dieser Teil zwar eine zusätzliche unbedenkliche Rekrutierungsmasse für die Saarpolizei. Für die Stellenplanung und das Budget ergaben sich aber große Schwierigkeiten, da diese Bediensteten unter Berücksichtigung ihres vorherigen Ranges und der Beförderungsdynamik einzustufen waren und dadurch wesentlich kostspieliger ausfielen als jüngere Kollegen. Der Haushaltstitel der Polizei wurde zwar durch Ausgleichszahlungen seitens der Spoliations- und Épurationssonderfonds entlastet, diese speisten aber pikanterweise auch Gelder aus den Lohnkürzungen entnazifizierter Arbeitnehmer. Die entstehenden Dauerkosten, die sich mangels spezifischer Angaben zu den als NS-Opfer anerkannten Polizeibeamten nicht genau berechnen lassen, zwangen jedoch zum konsequenten Sparen und behinderten somit langfristig eine üppigere Personalausstattung des saarländischen Sicherheitswesens.[21]

Ein abschließender **Vergleich der Entnazifizierung bei der Saarpolizei mit der Säuberung der übrigen Schwestereinrichtungen in anderen Besatzungsgebieten** ist aufgrund fehlender zonenspezifischer Daten nicht möglich, zumal sich die jüngsten Forschungen meist auf die kommunale oder regionale Ebene beschränken. Folglich lassen sich nur allgemeine Tendenzen in Relation zueinander setzen. Die Amerikaner griffen in ihrem Terrain sicherlich zunächst am härtesten durch und sonderten mit Masseninternierungen jeden nur verdächtigen Polizisten aus. Diese erhielten aber später durch eine gelockerte Säuberung und Spruchkammereinstufungen in geringfügige Sühnekategorien eine Chance zum Wiedereinstieg, während „schuldig" rubrizierte Kandidaten auch mittelfristig ausgeschlossen blieben.

Im Gegensatz hierzu förderte die extrem pragmatische Säuberungspolitik der Briten zwecks geringstem Arbeits- und Kostenaufwand sowie schnellstmöglicher Wiederherstellung der öffentlichen Ordnung gerade beim Sicherheitswesen eine früh einsetzende Renazifizierung. Diese führte bereits Ende Oktober 1945 gebietsweise zu nur einstelligen Prozentzahlen bei den sanktionierten Bediensteten! So schlichen sich schon in der frühen Nachkriegszeit selbst belastete oder gar hauptschuldige NS-Polizisten ungehindert wieder ein.

Die Pariser Regierung entwickelte keine eigene Entnazifizierungssystematik, sondern orientierte sich an den strengen Kriterien der USA, um diese allerdings nach Bedarf zu modifizieren. So kam es im französischen Besatzungsraum zu erheblichen Schwankungen bezüglich der Säuberungsquoten im öffentlichen Dienst, die 1946 zwischen 7,5 Prozent in Südwürttemberg, siebzehn in Hessen-Pfalz und 35 für die gesamte Zone pendelten. Da die Franzosen auf eine Entnazifizierung der Wirtschaft kaum Wert legten, hingegen verschärft die Ausmerzung von NS-Aktivisten bei der Polizei und Lehrerschaft betrieben, kann man für diese beiden Bereiche höhere Zahlen zugrunde legen.[22]

Völlig gegenläufig gestaltete sich das Vorgehen der Machthaber im sowjetischen Gebiet. Unmittelbar nach Kriegsende entließen auch sie alle NSDAP-Parteibuchbesitzer rigoros aus der Polizei, die nur bei nachweisbarer antifaschistischer Aktivität verschont blieben. Über den Umweg des sozialistischen Staatsaufbaus kamen aber auch die alten Parteigenossen, die nur als Feinde der SED sanktioniert wurden (von rd.

800 000 NSDAPlern waren dies über 500 000), zu Beginn der 50er Jahre wieder zu Rang und Ehren. Bereits 1953 bestand so die SED zu über einem Viertel aus ehemaligen Hitler-Parteigängern – die Beschäftigung von NS-Aktivisten in der DDR-Polizei verlief parallel.

Die politische Säuberung der saarländischen Polizei verlief folglich in den ersten drei Nachkriegsjahren durchaus vorbildhaft und weist erst ab 1948 teilweise Parallelen zu den übrigen Besatzungszonen auf, wobei Bewerber der schweren Sühnekategorien hier auch auf Dauer keinen Wiedereinstieg fanden. Bis Dezember 1945 übertrafen die Entlassungen bei der Polizei mit 82 Prozent diejenigen der gesamten Administration (63) bei weitem, diese Tendenz blieb in der Folgezeit erhalten und steigerte sich bei der polizeispezifischen Säuberungsaktion im September 1947 zu einer fast vollständigen Sanktionierung aller Bediensteten. Die Hälfte dieser verlor ihren Arbeitsplatz bei der Polizei, wobei die Mehrheit in einem anderen Verwaltungszweig weiterbeschäftigt wurde. Von Ausweisung waren Polizeimitglieder kaum betroffen, ebenso wenig von Spruchkammerentscheiden, die nur in drei Prozent der Fälle zu einer Verschärfung des Strafmaßes führten.

Anmerkungen

1 Zu den Kriegsopfern s. Statistischer Jahresbericht der Stadt Saarbrücken für die Jahre 1939 bis 1947; S. 32, 47 u. 64f – zu d. Heimkehrern Doris Seck: Nachkriegsjahre; S. 63.

2 Die Zahlen stammen aus der Saarbrücker Statistik (1939–1947) a. S. 33.

3 Vgl. zu den Einwohnerzahlen a. die Statistiken a. dem Bulletin d'informations et de statistiques. Das Saarland während des ersten Halbjahres 1948, Saarbrücken 1948; S. 3, den Annex „Saargebiet" a. Statistischer Jahresbericht für die Bundesrepublik Deutschland 1955; S. 545 u. Saarländische Bevölkerungs- und Wirtschaftszahlen; bearb. im Statistischen Amt des Saarlandes. Saarbrücken 1949ff.

4 Die Wanderungsquoten im Saarland u. den Besatzungsgebieten stammen a. dem Statistischen Jahresbericht der Stadt Saarbrücken für die Jahre 1948 und 1949; hrsg. vom Statistischen Amt der Stadt Saarbrücken. Saarbrücken 1950; S. 54f.

5 S. zur Alters- u. Geschlechterverteilung a. Statist. Jahresbericht 1939–47; S. 36f.

6 S. zu den Zahlen aus dem Erwerbstätigenbereich a. ebda.; S. 69–76.

7 Angaben a. Statistisches Jahrbuch für die BRD 1957; S. 130 u. 1958; S. 119.

8 Zit. a. dem Besprechungsprotokoll v. Provinzialregierung u. Vertretern der Militärregierung in Neustadt am 14.5.1945, abgedr. bei Wünschel; S. 38–41.

9 Zu Internierung u. Säuberung s. a. Möhler: Entnazifizierung; S. 67 u. ders.: Entnazifizierung und Ausweisungen im Saarland. Vergangenheitsbewältigung oder Zukunftssicherung?; in: Von der „Stunde O" zum „Tag X" – Das Saarland 1945–1959. Katalog zur Ausstellung des Regionalgeschichtlichen Museums im Saarbrücker Schloß; hrsg. v. Stadtverband Saarbrücken, Merzig 1990; S. 49–64.

10 Vgl. zur Merziger Gendarmerie a. Möhler in ders.: Entnazifizierung – Demokratisierung – „Entpreußung". Zum Spannungsverhältnis von französischer Kontrolle und saarländischer Eigenständigkeit; in: Rainer Hudemann/Raymond Poidevin (Hrsg.): Die Saar 1945–1955. Ein Problem der europäischen Geschichte – La Sarre 1945–1955. Un problème de l'histoire européenne, München 1992 und [2]1995; S. 175–198, insbes. S. 188.

11 So der Gendarmeriedirektor a. 6.1.1947 an den Kreisleiter zur modifizierten Einstellung (Quelle: Landesarchiv des Saarlandes, Bestand Polizeiabteilung, lfde. Nr. 920).

12 Zit. a. der „Bekanntmachung über das Ergebnis der politischen Säuberung" v. 15. April 1947" im Amtsblatt der Verwaltungskommission des Saarlandes Nr. 25 v. 24.5.1947; S. 161.

13 S. die Art. 1–3 der „Verordnung Nr. 92 – Amnestie für die Jugend" v. 2.5.1947; in: Journal officiel du commandement en chef français (Nr. 69) 5.5.1947; S. 700f.

14 Die Säuberungsquoten zur Polizei konnten mit Hilfe der Amtsblattveröffentlichungen für die Entnazifizierung am 24.6, 15.7. u. 30.9.1947 errechnet werden.

15 So das Ergebnis der polit. Säuberung bei Gendarmerie und allgem. Polizei v. 10.9.947; s. a. die „Bekanntmachung über das Ergebnis der politischen Säuberung v. 10. September 1947" im Amtsblatt Nr. 45 v. 12.11.1047.

16 Vgl. hierzu a. die Unterlagen im Polizeiarchiv zum Fall d. Gendarmeriemeisters Z. aus Ottweiler für den Zeitraum 27.8.1946 bis Ende April 1948.

17 So lt. Verordnung v. 17.11.1947, im „Journal officiel du commandement en chef français en Allemagne" Nr. 122 am 21.11.1947 veröffentlicht.

18 S. zu den Ausweisungen durch die Militärs a. Möhler: Entnazifizierung; S. 36–51.

19 Zit. n. einer Notiz in der „Saarbrücker Zeitung" v. 27.2.1947.

20 So im Gesetz zur Vereinfachung d. polit. Säuberungsverfahrens v. 31.7.1948; zit. n. dessen Abdruck im Amtsblatt des Saarlandes 1948 a. S. 1327.

21 S. zum Ausgleich für NS-Opfer a. Yvonne Kempf: Die Wiedergutmachung im Saarland; in: Jahrbuch für westdeutsche Landesgeschichte (1991); S. 241–262.

22 Von den bis Febr. 1950 in den drei Westzonen entnazifizierten 3 660 648 Deutschen stufte man 150 425 als „minderbelastet" ein (= rd. 41 %), 23 060 (= 6,3 %) als „belastet" u. 1 667 als „Hauptschuldige" (= 0,05 %) – s. a. Michael Behnen (Hrsg.): Lexikon der deutschen Geschichte. Ereignisse – Institutionen – Personen im geteilten Deutschland von 1945 bis 1990, Stuttgart 2002.

4. Regionale Besonderheiten des Saarlandes

Der polizeiliche Neuanfang an der Saar unterlag nicht allein aufgrund wechselnder politischer Umstände und anhaltender Mangelzustände anderen Gesetzmäßigkeiten als in den übrigen Besatzungsgebieten, sondern ebenso infolge regionaler und infrastruktureller Besonderheiten. Diese bestimmten zahlreiche Detailaspekte des täglichen Vollzugsdienstes wie die gesamte Reorganisation des Sicherheitswesens und werden hier zunächst nur überblicksartig erwähnt, um in späteren Kapiteln eine eingehende Erläuterung zu erfahren.

Bedingt durch die gemeinsame Grenze mit Frankreich, Luxemburg und Deutschland fungierte das Saarland nach dem Zweiten Weltkrieg als **Transitland für den internationalen Handelsverkehr.** Das infolgedessen ab Ende der 40er Jahre entstehende Kraftfahrzeugaufkommen ist durchaus mit demjenigen der Schweiz vergleichbar, die Saarregion befand sich aber durch ihre Flachlandlage gegenüber dem Alpenstaat im Vorteil.

Entsprechend hoch pendelte sich der **Last- und Schwerlastverkehr** durch das Saarland ein, wie Zählungen an den Ausfallstraßen der Landeshauptstadt zeigen. Während zwischen fünf Uhr morgens und 21 Uhr abends auf den Hauptachsen Saarbrückens 1949 8 407 Lastkraftwagen fuhren und damit bereits ein Drittel des gesamten Kraftfahrzeugaufkommens ausmachten, stieg allein die Zahl der Schwerlaster 1954 auf 12 722 an. In den Jahren 1953 und 1954 bildeten der Großraum Saarbrücken sowie die Städte Völklingen, St. Ingbert, Neunkirchen, Saarlouis, Merzig und St. Wendel die meistfrequentierten Verkehrsknotenpunkte.[1]

Der hohe Lastkraftwagenanteil ließ die **Unfallzahlen** an der Saar im Vergleich zur BRD ab 1951 geradezu nach oben schnellen und trug der Region eine traurige Führungsposition ein, wobei die hohe Beteiligung der Lkws mit erheblichem Abstand zu den übrigen Verkehrsteilnehmergruppen ab 1948 durchgängig erhalten blieb. Dies zwang die Saarpolizei zur verschärften Überprüfung dieses Fahrzeugtyps. Mangels regionaler Erhebungen müssen kommunale Statistiken genügen. So waren 1950 an den Verkehrsunfällen in Saarbrücken 648 Liefer- und Lastwagen beteiligt, 1953 862 und 1956 sogar 1 235.[2] Die Zahl der Unfälle an der Saar mit tödlichem Ausgang sank bis 1951 leicht, während die westdeutschen sprunghaft anwuchsen; erst ab 1953 pendelte sich das Saarland hier auf bundesrepublikanisches Niveau ein.

		Unfälle im Saarland	Unfälle in der BRD		Verkehrstote im Saarland	Verkehrstote in der BRD
1946	483					
1947	624	(+ 29,2 %)				4 809*
1948	1 239	(+ 98,5 %)	50 741		99	2 955
1949	2 247	(+ 81,4 %)	81 965	(+ 61,4 %)	69	2 708
1950	3 208	(+ 42,8 %)	124 674	(+ 52,3 %)	72	6 314
1951	4 272	(+ 33,2 %)		+ 29,2 %	88	
1952	5 249	(+ 22,9 %)		+ 17,2 %		
1953	6 898	(+ 31,4 %)		+ 18,7 %	150	11 449
1954	8 292	(+ 20,2 %)		+ 10,8 %	155	12 071
1955	9 381	(+ 13,1 %)		+ 15,0 %	140	12 791
1956	10 444	(+ 11,3 %)		+ 10,2 %		13 427

Straßenverkehrsunfälle in Saarland und BRD von 1946 bis 1956[3]

* ohne die Verkehrsopfer in Baden und Württemberg-Hohenzollern

Die außergewöhnliche **Straßensituation** vergrößerte das Problem des wachsenden Schwerlastverkehrs zudem. Das Verkehrsnetz hatte seit der Vorkriegszeit trotz erhöhter Anforderung keine Verbesserung erfahren. Geprägt von überwiegend schmalen, zweispurigen Landstraßen, von denen noch 1961 nur 23 Prozent die Mindestbreite von 5,50 Metern besaßen, schlängelten sich diese Trassen kurvenreich durch die Gemeinden und waren somit unfallträchtiger als gerade Ortsumgehungen. Fernstraßen oder Autobahnen existierten bis 1959 überhaupt nicht. Die einzige, qualitativ bessere Strecke verkörperte die zu Beginn des 19. Jahrhunderts von Napoleon als Achse zwischen Mainz und Paris angelegte „Kaiserstraße", die das Land noch heute als Bundesstraße B 40 mit der Pfalz verbindet. Eine spürbare Entlastung brachte erst das 1959 eröffnete Autobahnteilstück St. Ingbert-Homburg, das nach dem ökonomischen auch den straßentechnischen Anschluss an die BRD symbolisierte. Über eine wassergebundene Schotterdecke verfügten noch zu Beginn der 60er Jahre nur 1,5 Prozent aller hiesigen Straßen (in der BRD bereits 8,5 Prozent). Lediglich in puncto Straßenlänge und -dichte konnte das Saarland Deutschland übertrumpfen, da hier 1959 auf einen Quadratkilometer Fläche 68 Kilometer Straße kamen, während Bayern über 38, Schleswig-Holstein über 42 und selbst Nordrhein-Westfalen nur über 63 Kilometer verfügten.[4] Bereits fünf Jahre zuvor besaß die kleine Saarregion ein verhältnismäßig großes Straßennetz von insgesamt 1 884 Kilometern Länge – im Vergleich dazu Luxemburg mit knapp 3 400 Kilometern fast das Doppelte. Die hohe Straßennetzdichte täuschte jedoch nicht über den miserablen Zustand hinweg – die Klagen über die Strecke Neunkirchen-Saarbrücken im Kreis Ottweiler lassen sich ohne Abstriche auf das gesamte Gebiet übertragen:

„Die Oberfläche dieser … etwa 3 km langen Straßenstrecke weist (statt) eines Straßenprofils nur noch Schlaglöcher und sonstige Bodenvertiefungen auf. Dieser ‚Schandfleck' im saarländischen Straßennetz muß schnellstens beseitigt werden, ebenso … die sog. ‚Todeskurve' … zwischen Wiebelskirchen und Ottweiler! Darüber hinaus besteht immer noch keine für Kraftfahrzeuge befahrbare Umgehungsstraße. Die Umgehungsstraße Wellesweiler-Wiebelskirchen … ist für Kraftfahrzeuge überhaupt nicht befahrbar … Zur Zeit ist der Durchgangsverkehr Saarbrücken- … Türkismühle und Homburg- … Türkismühle in zwei engen Straßenzügen im Innern der Stadt Neunkirchen zusammengedrängt. Dieser Zustand ist die Ursache zahlreicher Verkehrsunfälle und erschwert … den Kraftfahrzeugverkehr außerordentlich."[5]

Unter der hohen Kraftfahrzeugdichte hatten Bevölkerung wie verkehrsüberwachende Polizei gleichermaßen zu leiden. Während sich beim luxemburgischen Nachbarn 1954 nur 28 780 Fahrzeuge fortbewegten, taten dies im Saarland immerhin 60 460, womit rund die Hälfte an Verkehrswegen mehr als das doppelte Fahrzeugaufkommen verkraften musste! Die durchschnittliche Kfz-Dichte betrug an der Saar am 1. Januar 1954 23,6 Stück pro Quadratkilometer, in Luxemburg waren es nur

11,2; überrundet wurde das Saarland europaweit nur von Belgien mit 24,6. Diese Relationen verdeutlichen die ungewöhnliche Belastung des Landes durch hohe Fahrzeugzahlen auf engstem Raum.[6]

Kfz-Zulassungen in Saarland, BRD und Luxemburg[7]				
	Saarland		BRD	Luxemburg
1945	5 730			
1946	11 924			
1947	16 660			
1948	22 115			
1949	26 515			
1950	31 107	(+ 16 %)	2 155 355 (+ 29 %)	
1951	33 277	(+ 17 %)	2 903 772 (+ 35 %)	
1952	39 023	(+ 20 %)	3 604 506 (+ 24 %)	
1953	46 855	(+ 29 %)	4 338 414 (+ 20 %)	
1954	60 461	(+ 21 %)	4 892 704 (+ 13 %)	28 780
1955	73 173	(+ 19 %)	5 368 727 (+ 10 %)	25 069
1956	87 426		5 672 779	42 226

Die hohe Dichte an motorisierten Fahrzeugen resultierte nicht nur aus dem Transitverkehr, sondern auch aus der guten Versorgung der Saarländer mit Privatwagen, die früher als in den übrigen Besatzungsgebieten einsetzte. Die Kfz-Verteilung auf tausend Einwohner verdeutlicht das rasche Ansteigen: Kamen 1947 auf diesen Bevölkerungsanteil noch 39,6 motorisierte Fahrzeuge, so waren es 1948 bereits 57,3, 1949 68,9, 1950 74,4, 1951 82,0 und 1952 93,1. 1953 erreichte die Zulassungsquote mit 106,7 den dreistelligen Bereich, um über 120,2 (1954) auf 144,5 im Jahr 1956 anzuwachsen.[8]

Der Vergleich mit dem Bundesgebiet führt den Unterschied drastisch vor Augen. Während am 1. Juli 1958 auf tausend Saarländer 117 Fahrzeuge entfielen, waren dies in West-Berlin nur 75, Bremen 98 und Nordrhein-Westfalen 112.[9] Eine überproportionale Pro-Kopf-Versorgung weisen die Kreise Saarbrücken-Stadt und -Land auf. Waren am 1. Januar 1953 in Homburg, Merzig, St. Ingbert und St. Wendel zwischen 3 013 und 3 748

Fahrzeuge zugelassen, so stieg deren Zahl in Ottweiler und Saarlouis auf 6 402 bzw. 7 130 an. Im Landkreis der Landeshauptstadt waren 10 325, im Zentrum sogar 11 998 gemeldet.[10] Neben den hohen Zulassungszahlen macht auch die Entwicklung bei den Fahrzeuggruppen manchen Sonderweg der saarländischen Verkehrspolizei verständlich. Allein der Bestand an motorisierten Zweirädern lag 1947 bis 1949 höher als derjenige an Personenkraftwagen.

Fahrzeugbestand im Saarland nach einzelnen Fahrzeuggruppen[11]
(die fettgedruckten Zahlen markieren den führenden Kfz-Typ)

	Pkw	Motorräder u. Roller	Lkw	Busse
1946	3 722	3 497	**3 791**	122
1947	4 729	**5 830**	4 903	143
1948	5 981	**7 927**	6 840	242
1949	7 958	**8 663**	8 282	401
1950	**10 444**	9 643	9 331	476
1951	**12 680**	10 868	10 399	521
1952	**15 877**	13 625	11 352	578
1953	**19 895**	19 420	12 530	643
1954	22 387	**22 448**	13 368	693
1955	29 751	**33 049**	15 305	853
1956	32 567	**35 692**	15 975	898

Von 1950 bis 1953 herrschte durch die gute Wirtschaftsentwicklung und erleichterten Importmöglichkeiten für deutsche Modelle wieder der vierrädrige Personenkraftwagen auf Saarlands Straßen vor und symbolisierte – ebenso wie beim späteren BRD-„Wirtschaftswunder" – Wohlstand, Fortschrittlichkeit und Flexibilität. Doch die optimierten Einfuhrbedingungen für westdeutsche Pkws konnten dem hierzulande allseits beliebten „Crèmeschnittchen" nicht den Rang ablaufen, das ab 1948 auch den Polizeifuhrpark dominierte. Es wurde für viele Jahre zur typischen „Familienkutsche" des reisefreudigen Saarländers ...

beherrscht die Straßen des Saarlandes
Finanzierung bis zu 12 Monaten

AUTO-INDUSTRIE G. m. b. H.
Saarbrücken   Saarlouis
Bleichstr. 11–15   Pasteurring 12

Erst 1954 lösten Zweiräder die Limousine wieder an der ersten Stelle in der Beliebtheitsskala ab. Eine Ausnahme bildete erneut Saarbrücken, da hier selbst wachsende Bestände an Motorrollern und -rädern von 549 (1947) auf 3 257 Stück (1956) zu keinem Zeitpunkt den favorisierten Personenwagen überrundeten. Die Zulassungszahlen bei den Viersitzern stiegen zeitgleich von 1414 auf 9 002 an, so dass sich das Verhältnis zwischen Motorrad und Pkw gleichbleibend auf einem Verhältnis zwischen 1:2 und 1:3 einpendelte.[12]

Abb. 22: Die Reklame von 1953 traf den Nagel auf den Kopf …

Die unglückliche Straßensituation sowie das hohe Fahrzeugaufkommen zwangen die **saarländische Verkehrspolizei** zu außergewöhnlichen Maßnahmen. Deren Beamte sahen sich zudem mit einer enorm unfallgefährdeten Bevölkerung konfrontiert, da diese vor allem in der frühen Nachkriegszeit häufig auf Schusters Rappen oder dem Drahtesel unterwegs war. Die erschreckend hohen Unfallzahlen, die auch steigende Quoten für die darin verwickelten Fußgänger beinhalten, sprechen für sich … die Polizei reagierte auf diese Problematik in vielgestaltiger Weise.

Vergleichsweise früh richtete man eine zentrale Abteilung Verkehrspolizei respektive ab Frühjahr 1948 spezielle **Verkehrsabteilungen** bei der

195

Gendarmerie für die ländlichen Gebiete in Form motorisierter Einsatzgruppen ein, die einen hohen Beamtenanteil banden. Außerdem verdeutlicht die vom **Zweirad** dominierte Einkaufspraxis beim Aufbau des
polizeilichen Fuhrparks das Bemühen, die Verkehrspolizisten möglichst
flexibel auf die erschwerten Arbeitsbedingungen reagieren lassen zu können. Auf engen und windungsreichen Straßen befanden sie sich mit
leichtgewichtigen Motorrädern, auch in der Gespannvariante, beim Fortkommen im Notfall oder bei der Verfolgung von Verkehrsteilnehmern
gegenüber schwerfälligeren Viersitzern im Vorteil.

Die zahlreichen Lastkraftwagen, Schwertransporter und Sonderfahr-
zeuge (Schlepper etc.) verursachten beim Durchqueren der Transitregion
Saar oft aufgrund technischer Mängel noch zu Beginn der 50er Jahre derartig viele und schwerwiegende Unfälle, dass das übliche Abschätzen der
Fahrtüchtigkeit dieser Kfz-Gruppe mit dem bloßen Auge nicht mehr ausreichte. Daher erwarb man für die Saarpolizei spezielle **Testgeräte**, die
die westdeutschen Länder größtenteils erst in den 60ern einsetzten.
Hierzu zählten neben Scheinwerferprüfern auch Bremstester und Lenk-
spielraum- sowie Achsdruckmesser (besonders das Überschreiten der zu-
lässigen Zuladung pro Achse wurde häufig praktiziert). Zur optimierten
Überwachung des fließenden Verkehrs stattete man die Motorräder,
ebenfalls früher als in der BRD, zunächst mit **Funk-**, später mit **Radar-
geräten** aus, die dem schon damals beliebten Freizeitsport des Zu-
schnell-Fahrens ein Ende bereiteten ...

Die Verkehrssituation im Nachkriegssaarland gestaltete sich aber auch infolge **infrastruktureller Besonderheiten** völlig entgegengesetzt zum
übrigen Besatzungsgebiet. Da die Region noch heute außer Saarbrücken
keine Großstädte mit mehr als 100 000 Einwohnern kennt, bestimmt der
hohe Anteil ländlicher Gemeinden und kleiner Kommunen den gesamten infrastrukturellen Aufbau. Die Landeshauptstadt bildete bereits
nach dem Zweiten Weltkrieg in administrativer, kultureller, verkehrs-
technischer wie ökonomischer Hinsicht den zentralen „Wasserkopf" und
verlieh der gesamten Region schon damals einen eher stadtstaatähn-
lichen Charakter.

Viele Berufstätige wohnten zur Senkung ihrer Lebenskosten oder aus familiären Gründen auf dem Land und zogen auch bei weiter Anfahrt zur meist im Saarbrücker Großraum befindlichen Arbeitsstelle nicht dorthin um, so dass sich in den 50ern ein ausgeprägtes **Pendlertum** entwickelte. Hierfür benutzte man weniger öffentliche Verkehrsmittel denn Privatfahrzeuge; eine Verkehrszählung von 1951 führt das Ausmaß der Pendlerbewegung von und nach Saarbrücken vor Augen:

Einpendlertum nach Saarbrücken am 14.11.1951			
Entfernung vom Wohnort	Gemeinden	Pendler	Anteil am Pendleraufkommen (in Prozent)
weniger als 10 km	12	14 126	35,9
10 bis 15 km	15	9 340	23,8
15 bis 20 km	30	4 879	12,4
20 bis 25 km	38	4 891	12,4
25 km und mehr	234	6 105	15,5
insgesamt	329	39 341	100,0

Von insgesamt knapp 40 000 Pendlern kamen circa 16 000 aus Ortschaften, die fünfzehn Kilometer und mehr von der Landeshauptstadt entfernt waren und nahmen damit einen Hin- und Rückweg von mindestens dreißig Kilometern in Kauf; ein Siebtel bewältigte hierfür sogar über fünfzig Kilometer. Unterschieden nach Sektoren ergibt sich die mit reduzierten Fahrtkosten zu erklärende Tatsache, dass von den im Verkehrswesen Beschäftigten fast 56 Prozent nach Saarbrücken einpendelten, während dies aus den Bereichen Öffentlicher Dienst; Eisen und Metall; Handel, Banken und Versicherungen; Baugewerbe und weiterverarbeitende Industrie nur zwischen 36 bis fünfzig Prozent taten. Arbeitnehmer aus den Sektoren Dienstleistung (26 Prozent) sowie Bergbau und Steine pendelten erheblich seltener (24 Prozent).[13]

Die **Personenbeförderung im öffentlichen Nahverkehr** stieg trotz eines schon früh gut ausgebauten Liniennetzes zwischen 1948 und 1951 nur geringfügig an. Die saarländischen Eisenbahnen beförderten 1948 46 212 und 1951 50 805 Menschen; ebenso wenig gab es spürbare Zuwächse bei den Straßenbahnen (von 57 994 auf nur 58 793). Besser angenommen wurde das Angebot der zahlreichen Omnibuslinien, deren Beförderung von ursprünglich 10 773 auf mehr als das Dreifache (36 032) anwuchs. Außer Konkurrenz lief das grubeneigene Transportnetz, das seine Fahrgastmenge fast verdoppeln konnte (1948: 5 315 Personen, 1951: 9 776). Der Blick auf die von den Saarbrücker Verkehrsbetrieben beförderten Personen macht die ab 1955 verschobene Relation zugunsten der Straßenbahn greifbar. Während hierin im Januar 1956 rund 3 517 000 Personen fuhren, benutzten nur 1 521 000 den Kraftomnibus bzw. Oberleitungsbus.

Durch das wachsende Verkehrsaufkommen verschlimmerte sich in den 50er Jahren auch die Situation zu den Berufsstoßzeiten, vor allem in Saarbrücken. Hier und in anderen größeren Städten an der Saar fuhren die Straßenbahnen oft unfallträchtig entgegen der Fahrtrichtung der übrigen Verkehrsteilnehmer. Der Polizeibericht der Dienststelle Dudweiler vom November 1946 meldete daher keine Seltenheit: „Der

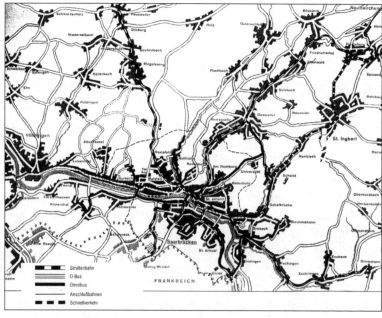

Abb. 23: Netz der Straßenbahnen, Obusse, Omnibusse und Anschlußbahnen (1950)

Fahrer des PKW SA-F ... wurde zur Anzeige gebracht, da er einen Zusammenstoss mit einem Strassenbahnwagen der Linie 9 verursachte und ohne anzuhalten mit erheblicher Geschwindigkeit weiterfuhr ...“[14]

Die hauptsächlich in den Großkommunen herrschende **Parkplatznot** trieb das Verkehrschaos auf die Spitze, da die damals weitverbreitete Kennzeichnung von Parkzonen am Fahrbahnrand den ohnehin überfüllten Verkehrsfluss zusätzlich behinderte. Berücksichtigt man die Tatsache, dass das private Fahrzeug schon in der frühen Nachkriegszeit des Saarländers liebstes Kind verkörperte, wie Zulassungsstatistiken und motorisierte Pro-Kopf-Versorgung zeigen, so kann man sich lebhaft vorstellen, welche Begehrlichkeiten jeder Parkwinkel vor allem im Saarbrücker Innenstadtbereich weckte. Nicht von ungefähr wendete die Polizei für die Bekämpfung dieses Problems beachtliche Zeit auf. Mit der unten abgebildeten Zeichnung schlug der „Tintenfisch“ auf charmante Weise eine Präparierung der nicht selten rücksichtslos abgestellten Fahrzeuge zur prompten Protokollbearbeitung vor ...

Abb. 24: „Tintenfisch“-Karikatur vom Oktober 1951

Während die strikte Kontrolle von Parksündern deren Geldbeutel traf und einen abschreckenden Effekt verfolgte, dienten die **verkehrspädagogischen Maßnahmen** ausschließlich der Prävention. Ab 1949 unterrichteten speziell geschulte Gendarmeriebeamte primär jüngere Grundschüler in Sachen Verkehrssicherheit, da sich die ersten vier Klassenstufen als besonders gefährdet erwiesen. Die Jugend behielt man auch langfristig im Auge, denn dem Saarland kam nicht nur beim schulinternen Verkehrsunterricht eine Pionierrolle in Deutschland zu. Bei der Begründung von Kinderverkehrsschulen fungierte das kleine

Land ebenfalls als Vorreiter für spätere Initiativen in der BRD. Die im Sommer 1955 eröffnete, unter polizeilicher Federführung stehende Bexbacher Institution kannte zu jener Zeit kein deutsches Pendant.

„. . . und jetzt kommen wir zu § 38 der «Vorschrift zur Verhütung von Verkehrsunfällen."

Abb. 25: Karikatur zur Verkehrserziehungswoche vom 16. bis zum 28. Juni 1952

Ebenso innovativ zeigte sich die Saarpolizei unter dem anhaltenden Dilemma einer verheerenden Verkehrssituation bei der Schulung Erwachsener und entschied sich zu Beginn der 50er Jahre für eine offensive Aufklärung. Durch gezielte Einzelaktionen sowie Kompaktveranstaltungen wies sie auf Mißstände hin und versuchte durch praktische Ratschläge dem Fehlverhalten vieler Bürger im täglichen Verkehrsgeschehen entgegenzuwirken. Die erste Maßnahme fand in Saarbrücken 1952 mit einer Kampagne zur Aufklärung über die Gefährdung von und durch Radfahrer statt. Im gleichen Jahr startete man auch die alternierenden Unfallverhütungs- und Verkehrserziehungswochen; erstere dauerten maximal sieben, letztere stets vierzehn Tage. Deren enorme Breitenwirkung lässt sich nicht nur anhand etlicher Karikaturen im „Tintenfisch" nachvollziehen. Parallel veröffentlichte auch die „Saar-Volksstimme für Demokratie und Sozialismus" in Kooperation mit dem Automobil-Club Saar (ACS) von 1952 bis 1955 eine Kolumne zur Radfahrererziehung (anfangs mit den Figuren Pöks und Putz, später unter

FRITZ UND PATT

Fritz fährt neben Schulfreund Frank
auf dem Rad die Straße lang.
Schutzmann Patt mag das nicht leiden
und er ruft: „Hallo, ihr beiden,
habt ihr denn noch nicht gehört,
daß man n a c h einander fährt
und nicht so wie ihr zu zweit?
Merkt euch das für alle Zeit!
Rücksichtnahme im Verkehr,
Vorsicht üben — ist's so schwer?
Fritz, nun fahre du voran,
daß der Frank dir folgen kann!"
AUF DEM FAHRRAD FÄHRT MAN NUR
EINER IN DES ANDERN SPUR!

dem Titel „Fritz und Patt"), in der ein ambitionierter Schutzmann Kinder über regelwidriges Verkehrsverhalten informierte.

*Abb. 26: „Fritz und Patt"
in der „Saar-Volksstimme"
vom 12. Mai 1953*

Der **ländlich geprägten Struktur der Region** und den daraus erwachsenden Verkehrsproblemen musste man auch bei der **polizeilichen Neuorganisation** Rechnung tragen. Da die alliierte Dezentralisierungsforderung die Bildung kommunaler Posten vorsah, die den infrastrukturellen Gegebenheiten an der Saar ideal entsprachen, betrieben bereits die Amerikaner vornehmlich die Reorganisation der **Gendarmerie als Sparte für die ländlichen Gebiete**. Eine Kommunalabteilung erhielten nur Großstädte wie Saarbrücken mit mehr als 7 500 Einwohnern. Der Gendarmerie wies man entgegen ihren restdeutschen Schwestereinrichtungen ein umfangreiches Aufgabengebiet zu, das neben kriminalpolizeilicher Ermittlung auch die Verkehrsüberwachung umfasste. Dieses blieb auch nach der Reverstaatlichung der kommunalen Polizei am 15. November 1946 unangetastet, da die wiederbegründeten zentralen Polizeiabteilungen weiterhin nur gebietsübergreifende oder administrative Funktionen besaßen. Die andauernde Vielfalt der örtlichen, sachlichen und formalen Zuständigkeiten ließ die Gendarmeriereviere gegenüber den landespolizeilichen auf fast das Dreifache anwachsen (im Februar 1947 existierten 55 Gendarmerie- und über zwanzig Polizeiposten) und nicht den Landespolizisten, sondern den Gendarm zum klassischen „Schutzmann" werden.

Der Aufbau einer dezentralen Gendarmerie mit weitreichenden Aufgaben gründete auch in dem Bemühen der Franzosen, heimatliche Polizeistrukturen auf ihre Zone zu übertragen (noch heute obliegt der Gendarmerie nationale, erst seit kurzem dem Verteidigungs- und Innenministerium gleichermaßen zugeordnet, ein weitgespanntes Gebiet, das unter anderem auch kriminalpolizeilichen Dienst, Notrettung, Bergwacht und Jugendschutz beinhaltet). Gleichzeitig bekämpfte die Pariser Regierung damit Strömungen, die ein Wiederaufleben der militärisch dominierten Landjägerei anstrebten. Diese aus der preußischen Landgendarmerie erwachsene Sparte, die von 1920 bis 1935 im Saargebiet existiert hatte, war am 9. März 1923 als militärische Organisation aufgelöst und dem Innensektor zugewiesen worden. Als nunmehr reine Zivilbedienstete nahmen die Landjäger auch kriminalpolizeiliche Funktionen auf dem flachen Land wahr und unterstützten andere Polizeibehörden bei ihrer Arbeit. Ein Rückgriff auf diese Einrichtung hätte sowohl dem französischen Demokratieverständnis als auch den alliierten Wiederaufbauplänen für Deutschland widersprochen.

Die politische Sonderstellung der Saarregion nach 1945 bedingte die Einrichtung einer **Grenzpolizei**, deren Funktionen zunächst ebenfalls die Gendarmerie wahrnahm. Nach etlichen Zusatzvereinbarungen zur Wirtschafts- und Zollunion zwischen Frankreich und dem Saarland (ab 1. April 1948) und der Anerkennung der saarländischen Staatsangehörigkeit am 15. Juli 1948 begründete man im Januar 1950 einen polizeilichen Grenzdienst, dessen Fortgang später eingehend zu schildern ist. Inwieweit die regionalen Gegebenheiten die nach dem Untergang des Hitler-Regimes von den Alliierten geforderte Entpolizeilichung im Saarland beeinflussten, soll nachfolgend geklärt werden.

Anmerkungen

1 Vgl. zu den Verkehrsstatistiken a. den Kurzbericht des Statistischen Amtes des Saarlandes vom April 1956 (Nr. IV/14), Saarbrücken 1956; S. 9ff.

2 S. a. Statistisches Jahrbuch Saarbrückens 1950 bis 1956, o.O. 1959; S. 128.

3 Die Unfalltabelle basiert auf: Deutsche Polizei (1960)11; S. 88, Polizei im Saarland. Zum Landesdelegiertentag der Polizeigewerkschaft im Deutschen Beamtenbund 27. September 1968 in Saarbrücken, Hamburg 1968; S. 57, Statistisches Jahrbuch für die Bundesrepublik Deutschland 1952; S. 306 u. Statistiken in den Nachrichtenblättern d. Landespolizeipräsidiums.

4 Vgl. zur Straßensituation a. Ludwig Daniel: Straßenverkehrsplanung im Saarland; in: Walter Scheu (Hrsg.): Das Saarland und seine Polizei; redaktionelle Gestaltung: Werner Köth. Wiesbaden 1964; S. 80–85 sowie Elmar Müller: Zur Verkehrssituation im Saarland; in: Die Polizei im Saarland. Zum Delegiertentag 1960 der Gewerkschaft der Polizei/Landesbezirk Saarland, Hamburg 1960; S. 84–93.

5 Zit. a. „Kreis Ottweiler fordert Strassenausbau“; in: Auto Technik und Sport 5(1953)11; S. 234.

6 A. dem Kurzbericht d. Statistischen Amtes d. Saarlandes v. Okt. 1954 (4(1954)IV/73); S. 2–7.

7 Angaben a. dem Statistischen Jahrbuch Saarbrückens 1950–1956; S. 128.

8 S. Kfz-Bundesstatistik v. 1.7.1958 im Kurzbericht d. Statistischen Amtes d. Saarlandes v. November 1958 (8(1958)IV/61) a. S. 2.

9 Vgl. a. Nachrichtenblatt d. Landespolizeipräsidiums v. 27.2.1953; S. 11.

10 Die Statistik beruht auf: Saarländische Bevölkerungs- und Wirtschaftszahlen 9/10(1957/58)1–4; S. 147 u. 7(1955)1–4; S. 99, Statistisches Jahrbuch für die Bundesrepublik Deutschland 1954; S. 569 u. 1956; S. 105 u. Statistischer Kurzbericht des Statistischen Amtes des Saarlandes für den Oktober 1954 (4(1954)IV/73); S. 4.

11 Daten a. Kurzbericht d. Statistischen Amtes d. Saarlandes v. 30.8.1952; Saarländ. Bevölkerungs- u. Wirtschaftszahlen 9/10(1957/58)1–4; S. 147, Kurzbericht d. Statist. Amtes d. Saarlandes v. 24.11.1958 u. Polizei und Recht 2(1955)4; S. 106.

12 Vgl. a. Statistisches Jahrbuch d. Stadt Saarbrücken v. 1950 bis 1960; S. 128.

13 Angaben zu den Einpendlern nach Saarbrücken a. ebda.; S. 94.

14 Zit. n. dem Bericht d. Polizei Dudweiler an den Saarbrücker Landrat v. 20.11.1946 (Quelle: Archiv des Rathauses Dudweiler, Lagernummer 836).

5. „Entpolizeilichung" des Sicherheitswesens

Der polizeiliche Neuanfang an der Saar erfolgte noch während des Krieges nach der sukzessiven Übernahme der Administration durch die amerikanischen Truppen ab Frühjahr 1945 und richtete sich nach den alliierten Verordnungen zur Reorganisation der Inneren Sicherheit in Deutschland. Eröffnet wurde er während der dreimonatigen US-Okkupation durch die gründliche Zerschlagung aller Überreste der zentralisierten Hitler-Polizei zugunsten eines **rein kommunalen Wiederaufbaus,** so dass die ab März 1945 neubegründeten Dienststellen den zivilen Leitern der Gemeinden und Kreise (Bürgermeister bzw. Landräte) unterstanden. Eine eigenständige Kommunalpolizei erhielten lediglich größere Ortschaften mit mehr als 7 500 Einwohnern, für kleinere Gemeinden war fortan die Gendarmerie zuständig.

Die saarländischen Landräte stießen daher mit ihrem Drängen bei der amerikanischen Besatzungsregierung auf vorrangiges Wiedereinführen der letztgenannten Sparte auf offene Ohren, wobei ihre Beweggründe ausschließlich praktischen Überlegungen für eine optimierte Kreisverwaltung entsprangen: Ein engmaschiges Netz von Gendarmerieposten vor Ort kam den Bedürfnissen der ländlich dominierten Saarregion eher entgegen als einige wenige Kommunalpolizeien ohne näheren Kontakt zur Bevölkerung.

Da die Amerikaner das Saargebiet bereits im Juli 1945 an die Franzosen übergaben, konnten sie beim polizeilichen Wiederaufbau nur erste pragmatische Ansätze wie politische Säuberung, eingeschränkte Wiederbewaffnung, Bildung von Polizeireferaten oder Vorabplanungen zur Gendarmerie in die Wege leiten und kaum organisatorische Grundlagen schaffen. Diese Aufgabe blieb der französischen Militärregierung überlassen, die aus ihrer Heimat keine der angelsächsischen Tradition entsprechende Polizeiorganisation kannte, aber als – mittlerweile anerkannter – vierter Siegerstaat zur Umsetzung der Bestimmungen der Kriegskonferenzen und des US-Handbook verpflichtet war. Da diese die Zerschlagung aller hitlertypischen Polizeiaspekte und die Einführung eines getrennten Behördensystems forderten, galt auch für die französischen Besatzungsbehörden im Saarland prinzipiell das sogenannte „Entpolizeilichungsgebot".

In der Praxis bedeutete dies die Aufhebung aller bisherigen Überschneidungen oder gar Übernahmen verwaltungstechnischer oder legislativer Funktionen durch die Polizei, die sich auf diese Weise im Rahmen der Gleichschaltungspolitik Hitlers ab Mitte der 1930er Jahre zu einem allmächtigen Terrorapparat entwickelt hatte. Nach dem Willen der Alliierten sollte sich die deutsche Nachkriegspolizei wieder ausschließlich der Wahrung von Sicherheit und Ordnung, Gefahrenabwehr und Straftatverfolgung widmen und alle übrigen Aufgaben der zivilen Administration überlassen. Diese klare Trennung zwischen einer rein sicherheitsorientierten Vollzugspolizei und dem Verwaltungssektor fehlte vor 1945 im Deutschen Reich gänzlich und führte in der polizeiwissenschaftlichen Diskussion zur Verwendung der beiden Begriffe „Einheits-" und „Trennprinzip", wobei letzterer in den Sprachgebrauch der Nachkriegsära auch als „Entpolizeilichung" einging.

Im Besatzungsalltag entstand jedoch infolge regionaler Gegebenheiten in den einzelnen Zonen und heimatlicher administrativer Traditionen der jeweiligen Militärregierung meist eine **Mischform** beider Behördensysteme, zumal das strikt angewandte Trennprinzip einen totalen Umbruch der preußischen Verwaltunggrundsätze bedeutet hätte. Das Einheitsprinzip nach nationalsozialistischem Muster erfuhr allerdings nach Kriegsende in keinem westdeutschen Besatzungsgebiet mehr eine Renaissance.

Der Polizeibegriff im institutionellen Sinn als Zuordnungshilfe innerhalb der staatlichen Behörden blieb selbstredend auch nach dem Sommer 1945 erhalten, wohingegen sich dessen formeller und materieller Gehalt deutlich verschob. Bei der formellen Nutzung der Bezeichnung für staatliche Einrichtungen durfte nach alliiertem Verständnis das Anhängsel „-polizei" nur noch dann erscheinen, wenn es sich um eine Dienststelle mit adäquater polizeilicher Tätigkeit handelte. Für administrative Behörden ohne jeden polizeilichen Charakter durfte diese keine Verwendung mehr finden, um auch sprachliche Usancen des Dritten Reichs zu unterbinden. Damit war der materielle Polizeibegriff (Wahrung von Sicherheit und Ordnung) mit dem formellen enger als bisher verknüpft.

Eine „Gesundheits-", „Wohnungs-" oder „Schulpolizei", die namentlich als Polizeibehörde erschien, ihre Aufgaben aber ausschließlich zu Wohlfahrtszwecken ausübte, war daher zumindest theoretisch im Nachkriegsdeutschland nicht mehr denkbar.

Realiter ließ sich jedoch die Entpolizeilichung gemäß den Vorschriften der Siegermächte nicht immer konsequent durchsetzen, da sich die festgefahrenen Verwaltungsgewohnheiten der Deutschen und heimatlichen Behördenstrukturen der Besatzer oftmals als unvereinbar erwiesen. Gelang die Einführung des Trennprinzips noch weitgehend erfolgreich im amerikanischen Okkupationsbereich, so waren die diesbezüglichen Abstriche bei den Briten und Russen wesentlicher größer. Im französischen Gebiet erfolgte weniger aus organisatorischen denn demokratischen Erwägungen heraus so manche Abweichung von den Potsdamer „D's", so dass eine teilweise Vermengung von materiellem und formellem Polizeibegriff weiterhin in Baden-Württemberg, Bremen und Rheinland-Pfalz überall dort stattfand, wo Ordnungsbehörden Aufgaben der Gefahrenabwehr übernahmen wie beispielsweise bei der Gewerbekontrolle.[1]

Die französische Verwaltungspolitik folgte im ehemaligen Saargebiet zudem dem **Épurationsprinzip**, das neben der strikten Säuberung von nationalsozialistischen Elementen auch der Ausmerzung jeglichen preußischen Gedankenguts wie vorauseilender Gehorsam oder übertriebene Pflichterfüllung diente, um eine wie auch immer geartete Annäherung der Region an Frankreich zu erleichtern. Darüber hinaus nahm die Pariser Regierung das Saarland schrittweise aus dem Zuständigkeitskeitsbereich des Alliierten Kontrollrats heraus. Die internationale Diskussion um die politische Zukunft der Saar endete vorläufig am 10. April 1947, da Frankreich von diesem Tag an den administrativen Vorgaben der übrigen Kriegspartner nicht mehr Folge leisten musste und beim Wiederaufbau der Polizei völlig frei schalten und walten durfte.

Entsprechend den alliierten Dezentralisierungs- und Demokratisierungszielen baute die Militärregierung unter Gouverneur Gilbert Grandval ab Juli 1945 an der Saar zunächst eine den zivilen Behörden unterstehende kommunale Polizei in den Städten sowie eine Gendarmerie für die ländlichen Gemeinden auf. Es zeigte sich allerdings bereits im Verlauf des ersten Nachkriegsjahres, dass die zivil geführte Kommunalpolizei den tatsächlichen Bedürfnissen weder des Landes (vor allem in der südlichen Hälfte mit hoher Bevölkerungsdichte, massierter Industrie, intensivem Bergbau und zahlreichen Verkehrsknotenpunkten) noch seiner Einwohner wirklich gerecht werden konnte. Die erneute Bildung einer zentralen staatlichen Organisationsform beruhte also auf rein praktischen Erwägungen und führte zur Wiedereinrichtung einer primär für den Südteil verantwortlichen Landespolizei, während die Gendarmerie vor allem den ländlich strukturierten Norden dominierte.

Am 26. Juni 1946 wandte sich Regierungspräsident Dr. Neureuther erstmals an den Leiter des Innenreferats unter Hinweis auf ein Schreiben Grandvals vom 21. des Monats, in dem der Gouverneur „grundsätzliche Fragen über die künftige Organisation der Polizei aufgeworfen"[2] hatte, ohne dabei einen näheren Rahmen abzustecken. Zugleich berichtete Neureuther über Gespräche mit zwei Angehörigen der Militärregierung, Gouthier und Leroy, die die Absicht erwähnt hatten, die Saarpolizei erneut zu verstaatlichen und diese „von der Leitung der Gendarmerie und Grenzlandgarde"[3] (d.i. das Saarbataillon, Anm. d. Verf.) zu trennen. Anhand dieser Quelle lässt sich zum einen die Auflösung der kommunalen Polizei an der Saar zweifelsohne als französische Initiative nachweisen und auf den Sommer 1946 datieren. Zum andern belegt sie die frühe Beteiligung der betroffenen Verwaltungsstellen bei der Regelung von Detailfragen durch das Gouvernement. Lediglich die grundsätzliche Reverstaatlichung der Kommunalpolizei sowie das selbständige Fortbestehen von Gendarmerie und Saarbataillon standen von vornherein fest. Am 16. August wandte sich Neureuther in einem Brief direkt an Gilbert Grandval und bat unter Betonung der vor allem bei der Ernennung der kommunalen Polizeibeamten komplizierten Situation um eine Abschaffung der „bestehenden Mißstände". Er schlug vor, die „Vollzugsbeamten der Gemeinden des Saarterritoriums zu nationalisieren"[4] unter Beibehaltung der örtlichen Zuständigkeit der Bürgermeister für die Städte sowie der Landräte für die Kreise Saarbrücken, St. Ingbert und Homburg, die aber alle künftig nur noch auf staatliche Bedienstete zurückgreifen sollten. Unter rein staatlicher Leitung sollten nach seiner Vorstellung die bisherige Kommunalpolizei der Großgemeinden und die regionalen Kriminaldienststellen sowie die Polizei- und Gendarmerieschule stehen.

Bedauerlicherweise fehlen sonstige urkundliche Belege, die genauere Auskunft über die Pläne der französischen Militärregierung geben. Bezüglich der Gendarmerie kann man daher nur mit Hinblick auf die spätere Entwicklung mutmaßen, dass die Franzosen auch hier von Beginn an eine komplette Reverstaatlichung intendiert hatten.

Die Rettungsversuche des Regierungspräsidenten zugunsten einer zivil geleiteten Gendarmerie als Polizei für den Landbereich blieben erfolglos. Am 15. **November 1946** erließ die Verwaltungskommission des Saarlandes die **Verordnung über die Verstaatlichung der kommunalen Vollzugspolizei**, die zugleich die Gendarmerie ab dem 1. Dezember 1946 aus dem Administrationssektor herauslöste, da gemäß Paragraph 5 die Landräte und Bürgermeister ihre „Stellung" nur „als Kreis- bzw. Ortspolizeibehörde" für Verwaltungsbelange behielten und in diesem Kontext künftig nur noch „Polizeiverordnungen, polizeiliche Verfügungen und … Strafverfügungen" erlassen durften.[5]

Die Formulierung „die im Amtsbereich der Landräte oder Bürgermeister stationierte Vollzugspolizei hat diesen in allen polizeilichen Angelegenheiten Hilfe zu leisten"[6] drückte zu diesem frühen Zeitpunkt noch auf sehr elegante Weise die Verschiebung der Zuständigkeiten aus. Die vierzehn Tage später publizierten Durchführungsbestimmungen fielen bereits wesentlicher deutlicher aus. Ebenso zögerlich verhielt man sich bei der ersten Verordnung zur Reverstaatlichung hinsichtlich der finanziellen Lastenverteilung, die in Paragraph 4 „die Gemeinden" ohne nähere Spezifikation dazu verpflichtete, „zu den Kosten der staatlichen Polizei Beiträge zu leisten."[7] Erst in den am 27. November 1946 publizierten Durchführungsanweisungen drückte man die komplette Reverstaatlichung aller saarländischen Polizeiabteilungen auch expressis verbis aus. Bei der Ernennung der Polizeibeamten flossen die Vorschläge des Regierungspräsidenten insoweit mit ein, als diese nur noch bei Bediensteten im Rang eines Polizeirats und höher durch die Verwaltungskommission erfolgte. Alle übrigen berief das Innenreferat unter

Rücksichtnahme auf Vorschläge des Landes- oder Gendarmeriedirektors ins Amt.[8]

Laut Artikel 1 unterstanden die Dienststellen der ehemaligen Kommunalpolizei und Gendarmerie dem Sektor Inneres bei der Verwaltungskommission bzw. dem neuen Sachgebiet „Polizei und Gendarmerie". Da man schon im Vorfeld infolge der veränderten Verantwortlichkeiten große Schwierigkeiten erwartet hatte, beließ man „bei Gefahr im Verzug" oder „Meinungsverschiedenheiten über die Zuständigkeit"[9] den zivilen Leitern anfangs noch das Entscheidungsrecht. In den Geschäftsbereich „materielles Polizeirecht" der Dienststelle A fielen all diejenigen Aufgaben, die zwar einen Verwaltungsakt der Ordnungspolizei darstellten, zur Durchführung aber eine enge Zusammenarbeit von Exekutive und zivilen Ämtern erforderten (Pässe, Fahrzeugzulassungen, Waffenscheine, Gewerbepapiere u.ä.).

Sachgebiet „Polizei und Gendarmerie" beim Mitglied für Inneres der Verwaltungskommission ab 1. Dezember 1946		
Dienststellen	*Geschäftsbereiche*	*leitende Beamte*
Dienststelle A	Verwaltung, Personal, Materialbeschaffung, materielles Polizeirecht	Regierungsrat
Dienststelle P	Sicherheits- und Landeskriminalpolizei	Landespolizeidirektor
Dienststelle G	Gendarmerie/Saarbataillon	Direktor der Landesgendarmerie
Dienststelle S	Polizei- und Gendarmerieschule	Direktor der Polizei- und Gendarmerieschule

Die Ausführungsbestimmungen vom 9. Dezember 1946 gaben die **Neuverteilung der Zuständigkeitsbereiche** zwischen Vollzugspolizei und kommunalen Ordnungsbehörden im Saarland detailliert bekannt. Ungeschickterweise wählte man für einen Teil der vollzugspolizeilichen Aufgaben den Begriff „Ordnungspolizei". Diese Bezeichnung war nach 1945 verpönt, da die NS-Ordnungspolizei dem SS-Hauptamt und damit der Leitung der gesamten deutschen Polizei unmittelbar unterstanden hatte

und für zahlreiche polizeiliche Aufgaben zuständig gewesen war (Schutzpolizei in größeren Gemeinden; Gendarmerie auf dem flachen Land;
Verwaltungs-, Verkehrs-, Luft-, Wasser- und Feuerschutzpolizei sowie
Bahn-, Post-, Funk- und Werkschutz nebst technischer Nothilfe). Bei der
Formulierung der saarländischen Gesetzestexte hätte man besser auf die
im Sprachgebrauch der Nachkriegsära gängigere Bezeichnung „Schutzpolizei" zurückgegriffen, um jeden rückwärtsgewandten Anschein zu
vermeiden. Mittels der veralteten erweckte man hingegen den Eindruck,
die Polizei verfüge künftig über eine allmächtige Position wie ihre Vorgängereinrichtung unter Adolf Hitler ...

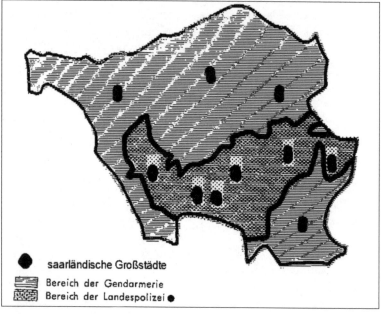

*Abb. 27: Die breite schwarze Linie innerhalb der Graphik kennzeichnet den landespolizeilichen
Bereich (gewürfelt dargestellt), die schraffierte Fläche rundherum die örtliche Zuständigkeit der
Gendarmerie; die Punkte markieren saarländische Großstädte.*

Parallel zur Gendarmerie existierte **ab Ende 1946** an der Saar auch eine
Landespolizei, die auf der Basis ihrer kommunalen Vorgänger und unter Leitung der Saarbrücker Polizeidirektion sieben Inspektionen mit
zwanzig Dienststellen umfasste:

Organisatorische Gliederung der saarländischen Landespolizei ab 1. Dezember 1946	
Polizeiinspektion	Polizeidienststelle
Inspektion 1 (Saarbrücken)	Dienststelle 1 – Brebach
	Dienststelle 2 – Dudweiler
	Dienststelle 3 – Friedrichsthal
	Dienststelle 4 – Gersweiler
	Dienststelle 5 – Püttlingen
	Dienststelle 6 – Quierschied
	Dienststelle 7 – Riegelsberg
	Dienststelle 8 – Sulzbach
	Dienststelle 9 – Völklingen
Inspektion 2 (Merzig)	Dienststelle 10 – Merzig
Inspektion 3 (Saarlouis)	Dienststelle 11 – Saarlouis
	Dienststelle 12 – Dillingen
Inspektion 4 (St. Ingbert)	Dienststelle 13 – St. Ingbert
Inspektion 5 (Homburg)	Dienststelle 14 – Homburg
	Dienststelle 15 – Höcherberg
Inspektion 6 (St. Wendel)	Dienststelle 16 – St. Wendel
Inspektion 7 (Neunkirchen)	Dienststelle 17 – Neunkirchen
	Dienststelle 18 – Ottweiler
	Dienststelle 19 – Spiesen
	Dienststelle 20 – Wiebelskirchen

Adäquat zum Personalbestand der früheren Gemeindepolizei vom August 1946 verfügte die neue Landes- und Kriminalpolizei im Frühjahr 1947 über 521 Beamte (501 Vollzugs- und zwanzig Verwaltungspolizisten), von denen 58 Kriminalbeamte waren.[10] Von diesen bildeten dreißig Mann die Kriminalabteilung der Landeshauptstadt, die übrigen 28 verteilten sich auf Außenstellen im Land. Der „Wasserkopf" Saarbrücken-Stadt (208) und Saarbrücken-Land (99) band mit 307 Beamten mehr als die Hälfte des Personals, während auf die übrigen Großkommunen 140 und kleineren Orte 54 Bedienstete kamen. Damit waren nur 194 der 521 Landes- und Kriminalpolizisten außerhalb der Landeshauptstadt im Einsatz. Bei der Postenverteilung übertraf die Gendarmerie (schätzungsweise 750 bis 800 Beamte) ihre Schwestereinrichtung mit 55 Posten um fast das Dreifache.

Das im Vergleich zum restlichen Deutschland ungewöhnlich umfangreiche Aufgabengebiet, das das gemischte Verwaltungssystem der Polizei übertrug, veranschaulicht nachfolgende tabellarische Auflistung:

Aufgabenverteilung im gemischten Behördensystem ab 1947	
Polizei **(Vollzugspolizisten)**	*Verwaltung* *(Beamte der Orts- und Kreisbehörden)*
Ordnungspolizei schutzpolizeiliche Sicherheitsaufgaben	
Kriminalpolizei Wahrnehmung aller kriminalpolizeilichen Funktionen	
Verwaltungspolizei	
·Passbüro der Landespolizeidirektion ·Genehmigung für Gerüste, Zäune, Straßenbaumateriallagerung, Verkaufsstände, Beförderung sperriger Güter und Sprengungen im Straßenbereich ·Auflass von Brieftauben ·Überwachung von Pferdefuhrwerken (Gefahr der Tierquälerei)	
	· Meldewesen (Personalausweise, Reise- und Leichenpässe, Kenn- und Registrierkarten, Lebensbescheinigungen, Führungszeugnisse, Staatsangehörigkeitsfragen, Kfz- und Fahrradzulassung, Radkarten) *· Genehmigung von Vereinen und Versammlungen* *· Straßen- und Wegepolizei (Abfallbeseitigung; Sauberkeit der Straßen, Plätze etc.)* *· Bestattungswesen* *· Erlaubnis von Ölfeuerungsanlagen* *· Tierschutz*
Gewerbepolizei	
·Kontrolle von Preisen, Maßen und Gewichten ·Überprüfung der Öffnungszeiten (Sperrstunde, Sonntagsruhe, Ladenschluß), Aushänge und Schankanlagen sowie Wirtshausverbote	

·Produktionsstättenkontrolle
·Überwachung von Glücksspiel, Spielgeräten und Lotterien
·Bekämpfung der Schwarzarbeit

| *· Erteilung von Schank- und anderen Konzessionen* |

Fremdenpolizei

·Ausländerüberwachung (Aufenthalts- und Zuzugsgenehmigung; Ausstellung von Identitätspapieren, Lebensmittelkarten, Arbeitserlaubnis; Meldepflicht der Quartiergeber)
·Bekämpfung der Zigeunerplage (Verhütung von Diebstahl, Betrug, Bandenwesen, Bettlertum, Landstreicherei etc.; Zurückweisung mangels Aufenthaltserlaubnis)

| *· Aufenthaltsgenehmigungen und deren einmalige Verlängerung* |

Verkehrspolizei

·Straßenverkehrsüberwachung
·Verkehrserziehung
·Luftverkehrskontrolle

| *· Änderungen von Straßenverkehrsregelungen* |

Lebensmittelpolizei

·Überwachung von Lebens- und Genußmitteln
(Transport, Verkauf, Lagerung) sowie von Personal und Kunden
·Kontrolle der Brot-, Backwaren- und Konditoreiproduktion
·Überwachung des Verkaufs von Milchprodukten
·Schlachtvieh- und Fleischbeschau
·Kontrolle landwirtschaftlicher Produkte (inklusive Tabak und Wein)
·Kulturpflanzenschutz (Bekämpfung von Kartoffelkäfern etc.)

Sittenpolizei

Bekämpfung von Prostitution, Unzucht, Bigamie, Abtreibung etc. und Beschlagnahme von sittenwidrigen Schriften

Vereins- und Versammlungspolizei

·Kontrolle der Vereine
·Genehmigung und Überwachung von Versammlungen in geschlossenen

Räumen (Tanzveranstaltungen, Theateraufführungen, Karnevalssitzungen etc.)
· Erteilung einer Redeerlaubnis für Nichtsaarländer
· Ausgabe von Faschingsmaskenkarten (bei öffentlichem Tragen)

Umgang mit gefährlichen Stoffen

· Erteilung von Waffenscheinen
· Überwachung des Verkehrs mit Sprengmitteln und anderen Gefahrenstoffen sowie von Waffen und Kriegsmaterialien

Arbeiterschutzpolizei

· Kontrolle des Arbeitsplatzschutzes (insbesondere bei Jugendlichen)

Feld- und Forstpolizei

· Erteilung von Waffen- und Munitionsscheinen
· Genehmigung zum Waffenhandel durch Landespolizeipräsidium
· Jagdschutz (Schonzeiten, Wilderei, verbotene Jagdmethoden, Wildfütterung, Fang und Abschuss wildernder Hunde oder Katzen etc.)
· Fischfangkontrolle (Schonzeiten, Fangmethoden, Marktverbote)
· Bekämpfung von Feld- und Waldfrevel (Schutz seltener Wildpflanzen und -tiere, Vermeidung von Waldbränden) und Forstdiebstahl
· Schädlingsbekämpfung

· Jagdwesen (Erteilung von Jagdscheinen, Revierverpachtung, Überprüfung der Jagdsteuer, Benennung von Jagdwegen)
· Fischerei (Erteilung von Fischereischeinen)
· Forstverwaltung für gemeindliche und private Wälder
· (Abholzung, Aufforstung, Abrodung, Holzsammelscheine)

Marktpolizei

· Kontrolle der Märkte

Baupolizei und Feuerwehr

· Betriebsgenehmigungen für Großbauten
(Theater, Versammlungsräume, Zirkus)
· Brandverhütung und -aufklärung, Führen einer Brandkartei
(Meldungen und Zählkarten)

· Erlaß baupolizeilicher Bestimmungen
· Feuerwehr (Brandbekämpfung)
Gesundheitspolizei
bei der Bekämpfung ansteckender Krankheiten (Kinderlähmung, Paratyphus etc.), von Tierseuchen (Schweine-, Hühnerpest, Maul- und Klauenseuche, Tollwut u.ä) und der Kontrolle des Umgangs mit Arznei-, Betäubungsmitteln und Giftstoffen erlassen die zivilen Ortspolizeibehörden Bestimmungen, deren Ausführung und Einhaltung aber weitgehend die Vollzugspolizei überwacht
Unfallwesen
Obdachlosen-, Schul- und Veterinärpolizei
Fundsachen
Fundangelegenheiten unterstanden trotz ihrer formalen Zuordnung in den Verwaltungssektor ebenso den Polizeibehörden
Bachschau
Schutz stehender und fließender Gewässer

Die aufgezählten Arbeitsgebiete oblagen in der Beurteilungs- und Verordnungsphase meist der zivilen Administration und beanspruchten erst bei der praktischen Ausführung, bis auf wenige Ausnahmen, die Vollzugspolizei, womit das gemischte Polizeisystem des Nachkriegssaarlandes de jure die alliierten Entpolizeilichungsanforderungen weitgehend umsetzte. Die von der französischen Besatzungsmacht extrem hoch angesetzte Sicherheitsschwelle führte aber de facto erneut zu weitreichenden Eingriffsbefugnissen der Polizei, die deren Unterschreiten in Verwaltungsangelegenheiten vermieden, wobei die Beamten nur selten eine mittelbare Amtshilfe leisteten, sondern meist aufgrund sie verpflichtender Gesetze direkt aktiv wurden. Außerdem vergrößerte sich das ohnehin breitgestreute Einsatzgebiet der Polizei in den ersten Nachkriegsjahren durch weiteren Aufgabenzuwachs.

Für eine abschließende Beurteilung der im Saarland bereits achtzehn Monate nach Kriegsende – und damit erheblich früher als in den übri-

gen Besatzungsgebieten – einsetzenden Reverstaatlichung der kommunalen Polizei müssen zwei gleich zu gewichtende Faktoren mitberück-
sichtigt werden: die organisatorische Reform nach pragmatischen Gesichtspunkten und die Übertragung französischer Polizeitraditionen.
Wie bereits erläutert, hatten sich die beiden Pfeiler Gendarmerie (Land)
und Kommunalpolizei (Städte) als dezentrale Einrichtungen der Zivil-
administration gemäß alliierten Vorgaben sowohl in der Aufgaben- als
auch flächenmäßigen Verteilung für das mehr ländlich geprägte Saargebiet als wenig sinnvoll erwiesen (etwa zeitgleich scheiterte auch das
nach französischem Muster aufgebaute Brigadesystem der Gendarmerie, das deren direkten Kontakt zu den Einwohnern eingeschränkt
hatte). Gilbert Grandval bemühte sich unter Mitbeteiligung der betroffenen saarländischen Verwaltungszweige um eine Beseitigung dieser
Mißstände, wobei er den langfristigen administrativen Plänen der Pariser Regierung für die Saarregion Rechnung tragen musste, die diesen Zo-
nenteil verständlicherweise nicht ohne gefestigtes Verwaltungsfunda-
ment in die Autonomie entlassen wollte. Nicht von ungefähr kamen
die ersten Gedanken zur erneuten Verstaatlichung der Polizei im Sommer 1946 auf, nachdem im April erstmals die Abtrennung des Saargebiets vom Kontrollratsbereich international besprochen worden war
und das Ende der französischen Besatzungsregierung in greifbare Nähe
rückte.

Bei der Übertragung heimatlicher Polizeitraditionen auf die Saarregion
hatte die französische Militärregierung ab Sommer 1945 den goldenen
Mittelweg zwischen alliierten Vorschriften und eigenen Ideen für ein demokratisch fundiertes Sicherheitswesen beschritten, zumal das französische Polizeisystem mit dem preußischen in vielerlei Hinsicht ohnehin
übereinstimmte. Beide Länder sahen die Polizei als Bestandteil der inneren Verwaltung – mit Ausnahme der Gendarmerie, die erst seit Beginn
des 21. Jahrhunderts nicht mehr ausschließlich der Zuständigkeit des Pariser Verteidigungsministeriums untersteht. Und sowohl Paris als auch
Berlin kannten eine Verwaltungspolizei, die im angelsächsischen Raum
wiederum völlig fehlte. Zudem unterschieden beide Staaten zwischen einer Landes- und Ortspolizei, denn die französische, dem jeweiligen Prä-
fekten untergeordnete Police générale wird noch heute primär für allge-

meine und größere Aufgaben eingesetzt, während sich die teilweise zur bürgermeisterlichen Befugnis gehörende Police municipale und Gendarmerie nationale auf sichernde und ordnende Funktionen in den Gemeinden konzentrieren.

Bei der Reverstaatlichung der Saarpolizei – und dies trifft mit Abstrichen auch auf die Länderpolizeien im restlichen Besatzungsterrain Frankreichs zu – griff die Besatzungsmacht also nicht nur auf eigene Sicherheitsstrukturen zurück, sondern unterstützte gleichzeitig auch indirekt die Wiederbelebung des preußischen Behördensystems der Vorkriegszeit. Hierbei achtete sie aber stets auf die Umsetzung ihrer Demokratisierungs-, Entmilitarisierungs- und Dezentralisierungsansprüche, zumal auch die Eingriffsbefugnisse der französischen Polizei meist dort ein Ende finden, wo sie den Persönlichkeitsschutz und die Freiheitsgarantie des Bürgers als Errungenschaften der Französischen Revolution tangieren. In diesem Punkt musste das Militärgouvernement an der Saar nach zehnjähriger NS-Ära sicherlich das größte Umdenken, vor allen Dingen beim Sicherheitswesen – in Gang bringen ...

Das ab 1947 praktizierte gemischte Behördensystem verkörperte folglich für die hiesige Polizei eine Mixtur in zweierlei Hinsicht. Es stellte einerseits die teilweise Rückkehr zur Einheitspolizei dar, da etliche Verwaltungsfunktionen erneut in ihrer Hand lagen, ohne dabei die polizeilichen Befugnisse der zivilen Amtsleiter völlig zu beschneiden. Außerdem existierte wieder eine zentrale Polizeibehörde in Form eines eigenen Sachgebiets beim Innenreferat der Verwaltungskommission, das sich später unproblematisch in eine innenministerielle Polizeiabteilung der autonomen Saarregierung umwandeln ließ.

Andererseits bedeutete die Spartenaufteilung in Landespolizei und Gendarmerie eine Angleichung an das französische Polizeisystem, wobei vor allen Dingen die enorme Aufgabenvielfalt letztgenannter Abteilung mit dem gallischen Pendant korrespondierte. Die Zuständigkeitsverteilung zwischen beiden Polizeisparten entsprach zwar weitgehend derjenigen der französischen Schwestereinrichtungen, doch folgte man dabei an der Saar den infrastrukturellen Bedürfnissen des Landes. Aus diesen Gründen lässt sich der organisatorische Wiederaufbau der Saarpolizei ab 1947 als gangbarer Kompromiss zwischen preußischer Polizeitradition, regionalen Erfordernissen und französischer Behördenstruktur werten.

Damit war im Saarland die Entpolizeilichung im klassischen Sinn, sprich: gemäß der Konzeption der Kriegssiegerkoalition, zwar weitgehend gescheitert. Mit dieser den ungewöhnlichen Bedingungen angepassten Sonderlösung griff Frankreich aber, auch unter dem gestrengen Blick der Potsdamer Konferenzteilnehmer betrachtet, zu einer durchaus akzeptablen Hilfskonstruktion, die oftmals die alliierten Entmilitarisierungs- und Demokratisierungsvorgaben sogar noch übertreffen sollte.

Anmerkungen

1   S. zu den versch. polizeilichen Organisationsprinzipien a. Knemeyer sowie Möllers; S. 1203–1205 u. 1210f.

2   So Dr. Neureuther in seiner hausinternen Anfrage an das Innenreferat v. 26. Juni 1946 (Quelle: Polizeiarchiv).

3   Ebda.

4   So Dr. Neureuther in seinem Schreiben an den Militärgouverneur v. 16.8.1946 (Quelle: ebda.) – Neureuther betonte hierin die Eingriffsbefugnisse der franz. Sûreté bei der Einstellung der kommunalen Polizeibediensteten u. agierte wohl weniger aus polizeipraktischen Beweggründen heraus denn zwecks größerer Unabhängigkeit beim Personalaufbau v. franz. Institutionen.

5   Zit. n. § 5 der Verordnung über die Verstaatlichung der kommunalen Vollzugspolizei v. 15.11.1946, abgedr. im Amtsblatt der Verwaltungskommission d. Saarlandes Nr. 56 v. 11.12.1946; S. 240.

6   So in § 6; ebda.

7   Zit. n. § 4; ebda.

8   Vgl. a. Art. 4 der Durchführungsbestimmungen des Mitglieds d. Innern in der Verwaltungskommission zur Verordnung über die Verstaatlichung der kommunalen Vollzugspolizei v. 15.11.1946, erlassen am 27.11. u. veröffentlicht am 11.12. im Amtsblatt der Verwaltungskommission des Saarlandes Nr. 56 a. S. 240f.

9   So laut § 4; ebda.

10 Die Personalstandsberechnungen zur Polizei d. Saarlandes im Sommer 1946 beruhen auf den Angaben Dr. Neureuthers in seinem Schreiben an den franz. Militärgouverneur Gilbert Grandval v. 16.8.1946.

B. Dauerhafte Reorganisation der saarländischen Polizei

1. Errichtung eines Landespolizeipräsidiums

Während der Vorbereitungen zur Reverstaatlichung der Polizei kamen bereits ab Sommer 1946 erste Überlegungen zur Begründung eines Polizeipräsidiums auf, wobei die in Verbindung mit dieser Position schon früh kursierenden Namen später nicht mehr auftauchten. Die längste Zeit kandidierte Dr. Hermann Mathern für das Amt. Er hatte in der Zwischenkriegszeit bei der Polizei des Saargebiets mehrere Leitungsfunktionen erfüllt und nach dem Krieg das Präsidium der mainfränkischen Landpolizei übernommen. Dr. Neureuther bot ihm Anfang Juli 1946 die Stelle des Landespolizeipräsidenten in spe an, und Mathern liebäugelte auch intensiv bis Mitte Herbst mit der Rückkehr an seine alte Wirkungsstätte, doch seine zunehmenden Verpflichtungen bei der bayerischen Polizei verhinderten letzten Endes den angedachten Amtswechsel.[1]

Ende Januar 1948 gingen die Planungen in die konkrete Phase über, da durch den Wegfall der Verwaltungskommission infolge der saarländischen Autonomie zum einen das bisherige Sachgebiet „Polizei" im Innenreferat weggefallen war. Zum andern konnte die autonome Saarregierung bzw. deren Innenministerium nun organisatorische Modifikationen auf Dauer und vor allen Dingen weitgehend unabhängig von der ehemaligen Besatzungsmacht Frankreich beschließen. Mit diesem Hintergrund verabschiedete das Kabinett am 10. Februar 1948 die Vorlage zur Schaffung eines Landespolizeipräsidiums mit Wirkung ab 1. März.

Diese neue zentrale Führungsposition fungierte zwar anstelle der bisherigen Saarbrücker Landespolizeidirektion als Kopfstelle der gesamten Exekutivpolizei, milderte aber formal wie inhaltlich durch ihre ungewöhnliche Zwitterstellung unterhalb des Innenministers und oberhalb der einzelnen Kommandeure die Reverstaatlichung der kommunalen Polizei noch einmal etwas ab.

Dem Landespolizeipräsidenten bzw. seinem ständigen Vertreter, Landespolizeidirektor Hollinger, unterstanden die beiden innenministeriel-

len Referate D (D 1: Polizeirecht und -aufsicht sowie D 2: Polizeiver-
waltungsaufgaben, beide von einem Regierungsrat geleitet) und P (Vollzugspolizei) mit den Abteilungen P 1 (Personal- und Wirtschaftswesen –
Leitung: Polizeiverwaltungsamtmann), P 2 (Landespolizei – Leitung:
Kommandeur), P 3 (Gendarmerie/Saarbataillon – Leitung: Gendarmeriekommandeur), P 4 (Landeskriminalpolizei – Leitung: Regierungs- und
Kriminalrat) und P 5 (Polizei- und Gendarmerieschule – Leitung: Polizeischuldirektor). Für die Kriminalpolizei ergab sich hierdurch die größte
organisatorische Modifikation, da sie künftig als eigenständige Polizei-
fachsparte rangierte.

Eine wesentliche Änderung erfuhr das Organigramm vom März 1948 in
den nachfolgenden Jahren nicht mehr mit Ausnahme der Errichtung einer als „Staatssicherheitsdienst" definierten Abteilung P 6, die Aufgaben
des Staatsschutzes wahrnahm, sowie einer siebten für die Belange der
Grenzpolizei. Der oftmals auch als „politische Polizei" bezeichneten
P 6 sagte man zu Zeiten Johannes Hoffmanns die – meist illegale –
Unterdrückung der politischen Opposition nach, die jedoch allein schon
mangels Mitarbeitern (bis zum Ende der CVP-Regierung im Herbst 1955
verfügte sie durchschnittlich nur über zwei Handvoll Mitarbeiter) nicht
allzu intensiv gewesen sein konnte. Das Landespolizeipräsidium teilte
sich organisatorisch ab Mai 1950 wie folgt auf:

P 1: Personal- und Wirtschaftswesen
P 2: Landespolizei
P 3: Gendarmerie und Saarbataillon
P 4: Landeskriminalpolizei
P 5: Grenzpolizei
P 6: Staatssicherheitsdienst
P 7: Polizei- und Gendarmerieschule

In das Amt des Landespolizeipräsidenten wurde am 11. März 1948
Guy Kurt Lackmann berufen, der seinen Dienst am 1. April antrat. Am
5. Dezember 1906 in Neunkirchen als Sohn des jüdischen Kaufmanns
Heinrich Lachmann geboren (der Vater besaß das Haushaltwaren-Unter-
nehmen „Menesa"), studierte er in Frankfurt und Paris Wirtschaftswis-

Abb. 28: Polizeipräsident Lackmann (mit gekreuzten Händen) bei seinem Amtsantritt

senschaften und absolvierte das französische Staatsexamen als Volkswirt. Ab 1929 als Prokurist und Direktor der väterlichen Firma fungierend, übernahm er nach dem Tod des Vaters 1934 die Leitung, emigrierte aber bereits im Februar 1935 nach der Abstimmung zugunsten der Rückkehr des Saargebiets ins Deutsche Reich (13. Januar 1935) mit der gesamten Familie ins elsässische Colmar. Dort nahm er im Juli 1937 die französische Staatsbürgerschaft an und nannte sich fortan, wie auch sein jüngerer Bruder Hans, „Lackmann", da diese Variante für Franzosen leichter auszusprechen war. Im Oktober heiratete er die Straßburgerin Alice Netter, die er bereits vor der Emigration 1934 in Colmar kennengelernt hatte; 1938 kam Sohn Henri-Claude zur Welt, 1940 wurde Tochter Evelyn-Marianne geboren.

1939 zum französischen Militär eingezogen, geriet Lackmann nach einer schweren Beinverletzung im Einsatz bei Compiègne von Sommer bis November 1940 in deutsche Gefangenschaft. Danach leitete er ein Haushaltwarengeschäft in Montbéliard und schloss sich im Januar 1941 unter dem Decknamen „Georges Latil" der französischen Résistance an. Im Sommer 1942 flüchtete die gesamte Familie vor den heranrückenden Deutschen ins unbesetzte Clermont-Ferrand, wo Lackmann zunächst Sektionschef des dortigen Widerstandskomitees wurde; später erhielt er den Rang eines Kommandanten. Hier lernte er auch den späteren Baden-Badener Militärgouverneur, General Pierre Koenig, kennen, in dessen Stab er 1945 nach Deutschland zurückkehrte. Nach der Verhaftung des Bruders Hans durch deutsche Soldaten im Mai 1944 und dessen Einlieferung ins Konzentrationslager Neuengamme durch die Gestapo floh die restliche Familie in die Pyrenäen. Kurt Lackmann wirkte ab 10. Juli 1945 als Hauptmann zunächst in der Saarburger Kreiskommandantur, um im März 1948 ins Amt des Landespolizeipräsidenten zu wechseln.

Wie viele saarländische Remigranten übernahm der als erfolgreiches Résistance-Mitglied beim Hohen Kommissariat hoch geschätzte, stets parteilos bleibende Lackmann mit dem Landespolizeipräsidium ein verantwortungsvolles Amt, bei dessen Ausübung ihm nicht nur seine saarländische Herkunft und das Verständnis für die hiesige Mentalität, sondern auch seine guten Beziehungen zum Nachbarland Frankreich weiterhalfen. Nach seiner Anerkennung als Opfer des Nationalsozialismus durch das hiesige Innenministerium im Juni 1949 sollten aber noch einmal zwei Jahre vergehen, bis er schließlich am 1. Februar 1952 zum Beamten auf Lebenszeit ernannt wurde.[2]

Als Folge der bis ins kleinste Detail ausformulierten Polizeireform von 1946/47 musste sich der Saarpolizeipräsident nur selten mit organisatorischen oder juristischen Fragen auseinandersetzen und konnte sein Hauptaugenmerk auf eine Optimierung der personellen und materiellen Ausstattung des Sicherheitswesens legen, um so dessen generelle Einsatzbereitschaft zu garantieren. Nicht von ungefähr sind daher in den ersten Amtsjahren Lackmanns eine optimierte Ausrüstung mit Waffen, Fahrzeugen und Technik, ein kontinuierlicher Personalausbau sowie eine vertiefte Aus- und Fortbildung zu verzeichnen.

Nach Bekanntwerden des Abstimmungsergebnisses zum Saarstatut vom 23. Oktober 1955 stellte er sein Amt zwar sofort zur Verfügung, seine Dienstzeit endete aber erst Ende Januar 1956. Der zunächst kommissarisch agierende, ab Februar 1956 offiziell ins Amt berufene Nachfolger, Staatsanwalt Josef Müller, behielt diese Position nur bis zum 22. Juni bei, da an diesem Tag das Landespolizeipräsidium aufgelöst und dessen Aufgabenbereich dem Referat D beim Innenministerium zugeschlagen wurde.

Abb. 29: *Guy Kurt Lackmann (saarländischer Polizeipräsident von April 1948 bis Januar 1956)*

Bezüglich der Befugnisse des Landespolizeipräsidenten erfolgten bis Mitte der 50er Jahre nur geringfügige Änderungen. Ein innenministerieller Erlass vom 28. April 1952 schränkte diese insofern ein, als dass dem Polizeipräsidenten fortan lediglich die Entscheidung über die grundsätzliche Notwendigkeit eines polizeilichen Einsatzes belassen und die Wahl der im Einzelfall anzuwendenden Polizeitaktik dem Landespolizeileiter übertragen wurde. Darüber hinaus übte ab diesem Zeitpunkt allein der Innenminister die Disziplinarstrafgewalt über den Landespolizeikommandeur aus, der auch die Stellvertretung des Polizeipräsidenten in vollzugspolizeilichen Angelegenheiten übernahm.[3]

Für die Art und Weise seines achtjährigen Wirkens als saarländischer Polizeipräsident stehen exemplarisch die Publikationen im behördeninternen „Nachrichtenblatt des Landespolizeipräsidiums", das ab Jahresbeginn 1949 bis zum Frühjahr 1956 regelmäßig, teilweise sogar wöchentlich erschien. Hierin veröffentlichte Lackmann nicht nur alle spartenspezifischen Verfügungen, sondern nahm auch Stellung zu Angelegenheiten außerhalb der üblichen Dienstbelange, wodurch er sich immer wieder als äußerst umsichtiger und fürsorglicher, nur im Bedarfsfall strenger

Behördenleiter qualifizierte. Seine Aufmerksamkeit galt der regulären Aufgabenerfüllung durch die Vollzugspolizei ebenso wie allen sonstigen, vor allem zwischenmenschlichen Belangen. Und da er für seine Bediensteten jederzeit persönlich ansprechbar war, eilt ihm noch heute der Ruf eines verständnisvollen, für seine Leute stets einstehenden „Polizeivaters" voraus.

Anmerkungen

1 S. zu den v. 2.7. bis 11.9.1946 andauernden Plänen für eine Übernahme d. Landespolizeipräsidentenamtes durch Dr. Mathern a. den Briefwechsel in diesem Zeitraum zw. Neureuther, Grandval u. Mathern (Quellen: Polizeiarchiv).

2 Vgl. zur Biographie Guy Kurt Lackmanns a. die Erläuterungen bei Klaus-Michael Mallmann und Gerhard Paul: Das zersplitterte Nein. Saarländer gegen Hitler, Bonn 1989 [= Widerstand und Verweigerung im Saarland 1935–1945; hrsg. von Hans-Walter Herrmann, Bd. 1]; S. 156–160.

3 S. zu den Einzelbestimmungen d. Hector-Erlasses „über die Stellung des Kommandeurs der staatlichen Uniformierten [sic!] Vollzugspolizei des Saarlandes" v. 28.4.1952 a. ebda. (Quelle: Polizeiarchiv).

2. Saarländische Polizei- und Gendarmerieschule in St. Ingbert

2.1 Vorläufereinrichtungen und Neugründung

Die Gemeinde Saarburg besitzt für die Reorganisation des Sicherheitswesens in zweierlei Hinsicht symbolhaften Charakter. Sie verkörperte zum einen die erste saarländische Wirkungsstätte des späteren Polizeipräsidenten Lackmann nach dem Krieg und diente zum andern als provisorischer Unterbringungsort für die neu zu begründende Polizeischule. Bei dieser Einrichtung konnten die französischen Militärs an der Saar auf keinen Vorgänger zurückgreifen, da eine Ausbildungsstätte bis zum Ende des Dritten Reiches nicht existiert hatte. Während der Verwaltung des Saargebiets durch den Völkerbund (1920 bis 1935) erhielten die die Polizeigewalt ausübenden Landjäger und staatlichen Polizisten ihren Unterricht unabhängig voneinander in ihren Saarbrücker Kommandostellen: erstgenannte in der Artilleriekaserne St. Arnual, letztere von der Polizeidirektion in der Ulanenkaserne (Mainzer Straße). Diese mehrmonatigen Lehrgänge fanden jedoch nach der Rückgliederung ins Deutsche Reich ein rasches Ende, da die Wehrmacht die Schulungsräume ab 1936 beanspruchte. Die Schutzpolizisten mussten nun zur Aus- und Fortbildung externe Kurse in Frankfurt, Köln oder Wien absolvieren. Das mit der Gendarmerie vergleichbare Landjägerkorps sandte seine Beamten meist an die Trierer Gendarmerieschule. Gegen Ende des Zweiten Weltkrieges fand bei der hiesigen Polizei keine Ausbildung mehr statt, dies änderten auch die Amerikaner während ihrer kurzen Anwesenheit nicht.[1]

Die französische Militärregierung sah sich anfangs ebenfalls außerstande, dem nur langsam aufzubauenden und meist aus fremden Berufszweigen stammenden Personal auch nur die nötigste Schulung zu bieten. Neben einer Ausbildungstradition und adäquaten Unterrichtsstätte mangelte es aufgrund der hohen Kriegsverluste und strengen Entnazifizierungsmaßnahmen vor allem an älteren und erfahrenen Polizisten, die wenigstens eine grundlegende Unterweisung garantiert hätten. Infolgedessen erfüllten die Polizisten der frühen Nachkriegszeit ihren Dienst meist ohne

Fachkenntnisse und verschlimmerten dadurch den ohnehin weitgehend „rechtsfreien" Zeitraum umso mehr.

Die seit Frühjahr 1946 sowohl von der Gendarmerieleitung als auch den Landräten immer wieder dringlich vorgetragene Bitte um Schulungsmöglichkeiten für die Polizei stieß daher bei den französischen Verantwortlichen auf offene Ohren. Sie strebten aber von Beginn an eine dauerhafte Lösung an und favorisierten bereits zu diesem frühen Zeitpunkt eine Unterbringung im St. Ingberter Schloss Elsterstein, dessen Baufälligkeit allerdings eine langwierige und kostenintensive Sanierung erforderte, die Gilbert Grandval trotz Mangel an Geld und Baumaterial absegnete. Mit der Gründung einer landeseigenen Polizeischule beauftragte er Landesgendarmeriekommandeur Oberst Heese. Nach der Reverstaatlichung der Kommunalpolizei im Dezember 1946 unterstanden die Polizeileiter dem Innenreferat der Verwaltungskommission, die wie das Regierungspräsidium am Saarbrücker Schlossplatz residierte. Im Zuge dieses Revirements errichtete man bei der Verwaltungskommission erstmals eine Dienststelle S für die künftige **Polizei- und Gendarmerieschule des Saarlandes.**

Abb. 30: Unterrichtsgebäude auf Schloss Elsterstein in St. Ingbert

Da sich die Renovierungsarbeiten in St. Ingbert hinzogen und eine Nutzung vor Herbst 1947 unrealistisch erschien, musste eine Interimslösung gefunden werden, die sich durch eine Grenzverschiebung ergab. Am 20. Juli 1946 erfuhr das Saarland eine minimale Gebietserweiterung im nördlichen Teil, die, bis Konz reichend, auch den Kreis **Saarburg** mit einbezog. Dessen im Stadtteil **Beurig** befindliche und noch intakte Wehrmachtskaserne verkörperte ein ideales Provisorium.[2] Laut Amtsblatt wurde dort am „**1. März 1947** die Polizei- und Gendarmerieschule des Saarlandes … eröffnet" und „die bisherige Dienststelle der Schule in Saarbrücken … (ab) 28. Februar 1947 nach dort verlegt."[3] Obwohl die Übersiedlung erst Ende Februar erfolgte, begann der Saarburger Unterricht bereits am 1. März, zum Leiter hatte man im Dezember 1946 Gendarmeriedirektor Karl Albrecht ernannt. Der Lehrkörper umfasste mit Alfred Schnitker, Johann Gier und Rudolf Dähn drei Personen, die in den Monaten März bis Mai drei Kurzlehrgänge mit vierwöchiger Dauer betreuten, wobei der harte Winter 1946/47 den Unterricht trotz Unterstützung durch den damaligen Kreiskommandanten Lackmann wenig angenehm gestaltete. Da Saarburg nach einer erneuten Gebietsänderung Anfang Juni 1947 wieder an Rheinland-Pfalz fiel, endete die Beuriger Phase schon nach drei Monaten.[4]

Die Sanierungsarbeiten auf **Schloss Elsterstein** sollten sich mangels Baumaterial bis Oktober hinziehen. Das Gebäude hatte 1835 der Franzose Gerdolle, Besitzer des Waldgebietes, errichten lassen, der es nebst Parkanlage 1843 an den Gründer der St. Ingberter Eisenschmelze, Heinrich Krämer, verkaufte, weshalb es auch unter der Bezeichnung „Krämersches Schlösschen" bekannt war (s. Abb. 31 im Anhang). 1920 zur „Saar-Aktiengesellschaft St. Ingbert" gehörend, verkaufte es diese 1927 für 160 000 Mark an den Saarbrücker Caféhausbesitzer Kiefer, von dem es 1939 die Kommune St. Ingbert erneut für 175 000 Mark erwarb. Während des Dritten Reichs betreute dort ein Kindergarten ganztags Jungen und Mädchen berufstätiger Mütter.[5]

Da das Herrenhaus bereits von der Familie Krämer während des wirtschaftlichen Abschwungs nach 1918, aber auch später nicht mehr instandgesetzt worden war, befand es sich 1946 in einem extrem baufälligen Zustand und benötigte eine grundlegende Sanierung. Sehr wahrscheinlich kam es während der Renovierungsphase immer wieder zu

Streitigkeiten zwischen Militärregierung und städtischem Besitzer über die Kostenverteilung, denn das Gouvernement mietete das Anwesen bereits ab Oktober 1946 als Sitz der künftigen Schule an, unterzeichnete aber erst Mitte Juni 1948 rückwirkend einen Mietkontrakt. Der enorme Ausbildungsbedarf der Polizei zwang zur fast nahtlosen Weiterführung der Saarburger Lehrgänge in Schloss Elsterstein, in das trotz laufender Baumaßnahmen schon Anfang Juli die nächsten Anwärter einzogen, deren Abschlussfeier mit dem offiziellen **Einweihungszeremoniell** am **23. Oktober 1947** zusammenfiel.

2.2 Allgemeine Ausbildung

Die Polizei- und Gendarmerieschule, die allen Vollzugsbeamten als zentrale Unterrichtsstätte für die theoretische und praktische Ausbildung diente, war nicht nur gemäß den strikten Entnazifizierungsvorstellungen der Franzosen, sondern auch im Rahmen des speziellen Épurationsprogramms verpflichtet, sich „aufrichtig und ernsthaft ... um die Heranbildung eines auf demokratischer Grundlage ausgerichteten, wohlausgebildeten und dem saarländischen Volke dienenden Polizeikörpers ... zu bemühen"[6]. Dessen Beamte hatten sich gemäß Paragraph 119 der Landesverfassung als „Diener des ganzen Volkes und nicht einer Partei" zu verstehen und beim Dienst wie privat stets zum „demokratisch-konstitutionellen Staat zu bekennen."[7]

Entsprechend detailliert gestaltete sich der am 5. Februar 1947 von der Dienststelle S ausgegebene **Lehrplan**, der hier nur überblicksartig wiedergegeben wird. Die Zuordnung der 345 Unterrichtsstunden zu den einzelnen Stoffgebieten erfolgte Anfang September:

A. Einführung in Staat und Recht (Staatsform und -gewalten, Legislative, private und öffentliche Rechtsbereiche) – zehn Stunden
B. Allgemeines Polizeirecht (Organisation, historische Entwicklung des Polizeibegriffs, Vollzugs- und Verwaltungspolizei, polizeilicher Wirkungskreis, Befugnisse und Gewalten, Zwangsmittel, Ausnahmezustand, Rechtsschutz gegen Polizeieingriffe) – zehn Stunden

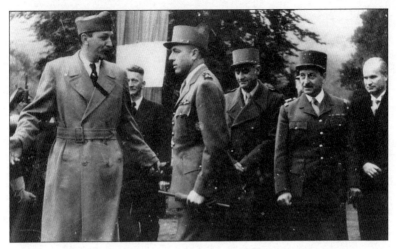

*Abb. 32: Gilbert Grandval (Mitte) bei der Eröffnung der Polizeischule am 23. Oktober 1947
(links im Bild: Michel Hacq, Chef der Sûreté an der Saar)*

C. Besonderes Polizeirecht (Aufgaben im gemischten Behördensystem) – 38 Stunden

D. Verkehrsrecht – dreißig Stunden

E. Strafrecht (Strafgesetzbuch und -nebengesetze) – dreißig Stunden

F. Rechtspflege (Straf-, Zivil- und Verwaltungsgerichte, Organe der Gerichtsbarkeit, Gerichts- und Strafprozeßordnung) – 25 Stunden

G. Beamtenrecht (inklusive Dienststrafrecht und Amtshaftpflicht) – zwei Stunden

H. Grundzüge des bürgerlichen, Jugend-, Wohlfahrts-, Fürsorge- und öffentlichen Versicherungsrechts – fünf Stunden

I. Praktischer Polizeidienst (Aufgaben und Verhalten im Dienst) – fünfzehn Stunden

J. Kriminalistik (Kriminaltaktik und -technik, Tatbestandsaufnahme, Spurensicherung, Verbrechertricks) – vierzig Stunden

K. Allgemeinbildung (Rechtschreibung und Stilistik in Schrift und Sprache) – achtzig Stunden

L. politische Erziehung (Diktatur und Demokratie, NS-Polizei, Menschenrechte) – fünfzehn Stunden

M. Waffenunterricht – fünf Stunden

N. Sport – 35 Stunden

O. Erste Hilfe

P. Lebenskunde (Disziplin, Verhalten gegenüber Kollegen und Bevölkerung, Wahrhaftigkeit, Ehrverständnis, Schulden, Entspannung, Körperpflege) – fünf Stunden

Q. Vorträge (zu Spezialthemen aller polizeilichen Einsatzbereiche)[8]

Die selbst für damalige Notzeiten primitive **Unterbringung** in den zu Aufenthalts-, Wohn- und Schlafräumen umgebauten und nur von Kohleöfen erwärmten Pferdestallungen, in denen nicht selten zwölf bis sechzehn Mann gleichzeitig übernachteten, erstickte so manchen Lerneifer bereits im Keim. Für das leibliche Wohl sorgte der schuleigene Kantinenbetrieb. Den Freizeitausgleich erleichterte die idyllische Lage von Schloss Elsterstein inmitten einer Parkanlage, die den Lehrgangsteilnehmern zur freien Verfügung stand. Der Unterricht, der täglich acht, montags und samstags nur vier Stunden umfasste, fand im Hauptgebäude statt, das als einziger Trakt eine Zentralheizung besaß. Den mit sechs Stunden mehrheitlichen Theorie-Einheiten folgte, unterbrochen von einer Mittagspause zwischen zwölf und vierzehn Uhr, am Nachmittag ein zweistündiger praktischer Teil.[9] Auf karge Verhältnisse stießen die Anwärter aber auch bei den dringlichsten Dingen des alltäglichen Bedarfs. So mussten noch im Sommer 1954 die Auszubildenden bei ihrem Antritt sowohl Essbesteck, Tasse, Handtücher und Vorhängeschloss als auch Schreibmaterialien, Papier, Sportbekleidung und Gesetzessammlungen für den Unterricht mitbringen.[10]

Die Zahl der Ausbilder hatte trotz des breitgefächerten Curriculums nach dem Umzug nur eine geringfügige Erweiterung erfahren: Es erscheinen lediglich Querchfeld (Kriminalistik, Besonderes Polizeirecht) und Klein (Allgemeinbildung) als neue Namen neben den bereits bekannten Albrecht (Allgemeines Polizeirecht, Strafrecht, Politik, Lebenskunde), Schnitker (Besonderes Polizeirecht, Verkehrs- und Bürgerliches Recht, Sport, Praktischer Dienst) sowie Gier (Besonderes Polizeirecht, Strafprozesse, Praktischer Dienst, Waffengebrauch, Sport). Die mündlichen Abschlusstests nahm zunächst eine schuleigene Kommission ab, danach der 1948 eingerichtete ständige Prüfungsausschuss, der sich aus Fachleuten der Gendarmerie, Polizei und Kriminalpolizei sowie Juristen zusammensetzte, die das Innenministerium berief.

Der **Personaletat** der Schule erfuhr mit durchschnittlich acht bis maximal zehn Beamten in den ersten zehn Jahren keine spürbare Aufstockung. Erst nach dem Anschluss an die Bundesrepublik verfügte die Ausbildungsstätte zeitweise über bis zu siebzehn Bedienstete.[11] Dieses Stammpersonal trug auf Wunsch des Polizeipräsidenten ab Herbst 1948 trotz der sonst noch üblichen „gemischten" Dienstkleidung einheitlich die dunkelblaue Uniform der Landespolizei. Die **Direktoren** tauschten zeitweise innerhalb von wenigen Wochen den Amtssessel:

Karl Albrecht	16.07.1946	bis	30.03.1948
August Lauriolle	01.04.1948	bis	30.06.1951
Dr. Edgar Johann	01.07.1951	bis	30.09.1955
Rudolf Lerch	22.10.1955	bis	09.11.1955
Aloisius Kamm	10.11.1955	bis	31.01.1956
Rudolf Lerch	01.02.1956	bis	11.03.1956
Aloisius Kamm	12.03.1956	bis	24.06.1956
Rudolf Beck	25.06.1956	bis	30.09.1957
Kurt Schiweck	01.10.1957	bis	30.09.1959

Die viermonatigen **Anwärterlehrgänge** teilte die Schulleitung in der Anfangsphase von Juli bis Ende Oktober 1947 noch in zwei getrennte Klassen für die Sparten Gendarmerie und Landespolizei auf, später unterrichtete man beide gemeinsam. Zwischen dem 1. Juli 1947 und 15. Dezember 1956 fanden insgesamt 25 dieser Grundausbildungen statt mit 53 bis 125 Teilnehmern, von denen zwischen drei bis fünf Prozent die Prüfung nicht bestanden. Die von den einzelnen Polizeisparten zur Ausbildung angemeldeten Schüler wichen zahlenmäßig erheblich voneinander ab, nur das Saarbataillon entsandte kontinuierlich dreißig bis 35 Bedienstete.

Weniger gleichbleibend verteilten sich die Altersstufen der Teilnehmer, für die aus der frühen Nachkriegszeit keine Quellen vorliegen. Entsprechend der demographischen Entwicklung konnte aber ab 1945 der größte Anteil der Bewerber nur aus der Gruppe der über 35-Jährigen stammen. Die Aufschlüsselungen der Listen aus den 50er Jahren spiegeln das Bemühen um einen verjüngten Personalbestand wider, denn ab 1954/55 absolvierten mit wachsender Tendenz jüngere Leute zwischen zwanzig und

25 Jahren die Anwärterlehrgänge.[12] Nach der Abstimmung über das Saar-statut lief die Anwärterausbildung zunächst in einer gemischten Form weiter, da man mit Blick auf deren Anpassung an die bundesrepublika-nischen Verhältnisse 1956 zwei „Sonderlehrgänge B" von unterschied-licher Dauer durchführte, zwischen diese beiden aber erneut einen letzten Anwärterlehrgang nach altem Muster einschob. Erst ab Januar 1957 bezeichnete man den Basisunterricht für die Beamtenanwärter end-gültig als „Fachlehrgang I" und weitete ihn auf einen fünfmonatigen Zeit-raum aus.

Die zu Jahresbeginn 1953 eingeführten **Lehrgänge für die Anstellung auf Lebenszeit** wurden bis Juni 1956 mit fünfmonatiger Dauer achtmal angeboten, wobei deren Teilnehmerzahl auf siebzig Personen beschränkt war, die die Endprüfung meist zu 95 Prozent bestanden. Ab August 1956 führte man diese Fortbildung als „Fachlehrgang II" weiter und, wie auch die Anwärterschulung, stets hintereinander und nicht mehr parallel in mehreren Klassen durch. Adäquat zur Altersentwicklung der Anwärter-lehrgänge veränderte sich auch das Generationengefüge der zur Anstel-lung auf Lebenszeit auszubildenden Polizisten. Hatten im Dezember 1954 noch knapp zwölf Prozent dieser Beamten der Altersgruppe über 46 angehört, so halbierte sich deren Zahl im Folgejahr.[13]

2.3 Sonderlehrgänge und Vorträge

Neben der Grundausbildung für die Anwärter von Gendarmerie und Landespolizei gewährleistete die Polizeischule auch mit speziellen **Sonderschulungen** ein hohes Maß an Einsatzbereitschaft. Hierzu ge-hörten neben den ab April 1954 zweimal pro Jahr angebotenen kraft-fahrtechnischen Lehrgängen, die ab März 1957 die Bezeichnung „Fach-lehrgang II (TD)" trugen, sowie dem nur einmal von Mai bis November 1948 durchgeführten Ausbildungsteil „Hochwasserkatastrophen" (diese Aufgaben übernahm später das Saarbataillon mitsamt Unterrichtung) in erster Linie die Hundeführerlehrgänge.

Da die Saarpolizei erst 1967 eine eigenständige Hundestaffel erhielt, ord-nete man bis dahin die betreffenden Beamten der jeweiligen Sparte zu.

Alle zentral zu organisierenden Belange liefen administrativ unter der Rubrik „Diensthundewesen", und auch die Grundausbildung sowie Übungstage veranstaltete die Polizeischule für alle Hundeführer gemeinsam. Die ab Mai 1948 zweimal jährlich auf dem Programm stehenden Lehrgänge, an denen maximal zehn Bedienstete teilnahmen, dauerten meist zehn Wochen und dienten dem Training von Polizist und Tier in Unterordnung, Sicherheitsdienst sowie Mann- und Spurenarbeit, da die hiesigen Polizeihunde ausschließlich als Begleitung beim Streifendienst (Schutzhund) oder zur Spurensuche (Fährtenhund) eingesetzt wurden. Mit Hilfe von vierzehntägig wiederholten Übungstagen, die für alle Diensthundeführer verpflichtend waren, konnte man die erlernten Fähigkeiten ausbauen und empfindlichen Spürnasen auch auf Dauer leistungsfähig erhalten.[14]

Abb. 33: Thomas Balzert (zweiter von rechts), Ausbilder der Diensthundeführer bis Ende Juli 1955, mit Beamten der Gendarmerie und Landespolizei in St. Ingbert

Diese Form der Aus- und Fortbildung bestand bis Mitte November 1949, wurde 1954 für einen einzigen Kurs wieder aufgenommen und pausierte nach der Saarstatutabstimmung erneut fünf Jahre. Erst ab 1961 absolvierten die Saarpolizisten wieder einen „Grundausbildungslehrgang", den eine Schulung für Schutz- und Fährtenhunde ergänzte.

Laut Lehrplan gehörten zu den Themenbereichen, die an der Polizei-schule vor Ort anhand regelmäßiger **Fachvorträge** zu vermitteln waren, die Bekämpfung der Brandstiftung, das Gesundheitswesen mit dem Schwerpunkt Infektionskrankheiten, Arbeitsrecht sowie Veterinär- und Wohlfahrtswesen. Darüber hinaus veranstaltete die St. Ingberter Ausbil-dungszentrale aber auch inhaltlich breitgefächerte Vortragsreihen für die Beamten in einzelnen Großgemeinden, die, abhängig von Teilnehmer-zahl und lokalen Gegebenheiten, entweder in den jeweiligen Dienst-stellen oder größeren Versammlungsräumen stattfanden und ebenfalls von deren Lehrern durchgeführt wurden.[15]

Schulungsmaßnahmen außerhalb des Landes kannten die Saarpolizis-ten im ersten Nachkriegsjahrzehnt überhaupt nicht. Eine Wende be-deutete daher die Teilnahme hiesiger Kriminalbeamten an einem höhe-ren Fachlehrgang in Wien im Herbst/Winter 1954, die eine Abordnung seitens der Regierung ermöglicht hatte. Die sonstige, später zu erläu-ternde Sonderausbildung für die Kriminalpolizei erfolgte unabhängig von der Polizeischule an einer behördenexternen Einrichtung.

2.4 Problematischer Bauzustand

Die unzureichende Renovierung von Schloss Elsterstein vor Einzug der Polizeischule zog nicht nur erschwerte Unterrichts- und Wohnbedin-gungen nach sich, sondern bedrohte infolge der weiter fortschreitenden Baufälligkeit auch zunehmend die körperliche Unversehrtheit von Leh-rern und Schülern. Konnten sich diese in den ersten Jahren noch mit so manchem Mangel (ungenügende Beheizung im Winter, Stauwärme im Sommer, feuchte Wände oder abblätternder Putz) arrangieren, da die Stadt St. Ingbert als Vermieterin alle Bitten um Beseitigung bis 1951 als unnötige „Schönheitsreparaturen"[16] abtat, so verschärfte sich das Pro-blem in den beiden Folgejahren ganz erheblich.

Im Frühjahr 1953 drängte die Schulleitung gegenüber dem Stadtbauamt auf die längst überfällige Kläranlage; Planierung des Hofes, da man dort bei starkem Regen „bis an die Knöchel im Schlamm"[17] versank; Sanie-rung des Feuerlöschteichs, der als Ungezieferparadies ein permanentes

Erkrankungsrisiko bildete; Reparatur von Treppen, Geländern und Dach sowie die Errichtung von Zäunen und Mauern. Sie erneuerte ihre Eingaben zwar immer wieder (fehlende Kellerdecken und Fensterrahmen, verrostete Wasserleitungen, unverputzte Innenwände, vermoderte Böden, nasse Keller, undichte Gasleitungen, schadhafte Dachrinnen, fehlende Türschlösser), auch unter Hinweis auf die gesundheitsschädigenden Aspekte (im Mai 1955 gefährdete eine durch Baumängel entstandene Ameisenplage die Lebensmittelversorgung), doch ohne nennenswerten Erfolg. Die Gründe hierfür lagen zum einen in einer übertriebenen Sparsamkeit der Stadt St. Ingbert, zum andern in den vielen Begehrlichkeiten, die Schloss und Wald in den 50er Jahren hervorriefen und eine Verlängerung des mit der Schule geschlossenen Mietvertrages zunehmend gefährdeten.

Abb. 34: Von einer luxuriösen Unterbringung konnte auf Schloss Elsterstein keine Rede sein ...

Ab April 1950 bemühte sich beispielsweise der örtliche Kneipp-Verein um das Gelände inklusive Herrenhaus, um dort ein Sanatorium zu errichten, dessen Neubau mit dem Schlösschen verbunden werden sollte. Gleichzeitig häuften sich die Stimmen in der regionalen Presse, für die Bürger der wachsenden Saar-Pfalz-Kommune die vormalige Krämersche Wald- und Parkanlage als Naherholungsgebiet zu reservieren.[18] Ab Sommer 1956 war zudem der Umbau als städtisches Altersheim im Gespräch,[19] und auch die Idee des Deutschen Roten Kreuzes (DRK) für ein Müttergenesungsheim entstand wahrscheinlich in dieser Zeit.

Der im Oktober 1956 auslaufende Mietkontrakt der Polizeisschule wurde zwar verlängert und hätte den Renovierungsaufforderungen mehr Nachdruck verleihen müssen, doch trotz mehrfacher Begutachtung des Bauzustandes durch staatliche Prüfer wich die Stadt von ihrer ablehnenden Position kaum ab. Im November 1956 erklärte sie sich nur zur Instandsetzung des Dachs und einer Treppe bereit, den Fassadenanstrich und die Installation einer Zentralheizung vertagte sie erneut.[20] Anlässlich der geplanten Anschaffung neuer Möbel benötigte das Direktorium im Juni 1958 eine aktuelle Bewertung der Statik, die eine derart drastische Absenkung der Deckenkonstruktionen zutage förderte, dass die Stadt lieber das Aufstellen neuer Akten- und Bücherschränke lapidar untersagte und sogar die teilweise Entfernung bisherigen Mobiliars verlangte als zu sanieren.[21] Lediglich in den Unterrichtsräumen ließ sie Stützverstrebungen einziehen, die Lehrern und Schülern das Gefühl vermittelten, „in einem Bergwerksstollen 800 Meter unter Tage" zu sitzen und Anspruch auf eine „Gefahrenzulage"[22] zu besitzen ...

Die einsturzgefährdeten Decken sollten für Schloss Elsterstein als Schulungsstätte letztlich das Ende bedeuten. Am 10. Dezember 1958 sperrte die Baupolizei einige Säle, so dass der Unterricht in Teilen extern in Gebäuden der Saarbrücker Direktion (Mainzer Straße) erfolgte. Die Kommune kündigte den Mietvertrag vorab zum 1. Oktober 1959. Dennoch bestand seitens der Polizei weiterhin Interesse an einem Verbleib auf Schloss Elsterstein, den aber nur Sanierungsmaßnahmen in einer Höhe von rund 47 000 DM gewährleistet hätten. Da der St. Ingberter Bürgermeister Dr. Saur vom Innenministerium zuvor vergebens eine fünfjährige Verlängerung des Mietvertrages zu erhöhten Konditionen verlangte und das Deutsche Rote Kreuz seine Baupläne weiter vorantrieb, schlug im April 1960 definitiv die letzte Stunde der Polizeisschule auf dem Krämerschen Schloß.[23]

Bis Mitte Juli 1964 nutzte sie zwar für einzelne Ausbildungsbereiche noch das Ende 1957 zur Errichtung eines städtischen Altersheims partiell freigegebene Parkgelände, doch im September 1965 wurde das alte Herrenhaus endgültig abgerissen, um ab 1970 als Standort des neuen DRK-

Kurheims zu fungieren. Nachdem der bereits seit 1957 intendierte Neubau einer polizeilichen Ausbildungsstätte in Kirkel, ein Umzug in Räume der Saarbrücker Maréchal-Ney-Schule sowie die Erweiterung des Hilfskassenerholungsheims Haus Mühlberg zu den Akten gelegt worden waren, löste man das lästige Unterbringungsproblem 1960 endgültig zugunsten eines dauerhaften Sitzes in der Stadt Lebach. Nach Umbau eines Gebäudes in der dortigen Flüchtlingssiedlung zur Unterkunftsstätte und Neuerstellung eines Unterrichts- und Verwaltungstraktes siedelte die Polizeischule am 1. September 1960 dorthin um.

2.5 Saarländische Polizeifachzeitschrift

Ergänzend zur theoretischen und praktischen Ausbildung begründete man im Mai 1948 eine landeseigene Fachzeitschrift mit dem Titel „Unsere Polizei" zwecks kontinuierlicher Wissenserweiterung der Beamten. Als Herausgeber fungierte in den ersten Jahren Gendarmeriekommandeur und Polizeischuldirektor Karl Albrecht. Dessen Aufgaben übernahm ab Sommer 1954 eine Redaktion mit Sitz an der Schule, die Schriftleitung hatte Dr. Edgar Johann inne. Infolge der räumlichen Mißstände brachte man die Redakteure in einem abgetrennten Teil des Speisesaals unter.[24]

Die Zielsetzung des Blattes bestand einerseits in der permanenten Aktualisierung des Wissens durch Hinweise auf neue Fachliteratur bzw. deren Rezension und die Veröffentlichung polizeirelevanter Beiträge. Andererseits sollten durch den Abdruck von Gesetzen die gröbsten Lücken bei Fachbüchern und juristischen Sammlungen geschlossen werden, da hier erheblicher Mangel herrschte und der Ankauf neuer Bücher hohe Kosten verursachte.

Die Autoren stammten sowohl aus polizeiinternen Kreisen als auch aus Verwaltung, Gesetzgebung, Rechtsprechung und anderen, für die Tätigkeit der Vollzugsbeamten wichtigen Bereiche. Allen gemeinsam war das Bemühen um eine verständliche Sprache, damit das vermittelte Wissen den Mitarbeitern aller Ausbildungsstufen zugutekam. „Unsere Polizei" erschien regelmäßig alle vier Wochen bis Dezember 1955 – trotz gerin-

ger Auflage und niedrigem Preis, der erstmals im März 1952 auf sechzig Francs erhöht wurde.[25] Der gestiegene Bezugspreis ging mit einer Layoutüberarbeitung und neuen Rubriken (Kurznachrichten, Gesetzestexte, etc.) einher. Dem Wunsch vieler Polizisten nach Publikation des festen Ausbildungsstoffs in „Lehrbriefen", die so eine stets griffbereite Loseblattsammlung gebildet hätten, entsprach man verständlicherweise nicht.[26] Die Arbeit der kleinen Redaktion erntete deutschlandweit und international in Fachkreisen, vor allem bei Kriminalistikexperten, immer wieder hohes Lob.[27]

Die anfangs schwächelnde Abonnentenzahl stieg später an und erlaubte im Herbst 1954 eine zweite Überarbeitung, nach der das nun 32-seitige Blatt ab Oktober mit dem Titel „Polizei und Recht" herauskam. Die vermehrten regelmäßigen Bezieher stellten die Zeitschrift finanziell auf eine bessere Basis, stammten aber nicht nur aus der Polizei, so dass sich die Redaktion zur Ausweitung ihrer Themen, vor allem im juristischen Sektor, gezwungen sah, um auch diese neuen Leser zufriedenzustellen. Anlässlich des Neuerscheinens betonte Polizeischullehrer Hans Gethöffer mit Blick auf vergangene Einmischungsversuche, dass der „Grundsatz polizei- und kriminalwissenschaftlicher Freiheit … jede behördliche … Beeinflussung einer Abhandlung" verbiete und die „freie Willensbestimmung des Verfassers" weiterhin garantiert werde. Der von Regierungskreisen, Parteien oder Verbänden gewünschten Politisierung des an den Interessen des Polizeiberufs ausgerichteten Heftes schob er somit einen deutlichen Riegel vor.[28]

Nicht von ungefähr stellte man die Zeitschrift im Dezember 1955 unmittelbar nach der Abstimmung über das Saarstatut ein, was wiederholt, aber trotzdem fälschlicherweise mit mangelnder Rentabilität gerechtfertigt wurde. Es war vielmehr politisch nicht mehr gewünscht, eine unabhängige, rein berufsorientierte Zeitung herauszugeben, zumal deren an der Polizeischule angesiedelte Redaktion im Widerspruch zum 1956 einsetzenden Ausbildungswandel gestanden hätte.

Anmerkungen

1 S.a. Polizeischule des Saarlandes. Festschrift 25 Jahre (1964–1989); redaktionelle Bearbeitung: Carsten Baum, o.O. 1989; S. 8f u. M. Stein: Eine Polizeischule entsteht; aus: 25 Jahre Polizeischule Saarland. o.O. 1973; S. 11–13.

2 Zu Saarburg s. Rudolf Batsch: Die Polizeischule des Saarlandes; in: Die Polizei im Saarland. Zum Delegiertentag 1960 der Gewerkschaft der Polizei Landesbezirk Saarland, Hamburg 1960; S. 71–77 u. Walter Lamy: Die Ausbildung des Polizeibeamten an der Polizeischule des Saarlandes; in: Der deutsche Polizeibeamte 16(1966)5; S. 151–153.

3 Zit. a. dem Amtsblatt d. Verwaltungskommission d. Saarlandes v. 20.3.1947.

4 S. zum Saarburger Unterricht a. die Ausführungen Steins a. S. 42.

5 S. zu Elsterstein a. folgende Artikel: „Schloß Elsterstein – Erinnerungen an Tage des Glanzes und Tage der Einsamkeit; aus: NSZ-Rheinfront Neustadt an der Weinstraße v. 2.1.1939, „Ein Besuch im NSV-Kindergarten auf dem Elsterstein – 70 Kleinkinder aus kinderreichen Familien und von werktätigen Müttern aus St. Ingbert werden hier zuverlässig betreut"; aus: Saarländische Tageszeitung v. 7.5.1943 u. „Krämers Schloß in St. Ingbert – ‚Herre-Haus' und ‚Herre-Mauer'/Bleibende Erinnerung an eine untergegangene Zeit"; aus: Saarländische Tageszeitung v. 21.8.1943 (Nr. 195) (Quellen: Stadtarchiv St. Ingbert; o. Bestandsnummern).

6 So Gilbert Grandval in seinem Dankschreiben an die Verantwortlichen bei Polizei u. Verwaltung v. 27.10.1947 anlässl. der Schuleinweihung (Quelle: Polizeiarchiv).

7 So K. Albrecht in seinem Vorwort zur Gründung der Polizeifachzeitschrift; in: Unsere Polizei. Fachzeitschrift für die gesamte Polizei des Saarlandes 1(1948); S. 6.

8 A. dem Lehrplanentwurf für die Polizeischule der Dienststelle S v. 5.2.1947; die Verteilung d. Stunden regelte ein Plan derselben Dienststelle v. 1.9.1947 (Quellen: Landesarchiv des Saarlandes, Bestand Verwaltungskommission, lfde. Nr. 64).

9 S. zur Situation der Lehrgangsteilnehmer in Elsterstein a. Willi Schnerwitzky: 25 Jahre Polizeischule des Saarlandes; aus: 10. ordentlicher Delegiertentag – 25 Jahre Polizeischule Saarland. o.O. 1973; S. 15ff sowie Hollinger: Die Ausbildung der saarländischen Polizei- und Gendarmeriebeamten; in: Unsere Polizei 2(1949)3; S. 33–34 u. den Artikel „Strafrecht auf Schloß Elsterstein – Ein Besuch in der Polizei- und Gendarmerieschule des Saarlandes – Gespräch mit Direktor Dr. Johann"; in: Saarländische Volkszeitung v. 16.12.1954 (Quelle: Stadtarchiv St. Ingbert, o. Nr.).

10 Vgl. hierzu a. die Verfügung d. Landespolizeipräsidenten v. 29.7.1954 zum Ausbildungsbeginn der Anwärter des 21. Lehrgangs am 8.9. des Jahres (Quelle: Landesarchiv des Saarlandes, Bestand Kriminalpolizeiamt, lfde. Nr. 82).

11 Die Zahlen wurden nach den Personaletatlisten 1948 bis 1958 berechnet (Quelle: ebda., Bestand Polizeiabteilung der Zentralbehörde, lfde. Nr. 894).

12 Der 21. Anwärterlehrgang wurde zu knapp 74 Prozent von Beamten zw. zwanzig und 25 besucht, rund sechzig Prozent waren sogar zw. 29 und 45 Jahre alt; beim 22. stammten bereits rund 83 Prozent der Anfänger aus dieser Altersklasse, während aus der Gruppe der 29- bis 45-Jährigen nur noch etwas mehr als acht Prozent der Bewerber kamen – die Altersangaben wurden den Lehrgangsstatistiken in Polizei und Recht 2(1955)2; S. 25f u. (1955)6; S. 155f entnommen.

13 S. hierzu ebda.

14 Vgl. zur Diensthundeführerausbildung a. „Seine Nase durch kein Radargerät zu ersetzen – Ein Besuch auf dem Übungsgelände der saarländischen Polizeihunde" a. der „Saarbrücker Zeitung" Nr. 301 v. 29.12.1956 (Quelle: SZ-Archiv).

15 So zum Beispiel v. 12.–23.2.1951 in Saarbrücken, Saarlouis, Merzig, Völklingen, Sulzbach, Neunkirchen, Ottweiler, St. Wendel, Homburg u. St. Ingbert zu den Themen Konventionen, Strafprozessordnung, Strafrecht u. Besonderes Polizeirecht (Quelle: Landesarchiv des Saarlandes, Bestand Kriminalpolizeiamt, lfde. Nr. 91).

16 So der St. Ingberter Bürgermeister am 19.6.1951 auf die v. der Polizeischulleitung Ende Mai 1951 dargelegten Mißstände (Quelle: Stadtarchiv St. Ingbert, o. Nr.).

17 Zit. n. einer Eingabe d. Schuldirektors Dr. Johann v. 9.3.1953 (Quelle: ebda.)

18 S. a. „Elsterstein – oder Stadtpark? Ein Park soll den Bewohnern einer Stadt als Erholungsstätte dienen – Spielplätze für die Kinder!" in „Saarländische Volkszeitung" Nr. 82 v. 7.4.1955 (Quelle: ebda.).

19 Das Altersheim wird erstmals in einem Brief der Polizeischule v. 22.8.1956 an den St. Ingberter Stadtverwaltungsbeigeordneten Weber erwähnt (Quelle: ebda.).

20 Vgl. den Bauausschußsitzungsbericht v. 13.11.1956 (Quelle: ebda.).

21 S. den Briefwechsel zw. Schule u. St. Ingbert v. 17.7.–5.8.1958 (Quelle: ebda.).

22 So die humoreske Mißstandsschilderung v. Schulleiter Schiweck; zit. n. „Polizeischule teilweise ‚baupolizeilich gesperrt'. Decken müssen abgestützt werden – Das Gebäude ist reif für den Abbruch – Stadt St. Ingbert hat zum 1. Oktober gekündigt"; in: Saarbrücker Zeitung v. 31.3.1959 (Quelle: SZ-Archiv).

23 S. zur Endphase in St. Ingbert a. das Schreiben des Stadtamts 60 v. 6.11.1959,

das Sitzungsprotokoll d. St. Ingberter Stadtrates v. 9.2. u. den Stadtamts-
vermerk v. 2.4.1960 (Quellen: Stadtarchiv St. Ingbert) – die von der Stadt
geforderte verdoppelte Miete hätte die Renovierungskosten bereits in 31
Monaten abgedeckt!

24 „Da es an einem geeigneten Raum für die ... Schriftleitung mangelt, ist be-
absichtigt, den ... Speiseraum des Lehrpersonals durch Einziehung einer
Wand aus Hartfaserplatten in zwei Räume aufzuteilen." – so Direktor
Johann in einem Schreiben an d. Stadt St. Ingbert v. 17.7.1954 (Quelle: ebda.)

25 S. zu Gründung u. Fortführung der Zeitschrift a. Karl Albrecht: Der Wert
unserer Polizei-Fachzeitschrift; in: Unsere Polizei 4(1951)9/10; S. 129–131 u.
Johann Gier: Fachbuch und Fachzeitschrift; in: 10. ordentlicher Delegiertentag – 25 Jahre Polizeischule Saarland. o.O.1973; S. 21f; die Preiserhöhung
gab am 21.3.1952 das Nachrichtenblatt des Landespolizeipräsidiums Nr. 3
a. S. 35 bekannt.

26 S. a. die anonyme Leseranfrage an Guy Lackmann v. 30. März 1953, die in
„Unsere Polizei" 6(1953) a. S. 56 veröffentlicht wurde – hierin schlug ein Polizist die Publikation d. Unterrichtsstoffs als Loseblattsammlung vor, um
den lästigen Austausch von Mitschriften zu umgehen. Die Idee griff man
selbstverständlich aus pädagogischen Gründen nicht auf – für die Anwärter
bestand Anwesenheitspflicht!

27 So u.a. in einem Brief des Wissenschaftlers Dr. A. Kraut an die Schriftleitung v. 1.3.1952: „Wenn ich, der ich regelmäßig gegen 70 Fachzeitschriften
zur Bearbeitung erhalte, das, was große Länder oder Organisationen ... pro-
duzieren, mit dem vergleiche, was Sie ... in einem so kleinen Lande leisten,
dann kann ich Ihnen nur meine allergrößte Hochachtung und Anerkennung
aussprechen ..." – zit. n. dem Abdruck als Leserzuschrift in „Unsere Polizei" 5(1952)4 a. S. 39.

28 Zit. a. „12 Monate Schreib-, Lehr- und Lernfreiheit" v. Hans Gethöffer in
„Polizei und Recht" 2(1955)10; S. 257.

3. Wiederaufbau der einzelnen Polizeisparten

3.1 Gendarmerie

3.1.1 Organisation und Personal

Da sich die Gendarmerie mit ihrem weitverzweigten Aufgabenspektrum und Dienststellennetz für die kommunale Nachkriegspolizei des Saarlandes hervorragend eignete, wurde sie von den hiesigen Landräten wie den beiden Militärregierungen gleichermaßen als erste Sparte favorisiert. Hatte bereits ab Mai 1945 der vom US-Kommandanten Kelly berufene Gendarmerieoberst Heese die ersten Schritte zu deren Neubegründung eingeleitet, so lässt sich für die zweite Jahreshälfte nur noch die Berufung des Saarlouiser Gendarmeriebeauftragen Karl Albrecht nachvollziehen. Albrecht, 1882 in Straßburg geboren, war 1911 in die Trierer Polizei eingetreten und 1927 auf den Posten des brandenburgischen Polizeidirektors berufen worden, den er jedoch 1933 nach Hitlers Machtergreifung aus politischen Gründen hatte aufgeben müssen. Nach Kriegsende betraute man ihn im Saarland zunächst mit dem Wiederaufbau der Gendarmerie Saarlouis, um ihm im März 1947 die Leitung der neuen Polizeischule zu überantworten. Am 1. April 1948 kehrte er als Gendarmeriekommandeur zurück, gab aber weiterhin die landeseigene Polizeifachzeitschrift heraus. Als Folge seiner besonderen Vorliebe für die Kriminalistik und des Umstands, dass auf die Gendarmeriebeamten durch die kommunalisierte Struktur ab 1945 verstärkt kriminalpolizeiliche Aufgaben zukamen, förderte er vor allem die enge Kooperation dieser beiden Abteilungen und bemühte sich um eine intensivere kriminalistische Ausbildung der Gendarmeriebediensteten.

Am **2. Mai 1946** übersandte Militärgouverneur Grandval an den Vorsitzenden des Regierungspräsidiums eine Order zur Neubetitelung der immer noch ans Militär angelehnten Rangbezeichnungen bei der Gendarmerie, die sich durch die streckenweise Orientierung bei deren Wiederaufbau am Landjägerkorps der Zwischenkriegszeit hatten einschleichen können und künftig wie folgt lauten mussten:

Gendarmerieleutnant → Gendarmeriekommissar
Gendarmerieoberleutnant → Gendarmerieinspektor
Gendarmeriehauptmann → Gendarmerieamtmann
Gendarmeriemajor → Gendarmerierat
Gendarmerieoberstleutnant → Gendarmerieoberrat
Gendarmerieoberst → Gendarmeriedirektor[1]

Nach der Reverstaatlichung der Kommunalpolizei am 15. November 1946 und Einrichtung einer Landespolizei wurde die Gendarmerie zusammen mit dem im Frühjahr 1946 begründeten Saarbataillon beim Mitglied für Inneres der Verwaltungskommission als Dienststelle G geführt, die der Landesgendarmeriedirektor leitete.

Der organisatorische Aufbau der saarländischen Gendarmerie erfuhr in den ersten Nachkriegsjahren mehrfache Modifikationen, die grundsätzlich auf dem Bestreben der französischen Besatzungsmacht basierten, ihr heimatliches Polizeisystem auf das hiesige Sicherheitswesen zu übertragen. Aufgrund schlechter praktischer Erfahrungen bemühte man sich aber polizei- und insbesondere gendarmerieintern schon früh um Verbesserungen und stieß dabei auf keinen nennenswerten Widerstand bei den Franzosen, so dass das **Organigramm der Saargendarmerie** bis 1952 sukzessive den regionalen Bedürfnissen angepasst wurde. Ab 1946 führte die Besatzungsmacht zunächst vereinzelt, ab Jahresmitte **1947** in verstärkter Form das **Brigadesystem** der französischen Gendarmerie ein. Ein Organisationsschema lässt sich erstmals für die Zeit nach der Reverstaatlichung erstellen: Am 15. Februar 1947[2] verfügte die Gendarmerie im ganzen Land ohne Direktion über 54 Dienstposten. Trotz der Zusammenlegung von Einzelposten zu zentralen Einrichtungen erhöhte sich bis zum 1. April 1948[3] zum einen die Anzahl der Dienststellen auf 62 mit insgesamt 919 Planstellen[4], zum andern kam es zu spürbaren Bedeutungsverschiebungen innerhalb des Niederlassungsnetzes.

Organisation der Saargendarmerie bis Frühjahr 1948

Februar 1947	April 1948
Altheim (Posten)	Bebelsheim (Brigade)
	Beckingen (Posten)
Blieskastel:	Blieskastel:
Bierbach (Posten)	Blieskastel (Brigade)
Blieskastel	Bierbach (Brigade)
Mimbach	Wolfersheim (Dienststelle)
Niederwürzbach	
Bliesransbach (Posten)	Bliesransbach (Brigade)
Brotdorf (Amt)	Bous (Sektion)
Einöd (Station)	Einöd (Brigade)
	Eppelborn (Brigade)
Eschringen (Posten)	Eschringen (Brigade)
Fürth (Gruppenposten)	
Gersheim	Gersheim (Brigade)
	Großrosseln (Außenstelle)
Habkirchen (Posten)	Habkirchen (Brigade)
Hangard (Brigade)	
Hemmersdorf (Posten)	Hemmersdorf (Posten)
Heusweiler:	Höchen (Kreis)
Riegelsberg (Gruppenposten)	
Holz (Posten)	
Walpershofen (Posten)	
Hirstein (Posten)	Holz (Brigade)
Homburg:	Homburg:
Homburg-Erbach (Kreis)	Homburg (Kreis beim Landratsamt)
Jägersburg (Station)	Bruchhof
Limbach (Posten)	Limbach (Brigade)
	Jägersburg (Station)
Hüttersdorf (Posten)	Hüttersdorf (Posten)
Kirkel-Neuhäusel (Station)	Illingen:
	Illingen (Brigade und Sektion)
	Wemmetsweiler (Brigade)
Klarenthal (Posten)	Karlsbrunn (Brigade)
	Kleinblittersdorf (Brigade)
Lauterbach (Posten)	Lauterbach (Brigade)
Mettlach	Losheim (Brigade)
Naßweiler (Posten)	Ludweiler (Brigade)

Februar 1947	April 1948
Nohfelden (Einzelposten)	Merzig: Brotdorf (Brigade) Hilbringen (Brigade)
Nunkirchen (Posten)	Mettlach
	Namborn (Brigade)
Oberthal: Bliesen Güdesweiler Namborn (Posten)	Neunkirchen: Hangard (Brigade) Schiffweiler (Brigade) Wiebelskirchen (Sektion)
	Nonnweiler (Brigade)
	Oberkirchen (Brigade)
	Orscholz (Brigade)
Ottweiler (Kreis)	Ottweiler (Inspektion)
Saarbrücken (Kreis)	Saarbrücken (Inspektion)
Schiffweiler (Brigade)	Saarlouis: Ensdorf (Brigade) Vaudrevange (Posten)
	Schmelz (Brigade)
	Siersburg (Brigade)
St. Ingbert: St. Ingbert (Kreis u. Inspektion) Rohrbach (Abteilung u. Posten)	St. Ingbert: St. Ingbert (Inspektion) Rohrbach (Brigade)
St. Wendel: St. Wendel (beim Landratsamt) Niederlinxweiler (Abteilung) Remmesweiler (Posten) Urweiler (Posten) Schmelz (Gruppe – Posten)	St. Wendel: St. Wendel (Inspektion, Sektion u. Brigade) St. Wendel:
	Thailen
	Thalexweiler (Brigade)
Tholey: Tholey (Abteilung) Hasborn Marpingen (Abteilung)	Tholey: Tholey (Brigade) Hasborn (Brigade) Marpingen (Abteilung)
Überherrn (Einzelposten)	Türkismühle: Türkismühle (Brigade) Nohfelden (Sektion und Einzelposten)

Februar 1947	April 1948
Urexweiler (Brigade)	
Vaudrevange (Posten)	
Wadern: Wadern (Kreisinspektion u. Posten) Thailen (Posten)	Wadern (Brigade)
Weiskirchen (Posten)	Weiskirchen (Brigade)
	Werschweiler (Brigade)

Das starre Brigadensystem räumte den Gendarmen nur wenig engeren Kontakt zum Bürger ein und erwies sich daher als ungeeignet für die saarländischen Belange, so dass im Rahmen einer behördenübergreifenden Verwaltungsreform im November 1949 auch die Auflockerung der Gendarmerieorganisation durch Wiedereinführung etlicher Außenstellen erfolgte. Ab **1950** existierte folglich eine **Mischform zwischen** dem gestrafften französischen **Brigadesystem** und weitverzweigten **Einzelposten** deutsch-preußischer Prägung. Nun galt für alle Gendarmeriebezirke die Unterteilung von oben nach unten in Inspektion, Sektion, Brigade und Außenposten bzw. -stelle:

Gendarmerieinspektion Saarbrücken

Sektion Heusweiler
Brigade Heusweiler: Außenstellen in Eiweiler und Niedersalbach
Brigade Holz: Außenstelle Kutzhof
Brigade Landgericht/Landtag

Sektion Kleinblittersdorf
Brigade Kleinblittersdorf: Außenposten Bliesransbach
Brigade Hanweiler: Außenstelle Sitterswald

Sektion Ludweiler
Brigade Ludweiler: Außenposten Großrosseln
Brigade Karlsbrunn: Außenstelle Naßweiler
Brigade Lauterbach

Nachdem die rund fünf Jahre lang praktizierte Mischform stückweise überarbeitet worden war, verteilte deren zweite Variante ab November 1950 die Dienststellen der übrigen Inspektionen wie folgt:

Gendarmerieinspektion Saarlouis

Vaudrevange, Überherrn, Felsberg, Berus, Differten, Siersburg, Hemmersdorf, Rehlingen, Gerlfangen, Fremersdorf, Saarwellingen, Reisbach, Hülzweiler, Schmelz, Lebach, Hüttersdorf, Limbach, Nalbach, Körprich, Diefflen, Elm, Schwarzenholz

Gendarmerieinspektion St. Ingbert

Rohrbach, Hassel, Ommersheim, Ensheim, Blieskastel, Niederwürzbach, Gersheim, Bebelsheim

Gendarmerieinspektion Homburg

Limbach, Kirkel, Mittelbexbach, Frankenholz, Jägersburg, Einöd, Kirrberg, Medelsheim, Walsheim, Mimbach, Bliesdalheim

Gendarmerieinspektion Ottweiler

Schiffweiler, Landsweiler-Reden, Hangard, Lautenbach, Wemmetsweiler, Heiligenwald, Merchweiler, Illingen, Hüttigweiler, Uchtelfangen, Eppelborn, Wiesbach, Dirmingen, Thalexweiler

Gendarmerieinspektion Merzig

Beckingen, Düppenweiler, Haustadt, Reimsbach, Brotdorf, Wadern, Losheim, Niederlosheim-Wahlen, Nunkirchen, Weiskirchen, Hilbringen, Mettlach, Besseringen, Perl, Orscholz, Nennig

Gendarmerieinspektion St. Wendel

St. Wendel (Sektion und Brigade), Winterbach-Bliesen, Mainzweiler-Remmesweiler, Tholey, Hasborn, Marpingen, Niederkirchen, Türkismühle, Sötern, Neunkirchen/Nahe, Nonnweiler, Primstal, Güdesweiler, Oberthal-Gronig, Oberkirchen, Freisen

Die Zahl der Gendarmeriedienststellen war innerhalb der sieben Kopfinspektionen und siebzehn Sektionen mit fünfzig Brigaden, sieben

Außenposten und 46 Außenstellen mit insgesamt 127 auf mehr als das Doppelte angestiegen. Im Gegensatz hierzu erfuhr der **Personaletat** nur eine geringe, der Entwicklung in den vorangegangenen Jahren nicht entsprechende Aufstockung. Zur Zeit des Brigadesystems verharrte die Zahl der bei der Gendarmerie beschäftigten Beamten und Angestellten bei durchschnittlich 935 Bediensteten (Ende November 1948: 930, Ende Januar 1949: 942 und Ende März 1949: 933). Einen spürbaren Sprung nach oben brachte erst das Organisationsrevirement zum Jahresbeginn 1950, denn am 28. Februar verrichteten 1065 Beamte und zwei Angestellte ihren Dienst, deren Anzahl bis zum November noch einmal auf insgesamt 1087 angehoben wurde.[5]

Ein innenministerieller Erlass vom **16. Juli 1952** beendete die stückweise Abkehr vom Brigadesystem zugunsten einer **vertikalen Gliederung**, die viele Jahre erfolgreich fortbestand, da sie den infrastrukturellen Bedingungen der Region bestens entsprach. Eine saarländische Gendarmerieinspektion teilte sich zu diesem Zeitpunkt je nach Größe in zwei bis vier Abteilungen (zuvor Sektionen) sowie Dienststellen (ehemals Brigaden) auf, denen jeweils mehrere Außenstellen und Posten zugeordnet wurden, wobei eine Dienststelle auch für mehrere Gemeinden zuständig sein konnte. Die bis dahin der Landespolizei zugewiesenen Kreisstädte St. Wendel, Merzig und Ottweiler unterstanden künftig der Gendarmerie, während Merchweiler, Wemmetsweiler, Heiligenwald, Landsweiler-Reden, Kleinottweiler und Mittelbexbach als industriell geprägte Kommunen erneut dem landespolizeilichen Sektor angehörten. Gleichzeitig löste man die beiden Kriminaldienstaußenstellen Merzig und St. Wendel auf, da deren Ermittlungsaufgaben ab sofort die Gendarmeriekollegen vor Ort wahrnahmen.[6]

Die personelle Entwicklung der Gendarmerie verlief ab Beginn der 50er Jahre sogar gegenläufig zur organisatorischen Ausweitung, denn die Planstellen der 1034 im August 1951 beschäftigten Bediensteten wurden bereits bis Mai 1952 auf 1009 heruntergestrichen. Nach einer vorübergehenden deutlichen Erhöhung des Personaletats im Juni 1953 (1048 Mitarbeiter) sank dieser Ende August des Jahres drastisch auf 802 Bedienstete ab. Bis Juni 1953 verstärkte man zwar die Präsenz der Gendar-

Abb. 36: Bedienstete der Gendarmeriebrigade in Überherrn

merie in den ländlichen Gemeinden mit 139 Dienststellen, die bis zum Sommer 1957 auf 163 anwuchsen. Zur Wahrnehmung der vielfältigen Aufgaben standen jetzt jedoch nur noch 523 Polizisten zur Verfügung, da infolge der zugeordneten grenzpolizeilichen Funktionen rund 300 Kollegen zu den Zollstationen abgeordnet worden waren; bis 1956 schrumpfte der Personalstand auf 518 Beamte.

Nach dem politischen Wiederanschluss des Saarlandes im Januar 1957 existierte die Grenzpolizei noch bis zum 14. November des Jahres. Danach übertrug ein innenministerieller Erlass deren reduzierte Pflichten im Rahmen der Pass- und Zollkontrolle sowie Grenzsicherung bis zur wirtschaftlichen Rückgliederung im Juli 1959 in Teilen an die Landespolizei und weitgehend an die Gendarmerie. Da polizeiinterne Anweisungen oder ministerielle Verfügungen zu einer weiteren Strukturreform der saarländischen Gendarmerie nach 1952 komplett fehlen, das gemischte Brigadewesen saarländischer Machart aber bis Mitte der 50er in den Akten auftaucht und das nächste Organigramm erst im Frühjahr 1958 entstand, lässt sich die Anpassung an das bundesrepublikanische System mit hoher Wahrscheinlichkeit in den Zeitraum zwischen Ende 1957 und April 1958 datierten. Am 15. diesen Monats unterstanden dem Gendarmeriekommando sieben Inspektionen, vier Verkehrs- und Überfallkommandos in Lebach, Merzig, St. Wendel und Limbach, siebzehn Abteilungen und zwanzig Dienststellen, die wiederum über 77 Posten verfügten.

Damit war das nach dem westdeutschen Vorbild reorganisierte Gendarmerienetz des Saarlandes inklusive Kommandoleitung noch mit 153 Niederlassungen über das gesamte Territorium verteilt. Ein knappes Jahr später, im März 1959, hielten nur noch in etwas mehr als hundert Gendarmerieposten wieder 620 Vollzugspolizisten als „Mädchen für alles" die öffentliche Sicherheit und Ordnung aufrecht.[7]

Die **Führung der saarländischen Gendarmerie** war von den zahlreichen Abänderungen keineswegs ausgeschlossen. Nach dem Krieg zunächst von einem Landesgendarmeriedirektor geleitet, stieg dieser nach der Reverstaatlichung im Frühjahr 1948 in den Rang eines Kommandanten auf. Im Zuge der polizeilichen Umorganisation im Sommer 1951 verlor die Gendarmerie aber durch die Integration in den landespolizeilichen Sektor ihren eigenständigen Charakter. Da in der Folgezeit sowohl ihre Schlagkraft bei Sondereinsätzen als auch allgemeine Arbeitseffizienz und kontinuierliche Fortentwicklung mangels sparteneigener Leitung schwächelte, übertrug man am 10. November 1955 Gendarmerierat Dürr vorab die Dienstgeschäfte des Abteilungschefs „als Sachbearbeiter für Gendarmerieangelegenheiten"[8], um ihn schließlich am 12. September 1956 mit der wiederbelebten Position eines „Leiters der Gendarmerie"[9] zu betrauen. Dieser unterstand zwar nicht mehr dem Landespolizeikommando, rangierte aber trotz unabhängiger Sachgebietsführung auch nicht als Kommandeur.

Besonders zu erwähnen sind die **motorisierten Gendarmeriebrigaden**, deren Gründungszeitraum mangels fehlender Quellenbelege leider nicht genau zu datieren ist. Anhand des Fortgangs der Kraftfahrzeugausstattung kann man jedoch davon ausgehen, dass die Einrichtung einer solchen Abteilung zwecks allgemeiner Mobilität und spezieller Aufgabenerfüllung im verkehrspolizeilichen Bereich erst nach der großen Anschaffungswelle von Dienstfahrzeugen zum Jahresbeginn 1948 möglich wurde.

Zum Zeitpunkt der Eingliederung der Gendarmerie in die Landespolizei im Januar 1951 verfügte die motorisierte Brigade, die in den dortigen Kraftfahr- und Verkehrsüberwachungsdienst überwechselte, über 29 Kraftfahrzeuge: einen Personenwagen Marke Adler sowie 29 Motorräder verschiedener Hersteller, davon sechs als Gespannvariante mit Beifahrer.[10] Ihre Eigenständigkeit verlor diese Gendarmeriespezialabteilung allerdings nicht ganz, da ihre in der „motorisierten Verkehrsbereitschaft" der Landespolizei aufgehenden Außenstellen auch künftig vor Ort in den einzelnen Landgemeinden stationiert blieben und im Bedarfsfalle weiterhin vom alten Mutterhaus angefordert werden konnten, wozu die anhaltend ungenügende Ausrüstung der Gendarmerie mit Kraftwagen häufig zwang.[11]

3.1.2 Uniformen und Dienstabzeichen

Bereits nach der ersten Ausgabe einer Polizeiuniform im Januar 1946, die eine farbliche Unterscheidung zwischen der kommunalen Polizei (dunkelblau) und Gendarmerie (grau) ermöglichte, ergaben sich oftmals interessante Bekleidungsvariationen, da die Kleiderkammer nicht immer über einen ausreichenden Bestand an einzelnen Uniformteilen für die personalintensive Gendarmerie verfügte. Und auch nach der offiziellen Einführung des dunkelblauen Dienstanzuges für die Landespolizei und Gendarmerie im Jahr 1952 kamen zwecks Kostenersparnis graue Bekleidungsstücke – meist in kontrastreichen Mischformen – verbotenerweise immer wieder zum Einsatz. Eine dergestalt eigenwillige Zusammenstellung einer Polizeiuniform verkörperte zu Beginn der 50er Jahre vor allem bei der Gendarmerie keine Seltenheit.

Da der von 1952 bis 1958 einheitliche Anzug aus dunkelblauem Tuch aber dem Betrachter auf den ersten Blick keine Unterscheidung mehr zwischen Beamten der Landespolizei und Gendarmerie erlaubte, zumal erstgenannte als Nachfolgerin der gleichfarbig ausgestatteten Kommunalpolizei keinen Kleidermangel litt und die Mitglieder des Saarbataillons in ausreichender Menge khakifarbene Kleidungsstücke besaßen, lässt sich den mehrfarbigen Kombinationen der Gendarmerie ein großer praktischer Wert durchaus nicht absprechen ...

Abb. 37: Prachtexemplar einer „Mischuniform": graue Uniformjacke und dunkelblaue Hose

Eine Differenzierung ermöglichten auch die Dienstgradabzeichen kaum, die zwischen Januar 1946 und Frühsommer 1948 gemäß den Bestimmungen zur Erstuniformierung nur bei drei Rängen eine Nuance aufwiesen. Ab 1948 konnte man durch die verstärkte Angleichung weder farblich noch formenmäßig anhand der Abzeichen zwischen den Bediensteten der Landespolizei und denjenigen der Gendarmerie trennen.

Lediglich die Beamten im Kommissarsrang unterschieden sich mit ihren beiden silbernen Streifen bei der Gendarmerie von den Landespolizeikollegen mit drei goldfarbenen. En détail verteilten sich die Winkel, Streifen und Kordeln der einzelnen Dienstränge auf den saarländischen Polizeiuniformen bis zum Jahr 1956 wie folgt:

Dienstgradabzeichen der saarländischen Gendarmerie und Landespolizei ab 1946 und von 1948 bis 1956[12]

Dienstgrad	ab 1946		1948 bis 1956	
	Gendarmerie	Polizei	Gendarmerie	Polizei
Wachtmeister zur Probe und Unterwachtmeister ohne Abzeichen				
Wachtmeister	1 Winkel	1 Winkel	1 Winkel	1 Winkel
Oberwachtmeister	2 Winkel	2 Winkel	2 Winkel	2 Winkel
Hauptwachtmeister	3 Winkel	3 Winkel	3 Winkel	3 Winkel
Meister	2 Kurzstreifen silbernes Mützenband	1 Streifen silberne Mützenkordel	1 Streifen	1 Streifen
Obermeister	1 Silberstreifen silbernes Mützenband	1 Goldstreifen silbernes Mützenband	2 Silberstreifen silbernes Mützenband	2 Silberstreifen silbernes Mützenband
Inspektor	2 Streifen			
Kommissar	2 Silberstreifen (Silberband)	3 Goldstreifen (Goldkordel)	2 Silberstreifen (Silberband)	3 Goldstreifen
Waffenrevisor			2 Goldstreifen	
Polizeirat, Gendarmerierat, Oberinspektor	3 Silberstreifen (Silberband)	4 Goldstreifen (Goldkordel)	4 Goldstreifen	4 Goldstreifen
Polizeidirektor, Gendarmerieoberrat			4 Goldstreifen 1 Goldschlaufe	4 Goldstreifen 1 Goldschlaufe
Kommandeur	5 Silberstreifen		5 Goldstreifen 1 Goldschlaufe	5 Goldstreifen 1 Goldschlaufe

3.1.3 Ausstattung

Nähere Angaben zur Ausrüstung der Gendarmerie ab Sommer 1945 sind leider infolge spärlich vorhandener Archivunterlagen kaum möglich. Da die älteste Nachkriegsabteilung der Saarpolizei aber demselben Sparzwang wie alle späteren Sparten unterworfen war, gestaltete sich deren Materialausstattung nicht besser als bei der Landes- oder Kriminalpolizei. Ganz im Gegenteil: Hinsichtlich der Ausrüstungsberciche, die durch den hohen Personalstand besonders kostenintensiv ausfielen (Uniformen, Waffen, Kraftfahrzeuge etc.), befand sie sich sogar unübersehbar im Nachteil. Die jahrelange überdeutliche Dominanz des Drahtesels als typisches Fortbewegungsmittel der saarländischen Gendarmen besaß daher hohen Symbolcharakter für deren gesamte Ausstattungssituation … Eine genauere Einschätzung erlaubt nur der äußerst detaillierte Jahresbericht des Gendarmeriekommandos von 1955 für die erste Hälfte der 50er Jahre, da er vielfach Vorjahreszahlen enthält und somit Vergleichsberechnungen zulässt.[13] Die nachfolgende Auflistung veranschaulicht die teilweise stark eingeschränkte Ausrüstung mit Arbeitsmaterialien beim täglichen Dienst, der 1955 für die Saargendarmerie die Versorgung von rund 429 000 Menschen in 163 Dienststellen mit nur 486 Polizisten bedeutete:

Materialausrüstung der saarländischen Gendarmerie in den Jahren 1954 und 1955		
(die mit „+" markierten Zahlen stellen den Zuwachs für 1955 dar)		
Ausstattungsgegenstände:		
	1954	1955
Schreibmaschinen (1952: 146, 1953: 173)	195	202
Schreibmaschinentische		+ 5
Schreibtische		+ 4
Telefonapparate		+ 7
Bürotische		+ 9
Bürosessel		+ 5
Rollschränke		+ 14

Aktenböcke		+ 10
Tischlampen		+ 12
Wolldecken		+ 200
Öfen		+ 15
Wanduhren		+ 20
Kleiderschränke		+ 4
Holzstühle		+ 94
Fahrräder (1952: 412, 1953: 412)	394	354
Motorräder		19
Personenkraftwagen		23
Lastkraftwagen		2
Funkwagen		1
Unfallaufnahmewagen		1
Benzinverbrauch (in Litern)	44 606	59 162
gefahrene Kilometer	470 029	561 808

3.1.4 Aufgabenvielfalt

„Der Gend.-Beamte ist verpflichtet, den polizeilichen Vollzugsdienst unter allem Einsatz seiner Person und ohne Rücksicht auf eigene Gefährdung nach dem besten Vermögen, den … Gesetzen, Verordnungen und … Anweisungen entsprechend … in gerechter und menschlicher Weise allen Bürgern gegenüber … auszuüben. Der Gendarm hat in bestem Sinne Freund und Helfer der Bevölkerung zu sein. Diese erwartet von der Gendarmerie, dass sie nicht nur in polizeilichen Angelegenheiten Schutz gewährt und Hilfe leistet, sondern ihr auch auf anderen Gebieten des täglichen Lebens mit Rat und Tat zur Seite steht, soweit sie hierzu in der Lage ist und nicht die Zuständigkeit anderer Behörden verletzt wird. Diese Erwartung zu rechtfertigen und zu vertiefen, muss das Bestreben jedes Gendarmerie-Angehörigen sein. Hierzu dient in erster Linie stets aufmerksames und zuvorkommendes sowie ruhiges und massvolles Verhalten gegenüber der Bevölkerung … Im Falle mangelnder sachlicher Zuständigkeit hat der Gend.-Beamte den Nachsuchenden in höflicher Form an die zuständige Stelle zu verweisen."[14]

Führen allein schon diese Ausführungen des Innenministers Hector das allumfassende Arbeitsgebiet eines saarländischen Gendarmen nebst den damit verknüpften moralischen Implikationen vor Augen, so lässt sich dessen ganzes Ausmaß beim Blick auf die zu betreuenden Bezirke nur noch erahnen. Die Personalausstattung der abgebildeten Inspektionen entsprach dabei keineswegs dem zugeordneten Territorium, da nur die drei größten Bereiche über einen hierzu adäquaten Beamtenstand verfügten. Im östlichen Landesteil konnte so zum Beispiel der Gendarmeriekreis Ottweiler trotz geringerer Fläche auf erheblich mehr Bedienstete zurückgreifen als Homburg oder St. Ingbert. Auch hier war wiederum die industriell geprägte Infrastruktur des südlichen Saarlandes ausschlaggebend, wo die Landespolizei einen Teil der Gendarmerieaufgaben übernahm. Die 486 Gendarmeriebeamten verteilten sich auf das gesamte Inspektionennetz von 1955 wie folgt: Saarbrücken (Kommando und Inspektion) 65, St. Ingbert 38, Homburg 38, Ottweiler 64, St. Wendel 88, Saarlouis 89 und Merzig-Wadern 104.

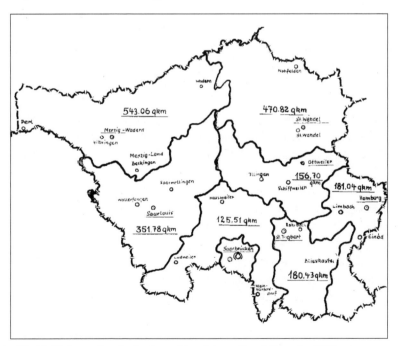

Abb. 38: Flächenumfang der Gendarmerieinspektionen (Stand: Dezember 1955)

Neben der Größe des Dienstbezirks kennzeichnete vor allem die außerordentliche Spannbreite der sachlichen Zuständigkeiten das tägliche Arbeitspensum der Gendarmen, das deren Spartenleiter Georg Frank kurz, aber treffend umrissen hat:

„... der Gend.-Beamte ... bearbeitet ... in eigener Zuständigkeit nahezu alle exekutivpolizeilichen Angelegenheiten von der ersten Inangriffnahme bis zu Abverfügung an die Staatsanwaltschaft ... Somit stellt (er) noch den Polizeibeamten reinen Typs dar, der in eigener Person alle ... Aufgaben zu erledigen hat, also die präventivpolizeilichen und die kriminalistischen, was ihn zum Universalpolizeibeamten herausstellt."[15]

Da die saarländische Verwaltungsreform vom Juli 1952 lediglich die gebietsmäßigen Zuständigkeiten der einzelnen Polizeiabteilungen umverteilte, blieb das praktische Aufgabenfeld der Gendarmeriebeamten seit der frühen Nachkriegszeit nahezu unberührt. Ohne ausführliche Tätigkeitsberichte aus den ersten zehn Jahren kann man heute die zahlreichen Diensteinsätze der Gendarmerie, unterteilt nach sachlicher und förmlicher Zuständigkeit, nur mit Hilfe des Berichts von 1955 rekonstruieren und gewinnt anhand des nachfolgenden Auszuges einen Eindruck über die vielfältigen Einsatzgebiete in der ersten Hälfte der 50er Jahre.

Zudem belegen die genannten Aufklärungsquoten den zunehmenden Erfolg der Gendarmerie bei ihren straftatverfolgenden Aktivitäten trotz Personalschrumpfung von 1052 Beamten (1952) auf 523 (1955). Bei der Jugendpflege erzielte sie einen Verstößerückgang von über vierzig Prozent, bei der Aufklärung von Verbrechen und Vergehen sowie Übertretungen im Verkehrssektor sogar einen Zuwachs von 55 (1952) auf zwischen 77 und 81 Prozent (1955). Einen unverhältnismäßig starken Anstieg von Straftaten und Vergehen hatten hingegen die Bereiche Unzucht zwischen Männern (plus 381 Prozent) und mit Abhängigen (plus 150 Prozent) sowie Brandstiftung (plus 400 Prozent) und Gaststättenverordnungen (plus 700 Prozent) zu verzeichnen.

Einsätze der saarländischen Gendarmerie bei Verbrechen, Vergehen und Übertretungen von 1952 bis 1955
(in absoluten sowie prozentualen gerundeten Zahlen)[16]

Verbrechen				
	1952	1953	1954	1955
insgesamt:			437	530 (+ 21 %)
schwerer Diebstahl			276	342 (+ 24 %)
Unzucht mit Kindern			58	61 (+ 5 %)
Notzucht			18	25 (+ 43 %)
Brandstiftungen			4	20 (+ 400 %)
schwere Unzucht			10	16 (+ 60 %)
Blutschande			8	10 (+ 25 %)
Abtreibung			8	9 (+ 3 %)
Raub			13	9 (- 31 %)
schwere Kuppelei			10	7 (- 30 %)
Unzucht mit Abhängigen			2	5 (+ 150 %)

Verbrechen		
	1954	1955
insgesamt:	3 855	3 769 (- 2 %)
Diebstahl	1 141	1 151 (+ 0,9 %)
Verstoß gegen Kraftfahrzeuggesetz	553	408 (- 36 %)
Gewerbezulassungsgesetz	407	247 (- 39 %)
Betrug	314	253 (- 19 %)
leichte Körperverletzung	180	210 (+ 16 %)
einfache Sachbeschädigung	167	180 (+ 8 %)
Lebensmittelgesetz	103	51 (- 51 %)
gefährliche Körperverletzung	103	112 (+ 9 %)
Erregung öffentlichen Ärgernisses	48	45 (- 6 %)
Gewerbeordnung	65	67 (+ 3 %)
Verletzung der Unterhaltspflicht	82	82
Widerstand gegen die Staatsgewalt	32	41 (+ 28 %)
Forstdiebstahlgesetz	28	14 (- 50 %)
Fischwilderei	27	21 (- 22 %)
Jagdwilderei	22	38 (+ 73 %)
Unzucht zwischen Männern	16	77 (+ 381 %)
Urkundenfälschung	15	20 (+ 33 %)
Nötigung	13	9 (- 31 %)
verbotene Glücksspiele	13	32 (+ 46 %)

Milchgesetz	12	5	(- 58 %)
Gesetz über die Filmprüfung	4	3	(- 25 %)
Gaststättengesetz	2	16	(+ 700 %)
Baugesetz	–	9	
Waffengesetz	–	49	

Verbrechen und Vergehen insgesamt				
	1952	1953	1954	1955
registrierte Fälle	3 336	3 845	4 499	4 299
aufgeklärte Fälle	1 845	2 959	3 660	3 357
Aufklärungsquote	(55 %)	(77 %)	(81 %)	(78 %)

Übertretungen				
	1952	1953	1954	1955
insgesamt	12 176	14 188	15 083	10 388
aufgeklärte Fälle	12 124	14 154	14 942	10 318
Straßenverkehrsordnung und -zulassungsverordnung				4 458
Jugendpflegegesetz				1 014
Baupolizeiverordnung				735
grober Unfug				676
Gaststättengesetz				390
Gewerbeordnung				364
Ausweispflicht				276
Ortsreinlichkeit				246
Wahrung von Sonn- und Feiertagen				127
Polizeistundenübertretung				126
Wassergesetz				124
Verkehr mit Lebensmitteln				108
Feld- und Forstpolizeigesetz				106
Pressegesetz				101
ruhestörender Lärm				101
Versammlungswesen				94
Naturschutzverordnung				50
feuerpolizeiliche Bestimmungen				50
Nachtbackverbot				38
Schädlingsbekämpfung im Obstanbau				37

viehseuchenpolizeiliche Anordnungen	35
Getränkeschankanlagen	28
Werfen mit Steinen	26
Lichtspieltheater	25
preisrechtliche Bestimmungen	23
Tanzveranstaltungen	22
Jugendarbeitsschutzgesetz	16
Fischereiverordnung	16
bissige Hunde ohne Aufsicht	16
Schutz der Wälder und Moore	12
Vereinsgesetz	10
Speiseeisverordnung	10
Tierquälerei	8
Tierschutzgesetz	6

Einsätze im Verkehrssektor					
Verkehrsunfälle					
	1952	1953	1954	1955	
Anzahl	1334	1963	2500	2752	(+ 10 %)
monatlicher Durchschnitt im Jahr 1955				229	
Sachschaden			1914	2556	(+ 34 %)
Verletzte			1817	2004	(+ 10 %)
Tote	43	76	77	70	(- 11 %)
gebührenpflichtige Verwarnungen					
			1954	1955	
Anzahl			30214	23871	(- 21 %)

sonstige dienstliche Einsätze 1955	
Ersuchen von Behörden	68907
Passanträge	61451
Verkehrsstreifen	14610
Kraftfahrzeugabnahmen	13211
Polizeistundenkontrollen	11644
Anfragen von Versicherungen, Knappschaften etc.	10396
Gewerbekontrollen	9634

Waldstreifen	4 872
Kinokontrollen	4 825
Führerscheinabnahmen Klasse IV	2 805
Überwachung von Versammlungen	2 440
Gefangenen- und Geldtransporte, Begleitung von Schwer- und Militärtransporten	1 366
Entnahme von Lebensmittelproben	1 074
Überwachung von Kulturveranstaltungen	963
Festnahmen	949
Verkehrskontrollen	755
Sprengstoffkontrollen	755
Durchsuchungen	694
Fleischeinfuhrkontrollen	584
Beschlagnahme	435
Überwachung von Sportveranstaltungen	214
Einsätze im Zusammenhang mit Bränden	107

Aufgaben der Gendarmerie im Rahmen der Jugendpflege		
	1954	1955
Kontrollen	18 326	23 852 (+ 30 %)
Tanzveranstaltungen	4 246	3 892
Gastronomie	8 852	14 529
Kinos	4 657	4 825
Rummelplätze u.ä.	571	606
registrierte Verstöße	5 101	2 722 (- 46 %)
von Jugendlichen	4 167	2 235
von Erziehungsberechtigten	544	304
von Firmenbetreibern	395	183
Maßnahmen	5 446	3 889 (- 30 %)
Anzeigen gegen Jugendliche	1 502	885
Ermahnungen von Jugendlichen	1 870	1 452
Anzeigen gegen Erziehungsberechtigte	197	106
Verwarnungen von Erziehungsberechtigten	392	242
Anzeigen gegen Betriebsunternehmer	78	53
Verwarnungen gegen Betriebsunternehmer	154	87

208 Sondereinsätze unter Gendarmeriebeteiligung (1955)	
Einsätze im Kontext der Saarstatutabstimmung	135
Einsätze aus besonderem Anlass	58
Einsätze infolge eines Großalarms	15

Die Durchsicht dieses Katalogs macht zwar nähere Erläuterungen zum immensen dienstlichen Spektrum der hiesigen Gendarmerie obsolet. Anhand der Gesamteinsätze von 1955 soll aber dennoch das fiktive durchschnittliche Arbeitspensum eines Beamten dieser Sparte pro Jahr vor Augen geführt werden. Danach hatte dieser ein Verbrechen, sieben Vergehen und zwanzig Übertretungen zu bearbeiten, bei einer Durchsuchung und zwei Festnahmen mitzuwirken, neun Waldstreifen und jeweils eine Verkehrs-, Sprengstoff- und Kinokontrolle zu absolvieren, fünf Verkehrsunfälle aufzunehmen, 28 Verkehrsstreifen zu fahren, 46 gebührenpflichtige Verwarnungen auszusprechen, 117 Passanträge zu bearbeiten sowie 46 Kontrollen zur Jugendpflege und 0,4 Sondereinsätze durchzuführen! Die breitgestreuten Tätigkeiten und sehr passablen Aufklärungsquoten der Saargendarmerie erklären auch ihren unverhältnismäßig langen Fortbestand, denn sie wurde erst im Zuge der saarländischen Polizeireform vom 1. April 1970 aufgelöst. Danach existierte neben dem Kriminalsektor als spartenübergreifende Abteilung nur noch die Schutzpolizei.[17]

Im übrigen Nachkriegsdeutschland war der Gendarmerie, wenn sie überhaupt eine Wiederbelebung erfuhr, ein erheblich kürzeres Dasein beschieden, da ihre Auflösung spätestens in den 60er Jahren erfolgte. In der britischen Zone völlig unbekannt, richteten die Amerikaner in ihrem Okkupationsgebiet in Gemeinden mit weniger als fünftausend Einwohnern meist eine „Landpolizei" ein. Hier existierte lediglich in Hessen bis 1964 eine Landesgendarmerie, die wie so viele kommunale Dienststellen der frühen Nachkriegsära in einer staatlichen Landespolizei aufging. Lediglich im französischen Besatzungsterrain feierte die nach preußischen Vorbildern ausgerichte Gendarmerie in Rheinland-Pfalz und Baden eine Auferstehung als Polizei für ländliche Ortschaften unter fünftausend Bewohnern.

Anmerkungen

1 Vgl. a. Grandvals Brief a. Neureuther v. 18.6.1946 (Quelle: Polizeiarchiv).

2 Das Organigramm d. Gendarmerie entstand anhand d. Telefonverzeichnisses für 1947 (Stand 15.2.) u. kann trotz sparsamer Verwendung von Fernsprechern bei der Polizei Vollständigkeit beanspruchen, da hierin auch Dienststellen ohne direkten Anschluss aufgeführt sind (Quelle: Privatarchiv Kunz).

3 Die Angaben beruhen auf dem Telefonverzeichnis v. 1948 (Stand 1.4.).

4 So in einer Verfügung des bis zum Amtsantritt Lackmanns kommissarisch waltenden Regierungsamtmanns Mann v. 11.3.1948 (Quelle: Polizeiarchiv).

5 Der Personalstand d. saarländ. Gendarmerie bis Ende 1950 wurde mit Hilfe von Notizen der polizeilichen Zentralbehörde berechnet (Quellen: Landesarchiv des Saarlandes, Bestand Zentralbehörde, lfde. Nr. 937).

6 S. zur Ausführung d. Gendarmerieneuorganisation v. 1952 a. das Rundschreiben d. Landespolizeikommandeurs v. 23.7.1952 (Quelle: ebda., Bestand Kriminalpolizeiamt, lfde. Nr. 62).

7 Das Organigramm v. 15.4.1958 entstammt dem Beitrag „Organisation und Aufbau der saarländischen Gendarmerie" von Georg Frank; in: Die Polizei im Saarland. Zum Delegiertentag 1960 der Gewerkschaft der Polizei/Landesbezirk Saarland, Hamburg 1960; S. 53–59, das Zitat a. dem Artikel „Die Gendarmerie hat vielseitige Aufgaben" in der Saarbrücker Zeitung v. 9.3.1959 (Quelle: SZ-Archiv).

8 So in der Kommandoanordnung Nr. 12 v. 1.12.1955 (Quelle: Polizeiarchiv).

9 Verfügung d. Referats D 2 im Innenministerium v. 12.6.1956 (Quelle: Landesarchiv des Saarlandes, Bestand Schutzpolizeiamt, lfde. Nr. 34).

10 S. a. das Schreiben d. Polizeipräsidenten v. 18.1.1951 zur Eingliederung d. motorisierten Gendarmeriebrigade in den Landespolizeifahrdienst (Quelle: ebda., Bestand Kriminalpolizeiamt, lfde. Nr. 59).

11 „Die zur Aufrechterhaltung der dienstlichen Beweglichkeit zu den Gend.-Inspektionen bisher abgeordneten Beamten der mot. Gend.-Brigade verbleiben mit ihren Fahrzeugen bei diesen Dienststellen, werden aber dienstaufsichtsgemäss dem Kommandeur der Landespolizei unterstellt." zit. n. d. Verfügung Lackmanns v. 28.7.1950 (Quelle: ebda., lfde. Nr. 61); vgl. a. die Anordnung Nr. 4 d. Gendarmeriekommandos v. 10.4.1951 (Quelle: Polizeiarchiv).

12 S. hierzu a. das Schreiben d. Landespolizeipräsidenten zur Einführung einheitlicher Dienstgradabzeichen v. 26.4.1948 (Quelle: ebda.).

13 Die Angaben zur Ausrüstung beruhen auf dem Jahresbericht 1955 der Gendarmerie d. Saarlandes; hrsg. v. Kommando o.O.o.J. (Quelle: ebda.).

14 Zit. n. der v. Innenminister Hector ohne Jahresangabe edierten Dienstvorschrift für die Gendarmerie; S. 24 – aufgrund einiger Details lässt sich die
Entstehung auf die Zeit zw. April 1948 u. Juli 1951 eingrenzen (Quelle: Landesarchiv des Saarlandes, Bestand Polizeiabteilung, lfde. Nr. 104).

15 Zit. a. Georg Frank: Die Aufgaben der saarländischen Gendarmerie; in: Das
Saarland und seine Polizei; hrsg. v. Walter Scheu, redaktionelle Gestaltung:
Werner Köth, Wiesbaden 1964; S. 24–28 [= Sonderausgabe (1964)1 v.
„Polizei-Technik-Verkehr"]; S. 26.

16 Die Tabelle stützt sich a. den Jahresbericht d. Gendarmerie für 1955.

17 Vgl. zum Wiederaufbau der Saargendarmerie ab 1945 a. Frank (1960).

3.2 Kriminalpolizei

3.2.1 Aufbau und personelle Ausstattung

Bedingt durch den grundsätzlich dezentralisierten Wiederaufbau kam auch für die saarländische Kriminalpolizei **ab Sommer 1945** nur eine Reorganisation auf der Ebene größerer Kommunen in Frage, wobei die Saarbrücker Dienststelle eine leitende Funktion besaß. Deren Räume befanden sich ab Frühjahr 1945 in der Hintergasse, später im Alten Rathaus am Schloßplatz und in der Betzenstraße Nr. 7. Von dort zog die Abteilung am 24. Oktober 1946 in die Wilhelm-Heinrich-Straße in den ersten Stock der vormaligen Grohé-Henrich-Bank um.

Allein die rasche personalintensive Einrichtung der Gendarmerie erlaubte die anfängliche Konzentration auf eine einzige kriminalpolizeiliche Dienststelle in der Landeshauptstadt, da die älteste Sparte in der frühen Nachkriegszeit etwa drei Viertel des saarländischen Territoriums vollzugs- wie auch kriminalpolizeilich abdeckte. Hierzu zählten sowohl die Tatortaufnahme als auch Spurensicherung und Verbrechensermittlung, denn nur bei komplizierten Fällen oder dem Einsatz aufwendiger Technik durften sich die Gendarmeriebeamten an die knapp achtzig Spezialisten der nächstgelegenen kommunalen Kriminalabteilung wenden. Zwischen Sommer 1945 und Spätherbst 1946 oblag somit den circa 520 Gendarmen der Löwenanteil kriminalpolizeilicher Funktionen, der sie zunehmend überlastete.

Diese Situation änderte sich durch die **Reverstaatlichung** im **Dezember 1946** lediglich in inhaltlicher Hinsicht, da diese keine organisatorischen Konsequenzen besaß. Mit der Verordnung vom 15. November 1946 wurden zwar alle kriminalpolizeilichen Zuständigkeiten an die staatliche Vollzugspolizei übergeben, doch ohne nähere Aufteilung der sachlichen und örtlichen Befugnisse zwischen allgemeiner Schutzpolizei und Kriminalressort (bei der Umorganisation des Sachgebiets „Polizei" der Verwaltungskommission fand bezeichnenderweise eine solche Trennung ebenso wenig statt, da die dortige Dienststelle P für die Sicherheits- und Landeskriminalpolizei gleichermaßen verantwortlich zeichnete). Diese 1947 fortdauernde Regelung der Geschäftsbereiche ohne spartengemäße Aufteilung, die übrigens auch für die in der Dienststelle G zusammengefassten Abteilungen Gendarmerie und Saarbataillon galt, behinderte deutlich die kriminalpolizeiliche Arbeit an der Saar bis zum Frühjahr 1948.

Eine spürbare Modifikation zog erstmals die Einrichtung des Landespolizeipräsidiums am **1. März 1948** nach sich, in deren Zusammenhang die Kriminalpolizei als eigene sowie gleichrangige Fachsparte mit einem Regierungs- und Kriminalrat an ihrer Spitze geschaffen und Guy Lackmann als selbständige Dienststelle P 4 unterstellt wurde. Gleichzeitig fand eine Straffung der gesamten, verstärkt zentralisierten Organisation statt, da die Saarbrücker Kopfstelle fortan in den größeren Kommunen nur noch Kriminalaußenstellen unterhielt. Die Dominanz der Dienststelle in der Landeshauptstadt verdeutlichen deren Personalausstattung und Spezialkommissariate: Sie band mit neun Unterabteilungen drei Fünftel des gesamten Personaletats, der sich bis zum Frühjahr 1949 stets um circa 130 Bedienstete bewegte.[1]

Organisation der Kriminalpolizei ab März 1949			
(126 Mitarbeiter)			
Leitung: Regierungs- und Kriminalrat · Geschäftsstelle (3 Mitarbeiter) · Dienststelle Abteilung IA (Erkennungsdienst, Strafaktenführung, Meldeblattregistrierung) (15 Mitarbeiter)			
Landeskriminalpolizei Saarbrücken			
Kommissariat 1:	6 Bedienstete	Kommissariat 5:	7 Bedienstete
Kommissariat 2:	22 Bedienstete	Kommissariat 6:	6 Bedienstete
Kommissariat 3:	5 Bedienstete	Kommissariat 7:	2 Bedienstete
Kommissariat 4:	9 Bedienstete		
Mitarbeiter der Landeskriminalpolizei Saarbrücken insgesamt: 76			
Kriminalaußenstellen in den Städten mit Bediensteten			
Neunkirchen: 9	Völklingen: 8	Saarlouis: 5	
Dudweiler: 5	Homburg: 4	St. Ingbert: 4	
Sulzbach: 4	St. Wendel: 3	Friedrichsthal: 2	
Brebach: 2	Merzig: 2	Ottweiler: 2	
Bedienstete der Kriminalaußenstellen insgesamt: 50			

Die **Leitung** der Kriminalpolizei unterstand von Mitte Dezember 1946 bis Ende März 1948 dem 1886 in Mainz geborenen August Lauriolle, der 1933 ins Saarland emigriert und als Kriminalbeamter bei der Regierungskommission tätig gewesen war, um es bereits 1935 nach dem Anschluss an das Dritte Reich wieder verlassen zu müssen. Im November 1945 ernannte ihn das Regierungspräsidium Saar zum Amtmann der Gemeinde Schmelz, die er ab März 1946 kommissarisch leitete. Seine Beförderung zum Kriminalrat im Dezember 1946 erfolgte anlässlich der Kommandoübernahme bei der saarländischen Kriminalpolizei. Nach seiner Tätigkeit bei der Kripo leitete er die Polizeischule. Sein Nachfolger Theodor Trost, der 1935 als Polizeikommissar von Berlin nach Saarbrücken zur hiesigen Kripo versetzt worden war, bemühte sich während seiner Amtszeit von Mitte April 1948 bis Ende Januar 1953 vor allem um eine optimierte Deliktaufklärung. Rudolf Beck, der erste Oberregierungs- und Kriminalrat an der Spitze der hiesigen Kripo, leitete diese von Februar 1953 bis Ende Januar 1956 und überlebte somit in dieser Position auch den politischen Wechsel nach der Saarstatutabstimmung im Oktober 1955. Ihm folgte Kriminaldirektor Ludwig Zeiger von Februar 1956 bis September 1969 nach.

Ab **Februar 1951** firmierte die Saarbrücker Zentrale gemäß den Durchführungsbestimmungen zum Meldewesen als „Landeskriminalpolizeiamt" (LKPA). Mitte September 1952 verfügte sie nur noch über zehn Außenstellen[2], da das Innenministerium bei der Neuordnung der gebietsmäßigen Zuständigkeiten der Polizeisparten die beiden Posten in St. Wendel und Merzig geschlossen hatte. Deren Aufgaben erfüllte nun die jeweilige Gendarmerie vor Ort. Weitere interne Umstellungen erhöhten die Zahl der Außenposten bis **August 1953** wieder auf elf bzw. zwölf, da die zur Grenzpolizei abgeordneten Kripobeamten als eigene „Dienststelle" geführt wurden. Nun verfügte die Saarbrücker Zentrale über 99 Bedienstete, während in den elf kommunalen Filialen, die sich mittlerweile korrespondierend zur Gendarmerie in Außenposten bzw. -stellen aufteilten, nur noch 48 Mitarbeiter ihren Dienst verrichteten, womit sich das Verhältnis auf 2:1 zugunsten des Saarbrücker „Mutterhauses" verschob. Die Unterabteilung „Grenzkriminalpolizei" band ab 1951 mit knapp sechzig Mitarbeitern auf Dauer mehr Beamte als alle Außenstellen:

Landeskriminalpolizei Saarbrücken

1 Oberregierungs- und Kriminalrat, 1 Regierungs- und Kriminalrat, 3 Kriminalräte, 6 Kriminalkommissare, 3 Kriminalinspektoren, 3 Kriminalobersekretäre, 33 Kriminalsekretäre, 19 Kriminaloberassistenten, 30 Kriminalassistenten = 99 Mitarbeiter

Kriminalaußenstellen und -posten

Außenstelle Neunkirchen (1 Kommissar, 2 Obersekretäre, 3 Sekretäre, 3 Oberassistenten, 4 Assistenten = 13)

Außenstelle Völklingen (1 Obersekretär, 2 Oberassistenten, 6 Assistenten = 9)

Außenstelle Saarlouis (1 Sekretär, 6 Assistenten = 7)

Außenstelle Homburg (1 Inspektor, 1 Obersekretär, 1 Oberassistent, 2 Assistenten = 5)

Außenstelle Dudweiler (2 Sekretäre, 2 Assistenten = 4)

Außenstelle Sulzbach (2 Sekretäre, 1 Assistent = 3)

Außenstelle St. Ingbert (1 Obersekretär, 2 Assistenten = 3)

Außenposten Brebach (2 Oberassistenten = 2)

Außenstelle Dillingen (1 Sekretär, 1 Assistent = 2)

Außenposten Landsweiler-Reden (1 Sekretär, 1 Assistent = 2)

Außenposten Friedrichsthal (1 Sekretär)

Der gesamte Personalbestand der Saarkripo belief sich im Sommer 1953 auf 207 Bedienstete.[3] Die Personalaufstockung bei der Saarbrücker Kopfstelle ging einher mit einer Ausweitung auf elf Kommissariate bis Mai 1954, um durch eine verstärkte Spezialisierung die Schlagkraft der kriminalpolizeilichen Ermittlungstätigkeit zu erhöhen:

Kommissariat	1:	Todesermittlung, unbekannte Tote und Vermisste, schwere Sittlichkeits- und Abtreibungsdelikte
Kommissariat	2:	Brände, Wilderei, Meineid, kleinere Kriminalität
Kommissariat	3:	Prostitution, Homosexualität, Zuhälterei, Kuppelei
Kommissariat	4:	weibliche Kriminalpolizei
Kommissariat	5:	Betrug und verwandte Delikte
Kommissariat	6:	Einbruch und Diebstahl

Kommissariat	7:	Raub und einfacher Diebstahl
Kommissariat	8:	Aktenführung kriminalpolizeilich erfasster Personen
Kommissariat	9:	Fahndungswesen
Kommissariat	10:	Erkennungsdienst
Kommissariat	11:	Interpol

Hinsichtlich ihrer personellen Entwicklung kämpfte die Kriminalpolizei trotz vermehrter Deliktzahlen und verschärfter Verbrechenslage jahrelang ein meist erfolgloses Gefecht um eine Ausweitung ihres Mitarbeiterstabes. 1946 mit 77 Kriminalbeamten in den kommunalen Dienststellen beginnend, musste die Kripo noch im Folgejahr mit 112 und 1948 mit 126 Bediensteten auskommen. Deren Zahl erhöhte sich zwar aufgrund des 1950 begründeten Grenzdienstes auf insgesamt 202, doch dieses Plus von 76 Beamten kam der Kriminalpolizei nur geringfügig zugute, da hiervon bis zu sechzig zum Zoll abgeordnet wurden. Bis 1954 wuchs der Personalstand zwar minimal auf 211 Bedienstete und 1955 sprunghaft auf 257 Planstellen an; dieser Bestand blieb aber nach dem Ende der Johannes-Hoffmann-Ära noch über ein weiteres Jahr unverändert.

3.2.2 Besondere Arbeitsweisen

Die Begründung der Landeskriminalpolizei als eigene Fachsparte ermöglichte im **April 1948** die Einführung eines zentralen **kriminalpolizeilichen Meldedienstes**, der neben der klassischen statistischen Verbrechenserfassung auch der Prävention und Verfolgung ausländischer „reisender" Täter diente, die die hiesige Region durchquerten. Zu diesem Zweck erarbeitete man ein spezielles Erfassungsschema, dessen Effektivität zum einen auf dem weitgespannten Netz kriminalpolizeilicher Außenfilialen beruhte, deren Beamte unkomplizierter vorzugehen vermochten als der durch örtliche Zuständigkeiten eingeschränkte Gendarm. Zum andern profitierte das saarländische Meldewesen von der zentralen Organisationsstruktur der Kripo und dem hieraus erwachsenden zeitlichen Vorteil, denn innerhalb einer vierundzwanzigstündigen Informationsfrist mussten (und konnten!) alle Ortspolizeibehörden eine schriftliche oder telefonische Meldung an die Saarbrücker Kopfinstitution senden über:

1. Personen, die unter dem Verdacht standen, außerhalb ihres Wohnortes eine Straftat begangen zu haben oder bereits als Täter überführt worden waren bzw. sich als mutmaßliche oder nachweisbare Straftäter nicht dauerhaft am Ort des Verbrechens aufhielten und
2. alle Straftaten gegen das Leben, Triebverbrechen, außergewöhnliche Vergehen oder kriminelle Taten, die eine spezielle Ermittlungsweise benötigten – unabhängig davon, ob sie von nichtansässigen oder im Saarland wohnhaften, bekannten oder unbekannten Personen verübt wurden.

Um eine zeitraubende Weitergabe irrelevanter Informationen zu vermeiden und die Karteiführung zu vereinheitlichen, verwendeten die Polizisten Meldungsvordrucke mit ebenfalls vorgegebenen Nachtragsblättern. Diese Systematik setzte sich in einer detaillierten Klassifizierung der Straftatgruppen fort, die Missverständnisse vermeiden half und eine sinnvolle Auswertung der Kriminalkartei garantierte. Deren extrem differenzierende Rasterung bereitete den saarländischen Sicherheitshütern zwar anfangs in der täglichen Praxis so manches Kopfzerbrechen, ließ aber die „kriminalpolizeiliche Personenaktenverwaltung" langfristig zu einem wertvollen „Hilfsmittel für alle mit polizeilichen Aufgaben betrauten Dienststellen"[4] werden, wie eine auszugsweise Wiedergabe des ausführlichen Meldeschemas veranschaulicht (siehe Tabelle S. 274).

Die Meldeblätter bildeten zugleich die Voraussetzung zur Erstellung der **Kriminalstatistiken**, bei denen dem Saarland eine Vorreiterrolle innerhalb Nachkriegsdeutschlands zukam. Während in den übrigen Bundesländern vereinzelt ab 1950 die Erfassung krimineller Vergehen in Gang kam, begann die gebietsübergreifende sowie vereinheitlichte Führung von Statistiken erst im Jahr 1955. Aufgrund des früh begründeten Meldedienstes richtete das Saarland schon im **November 1948** eine Registratur mit statistischen Zählkarten ein, auf der ab 1949 die Veröffentlichung der landeseigenen Kriminalitätsentwicklung basierte. Da parallel auch bei der Staatsanwaltschaft Saarbrücken eine adäquate Kartei anlief, verfügte man bereits Ende der 40er Jahre über eine zwei-

Kriminalpolizeilicher Meldedienst der Saarpolizei ab April 1948[5]		
Klasse		**Delikte und zuzuordnende Straftaten**
I	A.2.	Roheitsdelikte (jede Handlung gegen Leib und Leben von Mensch und Tier, wenn besonders roh oder hemmungslos; grobe Misshandlung von Kindern; böswillige Verletzung der Sorgepflicht)
	B.1.	Raub (mit Ausnahme von Handtaschen – III-C.5.)
	C.1.	Brandstiftung
	C.2.	Attentate, Sabotage (bei der Einstufung ist zu beachten, ob der Täter Vermögen oder Leben und Gesundheit Einzelner oder mehrerer zu schädigen versuchte oder das Wirtschaftsleben bzw. den gesamten Volksfrieden stören wollte)
III: Diebstahl	C.7.	Diebstahl an Kindern (das Wegschicken von Kindern, um zwischenzeitlich Geld zu entwenden, ist nicht als Betrug, sondern als Diebstahl einzuordnen)
V: Betrug und ähnliche Straftaten	E.	Betrug durch Geschäftsreisende
	J.4.	Zechpreller
	J.5.	Hotelschwindler (Hotel- und Pensionsschwindler, die Zechprellerei begehen, gehören nicht in die Kategorie J.4; Zechpreller in einem Hotel, die dort nicht wohnen, sind aber in diese Rubrik einzuordnen)
VII: Triebverbrechen	A.1.	Sittlichkeitsverbrechen an Kindern unter vierzehn (auch versuchte, vollendete Handlungen und Annäherungen an Kinder z.B. mittels Anlocken durch Geschenke, wenn geplanter Missbrauch vermutet)
	C.5.	Brandstiftung durch Pyromanen (Täter, die anormal veranlagt sind oder aus bloßer Freude Feuer legen)
	C.6.	Triebverbrechen von Zopfabschneidern
VIII:		von Zigeunern begannene Straftaten (Anlegen von Doppelkarten, um Einzeldelikte zu erfassen, z.B. B III-D.1)

gleisige Erfassung: die polizeiliche Statistik über gemeldete Straftaten und die gerichtliche über abgeurteilte Fälle. Hierdurch blieben auf Dauer als Lücke nur noch die Dunkelziffern übrig.

Die polizeilichen Kriminalstatistiken dienten primär einer optimierten Präventionsarbeit durch genaue Kenntnisse über die Verbrechensentwicklung. Deren grundsätzliche Notwendigkeit wird beim Blick auf die ansteigenden Straftatraten an der Saar drastisch sichtbar. Infolge der aus den ersten Jahresstatistiken gewonnenen Erkenntnisse ging man unter anderem zur gesonderten Erfassung der durch oder an Jugendlichen begangenen Vergehen über. Die nächste Konsequenz bestand in der Schwerpunktverschiebung der weiblichen Kriminalpolizei zugunsten einer verbesserten Jugendpflege, der verstärkten Verfolgung von Sittlichkeitsverbrechen und einer intensivierten Überprüfung von Straftaten im Familienkreis ab den 50er Jahren.

Als Folge der Grenzlage und engen politischen wie wirtschaftlichen Anbindung an den Nachbarn schloss das **Saarland am 31. Mai 1952** ein Abkommen mit **Frankreich** über die Befugnisse der Polizeidienststellen beider Länder, das die grenzüberschreitende **Kooperation** erleichterte. Da deren Bewohner grundsätzlich an den Grenzübertritten keiner Kontrolle unterlagen, wurden nun wenigstens die Bahnhöfe in Saarbrücken, Sarreguemines und Forbach als sogenannte „Übergangsbahnhöfe" an den Hauptverkehrsstrassen eingestuft, um dort französische und saarländische Polizeiposten einzurichten, wobei letztere ausschließlich mit Kriminalbeamten besetzt waren. Die Polizisten beider Staaten besaßen künftig in einem festgesetzten Radius das Recht zur Kontrolle, Nacheile und Verhaftung im Hoheitsgebiet des Vertragspartners und genossen dabei den Schutz der ausländischen Kollegen. Diese Form der grenzüberschreitenden Fahndung führte für das Saarland und Frankreich zu einer effektiveren Straftatverfolgung.

Aber auch die generellen Aufklärungsquoten der hiesigen Kriminalpolizei der Nachkriegsära lassen sich durchaus sehen: 1949 wurden bereits 71 Prozent, 1950 77, 1951 sogar 78 sowie 1952, 1953 und 1954 76 Prozent aller angezeigten Fälle erfolgreich abgeschlossen. Damit nahm das Saarland im europäischen Vergleich von 1950 bis 1952 eine absolute Spitzenposition ein und rangierte in den Jahren 1954 bis 1956 auch stets über den Aufklärungsraten der bundesrepublikanischen Polizei, die maximal 71 Prozent erreichten.[6]

Kam der Saarkripo hinsichtlich der angewandten Methoden oftmals eine Sonderstellung zu, so war dies beim Technikeinsatz seltener der Fall, da sich die erkennungsdienstliche Ausstattung kaum von derjenigen der restlichen Länderpolizeien unterschied und bis Ende der 40er Jahre sogar eher bescheiden gestaltete. Ab Mitte der 50er verfügte die hiesige Polizei jedoch über eine weltweite Novität in der Tatortvermessung, die **Stereophotogrammetrie**, die der Kriminal- und Verkehrsabteilung gleichermaßen zugutekam.

Nach positiven Testergebnissen photogrammetrischer Institute in der Schweiz in Zusammenarbeit mit der Berner Stadtpolizei zur verbesserten Aufnahme von Unfallorten hatte 1931 die Heerbrugger „Werkstätte für Feinmechanik und Optik" des Topographen Heinrich Wild mit der Konstruktion eines verfeinerten Messgerätes begonnen. Basierend auf dem von eidgenössischen Landvermessern angewandten dreidimensionalen Verfahren der Photogrammetrie entwickelte Wild einen Aufnahmeapparat für Objekte in einer Entfernung von weniger als hundert Metern sowie einen Kartenzeichentisch für verkehrspolizeiliche Belange. Nach der Erprobung durch Züricher Vollzugsbeamte hatte die Schweiz 1934 die Stereometerkamera mit dem Autographen bei der Polizei eingeführt, da hiermit exakte dreidimensionale Tatortaufnahmen- und -zeichnungen zur Tatbestandsermittlung und Beweissicherung bei Unfällen und kriminellen Delikten selbstverständlich wurden.

Die Stereophotogrammetrie beruhte auf dem Zusammenwirken einer mobilen Nah- oder Fernbereichskamera mit einem immobilen Auswertungsapparat für Erfassung und Zeichnung. Das Aufnahmegerät bestand aus einem horizontalen, auf einem Dreifußstativ befestigten Basisrohr, an dessen Enden zwei Photoapparate installiert waren, deren Abstand für Nahbereichsbilder vierzig Zentimeter, für Tatorte ab vier Meter Entfernung 120 Zentimeter betrug. Sie konnten abwärts und aufwärts gekippt werden, das Basisrohr erreichte eine maximale Höhe von zweieinhalb Metern. Als Aufnahmematerial dienten Photoplatten in der Größe 6,5 mal neun Zentimeter.

Der Autograph setzte sich aus einer optischen Apparatur, dem Doppelfernrohr (das die Negative vergrößerte und räumlich sichtbar machte) sowie einem Zeichentisch zusammen. Die beliebig ansetzbare Messmarke war mit einem Stift gekoppelt und erlaubte in einem Verhältnis von 1:10 bis 1:400 die Bewegungsübertragung auf Grundrisspläne oder Querschnittskizzen. Mit Rahmenmarkierungen ließ sich so ein zehn Meter langes Objekt noch im Abstand von fünfzig Metern zentimetergenau ausmessen.

Abb. 39: Stereometerkamera
im Einsatz bei der Saarpolizei

Außerhalb der Schweiz fand diese Technik bei den internationalen Polizeibehörden zunächst keine Verbreitung, da sie sehr kostspielig war. 1956 betrug der Preis für die Kamera rund 10 000 DM (etwa 1 035 000 FF), für den Kartiertisch sogar über 40 000 DM (circa 4 120 000 FF). Zum Vergleich: Das bei der Saarpolizei eingesetzte BMW-Motorrad 67/2 mit Beiwagen kostete 1955 nur 628 000 FF! Außerdem bedurfte man zur Nutzung der Geräte einer profunden und dadurch teuren Ausbildung.

Der Saarpolizei kam mit der Anwendung der neuen Aufnahmetechnik international eine respektable Vorreiterrolle zu. Ebenso den ministeriellen Verantwortlichen, die bei einer solchen Anschaffung in finanzschwachen Zeiten ein gewaltiges Ausgabenpaket für einen wenig öffentlichkeitswirksamen Bereich schnürten! Erste Pläne zum Erwerb stereophotogrammetrischer Geräte trieb Kriminalrat Beck ab 1954 voran, dessen erkennungsdienstlicher Mitarbeiter Heinrich Boost im Frühjahr 1955 zur Züricher Kantonspolizei reiste, um sich dort über das Verfahren zu informieren.[7] Dieser kehrte zwar mit durchweg positiven Erfahrungen zurück, doch zwischen seinem Bericht und der Anschaffung vergingen noch einmal anderthalb Jahre – am 8. Juni 1956 berichtete die „Saarbrücker Zeitung" über die „neue Zauberformel" bei der Polizei:

„Es ist geplant, neun Stereometerkameras anzuschaffen, von denen acht an besonders ausgebildete Kommandos gehen und eine der Kriminalpolizei ... zur Verfügung steht. Eine Reihe von Beamten werden in der

Aufnahmetechnik und der Bedienung des Auswertungsgerätes geschult ... von einem Kriminalbeamten, der bei der Kantonspolizei in einem sechswöchigen Lehrgang ... bereits eingeführt worden ist. In Kürze wird die saarländische Polizei neben der schweizerischen die einzige Polizei der Welt sein, die sich dieser fortschrittlichen Unfallermittlung und ... Verbrechensbekämpfung, das Gerät ist ... auch für Tatbestandsaufnahmen krimineller Art geeignet, bedient ... im Kampf mit Verbrechen und Unfallstatistik spielt diese Nasenlänge die entscheidende Rolle ... das Meßblatt lügt nicht."

Abb. 40: Autograph –
Stereokartiergerät Modell
A 8 (um 1957)

Nach Auslieferung von fünf Geräten 1956/57 an die Verkehrspolizei und intensiven Schulungen verkündete die Polizei im November 1957 den Kauf weiterer vier Apparaturen, denn: „Was einmal auf dem Stereobild festgehalten ist, das kann der beste Verteidiger nicht mehr aus der Welt schaffen ..."[8] Nun rangierte das Saarland weltweit an zweiter Stelle hinter dem Ursprungsland Schweiz in Sachen Stereophotogrammetrie, deren außerordentliche Vorteile noch einmal kurz umrissen werden sollen:

- vollständige, wetter- und tageszeitunabhängige Photographie eines Unfall- oder Tatortes ohne großen Personal-, Technik- und Zeitaufwand; Wegfall andauernder verkehrsbehindernder Teil- oder Komplettsperrungen infolge umständlicher Ausmessungen
- Ausschaltung subjektiver Faktoren bei der manuellen Unfallskizze zugunsten rein objektiver, da technischer Aufnahmen
- die Photoplatten erlauben jederzeit die Entwicklung eines Positivs
- Erstellung maßstabgetreuer, dreidimensionaler und detaillierter Tatortpläne, die anhand neuer Ermittlungserkenntnisse zu überarbeiten und als gerichtsrelevantes Beweismaterial anerkannt sind
- breitgefächerte polizeiliche Einsatzmöglichkeiten

- vergleichsweise niedrige laufende Kosten plus Personaleinsparung
- mehrere Dienststellen machen unabhängig voneinander Aufnahmen und nutzen einen gemeinsamen Autographen

So fortschrittlich sich die Polizei in dieser Hinsicht auch gezeigt hatte, die Anschaffung eines Lügendetektors, die ihr der „Tintenfisch" bereits im Sommer 1953 unterstellte, basierte keineswegs auf Tatsachen, sondern entsprang allein der Phantasie des Zeichners ...

Abb. 41: Karikatur zum sagenumwobenen Lügendetektor der Saarpolizei (Juli 1953)

3.2.3 Kriminalitätsentwicklung

Die saarländischen Steigerungsraten bei den einzelnen Vergehen überrundeten ab 1945 die europäischen teilweise drastisch, so dass dringender Handlungsbedarf entstand. Wie groß der Druck auf alle Polizeisparten war, lässt sich mit dürren Worten kaum ausdrücken. Der Blick auf die Kriminalitätsentwicklung an der Saar und der Vergleich mit BRD und Europa zeitigt aber erstaunliche Ergebnisse. Hinsichtlich der allgemeinen Kriminalitätsbelastungsziffer (Zahl aller Vergehen und Verbrechen auf 100 000 Einwohner) lag das Saarland weit hinter Westdeutschland im unteren Segment: Registrierte man hier zwischen 1950 und 1954 durchschnittlich nur 1 693 Fälle, so waren dies in Bayern 3 571, Niedersachsen 2 244 und der gesamten BRD 2 908. Weniger positiv fällt die Auswertung der Sittlichkeitsdelikte aus, bei denen die Saarregion eine traurige Führungsposition einnahm. Im Freistaat Bayern zählten 1951 4,7 Prozent aller kriminellen Vergehen zu dieser Verbrechensgruppe, in Baden-Württemberg 3,4 Prozent, während diese im ersten Halbjahr 1952 in Nordrhein-Westfalen sogar auf 10,4 Prozent anstieg. Im Saarland betrug der Anteil der Sittlichkeitsvergehen an der Gesamtkriminalität bereits 1949 5,4 Prozent, um 1950 auf 7,5, 1951 8,1 und 1952 sogar auf 9,6 Prozent hochzuschnellen. 1953 fiel die Ziffer zwar vorübergehend auf 8,8, überholte aber bereits im Folgejahr mit elf Prozent sogar Nordrhein-Westfalen.

Kriminalitätsentwicklung an der Saar zwischen 1949 und 1954[9]						
(in absoluten Zahlen, fettgedruckte markieren die Höchstrate)						
Delikte	Zahl der Fälle in den Jahren …					
	1949	1950	1951	1952	1953	1954
Sittlichkeitsdelikte	950	1 342	1 372	1 453	1 475	1 961
Zuhälterei	13	8	**14**	9		
Unzucht/Kinderschändung	496	**587**				
Kinderschändung			**469**	279	389	428
Unzucht bei Männern	79	173	184	135	277	**788**
Blutschande	42	**229**	81	41		
Abtreibung		**190**	163	81	171	178
Kuppelei	101	82	109	93	97	**136**
Erregung öff. Ärgernisses			330	**722**	336	281
einfacher u. schwerer Diebstahl	**1950**	**1951**	**1952**	**1953**	**1954**	
insgesamt	6 605	7 309	6 332	6 838	7 176	
Raub/Erpressung	**135**	110	78	117	108	
Mord		4	6	**12**	6	
Totschlag		8	6	9	**11**	
Körperverletzung	**647**	301	283	369	373	
einfacher Diebstahl		5 808	5 157	5 325	5 486	
schwerer Diebstahl	1 346	1 475	1 165	1 486	**1 670**	
vorsätzliche Brandstiftung	**58**	50	44	30	43	

Betrugsdelikte insgesamt	1785	1870	2 047	2 745	2 369
Urkundenfälschung	126	85	139	205	169
Sachbeschädigung	408	480	423	368	605
Wilderei (Jagd/Fischerei)	72	79	80	85	99

Dieses mittelprächtige Abschneiden des Saarlandes endet beim europäischen Vergleich, denn 1952 führte es die Statistiken im Sittlichkeitsbereich mit weitem Vorsprung an und lag bei anderen Delikten ebenfalls im ersten Drittel, wie nachfolgende Auflistung belegt:

Kriminalitätsraten an der Saar im europäischen Vergleich (1952)
(gerundete prozentuale Belastungsziffern pro 100 000 Einwohner)

	Sittlichkeits-vergehen	Rauschgift-delikte	Tötung	einfacher Diebstahl	Betrug und Untreue
Dänemark	1	–	1	1 617	398
Italien	2	–	4	126	21
Schweden	39	0,3	2	1 494	302
Norwegen	77	–	1	1 369	352
England	39	–	1	911	71
Frankreich	25	1	5	366	83
Luxemburg	64	–	2	341	185
Deutschland	119	4	2	935	610
Saarland	150	3	3	543	284

3.2.4 Sittenpolizei

Angesichts dieser Steigerungsraten verwundert es kaum, dass sich die Verbrechensprävention und -bekämpfung im Saarland auf die Sittlichkeitsvergehen konzentrierte. Bereits vor der statistischen Erfassung krimineller Vergehen häuften sich Prostitution, Unzucht mit Kindern, Blutschande und ähnliche Straftatbestände in den ersten zwei Nachkriegsjahren derart bedrohlich, dass das Polizeireferat Mitte September 1947 die „Bildung eines Sittenkommissariates ... bei der Kripo" anstrebte, „welches der Landespolizeidirektion"[10] unterstehen und als Ansprechpartner für alle Reviere fungieren sollte. Einen Monat später betonte Dr. Gerber erneut die Dringlichkeit einer solchen Abteilung und erwähnte auch die Möglichkeit, „Gesuche von Frauen, die sich um ... Einstellung bei dieser ... bewerben"[11], zu berücksichtigen.

Mangels ausreichender Quellen lässt sich das genaue Gründungsdatum des Sittenkommissariats nicht eruieren. Dessen Bildung muss aber im **Frühjahr 1948** im Zuge des Behördenrevirements nach Einrichtung des Polizeipräsidiums und unter Druck von dessen Amtsleiter erfolgt sein. Diese Annahme erleichtert ein Schreiben des Kriminalrats Trost vom Juli 1948 an Guy Lackmann, in dem er dem Polizeipräsidenten den angeforderten Entwurf einer Rechtsordnung zur Kontrolle der Prostitution und Bekämpfung von Geschlechtskrankheiten zusandte und darauf verwies, dass „bei der organisatorischen Aenderung der Landeskriminalpolizei dem Sittendienst besondere Rechnung getragen ... und ein Kommissariat gebildet (wurde), das nur sittenpolizeiliche Aufgaben"[12] erledigte.

Die Sittenpolizei widmete sich in ihrer Frühphase primär der Eingrenzung der **Prostitution** und Verbreitung von Geschlechtskrankheiten, um zu Beginn der 50er Jahre auch gegen solche Sittlichkeitstäter anzukämpfen, deren Opfer Kinder und Jugendliche waren. Neben der Kriminalpolizei bemühte sich auch die Gendarmerie um eine Eindämmung der „fast täglich in den Tageszeitungen" gemeldeten Sittlichkeitsvergehen, bei denen „in vielen Fällen ... Kinder und Jugendliche betroffen sind ... es muß Pflicht und vornehmste Aufgabe aller Exekutivbeamten sein, ... die heranwachsende Jugend vor Sittlichkeitsverbrechern zu schützen und diese der gerechten Strafe zuzuführen."[13]

Bei der Bekämpfung der Prostitution schreckte die Polizei auch nicht vor drastischen Maßnahmen zurück. Da die Begrenzung der vor allem am St. Johanner Markt feilgebotenen Unzucht erfolglos blieb und die Anwohner über nächtlichen Lärm klagten, verbot die Kripo am 18. Juli 1952 den Aufenthalt in bestimmten Straßen und Gaststätten, verteilte die Verfügung an alle registrierten Prostituierten und verhängte bei Zuwiderhandlung ein Zwangsgeld bzw. eine Woche Haft.[14] Als Folge dieser Anordnung wanderten die Dirnen auf die touristisch wenig genutzte Alt-Saarbrücker Saarseite rund ums Schloss, was den „Tintenfisch" zu einer mit äußerst spitzer Feder gezeichneten Karikatur einer Umquartierungsaktion unter polizeilichem Geleit inspirierte:

Abb. 42: Prostituierte ziehen mit Polizeischutz ans Schloss um ... („Tintenfisch" – September 1952)

Doch auch hier mehrten sich die Beschwerden der Bewohner über das ungebührliche Verhalten der Prostituierten. Der Umstand, dass diese sich vor allem am Kreisständehaus postierten, in dem eine Kirchengemeinde abends Veranstaltungen für Jugendliche abhielt, wo „diese Dinge sehen mußten, die besser von ihnen ferngehalten werden", gab den Ausschlag zu einem erneuten Platzverweis. Ab dem 18. Mai 1953 durften die „Dirnen ... auch den größten Teil von Alt-Saarbrücken"[15] nicht mehr nutzen. Außerdem patrouillierten ab Anfang August auf Anordnung Lackmanns von nachmittags bis in die frühen Morgen hinein mehrere uniformierte Doppelstreifen in der von den Prostituierten bevorzugten Deutschherren- und Gersweilerstraße.[16] Die Eingrenzung und das Führen offizieller Dirnenlisten zeitigte auch bei der Bekämpfung der Geschlechtskrankheiten Erfolge, da die eingetragenen Frauen „die ‚Heimlichen' aus Konkurrenzgründen"[17] anzeigten.

Berücksichtigt man die Tatsache, dass das Saarbrücker Sittenkommissariat trotz seiner breitgefächerten Aufgaben dauerhaft unterbesetzt war, so erstaunt sein erfolgreicher Einsatz umso mehr. Bis zu Beginn der 50er Jahre verfügte diese Abteilung nur über vier bis fünf Beamte (ein Kriminalobersekretär, vier Assistenten). Die verstärkten Beschwerden der Anwohnerschaft in Alt-Saarbrücken im Sommer 1953 über das Dirnenwesen, die neben Protesten und Unterschriften auch Petitionen bei etlichen Stellen einreichte, veranlassten Kriminalrat Beck sogar zu einem Schreiben an Innenminister Hector, in dem er das kaum zu bewältigende Arbeitspensum der Sittenpolizei schilderte und wiederholt um eine spürbare **Personalaufstockung** bat:

„... das 3. Kommissariat der Landeskriminalpolizei ... besteht einschließlich dem Kommissariatsleiter ... aus 5 Beamten ... Jeder Beamte dieses Kommissariats ist über seinen Normaldienst von 08.00–17.30 Uhr hinaus regelmäßig jeden 2. Abend weitere 6–8 Stunden dienstlich unterwegs, ohne daß ihm wegen des chronischen Personalmangels ... eine freie Stunde für die vielen Überstunden gewährt werden kann ... der Mißstand in Saarbrücken könnte durch Verstärkung ... um 4 Beamten in ... erträglichem Rahmen gebracht werden ... Sollte diesem Vorschlag nicht stattgegeben werden ... , bliebe ... kaum ein anderer Ausweg, als ... den Dirnen das ganze Stadtgebiet ... freizugeben ...“[18]

Da die Personalbestandslisten der Kripo ab den 50ern bei der Saarbrücker Zentrale leider nicht zwischen einzelnen Dezernaten trennen, im August 1953 aber eine generelle Erhöhung der dortigen Mitarbeiter von 76 auf 99 erfolgte, kann man auch von einer Verbesserung für die Sittenpolizei ausgehen.

3.2.5 Weibliche Kriminalpolizei

Die Anfänge der weiblichen Kriminalpolizei (WKP) des Saarlandes wurzelten im Sittenkommissariat, dem man in der Gründungsphase bereits im **Februar 1948** „weibliche Kräfte" zuteilte, die „sich besonders der Jugend anzunehmen"[19] hatten. Zu diesem frühen Zeitpunkt war dies lediglich eine Assistentin, da man erst im Herbst/Winter 1948/49 Speziallehrgänge für Frauen an der Polizeischule einrichtete, die stets aus sozialpädagogischen Berufsfeldern stammten.
Die Ausbildung von weiblichen Bediensteten und deren anschließender Einsatz bei der Kripo bedeutete für das hiesige Sicherheitswesen in zweierlei Hinsicht eine Pioniertat. Zum einen hatte man in der Vergangenheit niemals Frauen bei der Polizei beschäftigt. Zum andern kam dem

saarländischen Innenministerium mit der vergleichsweise frühen Einrichtung dieser auf Sittlichkeitsdelikte bei Kindern und Jugendlichen kaprizierten Fachsparte erneut eine Vorreiterfunktion zu, da man bei der übrigen Polizei Deutschlands weder eine derartige Spezialisierung noch die Einstellung weiblicher Arbeitnehmer für diesen Bereich kannte.

In Berlin, Hamburg und anderen Großstädten setzte man zwar bereits ab 1946 Frauen ein, doch nur mit allgemeinen schutzpolizeilichen Funktionen, die meist im Verkehrssektor lagen (Kreuzungsregelung, Sicherung von Zebrastreifen und Straßenübergängen in der Nähe von Kindergärten, Schulen etc.) und diesen Polizistinnen in der frühen Nachkriegszeit den Spitznamen „Fräulein Schupo" bescherten. Erst in den 50er Jahren lernte man auch in der Bundesrepublik deren besondere Fähigkeiten zur kriminalpolizeilichen Ermittlung schätzen.

Von schutzpolizeilichen Aufgaben blieben die Mitglieder der saarländischen WKP von Beginn an ausgeschlossen, da ihre Einsatzgebiete seit Begründung der Abteilung unverändert Kinder-, Jugend- und Sexualdelikte sowie der Jugendschutz bildeten, die dauerhaft dem kriminalpolizeilichen Sektor zugeordnet blieben. Erleichtert wurde die Arbeit der WKPlerinnen durch den Erlass des saarländischen **Jugendpflegegesetzes** vom **30. Juni 1949**, das die bislang nur in Form von Einzelregelungen bestehenden Verordnungen zusammenfasste und der Polizei gemäß demokratischem Staatsbewusstsein vor allem erzieherische Funktionen und weniger autoritäre Rechte verlieh: „An das selbständige Denken, die eigene Initiative, das menschliche Verständnis der Polizei sind sicher niemals höhere Anforderungen gestellt worden als durch dieses Gesetz."[20] Die Einsatzgebiete der hiesigen WKP im Kriminal- und Fürsorgebereich splitteten sich wie folgt auf:

1. Aufnahme von Anzeigen aller Art gegen Kinder und Jugendliche sowie von Vergehen gegen diese, vornehmlich bei Sittlichkeitsdelikten
2. Kooperation mit den übrigen Polizeiabteilungen (Austausch von Vermisstmeldungen, Unterstützung vor allem der Gendarmerie bei der Jugendpflege und Vergehen gegen die Sittlichkeit)
3. Vernehmung von Zeugen im Kindes- oder Mädchenalter, von Frauen bei Sittlichkeitsverbrechen u.ä., von kranken, alten, bettlägerigen

oder psychisch labilen Personen sowie von Schwangeren oder Menschen in Krankenhäusern und Heimen
4. Durchführung prophylaktischer Maßnahmen zur Vermeidung sexueller Gefährdung von Kindern und Jugendlichen
5. Zusammenarbeit mit saarländischen Kinder- und Erziehungsheimen, Sozial- und Jugendämtern, Waisenhäusern, Wohlfahrtseinrichtungen, Schulen, Kirchen etc.
6. Erstellung abteilungsrelevanter Statistiken (Jugendkriminalität, Sittlichkeitsdelikte an Kindern und Jugendlichen, Inzestfälle etc.)

In der Praxis reichten die dienstlichen Einsätze der Beamtinnen, die ihre jugendpflegerische Hauptaufgabe im Schutz Minderjähriger vor Verbrechen bzw. dem Abrutschen ins kriminelle Milieu sahen, von der Anzeigenaufnahme bei Vergewaltigung und dem Verhör geistig verwirrter Mütter über Jugendstreifen zwecks Kontrolle unberechtigter Besuche von Kinos, Gaststätten, Tanzcafés oder Karnevalsveranstaltungen und Einweisungen verwahrloster Kinder in Heime sowie Besuchen bei Eltern von straffällig gewordenen Jugendlichen bis hin zur Beschaffung von Ausbildungsplätzen für missbrauchte Mädchen.

Der extrem präventiv-repressive Charakter des Jugendpflegegesetzes schränkte die fürsorgerischen Funktionen der weiblichen Kriminalbediensteten in Teilen aber auch erheblich ein. So war beispielsweise der Aufenthalt von Jugendlichen unter sechzehn Jahren in Gaststätten mit Alkoholausschank bzw. von Mädchen dieser Altersgruppe in Tanzlokalen in Begleitung Erziehungsberechtigter grundsätzlich erlaubt und Jugendlichen unter achtzehn sogar der Zutritt zu Gaststätten ohne Begleitperson bis 22 Uhr gestattet. Die WKPlerinnen beklagten daher immer wieder in ihren Streifenberichten die Teilnahme vieler „Jugendlicher und schulpflichtiger Kinder" vor allem an „Faschingsveranstaltungen in Begleitung ihrer ... uneinsichtigen Eltern bis zum frühen Morgen hinein" und die „dringende Notwendigkeit von Maßnahmen", damit die Polizei auch in diesen Fällen „im Interesse der Kinder"[21] eingreifen könne.

Da sich der Maßnahmenkatalog vom Sommer 1949 gegen die moralische Gefährdung von Jugendlichen durch unsittliche Schriften als ungenügend erwies, erweiterte der saarländische Landtag diesen am **7. Juli 1953** mit dem **Gesetz zur Bewahrung der Jugend vor Schmutz und Schund** und richtete zu diesem Zweck beim Innenministerium eine Landesprüfstelle mit Vertretern karitativer, kirchlicher, schulischer, kultureller und sozialfürsorgerischer Organisationen ein. Die Einzelbestimmungen zur Eindämmung der Verbreitung von Abbildungen, Gegenständen, Abzeichen und Schriften, die die geistige Entwicklung von Kindern und Jugendlichen gefährdeten, betrafen selbstverständlich auch die tägliche Arbeit der WKP, bei der sie übereifrige Kollegen manchmal auch wenig sinnvoll unterstützten:

„Am 14.1.1954 … hatte die Feinkosthändlerin S. … in dem Schaufenster ihres Geschäftes 17 Dosen Ananas ausgestellt. Auf den Etiketts … ist die Abbildung der Vorderseite eines nackten Frauenkörpers sichtbar. Da sämtliche Dosen mit der Frauenfigur nach der Strasse standen, dürfte ein Verstoss nach § 1 Abs. 2 des Gesetzes zur Bewahrung der Jugend vor Schmutz und Schund vorliegen … ich ordnete die Herausnahme der Dosen aus dem Schaufenster an …"[22]

Die **personelle Besetzung** der WKP schwankte anfangs zwischen fünf (1952) und maximal sieben Mitarbeiterinnen (1953)[23], um sich erst ab den 60ern auf dreizehn bis achtzehn einzupendeln. Der Mangel an Beamtinnen für dieses Kommissariat stellte ein dauerhaftes Problem bei der Bewältigung der vielfältigen Aufgaben dar, wie Kriminalsekretärin Irene Bleymehl in ihrem Bericht vom Dezember 1950 betonte: „Durch die Weibl. Kriminalpolizei konnten im letzten Jahr Streifen und Kontrollen in Gasthäusern und Kinos nur in geringer Zahl durchgeführt werden, weil bei der derzeitigen Besetzung der Dienststelle die hierfür erforderlichen Beamtinnen fehlten …"[24]

Hinsichtlich ihrer organisatorischen Zuordnung liegen die ersten Jahre der saarländischen WKP im Dunkeln, da sich nur die generelle Zuweisung zur Kriminal- bzw. dortigen Sittenpolizei nachweisen lässt. Die Nennung des Kommissariats 4 als eigenständige Dienststelle bei der Saarbrücker Landeskriminalpolizei unter Leitung von Irene Bleymehl erfolgte erstmals im Organisationsplan vom 1. Mai 1954.

Die dringende Notwendigkeit einer solchen Spezialabteilung verdeutlichen besser als alle Worte die statistischen Zahlen zur Fortentwicklung der Sittlichkeitsverbrechen an Kindern und Jugendlichen im Saarland nach 1945:

Entwicklung der Sittlichkeitsdelikte an Kindern und Jugendlichen im Saarland nach dem Zweiten Weltkrieg (in absoluten Zahlen)[25]						
	1949	1950	1951	1952	1953	1954
betroffene Kinder u. Jugendliche (in Klammern Sittenvergehen insgesamt)	431 (950)	801 (1 342)	937 (1 372)	557 (1 453)	593 (1 475)	752 (1 961)
unzüchtige Handlung	314	633	666	369	338	390
Unzucht mit Kindern	–	32	45	24		
Blutschande	9	45	35			
Erregung öffentlichen Ärgernisses	94	84	89	101		
Kuppelei	9	26	9	14		
Homosexualität	3	13	6	5		
Exhibitionismus		330	722			

Zur Arbeit der WKP liegt kaum genaueres Zahlenmaterial vor, so dass einige wenige Angaben genügen müssen, die aber dennoch einen guten Eindruck vermitteln. So wurden zum Beispiel im Juli 1950 im Saarland insgesamt 275 **Sittlichkeitsvergehen** bekannt, bei der WKP kamen aber nur knapp fünfzig zur Anzeige.[26] Von 1949 bis 1951 registrierte man hier 2 236 Verletzungen von Kindern und Jugendlichen durch Sexualdelikte aller Art, wovon 355 zur direkten Unzucht mit Minderjährigen führten. Bis zum Jahr 1954 stieg die Gesamtzahl der an dieser Altersgruppe begangenen Vergehen auf 4 138 an.[27] Der Erfolg der WKP-Arbeit lässt sich am Rückgang der Kinderschändungen ablesen. Von 1949 bis 1955 sank der Anteil dieser Verbrechensrate an der aller verübten kriminellen Taten von rd. 2,6 (1949) bzw. 3,9 Prozent (1950) auf 1,5 Prozent herab, wobei das Jahr 1952 mit einer erstmals rückläufigen Tendenz die erhoffte Wende brachte.

Bei der Bekämpfung der Jugendkriminalität ist leider keine adäquate und vor allem kontinuierliche Entwicklung zu konstatieren. Stiegen die von noch nicht Volljährigen begangenen Vergehen bis 1950 langsam, aber stetig an (1949: 12,1, 1950: 12,7 Prozent aller kriminellen Straftaten), so sanken diese bis 1953 auf 7,9 Prozent, um jedoch in den Folgejahren erneut auf 8,5 (1954) und 9,9 Prozent (1955) anzuwachsen. Der Anteil strafunmündiger Kinder unter vierzehn Jahren schnellte innerhalb von sechs Jahren von 307 (1949) auf 517 (1955) hinauf.

Differenziert man die Vergehen nach Deliktgruppen, so lag der Schwerpunkt – mit weitem Abstand und wachsender Tendenz gegenüber anderen Straftaten – von 1953 bis 1955 beim einfachen und schweren Diebstahl. Von den in diesem Bereich 1953 insgesamt verübten 3 244 Straftaten entfielen 850 auf Jugendliche, um bis 1955 auf 1 116 von 3 548 anzusteigen. Den höchsten Anteil jugendlicher Straftäter registrierte man bei den Sittlichkeitsverbrechen, denn hier waren ab 1953 zwischen zwanzig bis über dreißig Prozent aller Kriminellen mit homosexuellen Handlungen unter 21. Bei Kinderschändungen betrug ihr Anteil zwischen fünfzehn und mehr als 25 Prozent.[28]

Das Absinken der Jugendkriminalitätsziffern ab 1950 lässt sich größtenteils auf das Jugendpflegegesetz von 1949 zurückführen, das der Polizei verstärkte Präventionsmaßnahmen einräumte, war aber auch der abschreckenden Wirkung verschärfter Strafbestimmungen zu verdanken. Die ab Mitte der 50er Jahre wieder erhöhte Quote der von Minderjährigen begangenen Straftaten – und hierbei unterschied sich das Saarland keineswegs von der bundesrepublikanischen Entwicklung – lässt sich auf den weiterhin eingeschränkten Lebensstandard nach dem Zweiten Weltkrieg zurückführen, der, gekennzeichnet von Wohnraumnot, Lebensmittelknappheit und Kleidermangel, vor allen Dingen Jugendliche zu Schwarzarbeit, Schmuggel und Diebstahl verführte. Das Wirtschaftswunder an der Saar ab Ende der 40er Jahre, das einen bis dato unbekannten, aber nicht allen Bevölkerungsgruppen gleichermaßen zugutekommenden Wohlstand brachte, ließ erneut Begehrlichkeiten aufkeimen – gerade bei der Jugend dieser Ära, die bereits die schlimmen Kriegszeiten mitgemacht hatte.[29]

3.2.6 Mitgliedschaft bei Interpol

Bedingt durch die autonome, an Frankreich angenäherte Entwicklung des Saarlandes ab 1948 waren der hiesigen Kriminalpolizei bei der Verfolgung reisender Täter und Bekämpfung grenzüberschreitender Vergehen, die durch die zentrale Lage der Transitregion in Westmitteleuropa gehäuft vorkamen, die Hände beim Informationsaustausch mit den westdeutschen Länderpolizeien gebunden. Die Einrichtung einer internationalen Kriminalpolizeidienststelle namens **„Bureau Sarre"** am 1. **Mai 1949** erleichterte diese Ermittlungstätigkeiten außerordentlich. Bei der „Internationalen Kriminalpolizeilichen Organisation" (IKPO, kurz Interpol) angesiedelt, stand es anfangs unter französischer Federführung, da das Saarland aufgrund seiner völkerrechtlichen Zwitterstellung noch nicht als eigenständiges Mitglied anerkannt wurde. Die Räume der mit vier Beamten der Saarkripo sowie Bediensteten der französischen Police judiciaire besetzten Abteilung befanden sich am Saarbrücker Kieselhumes Nr. 64. Sie unterstand dem Nationalen Französischen Zentralbüro (BCN) in Paris, die Leitung hatte ein höherer Polizeibeamter des Hohen Kommissariats inne. Damit war das Saarland drei Jahre vor der BRD assoziiertes Mitglied, da die Stockholmer Kommission Deutschland erst am 9. Juni 1952 aufnahm. Die Anerkennung als autonomes Mitglied, betrieben vom französischen Außenminister, erfolgte am **15. Juni 1952**. Danach firmierte das Bureau Sarre ab November 1952 als **„Saarländisches Zentralbüro der Internationalen Kriminalpolizeilichen Kommission in Saarbrücken"**. Dessen Diensträume befanden sich ab Februar 1953 im Gebäude der Kriminalpolizei in der Wilhelm-Heinrich-Straße, um die Kooperation beider Abteilungen zu erleichtern.

Zur Aufwertung als Mitstreiter im internationalen Kampf gegen das Verbrechen trug wesentlich die erfolgreiche Zusammenarbeit des Bureau Sarre mit den übrigen Interpol-Dépendancen bei, die bereits in den ersten Jahren alle Erwartungen übertraf. Der Arbeitsschwerpunkt des binationalen Kriminalteams lag zunächst in der Bekämpfung von Währungs- und Rauschgiftdelikten, wobei die Festnahme einzelner Täter gegenüber der Ergreifung länderübergreifender Banden in den Hintergrund rückte.[30] Da für die ersten Jahre des Bureau Sarre bzw. saarländischen

Zentralbüros keine aussagekräftigen Quellen vorliegen, müssen für eine Tätigkeitsanalyse die Angaben aus dem Jahresbericht der hiesigen Kriminalpolizei von 1954 genügen:

Tätigkeiten des saarländischen Interpol-Büros von 1952 bis 1954[31]
internationaler **Schriftverkehr**
1952: 294 Eingänge und 710 Ausgänge
1953: 409 Eingänge und 924 Ausgänge
1954: Frankreich: 643 Eingänge und 422 Ausgänge
Deutschland: 313 Eingänge und 304 Ausgänge
Italien: 52 Eingänge und 49 Ausgänge
IKPO-Generalsekretariat: 32 Eingänge und 112 Ausgänge
Belgien: 28 Eingänge und 35 Ausgänge
internationaler **Funkverkehr**
1952: 826 Eingänge und 226 Ausgänge
1953: 1 148 Eingänge und 392 Ausgänge
1954: Frankreich: 869 Eingänge und 340 Ausgänge
Deutschland: 165 Eingänge und 38 Ausgänge
Schweiz: 140 Eingänge und 11 Ausgänge
Belgien: 92 Eingänge und 26 Ausgänge
Österreich: 85 Eingänge und 18 Ausgänge
internationale **Fernschreiben** 1954: 72 Eingänge und 83 Ausgänge
Kooperation mit dem westdeutschen Interpol-Büro 1954: 539 Fahndungsersuche und 45 Rundschreiben
Bestand der Saarbrücker Interpol-**Fahndungskartei:** 35 500 Karten

Das Abstimmungsergebnis zum Saarstatut besiegelte auch das Ende der erfolgreichen IKPO-Kooperation, da das saarländische Innenministerium Ende 1956 mit sofortiger Wirkung zum 1. Januar 1957 und ohne jede Übergangsregelung die Interpol-Mitgliedschaft kündigte.[32]

3.2.7 Ausbildung – Institut für Kriminologie

Neben der **Grundausbildung** und Lehrgängen an der St. Ingberter Polizeischule standen den Kripobeamten weitere Fortbildungswege offen, die auch die Teilnahme an Schulungen in Westdeutschland oder im Ausland mit einschlossen. Sowohl bei der behördeninternen wie -externen Ausbildung legten die Verantwortlichen hohen Wert auf Qualität, Praxisnähe und Intensität der Kurse, was bereits die differenzierte Ausgestaltung der Unterrichtspläne für die Kriminalpolizisten im Oktober 1948 ersichtlich macht. Neben die klassischen Fächer Aufgabenstellung; Rechte und Pflichten der Beamten; Polizei-, Verwaltungs- und Gewerberecht sowie Zivil-, Straf- und Prozessrecht gesellten sich Kriminaldienstkunde, Vernehmungspsychologie, Kriminalistik, Leichenkunde, Kriminaltechnik (Daktyloskopie, Photographie etc.) und -taktik sowie Jugendschutz; Wilderer- und Brandbekämpfung; Pressepolizei und politische Polizei.

In diesem Kontext bat Abteilungsleiter Trost um Genehmigung eines zusätzlichen verkürzten Lehrgangs ab Januar 1949, um den dringenden Bedarf an Spezialkräften abzudecken und setzte diesen sogar gegen den Willen Lackmanns mit Hilfe des damaligen Staatssekretärs des Innern, Edgar Hector, zu einem früheren Termin durch. Das enorme Schulungspensum dieses Kurses erforderte erstmals die Hinzuziehung eines polizeiexternen Experten: Professor Rotter vom Saarbrücker Institut für Hygiene und Infektionskrankheiten klärte die Teilnehmer über gerichtsmedizinische Probleme auf.[33]

Ab Herbst 1952 durften ausgesuchte Beamte mit innenministerieller Erlaubnis die internationalen kriminalpolizeilichen **Speziallehrgänge** in Paris besuchen, die die dortige Société internationale de criminologie jährlich mit sechswöchiger Dauer anbot. Des weiteren führte die Kriminalpolizei hausintern beim Erkennungsdienst eine Spezialausbildung für daktyloskopische Gutachter durch.[34] Im Sommer 1953 lud Polizeipräsident Lackmann leitende Beamte zu einem Vortrag des Juraprofessors Ernst Seelig an der Universität über die Bedeutung der Handschrift als Identifizierungshilfe ein. Und ab September 1954 nahmen qualifizierte Bedienstete der Saarkripo an einem mehrmonatigen kriminalistischen

Sonderlehrgang in Wien teil.[35] Zwecks Weiterbildung einer größeren Anzahl von Polizisten aller Sparten lieh man sich auch gerne Filmmaterial, beispielsweise beim Wiesbadener Bundeskriminalamt, aus.[36] Um die beiden Städte St. Wendel und Merzig „kriminalpolizeilich möglichst gut zu betreuen", schulte die Saarbrücker Zentrale ab Sommer 1953 ausgesuchte Gendarmeriebeamte nach einer einmonatigen „informatorischen Beschäftigung"[37] in einem sechswöchigen Spezialkurs. Dieser umfasste neben einer Stage beim Betrugskommissariat (zwei Wochen) und einem Fahndungstraining (eine Woche) auch eine erkennungsdienstliche Fortbildung (drei Wochen). Danach ordnete man die Absolventen an die Gendarmeriedienststellen der beiden Kommunen ab.

Die saarländische Kripo beschritt aber auch den umgekehrten Weg und engagierte nicht nur externe Experten zur eigenen Wissensoptimierung, sondern stellte ihre Fachkenntnisse ebenso anderen Institutionen zur Verfügung. So geschehen im Oktober 1952 auf Anfrage der hiesigen Industrie- und Handelskammer, in deren Auftrag Kriminalrat Beck Vorträge zur Versicherungskriminalistik hielt.[38]

Bedingt durch die eigenstaatliche Entwicklung ergab sich trotz dieser breitgefächerten Aus- und Fortbildungsmöglichkeiten die grundsätzliche Notwendigkeit einer landeseigenen kriminalpolizeilichen Schulung, die zu Beginn der 50er Jahre mit Blick auf andere europäische Länder und den hohen Kenntnisstand der französischen Kollegen eine stärkere wissenschaftliche Ausrichtung verlangte. Die ersten Pläne zur Einrichtung **einer kriminologischen Lehr- und Forschungsstätte** sind auf Professor Felix Senn von der Hochschule Nancy zurückzuführen, der 1951 als Dekan der rechts- und wirtschaftswissenschaftlichen Fakultät der saarländischen Universität dieses juristische Spezialgebiet auch den hiesigen Studenten anbieten wollte. Er entsprach damit der Tendenz der 1948 unter Federführung Frankreichs begründeten Alma Mater in Saarbrücken, französische Bildungstraditionen in der hiesigen Hochschullehre zu verfestigen. Rege unterstützt wurde er hierbei durch den Polizeipräsidenten Lackmann, der in einem solchen Fachbereich eine ideale Lösung für die Qualifizierungsprobleme seiner Kripobeamten erkannte. Und auch die medizinische Fakultät in Homburg sagte unverzüglich ihre Kooperation im forensischen und gerichtsmedizinischen Sektor zu.

Der hohe Stellen-, Raum- und Mittelbedarf des angedachten Lehr- und Forschungsinstituts (sechs Dozenten, Lehr- und Arbeitsräume, Kriminalmuseum sowie ein voll ausgerüstetes Labor) scheiterte jedoch im Folgejahr an den finanziellen Möglichkeiten der Universität. Deren Rektor war zudem darauf bedacht, eine zu enge Orientierung an den Bedürfnissen der Polizei zu vermeiden, um die Forschung gegenüber der Lehre nicht zu vernachlässigen und dadurch auf dem Niveau einer Verwaltungsakademie zu verharren. Polizeibedienstete ohne Abitur durften den Lehrgang mit Teilnahmezeugnis absolvieren, mit Hochschschulreife erhielten sie ein Diplom. Der akute Druck beim polizeilichen Fortbildungsbedarf hatte sich bei der grundsätzlichen Entscheidung zugunsten eines kriminologischen Fachbereichs sicherlich hilfreich ausgewirkt. Dekan Senn musste aber bei dessen praktischer Ausgestaltung einige Kompromisse akzeptieren: Die neue Lehrstätte wurde für Studenten und Polizisten gleichermaßen konzipiert, ihr Personal- und Mittelbudget gekürzt und eine Ausweitung der Forschung mit der Entwicklung gekoppelt.

Universität Saarbrücken erhält kriminologisches Institut

Zunächst ein viersemestriger Lehrgang unter Leitung von Prof. Seelig, Graz

Eine begrüssenswerte Neuerung wurde in diesen Tagen an der Universität des Saarlandes beschlossen. Nach längeren Vorbereitungen wissenschaftlicher und technischer Art wird ein „kriminologisches Institut" unter Leitung von Professor Dr. Ernst Seelig (Graz) die Hörer in die interessante Materie der Kriminologie einführen. Damit wird Saarbrücken die dritte Universität Europas sein, die ein Institut dieser Art besitzt.

Im Herbst 1912 gründete der Grazer Strafrechtler, Professor Hans Gross, ein Institut, das, wie er sich damals ausdrückte, der „Erforschung der Realien des Strafrechts" gewidmet wurde. Darunter erfasste er sowohl den verbrecherischen Menschen als Urheber des kriminellen Geschehens, als auch alle Erscheinungen der Verbrechensbekämpfung. Zu dieser gehört aber nicht nur der Strafvollzug an dem schon Verurteilten, sondern vor allem auch die Feststellung des kriminellen Tatbestandes im Prozess selbst, also das Vernehmen der Zeugen, das Sichern und Auswerten von Spuren usw. Bis dahin waren alle Faktoren lediglich der Praxis überlassen gewesen, und der junge Jurist trat in die Strafrechtspflege ohne Kenntnis der

faltigen Typen der kriminellen Persönlichkeiten vertraut gemacht und ihre Erfassung an Hand eines Untersuchungsbogens geübt. Ebenso werden in den Vorlesungen über Zeugenpsychologie und Spurenlehre unter Verwendung der sachlichen Lehrmittel, die, aus wirklichen Strafprozessen stammend, im „Kriminalmuseum" gesammelt werden, die Studenten anschaulich in diesen Disziplinen unterrichtet. Durch diese kriminologische Arbeit wird aber die strafrechtlich-juristische Tätigkeit keineswegs überflüssig, sondern es werden für diese die realen Unterlagen geschaffn.

Im Laufe der nächsten Jahre bewährte sich das Grazer Institut so sehr, dass 1923 die Wiener Universität ein analoges Institut eröffnete. Bald folgten denen 1948 die Universität Djarkarta (Indonesien), ein grossügig organisiertes Institut einrichtete, das von drei Direktoren, einem Strafrechtler, einem Kriminologen und einem Gerichtsmediziner, geleitet wird.

Wie dieses Beispiel zeigt, grenzt die Kriminologie in zwei Richtungen an die Medizin: Einmal an die forensische Psychiatrie, die die Persönlichkeit des

Abb. 43: Artikel aus der „Saarbrücker Zeitung" vom 7. März 1953

Am **2. Juli 1953** begründete der Verwaltungsrat das **Institut für Kriminologie** für Studenten, die sich „der Strafrechtspflege als Richter, Staatsanwalt oder Verteidiger" oder … „öffentlichen Verwaltung im Dienste der Polizei oder als Strafvollzugsbeamter widmen wollen" sowie „Ärzte,

Psychologen oder Erzieher"[39] mit Spezialisierungswünschen. Damit reihte sich der Saarbrücker Standort eines kriminologischen Hochschulinstituts neben London, Paris, Wien, Stockholm und Lausanne ein. Die Leitung übernahm – zunächst als außerordentlicher Professor, ab April 1954 als Ordinarius – der österreichische Jurist Ernst Seelig, der in Graz einen Lehrstuhl für Straf- und Strafprozessrecht innehatte und dessen Forschungsschwerpunkte Kriminalbiologie, Erkennungsdienst und Kriminaltaktik bildeten. Als Präsident der Kriminologischen Gesellschaft hatte er im Auftrag Senns das Konzept für den hiesigen Fachbereich entwickelt.

Bei der Durchführung des kriminologischen Lehrgangs gesellten sich zu Seelig als leitendem Juristen Mediziner der Homburger Fakultät (Prof. Werner Rotter – Pathologie, Dr. Klaus Conrad und Dr. Hermann Witter – Gerichtspsychiatrie) sowie der Heidelberger Jurist und Mediziner Prof. Heinz Leferenz (Kriminologie, Sexualverbrechen) und der Toxikologe Wolfgang Ullrich. Der Rechtswissenschaftler Uhereck lehrte in Saarbrücken Strafvollzugskunde. Nach dem frühen Krebstod Seeligs im November 1955 trat Professor Gerhard Kielwein, Experte für Strafrecht, Strafprozessrecht und Kriminologie von der Universität Freiburg, dessen Nachfolge an und wurde hierin unterstützt durch seinen Freiburger Kollegen Werner Maihofer.

Der ab dem Wintersemester 1953/54 angebotene Studiengang umfasste vier Semester, wobei die ab 4. November meist im vierzehntätigen Rhythmus von Dienstag bis Freitag zwischen siebzehn und zwanzig Uhr stattfindenden Vorlesungen sich nicht immer mit dem Polizeidienst vereinbaren ließen. In diesem Fall musste eine Dienstbefreiung erwirkt werden, die für Vormittage grundsätzlich nur ein Beamter erhielt, der den Unterrichtsstoff seinen mitstudierenden Kollegen „vermitteln"[40] musste. In den beiden Studienjahren lehrten die Dozenten, die mit ihren Artikeln in der regionalen Polizeifachzeitschrift auch außeruniversitäre Kreise erreichten, in acht Fachdisziplinen:

1. Geschichte und Methodik der Kriminologie
2. Kriminalbiologie und -psychologie sowie gerichtliche Psychiatrie
3. Phänomene bei der Verbrechensausführung

4. Kriminalsoziologie und -statistik
5. Vernehmungspsychologie
6. Kriminaltaktik und Untersuchungskunde
7. Gerichtsmedizin
8. Strafvollzug

Den ersten Kurs belegten insgesamt 43 Studenten, von denen 32 das Abschlussexamen bestanden, elf von ihnen waren hiesige Polizeibeamte.[41] Die Nachfrage bei den Polizisten übertraf das Angebot an Studienplätzen um ein Vielfaches, da die Polizeiführung bis 1956 durchschnittlich nur zwischen zwölf und fünfzehn Bedienstete zum Studium zuließ und dabei auf die Teilnahme von Gendarmeriemitgliedern gesteigerten Wert legte, um deren Wissensstand zu optimieren. Für das Sommersemester 1956 erhielten zwar noch 72 Polizisten eine Dienstbefreiung für den Unibesuch. Das Ende der Hochschulfortbildung für die saarländischen Kriminalisten war aber bereits absehbar, da das Abstimmungsergebnis vom Oktober 1955 unweigerlich eine Anpassung der Polizeischulung an westdeutsche Verhältnisse nach sich zog.

Anmerkungen

1 Das Organigramm wurde anhand d. Personalnachweises für die Saarkripo v. 17.3.1949 erstellt (Quelle: Polizeiarchiv), der Personalstand zentralbehördl. Nachweisen entnommen (Quellen: Landesarchiv des Saarlandes, Bestand Zentralbehörde, lfde. Nr. 937).

2 Vgl. d. Erlass Hectors über die „Neuordnung der gebietsmässigen Zuständigkeit der Landespolizei und Gendarmerie des Saarlandes" v. 16.7.1952 (Quelle: ebda., Bestand Kriminalpolizeiamt, lfde. Nr. 62).

3 S. zu Außendienststellen u. Personal a. den Nachweis d. Saarkripo zur Verteilung ihrer Bediensteten im Saarland v. 5.8.1953 (Quelle: ebda., lfde. Nr. 57).

4 Zit. n. einem Schreiben Guy Lackmanns an alle Kommandostellen v. 8.8.1951 (Quelle: ebda., lfde. Nr. 64).

5 Vgl. zum Meldesystem a. Georg (o.V.): Der kriminalpolizeiliche Meldedienst; in: Unsere Polizei (1948) Nr. 4; S. 45ff, Nr. 5; S. 61ff, Nr. 6; S. 78ff u. Nr. 7; S. 95f.

6 S. zur Aufklärung – a. in Europa – A. Wiszinsky: Die Kriminalität des Saarlandes (Polizeiliche Kriminalstatistik 1954); in: Polizei und Recht 2(1955)7; S. 169–175 u. „Die Kriminalistik des Saarlandes und die polizeiliche Kriminalstatistik für das Jahr 1950"; in: Unsere Polizei 4(1951)4; S. 49–53 – die BRD-Aufklärungsquoten stammen a. dem Statistischen Jahrbuch für die Bundesrepublik Deutschland 1958; hrsg. vom Statistischen Bundesamt in Wiesbaden. Stuttgart/Köln 1952ff; S. 97.

7 S. a. Heinrich Boost in „Die Photogrammetrie – ein Hilfsmittel, das wir kennenlernen müssen" u. „Tatortskizzen – Auswertung von Stereoaufnahmen mit dem Auswertegerät Wild A 4"; in: Polizei und Recht (1955)4+7.

8 So der Schlußsatz d. Artikels in der „Saarbrücker Zeitung" v. 28.11.1957.

9 Die Statistik beruht a. Anm. 6 d. genannten Artikels u. dem Jahresbericht d. saarländ. Landespolizeikriminalamtes 1952; in: Unsere Polizei 6(1953)10; S. 140f.

10 Zit. n. dem Besprechungsprotokoll d. Polizeireferats (Dr. Gerber) v. 15.9.1947 (Quelle: Polizeiarchiv).

11 Zit. n. dem Besprechungsprotokoll v. 19.10.1947 (Quelle: ebda.).

12 Zit. n. dem Schreiben Trosts an Lackmann v. 20.7.1948 betr. die „Ueberwachung der Prostitution und Bekämpfung der Geschlechtskrankheiten" (Quelle: Landesarchiv des Saarlandes, Bestand Kriminalpolizeiamt, lfde. Nr. 67).

13 So die Anordnung d. Gendarmeriekommandos v. 11.1.1951 (Quelle: Polizeiarchiv).

14 Vgl. a. die Verfügungsbekanntgabe d. Landeskriminalpolizei v. 25.7.1952 (Quelle: Landesarchiv des Saarlandes, Bestand Kriminalpolizeiamt, lfde. Nr. 98).

15 Zit. a. dem „Bericht über das Dirnenwesen in Saarbrücken und das Problem der Prostitution überhaupt" v. Kriminalrat Beck v. Juni/Juli 1953 (Quelle: ebda.).

16 Hierzu wurden mehrere Beamte zum Sittenkommissariat abgeordnet bzw. v. der Landespolizei gestellt – s. a. die Verfügung d. Landespolizeipräsidenten v. 6.8.1953 betr. die Sittenpolizei (Quelle: ebda.).

17 Zit. a. dem Bericht Becks v. Juni/Juli 1953.

18 In seinem Gesuch an Hector v. 23.7.1953 berichtete Beck über das hohe Arbeitspensum für die Beamten d. 3. Kommissariats, die in den ersten drei Juniwochen 1953 neben der Prostitutionsbekämpfung 128 Anzeigen u. Festnahmen bewältigen mussten.

19 So Kriminalrat Lauriolle in einem Brief an die Abt. V d. Landespolizeidirektion v. 23.1.1948 (Quelle: ebda., Bestand Kriminalpolizeiamt, lfde. Nr. 151).

20 So im Beitrag „Die Polizei und das Jugendpflegegesetz" der Redaktion v. „Unsere Polizei" in der August-Ausgabe 1948 a. d. S. 113–115.

21 Zit. n. d. Bericht der WKP-Mitarbeiterin Kerner v. 18.2.1952 (Quelle: ebda.).

22 Zit. a. dem Bericht des überörtl. Gewerbedienstes d. Polizeiinspektion Mitte in Dudweiler v. 16.1.1954 – das Innenministerium machte die Aktion des dienstbeflissenen Polizeimeisters einige Tage später rückgängig, da „die Konservendose ... eine Eingeborene darstellt", dies in „fast jedem Lehrbuch und vor allem in fast sämtlichen Kulturfilmen zu sehen ist" u. daher „ein Verstoß gegen das Gesetz ... nicht gesehen" wurde; zit. n. dem Antwortschreiben der innenministeriellen Abteilung D v. 25.1.1954 (Quelle: ebda., Bestand Kriminalpolizeiamt, o. lfde. Nr.).

23 Anhand einer Personalliste d. Landeskriminalpolizei sind am 1.11.1953 sieben Mitarbeiterinnen der WKP nachweisbar: Sigrid Beaumont (Krim.assistentin), Christine Balzer (Krim.assistentin a. Pr.), Margaretha Blasius (Krim.assistentin), Irene Bleymehl (Krim.sekretärin), Mechthildis Jost (Krim.assistentin), Gisela Kerner (Krim.assistentin) u. Elisabeth Mohr (Krim.assistentin) (Quelle: ebda., lfde. Nr. 57).

24 Zit. n. dem Brief d. WKPlerin Bleymehl v. 18.12.1950 (Quelle: ebda., lfde. Nr. 151).

25 Die Tabelle basiert auf den bisherigen Statistiken u. Rudolf Beck: „Sittlichkeitskriminalität des Saarlandes"; in: Unsere Polizei (Sondernr. April 1952); S. 12f.

26 So n. den Ausführungen v. Irene Bleymehl im Artikel „Das Sittlichkeitsverbrechen – eine Zeiterscheinung"; in: Unsere Polizei (1950)9; S. 140–142.

27 So bei Beck; S. 13.

28 Vgl. zu den Kriminalitätsraten bei Jugendlichen u. Kindern a. die polizeil. Statistiken u. Jahresberichte d. Kriminalpolizeiamtes v. 1954–1956.

29 Vgl. z. Analyse der steigenden Kriminalitätsraten bei der saarländ. Jugend a. d. Ausführungen d. Kriminologen an der hiesigen Universität, W. Noß, in dessen Beitrag „Der kriminelle Jugendliche" in „Polizei und Recht" 2(1955)10; S. 270–272.

30 S. a. die Erläuterungen Lackmanns im Nachrichtenblatt des Landespolizeipräsidiums v. 20.6.1949 zur Einrichtung d. Bureau Sarre a. S. 76f.

31 Der Überblick zum Interpol-Büro basiert a. der Polizeilichen Kriminalstatistik und dem Jahresbericht der saarländ. Kriminalpolizei 1954; S. 138–141.

32 Vgl. zu Gründung u. Fortbestand d. Saarbrücker Interpol-Abteilung a. Ludwig Zeiger: Das Landeskriminalamt und die Landeskriminalpolizei des Saarlandes; in: Die Polizei im Saarland. Zum Delegiertentag 1960 der Gewerkschaft der Polizei/Landesbezirk Saarland, Hamburg 1960; S. 95–111 u. ders.: Organisation und Aufgaben der Landeskriminalpolizei und des Landeskriminalamtes Saarland. Überblick über die organisatorische Entwicklung der Kriminalpolizei seit 1918; in: Der deutsche Polizeibeamte 16(1966)5; S. 137–143.

33 Vgl. zum Lehrplan für Kriminalbeamte an der Polizeischule ab 1948 u. zum Sonderlehrgang ab Jan. 1949 a. den Briefwechsel zw. Trost, Hector u. Lackmann zw. 25.10. u. 23.11.1948 – statt mit der urspr. geplanten Dauer v. zwei Monaten ab Jan. 1948 durften ausgewählte Polizisten nun schon v. Nov. 1948 bis März 1949 in einem viermonatigen Kurs ausgebildet werden (Quelle: Landesarchiv des Saarlandes, Bestand Kriminalpolizeiamt, lfde. Nr. 82).

34 Diese Sonderausbildung absolvierte im Mai 1952 u. a. Kriminalassistent Heinrich Boost, der später die Schweizer Stereometerkamera vor Ort prüfte – s. a. Nachrichtenblatt d. Landespolizeipräsidiums v. 21.7.1952 (Quelle: Polizeiarchiv).

35 S. a. die Notiz zur fernmündl. Mitteilung d. Landespolizeipräsidiums v. 9.6.1953 (Quelle: Landesarchiv des Saarlandes, Bestand Kriminalpolizeiamt, lfde. Nr. 91) u. das Schreiben Kriminalrats Beck v. 27.4.1954 an Innenminister Hector betr. Wiener Schulung (Quelle: ebda., Bestand Polizeiabteilung, lfde. Nr. 936).

36 So lt. Schreiben Lackmanns v. 15.3.1955 die beiden Filme „Stumme Zeugen" u. „Falschgeld", die an zwei Märztagen 800 Bedienstete im Saarbrücker Apollo-Theater sahen (Quelle: ebda., Bestand Kriminalpolizeiamt, lfde. Nr. 91).

37 Zit. a. d. Brief Becks an Lackmann v. 13.7.1953 (Quelle: ebda., lfde. Nr. 100).

38 S. a. das Schreiben d. Industrie- u. Handelskammer d. Saarlandes an Kriminalrat Trost v. 30.9.1952 (Quelle: ebda., lfde. Nr. 91).

299

39   So Seelig im Vorlesungsverzeichnis der Saaruni fürs Wintersemester
     1953/54; in: ebda., Saarlouis 1953; S. 8 – s. zur Institutseröffnung a. „Uni-
     versität Saarbrücken erhält kriminologisches Institut"; in: Saarbrücker Zei-
     tung v. 7.3.1953.
40   So die Anordnung d. Kriminalrats Beck v. 23.4.1954 (Quelle: Landesarchiv
     des Saarlandes, Bestand Kriminalpolizeiamt, lfde. Nr. 93).
41   S. zur Aushändigung der Diplome u. Zeugnisse a. das Schreiben Lackmanns
     an Kripoleiter Beck v. 16.4.1956 (Quelle: Landesarchiv des Saarlandes, Be-
     stand Kriminalpolizeiamt, lfde. Nr. 93) – zu den Anfängen s. Gerhard Kiel-
     wein: Zur Gründungsgeschichte des Instituts für Kriminologie der Univer-
     sität des Saarlandes; in: ders. (Hrsg.): Entwicklungslinien der Kriminologie.
     Vorträge und Beiträge anläßlich des 30. Jahrestages der Gründung des In-
     stituts für Kriminologie der Universität des Saarlandes, Köln/Berlin/Bonn
     u.a. 1985 [= Schriftenreihe Annales Universitatis Saraviensis. Rechts- und
     Wirtschaftswissenschaftliche Abteilung, Bd. 117]; S. 1–12 sowie zu Seelig
     Wolfgang Müller: Ulrich Stock und Ernst Seelig – biographische Skizzen zu
     zwei Professoren der frühen Jahre der Universität des Saarlandes; in: Un-
     recht und Recht – Kriminalität und Gesellschaft im Wandel von 1500–2000.
     Gemeinsame Landesausstellung der rheinland-pfälzischen und saarländi-
     schen Archive, Koblenz 2002 [= Veröffentlichungen der Landesarchivver-
     waltung Rheinland-Pfalz; hrsg. v. Heinz-Günther Borck u. Beate Dorfey,
     Bd. 98]; S. 210–228.

3.3 Saarbataillon

3.3.1 Gründungsphase (Herbst 1944 bis Frühjahr 1946)

Das Saarbataillon verkörperte weltweit eine einmalige Polizeiabteilung, da kein anderes Land ein Äquivalent hierzu kannte. Diese Ausnahmeposition auch innerhalb des deutschen Sicherheitswesens nach dem Zweiten Weltkrieg ergab sich nicht allein aufgrund seiner Organisation und Einsatzgebiete, sondern fußte auch auf der „vorzeitigen" Einrichtung während des Krieges und den wechselnden Zielsetzungen, die den politischen Gegebenheiten immer wieder angepasst werden mussten.

Ab **Herbst 1944** warb die französische Militärführung unter ihren Gefangenen mehrere hundert Freiwillige mit Verwaltungs- oder Polizeiberufen an, um sie im „Premier Bataillon de Volontaires" zu vereinen. Dieses wollte man nach Kriegsende als Ordnungstruppe im deutschsprachigen Teil der Besatzungszone einsetzen. Man berief daher bevorzugt Saar- und Rheinländer, aber auch Bewohner anderer Regionen des Deutschen Reiches sowie Österreicher und zog sie zunächst in Alençon (Département Orne) zusammen. Später durchliefen sie in Maubeuge nahe Belgien eine Ausbildung für die Bereiche Administration und Polizeiwesen.

Ab Sommer 1945 traten weitere Neulinge ein, vor allem ab 1935 nach Frankreich emigrierte Saarländer, die auch in der Résistance-Bewegung oder Fremdenlegion aktiv mitgewirkt hatten. Die mittlerweile auf circa 800 Mitglieder angewachsene Gruppe unterteilte man in zwei etwa gleichgroße Abteilungen: das „Rheinlandbataillon" (kurz „Rhénania" betitelt) und das „Premier Bataillon de Volontaires Sarrois". Den Anlass für die Abtrennung einer speziellen Saartruppe bildete das Bestreben Frankreichs, innerhalb eines eigenen deutschen Okkupationsterrains (das eine Anerkennung als vierte Siegermacht durch die übrigen Alliierten voraussetzte) das lang begehrte Saargebiet in seinen politischen Einflussbereich zu integrieren. Hierzu hätte man im preußisch geprägten Saarland sukzessive das französische Behördensystem einführen müssen – ein zeitraubender und schwieriger Prozess, den aber die Verwaltungs- und Polizeispezialisten des Premier Bataillon vor Ort durchführen konnten.

Abb. 44: ein saarländischer Emigrant aus Saarbrücken (links) als französischer Widerstandskämpfer…

Die Gründe für das Eintreten deutscher Kriegsgefangener in diese Truppe liegen auf der Hand. Zum einen war die Versorgung in den französischen Camps trotz Verpflichtung zum Arbeitseinsatz sehr schlecht – dieser Misere konnte man als Mitglied des Bataillons entfliehen. Zum andern lockten die hervorragenden Aussichten für dessen Angehörige nach der Rückkehr in die Heimat: gute Bezahlung, Wohnraumbeschaffung und großzügige Verteilung von Bezugskarten.

ATTESTATION

Le Chef de Bataillon breveté GINGUAY, commandant le Ier Bataillon
~~de Volontaires Sarrois, atteste que~~ .... 2e classe

né le ...... 15 - 10 - 1926 ... a ..... Luisenthal - Sarre .....

a servi au Ier Bataillon de Volontaires Sarrois du ... 1 - 6 - 45 ...

au .... 31 - 10 - .... 1945, avec honneur et discipline.

À Alençon, le ..... 31 - 10 - 1945.

Abb. 45: Identitätskarte für ein Luisenthaler Bataillonsmitglied (Oktober 1945)

*Abb. 46: ... und als Mitglied
des Premier Bataillon*

Spätestens seit Sommer 1945 zeichnete sich ab, dass die Annektion des Saargebiets am Widerstand der Kriegspartner, allen voran der Sowjetunion, scheitern würde, da diese sich vehement gegen eine territoriale Ausweitung Frankreichs wehrte.

Schon im August, also nur einen Monat nach Übernahme der Region von den Amerikanern, nahm eine Leitlinie Frankreichs zum Vorgehen an der Saar das spätere Szenario vorweg: „... non une annexion pure et simple, mais une union à la France, caractérisée par une incorporation économique et la création d'une administration autonome à direction française où les Sarrois ... occuperaient une large place dans un régime de liberté ..."[1]

Im Zuge der Pariser „doppelten Deutschlandpolitik", bei der auf diplomatischem Weg oft Standpunkte vertreten wurden, die den inoffiziellen Verlautbarungen nicht entsprachen, hielten die Franzosen aber auf internationalem Parkett zunächst an ihrem maximalen Forderungskatalog zum Saarland fest, obwohl sie längst pragmatischere Pläne schmiedeten.[2] Auch die USA standen einer politischen Einverleibung der Saar in französisches Staatsgebiet zunehmend feindlich gegenüber. Bei der Moskauer Konferenz vom 16. bis zum 26. Dezember 1945 tagten daher der britische Außenminister Bevin und seine Kollegen Byrnes (USA) und Molotow (SU) nicht grundlos zeitweise ohne die französischen Vertreter, denn das Thema „Saarannexion" blieb bei diesen Gesprächen nicht unberührt. Nicht von ungefähr verkündete der französische Außenminister Georges Bidault am 17. Januar 1946 vor der Nationalversammlung, dass man sich „über das endgültige Regime des Saargebiets ... mit den ... Alliierten werde (später) verständigen müssen."[3]

Vor Beginn der Pariser Außenministerkonferenz im April 1946 versandte Bidault am 12. Februar eine Note an die Botschafter der USA, Großbritanniens und der Sowjetunion in Paris, in der er den gewandelten Standpunkt Frankreichs bei der Saarfrage erläuterte. Nun favorisierte er auch offiziell als ersten Schritt eine Zoll- und Währungsunion und stellte die politische Eingliederung in den Kontext der ausstehenden Friedensregelung. In der Zwischenzeit werde die „französische Regierung ... alle Maßnahmen ergreifen, die geeignet sind, um ... öffentliche Betriebe, wie Post und Eisenbahn, aus ihrem Zusammenhang mit dem Reich völlig herauszulösen" und „für den Schutz der Bewohner ... Sorge tragen."[4] Die Regierung de Gaulle koppelte also eine politische Annexion der Saar an einen künftigen Friedensvertrag und vermied mit dieser Variante jeglichen Gesichtsverlust.[5] Infolge dieser, einer Angleichung des saarländischen an das französische Verwaltungs- und Behördensystem jedwede Grundlage entziehenden außenpolitischen Entwicklung konnten die Franzosen das Premier Bataillon nicht in der ursprünglich angedachten Weise einsetzen. Und bezeichnenderweise korrespondieren die Ereignisse rund um die Truppe vom Herbst 1945 bis Frühling 1946 exakt mit dem internationalen Konferenzgeschehen!

Am **7. Dezember 1945**, noch vor Beginn des Moskauer Außenministertreffens, löste Frankreich die Einheit auf und sandte die Mitglieder in ihre Heimat zurück, um über deren Weiterverwendung später zu entscheiden. Dieses Demobilisierungspapier erhielten sowohl die rund 400 Männer des „Rheinlandbataillons", das jedoch nicht mehr wiederbelebt wurde, als auch die gleich große saarländische Gruppe. Einen Tag später veröffentlichte die „Neue Saarbrücker Zeitung" eine Meldeaufforderung für die Angehörigen des Bataillons.[6] Eine Bescheinigung des „Mouvement pour la libération de la Sarre" (Bewegung zur Befreiung des Saargebiets) bestätigt ebenfalls einem Angehörigen des Premier Bataillon die Demobilisierung Mitte Dezember 1945.[7] Damit ist die noch heute hartnäckig verteidigte Behauptung, dessen Mitglieder seien nicht entlassen worden, sondern hätten bei ihrer Ankunft am Saarbrücker Bahnhof Schleifmühle im Dezember 1945 aus patriotischem Pflichtgefühl heraus vor den französischen Besatzern die Flucht ergriffen[8], eindeutig falsifizierbar. Eine solche Handlungsweise erscheint auch unter rein praktischen Überlegungen unlogisch. Eine Fahnenflucht respektive geballte Auftragsverweigerung hätte nicht nur massive Versorgungssanktionen nach sich gezogen, sondern darüber hinaus die Beschäftigungsmöglich-

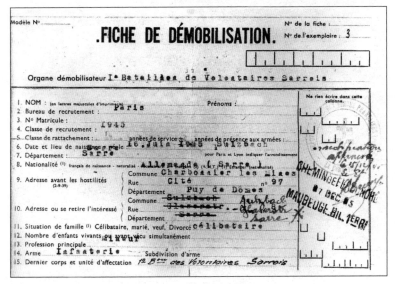

Abb. 47: Demobilisierungsschein für ein Bataillonsmitglied vom 7. Dezember 1945

keiten auch außerhalb des Militärs erheblich verschlechtert, da die französische Militärregierung fast alle Einstellungen an der Saar kontrollierte.

Ab Februar 1946 stand einer Wiederverwendung des Bataillons unter veränderten Vorzeichen nichts mehr im Weg. Ab **März 1946** bildeten die Franzosen daher unter Rückgriff auf Freiwillige aus der demobilisierten Einheit sowie mit neu Eintretenden eine anfangs als **„Grenzlandgarde"** geführte Truppe, die von Beginn an als Abteilung der saarländischen Polizei konzipiert war. Nach einer Meldung Kommandeur Heeses vom 30. April waren bis zu diesem Tag rund fünfzig Männer dem Aufruf zum Eintritt (bis zum 20. Mai befristet) gefolgt. Da er das Fehlen von 120 Strohsäcken moniert, ist mangels weiterer Quellen von einer geplanten Personalstärke in dieser Höhe auszugehen. Laut dessen zweitem Rapport vom 4. Juni wurden bis zum 7. des Monats insgesamt 66 Mitglieder einberufen und weitere Bewerber ärztlich untersucht, so dass man letztlich von achtzig bis neunzig Männern, dem Personalstand einer Kompanie, ausgehen kann.[9]

Abb. 48: ein Mitglied der Vorgängereinrichtung des Bataillons in Maubeuge

Als Unterkunft hatte man am 17. April das Depot des ehemaligen Rheinischen Feldartillerieregiments Nr. 8 von Holtzendorff auf dem Wackenberg im Saarbrücker Stadtteil St. Arnual zugewiesen.[10] Trotz enormer Baumängel, die eine Nutzung der Räume teilweise fast unmöglich machten, bildete es bis zum Frühjahr 1952 die Heimat dieser Polizeiabteilung, die danach in die Ulanenkaserne in der Mainzer Straße umzog. Die Vorzüge des 1914 als letzter Kasernenbau der preußisch-wilhelminischen Ära initiierten Komplexes lagen neben der zentralen Ansiedlung in der Landeshauptstadt in einer großen Mannschaftsküche und Garagen nebst Werkstätten im Erdgeschoss, über denen sich große Lagerräume für die kasernierte Unterbringung befanden.

„In weiten Kreisen der Bevölkerung herrscht noch Unkenntnis über Wesen, Charakter und Aufgaben des Saarbataillons."[11] Diese Feststellung eines zeitgenössischen, aufklärerisch ambitionierten Schreibers trifft bedauerlicherweise auch heutzutage noch auf die manchmal geradezu „phantastischen Vorstellungen"[12] über Sinn und Zweck dieser Polizeieinheit zu. Diese reichen vom paramilitärischen „Truppenverband" zum Schutz der Besatzungsmacht Frankreich bis hin zum gegen die politische Opposition im Saarland Johannes Hoffmanns eingesetzten Unterdrückungsinstrument und werden teilweise sogar wider besseres Wissen von ehemaligen Mitgliedern dieser Abteilung verfochten?! Die nachfolgenden Erläuterungen dienen daher auch der Falsifizierung dieser Gerüchte, die das negative Bild dieser Abteilung wie der gesamten saarländischen Polizei der Nachkriegsjahre mit prägten.

Die Frage nach der Kontinuität des Premier Bataillon beantwortet sich aufgrund der Ereignisse bis März 1946 von selbst. Beim personellen Wiedereinsatz kann man noch nicht einmal von einem Viertel der Vorgängertruppe ausgehen. In puncto Aufgabenstellung (zuvor Verwaltungsadaption – nun Polizeifunktionen) und behördlicher Zuordnung (vormals Militär – jetzt innere Sicherheit) finden sich keinerlei Parallelen zur Einrichtung während des Krieges. Abgesehen von der Namensgleichheit genügen die wenigen verbliebenen Gemeinsamkeiten, die in militärischen Anklängen und einer bevorzugten Versorgung durch das Besatzungsgouvernement zu erkennen sind, also nicht zur Untermauerung der These vom Fortbestand des Premier im Saarbataillon.

3.3.2 Personalausstattung und Status

Da für die Aufbaumonate nur sehr vereinzelt Archivalien existieren und der reguläre Dienst erst am 1. Juni 1946 begann[13], lässt sich der frühe Bestand an Bediensteten nur vage schätzen. Durch die privilegierte Stellung der Bataillonsmitglieder bei Entlohnung und Kartenbezug[14] bewarben sich zwar viele, vor allem jüngere Saarländer. Doch im Zuge der politischen Säuberung, der diese Polizeiabteilung ebenso wie alle übrigen relevanten Bereiche unterlag, entließ man zahlreiche Neulinge wieder innerhalb kürzester Zeit. Infolge dieser personellen Fluktuation kreiste die Personalstärke anfangs zwischen knapp hundert und etwa 130 Männern. Eine erste exakte Größenbenennung datiert vom 11. März 1948 und sieht 212 Mitglieder vor. Die ab 1948 kontinuierliche Soll-Zahl von 209 Planstellen stimmte jedoch bis zum Ende der Abteilung nicht mit dem tatsächlichen Ist-Bestand überein:

Datum	Soll	Ist	Datum	Soll	Ist
1948	225	191	1.7.1955	209	179
1949	209	201	16.9.1955	209	198
1951	209	203	16.2.1956	209	178
29.6.1953	209	181	16.4.1956	209	202

Die Bewerber, die sich auf ein Jahr verpflichteten, mussten saarländischer Abstammung, zwischen achtzehn und 23 Jahre alt sowie unverheiratet sein, eine Mindestgröße von 1,70 Meter und Grundkenntnisse des Französischen besitzen, da sich die Kommunikation zunächst in der Sprache der Besatzer abspielte.[15] Die restlichen **Einstellungsbedingungen** entsprachen denjenigen der Saarpolizei (politischer Fragebogen, ärztliches Attest, Geburtsurkunde usw.). Falls der Bewerber noch nicht volljährig war, bedurfte es einer Einverständniserklärung des gesetzlichen Vertreters. Nach fünfjähriger Dienstzeit entstand bei guter Führung Anspruch auf eine Stelle bei Gendarmerie, Polizei, Feuerwehr oder Justizvollzug, wozu jeweils eine Fachprüfung abverlangt wurde. Die Mitglieder wie auch ihre Familienangehörigen genossen kostenlose ärztliche Versorgung und die Vorzüge der Heilfürsorge.[16]

Die Verfassungskonformität der **Zölibatsklausel** für das Saarbataillon, die bei Heirat nach dem Eintritt eine nur in Ausnahmefällen zu erteilende Sondergenehmigung durch den Polizeipräsidenten vorsah (ohne diese drohte die Entlassung), beschäftigte lange Zeit die Gemüter sowohl im Saarland wie in der Bundesrepublik. Auch die westdeutsche Bereitschaftspolizei kannte eine adäquate Bestimmung, da man in der Eheschließung und dem damit verbundenen Austritt aus der kasernierten Lebensweise in beiden Ländern eine Gefährdung der auf dem kameradschaftlichen Gedanken basierenden Schlagkraft dieser speziellen Sparte befürchtete. Theoretisch behielt man diese Einschränkung im Saarland, ab November 1952 sogar verschärft, bei (Heirat war nun erst nach fünf Dienstjahren und Vollendung des 25. Lebensjahres erlaubt).[17] In der Praxis schloss man aber einen Kompromiss, indem zwar die Eheerlaubnis nach Überprüfung der Braut oftmals vergeben, jedoch nicht die Befreiung („auf jederzeitigen Widerruf"[18]) von gemeinschaftlicher Unterbringung und Verköstigung automatisch mit ausgesprochen wurde. Auf Lackmanns Vorschlag hin, der in einer Ausnahme für verheiratetes „Stammpersonal … keine Beeinträchtigung der … Einsatzbereitschaft" erblickte, „gewährte" Hector 1953 diesen Polizisten ab 25 die Befreiung vom gemeinsamen Wohnen und Essen.

Die **Bezahlung** der Saarbataillonsmitglieder erfuhr im Oktober 1948 eine höhere Einstufung durch den Wechsel aus der Besoldungsgruppe C in A, wodurch sich der monatliche Verdienst meist verdoppelte. Hatte ein Anwärter ein Jahr zuvor 105 Mark (3 675 Francs) pro Monat erhalten, so waren dies nun, rückwirkend ab 1. April 1948, 8 000 Francs. Ein Unterwachtmeister verbesserte sich von ehemals 140 Mark (4 900 Francs) auf, je nach Stufe, 9 000 bis maximal 10 040 Francs; bei einem Wachtmeister betrug das Salär statt 160 Mark (5 600 Francs) fortan 10 330 Francs. Infolge der kasernierten Unterbringung erfolgte aber ein monatlicher Abzug von 36 Mark bzw. 1 260 Francs, was die Besoldung eines Anwärters wieder um ein Drittel reduzierte.

3.3.3 Einsatzfelder

In der Rechtsanordnung zum Saarbataillon definierte die Verwaltungskommission im November 1947 dessen Aufgabenstellung wie folgt: „Das Saarbataillon … hat den Ehrendienst bei offiziellen Anlässen zu versehen, die öffentlichen Gebäude zu sichern und den Nachwuchs für die gesamte Polizei heranzubilden. Im Gefahren- und Katastrophenfalle wird es zur Sicherung der öffentlichen Ordnung eingesetzt."[19] Die enorme Vielfältigkeit dieser vier Einsatzgebiete eröffnet sich erst beim Blick auf die daraus erwachsenden Einzelfunktionen:

1. Ausbildung des polizeilichen Nachwuchses (theoretische und praktische Anwärterausbildung für alle Sparten)
2. Abhalten des Ehrendienstes bei besonderen offiziellen Anlässen (Spalierbildung, Ehrengarden, Eskorten für fahrende Kolonnen bei Staatsbesuchen) und außergewöhnlichen Ereignissen (Sportveranstaltungen, Gebäudeeinweihungen etc.)
3. Bewachung von Häusern, Plätzen oder Einrichtungen mit erhöhtem Absicherungsbedürfnis (Bauten der Militär- und saarländischen Landesregierung, Bahnhöfe, Flughafen, Banken, Funkanlagen)
4. Einsatz bei Katastrophen (Hochwasser, Brände) und Ereignissen, die die Sicherheit der Bevölkerung oder die öffentliche Ordnung gefährden (Demonstrationen, Gefangenen- und Geldtransporte u.a.)

Den bataillonsinternen **Unterricht** gestalteten erfahrene Polizeibeamte in den allgemeinen Fächern Deutsch, Französisch, Geschichte, Geographie und Mathematik (ab April 1949 ergänzt um die Rubrik „politische Tagesfragen") sowie für die berufsspezifischen Gebiete Gesetzgebung und Polizeiverordnungen. Dieser theoretische Ausbildungteil erfolgte schwerpunktmäßig in den Wintermonaten, während im Sommer diverse Einsatz- und Gehorsamsübungen, Waffenschulung und Schießdienst sowie Sporttraining (Hand- und Fußball, Schwimmen, Leicht- und Schwerathletik) auf dem Programm standen.

Zur Durchführung der regelmäßigen **Wach- und Sicherungsdienste** existierte ein detaillierter Katalog mit auf einzelne Orte angepassten Bestimmungen. Die Pläne für durchgängige Wachposten erfuhren jede Woche eine Neufestlegung, für außergewöhnliche Absicherungsmaßnahmen erließ das Kommando eigenständige Verfügungen. Der Dienst wurde in 24-Stunden-Schichten verrichtet, die sich in zwei Phasen mit je zehn Stunden Außendienst und zwei Pausenzeiten für je zwei Stunden Schlaf aufteilten; danach folgte eine ebenso lange Freizeit.
Bei einer Ist-Stärke von rund 200 Mann verrichteten circa dreißig Mann Dienst im Stabsbereich inklusive Fahrbereitschaft, während die übrigen

170 in zwei Kompanien zu je knapp neunzig Mitgliedern arbeiteten, wovon eine den Wachdienst erfüllte, die andere Ausbildungsaufgaben und die Alarmbereitschaft für 24 Stunden übernahm. Waren bei der Wachgestellung mindestens vierzig Männer im Einsatz, lösten diese infolge des Schichtwechsels gleich viele ab (insgesamt achtzig), so dass unter Miteinrechnung von Kranken, Urlaubern oder abgeordneten Beamten (sieben bis zehn) eine Kompaniestärke zwischen 87 und neunzig Mitgliedern schnell unter personellen Engpässen litt. Die Einführung des Dritteldienstes am 13. Februar 1952 beendete diese Regelung, denn von nun an zählte man drei Kompanien mit je sechzig Männern, von denen eine Wach-, die andere Schulungsdienst ausübte, während die dritte komplett dienstfrei hatte. Der Bereitschaftseinsatz erstreckte sich künftig über drei Tage, von denen der erste 24 Stunden Wachposten, der zweite ebenso lange Ausbildung und Alarm beinhaltete und der dritte gänzlich Freizeit bedeutete. Hierdurch wurden die ermüdenden und „abstumpfenden" Wachzeiten öfter und die Ausbildungsphasen nur noch für zwei Tage unterbrochen. Dieser häufigere Wechsel hob „die Dienstfrische und Dienstfreude" und erhielt die Beamten „aufnahmefähig".[20]

Bei der **Postengestellung** unterschied man zwischen vier Varianten. Der „einfache Posten" umfasste meist drei Beamte, von denen zwei Männer Wache hielten, während ein dritter das Telefon bediente. Unter einem „Torposten" verstand man eine Wacheinheit am Eingang, die auch Kontrollgänge durch das Gebäude bzw. umliegende Gelände durchführte. Beim „Streifenposten" patrouillierten die wachhabenden Polizisten permanent durch Häuser oder im Freien, während ein „Tischposten" größtenteils auf einen Punkt fixiert war, und dabei auch Kontrollen, Kurierdienste und Schreibarbeiten erledigte.[21]
Gemäß den örtlichen Gegebenheiten und Bedürfnissen einer Institution oder Präferenzen der zu schützenden Persönlichkeit erließ die Bataillonsleitung spezielle Wachvorschriften wie beispielsweise für den Sitz Gilbert Grandvals auf Schloss Halberg in Saarbrücken. Hier durften die Beamten ab Februar 1948 im oder vor dem Wachlokal nicht rauchen, essen oder sich anlehnen. Sie mussten auch bei schlechtem Wetter das Schilderhaus zwecks Ehrbezeugung verlassen, hatten lediglich den zu-

geteilten Alkohol zu konsumieren, durften keinen Besuch empfangen und nur aus beruflichem Anlass in die Stadt gehen sowie keinesfalls das Schwimmbassin im Schlossgarten benutzen.[22]

Die üblicherweise stark fluktuierenden Wacheinteilungen entsprachen im Frühjahr 1953 nicht mehr dem Wunsch des Ministerpräsidenten nach einer kontinuierlichen, mit hohem Wiedererkennungswert und wenig Einweisungsarbeit verbundenen Postenbesetzung, so dass das Kommando in diesem Fall trotz personeller Engpässe auf den Einsatz eines festen Stammpersonals achtete. Bitten in umgekehrter Richtung wurde hingegen selten entsprochen, auch wenn diese durchaus berechtigt waren. So erhielt zum Beispiel das Wachkommando an der Schanzenbergbrücke nicht den gewünschten Wohnwagen, sondern musste sich dauerhaft mit einer Baracke begnügen.[23]

Abb. 49: Wachposten des Saarbataillons vor dem Eingangsvestibül zu Schloss Halberg (1948)

Der nachfolgende fiktive Wochendienstplan[24] verdeutlicht anhand einzelner Postenstärken die Wachschwerpunkte in den ersten Jahren:

1. Kommando Halberg: 22 Männer
2. Stadtwache Saarbrücken – 48 Männer auf elf Einzelposten:
   - Hohes Kommissariat (11 Mann) – Polizeipräsidium (4 Mann)
   - Kaserne Saarbataillon (5 Mann) – Zentralbank (3 Mann)
   - Ministerpräsidentensitz (5 Mann) – Flugplatz St. Arnual (3 Mann)

- Villa Rexroth (4 Mann)   – Sûreté (3 Mann)
- Innenministerium (4 Mann)   – Paßstelle (2 Mann)
- Kultusministerium (4 Mann)

3. Wache im Internierungslager Theley: 42 Männer
4. Wache an der Polizeischule in St. Ingbert: 12 Männer
Posten ohne Stärkeangaben: Schanzenbergbrücke, Saarbrücker Hauptbahnhof, Rediskontbank, Fernsprechamt und Maréchal-Ney-Schule

Insgesamt banden damit die regelmäßigen Wachdienste mit rund 130 Beamten weit über die Hälfte des gesamten Personalbestandes, so dass für
Ausbildungsaufgaben, Sondereinsätze oder die Gestellung von Ehrenformationen weniger als hundert Mitglieder übrig blieben.

Da das Saarbataillon bei der Überflutungskatastrophe der Saar im Winter 1947/48 mangels spezieller Rettungskräfte den Notdienst übernommen und dabei „mit Mut und Aufopferung"[25] hervorragende Dienste geleistet hatte, kam bei der Regierung der Gedanke auf, diese Polizeieinheit
für den **Hochwassereinsatz** gesondert auszubilden: „... eine Schulung
(zum Wasserdienst) in bewährten Methoden der Herstellung von Flö-
ßen und Fähren sowie der Bedienung derselben ... zur Rettung von
Menschenleben und Gütern bei Wassergefahr ..."[26] Dieser Lehrgang für
den Hochwasserkatastrophendienst in Form eines über drei Monate ge-
streckten Spezialkurses fand allerdings nur einmal vom 25. August bis
zum 25. November 1948 statt. Die Teilnehmer dieses Sonderunterrichts
(zwanzig Angehörige des Saarbataillons sowie je zehn Beamte der Landespolizei und Gendarmerie) absolvierten pro Woche zwei Schulungs-
stunden in der St. Arnualer Kaserne. Da aber nicht wenige Bataillonsmitglieder durch vorhergehende Ausbildungen bei Militär, Feuerwehr
oder Pionierdienst bereits vertiefte Kenntnisse im Pontonbrücken- und
Floßbau sowie Rettungsschwimmen besaßen, die mehrmonatige Kurs-
dauer immer wieder mit den Dienstplänen kollidierte und die Polizisten
es an Disziplin und Verständnis für die Ausbildung fehlen ließen[27],
wiederholte man den Lehrgang nicht. Stattdessen setzte man beim
Folgekurs, der am 17. Januar 1949 erneut auf dem Wackenberg begann,
lediglich eine Woche mit ganztägiger Schulung fest, den je fünfzehn
Gendarmerie- und Landespolizeibeamte besuchten.

Das beim Saarbataillon parallel eingerichtete Hochwasserkommando baute ab 1949 auch in den internen Lehrplan Ausbildungseinheiten für den Hochwassernotdienst ein, so dass nun in kürzester Zeit alle Bataillonsangehörige über die hierfür notwendigen Grundkenntnisse verfügten und jederzeit bei Überflutungsnotlagen helfen konnten. Zu diesem Zweck erhielt das Kommando eine zusätzliche Ausrüstung.[28]

Im Februar 1947 richtete das Saarbataillon auf Anordnung der Militärregierung ein ständig in Bereitschaft stehendes **Überfallkommando** ein, das bei unmittelbarer Gefahr für Leben, Gesundheit oder Eigentum, Täterverfolgung sowie in Katastrophen- und bei Verkehrsunfällen im ganzen Land eingriff, wenn andere Polizeiabteilungen nicht schnell genug herbeieilen konnten. Es wurde mit der Stärke eines Zuges, also vierzig Mann, gebildet, von denen bei einem Einsatz mindestens zehn ausrücken mussten gemäß dem Motto dieses Kommandos: „Besser mehrmals vergeblich als einmal zu spät oder zu wenig." Während des Dienstes, der wie bei der Wacheinteilung eine Woche dauerte, durfte kein Mitglied dieser Gruppe das Kasernengelände verlassen. Von den übrigen Polizeikollegen unterschieden sich die Mitglieder dieses Sonderdienstes durch eine bedruckte Armbinde am linken Oberarm sowie eine dem Einsatzbedarf angepasste Uniform.[29]

Weitere Einsatzgebiete des Saarbataillons bildeten die Begleitung von Gefangenen- (Internierungslager, Kooperation mit Interpol) oder Geldtransporten, Gestellung von Funksprechwagen nebst Besatzung bei besonderen Ereignissen, Durchführung von Spezialfahrten zur Überführung schwerer oder unförmiger Gegenstände für den militärischen oder zivilen Sektor (Kochgeschirr für Manöver oder Jugendlager), Absicherung von Großveranstaltungen (Demonstrationen) oder Wahlen sowie die Amtshilfe für andere Landesbehörden.

3.3.4 Organisatorische Besonderheiten

Das Saarbataillon bildete von Beginn an eine Abteilung der hiesigen Polizei und war als solche ganz in diese eingebunden. Trotzdem wies es, ungeachtet seiner Vorgängereinrichtung, organisatorische wie auch inhaltliche Besonderheiten auf, die damals wie heute zu falschen Vorstellungen über Sinn und Zweck dieser Einheit sowie deren alltägliche Dienstausübung beigetragen haben. Die nachstehenden Ausführungen entziehen den gängisten **Fehlinterpretationen** den Boden.

Die am häufigsten anzutreffende und zugleich besonders krasse Falscheinschätzung ist in der Eingruppierung als rein militärische Institution zur **Unterdrückung oppositioneller Bevölkerungsteile** zu erkennen, die entweder mit der französischen Besatzungsmacht nicht konform gingen oder die politischen Ideen des Hoffmann-Kabinetts bekämpften. Tatsächlich gab es weder bei der Pariser Regierung noch beim hiesigen Militärgouvernement geschweige denn zu Zeiten des autonomen Saarstaats Überlegungen, diese Einheit als kämpfende Truppe gegen rebellierende Saarländer einzusetzen.

Eine solche Zielsetzung hätte nicht nur dem demokratischen Erziehungs- und Épurationsgedanken der Franzosen widersprochen, die ja ab Frühjahr 1946 ausdrücklich einen freiwilligen Beitritt des Saargebiets zu ihrem Heimatland anstrebten und zudem beim Wiederaufbau der Polizei gesteigerten Wert auf deren rechtsstaatliches Fundament legten. Sie wäre auch mit den Prinzipien der saarländischen Verfassung ab 1948 unvereinbar gewesen, die nach französischen Vorgaben ein die bürgerlichen Grundrechte verletzendes Vorgehen der Polizei verbot. Dass es dennoch zu solchen Übertretungen, vor allem während des Wahlkampfs vor dem Referendum über das Saarstatut 1955 kommen konnte, wird an späterer Stelle geklärt.

Dieses Missverständnis geht Hand in Hand mit der fälschlichen Einordnung des Bataillons als **rein militärische Einheit**, wobei die Aspekte eines kasernierten armeeähnlichen Verbandes (gemeinschaftliche Unterbringung und Verpflegung, Ausbildungsdrill sowie strenger Ehrenkodex und Disziplinarkatalog) sicher nicht zu einem korrekten Bild bei der saarländischen Bevölkerung beitrugen. Diese mehr an eine Armee- denn Polizeitruppe erinnernden Gesichtspunkte fußten aber keineswegs in der als Militäreinheit begründeten Vorgängereinrichtung, sondern gehörten vielmehr zum Charakter einer polizeilichen Ausbildungsabteilung. Eine derart zentral und heermäßig aufgebaute, an eine Bereitschaftspolizei angelehnte Institution war aber im Nachkriegsdeutschland infolge der alliierten Bestimmungen verboten. Die Franzosen bedurften jedoch zugunsten einer raschen praktischen Anwärterunterrichtung neben der Polizeischule auch einer solchen Organisation und beschritten mit der Gründung des Saarbataillons einen Mittelweg, zumal der Kontrollrat gegen eine Polizeitruppe dieser Art auf saarländischem Boden und mit genau definiertem Einsatzgebiet ab dem Frühjahr 1946 keine Einwände mehr erheben konnte.

Der in den ersten Jahren dominierende militärische Touch erfuhr in den 50ern aufgrund der sich wandelnden Aufgabenfelder einen sukzessiven Abbau. Intern erkennt man allerdings bei der Sichtung der Bataillonsakten bereits zuvor schon so manche Modifikationen, die den angeblich strikt nach Vorschrift durchgeführten Dienstalltag in einem wesentlich milderen Licht erscheinen lassen.

Gemäß Verfügung der französischen Besatzungsregierung vom 3. August 1946 für das Saarbataillon (und damit entsprechend der Abschaffung militärischer Rangbezeichnungen für die gesamte saarländische Polizei) durften auch bei dieser Sparte nur noch die Bezeichnungen Anwärter sowie Unter-, Ober-, Zug- und Hauptwachtmeister mit dem jeweiligen Zusatz „i. SB." verwendet werden. Kommissare und Inspektoren hatten statt dem bisherigen Vorsatz „Kompanie-" nun „Hundertschaft-" oder „Bataillon-" voranzustellen.[30] Die Dienstränge Unter- und Zugwachtmeister sowie Kompanie- und Bataillonshauptwachtmeister entfielen ab Oktober 1948 gänzlich.

Am 13. März 1952 beantragte Bataillonschef Draeger im Kontext einer neuen Dienstzeitenregelung auch die Abschaffung „polizeifremder Bezeichnungen" wie „Kompanie" und „Bataillon", um durch diese Umbenennung die „in der breiten Öffentlichkeit … trotz aller Aufklärungsbemühungen anhaltende Interpretation" des Saarbataillons als „halbmilitärischen Verband" zu unterbinden, der „nur vorübergehend polizeiliche Aufgaben zu erfüllen habe."[31] Er ging bei seinen Vorschlägen sogar so weit, die gesamte Einheit (und dies geschah sicherlich nicht ohne Blick auf die bundesrepublikanische Entwicklung!) in „Bereitschaftspolizei" umzutaufen, fand jedoch verständlicherweise in keinem Punkt Gehör bei der damaligen Polizeiführung.

Der Zwang zum dauernden Aufenthalt in der Kaserne und zur Teilnahme an der gemeinsamen Verpflegung wurde, soweit der Dienst dies erlaubte, im Laufe der Jahre stückweise aufgehoben für Angehörige über 25 sowie für verheiratete oder an eine Dienststelle außerhalb Saarbrückens abgeordnete Mitglieder. Der berüchtigte militärische Drill, dem die Bataillonsangehörigen vor allem während der französischen Militärverwaltung scheinbar unterlagen, lässt sich durchaus mit den Gepflogenheiten der westdeutschen Bereitschaftspolizei vergleichen. Hier wie dort gehörten Ehrbezeugungen aller Art, ausgedehntes sportliches Training und ähnliche, mit dem Heerwesen korrespondierende Erscheinungen, zum täglichen Programm. Eine der wenigen Ausnahmen bildete die Präsentationsweise des Gewehrs, die im Saarland selbstredend nicht nach preußischer, sondern französischer Manier mit angewinkeltem linken Arm erfolgte:

BESUCH BEIM SAAR-BATAILLON
Man muss ihn entschuldigen Herr Minister, — er war länger bei den Preussen

Abb. 50: Karikatur im „Tintenfisch" zum Saarbataillon (Juni 1949)

Am 4. Juni 1951 erging seitens des Landespolizeipräsidiums ein Erlass zum Wegfall der Gewehre bei der Gestellung regulärer Wachen und Posten, die künftig durch Pistolen und Gummiknüppel zu ersetzen waren, um auf diese Weise das Erscheinungsbild zu entmilitarisieren.[32]

317

So wenig die Leitung des Saarbataillons bis Mitte der 50er Jahre ein übertrieben militärisches Regime handhabe, so wenig genossen dessen Mitglieder ein – gerüchtehalber nachgesagtes – Dasein im **Luxus**. Vielmehr das Gegenteil war der Fall, wobei man zwischen den Bedingungen für den täglichen Diensteinsatz und den grundsätzlichen Versorgungsnöten der Nachkriegszeit unterscheiden muss. Unter letztgenanntem Gesichtspunkt betrachtet erging es den Männern dieser Einheit bzw. ihren Familienangehörigen wesentlich besser als der saarländischen Durchschnittsbevölkerung, vor allem hinsichtlich des Erhalts von Lebens- und Genussmitteln. Die ins Bataillon ab März 1946 eingetretenen Mitglieder erhielten als sogenannte „Zusatzempfänger"[33] nicht nur verstärkt Bezugskarten, mit denen sie mehr Personen als andere durch die schlimmsten Zeiten bringen konnten, sondern waren auf Wunsch der Militärregierung auch truppenintern hochkalorisch versorgt. Bereits ab Juni setzte sich die Tagesration pro Kopf unter anderem aus 450 Gramm Brot, 250 Gramm Fleisch, 350 Gramm Kartoffeln und vierzig Gramm Teigwaren, 25 Gramm Hülsenfrüchten, einem halben Liter Wein, fünfzehn Gramm Bohnenkaffee sowie Kaffeeersatz nebst 25 Gramm Zucker zusammen.[34] Diese gute Verpflegung wurde allerdings von Beginn an – im Widerspruch zu einer Anordnung vom November 1947 – in Höhe von 36 Mark wieder abgezogen.[35]

Die festgeschriebenen Tages- und Wochenrationen bei Zigaretten lassen sich quellentechnisch nicht genau belegen, doch ein Revisionsbericht vom Frühjahr 1947 nennt eine zuteilungsabhängige monatliche Versorgung mit vierzig bis achtzig Stück pro Mann. Diese füllten allerdings „unkontrollierbare Zusatzrationen"[36] des Militärgouvernements immer wieder auf.

Die Einzelheiten dieser Inventurliste verraten einiges über den nur allzu verständlichen Unterschleif, der bei heißbegehrten Lebensmitteln und Rauchwaren aufkam, wobei Kartoffeln mit 6 000 Kilo und Zigaretten mit 5 000 Stück die Fehlbestände anführten, während bei Brot oder Zucker sogar Überhänge zu verzeichnen waren. Zum Teil ließen sich die Differenzzahlen mit den schlechten Lagerbedingungen, der heimlichen Mitverköstigung nicht zugangsberechtigter Kantinenbesucher aus der Bataillonsverwaltung und dem Verkauf oder Tausch von Waren[37] erklären, was sowohl für die Bereitschaft der Polizisten spricht, mit anderen Menschen in der Not zu teilen[38] als auch beweist, dass die weitverbreitete und oft überlebenswichtige Raffinesse beim Organisieren von Nahrung vor dem Kasernentor nicht haltmachte …

Die überdurchschnittlich gute Versorgung mit Lebensmitteln korrespondierte keineswegs mit einer luxuriösen Unterbringungsweise, deren Charakter die erwähnten Strohsäcke als Schlafunterlage bereits bestens kennzeichnen. Die mangels Material schleppend verlaufende und nur das Nötigste umfassende Renovierung des alten Kasernengebäudes (Säubern, Streichen, Einbau sanitärer Anlagen, Reparatur eines 200-Liter-Kochkessels, Dachabdichtung) begleitete eine ebenso zögerliche Belieferung mit Bettwäsche, Decken, Küchengeräten, Bekleidung, Waffen und Sportgeräten, so dass noch Ende Juli 1946 mangels Ausstattung 35 von 127 Mitgliedern permanent beurlaubt werden mussten, da sonst ein normaler Dienstbetrieb gar nicht möglich war.[39]

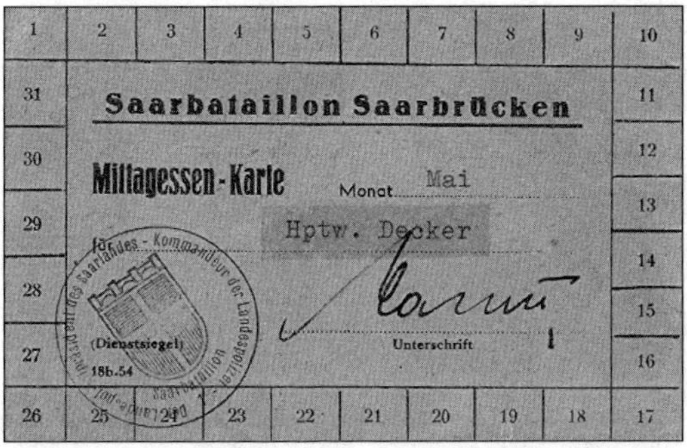
Saarbataillon Saarbrücken
Mittagessen-Karte Monat Mai
Hptw. Decker
Unterschrift
(Dienstsiegel)

Abb. 51: Essenskarte eines Saarbataillonmitgliedes

Dieser Zustand besserte sich auch in den Folgemonaten nicht, so dass Inspekteur Mann bei seiner Revision im Mai 1947 weiter eine unzureichende Ausrüstung an Oberbekleidung, Unter- und Bettwäsche sowie Geschirr bemängelte, da ein Großteil der gelieferten Artikel entweder als unbrauchbar ausgesondert oder zweckentfremdet verwendet werden musste (zum Beispiel Wolldecken für Überziehermäntel). Während das Uniformierungsproblem durch die sukzessive Ausstattung mit Dienstanzügen gelöst wurde, blieb der teilweise unzumutbare Zustand der Räume bis Ende 1950 unverändert, so dass sich Polizeirat Krumbach bei Übernahme des Bataillons im Januar 1951 zu einem massiven Beschwerdebrief an den Landespolizeikommandeur veranlasst sah, in dem er die menschenunwürdige Unterbringung anprangerte:

„… Jeglicher Gemeinschaftssinn wird (durch die Unterkunftsverhält-
nisse) … geradezu ausgetilgt. Die Beamten liegen in einem Militärdepot,
welches dazu diente, Sachen … aufzubewahren, aber nicht Menschen
… das gesamte Dachgebälk ist verfault und … (die) Unterbringung von
Benzin, Autos (feuergefährlich) … durch die Fenster muß man die Ab-
zugsrohre der Öfen leiten … der Beamte, der kein Heim hat, flieht …
diese schlechten Unterbringungsmöglichkeiten und sucht … sich die sogenannten Bratkartoffelverhältnisse … Manche Ehe würde wahrscheinlich … nicht geschlossen werden, wenn der Angehörige … eine (heimische) Unterkunft hätte … er hat das Gefühl, daß er das Stiefkind des
Staates ist … Von 1945 bis 1947 fehlte es … an allem … ab heute erscheinen diese Zustände aber als Unmöglichkeit …"[40]

Da bereits seit Grün-
dung der Einheit
eine Unterbringung
in einem Gebäude
der vormaligen Ula-
nenkaserne (Main-
zer bzw. Hellwig-
straße) angedacht
war, die aber erst im
Verlauf des Früh-
jahrs 1952 stattfand,
bestanden die ge-
schilderten Verhält-
nisse noch über ein
Jahr fort.

Abb. 52: Wachhaus des Bataillons an der Halberg-Auffahrt

Aber auch in anderer Hinsicht genossen die Angehörigen des Bataillons
kaum Vorzüge. So wurde das Recht für Polizisten zur kostenlosen
Benutzung öffentlicher Verkehrsmittel aus der Vorkriegszeit nicht übernommen. Erst ab März 1948 existierte für Bataillonsmitglieder ein
reduzierter Tarif bei privaten Fahrten.[41]
Die langen Wachdienste waren durch unbequemes Stehen ohne Anlehnen, ausgiebige Kontrollgänge und die Pflicht zur Ehrbezeugung auch

bei Regenwetter äußerst anstrengend. In den wenig komfortablen, selten beheizbaren Wachhäusern durfte nicht gegessen werden und kein Radiogerät stehen. Benötigte daher manches Truppenmitglied seinen Erholungsurlaub umso mehr, wurde ihm dieser mangels Personal bis Ende der 40er Jahre des Öfteren nicht gewährt, zeitweise sogar ohne Übertragung ins Folgejahr.[42] Auch beim Energieverbrauch geizte die Leitung über den nach Kriegsende üblichen sparsamen Umgang hinausgehend, denn sie verbot noch im Herbst 1948 elektrische Kochplatten zum Wärmen von Speisen.[43]

Bezüglich seiner **Zuordnung** erfuhr das Bataillon, das niemals eine selbständige Polizeisparte bildete, in den ersten neun Jahren seines Bestehens mehrfache Veränderungen. Bei seiner Einrichtung im März 1946 wurde es zunächst dem Regierungspräsidium Saar direkt unterstellt und später der Gendarmerie zugeteilt; diese Rubrizierung blieb auch nach Gründung des Landespolizeipräsidiums bestehen. Ab Juni 1950 gehörte es zum Kommandobereich der Landespolizei, da die Aufgaben des neubegründeten Grenzdienstes die Gendarmerie in den folgenden Jahren zusätzlich belasteten. Zusammen mit dem Saarbataillon hätte sie eine dreifache Verantwortung schultern müssen.

Theoretisch war das Saarbataillon gemäß Anordnung vom März 1946[44] bei der **Ausstattung** bevorzugt zu behandeln:

Bekleidung:
Rockbluse, Skihose (Gamaschen), Mantel, Drillich-Hausanzug, Schiffchenmütze, Oberhemd (Binder), Unterhemden und -hosen, Strümpfe

Ausrüstung:
Leder- oder Stoffkoppel mit Schnalle; Patronen-, Seitengewehr- und Pistolentasche; Stahlhelm; Stofftornister; Brotbeutel; Feldflasche und Trinkbecher aus Aluminium; Kochgeschirr und Essbesteck

Waffen:
Maschinenpistolen (eine Waffe für fünf Mann), Gewehr bzw. Karabiner mit Trageriemen, Seitengewehr

In der Praxis mussten sich aber auch dessen Angehörige zunächst mit einer mehr als ungenügenden Ausstattung zufriedengeben und vor allen Dingen bei der Bekleidung weitgehend auf zivile private Teile zurückgreifen. Laut Revisionsbericht vom Mai 1947 fehlten Strümpfe, Unterwäsche, Taschentücher, Kopfbedeckungen, Wollhandschuhe und Decken für den Winter vollständig. Bei den übrigen Gegenständen wie Schuhwerk, Oberhemden, Kanister oder Bestecke genügten zwar die bisherigen Lieferungen, doch unter Abzug der notwendigen Vorrathaltung konnten diese künftig nicht mehr ausgegeben werden.

Bei den **Dienstgradabzeichen** unterschieden sich die Mitglieder des Saarbataillons von ihren Kollegen zunächst nur in Anzahl und Einfärbung (in Klammern die Regelung ab 1. Juli 1948; ab Oktober fielen die Grade Unter-, Zug-, Kompanie- und Bataillonshauptwachtmeister weg):

Unterwachtmeister:	1 Silberwinkel (1 Silberwinkel)
Wachtmeister:	2 Silberwinkel (1 Silberwinkel)
Oberwachtmeister:	3 Silberwinkel (2 Silberwinkel)
Hauptwachtmeister:	1 Goldstreifen (3 Goldwinkel)
Zugwachtmeister:	2 Silberstreifen, dazwischen rote Winkel auf schwarzem Untergrund
Kompaniehauptwachtmeister:	3 Silberwinkel, darunter 1 silberner Ärmelquerstreifen
Bataillonshauptwachtmeister:	3 Goldwinkel, darunter 1 goldener Ärmelquerstreifen
Inspektor:	1 Goldärmelstreifen (2 Streifen plus Goldmützenkordel)
Kommissar:	2 Goldärmelstreifen (3 Streifen plus Goldmützenkordel)
Oberinspektor (Polizeirat):	3 Goldärmelstreifen (4 Streifen plus Goldmützenkordel)[45]

Im Februar 1951 glich man die Bataillonsabzeichen an diejenigen der

Landespolizei und Gendarmerie an, so dass nur noch die Tuchfarbe die einzelnen Sparten voneinander unterschied. Die dunkelblaue Uniform wurde zwar bereits im Sommer 1950 bei der Zuordnung zur Landespolizei genehmigt. Doch in der Praxis blieb der aus französischen Armeebeständen stammende khakifarbene Dienstanzug zunächst noch die bevorzugte Bekleidung der Saarbataillonsmitglieder, die die neue Uniform nur bei besonderen Anlässen trugen. Erst 1951 führte man die blaue Kombination auch für diese Abteilung verbindlich ein.

3.3.5 Bataillonsdisziplin

„Bei der Verschiedenartigkeit der menschlichen Veranlagung kann auf das Erziehungsmittel der Strafe nicht verzichtet werden. Ohne dieses ... ist straffes Zusammenhalten einer Einheit nicht möglich."[46] Die zwar strenge, aber dennoch gerechte **Disziplinarstraffordnung** des Saarbataillons bestimmte die bei Fehlverhalten zu treffenden Maßnahmen, die vom einfachen Verweis bis hin zu vierwöchigem Kasernenarrest und Dienstgradherabstufungen reichen. Sie fanden jedoch in der vorgeschriebenen Härte, wie die Durchsicht der Strafanordnungen und Bataillonsbefehle zeigt, nur selten Anwendung. Meist wurde lediglich eine mehrtägige Ausgangssperre verhängt oder die Verpflichtung zur stündlichen Meldung beim Dienstleiter ausgesprochen. Zudem unterschied man beim Strafmaß zwischen den nach außen hin sichtbaren, oftmals weniger gravierenden Verfehlungen, die aber den ohnehin schlechten Ruf dieser Polizeieinheit noch mehr strapazierten, und truppeninternen Nachlässigkeiten, für die die Bataillonsführung als bloße Disziplinarübertretung meist viel Langmut aufbrachte.

Eine unkorrekte oder gar beschmutzte Uniform, nachlässige Körperhaltung oder vorschriftswidriger Haarschnitt, ungebührliches Verhalten wie Rauchen bzw. Trinken in der Öffentlichkeit, Mundraub, Gespräche während der Wachgestellung mit jungen Mädchen und rüdes Betragen gegenüber Bürgern im Dienst oder in der Straßenbahn wurden deshalb besonders streng geahndet und führten im Wiederholungsfall rasch zur sofortigen Entlassung.

Eine Bestrafung bei fahrlässiger oder schuldhafter Handlung konnte zwar taggleich angekündigt (§ 29), durfte aber zwecks Bedenkzeit erst am Folgetag „begründet" und „in ruhiger Überlegung, ohne Voreingenommenheit, … Zorn und Mißgunst"[47] ausgesprochen werden.

Nach drei Monaten war jede Disziplinarwidrigkeit verjährt (§ 28). Als strafbar galten sowohl Verstöße gegen Vorschriften oder Befehle, Dienstpflichtverletzung, Falschmeldung, Lügen, unerlaubtes Entfernen und Urlaubsüberschreitung als auch Unkameradschaftlichkeit, Unpünktlichkeit, Trunkenheit, Annahme von Geschenken seitens Untergebener und Erregung schlechter Stimmung im Dienst (§ 8).

Abb. 53: Ehrengeleit des Saarbataillons in dunkelblauer Uniform anlässlich der Beisetzung des saarländischen Kultusministers Dr. Franz Singer im Juli 1953

Während für höhere Ränge (Kommissar bis Oberinspektor) nur mündliche Verweise ausgesprochen oder maximal vier Wochen Stubenarrest verhängt werden durften, differenzierte der Strafkatalog auf der Wachtmeisterebene zwar feiner, aber auch härter. Hier reichte die Bandbreite von der strengen schriftlichen Abmahnung und Diensteinsatz außer der Reihe über Ausgangsbeschränkung und gelinden Arrest bis hin zu verschärfter Haft und Dienstgradherabsetzung um drei Stufen. Angestellte Bedienstete waren nur mit Geldstrafen zu rügen, die höchstens ein Viertel des Monatseinkommens ausmachen durften (§ 12). Für alle Beamten bestand die Höchststrafe in der Einleitung eines Disziplinarverfahrens (§ 13), Rückfälle wirkten sich strafverschärfend aus (§ 26). Ein auch gerichtlich abgeurteiltes Fehlverhalten hob die bataillonsinterne Strafe nachträglich auf (§ 29), gleiches galt für sachwidrige oder unzulässige Bestrafungen (§§ 33–34).

Die als Anhang zum Strafkatalog existierende **Beschwerdeordnung**, anhand derer sich jeder Angehörige des Bataillons gegen Fehlverhalten von Kollegen wie Vorgesetzten zur Wehr setzen konnte, diente der gerechten Verfahrensweise für alle. Danach besaßen alle Mitglieder gemäß § 54 das Recht, schriftlich gegen eine Bestrafung „ruhig und sachlich" Beschwerde einzulegen ohne „Beleidigungen, persönliche Anwürfe, ... Vermutungen und unbewiesene Behauptungen."[48] Es bleibt zu betonen, dass einer unbegründeten Beschwerde (§ 60) oder fälschlichen Dienstanschauung (§ 61) keine Strafe folgte, womit vielen die Angst vor einem solchen Schritt genommen wurde.

Als Einrichtung, die die französisch geprägte Sonderentwicklung der Region über ihre Grenzen hinweg repräsentierte, opferte man das Saarbataillon unverzüglich nach der Saarstatutabstimmung. Bereits ab dem 27. Oktober 1955 firmierte es unter dem bundesrepublikanischen Begriff „Polizeiausbildungsinspektion" und verlor alle Wachaufgaben zugunsten einer reinen Schulungsfunktion inklusive Gestellung von Ehrenformationen. Seine weitere Entwicklung ab 1956 entsprach der Anpassung der gesamten Polizei an das westdeutsche System.

Anmerkungen

1   A. dem „Statut de la Sarre" d. Direction des affaires politiques et commerciales vom Aug. 1945 (Quelle: Archives Dipl. MdAE, Serie Z, Carton 570, Dossier 1); zit. n. Frank R. Pfetsch: Die französische Verfassungspolitik in Deutschland nach 1945; in: Die französische Deutschlandpolitik zwischen 1945 und 1949. Ergebnisse eines Kolloquiums des Institut Français de Stuttgart und des Deutsch-Französischen Instituts in Ludwigsburg am 16. und 17. Januar 1986 in Stuttgart; hrsg. vom Institut Français de Stuttgart, Tübingen 1987; S. 115–137, hier S. 117.

2   Vgl. zur „doppelten Deutschlandpolitik" Frankreichs 1945/1946 a. Dietmar Hüser: Die Saar in den internationalen Beziehungen nach dem Zweiten Weltkrieg. Ungewisse Planspiele, zögerliche Praxis und funktionales Potential in einem nachgeordneten Politikfeld; in: Rainer Hudemann/Burkhard Jellonek/Bernd Rauls (Hrsg.): Grenz-Fall. Das Saarland zwischen Frankreich und Deutschland 1945–1960, St. Ingbert 1997 [= Schriftenreihe Geschichte, Politik und Gesellschaft der Stiftung Demokratie Saarland, Bd. 1]; S. 97–120.

3   So Bidaults Erklärung am 17.1.1946, a. Materialien zur Saarfrage. Bd. 3: Die französische Saarforderung auf den internationalen Konferenzen seit 1945, Stuttgart 1949; S. 5.

4   Zit. n. Bidaults Note v. 12.2.1946 an die Botschafter in Frankreich – ebda.; S. 5–8.

5   In einer Note zur Außenministerkonferenz betonte die franz. Regierung diesen Standpunkt noch einmal: „Das endgültige politische Statut und die Staatsangehörigkeit … (bleiben) einer späteren Regelung vorbehalten …"; zit. n. ebda.; S. 8.

6   „Alle früheren Angehörigen des Bataillons ‚Sarre' müssen sich bis 15. Dezember in Niederauerbach bei Zweibrücken zwecks Personalaufnahme melden." – Aufruf in der „Neuen Saarbrücker Zeitung" Nr. 30 v. 8.12.1945 (Quelle: SZ-Archiv).

7   „Hierdurch bescheinigen wir Herrn …, daß er … am 19. Mai 1945 … als Freiwilliger in das Saarbatl. eintrat, und … am 17. Dezember 1945 demobilisiert wurde." – zitiert aus der Bescheinigung des „Mouvement pour la libération de la Sarre" für ein Bataillonsmitglied vom 3.1.1946 (Quelle: Polizeiarchiv).

8   Als Beispiel sei ein Artikel v. 1984 zitiert, in dem ein Ex-Polizist die Mär v. der Flucht aufrechterhält (die Falsifikationen d. Verfassers sind kursiv gedruckt): „Um so erstaunlicher war die Großzügigkeit, mit der die Franzosen reagierten *(sie konnten demobilisierte Soldaten kaum bestrafen!)*, als am

6. Dezember 1945 *(zu frühes Datum, da das Demobilisierungspapier erst am 7.12. abgestempelt wurde)* die jungen Leute am Bahnhof Schleifmühle in Saarbrücken einfach wegliefen ... Nach einiger Zeit schrieb man die ... Geflohenen ... an und führte viele *(weniger als ein Viertel!)* ... wieder zurück ... Einziges Druckmittel ...: Sie erhielten keine ... Lebensmittelsonderrationen *(ein normaler Vorgang wie für jeden Bürger)* ... Immer mehr ehemalige Wehrmacht-Offiziere fanden den Weg zum Saarbataillon *(die Franzosen entnazifizierten dieses ebenso wie andere Bereiche)* ... die Truppe (wurde) ... den Ruch des Heimatverräters nie ganz los *(dieses Gerücht taucht in den Quellen nirgends auf, stattdessen die – fälschliche – Vermutung vieler Saarländer, die Franzosen würden das Bataillon gegen oppositionelle Mitbürger einsetzen)* ... (sie ging) schnell in der übrigen Landespolizei auf *(das Bataillon blieb bis Ende Okt. 1955 eigenständig innerhalb der Landespolizei)*. – vgl. a. „Fakten über Saarbataillon – Pensionär will Licht in dunkles Kapitel der heimatlichen Polizeigeschichte bringen"; in: Saarbrücker Zeitung v. 24.9.1984.

9   S. a. Heeses Bericht an d. Reg.präsidenten v. 4.6.1946 (Quelle: Polizeiarchiv).

10 Vgl. a. Heeses Schreiben v. 30.4.1046 an Neureuther (Quelle: ebda.).

11 Zit. a. „Wesen und Aufgaben des Saarbataillons" im „Kreisanzeiger für Merzig und Wadern" Nr. 42 v. 21.2.1949 (Quelle: SZ-Archiv).

12 ebda.

13 Die Bataillonsakten datieren ab Juni 1946, der vorläufige Dienstausweis wurde ab 24.6. ausgestellt u. das Internierungslager Theley ab 1.6. bewacht – s. a. Heeses Bericht an das Regierungspräsidium v. 4.6.1946 (Quelle: Polizeiarchiv).

14 So gemäß Rechtsanordnung für das Bataillon in den §§ 2 bis 4.

15 Lt. Erlass v. 30.12.1949 wurden die Mindestgröße auf 1,68 Meter, das Eintrittsalter auf zwanzig bis 22 gesenkt, eine unbescholtene, politisch einwandfreie Vergangenheit vorausgesetzt u. franz. Grundkenntnisse nicht mehr verlangt – s. a. im Nachrichtenbl. d. Landespolizeipräsidiums Nr. 1 v. 20.1.1950, Anl. (Quelle: ebda.).

16 S. die Verfügung Lackmanns v. 10.11.1952 zur Laufbahnvorschrift, Abschn. C, Zif. 4 (Quelle: Landesarchiv des Saarlandes, Bestand Polizeiabt., lfde. Nr. 936).

17 Zit. a. dem Schreiben Hectors an Lackmann v. 21.4.1953 u. a. der nachfolgenden Verfügung d. Landespolizeipräsidenten v. 27.4.1953 (Quelle: ebda.).

18 So in der „Rechtsanordnung über das Saar-Bataillon" v. Nov. 1947; zit. n. dem Schreiben d. Polizeireferats an das Bataillon v. 5.11.1947 (Quelle: Polizeiarchiv).

19 Vgl. a. den Wachgestellungsplan v. 18.1.1951 (Quelle: ebda.).

20 Die Zitate stammen a. dem Schreiben d. Bataillonsleiters Draeger an den Landespolizeichef v. 13.2.1952 anlässl. eines Entwurfs zur neuen Drittel-

dienstregelung, die, wie vorgeschlagen, am 8.3.1952 eingeführt wurde (Quelle: ebda.).

21 S. zu den einzelnen Bestimmungen bei der Bewachung v. Schloss Halberg a. das Schreiben Grandvals an die saarländ. Regierung v. 12.2.1948 (Quelle: ebda.).

22 Vgl. a. den Brief d. Präsidialkanzlei (Regierung) v. 3.3.1953 an Bataillons-leiter Draeger u. die Antwort v. 7.3. – s. zum beantr. Wohnwagen a. den Brief-wechsel zw. Bataillon u. Eisenbahndirektion Saarbrücken v. 23.9.–12.10.1946 (Quellen: ebda.).

23 Der Dienstplan beruht a. den Wachaufstellungen v. 1946–1950 (Quellen: ebda.).

24 Zit. n. dem Belobigungsschreiben des Chefs der saarl. Sûreté, Hacq, an den Kommandanten d. Saarbataillons v. 31.12.1947 (Quelle: ebda.).

25 So der Vorschlag des Verkehrsreferats v. 14.1.1948 (Quelle: ebda.).

26 Zur Vorausbildung d. Bataillonsangehörigen u. Gerätelieferung s. a. das Schreiben v. Bataillonschef Habicht an das Polizeireferat v. 13.2.1948 (Quelle: ebda.).

27 S. zur problemat. Lehrgangsdurchführung a. das Schreiben d. Polizeipräsi-denten v. 22.9.1948 betr. Hochwasserkatastrophendienst (Quelle: ebda.).

28 Zu den Vorschriften für das Überfallkommando s. a. Bataillonsbefehl Nr. 13 v. 21.2.1947 sowie zur Verkürzung u. Modifikation d. Hochwasserlehr-gangs das Schreiben Lackmanns v. 10.1.1949 (Quellen: ebda.).

29 Vgl. a. die Anordnung d. Militärgouvernements v. 3.8.1946 (Quelle: ebda.).

33 So in einer Bekanntmachung v. 14.3.1946 im Amtsblatt d. Regierungspräsi-diums Saar v. 6.4.1946 a. S. 37 – um doppelten Kartenbezug über Arbeit-geber u. Privatadresse zu vermeiden, mussten Zusatzempfänger monatl. Nachweise erbringen.

34 So lt. Heeses Bericht v. 4.6.1946 (Quelle: Polizeiarchiv) – zum Vergleich: Ein Hamburger Polizist erhielt im Frühjahr 1946 über die Polizeiküche pro Woche nur 250 Gramm Fleisch, 63 Gramm Fett, hundert Gramm Hülsen-früchte, 113 Gramm Mehl u. vierzig Gramm Zucker; ein saarländ. Bergmann über Tage bekam noch zwei Jahre später 375 Gramm Brot, zwanzig Gramm Fett u. sieben Gramm Kaffee – vgl. den Wochenspeiseplan d. Polizeiküche Bundesstraße v. 8.4.1946, abgedr. b. Hans-Werner Hamacher: Polizei 1945 – ein neuer Anfang. Zeitzeugen erinnern sich, Hilden 1986; S. 249 sowie die Lebensmittelversorgung der saarländ. Bergleute im Juni 1948, abgedr. in: Bulletin d'informations et de statistiques. Das Saarland während des ersten Halbjahres 1948, Saarbrücken 1948; S. 30.

35 Entspr. der am 15.8.1948 angeordneten Bewertung v. Sachbezügen beim Lohn hatte die Verköstigung b. Bataillon einen Wert v. 2 280 Francs, aber man rechnete nur 36 Mark n. damaligem Kurs in 1 260 Francs um, so dass

die Polizisten weiter günstig aßen; erst in den 50ern glich man die Preise an (1950: 135 Francs, 1952: 200 Francs) – vgl. die Anordnung v. 15.8. im Amtsblatt v. 12.10.1948 a. S. 1249f.

36 Zit. a. dem Revisionsbericht Bernard Manns an den Leiter d. Innensektors bei der Verwaltungskommission (Dr. Gerber) v. 10.5.1947 (Quelle: Polizeiarchiv).

37 So wurden zum Beispiel im Dez. 1947 Angehörige d. Bataillons, die im Internierungslager Theley Wache hielten, in Gronig bei dem Versuch erwischt, Zucker gg. Kartoffeln zu tauschen – s. a. das Schreiben d. St. Wendeler Landrats an die Lagerdirektion v. 16.12.1947 (Quelle: ebda.).

38 Mann vermutete, dass nicht nur die Kantinenbesuche unberechtigter Mitarbeiter die Fehlbestände mitverursachten, sondern auch die Ausgabe d. Abendessens im Freien, das jenseits des Zauns an dort Wartende wanderte … – vgl. ebda.

39 S. a. den Appel Kommandeur Heeses v. 23.7.1946 an den Regierungspräsidenten zur schnellen Belieferung d. Bataillons (Quelle: Polizeiarchiv).

40 So Krumbach in seinem Zustandsbericht v. 22.1.1951 (Quelle: ebda.).

41 Der reduz. Tarif für Privatfahrten betrug ab 1948 lt. Anordnung Lackmanns ans Bataillon v. 23.3.1948 400 Francs für eine Monatskarte, dieser Rabatt sowie der 75prozentige Preisnachlass bei Dienstfahrten u.ä. fielen am 13.3.1957 bei der Umstellung auf die BRD-Verhältnisse weg (Quellen: ebda.).

42 Vgl. den v. Bataillonschef Habicht am 17.11.1949 abgelehnten Urlaubsantrag (Quelle: ebda.) – der Resturlaub betrug oft mehr als zwei Wochen.

43 S. a. die Anweisung d. Kommandeurs Albrecht v. 10.9.1948 (Quelle: ebda.).

44 So lt. Verfügung d. Regierungspräsidenten Neureuther v. 18.3.1946 (Quelle: Landesarchiv d. Saarlandes, Bestand Regierungspräsidium, lfde. Nr. 47).

45 S. a. die landespolizeiliche Anordnung v. 17.6.1948 zu den Dienstgradabzeichen ab 1.7.1948 (Quelle: ebda., Bestand Schutzpolizeiamt, lfde. Nr. 31).

46 Zit. a. der undatierten Disziplinarstrafordnung d. Bataillons (Quelle: Polizeiarchiv).

47 Zit. n. § 20 der Strafordnung; ebda.

48 Zit. n. ebda.

3.4 Landespolizei

Die Reverstaatlichung der Polizei Mitte November 1946 beinhaltete zwar die Gründung einer auf den kommunalen Dienststellen basierenden Landespolizei. Sie zog jedoch nicht wie in den übrigen Besatzungszonen neben der Extrahierung aus dem Gemeindesektor auch eine sachliche Funktionsverschiebung zwischen den Polizeisparten nach sich, sondern führte nur zu einer neuen örtlichen Zuständigkeitsverteilung innerhalb des gemischten Behördensystems. Folglich kann man hier von einer landestypischen, den regionalen Bedingungen angepassten Reform sprechen. Ab **Januar 1947** setzte sich die Polizei aus der Gendarmerie für den ländlichen Bereich, der Landespolizei mit Schwerpunkt im urbaneren Südteil und einer zentralisierten Kriminalpolizei mit Dépendancen im ganzen Land zusammen.

Die Landespolizei nahm vornehmlich die **vollzugspolizeilichen Funktionen in den größeren Städten** mit mehr als 7 500 Einwohnern wahr, so dass das weitgespannte Aufgabengebiet der Gendarmerie nur geringfügige Abstriche erfuhr. Daneben fielen den Landespolizisten all diejenigen **Tätigkeiten** hinsichtlich Sicherheit und Ordnung zu, die einer **landesweiten Regelung** bedurften, wobei deren Dominanz überdeutlich im Verkehrssektor, insbesondere bei der Schnellstraßenüberwachung, lag. Den dritten, rein behördeninternen Arbeitsbereich bildete die Bereitstellung von Hilfsmitteln für die Reviere aller Sparten im ganzen Saarland. Diese logistische Aufgabe umfasste nicht nur die zentrale Beschaffung, Verwaltung und Verteilung von Materialien und technischem Gerät, sondern auch die dazugehörigen Hintergrunddienste, die die einzelnen Dienststellen nicht erfüllen konnten (Fahrzeugreparaturen, Uniformenlagerung etc.).

Die all diese Funktionen erfüllenden Abteilungen baute man sukzessive auf, modifizierte sie immer wieder oder übergab sie auch an andere Sparten. Bis Mitte der 50er Jahre verfügte die saarländische Landespolizei schließlich über neun **Kommandoabteilungen**:

1. Kraftfahrdienst
2. Verkehrsüberwachungsdienst
3. Nachrichten- und Funkdienst (Fernmeldedienst)
4. Bekleidungskammer
5. Waffenmeisterei
6. Reiterstaffel (Berittene Abteilung)
7. Luftpolizeidienststelle
8. Musikkorps
9. Sanitätsstelle

Von diesen unterstellte das Innenministerium erst am **20. April 1949** vier im Zuge einer Novellierung der Verstaatlichungsverordnungen von Ende 1946 der landespolizeilichen **Organisation:** den Kraftfahr- und Verkehrsüberwachungs-, den Nachrichten- und Funkdienst, die Berittene Abteilung sowie die Waffenmeisterei.

Den örtlichen Wirkungsbereich schränkte es auf den südlichen Zipfel des Saarlandes ein: Von ehemals sieben Inspektionen mit 28 Dienststellen im Februar 1947 existierten nun nur noch vier in Saarbrücken, Dudweiler, Völklingen und Neunkirchen. Die zu diesen Knotenpunkten zählenden Reviere erweiterte man stattdessen um ein Vielfaches, so dass zum Beispiel der aus der Landeshauptstadt ausgegliederte Bezirk Dudweiler künftig über 21 Einzelposten verfügte, unter anderem in Brebach, Bübingen, Quierschied und Altenwald. Während die Landespolizeiinspektionen auf diese Weise knapp auf die Hälfte reduziert wurden, wuchsen deren Dienststellen bis April 1949 mit siebzig auf mehr als das Doppelte, bis zum Jahr 1953 sogar auf 75 an.

Gleichzeitig wurde mit diesem Revirement der Grundstein zu einer dauerhaften Tendenz bei der saarländischen Landespolizei gelegt: die Reduzierung örtlicher Zuständigkeiten zugunsten einer zentralen und abteilungsübergreifenden Aufgabenerfüllung in den Bereichen Logistik, Verkehr, Kommunikation etc.

Anlässlich einer erneuten Überarbeitung der sparteninternen Strukturen im Juli 1952 überantwortete man ab August die Mittelstädte St. Wendel, Ottweiler und Merzig wieder der Gendarmerie, während die „Industriewohngemeinden"[2] Merchweiler, Wemmetsweiler, Heiligenwald, Landsweiler-Reden, Mittelbexbach und Kleinottweiler in die Zuständigkeit der Landespolizei fielen. Den Ort Gersweiler, bisher als Saarbrücker Dienststelle Nummer 6 geführt, ordnete man nun der Völklinger Inspektion zu. Zwei Wochen nach dieser örtlichen erfolgte auch ein Erlass zur Neuverteilung der sachlichen Zuständigkeiten zwischen Landes- und Kriminalpolizei, der die Aufgabengebiete beider Sparten einerseits deutlicher als bisher trennte, andererseits aber deren grundsätzliche Verpflichtung zur engen Kooperation verstärkt einforderte mittels gegenseitiger Schulung, täglichem Informationsaustausch über für beide Abteilungen relevante Vorkommnisse, Anforderung von Kollegen im Bedarfsfall etc.[3] Die nächste organisatorische Modifikation brachte erst das Jahr **1957**, in dem die bis dato an den Land- und Stadtkreisen orientierte Grundstruktur zugunsten einer groberen Aufteilung wich. Fortan gab es neben der Polizeiinspektion Saarbrücken lediglich die drei Inspektionen West (Völklingen und Saarlouis), Mitte (Saarbrücken-Land und St. Ingbert) sowie Ost (Homburg und Neunkirchen), die Zahl der Dienststellen wuchs nach diesem Revirement sogar auf 97 an.

Der **Personalbestand** der hiesigen Landespolizei lässt sich anhand des Quellenmaterials bezüglich der Reverstaatlichung kommunaler Reviere bereits für die Frühzeit genau beziffern. Im August 1946 verfügten die Dienststellen in den kleineren Gemeinden über rund 530 Beamte, die nach dem Wandel zu landespolizeilichen Posten zunächst auf 443 Bedienstete zusammenschrumpften. Von diesen saßen **Ende März** 1947 158 bei der Saarbrücker Ordnungs- und zwanzig bei der Verwaltungspolizei. Die übrigen 265 Polizisten verteilten sich auf neunzehn Dienstposten im ganzen Land, wovon Neunkirchen mit 38 Beamten am besten besetzt war, gefolgt von Völklingen mit 28, Homburg mit 22 und Saarlouis mit 25. Differenziert man zwischen den in Saarbrücken-Stadt und Saarbrücken-Land eingesetzten Polizisten und deren Kollegen in den Außenstellen auf dem flachen Land, so band die Landeshauptstadtstelle mit ihrer Administration und den einzelnen Revieren insgesamt 267 Beamte, während im übrigen Saarland nur 176 Landespolizisten agierten. Innerhalb eines Jahres wurde das Stellenbudget der Landespolizei bis zum 11. März 1948 um über vierzig Prozent auf 629 Bedienstete aufgefüllt[4], um in den folgenden Jahren über 651 (1949), 687 (1950), 769 (1952) und 1 026 (1953) auf bis zu 1 210 (1955) stetig anzusteigen. Dieser Personalbestand blieb auch nach dem Ende der Hoffmann-Regierung mit 1 215 Beamten weitgehend unverändert. Die Reduzierung in der Fläche führte jedoch durch das reziproke Anwachsen der Dienststellen im Jahr 1949 zu einem derart sprunghaft erhöhten Personalbedarf, dass der landespolizeiliche Haushalt diesen nicht zeitgleich abzudecken vermochte. Auch die in Paragraph 2 der Verordnung von 1949 enthaltene Bestimmung, derzufolge „die zur Besetzung der neuen Polizei-Dienststellen benötigten Beamten ... bis auf weiteres von der Gendarmerie ... abzuordnen"[5] sind, konnte die äußerst straff gespannte Personaldecke der Landespolizei nicht lockern.

Anmerkungen

1 Die Dienststellen d. Landespolizei wurden der Durchführungsbestimmung zur Verstaatlichung d. kommunalen Vollzugspolizei v. 20.4.1949 entnommen; in: Amtsblatt des Saarlandes (1949)43; S. 562–564.

2 Zit. n. dem Erlass Hectors v. 16.7.1952 zur Neuordnung d. gebietsmäßigen Zuständigkeiten zw. Landespolizei u. Gendarmerie, Abschn. I (Quelle: Polizeiarchiv).

3 Vgl. zu den Einzelbestimmungen a. den Erlass über die sachliche Zuständigkeit u. Zusammenarbeit der Landespolizei u. Landeskriminalpolizei v. 30.7.1952; abgedr. in „Unsere Polizei" v. August 1952 a. d. S. 25–32.

4 So gemäß der ersten Personalstandsnennung nach der Reverstaatlichung in einem Brief Lackmanns v. 11.3.1948 an die Spartenleiter (Quelle: Polizeiarchiv).

5 So § 2 zur Verordnung über die Verstaatlichung d. kommunalen Vollzugspolizei v. 20.4.1949; abgedr. in ebda.

Einzelne Kommandostellen

3.4.1 Kraftfahrdienst (mit Fahrzeugbestand)

Die Geburtsstunde des **Kraftfahrdienstes** bei der saarländischen Polizei lässt sich mangels Quellen nicht genau datieren. Da die Verstaatlichung der kommunalen Dienststellen und der damit verbundene Aufbau zentraler Logistikabteilungen aber im Januar 1947 anlief und ein nennenswerter Ankauf von Kraftfahrzeugen erst im darauffolgenden November möglich wurde, konnte von deren zentraler Bereitstellung vor 1948 keine Rede sein (die Polizei und Gendarmerie erhielten allein in der ersten Maiwoche 1948 27 Personenkraftwagen zugewiesen[1]). Bis 1947 verfügte das gesamte saarländische Sicherheitswesen lediglich über 88 motorisierte Fahrzeuge, die die Gendarmerie mehrheitlich für den Verkehrsdienst in den ländlichen Regionen beanspruchte.

Der zentral in Saarbrücken angesiedelte landespolizeiliche Fahrdienst, der anfangs nur unter Rückgriff auf Beamte und Fahrzeuge der Alarmbereitschaft beim Saarbataillon funktionierte, wurde erst nach der Umorganisation im **April 1949** auch offiziell zur Kommandostelle der Landespolizei unter der Bezeichnung **„Kraftfahr- und Verkehrsüberwachungsdienst (KVÜ)"**. Bis Ende 1950 umfasste diese Abteilung inklusive der knapp dreißig Mann beim Bataillon 164 Vollzugspolizisten. Da gemäß Anordnung vom 1. August 1950 die motorisierte Gendarmeriebrigade im **Januar 1951** in den landespolizeilichen Sektor eingegliedert wurde, bezeichnete man den KVÜ entsprechend seiner verstärkten Aufgabenstellung bei der Verkehrsabsicherung fortan als **„motorisierte Verkehrsbereitschaft"**[2]. Neben der Saarbrücker Zentrale übernahmen fünf Außenstellen in Saarlouis, Merzig, St. Wendel, Ottweiler und Homburg diese Funktion – parallel zu den dort fortbestehenden Außenstellen der Gendarmerie, die aber der landespolizeilichen Verkehrsbereitschaft in jeder Hinsicht unterstellt waren.

Der umfirmierte KVÜ verbrauchte bei seinen weitgefächerten Einsätzen, die nicht nur polizeirelevante Fahrten aller Art (Personen- und Sachtransporte, vollzugspolizeiliche Einsätze, Kolonnenbegleitung, Fahrschule, Kontrollstreifen, Einkäufe zur Materialbeschaffung u.ä.), sondern auch Kurierdienste für andere Ministerien beinhalteten, von Januar bis Dezember 1951 auf über 1,2 Millionen gefahrenen Kilometern rund 187 000 Liter Treibstoff. Die Zahl der motorisierten Verkehrsstreifen belief sich allein auf 1 689. Die 838 Reparaturen, die die das Reifen- und Ersatzteillager mitbetreuenden Werkstätten in diesem Jahr durchführten, spiegeln deren Leistungsfähigkeit wider.[3]

Im Januar 1951 lief die reorganisierte Abteilung mit 53 Bediensteten an. Bis Ende des Jahres wuchs der Personalstand auf 63 an, wovon 49 Vollzugsbeamte und vierzehn zivile Fahrer waren, denen auch die Wartung der Fahrzeuge unterstand. Trotz der organisatorisch anderweitigen Unterstellung ordnete die Gendarmerie auch künftig den von ihr genutzten Fuhrparkanteil dauerhaft ab, so dass der unmittelbar beim Kraftfahrdienst registrierte Bestand Ende 1951 mit 31 Personen-, 42 Lastkraftwagen und 58 motorisierten Zweirädern insgesamt 131 Fahrzeuge umfasste. Da der landespolizeiliche Fahrdienst vor der Integrierung der Gendarmeriebrigaden lediglich über 32 Kraftfahrzeuge verfügt hatte, profitierte er zweifelsohne von dieser Zusammenlegung.

Die Fahrzeuge wurden aber nur teilweise zentral geführt und gestellt, da die Außenstellen der Kraftfahrbereitschaft in Dudweiler, Völklingen und Neunkirchen wiederum über eigene Depots verfügten. Da das Saarbataillon bereits im Juni 1950 dem landespolizeilichen Kommando unterstellt worden war, richtete man hier im Vorfeld der KVÜ-Neuorganisation schon im September 1950 einen eigenen kraftfahrtechnischen Dienst ein, der unter Vorgriff auf die kommende Regelung den Namen „Fahrbereitschaft Saarbataillon" erhielt.[4] Aufgrund des ausgeweiteten Aufgabenfeldes und Kfz-Bestandes benötigte der KVÜ größere Räumlichkeiten und zog daher am 25. Oktober 1951 aus dem Stadtteil St. Arnual an den Kieselhumes in die ehemalige Ulanenkaserne um.[5]

Bedingt durch die Zunahme des Kraftfahrzeugverkehrs und nur langsam sinkenden Verkehrsunfallzahlen sah sich der saarländische Innenminister am **9. Juni 1954** zu einer Revision der seit drei Jahren praktizierten KVÜ-Organisation veranlasst, deren dezentralisierende Gesamttendenz letztlich wieder zu mehr präventiver und absichernder Verantwortung der

Gendarmerie im Verkehrssektor führte. Im Rahmen dieses Erlasses erfuhr der bisherige KVÜ die Erhöhung in den Rang eines Sachgebiets beim landespolizeilichen Kommando, die zugleich dessen Abhängigkeit von ministeriellen Entscheidungen vergrößerte und wurde in „Kraftfahrzeug- und Verkehrswesen" umbenannt.

Die dem Landespolizeileiter unmittelbar unterstehenden Fahrbereitschaften befanden sich nun beim Sachgebiet, den Polizeidirektionen in Saarbrücken, Neunkirchen, Dudweiler und Völklingen sowie beim Saarbataillon. Die Zahl der mobilen Einsatzgruppen bei den Gendarmerieinspektionen wurde von fünf auf sieben aufgestockt (Saarbrücken-Land, Saarlouis, Merzig-Wadern, St. Wendel, Ottweiler, Homburg und St. Ingbert) und durch eine weitere bei der Polizeischule ergänzt. Insgesamt verfügte die saarländische Polizei folglich ab Sommer 1954 über vierzehn Fahrbereitschaften im ganzen Land.

Analog zu diesen Modifikationen dezentralisierte man auch die bislang beim Saarbrücker KVÜ ansässige motorisierte Verkehrspolizei, „damit diese ... bei den einzelnen Fahrbereitschaften der Polizei und Gendarmerie jeweils ... überörtliche (Einrichtungen) ... (auch) personal- und fahrzeugmäßig ..."[6] bilden konnte.

Fahrzeugbestand

Bis Ende 1952 stieg der Fahrzeugbestand der saarländischen Polizei unter weitgehender Aussonderung älterer Modelle aus der unmittelbaren Nachkriegszeit innerhalb von zwölf Monaten auf 258 Stück, also knapp das Doppelte, an, wovon weiterhin mehr als die Hälfte, nämlich 141 oder rund 55 Prozent, auf zwei Rädern liefen. Hiervon bildeten achtzig Motorräder den Hauptanteil, der Rest verteilte sich auf 34 Motorroller und 27 Mopeds. Der übrige Fuhrpark setzte sich aus 74 Personenkraft- und Kombinationswagen, 29 Funkstreifenfahrzeugen, elf Unfall- und zwei Prüfkraftwagen sowie einem mit Traffipax-Kamera bestückten Radarwagen zusammen.

In den folgenden Jahren erfuhr dieser Bestand im Vergleich zur vorhergehenden Entwicklung keine spürbare Erweiterung mehr, da 1960 lediglich 307 Fahrzeuge zu verzeichnen waren – pro Jahr erfolgten also durchschnittlich nur noch sieben Neuanschaffungen. Bei der Einzelauflistung wird die abnehmende Bedeutung des motorisierten Zweirades gegenüber den beiden anderen Fahrzeuggruppen erkennbar, denn den insgesamt 132 Rollern, Mopeds und Motorrädern mit und ohne Beiwagen standen nun bereits 106 Personenwagen und 69 Lastkraftwagen, Nutzfahrzeuge und Omnibusse gegenüber. Die Gruppe der motorisierten Zweiräder rutschte also auf ein gutes Drittel des Gesamtinventars ab.[7] Von den schätzungsweise im Jahr 1955 vorhandenen rund 280 Kraftfahrzeugen gehörten nur 46 zum Bestand der Gendarmerie, deren Bedienstete sich noch im Vorjahr auf 394 Fahrrädern fortbewegen mussten … Die wachsende Dominanz des landespolizeilichen Kraftfahrdienstes gegenüber den übrigen Spartenrevieren wird anhand der Bestandsliste der Saarbrücker Polizeiabteilung vom Februar 1957 ersichtlich. Diese umfasste neben 87 Personenkraftwagen, vierzehn Motorrollern, 46 Motorrädern und sechzehn Gespannwagen auch 59 Lastkraftwagen und band mit diesen 222 Fahrzeugen rund zwei Drittel des gesamten Polizeifuhrparks.[8]

Vergleicht man die Stückzahlen der saarländischen Polizeifahrzeuge mit denjenigen anderer Bundesländer, so bewegte sich die hiesige Kfz-Ausstattung nach dem Krieg dauerhaft unter dem Bundesdurchschnitt jener Jahre. Bereits im Sommer 1949 konnten die Polizisten im ebenfalls kleinflächigen Bremen sowie in Hessen auf wesentlich mehr Fahrzeuge als die hiesigen Sicherheitshüter zurückgreifen.[9] Und da die Neuankäufe ab 1953 nachließen und unmittelbar nach der Rückgliederung des Landes in die Bundesrepublik 1957 sogar fast auf Null fielen, basierte der saarländische Polizeiwagenbestand weitgehend auf den Anschaffungen der Jahre 1948 bis 1952.

Hinsichtlich der gefahrenen **Modelle** der verschiedenen Automobilhersteller lassen sich **bis 1959** folgende Fahrzeuge im Einsatz bei der hiesigen Polizei nachweisen, wobei die vor allem in der frühen Nachkriegszeit sehr ungenauen Quellen des Öfteren nur das Fabrikat, aber nicht den Typ nennen:

Kraftfahrzeugmodelle der Saarpolizei von 1945 bis 1959
Personenkraftwagen:
Renault Juvaquatre, 4 CV, Colorale Prairie und Frégate
Peugeot 203, 203 Familiale, 203 Commerciale, 403, 403 Familiale
Citröen 11 B und 15 Six sowie 2 CV
Volkswagen-„Käfer"
Willys Overland MB (Jeep)
Adler
Motorräder und -roller:
BMW R 51/3 und R 67/2 (mit Beiwagen)
Peugeot
Zündapp (mit Beiwagen)
Innocenti-Lambretta (unter anderem die TV 175)
Standard
DKW, NSU, BSA
Triumph
Lastkraftwagen und Nutzfahrzeuge:
Renault Goélette in verschiedenen Versionen und Renault 300
Opel „Blitz"
VW Transporter T 1
Magirus S 3500
Mercedes L 319

Neben den bereits unmittelbar nach dem Krieg gefahrenen **Renault**-Modellen 4 CV und Juvaquatre, die zwar ab 1955 theoretisch zur Aussonderung anstanden, in der Praxis aber noch bis Ende der 50er Jahre gute Dienste leisteten, erwarb die Saarpolizei ab 1950 weitere Personenkraftwagen dieses Herstellers. Der ab 1952 gebaute Renault **Colorale Prairie**, basierend auf dem Colorale Savane und mit Allradantrieb sowie umfangreicherer Ausstattung geliefert, erreichte mit einem 56 SAE-PS starken 4-Zylinder-Reihenmotor und knapp zwei Litern Hubraum Spitzen-

Abb. 54: ein Renault Colorale Prairie

geschwindigkeiten um 110 Stundenkilometer. Er besaß Hinterradantrieb, ein 4-Gang-Schaltgetriebe, eine selbsttragende Stahlkarosserie, Blattfedern, bot sieben Insassen Platz und eignete sich als zwar wenig komfortabler, dafür aber großer und schneller Wagen hervorragend für Polizeizwecke. Da der Kraftfahrdienst bis Ende Februar 1957 über sieben Fahrzeuge dieses Typs verfügte, bildete er jedoch nur einen verschwindend kleinen Teil des Gesamtbestandes.

Zum gleichen Zeitpunkt lässt sich das Modell **Frégate,** das Renault als Nachfolger des 1948 eingestellten Juvaquatre von 1951 bis 1960 auf den Markt brachte, nur einmal nachweisen. Ebenfalls mit Hinterradantrieb, Teleskopstoßdämpfern und Schraubenfedern sowie mit einer Doppelgelenkachse und Einzelradaufhängung hinten ausgestattet, lieferte dieser Sechssitzer wesentlich mehr Fahrkomfort und fuhr trotz gleicher PS-Stärke mit acht Zylinderventilen und längsliegendem Zweilitermotor bis zu 130 Stundenkilometer.[10]

Bei den **Peugeot**-Wagen, die den Pkw-Bereich der saarländischen Einsatzfahrzeuge ab Beginn der 50er Jahre beherrschten, war das von 1948 bis 1954 gebaute Modell **203** das meistgefahrene, wobei die viertürige Limousine die verlängerte Familiale-Variante überwog.

Abb. 55: eine Peugeot 203-Limousine der saarländischen Polizei

Im Laufe der Baujahre mehrfach optimiert (größeres Heckfenster, Aufstockung der PS-Zahl von 42 auf knapp 46, 115 Stundenkilometer Höchstgeschwindigkeit, überarbeitete Schaltung), war dieser bei den hiesigen Sicherheitshütern trotz des einfacheren 4-Zylinder-Motors und nur 1,3 Liter großen Hubraums nicht nur wegen seiner ausgesprochen schnittigen, an amerikanischen Autos orientierten Form und enormen Zuverlässigkeit beliebt. Der 203 besaß außerdem vier vollsynchronisierte Gänge, deren letzter sogar als Schnellgang benzinsparend fuhr, und ließ sich mit einem Wendekreis von nur neun Metern und Einzelradaufhängung vorne äußerst wendig kutschieren.[11]

Die insgesamt gleich lange, aber mit einem um zwanzig Zentimeter vergrößerten Radabstand konstruierte Version des **203 Familiale**, die Peugeot ab Ende 1949 anbot, wurde fast ebenso häufig von den Saarpolizisten gefahren wie die Limousine. Dieses Modell verfügte über fünf Türen, größere Räder, drei Sitzreihen mit jeweils zwei Plätzen und fuhr mit identischer Technik fünf Stundenkilometer schneller.

Der als Nutzfahrzeug mit weniger Ausstattung im Innern gelieferte Commerciale, der bis 1957 bei der Saarbrücker Polizeiabteilung viermal nachgewiesen werden kann, unterschied sich vom Familiale einzig durch eine Radverankerung mit fünf statt drei Muttern.

342

Abb. 56: Peugeot 203 Familiale

Das Nachfolgemodell des 203, der ab 1955 mit einer Karosserie von Pininfarina und gewölbter Windschutzscheibe konstruierte **403**, wurde wie sein Vorgänger ab 1957 auch als Kombi angeboten. Die viertürige Limousine mit Stufenheck verkörperte eine direkte Weiterentwicklung des 203, denn ihr auf 58 PS angehobener Motor und auf rund 1,5 Liter vergrößerter Hubraum erlaubten eine Spitzengeschwindigkeit von 135 Kilometern pro Stunde.

Abb. 57: Peugeot 403 (Baureihe 1955 bis 1960)

343

Das Platzangebot gestaltete sich für sechs Personen unproblematisch anhand von Einzelsitzen, die vorne eine durchgehende Bank bildeten; außerdem verfügte er über einen großen Kofferraum mit Reserverad. Bei der saarländischen Polizei fungierte die Limousine des 403 vor allem als Funkstreifenwagen.

Abb. 58: ein 403 Familiale als Küchenwagen ...

Ein wesentlich breiteres Einsatzspektrum bot hingegen der **403 Familiale,** der bis zu acht Personen transportieren konnte und sich vom Commerciale rein äußerlich nur durch verchromte Stoßstangen abhob. Eine große Hecktür erlaubte das rückwärtige Beladen auch mit sperriger Fracht ohne Einschränkung der fünf Sitzplätze. Die verlängerte fünftürige Karosserie verfügte über die gleiche Motorenausstattung wie die Limousine, erreichte aber aufgrund des höheren Eigen- und Zuladegewichts nur ein Spitzentempo von 125 Stundenkilometern.

Bei der saarländischen Polizei wurde der 403 Familiale als Küchenwagen und Transportfahrzeug für die Hundestaffel genutzt, wobei letzteres nur geringfügige hausinterne Umbauten benötigte: Die hinteren abgedunkelten Seitenscheiben versah man mit Lüftungsschlitzen, und der Deckel auf dem Dach diente sehr wahrscheinlich der Luftzufuhr für die Vierbeiner. Als weniger praktisch erwies sich auf Dauer die feste Verankerung der Hundekäfige mit dem hinteren Laderaum, da diese nur eine ungenügende Reinigung zuließ und sich so unangenehme Gerüche festsetzen konnten …

Abb. 59: … und als Spezialfahrzeug für Hundeführer

Bei der Anschaffung der verschiedenen Peugeot-Nachkriegsmodelle schwankte der Kostenaufwand erheblich: Belief sich der Preis für die Limousine des 203 zu Beginn der 50er Jahre auf rund 490 000 Francs, so lag er für den nachfolgenden 403 bei knapp 600 000 Francs; die Familiale-Version kostete sogar 894 000 Francs. Außerdem waren beim Kauf aller Modelle infolge der enormen Nachfrage Lieferzeiten von mindestens einem Jahr zu akzeptieren.

Vergleicht man diese Anschaffungspreise mit dem Jahresbruttoeinkommen eines Polizeiwachtmeisters beim Saarbataillon (rund 125 000 Francs), so entsprach die Summe für eine Peugeot-Limousine in etwa einem Bruttoverdienst von fünf Jahren. Da im Saarland infolge der Zoll- und Wirtschaftsunion mit Frankreich die Importbedingungen für französische Kraftwagen besonders günstig ausfielen und die Polizei durch ihre hohen Stückzahlen beim Einkauf entsprechende Rabatte aushandeln konnte, fielen die behördlichen Anschaffungskosten allerdings niedriger aus.

Prägten die beiden Fahrzeughersteller Renault und, in dominierender Weise, Peugeot den Polizeifuhrpark an der Saar unübersehbar, so war der dritte französische Fabrikant, die Firma **Citroën**, zwar mit drei Modellen, aber nur in geringer Anzahl vertreten. Der von 1953 bis 1957 gebaute Citroën **11 B** aus der Produktionsreihe des „Traction Avant", der durch den Kinofilm als „Gangsterauto" legendär wurde, erscheint beim Saarbrücker Kraftfahrdienst viermal, der zwischen 1938 und 1955 vertriebene **15 Six** dreimal. Mangels genauer Quellen lässt sich beim letzten Modell weder Anschaffungszeitraum noch Baujahr belegen. Unter Berücksichtigung der sonstigen Einkaufspolitik erscheinen jedoch Wagen aus der Vorkriegsproduktion plausibel, da alle bis Februar 1957 gelisteten Citroën-Polizeifahrzeuge später nicht mehr auftauchen – sie wurden wohl als Großraumlimousinen durch die Familiale-Varianten des Peugeot 203 bzw. 403 abgelöst. Der 15 Six verfügte über einen laufruhigen Sechszylindermotor mit 2,8 Liter Hubraum und brachte mit achtzig PS 135 Stundenkilometer Spitze. Mit Frontantrieb, hervorragender Federung, selbsttragender Karosserie und großem Radabstand eignete er sich besonders gut für Langstreckenfahrten.

Abb. 60: ein Citroën 11 B beim „Tag der saarländischen Polizei" im Juli 1953

Abb. 61: die „Ente" als Kurierfahrzeug …

Der 11 B unterschied sich optisch von der 15er-Reihe lediglich durch ein drittes Seitenfenster und einen verlängerten Radabstand sowie technisch durch die Option eines Vierzylindermotors mit 58 PS.[12]

Nur als Paar vorhanden war der dritte Citroën im Bunde, der von 1954 bis 1963 angefertigte, aufgrund seiner Silhouette auch als „Ente" bezeichnete 2 CV: einmal in der Grundversion mit Faltdach als Kurierfahrzeug des Polizeipräsidiums sowie als kleiner Lieferwagen mit erweiterter Ladefläche. Der 2 CV fuhr mit 424 Kubikzentimetern Hubraum und knapp vierzehn PS ein Höchsttempo von 82 Stundenkilometern. Das Anschaffungsjahr ist zwar nicht exakt datierbar, da aber die beiden gelisteten Fahrzeuge auf Photographien mit anderen OE-gekennzeichneten Einsatzwagen auftauchen und der Kaufpreis bereits in DM notiert ist, kann man den wahrscheinlichen Erwerbszeitraum auf die Jahre 1957/58 eingrenzen.[13]

Abb. 62: ... und als Lieferwagen

Der **VW-"Käfer"** erscheint bis 1957 mit drei Fahrzeugen im Bestand. Bei diesen **Volkswagen**-Exemplaren handelte es sich um spezielle Polizei-cabriolets des Karosseriebauers Josef Hebmüller aus Wülfrath, die von 1948 bis 1949 nur eine Stückzahl von 482 erreichten. Dessen Konstruktionsabänderung bestand in vier aufrollbaren Segeltuch- statt Blechtüren für den Ein- und Ausstieg bzw. stoffummantelten Sicherungsketten, klappbarem Allwetterverdeck, dunkel lackierten Stoßstangen und

zusätzlichen Scheinwerfern. Trotz des kleinen Hubraums (1,1 Liter) und einem 25-PS-Motor kam der "Polizeikäfer" auf ein Spitzentempo von 100 km/h.[14]

Abb. 63: ein Hebmüller-"Käfer" aus dem Fuhrpark der saarländischen Polizei

Da in den ersten Nachkriegsjahren etliche Fahrzeuge, vor allem Personenwagen, von Privatleuten angemietet oder von Polizeibediensteten gestellt wurden, erscheint manches Modell in den Archivalien, ohne fester Bestandteil des Behördeninventars zu sein. Dies ist zum Beispiel häufig bei **Adler**-Limousinen der Fall, die nur einmal im Januar 1951 bei der motorisierten Gendarmerie Erwähnung finden.

Dominierte Peugeot den Pkw-Sektor des saarländischen Polizeiwagenbestandes, so kam diese Rolle im Motorradbereich den Fabrikaten des bayerischen Herstellers **BMW** zu. Mehrheitlich war dies das von 1951 bis 1954 gebaute Kraftrad **R 51/3**, das mit einem Hubraum von 494 Kubikzentimetern und 24-PS-Motor Maximalgeschwindigkeiten um die

Abb. 64: BMW 51/3 des Saarbrücker Kraftfahrdienstes (1956)

130 Stundenkilometer fuhr. Die Maschine besaß neben einer zentralen Nockenwelle eine Magnet- statt Batteriezündung und kostete in der BRD 2 750 DM. Das hiesige Innenministerium bezahlte hingegen 628 130 Francs pro Stück (umgerechnet etwa 5 000 DM), da die hohen Einfuhrzölle für deutsche Artikel den Mengenrabatt beim Behördeneinkauf wieder vernichteten.

Etwa zeitgleich erwarb die Saarpolizei als Gespannmaschine die nur fünf Jahre lang (1952 bis 1956) auf dem Markt befindliche **R 67/2**, die sich vom Basismodell durch zugkräftige 28 PS unterschied. Das Anbringen des Seitenwagens überforderte jedoch die Duplex-Vorderbremsen, so dass man diese 1954 durch eine Vollnabenversion ersetzte. Für dieses Zweirad mit Beiwagen, das mit 594 Kubikzentimetern Hubraum infolge der größeren Zuladung nur 110 Stundenkilometer Spitzenleistung erzielte, bezahlte man in Westdeutschland 3 625 DM.

Abb. 65: BMW 67/2 mit Beiwagen

Das dritte BMW-Motorrad, das Ende der 50er Jahre von den hiesigen Sicherheitshütern gefahren wurde, stammte aus der Werkstatt des Karrossiers **Heinrich**. Basierend auf einem Serienmodell der Reihe R 50, eignete es sich durch seine Lenkerverkleidung und Beinschilder gut für die

Polizeibelange. Da nähere Angaben zu diesem Kraftrad in den behördlichen Quellen fehlen, lässt sich dessen Erwerb lediglich anhand der Produktionshistorie der Firma Heinrich sowie der Aufbauten zumindest auf die zweite Hälfte der 50er Jahre einschränken.[15]

Abb. 66: BMW-Polizeimotorrad mit Heinrich-Umbau

Da sich die BMW-Motorräder vor allem durch eine ausgereifte Motorentechnik auszeichneten, war bei deren Benutzung eine feinfühlige Fahrweise vonnöten, um Schäden an den Betriebsteilen zu vermeiden. Diese mangelte offenbar nicht wenigen Polizeibeamten, denn der Kommandeur der Landespolizei sah sich im September 1954 gezwungen, unter Betonung der „langjährigen erfolgreichen Motorradentwicklung" des Münchner Herstellers, der „Maschinen" mit einem „Höchstmaß …
an Leistung, Zuverlässigkeit und Lebensdauer" konstruierte, einen pfleglicheren Umgang mit der R 51/3 sowie der Gespannvariante der R 67 anzumahnen: „(Bisher) … wurden die Maschinen zu langsam in großen Gängen gefahren. Unzureichende Betriebstemperatur (und) ungleichmässige Erwärmung vorwiegend des Kolbenmaterials … führen zwangsläufig zu einem frühzeitigen Materialverschleiß … Höchstgeschwindig-

keiten sollen nicht dauernd gefahren werden. Motor, Getriebe und Hinterradantrieb laufen am besten bei wechselnder Drehzahl ... und reichlichem Schalten ... entsprechend kurvenreichem, bergigem Gelände ... Beim Befahren von Steigungen und bedingtem Langsamwerden ... (im Stadtverkehr) ist rechtzeitig zurückzuschalten ..."[16]

Die **BSA**-Motorräder der Nachkriegszeit, die sich optisch wie technisch an den BMW-Modellen orientierten, lassen sich leider hinsichtlich der gefahrenen Typen nicht näher spezifizieren, da sie stets nur mit dem Herstellernamen geführt werden. Hinsichtlich ihrer prozentualen Verteilung auf die einzelnen Sparten kann man aber einen deutlichen Überhang dieser Fahrzeuge bei der Gendarmerie konstatieren, während die Landespolizei bzw. deren Kraftfahrdienst zu etwa drei Vierteln BMW-Fabrikate einsetzte. Gleiches gilt für die nur von den saarländischen Gendarmeriebediensteten gelenkten **NSU**- und **DKW**-Motorräder, die ohne jedweden Modellnamen erwähnt sind, so dass man bei den NSU-Fahrzeugen noch nicht einmal die parallel gebauten Roller von den stärkeren Maschinen zu differenzieren vermag.

Bei den motorisierten Zweirädern der Firma **Triumph** verhält es sich wie mit den Adler-Personenwagen: Die meisten wurden in der frühen Nachkriegszeit für den Polizeibedarf angemietet. Eine feste Übernahme bzw. ein Neuankauf ist lediglich für eine Maschine nachweisbar, die im Februar 1957, erneut ohne nähere Typenbezeichnung, bei der Saarbrücker Landespolizeidienststelle erscheint.

Zahlenmäßig etwa gleichstark zu den drei zuvor genannten Zweirädern waren auch Motorroller des Mailänder Unternehmens Innocenti vertreten. Die Kraftfahrdienstzentrale verzeichnete 1957 vierzehn Lambrettas, die aber nicht näher zu spezifizieren sind. Bei der abgebildeten **Lambretta TV 175** hingegen ist dies, jedoch ohne Bestandszahlen, möglich. Vom deutschen Lizenznehmer NSU ab dem Frühjahr 1958 vertrieben, machte der flotte Roller seinem Namen (das Kürzel TV steht für „turismo veloce" = „schnelle Tourenmaschine") wirklich alle Ehre, denn er erreichte trotz mageren 173 Kubikzentimetern Hubraum und nur neun PS erstaunliche hundert Stundenkilometer Spitze!

Abb. 67: Lambretta TV 175 der saarländischen Polizei

Die ausschließlich im Fahrzeugbestand der Gendarmerie gelistete **Zündapp**-Gespannmaschine kann mangels Modellbezeichnung sowohl aus einer älteren, bereits im Krieg angelaufenen Produktion als auch aus einer Baureihe nach 1945 stammen. Im erstgenannten Fall würde es sich um die KS 750 mit Beiwagen handeln, die, von 1940 bis 1948 gebaut, den Spitznamen „Wehrmachtsgespann" trug. Ihr Einsatz bei der Saarpolizei könnte auf alten Armeebeständen oder günstigen Einkaufsmöglichkeiten nach dem Krieg beruhen. Plausibler erscheint zwar auf den ersten Blick die Nutzung der KS 601, da diese erstmals namentlich im Gendarmeriebestand von 1951 auftaucht, die hiesige Polizei zu diesem Zeitpunkt bereits mehrere Ankaufswellen erfahren hatte und folglich über Fabrikate aus der Nachkriegsfabrikation verfügen konnte. Die hohen Importzölle für deutsche Waren nach dem Krieg machen allerdings die erste Variante wahrscheinlicher ...

Die in der frühen Nachkriegszeit gefahrenen **Peugeot**-Zweiräder ergänzte man später mit **Gespannmaschinen**, die fälschlicherweise dem gleichen

Hersteller zuordnet wurden, da dieser nach 1945 keine Seitenwagenmodelle baute. Peugeot kaufte jedoch in den 50er Jahren verstärkt die einheimische Konkurrenz auf und kooperierte bereits vor der Übernahme meist eng mit dem jeweiligen Unternehmen, so dass eine andere Variante möglich scheint. Der in Dijon ansässige Motorradfabrikant Charles Terrot hatte in den 40ern Maschinen mit Beiwagen, primär für die französische Armee, entworfen und wurde nach dem Krieg sukzessive in die Peugeot-Produktion integriert, bis 1959 das Terrot-Werk endgültig schloss. Die in dieser Übergangsphase gemeinsam konstruierten Modelle vertrieb ausschließlich der „Löwe aus Sochaux", so dass die saarländische Polizei die bei Peugeot eingekauften Gespannmotorräder sehr wahrscheinlich nicht mehr unter dem Herstellernamen Terrot inventarisierte.[17]

Abb. 68: Werbung in der Zeitschrift „Auto Technik und Sport" (Oktober 1959)

Verlor Renault als Pkw-Lieferant für die Saarpolizei zunehmend an Bedeutung, so stammten deren **Lastkraftwagen** überwiegend aus dieser Fabrik. Besonders zahlreich vertreten war das von 1949 bis 1965 vertriebene, erste leichtere Nutzfahrzeug der breitgefächerten Lasterflotte, der R 2086, auch **„Goélette"** (dt. Schoner) genannt. Mit seinem kurzen Radabstand, verschiedenlangen Aufbauüberhängen, breiter Bereifung und einem 56-PS-starken Benzinmotor erlaubte er bereits in der Basisvariante eine Zuladung von bis zu 1,4 Tonnen und bot viele Einsatzmöglichkeiten. Von den hiesigen Sicherheitshütern wurde er vornehmlich als Pritschenwagen mit siebzehn Sitzen für Mannschaftsfahrten verwendet, bei denen maximal siebzig Stundenkilometer zu erreichen waren. In dieser Ausführung kostete das Fahrzeug 1955 878 000 Francs und war damit so teuer wie ein Peugeot 403 Familiale.

Abb. 69: Renault Goélette als Pritschenwagen …

Ob auch das auf den ersten Blick durch ein identisches Fahrerhaus kaum zu unterscheidende Modell „Galion" zum Einsatz kam, lässt sich nicht eruieren. Außerdem erfuhr die Goélette-Baureihe etliche Erweiterungen durch Schwerlastfahrzeuge, die ebenfalls Ladegewichte von bis zu 3,5 Tonnen zuließen. Bei dem abgebildeten Pritschenfahrzeug der saarländischen Polizei weist das Fehlen der doppelten Galion-Räder auf einen R 2086 hin.

Abb. 70: … und als Kastenwagen in Saarbrücken 1953 (vorne links Guy Lackmann)

Abb. 71: Renault Pritschenwagen der saarländischen Sicherheitshüter (50er Jahre)

Ebenfalls in die Goélette-Produktionspalette gehörte ein **Kleinomnibus** für maximal vierzehn Personen, der bei der Saarbrücker Landespolizeiabteilung 1957 dreimal vorhanden war. Es handelte sich bei dem Fahrzeug entweder um den **R 2060** (Baujahr 1950), den R 2062 (1951) oder den R 2065 (1952).

Abb. 72: Renault Kleinbus der Saarpolizei (ab 1950)

Der Hersteller des in der gesamtpolizeilichen Kfz-Liste des Jahres 1956 geführten größeren Omnibusses mit 45 Sitzen ist weder mit Herstellernamen oder Typenbezeichnung gelistet noch existieren Photographien für eine nähere Modellbestimmung.[18]

Auf den Lkw-Bestandslisten der Jahre 1951, 1956 und 1957 erscheint fälschlicherweise auch ein kleineres Nutzfahrzeug der Marke „Renault 300 Kg" mit einem Zuladegewicht von 300 bis 450 Kilogramm. Hierbei kann es sich nur um die Kleinsttransporter-Kombiversion des Personenwagens Juvaquatre handeln, der auch als **„Renault 300"** beworben wurde und nach dem Auslaufen des Juvaquatre-Modells ab 1956 als „Dauphinoise" die Produktionsreihe wechselte.[19]

Die insgesamt sehr frankophile Tendenz vor allem des polizeilichen Lastwagenfuhrparks durchbrach das Modell **„Blitz"** des deutschen Automobilherstellers **Opel**, das sich allerdings nur zweimal im Gesamtbestand nachweisen lässt. Dieser 1946 als Polizeistreifenwagen konzipierte Laster besaß einen 62-PS-Motor, 2,5 Liter Hubraum und war mit zwei Tonnen Zuladung (ab 1952 auch mit 1,75 Tonnen) oder sechzehn Personen zu lenken, mit denen er dennoch bis zu 95 Stundenkilometer als Spitzentempo schaffte.

Abb. 73: ein Opel „Blitz"

Zur Sonderausstattung des bis 1960 gefertigten Marktführers seiner Klasse gehörten ein Vernehmungstisch mit Sitzplätzen sowie Rollschränke zum Verstauen von Spezialgeräten. Die Landespolizei verfügte in ihrer Hauptstadtdienststelle bereits zum Jahresbeginn 1957 über einen „Blitz", den zweiten erwarb man im Folgejahr als Tatortaufnahmewagen für die Kriminalpolizei.[20]

Ebenfalls ein deutsches Fabrikat verkörperte der **Transporter T 1** von **Volkswagen**, der sogenannte „Bulli". Vergleichsweise preiswert in der Anschaffung, aber dennoch äußerst stabil, blieb er von 1955 bis 1967 als Kleinbus konkurrenzlos. Die Landespolizei setzte dieses erstmals bei der Saarbrücker Dienststelle 1957 gelistete Automobil als Streifen-, Überfall- und Mannschaftswagen sowie als Gefangenentransporter ein. Sie stammten aus der 1954 bis 1964 gebauten Typ 2-Reihe des T 1 (34-PS-Motor, 1,2 Liter-Hubraum) und kosteten dauerhaft 5 975 DM.[21]

Abb. 74: ein VW-„Bulli" Ende der 50er

Abb. 75: „Bulli"-Modell mit seitlichem Tisch und Sitzbänken ...

Abb. 76: ... und als Gefangenentransporter

Während im Allgemeinen die Einsatzfahrzeuge der Saarpolizei die Gemüter kaum bewegten, lag der Fall beim Kauf der **Wasserwerfer**, die üblicherweise bei Demonstrationen eingesetzt wurden, völlig anders. Er gab den „Tintenfisch"-Zeichnern erneut Anlass zu manch bissiger Karikatur bezüglich der Dienstbeflissenheit hiesiger Polizisten:

„Melde gehorsamst:
Wasserwerferbesatzung angetreten, Herr Wachtmeister!"

Abb. 77: aus dem Maiheft 1952 des „Tintenfisch"

Der Anschaffungszeitraum für die Wasserwerfer lässt sich mangels genauerer behördeninterner Unterlagen einzig anhand dieser Veröffentlichung auf das Frühjahr 1952 eingrenzen.[22] Insgesamt konnte es sich hierbei aber maximal nur um zwei Magirus-Deutz-Fahrzeuge des Typs S 3500 handeln, da diese Anzahl im Oktober 1955 bei einem Wahlkampfeinsatz anlässlich des Referendums genannt wird.[23] In einer Landespolizeiliste vom Februar 1957 erscheint nur noch eines.

Genügten die werkseitig gelieferten Fahrzeuge nicht den Erfordernissen des täglichen Dienstes, so bewiesen die saarländischen Polizeiwerkstätten sowohl viel Phantasie als auch handwerkliches Geschick bei deren **Umbau** oder zweckentfremdeten Nutzung. Praktische Erwägungen, dies bleibt zu betonen, setzten hierbei die sonst üblichen Sparzwänge außer Kraft.

Abb. 78: ein S 3500 beim Einsatz am „Tag der saarländischen Polizei" im Juli 1953

So auch beim Kleintransporter **Mercedes L 319** von Daimler-Benz, der, von 1956 bis 1963 als Konkurrent des Opel „Blitz" gebaut, ebenfalls bis zu 1,9 Tonnen Nutzlast beförderte. Die bis 1957 erworbenen elf VW „Bullis" hatten sich in der Unfallaufnahmepraxis als wenig brauchbar erwiesen, da die Stereokameratechnik das erlaubte Zuladegewicht überschritt und damit die Fahrsicherheit gefährdete. Man überarbeitete daher bei der landespolizeilichen Verkehrsinspektion komplett den Innenraum des eigens hierfür angeschafften Neulings der Mercedes-Lkw-Riege. Dieser eignete sich für die speziellen Anforderungen der Unfallkommandos besonders gut durch einen 43-PS-Dieselmotor, der Schnelligkeit mit Steigfähigkeit verband, hervorragende Bremsen besaß und durch seine kurzen Außenmaße die Verkehrsbehinderungen am Unfallort in erträglichen Grenzen hielt.

Zur sicheren Unterbringung der umfangreichen Sonderausrüstung ergänzte man den Laderaum um Einbauschränke und erleichterte das Protokollieren durch einen Klappschreibtisch, Sitze und eine Schreibmaschine nebst Lampe. Außerdem kamen ein Waschbecken und eine

Abb. 79a: Mercedes Verkehrsunfallwagen

Standheizung hinzu sowie die Stereometerkamera mit Stativ. Verbands- und Antischockkästen, Krankentrage und diverse Werkzeuge für den Unfallort komplettierten schließlich das Ausstattungspaket.

Kostete der Mercedes schon ab Werk 12 515 DM, so belief sich der Preis nach dem Umbau inklusive technischer Zusatzausrüstung auf stolze 22 500 DM. Es blieb daher bei zwei Fahrzeugen, deren Kauf und Ausbau mangels Quellen nur anhand der Einführung der Stereophotogrammetrie bei der Saarpolizei auf die Jahre 1958/59 zu begrenzen ist.[24]

Ohne größere Umbauten ließ sich der **Jeep** von **Willys Overland** als Abschleppwagen nutzen. Entgegen der in der amerikanischen Besatzungszone üblichen Herkunft als (oftmals kostenfreies) Überbleibsel des US-Armeefuhrparks erwarb die saarländische Polizei dieses geländegängige, sechzig PS starke Fahrzeug erst im Jahr 1951 auf eigene Rechnung. Dass

Abb. 79b: eine Stereometerkamera im L 319

Abb. 80: der Willys als Abschleppspezialist der Saarpolizei

es sich dabei um ein neueres **Modell** der Baureihe **MC** (M 38) von 1950 handelte, ist an der ungeteilten Frontscheibe sowie der unteren Anbringung der Scheibenwischer zu erkennen.

Ebenfalls ohne größeren Aufwand entstand der **Einmannfunkstreifen-wagen** nach Vorgaben des Landespolizeipräsidenten Guy Lackmann, der die Vorzüge dieser Polizeiwagenvariante in einer amerikanischen Fernsehserie kennengelernt hatte und auch für die saarländischen Sicherheitshüter nutzen wollte. Nach dem US-Vorbild brachten die Mechaniker der Polizeiwerkstätten auf dem Kofferraum eines Peugeot 403 eine Tafel mit dem leuchtenden Schriftzug „Folgen" an, die die vom Beifahrer aus dem Fenster herausgehaltene Kelle ersetzen sollte. Außerdem montierten sie auf einen rückwärtigen Kotflügel einen Außenlautsprecher, der die optische Aufforderung bei Bedarf akustisch verschärfte. Die hinter der Leuchttafel sich stark erhitzenden Glühbirnen ließen allerdings die Buchstaben schmelzen. Und da die Polizisten diese im wahrsten Sinn des Wortes „einsame" Variante des bis dahin stets zu zweit absolvierten Streifendienstes äußerst ungern verrichteten, gelangte dieses Probegefährt aus dem Jahr 1955 über die Testphase nicht hinaus.[25]

Abb. 81: der „Lackmann-Funkstreifenwagen" von hinten

Beim Aufbau des Polizeifuhrparks achteten folglich alle verantwortlichen Stellen von Beginn an auf den regionalen Besonderheiten und dienstlichen Erfordernissen weitgehend angepasste Lösungen: mehrheitlicher Ankauf von Motorrädern und Gespannmaschinen für die Verkehrsüberwachung auf schmalen und kurvenreichen Straßen, Verwendung von Lastkraftwagen mit breitem Einsatzspektrum und Fahrzeugumbau gemäß speziellen Dienstbedürfnissen.

Durch die Notwendigkeit, mit einem dauerhaft ungenügenden Bestand auch auf lange Sicht hin hantieren zu müssen, kam es nicht nur zur unverhältnismäßig langen und weitverbreiteten Verwendung des Drahtesels bei der Gendarmerie, sondern auch zu regelmäßigen Ermahnungen hinsichtlich eines pfleglichen Umgangs mit diesen wie auch mit den Kraftfahrzeugen. Die diesbezüglichen Einzelanordnungen seitens Innenministerium, Polizeipräsidium und Landespolizeikommando, die sich ab 1949 nach der ersten größeren Anschaffungswelle deutlich mehrten, betrafen nicht nur den sorg- wie sparsamen Einsatz von Fahrzeugen, Treibstoffen und Verschleißteilen, sondern auch die häufig unkorrekte Fahrweise von Polizisten (Nichteinhalten der Höchstgeschwindigkeiten, schlechtes Einfahren von Neuwagen, Trunkenheit am Steuer, unangebrachtes Hupen etc.).

Anmerkungen

1 S. hierzu a. das Protokoll v. 3.5.1948 zur Besprechung aller Inspektionschefs am 29.4.1948 (Quelle: Polizeiarchiv) – jede Inspektion erhielt einen Wagen, die übrigen wurden auf die Direktionen u. Kriminalpolizei verteilt; drei Fahrzeuge gingen an Polizeiabteilungen beim Innenministerium.

2 S. zur Umorganisation a. die Anordnungen Lackmanns v. 18.1.1951 (Quelle: Landesarchiv des Saarlandes, Bestand Kriminalpolizeiamt, lfde. Nr. 59).

3 Vgl. zur Eingliederung d. motorisierten Gendarmeriebrigaden, Ausweitung u. Umbenennung des KVÜ 1951 a. den Tätigkeitsbericht d. Landespolizeikommandeurs für 1951; S. 8ff (Quelle: ebda., Bestand Schutzpolizeiamt, lfde. Nr. 31) u. die im Nachrichtenblatt d. Landespolizeipräsidiums v. 21.3.1951 abgedr. Zusatzverfügung Lackmanns.

4 S. hierzu a. die Anordnung d. Landespolizeileiters v. 22.9.1950 (Quelle: ebda., Bestand Kriminalpolizeiamt, lfde. Nr. 89).

5 S. a. die behördeninterne Rundinformation Lackmanns v. 7.11.1951 (Quelle: ebda., Bestand Kriminalpolizeiamt, lfde. Nr. 60).

6 Zit. n. dem Hector-Erlass über die „Neuordnung des Kraftfahrdienstes der saarländischen Polizei ..." v. 9.6.1954, Abschn. VI (Quelle: ebda., lfde. Nr. 89).

7 S. zum Kfz-Bestand d. Saarpolizei 1960 a. o.V. Günther: Die kraftfahrtechnische Entwicklung und Kraftfahrzeug-Ausrüstung der saarländischen Polizei; in: Die Polizei im Saarland. Zum Delegiertentag 1960 der Gewerkschaft der Polizei/Landesbezirk Saarland, Hamburg 1960; S. 80–81.

8 Die Angaben entstammen der Kfz-Liste d. Saarbrücker Landespolizeidienststelle v. 28.2.1957 (Quelle: ebda.).

9 Vgl. zum Kfz-Bestand d. anderen Bundesländer ab 1945 a. Werkentin a. S. 46.

10 S. zur Technik der beiden Modelle Prairie und Frégate a. Wolfram Nickel: Autosalon Edition Renault. Fotos – Daten – Hintergründe, Meckenheim 1999; S. 65f u. Roger Gloor: Nachkriegswagen. Personenautos 1945–1960, Köln 1994; S. 295.

11 S. zum Peugeot 203 a. Hans Otto Meyer-Spelbrink: Peugeot-Personenwagen. Brilon 1992; S. 35 sowie Gloor; S. 277 u. Wolfgang Schmarbeck/Gabi Wollbold: Typenkompass. Peugeot-Personenwagen seit 1948, Stuttgart 2000; S. 24f.

12 S. zu den Citroën-Wagen a. Ulrich Knaack: Citroën. Personenwagen seit 1945, Stuttgart 1999; S. 20 u. Dieter Günther: Oldtimer-Lexikon. Hamburg 1994; S. 102.

13 Die auf den Photos erkennbaren SB-Schilder müssen nicht auf eine Neu-

zulassung ab 1957 hinweisen, da der polizeil. Altbestand noch bis Anfang 1958 Gültigkeit besaß u. auf die neuen Kennzeichen umgeschrieben wurde (anhand einer Konkordanzliste v. Febr. 1957 lassen sich für die Kennzeichen SB–3065 u. SB–3354 die vormaligen 7213–OE 5 u. 2979–OE 5 belegen).

14 Vgl. zum „Hebmüller"-Polizeicabriolet a. Frank Schwede: Deutsche Polizeifahrzeuge 1945 bis heute. Stuttgart 2000; S. 100f u. Lothar Boschen: Das große Buch der Volkswagen-Typen. Alle Fahrzeuge von 1935 bis heute, Stuttgart ²1986; S. 136 sowie Patrick Lesueur: Mythos VW Käfer. Königswinter 2001; S. 78.

15 Zu den bei der Saarpolizei in den 50er Jahren gefahrenen BMW-Motorrädern vgl. a. Riegel; S. 56ff u. Dorothea Briel: BMW – die Motorräder. Wien 1993; 37ff.

16 Zit. n. der Anordnung d. Landespolizeileiters v. 6.9.1954 (Quelle: Landesarchiv des Saarlandes, Bestand Kriminalpolizeiamt, lfde. Nr. 89).

17 Noch mehr Verwirrung stiftet eine Eintragung des Schutzpolizeiamtes v. 19.10.1989, die für 1949–1954 die Anschaffung v. Krafträdern des Typs „Trophe de France" nennt – da weder ein Hersteller noch Modelltyp dieses Namens existierte, kann man nur auf den Ankauf v. Peugeot-Motorrädern schließen, von denen einige bereits vor dem Krieg einen Sportwettbewerb („Trophy") gewonnen hatten, der in Frankreich oft mit einer „Trophée" ausgezeichnet wurde.

18 Der Bus mit 45 Sitzen wird in einer innenministeriellen Liste v. 1.11.1956 zum Gesamtbestand an Polizeifahrzeugen erwähnt (Quelle: Polizeiarchiv).

19 Zudem spricht die Saarbrücker Motorengesellschaft Kolben-Seeger im Nov. 1955 in ihren Kostenvoranschlägen für die Polizei v. „Renault 300 kg oder Juva 4" (Quelle: Landesarchiv des Saarlandes, Bestand Schutzpolizeiamt, lfde. Nr. 8).

20 Vgl. zur Technik des Opel-„Blitz" a. Schwede; S. 139ff u. Achim Schmidt: Polizeifahrzeuge in Deutschland von 1945 bis heute. Brilon 1998; S. 183f.

21 Die Technikinfos zum VW-„Bulli" stammen a. Schwede; S. 164ff u. Die Transporter der Aufbau-Ära. Helfer des Wirtschaftswunders, Königswinter 1996; S. 124.

22 Der von Paul Peters erwähnte Wasserwerfer, der bei einer Demonstration am 1. Mai 1950 auf dem Saarbrücker Landwehrplatz eingesetzt wurde, konnte also nicht zum damaligen Kfz-Bestand der Polizei gehören – s. in ders.: Saarbrücker Erinnerungen II; hrsg. von der Sparkasse Saarbrücken. Riegelsberg 2001; S. 72.

23 Vgl. a. den Einsatzbericht d. Saarbataillonleiters v. 22.10.1955 zum Verlauf d. Vorabends (Quelle: Polizeiarchiv).

24 S. zum Umbau des L 319 a. Gustav Günther: Verkehrsunfallwagen Mercedes, Typ L 319, im Einsatz bei der saarländischen Polizei; in: Das Saarland

und seine Polizei; hrsg. v. Walter Scheu, redaktionelle Gestaltung: Werner Köth. Wiesbaden [= Sonderausgabe v. „Polizei-Technik-Verkehr" (1964)1]; S. 98–103.

25 Vgl. zum Lackmannschen Funkstreifenwagen a. Hans-Christian Herrmann: French Connection. Die Motorisierung des Saargebietes in den vierziger und fünfziger Jahren ganz im Zeichen der Trikolore; in: Oldtimer-Markt (1996)9; S. 218–221.

3.4.2 Verkehrsdienst

Der Kraftfahr- und Verkehrsüberwachungsdienst (KVÜ) der autonomen Ära unterlag wie viele andere polizeiliche Einrichtungen nach der Saarstatutabstimmung ebenfalls einer Umstrukturierung gemäß den bundesrepublikanischen Länderpolizeien und wurde am **1. Oktober 1956** in zwei eigenständige Abteilungen aufgespalten. Der Kraftfahrdienst firmierte fortan unter der Bezeichnung „Kraftfahrwesen" als Abteilung K der Landespolizei und unterstand organisatorisch der Verkehrsinspektion. Er war nur für die Gestellung von Fahrbereitschaften sowie die Bestandswartung zuständig (die Saarbrücker Werkstätten verfügten über Schreinerei, Polsterei, Lackiererei, Kraftstoff- und Ersatzteillager) und unterhielt außerdem eine behördeninterne Fahrschule.

Der neugebildeten **Verkehrsinspektion** bei der Landespolizei oblagen die Sachgebiete Verkehr, Bildstelle und Verkehrserziehung. Hierbei berücksichtigte man so weit wie möglich die ländlich geprägte Infrastruktur des Saarlandes und verfestigte – bei genauerem Hinsehen – bereits angelaufene Entwicklungen nur noch organisatorisch, denn der KVÜ hatte zur täglichen Verkehrsabsicherung schon zuvor immer mehr Funktionen übernommen. Neben die klassische Verkehrsstreife war ab 1951 auch die intensivierte Verfolgung von Verkehrssündern mit optimierter Technik hinzugekommen (Achsdruck- und Geschwindigkeitsmesser, Lenkungsspieltester, Bremsprüfgerät, Blutalkoholtest), die Unfallabwicklung (Stereometerkameraaufnahmen und deren Auswertung, Erste-Hilfe-Ausstattungen, Büroausrüstungen zur Anzeigenbearbeitung am Unfallort), die Planung und Kontrolle von Sonder- oder Schwertransporten, die Absicherung von Veranstaltungen mit hohem Kfz-Aufkommen sowie die Verkehrserziehung.

Während die Verkehrsinspektion ab 1956 diese drei Sachgebiete zentral lenkte und mit der motorisierten Bereitschaft über eine landesweite Exekutivtruppe zur Überwachung des Verkehrs verfügte, bildeten die örtlichen Polizei- und Gendarmeriereviere neben den Fahrbereitschaften auch eigene Unfall-, Verkehrsregelungs- und -erziehungskommandos. Das nunmehr zentralisierte Organigramm der Verkehrspolizei zog zwar ein strengeres Regelwerk nach sich, die einzelnen Posten in der breiten

Fläche besaßen aber innerhalb dieser Vorgaben mehr Eigenverantwortung und größere Freiheit bei Einsatzfragen.

Anlässlich der enormen Aufgabenerweiterung des KVÜ richtete man **1950** einen speziellen **„Verkehrsunfalldienst"** ein, der mit der Staatsanwaltschaft im Laufe der Jahre immer enger kooperierte, um die Nachbearbeitung erschwerende Fehler zu vermeiden.

Teilweise aufgrund eigener Erfahrungen, meist aber auf Betreiben der Justiz verschärfte man mittels polizeiinterner Anordnungen ab Juni 1950 die Spurensicherung und ab September 1950 die Vorgaben für die Tatortskizzen. Bei Verdacht auf Alkohol am Steuer als Unfallgrund wurde im März 1951 eine Blutprobe und die Einziehung des Führerscheins verpflichtend, ab Juli die Befragung von Verletzten durch die Beamten am Unfallort mit Blick auf einen Strafantrag wegen Körperverletzung eingeführt und ab August ein Formular für gerichtsverwertbare Schlussberichte ausgegeben. Im Frühjahr 1952 erfolgte eine Verfügung zur Beschriftung der Unfallphotographien, und ab September 1953 wurden bei Unfällen mit tödlichem Ausgang Haarproben zur exakten Beweisführung zwingend angeordnet. Ergänzend zum Blutalkoholtest mussten die Polizisten ab Anfang August 1954 einen schriftlichen Rapport „über den Eindruck der vermutlich betrunkenen Person" sowie „Benehmen, Aussprache, … Gang, Kleidung" und Gemütsverfassung anfertigen sowie bei schweren Unfällen mit Sachschaden oder Todesfolge unverzüglich die Staatsanwaltschaft in Saarbrücken, Neunkirchen oder Völklingen informieren. Im Februar 1955 um den Homburger Justizkreis erweitert, benannte man erneut die Staatsanwälte als erste Anlaufstelle für die Polizei vor den Amtsrichtern.[1]

Dieses in der ersten Hälfte der 50er Jahre sukzessiv verbesserte Zusammenwirken von Staatsanwaltschaft und Polizei, deren Bedienstete als uniformierte Hilfsbeamte der Justiz erheblich zu einer gerechteren Straftatverfolgung beitrugen, wurde später gerne als Erfolg einer erst ab 1957 optimierten Kooperation zwischen den zuständigen Ministerien dargestellt. Bei genauerem Hinsehen zeigt sich allerdings, dass die nach der politischen Rückgliederung erfolgten Modifikationen bei der Unfallaufnahme weitgehend mit den bereits zwischen den Exekutivbehörden praktizierten Arbeitsabläufen korrespondierten und diese nur noch auf der nächsthöheren Ebene festklopften.[2]

Konnte die saarländische Polizei mit diversen Testgeräten die Verkehrs-
tüchtigkeit von Fahrzeugen und deren Lenkern überprüfen, so erlaubten ihr hochmoderne **Geschwindigkeitsmesser** auch die Aussonderung
von Temposündern. Hierzu setzte sie Spezialausrüstungen wesentlich
früher ein als ihre Schwestereinrichtungen in der Bundesrepublik, die
1959 erstmals im Bezirk Düsseldorf mobile Radargeräte des Monheimer
Herstellers Robot verwendeten, der auch die Traffipax-Produkte der
Schweizer Firma Multanova vertrieb. Die feste Montage eines **Traffipax**-
Tachometers in einem hiesigen Einsatzfahrzeug, der, gekoppelt mit einer handelsüblichen Photokamera, beweissichere Aufnahmen lieferte,
lässt sich bereits für das Jahr 1952 nachweisen.

Abb. 82: Kombination aus Traffipax IV-Tachometer und Leica-Kamera in einem Peugeot
404 der Saarpolizei (Anfang der 60er Jahre)

Im Februar 1957 testeten Vertreter der saarländischen Landespolizei und
Gendarmerie das im September 1956 von **Telefunken** vorgestellte erste,
vollautomatisch arbeitende, aber weiterhin mobile **V**erkehrs-**R**adar-
Gerät an der Essener Polizeischule hinsichtlich seiner Verwendbarkeit in
der hiesigen Region. Der Anschaffungszeitpunkt dieses auf Doppler-Fre-

quenzen basierenden „Radarroboters", der mit schwenkbaren Achsen stets korrekte Aufnahmewinkel zuließ, ist nicht genau datierbar, der Einsatz des VRG 2 aber ab 1961 belegbar.[3] Das dritte verwendete Radarsystem stammte ebenfalls von der 1952 begründeten Firma **Multanova**, die noch im gleichen Jahr den ersten Geschwindigkeitsmesser mitsamt photographischer Registrierung anbot. Auch hier kann der exakte Erwerbszeitpunkt für das Modell **VR 6** nicht eruiert, aber von einer Verwendung ab 1957 ausgegangen werden. Insgesamt bevorzugte die Polizeiführung bei der Geschwindigkeitsüberprüfung von Beginn an unauffällige, im Fahrzeuginnenraum fest installierte Radarsysteme gegenüber umständlichen Aufbauten am Straßenrand. Die Verwaltung des Geräteparks und Aufnahmenauswertung erfolgte bis zum Herbst 1956 beim KVÜ, danach übernahm diese die Tätigkeiten die Bildstelle der Verkehrsinspektion.

Abb. 83: eine Multanova
VR 6 im VW-„Bulli"

Ganz und gar immobil funktionierte eine weitere Technikeinrichtung, die im Saarland ebenfalls erheblich früher als im übrigen Deutschland Premiere feierte: die **„grüne Welle"**. Während man diese Neuerung zur Optimierung des Verkehrsflusses, deren Anfänge auf eine handgesteuerte Berliner Lichtanlage von 1926 zurückzuführen sind, nach dem Krieg erstmals 1956 in Hamburg mit zwei Fernsehkameras austestete, agierten die Saarbrücker Verkehrspolizisten schon ab **August 1953** mit Ampeln und Schaltpulten an großen innerstädtischen Kreuzungen.

Im Vergleich zur bislang mit Handzeichen und Trillerpfeife exerzierten Verkehrsregelung boten die von Siemens gelieferten Licht- und Schaltgeräte zum einen den Vorteil eines für den Fußgänger besser gesicherten Straßenübergangs durch Abstoppen aller Fahrzeuge. Zum andern ließen sich die Stop-and-go-Zeiten des fließenden Verkehrs mit mehreren Programmen in Phasen von sechzig bis maximal 120 Sekunden Dauer einteilen, innerhalb deren jede Teilnehmergruppe (Passant, Kraftfahrzeug und Straßenbahn) einmal an die Reihe kam.

Die am Straßenrand befindlichen Schaltpulte ermöglichten es dem einzelnen Beamten, auf das aktuelle Verkehrsaufkommen umgehend mit veränderten Rot-und-Grün-Zeiten zu reagieren. Die in der Landeshauptstadt nach internationalen Vorgaben installierte Lichtanlage verfügte darüber hinausgehend über eine vom französischen Nachbarn übernommene Besonderheit, die dort wie hier besonders erfolgreich funktionierte, nämlich Wiederholungszeichen in der gut sichtbaren mittleren Höhe.

Abb. 84: Verkehrspolizist zu Beginn der 50er Jahre an einer Saarbrücker Kreuzung

Die aus Schaltkastenraum und Kommandozimmer bestehende Steuerzentrale der „grünen Welle" befand sich im Saarbrücker Rathausturm und wurde in den 60ern permanent modernisiert und erweitert. Die dortigen Arbeitsplätze besetzte die Polizei mit gesondert geschulten Bediensteten, die, telefonisch mit jeder Kreuzung verbunden, anhand einer beleuchteten Wandtafel den Kraftfahrzeugfluss überwachten. Sie stellten bei Bedarf die Programme um, so dass weder die durch Berufspendler verursachten Stoßzeiten noch Staus bei Großveranstaltungen größere Probleme bereiteten.

Abb. 85: ein Beamter des Rathauskommandos in den 60ern

Mussten anfänglich die Polizisten vor Ort die meisten Schaltungen an den Kreuzungspulten selbst vornehmen, ging man im Dezember 1955 zur zentralen Ampelprogrammierung im Rathaus über. Da diese Arbeitsweise verstärkt zu längeren Haltephasen für die Kraftfahrer führte, ging sie zwar bereits nach wenigen Tagen als „rote Welle" in den Saarbrücker Sprachgebrauch über. Dies schmälerte jedoch kaum die vielen Vorzüge der automatisierten Lichtanlagen bei der Bewältigung des in den 50er Jahren stetig wachsenden Verkehrsaufkommens in der Landeshauptstadt und deren Umgebung.[4]

Und auch das dritte Sachgebiet der Verkehrsinspektion, die **Verkehrserziehung**, verkörperte keineswegs ein neues Betätigungsfeld der Saarpolizei, sondern wurde schon Ende der 40er Jahre intensiv betrieben. Im März 1949 landesweit beginnend mit von Polizei- wie Gendarmeriebeamten gleichermaßen in den **Schulen** abgehaltenen Unterrichtseinheiten, richtete Guy Lackmann diese bereits im Sommer als feste, allmonatlich wiederkehrende **Belehrungsstunden** ein, da es bei den saarländischen Schulkindern dringenden Nachholbedarf gab.[5]
Preisausschreiben des regionalen Automobilclubs Saar (ACS) zu den Themen Verkehrserziehung oder Unfallverhütung unterstützte die Polizei durch entsprechende Beitragslieferung für die vereinseigene Zeitschrift „Auto Technik und Sport".[6] Und wenn die präventiven Maß-

Ach — daß ich's noch könnt erleben
durch meine Heimatstadt zu schweben —
auf der Ultra-„grünen Welle"

Abb. 86: Karikatur zur „grünen Welle" („Auto Technik und Sport" vom November 1953)

nahmen der Verkehrspolizisten wirkungslos blieben, scheute das innenministerielle Polizeireferat auch nicht davor zurück, Anzeigen in
der gängigen **Tagespresse** zu schalten, um beispielsweise der anhaltend
unvorschriftsmäßigen Beladung von Lastkraftwagen und Fuhrwerken
Herr zu werden.[7] Ebenfalls in Kooperation mit dem ACS, der Motor-
sport-Union Saar und der Verkehrsabteilung des Wirtschaftsministeri-
ums veranstaltete die Hector-Behörde am 31. Januar 1951 im Saarbrücker
Johannishof eine **Arbeitstagung** über wissenschaftliche Verkehrsunfall-
klärung, deren Fokus auf die negativen Auswirkungen des Alkoholgenusses auf das Fahrvermögen ausgerichtet war.[8]

Daneben erfolgten in regelmäßigen Abständen **Aufklärungsaktionen
der** saarländischen **Gendarmerie**, deren Beamte Verkehrsteilnehmer unmittelbar auf der Straße über ihr Fehlverhalten als **Radfahrer** infor-

375

mierten. Zwecks ergänzender Unterrichtung der Schulkinder eröffnete Innenminister Hector am **3. September 1955** auf dem Bexbacher Ausstellungsgelände eine **Kinderverkehrsschule.** Dort lernten schon die Kleinsten auf Rollern und Fahrrädern auf spielerische Weise in einem en miniature nachgebauten Straßenterrain durch Hinweise von in einem Kontrollturm sitzenden Polizisten sicheres Verkehrsverhalten.[9]

Zunehmende Bedeutung gewannen vor allem die **1952 bis 1956** unregelmäßig durchgeführten Unfallverhütungs- und zweiwöchigen **Verkehrserziehungswochen**[10], die sich explizit an Erwachsene richteten. Besonders letztere, die Polizeipräsident Lackmann in der Planungsphase als „Strafverfügungsstopwochen"[11] titulierte, fanden, wie auch die Radfahrerkampagne „Pöks und Putz" in der „Saar-Volksstimme" von 1953 bis 1955, oft in Kooperation mit dem Club statt. Im September 1953 verlieh der ACS im Zusammenhang mit der Polizeiaktionswoche für unfallfreies Fahren eine Anstecknadel, die drei Jahre später zum bekannten Ehrenschild „für Ritter und Kameraden der Straßendisziplin" abgewandelt wurde. Es schmückte, erstmals nach zehn Jahren vorbildlichen Fahrzeuglenkens auch an Nichtmitglieder vergeben, den Kühler-

grill so manch saarländischen Automobils.[12]

Im Juni 1952 beteiligte sich die Saarbrücker Kaufmannschaft mit (teilweise auch drastisch) eindrucksvollen Schaufensterdekorationen an einem im Rahmen der ersten Verkehrserziehungswoche ausgeschriebenen Wettbewerb (s. Abb. 87 und 88). Mit diesen Maßnahmen kam der Saarpolizei er-

Abb. 87: Schaufenster eines
Textilgeschäfts ...

376

neut eine Vorreiterfunktion zu, da die deutschen Länderpolizeien vergleichbare Aktionen erst 1956 starteten.

Abb. 88: ... und einer Haushaltwarenhandlung (Juni 1952)

Doch keine Regel ohne Ausnahme: Die Kasseler Polizei begründete Ende 1950 ein mobiles Kasperletheater, das den Schulkindern mit Hilfe von Marionetten verkehrspädagogische Stunden hielt. Den „Kasseler Verkehrskasperle" und sein Pendant, den 1954 erschaffenen „Kieler Kaspar", nahmen die Bexbacher Beamten zum Vorbild und ließen bei der saarländischen Kinderverkehrserziehungswoche im Herbst 1955 einen bayerischen Puppenspieler auftreten.[13]

Die ungewöhnlich „enge Fühlungnahme" und „Verbundenheit" des im Juli 1953 in „Automobil- und Touringclub Saar" (ATS) umbenannten ACS „mit den Organen der Polizei"[14] brachte die im **Dezember 1950** zum ersten Mal veranstaltete **Bescherung der saarländischen Verkehrspolizisten** durch den ACS-Weihnachtsmann bestens zum Ausdruck. Mit großzügigen Spenden seitens der Clubmitglieder finanziert, fuhr der vereinseigene Nikolaus alle Jahre wieder im Advent „vollmotorisiert" mit einer Wagenkolonne für einen Tag durch Saarbrücken, aber auch in andere Städte des Landes und beglückte Hunderte von Schutz-

leuten mit Geschenken, um diesen „vor der breiten Oeffentlichkeit …
für ihren schweren Dienst" und die „im Verlaufe eines langen Jahres ge-
leistete Arbeit zu danken!"[15]

Abb. 89: ACS-Bescherung an der Saarbrücker Kreuzung Mainzer/Paul-Marien-Straße (1950)

Aus der engen Verbindung zwischen Polizei und Automobilfahrerclub
erwuchs für die Polizeiführungskräfte die bis heute wahrgenommene
Verpflichtung, im ACS-Vorstand mitzuwirken, dem Guy Lackmann von
August 1949 bis März 1956 als Vizepräsident angehörte.
Doch nicht nur auf dem verkehrspädagogischen, sondern auch auf dem
Verwaltungs- und Sportveranstaltungssektor gab es eine fruchtbare Zusammenarbeit zwischen Polizei und ACS (begründet im November
1946). Die hiesigen Zollbehörden verlangten infolge der ab 1948 geltenden Autonomie bei der dauerhaften Einfuhr von Kraftfahrzeugen wie
die übrigen Staaten Importgebühren bzw. die Vorlage von **Zollpapieren**.
Der motorisiert ins Ausland reisende Saarländer benötigte zur Grenz-
überquerung nach Luxemburg, Belgien, in die Schweiz oder Niederlande entweder das ein Jahr gültige „Tryptik", das die Zahlung von Ein-
fuhrzöllen obsolet machte oder ein Carnet de passages für die Einreise
in alle Länder, das maximal 25 Grenzübertritte zuließ. Diese Papiere bedurften beim Passieren französischer Grenzen in beide Richtungen zusätzlich eines Passavant descriptif. Der ACS übernahm für seine Mit-

glieder die zeitraubende Beantragung der Zollunterlagen und garantierte für diese auch gegenüber dem Zollamt.

Kein Bereich, in dem beide kooperierten, erforderte aber einen derart umfassenden wie flexiblen Einsatz an Beamten wie derjenige der **Motorsportveranstaltungen**, die sich auf regionaler wie internationaler Ebene abspielten und daher auch ausländische Zuschauer anzogen. Das erste Ereignis dieser Art war die am **19. Juni 1949** durch den ACS initiierte **Sternfahrt**, die, gekoppelt mit einer Zuverlässigkeits- und Geschicklichkeitsprüfung sowie einem Rundstreckenrennen, in Saarbrücken und St. Ingbert stattfand und jährlich an wechselnden Orten wiederholt wurde. Teilnehmen durften je nach Disziplin Personenkraftwagen; Rennfahrzeuge, Sport- und Tourenwagen sowie Motorräder in verschiedenen Klassen. Mit zahlreichen Absperr- und Absicherungsmaßnahmen, die auch das simple Abpolstern von für Publikum wie Fahrer gleichermaßen risikoträchtigen Stellen mit Strohballen beinhalteten, entschärfte die Polizei Gefahrenzonen am Straßenrand.[16]

Im Spätsommer desselben Jahres veranstaltete der ACS den „**Preis der Stadt Saarbrücken**", zu dem nur Motorräder (mit und ohne Seitenwagen) sowie Sport- und Rennfahrzeuge zugelassen waren. Die am **18. September** zu absolvierende Rundstrecke verlief von Burbach entlang der Saar zum Ostschacht, vorbei an Schöneck und durch Gersweiler zurück in die Saarbrücker Innenstadt. Der durch bewohntes Gebiet führende Parcours verlangte der Polizei bei der Streckenabsicherung „eine Heidenarbeit" ab, an der sich auch Guy Lackmann persönlich mitsamt seinen Kommandeuren mit einer „wahren Parforce-Hetze"[17] beteiligte. „Ohne das Mitwirken, ... Entgegenkommen ... und den tatkräftigen Einsatz" der Polizei „wäre die Veranstaltung nicht nur gesetzlich, sondern auch praktisch undenkbar gewesen"[18] – so ACS-Präsident Müller in seinem Dankschreiben an das Landespolizeipräsidium.

Ab 1950 stieg die Zahl der Motorsportwettbewerbe kontinuierlich an (neben den bereits erwähnten kamen allein in diesem Jahr noch der „Saarmesse-Preis" und das Bexbacher „Dreiecks-Rennen" hinzu). Eine weitere Premiere feierte am **6. Mai 1951** die Stadt **St. Wendel** mit dem vom ortsansässigen Motorsport-Club initiierten **„Preis des Saarlandes für Motorräder"**. Dieses Rennen wurde auf einem vier Kilometer langen Stadtkurs durchgeführt und lief, wie die übrigen Veranstaltungen, von Beginn an auch unter Beteiligung von Fahrern aus anderen Staaten, so dass man später daraus den „Internationalen Motorrad-Preis" bzw. „Großen Preis des Saarlandes" schuf. Geübt durch die stetig anwachsenden Einsätze in diesem speziellen Großveranstaltungssektor, gewann die Polizei schnell an Routine und erntete im Juli 1951 anlässlich der Zuverlässigkeitstour des ACS erneut ein dickes Lob: „Selten hat ein motorsportliches (Ereignis) eine solche fabelhaft ausgerichtete und einwandfreie polizeiliche Organisation, die auf der gesamten Strecke vorhanden war, gesehen ... (Sie) klappte fast zu gut."[19]

Ab 1951 wurde auch Homburg zum alljährlichen Treffpunkt für europäische Motorradfans, die sich das dortige Sandbahnrennen für Solo- und Gespannmaschinen ansahen. Die erste Motocross-Veranstaltung holte der Motorsportclub der Landeshauptstadt im August 1954 ins Saarland, als Austragungsort diente hier der Wald rund um die Saarbrücker Kobenhütte.

Als Zielpunkt eines länderübergreifend veranstalteten Motorsportwettbewerbs fungierte Saarbrücken zum ersten Mal im **Herbst 1954** bei der Rallye **„Kohle und Stahl"**, die die Teilnehmer vom 23. bis 25. September auf 400 Kilometern von mehreren Startpunkten aus durch Belgien, Deutschland, Frankreich, Holland, Italien und Luxemburg bis ins Saarland führte. Ebenfalls staatenverbindend angelegt, passierte die in Spa beginnende **„Internationale Tulpen-Rallye"** am **18. April 1953** auf dem Weg ins holländische Noordwijk auch die Saarhauptstadt. Bei den zahlreichen Radfahrereignissen, die ab Ende der 40er Jahre hier stattfanden, bildete die weltberühmte **„Tour de France"** unbestritten zweimal den Höhepunkt, wobei der Wettbewerb am 22. Juli 1948 das Land durchquerte, Saarbrücken am 8. September 1954 aber nur einen Kontrollpunkt zwischen Reims und Nancy bildete.

Der barsche Ton, den der Zeichner dem Polizisten in der abgebildeten Karikatur in den Mund legte, entsprach der allenthalben beklagten Unart mancher Vollzugsbeamten, beim Verkehrsdienst zuweilen äußerst ruppig mit Fahrern oder Passanten umzugehen. Ein solches Verhalten blieb aber bei Bekanntwerden selten ungerügt, denn die Spartenkommandeure wie auch der Polizeipräsident bemühten sich immer wieder

„um zuvorkommendes Benehmen", besonders gegenüber Verkehrssündern, da man das ungebührliche Betragen einzelner im Dienst als Beschämung für die gesamte Polizei empfand und „Höflichkeit … mit dem Publikum" als „beste Waffe des Beamten"[20] ansah.

„Was heißt hier Tour de France!! — bei uns werden keine Reifen mitten auf der Fahrbahn geflickt!!"

Abb. 90: „Tintenfisch"-Karikatur zur Tour de France im Saarland (Juli 1948)

Solche unliebsamen Auftritte, dies verdeutlicht die Durchsicht der polizeiin- wie -externen Quellen, bildeten aber die Ausnahme. Sie erfuhren zwar durch das lobenswerte, oft über die Dienstpflichten hinausgehende Eingreifen von Polizisten eine Abmilderung, doch das dominierende Bild des unhöflichen „Saarschupos" in der breiten Öffentlichkeit wurde dadurch nur selten zurechtgerückt. So sprach zum Beispiel ein Leser der „Saarbrücker Zeitung" 1955 den wegen ihrer weißen Schutzmäntel als „weiße Mäuse" bezeichneten Verkehrsüberwachungsbeamten ein hohes Lob für ihre Hilfsbereitschaft aus, da sie einen liegengebliebenen Luxemburger nachts bei der Wagenreparatur unterstützt und durch den Nebel auf seinem Heimweg begleitet hatten.[21]

So sehr sich die Aufgaben der Verkehrspolizisten in den 50ern ausweiteten und immer anspruchsvoller wurden, so wenig anregend gestaltete sich deren Dienst oftmals in der unmittelbaren Nachkriegszeit – und trug keineswegs zu deren Beliebtheit beim Volk bei. Die vom Regierungspräsidium am 12. September 1945 eingeführte Radfahrsteuer musste jeder Saarländer, der auf öffentlichen Straßen und Plätzen einen Drahtesel bewegte, zahlen. Die jährlich neu zu erwerbende Steuermarke war auf einem Ausweis jederzeit vorzuzeigen; bei Verstoß wurden empfindliche Geldstrafen fällig, die nicht selten das Zehnfache der Jahresgebühr betrugen. Da die Polizei die Einhaltung dieser bis Januar 1954 zu leistenden Abgabe kontrollierte, die Zahlungsmoral der Saarländer aber auch langfristig zu wünschen übrig ließ (von den 1948 registrierten 145 000 Rädern meldeten sie 1949 nur 91 000 erneut an!)[22], fiel die Überwachung der Radmarken auch den Beamten der späteren Verkehrsabteilungen zu.

Anmerkungen

1 Kommandoanordn. d. Gendarmerie v. 12.6.1950, Anordnung d. Landespolizeikommandos v. 7.9.1950, Kommdoanordnungen d. Gendarmerie v.
12.3.1951, 18.7.1951, 7.8.1951, 3.5.1952 u. 2.9.1953; Zitat a. der Anordnung d.
Gendarmerieleitung v. 2.8.1954; Gendarmerieanordnung v. 2.2.1955
(Quellen: Polizeiarchiv).

2 Vgl. zur späteren Beurteilung der Kooperation Polizei – Staatsanwälte a.
Oberstaatsanwalt Walther Rudolf: Der Staatsanwalt am Unfallort; in: Das
Saarland und seine Polizei; hrsg. von Walter Scheu, redaktionelle Gestal-
tung: Werner Köth. Wiesbaden 1964 [= Sonderausgabe (1964)1 v. „Polizei-
Technik-Verkehr"]; S. 71f.

3 Vgl. zu den VRG-Radarmessern a. „Schnellfahrern geht es ans Leder –
Radar soll auch Saarbrücker Polizei helfen" v. 9.2.1957 in der „Saarbrücker
Zeitung" u. ebda. den Beitrag „Polizei: ‚Radar läßt sich nicht täuschen' –
Kurvenmanöver verändern Ergebnis nur bis zu drei Stundenkilometern"
v. 29.9.1961 (Quellen: SZ-Archiv).

4 S. zur automat. Schaltung d. Saarbrücker Ampeln ab Dez. 1955 a. „Aus der
Erfahrungsmappe der ‚Grünen Welle' – Ein kleiner Rat für die Fußgänger –
Straßenbahnen sind benachteiligt"; in: Saarbrücker Zeitung v. 29.12.1955
(Quelle: ebda.).

5 S. a. die Bekanntmachung im Nachrichtenblatt d. Landespolizeipräsidiums
v. 19.3.1949; S. 26 u. die Nachricht zur Verkehrserziehung an den Schulen
im Amtlichen Schulblatt für das Saarland 5(1949)12 v. 20.6.1949 (Quelle:
Polizeiarchiv).

6 So u. a. das ACS-Preisausschreiben v. Oktober 1950 mit dem Schwerpunkt
„Helft mit zur Verhütung von Verkehrsunfällen. Kampf den Verkehrssündern", das das Polizeipräsidium mit dem Beitrag „Wahret Disziplin und sor-
get vor!" unterstützte, der im Dez. 1950 in „Auto Technik und Sport" erschien – vgl. a. ebda.; S. 8–11.

7 S. a. die Gendarmeriekommandoanordnung v. 7.5.1951 (Quelle: Polizeiarchiv).

8 S. die Einladung d. Vereins d. Naturwissenschafter [sic!] u. Ingenieure im
Saarland v. Jan. 1951 (Quelle: Landesarchiv d. Saarlandes, Best. Kriminalpolizeiamt, lfde. Nr. 91).

9 S. a. „Kinderverkehrsschule – ein wichtiges Erziehungsmittel. Praktische
und beispielgebende Einrichtung – Innenminister Dr. Hector fordert Schulen zur Mithilfe auf" in der „Saarbrücker Zeitung" v. 5.9.1955 (Quelle: SZ-
Archiv).

10 Die beiden Aktionen fanden 1952 mit kurzem Zeitabstand statt: 25. bis 31.5.

1952: Unfallverhütungswoche – 16. bis 28.6.1952: Verkehrserziehungswoche sowie erneut v. 31.8. bis 12.9.1953 eine Verkehrserziehungswoche, der die nächste Unfallverhütungsaktion aber erst v. 30.9. bis 6. Oktober 1956 folgen sollte.

11 So in Lackmanns Rede bei der ACS-Generalversammlung am 11.11.1950, da in dieser Zeit keine Protokolle erfolgten; zit. n. „Auto Technik und Sport" 2(1950)11.

12 S. zum Verkehrsehrenschild a. den betr. Artikel in ebda. 8(1956)10 a. S. 1–4.

13 Vgl. a. „Kasperle erteilt Verkehrsunterricht – Lehrreiche Unterhaltung für Kinder, Beitrag zur Verkehrserziehung"; in: ebda. 7(1955)11; S. 23.

14 Zit. n. dem Beitrag „Die Aufgaben und Ziele des Automobil- und Touringclubs Saar. Ständiges Anwachsen der Mitgliederzahl – 12-Punkte-Programm im Dienste der Kraftfahrer" in „Auto Technik und Sport" 6(1954)4 a. S. 1f.

15 Zit. a. der Notiz „Betrachtungen zum Titelbild" a. ebda. 3(1951)1; S. 2.

16 S. zu den Sicherheitsvorkehrungen der Polizei bei dem auch als „Schürener Sternfahrt" bezeichneten Ereignis a. „Schüren war ein Anfang …" in ebda. 1(1949)1.

17 So im Beitrag „Unser Rundstrecken-Rennen" in ebda. 1(1949)3.

18 Zitat a. Müllers Schreiben an Lackmann v. 11.10.1949; abgedr. im Nachrichtenblatt d. Landespolizeipräsidiums 1949, Nr. 12 a. S. 116 (Quelle: Polizeiarchiv).

19 Zit. a. dem „Auto Technik und Sport"-Artikel 3(1951)8 z. ACS-Fahrt im Aug. 1951.

20 Zit. nach einer Kommandoanordn. d. Landespolizei v. 6.7.1950, in der ein Verkehrsbeamter offiziell gerügt wird, da er die Verwarnung eines Pkw-Fahrers in „derart unhöflichem und unkorrektem Ton" vorgenommen hatte, dass sich die Mitfahrer beschwerten u. der Polizist sich entschuldigen musste (Quelle: Polizeiarchiv).

21 S. in der Leserzuschrift „Hilfsbereite Verkehrspolizei!" in der „Saarbrücker Zeitung" Nr. 205 v. 5.9.1955 (Quelle: SZ-Archiv).

22 S. Nachrichtenblatt d. Landespolizeipräs. v. 20.7.1949 a. S. 78 (Quelle: Polizeiarchiv).

3.4.3 Waffenmeisterei

Der Aufbau der Waffenmeisterei bei der saarländischen Nachkriegspolizei ist nur in groben Zügen nachvollziehbar, da zu ihrer Entwicklung bis Ende der 40er Jahre die grundlegenden Quellen fehlen.
Der Gründungszeitraum kann infolge des dezentralisierten sowie entmilitarisierten Wiederaufbaus des deutschen Sicherheitswesens auf
den Jahresbeginn 1947 eingegrenzt werden, da erst nach Auflösung der
Kommunalpolizei die bis dahin ausschließlich durch die französische
Militärregierung streng überwachte Bewaffnung der örtlichen Gendar-
merie- und Kriminalbeamten ein Ende fand.

Vermutlich in den ersten Monaten des Jahres 1947 bei einer zentralen
Saarbrücker Abteilung der neuen Landes- oder bei der Kriminalpolizei
in einer Vorform eingerichtet (hierauf deutet die Adresse in der Wilhelm-
Heinrich-Straße hin), ordnete man die Waffenmeisterei nach Schaffung
des Polizeipräsidiums im Frühjahr 1948 diesem zu, da deren spärliche
Archivalien ausschließlich aus Lackmanns Verfügungsbereich herrühren.[1] Die dritte, langfristig wirksame Eingruppierung erfolgte am **20.
April 1949** im Kontext der Durchführungsnovelle zur Reverstaatlichung
der Kommunalpolizei, denn die Waffenmeisterei bildete ab dieser Zeit
neben Fernmelde-, Kraftfahr- und Verkehrsdienst sowie Reiterstaffel eine
landespolizeiliche Kommandostelle. Bezüglich der räumlichen Unterbringung lassen sich bis Ende der 50er Jahre zwei Adressen nachweisen:
zunächst die Saarbrücker Wilhelm-Heinrich-Straße 33–35 (Kripo!) und
nach dem Umzug zur Landespolizeileitung in die Ulanenkaserne im August 1951 die Mainzer Straße.[2]

Nachdem die **Waffengebrauchsbestimmungen** des Militärgouvernements vom 16. Dezember 1946 außer Kraft getreten waren, erließ das
saarländische Innenministerium am **5. September 1949** eine erste eigenständige Verfügung. Diese beinhaltete auch weiterhin eine strenge
Kontrolle des Waffeneinsatzes; die Nichtanwendung bei Kindern,
Frauen oder geschwächten Menschen; die Wahrung der Verhältnismä-
ßigkeit bei Nutzung sowie die Verpflichtung zur Waffengebrauchsmel-
dung bei jedem Einsatz.[3] Eine revidierte Fassung dieser Bestimmungen

vom **5. Januar 1951** engte das ursprünglich für alle Vorgesetzten geltende Anordnungsrecht zum Schusswaffengebrauch beim Einsatz geschlossener Polizeiabteilungen gegen größere Menschenansammlungen auf den Ministerpräsidenten, Innenminister oder Polizeipräsidenten ein. Gleichzeitig wies diese erneut den Gummiknüppel als erstes Verteidigungsmittel für die Beamten aus.[4]

Das **Aufgabengebiet** der Waffenmeisterei umfasste auch die Revision und Reparatur der Fahrräder, Taschenlampen und Wirtschaftsgeräte sowie das Schulschießen, wozu ein spezieller Übungsplatz auf dem Saarbrücker Kieselhumes unterhalten wurde. Das zahlenmäßig nicht näher zu belegende Personal der Waffenmeisterei, die zwar stets über einen Waffenrevisor verfügte, ansonsten aber den gleichen Sparzwängen unterlag wie die übrigen Abteilungen, setzte laut landespolizeilichem Jahresbericht allein 1951 rund 300 Pistolen und zwanzig Maschinenpistolen, 500 Räder, hundert Taschenlampen und zwanzig Schreibmaschinen instand, fertigte rund tausend Exerzierpatronen für die Gewehrschulung an und reparierte die Geräte aller Dienststellen.[5]

Welchen Aufwand neben diesen Wartungsarbeiten die halbjährlichen **Revisionen** bedeuteten, vergegenwärtigt der Blick auf eine Inventurliste vom März 1952, nach der die Waffenmeisterei an siebzehn Tagen 130 Reviere und somit pro Tag durchschnittlich acht Posten überprüfte.[6] Im Nachhall dieser Aktionen publizierte das Nachrichtenblatt des Polizeipräsidiums regelmäßig Anordnungen zur „Pflege der Waffen und Fahrräder", um den trotz Schulungen immer wieder auftauchenden Mißständen bei deren Gebrauch Einhalt zu gebieten. Hierbei war weniger eine unkorrekte, gefährdende oder gar illegale Verwendung zu beklagen denn unsachgemäße Behandlung und Reinigung, die oft zu vorzeitigem Ausfall führte. Aber auch eine nicht ordnungsgemäß erfolgte Revision zog Konsequenzen nach sich. Im Fall unvollständig ausgefüllter Waffenausgabenachweise durch die Polizisten bedeutete dies die namentliche Erwähnung in einer Kommandoanordnung unter Androhung einer Disziplinarstrafe bei Wiederholung.[7]

Das **Schulschießen** regelte zunächst eine Durchführungsverfügung des Hohen Kommissars vom 7. Juni 1948, die die Gegenwart eines höheren

Beamten ab Kommissarsrang aufwärts sowie eines waffentechnischen Experten der betreffenden Dienststelle verpflichtend machte. Der Unterricht wurde, mit Ausnahme des Juli, von Mai bis Oktober abgehalten, wobei die ersten zehn Tage jeden Monats für die Landespolizei, die nächsten fünfzehn für die Gendarmerie, der 25. bis 27. für die Polizeischule und der Rest für die Kripo reserviert blieben. Entsprechend der üblichen Sparsamkeit bestimmte der Erlass auch die zu verwendenden Übungsmaterialien (handelsfertige oder in der Waffenmeisterei hergestellte Ringscheiben und Patronen) sowie Schießkladden zur Kontrolle der Schulstunden und schrieb die einzelnen Unterrichtspunkte vor (Schießen mit fünfzehn Metern Abstand vom Ziel oder nach Anlauf, ein- und zweihändiger Anschlag stehend etc.).[8]

Spätere Verfügungen weiteten diese Übungen nach den veränderten Diensterfordernissen aus. Ab März 1950 wurden auch der stehend freihändige Anschlag mit einer Pistole Kaliber 7,65 Millimeter und ab dem Folgejahr das Schießen „aus der Hüfte" geübt. Ab Frühjahr 1952 kam der Pistolengebrauch mit fünfzig Metern Anlauf, sitzend am Tisch, liegend mit aufgelegtem Arm und liegend freihändig hinzu sowie mit Abstand von zwanzig, 25, hundert und 150 Metern zum Ziel. 1955 führte man stehendes Punkt- und kniendes Breitfeuer ein.

Die festen Schulungstage der einzelnen Sparten verschob man ab Frühjahr 1950, wobei die Gendarmerie mit rund zwei Wochen stets das größte Segment erhielt; ebenso verkürzte man das Schulungsjahr auf Ende September. Neben Pistolen und Maschinenpistolen traten ab März 1950 auch Karabiner hinzu. 1955 legte die Landespolizei für das Saarbataillon ein zusätzliches Schulungsprogramm vor, da dessen Mitglieder fortan von Januar bis Dezember den Gebrauch des Gewehrs erlernen mussten. Für die Kriminalbediensteten fiel hingegen im März 1956 das Schulschießen mit der Maschinenpistole weg.[9]

Anmerkungen

1　Vgl. a. die Anordnungen d. Landespolizeipräsidiums ab April 1948 (Quelle: Landesarchiv des Saarlandes, Bestand Kriminalpolizeiamt, lfde. Nr. 100.

2　So lt. Nachrichtenblatt d. Landespolizeipräs. v. 21.9.1951; S. 66 (Quelle: Polizeiarchiv).

3　S. a. den innenmin. Runderlass über den Waffengebrauch v. 5.9.1949 (Quelle: Landesarchiv des Saarlandes, Bestand Kriminalpolizeiamt, lfde. Nr. 100).

4　So die Änderungsverfügung zum Runderlass über den Waffengebrauch v. 5.1.1951; in: Nachrichtenbl. d. Landespolizeipräsidiums v. 21.3.1951; S. 25 (Quelle: Polizeiarchiv).

5　Zahlen a. dem Tätigkeitsbericht d. Landespolizeikommandos für 1951; S. 4 (Quelle: Landesarchiv des Saarlandes, Bestand Schutzpolizeiamt, lfde. Nr. 31).

6　Vgl. zur Revision v. 6.–28.3.1952 a. die Informationen des Landespolizeipräsidenten in dessen Nachrichtenblatt v. 21.2.1952; S. 22 (Quelle: Polizeiarchiv).

7　So die Kommandoanordn. d. Landespolizeileiters v. 8.12.1950 (Quelle: ebda.).

8　S. a. Veröffentlichung d. Schießübungserlasses durch das Hohe Kommissariat v. 7.6.1948; in: Nachrichtenblatt d. Polizeipräsidiums v. 14.4.1949; S. 55f (Quelle: ebda.).

9　S. a. Nachrichtenblatt d. Landespolizeipräs. v. 20.3.1950; S. 29, v. 21.3.1951; S. 32f, v. 21.3.1952; S. 34f, v. 24.3.1955; S. 4–7 u. v. 28.3.1956; S. 22f (Quellen: ebda.).

3.4.4 Reiterstaffel

Die Reiterstaffel gehörte wie die Gendarmerie und Kriminalabteilung zu den frühen Einrichtungen der saarländischen Polizei nach 1945 und kannte durch die „Berittenen" der Schutzmannschaft und Landjägerei der Zwischenkriegszeit zwei personalstarke Vorgänger (allein die Schwadron der in der St. Arnualer Artilleriekaserne untergebrachten Landjäger umfasste zeitweise hundert Mann). Diese beiden berittenen Abteilungen legte man nach dem Wiederanschluss des Saargebiets an das Deutsche Reich 1935 zu einer „Reiterstaffel" zusammen, wodurch sich der Begriff nach dem Zweiten Weltkrieg im Volksmund wie im Behördengebrauch auch auf die neue Polizeieinheit übertrug.

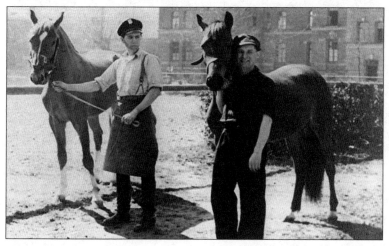

Abb. 91: zwei Beamte der Reiterstaffel in der St. Arnualer Barbarastraße

Die ersten Stimmen zur Begründung einer Reiterabteilung wurden im April 1946 seitens des damaligen Saarbrücker Sicherheitsdirektors laut, der in seinem Jahresbericht zum reorganisierten Polizeiwesen in der Landeshauptstadt „in Anbetracht der weit ausgedehnten Stadtgrenzen" eine berittene Polizeitruppe forderte, die idealerweise „vorläufig ... etwa 10–15 Mann und 10 Pferde"[1] umfassen sollte. Wie schnell man diesem Vorschlag Taten folgen ließ, und ob dessen praktische Argumente mehr Gewicht besaßen als das Bestreben einiger reitbegeisterter Offiziere der französischen Besatzungsregierung, für ihre edlen Rösser eine passende Unterstellungsmöglichkeit zu schaffen, lässt sich aufgrund der extrem lückenhaften Quellenlage zur saarländischen Reiterstaffel leider nicht nachvollziehen.

Abb. 92: Bedienstete der Berittenen Abteilung im Innenhof des Saarbrücker Rathauses (links: Dienststellenleiter Fecht)

Da rund ein Jahr später, Anfang März 1947, die hiesige Polizei beim zuständigen Offizier der französischen Militärverwaltung für die Berittene Abteilung in der Artilleriekaserne in der St. Arnualer Barbarastraße ein Kontingent Dachpappe zur Abdichtung der dortigen Räumlichkeiten anforderte, kann deren **Gründungszeitraum** zumindest vage auf die **zweite Hälfte des Jahres 1946** eingegrenzt werden.[2]

Das ehemalige Kasernengelände diente nach seiner „properen Renovierung" zum wiederholten Male nicht nur der polizeilichen Reiterstaffel als **Unterbringungs- und Trainingsort**, sondern beherbergte gleichzeitig eine private Reitschule. Diese ging mit der behördlichen Einrichtung eine vor allem in der frühen Nachkriegszeit wichtige Symbiose ein, da sie sich die dortige Reit- und Sprunganlage mit den Polizeireitern teilte und die Franzosen „sehr fair und sportlich"[3] auch dem zivilen Verein bei dessen Aufbau, Futterbeschaffung und Versorgung der Vierbeiner unter die Arme griffen. Die Unterbringung im Bereich der St. Arnualer Saarwiesen zwang allerdings bei den nicht seltenen Hochwasserständen Ross und Reiter zum schnellstmöglichen Umzug in höhergelegene trockene Gefilde, über die die Polizei beispielsweise in den vormaligen Stallungen der Ulanenkaserne verfügte.

Abb. 93: Mitglieder der Reiterstaffel auf dem Kasernenhof in St. Arnual

Im Rahmen eines polizeilichen Besprechungsprotokolls vom 10. Oktober 1947 findet ein Polizeiwachtmeister Bour Erwähnung, der, „beauftragt mit der Betreuung der Pferde"[4], um seine Versetzung bittet. Die nächste quellenkundliche Nachweisung der Reiterstaffel ist erst wieder für den 3. Mai 1948 möglich. Bei einer Unterredung der Inspektionschefs mit dem Polizeipräsidenten und der innenministeriellen Referatsleitung am 29. April erfolgte erneut das strikte Verbot für Polizeibeamte auch der höheren Ränge, ohne Sondergenehmigung von Guy Lackmann oder dessen Stellvertreter ein Pferd auszuleihen sowie die Anweisung, stets im Vorfeld einer solch außerdienstlichen Nutzung den Staffelchef, Obermeister Fecht, zu informieren.[5]

Zwischen 1948 und 1949 trat die Reiterstaffel dem neugegründeten saarländischen Reiterbund bei, der, formiert auf Betreiben zahlreicher reitsportbegeisterter Mitglieder des französischen Gouvernements, vorrangig zivile Vereine unter seinem Dach verband und Reitanlagen in mehreren Städten errichtete.[6]

Bei ihrer Gründung der französischen Aufsicht über das Sicherheitswesen direkt unterstellt, gehörte die Berittene Abteilung nach Einrichtung des Landespolizeipräsidiums zunächst diesem übergreifenden Direktorium an, um am **20. April 1949** dauerhaft zusammen mit Fernmeldedienst, Waffenmeisterei und Kraftfahr- und Verkehrswesen als Kommandostelle in die **landespolizeiliche Organisation** überzuwechseln. Beginnend mit sieben Pferden (von denen zwei ihrem Reiter gehörten) und ebenso vielen Beamten ausgestattet, stockte die Polizeileitung den Personal- wie Tierbestand bis 1951 auf das Doppelte auf. Die Zahl vierzehn sollte die saarländische Reiterstaffel unverändert für viele Jahre prägen.

Abb. 94: saarländische Polizeireiter bei einem Einsatz am 1. Mai-Feiertag

Das **Einsatzgebiet** der berittenen Polizisten umfasste alle feld- und forstpolizeilichen Maßnahmen mit bis zu fünfstündigen Streifenritten durch Wälder, Parks, Fluss- und Seengebiete sowie unwegsames Gelände. Sie dienten einerseits der allgemeinen Sicherheit und Ordnung, andererseits der Verfolgung von Verkehrssündern und anderen Tätern, vor allem Sittlichkeitsdelinquenten. Darüber hinaus absolvierten sie ab August 1950 als Helfer der neuen Grenzpolizei täglich Streifenritte zur Absicherung der in der örtlichen Zuständigkeit der Landespolizei befindlichen Grenzübergangsstellen[7] und spezielle Sondereinsätze bei größeren Ereignissen. Am Ende des Jahres **1951** zog die Reiterstaffel aufgrund dieser vielfältigen Einsätze folgende Arbeitsbilanz:

1. 456 Waldstreifen mit je acht Beamten
   35 Sonderstreifen in der Badesaison (zwei Polizisten)
   21 Absperrungen bei Fußballspielen, Radrennen und Läufen mit jeweils acht Reitern
   6 Sondereinsätze bei Saarmesse und Flugfest (dreizehn Beamte) und
   2 Absperrungen beim Saarbrücker Strandfest (zwei Polizisten)
2. beim täglichen Einsatz im Umfeld der Saarbrücker Grenzstelle Schönbach-Schönecken erfolgten 175 gebührenpflichtige Verwarnungen, 25 Anzeigen und zwei Festnahmen
3. die Teilnahme an Sport- und Jagdveranstaltungen (Pferderennen, Hubertusjagden, Polizeisportfest u.a.) band insgesamt 27 Reiter[8]

Infolgedessen führte die saarländische Reiterstaffel in diesem Jahr mit vierzehn Bediensteten neben der permanenten Pflege der Tiere, Wartung der Reitausrüstungen sowie Aus- und Weiterbildung der berittenen Kollegen über 900 Dienst- und Sporteinsätze durch.

Insbesondere die **Beteiligung an sportlichen Wettbewerben** erhöhte den Bekanntheitsgrad dieser durch die enge Kooperation von Mensch und Tier hervorgehobenen Dienststelle bei der Bevölkerung enorm, die somit auch zum guten Renommee der gesamten saarländischen Polizei in den 50er Jahren wesentlich beitrug.

Den Anfang machten hierbei der seit 1947 der Berittenen Abteilung angehörende Wachtmeister Kurt Schneider, der mit dem Landespolizeihengst „Bubi" beim Pferderennen auf den Güdinger Wiesen Anfang Juli 1949 den „Preis der Saarbrücker Zeitung" über die 1 800-Meter-Distanz gewann und das aus dem gleichen Stall stammende Pferd „Aiguilette",

das den 2 000-Meter-Lauf für sich entschied und den „Preis der saarländischen Regierung" errang.[9]

Abb. 95: berittene Polizisten in historischen Kostümen („Tag der saarländischen Polizei" 1949)

Einen Monat später wurde am 21. August 1949 erstmals der „Tag der saarländischen Polizei" abgehalten, bei dem sich alle Sparten dem breiten
Publikum präsentierten. Die Reiterstaffel erschien bei dem Sportfest „in
farbenfrohen historischen Kostümen" und „bewies durch" die „Vorführung einer Quadrille" und die Absolvierung eines „Hindernisreitens den
hohen Stand ihrer Ausbildung", wobei „Polizeiobermeister Fecht" mit
„einer Einzeldressur des 4-jährigen Hengstes Golf besonderen Beifall erhielt."[10]

Vier Jahre danach führte die Berittene Abteilung anlässlich des Polizei-
tages im Juli 1953 ein gemeinsam mit den motorisierten Kollegen des
Saarbataillons und der Gendarmerie erarbeitetes raffiniertes Kombina-
tionsprogramm vor.

Nach Einrichtung des saarländischen Schutzpolizeiamtes im Jahr 1970
wurde die Berittene Abteilung auch offiziell in „Reiterstaffel" umbenannt und zunächst als selbständige Dienststelle bei der Inspektion für

Abb. 96: Reiter und Motorradfahrer beim Polizeitag im Juli 1953

Sonderdienste weitergeführt. Ihre endgültige Auflösung erfolgte am 9. März 1987 – damit hat sie als frühe Einrichtung der hiesigen Nachkriegspolizei sogar die Gendarmerie noch um fast zwei Jahrzehnte überlebt.

Anmerkungen

1 Zit. n. dem Bericht d. Saarbrücker Polizeidirektors über die polizeil. Tätigkeiten in der Landeshauptstadt im Zeitraum Kriegsende bis April 1946 v. 3.4.1946 (Quelle: Stadtarchiv Saarbrücken, Bestand Dezernat G 10, lfde. Nr. 77).

2 Die betreffende, nicht näher zu identifizierende Notiz stammt v. 3.3.1947 (Quelle: ebda.).

3 Zit. n. dem SZ-Artikel „Kriegs-Wunden heilen. Franzosen und Reiter restaurieren die zerstörte Kaserne" in Nr. 84 v. 8./9. 2004 (Quelle: SZ-Archiv).

4 Die betr. Protokollnotiz befindet sich im Polizeiarchiv.

5 Vgl. hierzu a. Punkt 8 d. Protokolls v. 3.5.1948 (Quelle: Polizeiarchiv).

6 S. a. Wolfgang Harres: Sportpolitik an der Saar 1945–1957. Saarbrücken 1997 (zugl. Diss. Saarbrücken 1996); S. 123.

7 Vgl. a. die Bekanntgabe d. Landespolizeikommandeurs v. 7.8.1950 zu den neuen Zusatzaufgaben für die Reiterstaffel im Bereich der grenzpolizeil. Tätigkeit anderer Abteilungen (Quelle: Polizeiarchiv).

8 S. zu den breitgestreuten Funktionen der berittenen Polizisten a. den Tätigkeitsbericht d. Landespolizei für 1951 a. S. 7 (Quelle: Landesarchiv des Saarlandes, Bestand Schutzpolizeiamt, Nr. 31).

9 S. zum Wettbewerb im Juli 1949 a. den Beitrag „Sommerliches Pferderennen in den Güdinger Wiesen. Nur 5 000 Zuschauer – 8 international besetzte Rennen" in der „Saarbrücker Zeitung" Nr. 151 v. 4.7.1949 (Quelle: SZ-Archiv).

10 Zit. n. einem Artikel zum Polizeitag v. 1949 in „Unsere Polizei" 2(1949)9; S. 129ff (Quelle: Polizeiarchiv) – der erwähnte Hengst „Golf" wirkte a. bei zahlreichen Theateraufführungen u. einer Fernsehsendung mit; s. a. den Beitrag „Hüter der Ordnung hoch zu Roß. Auf Stippvisite bei der berittenen Polizei – Für unsere Sicherheit in Feld und Flur" in der „Saarbrücker Zeitung" v. 19.6.1956 (Quelle: SZ-Archiv).

3.4.5 Fernmeldedienst

Der Aufbau des polizeilichen Kommunikationsnetzes erfolgte im Nachkriegssaarland schleppender als in den übrigen Bundesländern und wies
zudem bei den unterschiedlichen Vermittlungstechniken erhebliche zeitliche Divergenzen auf.

Die wenigen, im Sommer 1945 noch funktionierenden Fernsprechan-
schlüsse einzelner Posten wurden bis Ende Februar 1947 inklusive der
von der Polizei mitbenutzten Apparate anderer Amtsstellen zu einem
den Dienstaufgaben gerecht werdenden **Telefonnetz** ausgebaut. Ab 1948
erweitert, erhielt die saarländische Polizei bis Mitte der 50er Jahre auch
ein technisch verbessertes Fernsprechsystem, wobei man sich zunehmend vom allgemeinen postalischen abtrennte.
Im Januar 1956 verfügte die Landespolizei über mehrere Sternnetze, die
mittels 45 Querverbindungen miteinander kommunizierten und im ganzen Land Netzknotenpunkte bildeten, die beim Saarbrücker Kommando
zusammenliefen. Die übrigen Beamten telefonierten zu dieser Zeit über
185 Hauptanschlüsse mit insgesamt 680 Tischapparaten. Die bis Oktober
1955 genutzten Leitungen entlang der Landesgrenzen wurden gekappt
und stattdessen mehr Verbindungen zu den Knotenvermittlungsstellen
geschaltet. Außerdem begann man ab Februar 1957 mit dem Austausch
der handbedienten durch moderne automatische Fernsprechwählanla-
gen, der Ende 1960 abgeschlossen war.

Bis Jahresende 1959 wies das polizeiliche Fernsprechnetz eine Gesamt-
leitungslänge von rund tausend Kilometern auf, wobei die von der Post
eingerichtete behördeneigene Ringleitung eine ausschließliche Nutzung
für polizeiliche Belange garantierte. Die Saarbrücker Zentrale belegte
hierfür mit Hilfe einer Gross-Neha-Anlage allein zwanzig Amtsleitungen
und 350 Nebenstellen mitsamt gesonderter Rundspruchtechnik. Darüber hinaus waren acht Citomaten (Nebenstellenkoordinatoren) mit
fünfzehn Amtsleitungen und 150 Nebenstellen, 24 Wählanlagen mit
sechs Amtsleitungen und 26 Nebenstellen sowie sechzehn Zwischen-
stellenumschalter vorhanden, so dass nur noch einige wenige Posten
einen postalischen Anschluss nutzten.

Hatten im Sommer 1957 für die saarländische Polizei nur 34 Vermittlungsstellen existiert, so verfügte das Telefonnetz des innenministeriellen Referats bis Ende 1959 über achtzig Vermittlungsanlagen (dreizehn post- sowie 67 behördeneigene), 217 Hauptanschlüsse, 94 Querverbindungen und 988 innen- und außenliegende Nebenstellen.[1]

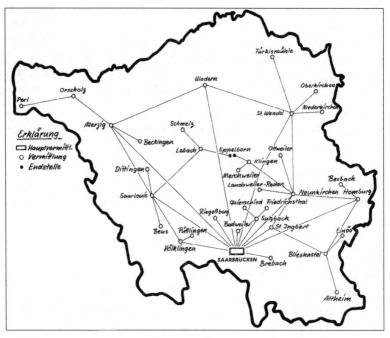

Abb. 97: polizeiinternes Fernsprechnetz auf dem Stand vom 1. August 1957

Die 1953 bei der Saarpolizei installierte **Fernschreibendstelle** des Herstellers Siemens & Halske mit Anschluss an die Mainzer Leitvermittlung war ab September des Jahres über das Amt für Europäische Angelegenheiten auch mit der Pariser Gesandtschaft verbunden. Über diesen Weg konnten alle Polizei- und Gendarmeriedienststellen in dringenden Fällen den Kontakt mit französischen Ämtern und Behörden aufnehmen.[2] Die Anlage genügte aber nach dem politischen Anschluss des Saarlandes an die BRD und erst recht nach dem wirtschaftlichen nicht mehr den täglichen Erfordernissen des Polizeidienstes. Sie wurde daher im Mai 1960 durch ein Lorenz-Fabrikat ersetzt, das das erhöhte Aufkommen mit sieben Endstellen und 27 Schreibmaschinen in größeren Revieren besser bewältigen konnte.[3] Da jedoch seit der Angliederung 1957 nicht genügend weitere Fernschreibleitungen im Saarland verlegt worden waren, musste man den geplanten Anschluss neuer Teilnehmer auf später vertagen.[4]

Das **Funknetz** der saarländischen Polizei spaltete sich in den 50er Jahren in ein Leitfunk- sowie ein Funksprechsystem auf. Nach der Regelung des Amateurfunkens im Saarland durch das diesbezügliche Gesetz vom April und dessen Durchführungsverordnung vom August 1951 verlieh das Wirtschaftsministerium am **1. September 1951** dem Polizeipräsidium das Recht, „ohne besondere Genehmigung" Funkanlagen „für den dringenden Polizeidienstverkehr"[5] zu betreiben.

Die danach begründete **Polizeileitfunkstelle** Saarbrücken für den Kontakt nach außen nahm ihren Sitz im Bischmisheimer Sendergebäude und wurde 1952 nach der Aufnahme des Saarlandes in den Interpol-Arbeitskreis auch in dieses internationale Funknetz eingebunden. Allein über diesen Anschluss absolvierten die Polizeifunker bis 1954 rund 4 400 Ein- und Ausgänge. Die Anlage bestand aus einem Kurzwellensender mit 400 Watt Oberstrichleistung, fünf Allwellenempfängern und einem Netzersatzteil. 1956 integrierte man unter dem Aspekt der Eingliederung in die Bundesrepublik die zwischenzeitlich aus dem Interpol-Verbund ausgetretene Saarbrücker Leitfunkstelle in das westdeutsche Polizeifunknetz und baute sie 1961 nach einer vorteilhafteren räumlichen Trennung (Sender in Bischmisheim – Betriebsstelle beim Landespolizeikommando) auch technisch weiter aus.

Bei den im Vergleich zu den bundesrepublikanischen Länderpolizeien äußerst reduzierten Möglichkeiten zur Nachrichtenübermittlung spielten auch finanzielle Aspekte eine gewichtige Rolle. So basierte das **Funksprechnetz**, das vor allem für den mobilen polizeiinternen Informationsaustausch von Bedeutung war, auf zwei kostspieligen ortsfesten UKW-Sendern auf dem Saarbrücker Schwarzenbergturm (1950) und dem Schaumbergturm bei Tholey (1954), deren Leistungsschwächen anfänglich acht mobile Fahrzeugfunkstellen überbrückten. Im Januar 1956 kam man auf doppelt so viele bewegliche Sende- und Empfangsanlagen, mit deren

Abb. 98: Polizeibedienstete in der Bischmisheimer Leitfunkstelle (1960)

Hilfe man Funklöcher schnell und ohne großen Aufwand füllen konnte. Bereits kurz nach Inbetriebnahme des Funksprechverkehrs 1951 montierte die Landespolizei auf dem Dach der ehemaligen Ulanenkaserne zwar eine zweite Antenne zur Entlastung des Schwarzenbergsenders. Diese nur selten genutzte Anlage besaß aber eine geringe, nur den Saarbrücker Raum abdeckende Reichweite von maximal fünfzehn Kilometern.

Bis Ende des Jahres vermochte die saarländische Landespolizei laut Tätigkeitsbericht auf drei mit kompletter Funkanlage ausgestattete Fahrzeuge zurückzugreifen: zwei Mannschaftskraftwagen sowie einen Citroën 15 CV. Der Abschluss der „bereits in Angriff genommenen Ausrüstung von Kraftfahrzeugen mit UKW-Funksprechanlagen" war „3–4 Wochen"[6] später vorgesehen. Diese **Funkstreifenwagen** lassen sich wegen fehlender Quellen zum Kfz-Bestand der Jahre 1951/52 nicht näher bestimmen. Vermutlich handelte es sich hierbei mehrheitlich um Renault 4 CV-Modelle. Da sich bis Ende 1952 im gesamten Polizeifuhrpark bereits 29 Personenfunkstreifenwagen befanden, deren Zahl bis 1960 nur um zwei anwuchs, kann man für den frühen saarländischen Polizeisprechfunk von einer zügigen und ausreichenden Ausstattung ausgehen. Im Jahr 1960 lag der hiesige Ist-Bestand aber wieder um 37 Fahrzeuge unter dem bundesdeutschen Soll.[7]

Ein dritter Festsender wurde 1958 bei der Bereitschaftspolizei in der Saarbrücker Mainzer Straße eingerichtet. Die Funkstationen erhielten landesweit bis 1960 eine Dieselnotstromversorgung, um absolut „krisenfest" arbeiten zu können. Nachdem ab 1951 auch die Funkkommunikation bei der Saarpolizei eingeführt worden war, bezeichnete man die zuständige Kommandostelle als „Nachrichten- und Funkdienst". Der aus dem westdeutschen Sprachgebrauch stammende Begriff „Fernmeldewesen" hielt erst nach dem BRD-Anschluss Einzug.

Der **Personalbestand** des Fernmeldedienstes inklusive Werkstattmitarbeiter lässt sich für das erste Nachkriegsjahrzehnt nicht genau beziffern. Zu Beginn des Jahres 1956 arbeiteten hier neben dem Dienststellenleiter drei Sachbearbeiter; ein Werkstatt- und ein Geräteverwalter; sechs Funker; zwölf Telefon-, Fernschreib- und Funkmechaniker sowie 22 Vermittler. Von diesen 46 Bediensteten standen vierzehn nicht im Beamtenverhältnis, so dass man für die Aufbauphase dieser für den Polizeidienst so wichtigen Abteilung bis etwa 1953 von zwanzig bis dreißig Personen Stammbelegschaft ausgehen kann. Die Schulung der Fachkräfte erfolgte zur Zeit der Autonomie weitgehend bei den Herstellern der einzelnen Vermittlungstechniken vor Ort (die Firma Siemens & Halske hatte ihren Sitz beispielsweise in unmittelbarer Nähe zum Landespolizeikommando in der Mainzer Straße). Nach dem politischen Anschluss besuchten sie Speziallehrgänge in den technikorientierten BRD-Polizeischulen Essen und Wiesbaden.[8]

Anmerkungen

1   S. zum Fernsprechnetz d. Saarpolizei bis 1959 a. Heinrich Schneider: Die Landespolizei des Saarlandes; in: Die Polizei im Saarland. Zum Delegiertentag 1960 der Gewerkschaft der Polizei – Landesbezirk Saarland, Hamburg 1960; S. 33 –52.

2   S. Kommandoanordnung d. Gendarmerie v. 2.9.1953 (Quelle: Polizeiarchiv).

3   Vgl. zur Fernschreibanlage n. 1955 a.: Die Polizei und der Fernschreiber; hrsg. von der hessischen Polizeischule Wiesbaden/Lehrabteilung Technik und Verkehr, redaktionelle Bearbeitung: Horst Manikowski und Willy Hesse. Wiesbaden 1960 [= Sonderausgabe (1960)4 v. „Polizei-Technik-Verkehr"]; S. 55.

4   Vgl. zur Installierung d. Lorenz-Fernschreibers a. Heinrich Schneider: Die Landespolizei des Saarlandes; in: Das Saarland und seine Polizei; hrsg. v. Walter Scheu, redaktionelle Gestaltung: Werner Köth. Wiesbaden 1964 [= Sonderausgabe (1964)1 v. „Polizei-Technik-Verkehr"]; S. 17–23, S. 19.

5   Zit. n. der Bekanntmachung betr. die Verleihung d. Rechts zur Errichtung u. zum Betrieb von Funkanlagen der Polizei v. 1.9.1951, veröffentl. im Amtsblatt des Saarlandes 1951 a. S. 1145 (Quelle: Polizeiarchiv).

6   Zit. n. dem landespolizeil. Tätigkeitsbericht für 1951; S. 7 (Quelle: Landesarchiv des Saarlandes, Bestand Schutzpolizeiamt, lfde. Nr. 31).

7   S. a. H. Schneider (1960); S. 35.

8   Vgl. zum Personalbestand d. Fernmeldedienstes u. dessen Ausbildung a. H. Schneider (1964); S. 18 sowie ders.: Die Landespolizei des Saarlandes; in: Der deutsche Polizeibeamte 16(1966)5; S. 125–129, insbes. S. 127.

3.4.6 Bekleidungskammer

In der zweiten Hälfte des Jahres 1945 lief die Ausgabe von Ausstattungsteilen für die ersten Hilfspolizisten zunächst über eine Zentralstelle in Saarbrücken an, wobei sich die auszuhändigenden Stücke mangels Material auf einen provisorischen Ausweis, Schlagstöcke zur Verteidigung und eine Armbinde mit dem Aufdruck „HILFSPOLIZEI" (s. Abb. 99 im Anhang) beschränkten. Die Bekleidung der Beamten bestand zu dieser Zeit weitgehend aus deren Privatbeständen, da eine offizielle Uniform erstmals am 14. Januar 1946 für die Bediensteten der kommunalen Vollzugspolizei in der Landeshauptstadt von dieser Einrichtung verteilt wurde. Im weiteren Verlauf des Jahres firmierte die Stelle als „Polizeibekleidungskammer" der Stadt Saarbrücken, die man im Dezember der Dienststelle A im Polizeireferat des vorläufigen Verwaltungsausschusses unterordnete.

Während der fortschreitenden Reorganisation des Sicherheitswesens richteten die Polizeisparten zunächst jeweils eigene Dienststellen zur Ausrüstung mit Kleidung und sonstigen Uniformteilen ein, wobei die betreffende Abteilung der Gendarmerie die größte darstellte, da diese die Mehrheit der Polizeibeamten stellte. Diese Bekleidungskammer zog am 15. Dezember 1952, zusammen mit dem ebenfalls verlegten Saarbataillon, zunächst vom St. Arnualer Wackenberg in die Mainzer Straße auf das Gelände des Landespolizeikommandos um, und wechselte am 10. Februar 1954 in die Karcherstraße.[1]

Die dezentrale sowie sparteneigene Ausgabe von Kleidungs- und Ausstattungsstücken überlebte im Saarland nicht nur die Reverstaatlichung der kommunalen Polizei Ende 1946, sondern auch die Unterstellung der übrigen, bis dato begründeten Abteilungen unter die Landespolizeileitung im April 1949. Warum man im Rahmen dieses Revirements keine Saarbrücker Kommandostelle für den Bekleidungsbereich schuf, kann heute nur gemutmaßt werden. Möglicherweise gaben organisatorische Bedenken zur Praktikabilität eines einzigen Ausgabeortes für die Beamten des gesamten Saarlandes den Ausschlag zur Beibehaltung der bisherigen Regelung. Dies lassen zumindest einzelne Bestimmungen der nachfolgenden Verordnung erahnen. Die zögerliche Haltung könnte aber auch im Zusammenhang mit der für Sommer 1950 anvisierten Uniformierung aller Polizisten mit einem dunkelblauen Dienstanzug stehen.

Einen weitgehend **zentralen Betrieb** erwähnte zwar erstmals die **Polizei-Bekleidungsvorschrift** des saarländischen Innenministeriums **vom 2. Juni 1950**. Diese schrieb aber wider Erwarten rückwirkend ab Jahresbeginn, „zur Aufbewahrung der Bekleidungsvorräte" die Einrichtung einer „**Bekleidungskammer beim Landespolizeipräsidium**" und nicht bei der Landespolizei vor. Zugleich wies sie bei eventuell auftretendem Raummangel auf die Möglichkeit der Schaffung von „Zweigkammern … (je) nach Bedarf"[2] hin.

Die Größe der künftigen Kammerräume beschränkte die Vorschrift auf maximal fünfzig Quadratmeter für hundert zu versorgende Bedienstete und verteilte die Unterbringung der neuen und gebrauchten Materialien auf getrennte Zimmer. Diese mussten gut belichtet, trocken und belüftbar sein, den Bestimmungen des Feuerschutzes entsprechen und waren mit Spezialschlössern sowie gegebenenfalls vergitterten Fenstern abzusichern.

Die Verantwortung für den reibungslosen Ablauf der Bekleidungsverwaltung trug fortan ein Kammerwachtmeister, der nur aus den Reihen der älteren, diensterfahrenen und vertrauenswürdigen Polizisten stammen durfte und im Idealfall den Beruf des Schneiders, Schuhmachers oder Sattlers erlernt hatte. Pro Kammer bzw. Zweigstelle war ein Wachtmeister zu berufen, der nicht mehr als 400 Beamte kleidertechnisch versorgte. Bei größeren Abteilungen des landespolizeilichen oder Gendarmeriesektors konnte dem Kammerleiter für weitere 400 Bedienstete lediglich ein zusätzlicher jüngerer Büroangestellter an die Seite gegeben werden, wobei weibliches Personal zu vermeiden war. Der Kammer angeschlossen waren eine Schneiderei sowie eine Schuhmacherwerkstatt mit angestellten Handwerkern.

Die Lagerung der verschiedenen Ausstattungsteile regelte § 53 bis ins kleinste Detail, ebenso § 54 die pflegliche Behandlung der einzelnen Bestände, die infolge ihrer Herstellungsweise aus Wolle, Leder, Stoff oder

Metall durch regelmäßiges Überholen (Lüften, Einfetten, Umlagern, Schutz vor Sonneneinstrahlung oder Oxidation, liegende oder hängende Unterbringung) möglichst lange in Bestzustand zu halten waren. Bei schuldhafter Beschädigung durch unsachgemäße Aufbewahrung mussten die Kammerbeamten Schadenersatz leisten. Verschlissene Futterteile benutzter Kleidungsstücke tauschte man vor der Einlagerung durch neue aus.

Infolge der enormen Begehrlichkeiten, die die Dienstkleidung auch noch Jahre nach Kriegsende hervorrief, zwang die Vorschrift über die bereits Anfang 1949 für sämtliche Uniformstücke eingeführten Namensschilder[3] hinausgehend zur möglichst schonenden und werterhaltenden Farb-, Brenn-, Schlag- oder Lochstempelung fast aller Einzelteile. Zusätzlich unterstützten eine detailliert vorgeschriebene Buchführung, mehrere unangekündigte Lagerrevisionen pro Jahr und stichprobenartige Einzelüberprüfungen seitens des vorgesetzten Bekleidungswirtschaftsbeamten die fehlerträchtige Verwaltung der sich ständig verändernden Kammerbestände.[4]

Ungeachtet dieser strengen Überwachung von Ausgabe und Tausch der Ausstattungsteile versuchten einzelne Beamte aber weiterhin, die auch wegen ihrer guten Qualität sehr begehrte Dienstkleidung mit schlechteren zivilen Stücken unbemerkt auszuwechseln. Diese weitverbreitete Form des „Organisierens" ahndeten die Kommandeure der Landespolizei und Gendarmerie im Oktober 1950 unter Androhung von Disziplinar- und Strafverfahren und betonten hierbei besonders das „für Angehörige des Landespolizeipräsidiums ... unwürdige Verhalten", das „einem Betrug"[5] gleichkam. Die Bestimmungen zum zentralisierten Bekleidungskammerbetrieb flossen ohne Abänderung in die revidierte Fassung der Bekleidungsvorschrift vom **Mai 1954** mit ein.[6]

Zwecks Straffung des polizeilichen Organigramms unterstellte erst eine Verfügung des saarländischen Innenministers vom **14. August 1956** die Bekleidungskammer der Landespolizeileitung und hob diese hierdurch in den Rang einer dortigen Kommandostelle. Hinsichtlich ihres anhaltend knappen Personalbestandes – noch im Sommer 1956 agierten lediglich vierzehn Mitarbeiter (ein leitender Regierungsamtmann, vier

Gegenstand	Behördenstempel	
	Stempelstelle	Stempel-art
1	2	3
Mützen	Innenseite des Schweißleders, links	Landes-polizei-präsidium
Uniformröcke	Leibfutter des linken Vorder-teils unterhalb des Einschnittes der Brusttasche	„
Drillichjacken	Unterhalb des Einschnittes der linken inneren Brusttasche	„
Tuchhosen (auch Arbeitshosen)	Bundfutter des linken Vorder-stückes	„
Mäntel	Im Taschenbeutel der linken Seitentasche; Innenseite	„
Regenmäntel	Linkes inneres Vorderstück in Höhe des zweiten oberen Knopfes neben der Knopflochleiste	„
Unterjacken	Auf dem von der Lieferfirma besonders angebrachten Stempel-streifen	„
Ledergamaschen	Innenseite des oberen Wadenteils der linken Gamasche	„
Schnür- und Sportschuhe	Auf der Narbenseite der Lasche des linken Schuhes	„
Schaft- und Reitstiefel	Innenseite des Wadenteils dicht unter der oberen Kante des linken Stiefels	„
Leibriemen	Innenseite neben der Schloßöse oder dem -haken	„
Büchertaschen	Rückseite links	„
Brotbeutel	Innenseite des Verschlußdeckels, links	„
Lederröcke	wie Mäntel	„
Lederhosen	wie Tuchhosen	„

Bei den nicht aufgeführten Gegenständen ist die Stempelung an passenden Stellen der Innenseite anzubringen.

Abb. 100: Stempelbestimmungen für die polizeiliche Dienstbekleidung (1950)

Beamte und neun Arbeiter) in Lager und Werkstätten – änderte sich durch die Anordnung jedoch nichts.[7]

Nachdem die schlimmsten Notstände der ersten beiden Nachkriegsjahre beendet waren, nahmen auch Anzahl und Vielfalt der ausgegebenen **Ausstattungsteile** zu. Infolge der offiziellen Uniformierung der reverstaatlichten Vollzugspolizei erhielten die Mitglieder der Gendarmerie im Mai 1947 einen graublauen und des Saarbataillons einen khakifarbenen Anzug. Die dunkelblaue Kleidung der vormaligen Kommunalpolizisten blieb zunächst noch der neuen Landespolizei vorbehalten.

Am 24. Dezember 1947 ordnete das Militärgouvernement für alle saarländischen Exekutivbeamten das Tragen von spartenübergreifend durchgezählten Metallnummern an, die auch im Innendienst gut sichtbar auf den Uniformröcken befestigt wurden.[8] Im April des Folgejahres teilte man zum ersten Mal Trillerpfeifen aus; im Juli wurden die Dienstgradabzeichen aller Abteilungen nach französischem Vorbild (Winkel und Streifen) vereinheitlicht; und im Dezember 1948 erhielten die im Verkehrsdienst eingesetzten Polizisten weiße Handschuhe und Mützenbezüge zur besseren Kenntlichmachung bei Dämmerlicht und Dunkelheit.[9] In den ersten Monaten des Jahres 1949 konnten die Polizeibeamten auch Sportbekleidung bei der Kammer abholen. Bis Ende des Jahres umfasste der vorschriftsmäßige Dienstanzug neben Bekleidung und Bewaffnung ein Notiz- und Streifenbuch, Bleistift, Ausweis, Schließ- bzw.

Abb. 102: die dunkelblaue Uniform der saarländischen Polizisten von 1950, aufgenommen auf dem Saarbrücker Landwehrplatz

Knebelkette und eine Taschenlampe.[10] Die Auslieferung von Ausstattungsstücken durch die Bekleidungskammern erfolgte aber keineswegs monopolistisch, denn die Pistolentaschen verteilte wiederum die Waffenmeisterei.[11]

Die Ausgabe der neuen dunkelblauen Uniform für die Mitglieder aller Sparten, die bei besonderen Anlässen zu tragen war und auch eine Stiefelhose sowie einen Regenmantel und Schutzhelm (s. Abb. 101 im Anhang) umfasste, begann zwar in den ersten Wochen des Jahres 1950, verzögerte sich aber aufgrund von Lieferschwierigkeiten und Mängeln bei den Stoffen[12] bis weit ins nächste Jahr hinein.

Im Februar 1951 erfolgte schließlich die noch ausstehende Angleichung der Dienstgradabzeichen des Saarbataillons an diejenigen von Gendarmerie und Landespolizei, so dass ab diesem Zeitpunkt im täglichen Dienst nur noch die Tuchfarbe eine Unterscheidung ermöglichte.

Anmerkungen

1 S. a. die betr. Gendarmeriekommandoanordnungen v. 2.2.1953 u. 1.3.1954 (Quellen: Polizeiarchiv).

2 Zit. n. der Polizei-Bekleidungsvorschrift. Teil II (Durch Verfügung des Ministeriums des Innern II A – 3236, v. 2.6.1950, mit Wirkung v. 1.1.1950 in Kraft gesetzt), Saarbrücken 1950; Abschnitt V: Bekleidungskammerbetrieb – hier § 50,1 a. S. 25.

3 Die am 15.1.1949 durch das Landespolizeikommando erlassene Verfügung zum Anbringen von Namensschildern oder -initialen galt für Oberbekleidungsteile und kleinere Wäschestücke wie Socken u.ä., die Kosten hatte der Beamte selbst zu tragen – vgl. hierzu a. die Anordnung Nr. 1/1949 (Quelle: Polizeiarchiv).

4 Vgl. zu den Bestimmungen für die Bekleidungskammer a. die Polizei-Bekleidungsvorschrift v. 1950; Teil II a. den S. 25–31.

5 S. hierzu a. die Anordnungen des Landespolizeikommandos v. 10.10.1950 sowie der Gendarmerie v. 13.10.1950 (Quellen: Polizeiarchiv).

6 Vgl. a. Abschnitt 5 – Bekleidungskammerbetrieb in der Polizei-Bekleidungsvorschrift. Teil II: Verwaltungsvorschrift (Durch Verfügung des Ministeriums des Innern II A – 3236, v. 21.5.1954, mit Wirkung v. 1.7.1954 in Kraft gesetzt), Saarbrücken 1954; S. 25–31.

7 S. zur organisatorischen Neuunterstellung a. H. Schneider (1964); S. 20.

8 Die Verfügung betr. Metallnummern wurde erst im Juni 1960 aufgehoben.

9 S. landespolizeil. Kommandoanordnung v. 14.12.1948 (Quelle: Polizeiarchiv) – die Bezeichnung „weiße Mäuse" für Verkehrsbeamte stammte ursprünglich aus Baden-Württemberg, da dort in den 50ern zur Verfolgung von Autobahnrasern weißlackierte Porsche 356 fuhren, deren Silhouette an eine Maus erinnerten!

10 So gemäß landespolizeilicher Anordnung v. 10.11.1949 (Quelle: Polizei - archiv).

11 So u.a. beim Austausch der Pistolenhalterungen im Oktober 1949; s. a. die betr. Kommandoanordung der Landespolizei v. 14.10.1049 (Quelle: ebda.).

12 Die nach wenigen Wochen durchgescheuerten Stiefelhosen der motorradfahrenden Beamten mussten bereits im März 1950 mit Lederbesätzen verstärkt werden; s. den Erfahrungsbericht der Völklinger Fahrbereitschaft an den Saarbrücker Kraftfahr- und Verkehrsüberwachungsdienst v. 10.3.1950 (Quelle: Landesarchiv des Saarlandes, Bestand Schutzpolizeiamt, lfde. Nr. 31) – die blauen Regenmäntel erwiesen sich nach längerem Gebrauch als nicht farbecht, vgl. a. die betr. Anordnung d. Gendarmeriekommandos v. 7.5.1951 (Quelle: Polizeiarchiv).

3.4.7 Sanitätsstelle

Eine ebenfalls zunächst dem Landespolizeipräsidium zugeordnete Abteilung verkörperte die Sanitätsstelle des hiesigen Sicherheitswesens. Am **16. August 1948** mittels Anordnung Guy Lackmanns **begründet**, blieb sie diesem in den ersten Jahren unmittelbar unterstellt. Als Leiter dieser anfänglich beim Saarbataillon untergebrachten Dienststelle wurde taggleich Dr. med. A. Dillschneider benannt, der die Position des „Polizeiarztes" über das Ende der Johannes-Hoffmann-Ära hinaus bekleidete. Während sich in der frühen Nachkriegszeit die allgemeinen staatlichen Gesundheitsbehörden um die medizinischen Belange der Polizei gekümmert hatten, oblagen künftig dem neuen Polizeiarzt „alle amtsärztlichen Untersuchungen betreffend Einstellungen, Entlassungen, Ruhestandsversetzungen, Dienstunfälle pp." sowie die „laufende Krankenüberwachung ... und ... Fertigung ... (von) Gutachten ..."[1]

Der Sitz auf dem Gelände des Saarbataillons barg zwei Vorteile. Einerseits konnten sich die Mitglieder dieser personalstarken Sparte bei Bedarf direkt an den Polizeiarzt wenden. Andererseits stand dort eine Krankenstube mit zehn Betten zur Verfügung, die die Durchführung kleinerer chirurgischer Eingriffe oder internistischer Behandlungen vor Ort erlaubte. Da die Sanitätsstelle in den ersten Jahren trotz einer polizeilichen Gesamtpersonalstärke von rund 2 000 Mann unverändert einen **Einmannbetrieb** darstellte, hielt Dillschneider auch bei einem Neunkircher Posten Sprechstunden ab, um zumindest an einem zweiten Ort erreichbar zu sein. Im Urlaub oder Krankheitsfall existierte keine Vertretung, so dass die Polizeibeamten in dieser Zeit einen privaten Arzt oder ein Krankenhaus konsultieren mussten.

Bedingt durch die mangels Mitarbeitern der Sanitätsstelle auftretenden Lücken bei der medizinischen Versorgung entschloss man sich zur fachspezifischen Fortbildung einzelner Polizisten, die danach den Polizeimediziner anhand eines sogenannten „Sanitätsdienstgrades" unterstützen konnten. Leider lässt sich die Einführung dieser Maßnahme ebenso wenig datieren wie zahlreiche andere Entwicklungen der polizeiärztlichen Dienststelle, da zu dieser nur noch vereinzelt Archivalien vorhanden sind. Da aber in einer Sondernummer der Polizeifachzeitschrift vom **April 1952** zwei **Sanitätspolizisten** benannt werden, kann man zumindest ab diesem Jahr von einem „Dreigestirn" bei der medizinischen Versorgung ausgehen.[2] Eine genauere Benennung des späteren Mitarbeiterstabes stammt erst aus dem Jahr 1964: Danach existierten insgesamt sechs Bedienstete (ein Leiter sowie fünf Beamte), wobei der nach 1958 zum Medizinalrat beförderte Polizeiarzt mittlerweile den Titel „Oberregierungsmedizinalrat" innehatte.[3]

Ab **Januar 1952** zeichnete auf Anordnung Lackmanns aus rein „haushaltstechnischen Gründen" die Leitung der Landespolizei für die Sanitätsstelle verantwortlich, wodurch sich die Zahl der dortigen Kommandostellen erneut erweiterte.[4] Im Zuge dieser Neuordnung erhielt der Polizeiarzt als Interimslösung Räumlichkeiten in der Unterkunft des Kraftfahrzeugüberwachungsdienstes am Saarbrücker Kieselhumes, um von dort am 28. März 1955 wieder zum Saarbataillon in dessen neue Unterkunft in der Mainzer Straße umzuziehen.[5]

Hinsichtlich des von der Polizeisanitätsstelle zu bewältigenden **Aufgabengebietes** lassen sich folgende Tätigkeiten benennen:

1. ärztliche Untersuchung von Einstellungskandidaten und der zur Entlassung oder Pensionierung anstehenden Bediensteten
2. Erledigung aller Versorgungsangelegenheiten (Beantragung von Heilverfahren, Erfassung und Behandlung von Dienstunfällen, Erstellung medizinischer Gutachten)
3. Betreuung der von den Beamten regelmäßig zu absolvierenden Tests hinsichtlich ihrer sportlichen Leistungsfähigkeit
4. Regelung aller Angelegenheiten bezüglich der freien Heilfürsorge (in der „Hilfs- und Sterbekasse" konnten sich alle saarländischen Polizisten freiwillig mit ihren Angehörigen privat zusatzkrankenversichern)
5. Gesundheitsfürsorge (Prophylaxeuntersuchungen wie Röntgenaufnahmen zur Eindämmung der Tuberkulose und anderer ansteckender Erkrankungen vor allem bei kasernierter Unterbringung, Regelkontrollen, Schutzimpfungen, Überprüfung der hygienischen Situation in den Revieren und der dort installierten Sanitätskästen etc.)
6. Gestellung medizinischer Notdienste bei größeren Einsätzen[6]

Im Rahmen seiner Fürsorgepflicht vor allem für die jüngeren Beamten des Saarbataillons wies Dr. Dillschneider 1951 beispielsweise auf die dortige gesundheitsschädigende Unterbringung hin:

Die in „mangelhaft geheizten Schlaf- und Aufenthaltsräumen" lebenden Bediensteten dieser Sparte litten gehäuft unter „Erkältungserkrankungen" und infolge der durch „die Fußbodenritzen hochsteigenden Dämpfe ... aus den Autogaragen und der Lackiererei ... an oft beklagten Kopfschmerzen". Da „zum regelmäßigen warmen Duschen in der Kaserne keine Möglichkeit" bestand, war die „wöchentliche Benutzung" der nahegelegenen „Badeanstalt ... einer Schule ... eine Notlösung", die nach seiner Auffassung ebenso dazu beitrug, dass sich „die Bataillonsangehörigen ... eine heimische Unterkunft ... suchen ... und daher nicht selten aus einer gewissen Zwangslage heraus ... eine große Anzahl von Heiratsgesuchen stellen ...".[7]

Inwieweit seine Ausführungen zum Umzug des Saarbataillons aus der St. Arnualer Artilleriekaserne auf das Polizeigelände in der Mainzer Straße 1952 beitrugen, lässt sich heute nicht mehr nachvollziehen. Sie leisteten aber sicherlich einen wesentlichen Beitrag hierzu.
Auf Betreiben Dr. Dillschneiders richtete man im Spätsommer 1957 im Kasernenkeller in der Mainzer Straße zur Stärkung der Abwehrkräfte eine finnische Sauna ein, die den heilfürsorgeberechtigten Bediensteten ab Oktober kostenlos, den übrigen für einen geringen Unkostenbeitrag zur Verfügung stand.[8] Ab Ende der 50er Jahre betrieb er außerdem die immer noch nicht angelaufene Schulung der Polizeibeamten zur Erstversorgung Verletzter am Unfallort, die diesen die wichtigsten medizinischen Grundkenntnisse hierzu vermitteln sollte.[9]

Anmerkungen

1 Zit. a. dem Rundschreiben d. Polizeipräsidenten v. 16.9.1948 zur Einrichtung d. Sanitätsstelle a. 16.8.1948 (Quelle: Landesarchiv des Saarlandes, Bestand Kriminalpolizeiamt, lfde. Nr. 58).

2 Vgl. a. den Artikel „Gesundheitliche und soziale Betreuung der saarländischen Polizei" von A. Dillschneider in „Unsere Polizei". Sondernr. April 1952; S. 23 – die erste Erwähnung eines Hauptwachtmeisters im Sanitätsgrad enthält Dillschneiders Brief v. 16.8.1956 zur Notfallregelung während seines Urlaubs.

3 Die für 1964 genannte Personalstärke entstammt H. Schneiders Landespolizei-Artikel (1964) a. S. 20; den *Medizinalrat* nennt erstmals die „Saarbrücker Zeitung" in „Auch Polizeibeamte ‚managerkrank'" v. 10.6.1959 (Quelle: SZ-Archiv).

4 Zit. n. der Verfügung Lackmanns v. 19.12.1951 zur Einordnung d. polizeiärztl. Abteilung in die P 2 (= Landespolizei) ab 1.1.1952 (Quelle: Polizeiarchiv).

5 S. Kommandoanordnung d. Gendarmerie v. 2.4.1955 (Quelle: ebda.).

6 Zu den Aufgaben d. Sanitätsstelle s. a. A. Dillschneider: Polizeiärztlicher Dienst; in: Die Polizei im Saarland. Zum Delegiertentag 1960 der Gewerkschaft der Polizei/Landesbezirk Saarland, Hamburg 1960; S. 135.

7 Zit. n. dessen Brief zur Bataillonsunterkunft v. 19.1.1951 (Quelle: Polizeiarchiv).

8 So lt. innenministeriellem Polizeireferat v. 28.9.1957 (Quelle: ebda.).

9 Vgl. hierzu a. die „Saarbrücker Zeitung" v. Juni 1959 (Quelle: SZ-Archiv).

3.4.8 Luftpolizei

Als Folge der saarländischen Eigenstaatlichkeit bedurfte es auch einer gesetzlichen Regelung zur Absicherung des landeseigenen Luftraums. Zu diesem Zweck erließ die Regierung am 29. **Mai 1951** die „Verordnung betreffend die Ueberwachung des Luftverkehrs und die Einrichtung eines Luftamtes im Saarland", die die hierdurch erwachsenden Aufgaben auf zwei Schultern verteilte. Die Aufsicht über die Flughafenleitung, den gesamten Luftverkehr, den Flugsport und die damit einhergehenden Veranstaltungen sowie die Untersuchung von Unfällen unterstanden dem zeitgleich begründeten Luftamt, das dem Wirtschaftsministerium zugeordnet wurde.

Die ebenfalls einzurichtende **Luftpolizei** unterstellte die Verfügung als landespolizeiliche Behörde dem Innenminister und definierte ihre **Überwachungspflichten** wie folgt:

· Aufrechterhaltung von Sicherheit und Ordnung auf dem Flughafen
· Überprüfung des Personenverkehrs ins In- und Ausland (Paßkontrollen bei Passagieren und Flugpersonal)
· Unterbindung von Handlungen seitens der Luftfahrer, die die innere oder äußere Sicherheit des Staates gefährden könnten (Transport von Gefahrengütern, Waffen oder Lichtbildgeräten)
· Absicherung von Luftfahrtveranstaltungen
· luftfahrttechnische Überprüfung der Flugsportclubs, des Flughafens und der damit verbundenen Transportunternehmen
· Kooperation mit dem Luftamt bei Luftfahrtunfällen
· Endabnahme der beim Luftamt zu beantragenden Genehmigungen für Photoaufnahmen, Zeichnungen, Skizzen etc. aus Flugzeugen
· Untersuchung der für die Luftfahrt arbeitenden Firmen
· Amtshilfe im Rahmen der Lufttransporte sowie bei der Durchführung von Zwangsmaßnahmen im Auftrag des Luftamtes[1]

Die am 13. September 1951 nachfolgenden Detailregelungen zur Gebührenordnung für die Flughafenbenutzung betrafen die Luftpolizei lediglich in Bezug auf die Abhaltung abgabepflichtiger Probeflüge, die bei den zuständigen Polizeibeamten angemeldet sein mussten.[2]

Die Luftpolizeidienststelle siedelte man direkt beim **Saarbrücker Flughafen** im Stadtteil **St. Arnual** an, der auf eine lange Tradition zurückblicken konnte, da man bereits vor dem Ersten Weltkrieg auf den dortigen Saarwiesen Flugtage veranstaltet und 1928 den ersten Flugplatz eröffnet hatte. Nach 1945 existierte dieser zunächst für den privaten Segel- und Motorflugbetrieb weiter, wobei die Luftfahrtbegeisterung von einigen Angehörigen des französischen Militärgouvernements, allen voran Gilbert Grandval, aber auch der saarländischen Prominenz die grundsätzliche Wiederbelebung des St. Arnualer Standortes außerordentlich förderte.[3] Im Frühjahr 1949 wurde der „Aero-Club Saar" als saarländischer Flugsportverein ins Leben gerufen, der sowohl Motor- und Segelflieger als auch Ballonfahrer und Modellbauer unter seine Fittiche nahm und ab 1950 wieder die allseits beliebten Flugtage, Saisonstarts und Segelflugzeugtaufen sowie 1953 die ersten Meisterschaften im Modellflug durchführte.[4]

Abb. 103: Ein saarländischer Polizist sichert Saarland-Rundflüge ab, die der regionale Waschmittelhersteller VALAN bei dessen Flugtag am 22. April 1951 in St. Arnual verloste

Abgesehen von den in den 50ern zahlenmäßig stark anwachsenden Privatfliegern und regelmäßig angebotenen Flugveranstaltungen aller Art frequentierte ab 1950 hauptsächlich die französische Luftverkehrsgesellschaft Transports Aériens Waldberg (TAW) den mit neuem Hangar und Abfertigungsraum modernisierten Saarbrücker Flughafen mit mehreren

Passagierlinienflügen wöchentlich nach Paris sowie gewerblichen Transporten, primär während der Saarmesse.

NUN HABEN WIR DIE (LuPo)

„Das sind die Anwärter für unsere neue «LUPO» —, sie machen sich etwas mit der Materie vertraut!"

Abb. 104: So manche Karikatur zur saarländischen Luftpolizei im „Tintenfisch" – hier aus der Augustausgabe 1951 – blieb nicht ohne Seitenhieb auf deren Betätigungsfeld …

Die im „Tintenfisch" liebevoll mit dem Kürzel „LuPo" titulierte Luftpolizeidienststelle verfügte weder über eigene Piloten noch Fugzeuge. Und da das Saarbataillon auf dem nahegelegenen Wackenberg in St. Arnual stationiert war, nahmen auch meist dessen Beamte deren Funktionen wahr[5], die Innenminister Hector am **20. Mai 1952** anhand einer **Dienstanweisung** noch einmal genauestens umriss. Danach zählten zu den in Flugzeugen verbotenen Gefahrengütern neben Sprengstoffen und Waffen auch Gase, Munition oder Brieftauben. Die Kontrolle der Flugpersonalpapiere schloss künftig auch den Pilotenschein mit ein. Alle übrigen Polizeidienststellen des Landes hatten bei verdächtigen Wahrnehmungen (Militärmaschinen im saarländischen Luftraum, Abwurf von Gegenständen außerhalb des Flughafengebiets u.ä.) die Kollegen der LuPo schnellstmöglich telefonisch zu informieren und diese in Notsituationen oder bei Flugunfällen zu unterstützen. Außerdem verpflichtete die Anordnung die LuPo-Beamten zur engen Kooperation mit den französischen Sicherheitsbehörden.[6]

Da die Landebahn des unmittelbar an der Saar situierten Flughafens bei Hochwasser regelmäßig überflutet wurde, die Enge des Saartals häufig ungünstige Windverhältnisse und folglich aerodynamische Probleme mit sich brachte und die nahegelegene Innenstadt die Piloten immer wieder

416

zu riskanten Start- und Landemanövern zwang, wurde ab Frühjahr 1955 der St. Arnualer Betrieb etappenweise eingestellt. 1956 verlegte man den Standort zwar offiziell auf das Höhenplateau im Stadtteil Ensheim. Die Aufnahme des dortigen Luftverkehrs ließ aber infolge der äußerst schleppenden Bauarbeiten für die komplette Neuanlage eines Flugplatzes noch bis Sommer 1967 auf sich warten.

Abb. 105: drei Saarbataillonsmitglieder bei der Flughafenwache in St. Arnual

Nichtsdestotrotz eröffnete die saarländische Luftpolizei bereits im Januar 1956 eine neue Dienststelle in Ensheim[7], die aber keinerlei Aufgaben mehr erfüllte. Die Schließung dieses Postens lässt sich zwar ohne diesbezügliche Quellen nicht taggenau datieren. Da man aber den dort diensthabenden Beamten am 1. August 1956 mit der Leitung der örtlichen Gendarmerieinspektion betraute, kann man für die Monate zuvor von einem langsamen „Einschlafen" der LuPo ausgehen.

Hinsichtlich ihrer organisatorischen Zuordnung nahm diese Polizeiabteilung bis zum Schluss – dies lassen die wenigen erhaltenen Archivmaterialien erkennen – eine merkwürdige Zwitterstellung ein. Als landespolizeiliche Behörde deren Kommando offiziell zugewiesen, stammten dennoch alle LuPo-relevanten Anordnungen vom Polizeipräsidenten und unterstrichen damit das besondere Augenmerk des Innenministeriums auf diese Dienststelle.

Anmerkungen

1 S. zu den Einzelbestimmungen d. Verordnung a. den kompletten Text im Amtsblatt des Saarlandes 1951 a. S. 733ff.

2 S. hierzu a. Artikel 1 der „Anordnung über die Festsetzung der Lande-, Unterstell- und sonstigen Gebühren für die Benutzung des Flughafens Saarbrücken-St. Arnual und seiner Einrichtungen" v. 13.9.1951; abgedr. in ebda. a. S. 1371f.

3 Am 11.10.1947 verunglückte Grandval selbst als Pilot beim Start seiner in St. Arnual stationierten Maschine, in der sich u. a. auch Johannes Hoffmann, Oberst Cogombles, Dr. Franz Singer u. Erwin Müller befanden; durch das Zerbrechen des Landegestells erlitt jedoch niemand ernsthafte Verletzungen – s. hierzu a. die entsprechende Notiz in der „Saarbrücker Zeitung" v. 14.10.1947 (Quelle: SZ-Archiv).

4 Zur Gründung d. Aero-Club Saar s. a. „Auto Technik und Sport" 1(1949)5/6, S. 18 sowie zum Ballonfahrertag d. Vereins auf den St. Arnualer Wiesen am Ostersonntag 1950 ebda. 2(1950)4.

5 Der einzige, in den Polizeiakten auffindbare Beleg zum Personal der St. Arnualer Luftpolizeidienststelle stammt v. 21.8.1952; an diesem Tag meldete das Nachrichtenblatt des Landespolizeipräsidiums die Krankheitsvertretung des dortigen Dienststellenleiters, Polizeiobermeister Seiler, durch den Polizeikommissar im Saarbataillon Kortas (Quelle: Polizeiarchiv).

6 Vgl. zu den Erweiterungen a. Hectors „Dienstanweisung zur Durchführung der Verordnung betr. die Überwachung des Luftverkehrs ..." v. 20.5.1952 (Quelle: Landesarchiv des Saarlandes, Bestand Schutzpolizeiamt, lfde. Nr. 31) – ergänzend unterrichtete das Innenministerium am 4.6.1952 die Landräte über die Aufgabenspezifizierungen u. forderte bei der Beobachtung verdächtiger Flugzeuge, Personen oder Gegenstände zur sofortigen Meldung beim nächsten Polizeiposten auf; s. a. die diesbezügl. Unterrichtung der Amtsvorsteher u. Bürgermeister durch Regierungsrat Stobbe am 10.6.1952 (Quelle: Archiv Rathaus Dudweiler, lfde. Nr. 767).

7 Am 16.1.1956 ordnete der Polizeipräsident ein Mitglied d. vormaligen Saarbataillons ab Februar zur „Luftpolizeidienststelle Ensheim" ab (Quelle: Polizeiarchiv).

3.4.9 Musikkorps

Eine in organisatorischer Hinsicht mit der Luftpolizeidienststelle vergleichbare Zwischenposition nahm auch das im **April 1949** auf eine Initiative des Regierungsinspektors Theo Eckert und mit Unterstützung Guy Lackmanns begründete Polizeimusikkorps ein. Unter der Stableitung von Polizeimeister Willy Klein (1949 bis 1959) bildete es zwar eine unmittelbar dem Polizeipräsidium zugewiesene Dienststelle, die aber der Landespolizeikommandeur verwaltete.

Bei Begründung der Polizeikapelle beschritt man nach dem Krieg keineswegs Neuland, sondern konnte auf zwei Vorgänger zurückblicken: das 1928 errichtete Musikkorps der Landjägerei sowie die von 1929 bis 1935 existierende Formation der Saarbrücker Kommunalpolizei, die hauptsächlich im dortigen Stadtbereich aufspielte. Da nach der Rückkehr ins Deutsche Reich 1935 die Landjäger aufgelöst und die gesamte Saargebietspolizei verstaatlicht wurde, integrierte man etliche Mitglieder der Landjägerkapelle in das neue Polizeimusikkorps, das nun im gesamten saarpfälzischen Raum auftrat und als institutioneller wie personeller Nachfolger der beiden vorhergehenden Orchester fungierte. Die westlichen Gebietserweiterungen während des Zweiten Weltkrieges führten zur Stationierung der auf Blasmusik spezialisierten Polizeikapelle ab 1942 im lothringischen Metz.

Abb. 106: das saarländische Polizeimusikkorps in den 50er Jahren

419

„Den denkbar besten Eindruck hinterließ"[1] das neubegründete „Musik-korps des Landespolizeipräsidiums Saarbrücken" bei einem seiner ersten Auftritte anlässlich des Namenstages von Ministerpräsident Johannes Hoffmann Ende Juni 1949. Zu den zahlreichen Feierlichkeiten, die die Polizeikapelle fortan im ganzen Saarland musikalisch begleitete, gehörte bereits kurz darauf das am 3. Juli 1949 durch dessen „passende Musik-vorträge umrahmte"[2] Waldfest der Landespolizei am Saarbrücker Kie-selhumes. Ein ganzes Platzkonzert gaben die musizierenden Beamten am 21. August anlässlich des „Tages der saarländischen Polizei", der für einige Jahre ebenso einen festen Programmpunkt im Kalender dieser Dienststelle bilden sollte wie das Strandfest in der Landeshauptstadt und der dortige Burbacher Rosenmontagsumzug.

Abb. 107: die Polizeikapelle beim „Tag der saarländischen Polizei" im Juli 1953

Da auch zum Musikkorps nur spärliche Quellen vorhanden sind, kann man dessen personelle Ausstattung lediglich anhand von Photoaufnahmen aus den 50er Jahren auf circa dreißig Mann – die Stärke eines Zuges – schät-zen.[3] Fähige Musiker in den Reihen der Polizei zu finden und dabei auch noch möglichst breitgefächert die tragenden Orchestergruppen zu beset-zen, gestaltete sich nach dem Krieg selbstredend schwierig, so dass man gerne bereit war, auch Beamte aus anderen Sparten zum Musikkorps ab-zuordnen. So stellte beispielsweise im September 1949 allein das Saarba-taillon neun Mann den musizierenden Kollegen zur Verfügung.[4]

Abb. 108:
Das Polizeimusik-
korps besaß einen
guten Ruf und
musste sich entge-
gen der „Tinten-
fisch"-Karikatur
vom März 1952
durchaus nichts
dazuverdienen ...

Die im Vordergrund stehende Verpflichtung der Polizeimusiker zur musikalischen Untermalung von Festivitäten verschiedenster Art darf nicht darüber hinwegtäuschen, dass diese, wenn auch in reduzierter Form, ebenfalls ihren Teil zum vollzugspolizeilichen Dienst beizutragen hatten. Ihre Aufgaben beschränkten sich aber infolge des verminderten Einsatzes in den ersten Nachkriegsjahren auf die Durchführung von Streifen, Wachen und Verkehrskontrollen.

Einen Überblick zum Arbeitspensum dieser durch ihre repräsentativen Auftritte das Bild der gesamten saarländischen Nachkriegspolizei bei der Bevölkerung prägenden Abteilung liefert der Jahresbericht des Landespolizeikommandos von 1951. Danach absolvierten die Musiker des Polizeiorchesters, die zweimal pro Woche probten, in den vergangenen zwölf Monaten 55 Konzerte, siebzehn Geburtstagsfeiern, neunzehn Kameradschaftsabende und zehn Beerdigungen.[5]

Am 1. Oktober 1958 trat Musikkorpsleiter Klein in den Ruhestand. Sein Nachfolger wurde ab Jahresbeginn 1959 Paul Adt, der dem Orchester bereits seit seinem Gründungsjahr 1949 als Erster Flötist, Pianist und Cellist angehörte.[6]

Anmerkungen

1   So die Dankesworte Lackmanns zum Auftritt d. Musikkorps bei Minister-
    präsident Hoffmann im hauseigenen Nachrichtenblatt v. 18.8.1949 a. S. 100
    (Quelle: Polizeiarchiv).

2   Zit. n. dem Artikel „Die Polizei als Freund und Helfer – Waldfest der Landes-
    polizei zur Betreuung von Waisenkindern" in der „Saarbrücker Zeitung"
    Nr. 152 v. 5.7.1949 (Quelle: SZ-Archiv).

3   Ein Zug bestand bei der saarländ. Nachkriegspolizei aus dreißig Beamten,
    ein Halbzug aus fünfzehn u. eine Gruppe aus zehn Mann.

4   So laut Bericht d. Bataillonsleiters an den Polizeipräsidenten v. 5.9.1949
    (Quelle: Landesarchiv des Saarlandes, Bestand Polizeiabteilung, lfde.
    Nr. 92).

5   Vgl. zu den verschiedenen Einsätzen der Musikkorpsmitglieder a. den lan-
    despolizeilichen Tätigkeitsbericht v. 1951 (Quelle: ebda., Bestand Schutz-
    polizeiamt, lfde. Nr. 31).

6   S. zur Geschichte der Vorgängerkapellen u. zum Fortgang des Musikkorps
    nach 1945 a. 75 Jahre Polizeimusik an der Saar. Ein historischer Rückblick
    beim Polizeimusikkorps des Saarlandes vom Jubiläumsjahr 2004 bis zum
    Ursprung 1929, o.O. 2004; S. 29ff.

3.5 Diensthundestaffel

Die Hundestaffel der saarländischen Polizei zählt zwar zu den wenigen Dienststellen der Nachkriegszeit, die gegenwärtig noch existieren, sie entwickelte sich allerdings völlig gegenläufig zu den sonstigen organisatorischen Tendenzen. Bei ihrer Begründung bildete sie weder eine selbständige Abteilung noch erfuhr sie eine offizielle Zuordnung innerhalb des polizeilichen Organigramms. Folglich gehörten alle hundeführenden Beamten verwaltungstechnisch weiterhin der jeweiligen Sparte an, in der sie ihren Dienst verrichteten. Bezüglich ihrer unter der Rubrik „Diensthundewesen" zusammengefassten Belange zählten sie aber zum Landespolizeipräsidium, dessen Aufgaben wiederum in der Praxis weitgehend das Landespolizeikommando übernahm. Die Hundestaffel befand sich daher rund zwanzig Jahre lang in einem **organisatorischen Schwebezustand**, der erst am 2. November 1967 mit der Einrichtung einer eigenständigen Abteilung endete.

Abb. 109: die Teilnehmer des ersten Lehrgangs im Frühjahr/Sommer 1948

Die Anfänge der „Polizeidiensthundestaffel" leitete der Direktor der St. Ingberter Polizei- und Gendarmerieschule, Karl Albrecht, im Frühjahr 1948 in die Wege. Er bat am 6. März 1948 in einem Schreiben an das frisch gegründete Polizeireferat des saarländischen Innenministeriums um Erlass eines dienstlichen Vorschriftenkatalogs zur Unterhaltung von Diensthunden. Dieser benötigte aufgrund der strengen Besatzungsbestimmungen für das deutsche Sicherheitswesen außerdem eine **Genehmigung** des französischen Militärgouverneurs sowie der Sûreté. Nachdem der Antrag Anfang **April 1948** positiv beschieden worden war[1], konnte Albrecht an seiner Ausbildungsstätte mit der geplanten Schaffung einer „Abrichteanstalt" fortfahren.

Gemäß den polizeilichen Traditionen der Vorkriegsjahre hatten saarländische Polizisten in der frühen Nachkriegszeit, mehrheitlich bei der

Abb. 110: Schäferhund beim Training an der Wand

Gendarmerie, zunächst ihre eigenen Vierbeiner eingesetzt und deren Ausbildung aufgrund ihrer Berufserfahrung selbst vorgenommen. Nun konnte die Polizeischule den ersten **Hundeführerlehrgang** vom **3. Mai bis** zum **12. Juli 1948** anbieten. Die Liste der interessierten Polizeibeamten wurde zwar stetig länger, doch mehr als zehn Bedienstete ließ der Schulungsleiter, Polizeiobermeister Thomas Balzert, zwecks erfolgreichem Abschluss nicht zu. Daher fand die zehn- bis zwölfwöchige Ausbildung von Mensch und Tier bis Mitte November 1949 sogar zweimal pro Jahr statt.

Die rund dreimonatigen Schulungen dienten dem Training in den Punkten Unterordnung, Sicherungsdienst sowie Mann- und Fährtenarbeit, denn die saarländischen Polizeihunde fungierten entweder als Schutzbegleiter beim Streifendienst oder als Spurensucher. Mit Übungsstunden im vierzehntägigen Rhythmus, die die Diensthundeführer des gesamten Landes wahrnehmen mussten, ließen sich die bereits erlernten Fähigkeiten der Tiere erhalten bzw. weiter verfeinern.

Ab 1950 setzte die Ausbildung zum Hundeführer für knapp fünf Jahre gänzlich aus und wurde erst im August 1954 für einen einzigen Kurs wieder aufgenommen, um nach dem Referendum über das Saarstatut erneut mehrere Jahre zu pausieren.

Abb. 111: Mensch und Tier beim Training

Am 1. August 1955 übernahm die Leitung der St. Ingberter Abrichteanstalt Johann Karthein; dieser betätigte sich aber in dieser Funktion bis Ende September 1960 nicht mehr als Trainer für Anfänger, da die hiesigen Polizisten erst wieder ab 1961 eine Grundausbildung absolvierten, die spezielle Schulungen für Schutz- und Fährtenhunde ergänzten. In den lehrgangsfreien Zeiträumen fanden aber die Übungseinheiten in zweiwöchigem Abstand weiter statt.

Während sich die Modifikationen der Ausbildung ab 1956 mit der bevorstehenden Anpassung an das bundesrepublikanische Diensthundewesen erklären lassen, fehlt für die vorhergehenden Schulungslücken jeder eindeutige Quellenhinweis. Daher kann man heute nur mutmaßen, dass bis Ende 1949 der Bestand an ausgebildeten Hundeführern wie Vierbeinern für die Bedürfnisse des täglichen Dienstes ausreichte.[2]

Da die betreffenden Beamten keine eigene Dienststelle mit fester organisatorischer Zuordnung bildeten, lässt sich auf den **Personalbestand** und die **Anzahl der** zur Verfügung stehenden **Tiere** nur anhand einzelner Unterlagen aus den Aktenbeständen der jeweiligen Sparte schließen. Im November 1949 benannte das Landespolizeipräsidium in seinem Nachrichtenblatt hinsichtlich der „im Bedarfsfalle anzufordernden staatseigenen Schutz- und Fährtenhunde"[3] insgesamt vierzehn Polizisten mit ebenso vielen Vierbeinern. Von diesen gehörten acht der Gendarmerie in Überherrn, Beckingen, Losheim, St. Wendel, Einöd, Rohrbach und Vaudrevange (= Wallerfangen) an, fünf zählten zur Landespolizei (Riegelsberg, Neunkirchen, Bildstock, Wadgassen und Kohlhof), und nur einer war bei der Saarbrücker Kriminalpolizei stationiert.

Da im Folgejahr die Lehrgänge für Hundeführer eingestellt wurden, kann danach von einem gleich bleibenden Bestand ausgegangen werden. Als Diensthunde setzte man fast durchweg deutsche Schäferhundrüden und -weibchen mit schwarz-graugelbem Fell ein; eine Ausnahme hiervon bildeten ein Dobermann sowie ein

Abb. 112: der unischwarze Polizeischäferhund

schwarzer Schäferhund. Die größtenteils ab einem Alter von ein oder zwei Jahren verwendeten Tiere stammten vor allem anfangs aus dem Privatbesitz des jeweiligen Polizisten; erst später wurden sie mehrheitlich auf Staatskosten erworben.

Eine Registrierung fand in der sogenannten „Stammrolle" für Polizeidiensthunde statt, die neben den wichtigsten Daten wie Geburtsjahr, Rasse, Abstammung und Entlassung aus dem Dienst auch Angaben zu Charakter oder Erkrankungen enthielt. Nach der Ausmusterung, die meist nach acht bis zehn Lebensjahren erfolgte, verblieben die Vierbeiner mehrheitlich bei ihren „Polizeiherrchen". Manchmal wurden sie auch gegen Gebot als Wachhunde verkauft und nur äußerst selten einem Tierheim übergeben.

Von der Ende August 1954 einmalig wiederholten und um den Unterrichtspunkt „Gewandtheit" erweiterten Schulung von zehn Beamten mitsamt Tieren, die man zu Monatsbeginn zusätzlich erworben hatte, profitierte ausschließlich die saarländische Grenzpolizei, die ab diesem Zeitpunkt unabhängig von der sie organisierenden Gendarmerie über abteilungseigene Hunde verfügte.[4] Der nun auf 24 Hunde angewachsene Gesamtbestand verringerte sich bis Februar 1957 gemäß einer innenministeriellen Haushaltsliste zu den Unterhaltskosten für Diensthunde und -pferde nur um ein Tier. Nach Auflösung des Grenzdienstes im November 1957 betreuten sehr wahrscheinlich weitgehend Kollegen der Gendarmerie die Hunde weiter.[5]

Abb. 113: Übungsteil im Rahmen der Ausbildung zum Begleithund

Zur Finanzierung des Unterhaltes der Tiere erhielt der hundeführende Beamte monatlich ein sogenanntes „Futter- und Pflegegeld" sowie den Versicherungsbeitrag erstattet. Die im Zusammenhang mit einer tierärztlichen Behandlung entstehenden Kosten übernahm die Polizeibehörde ebenfalls. Das monatliche **Futtergeld** erfuhr entsprechend den aktuellen Teuerungsraten eine permanente Erhöhung: Im Sommer 1948 mit 1 500 Francs (= dreißig Reichsmark) startend, betrug es bereits ab Dezember desselben Jahres 2 000 Francs. Da sich ab Herbst 1951 die Klagen der Polizisten über steigende Preise vor allem beim Futtereinkauf häuften und für die bei der Saarbrücker Eisenbahndirektion gelisteten Vierbeiner zeitgleich pro Monat 2 800 Francs zur Verfügung standen, erwirkte der Polizeipräsident beim Finanz- und Innenminister ab Oktober 1951 eine adäquate Anhebung des polizeilichen Futtergeldes.

Weniger erfolgreich setzte sich Guy Lackmann zwei Jahre später aufgrund erneuter polizeiinterner Bitten für eine weitere Aufstockung ein. Ein Kripobeamter hatte den monatlichen Verbrauch seines Diensthundes auf zehn Kilogramm Haferflocken (tausend Francs), ebenso viel Fleisch (2 000 Francs), acht Kilogramm Knochen (400 Francs), Gemüse, Milch und Brucheier im Wert von 800 sowie Pflegemittel in Höhe von 300 Francs beziffert. Er plädierte für ein Futtergeld von 4 500 Francs, da er die Fehlbeträge bislang aus eigener Tasche finanzierte.[6] Unter Berufung auf die von der Eisenbahnverwaltung mittlerweile gezahlte Unkostenpauschale (4 000 Francs), den von den Wach- und Schließgesellschaften geleisteten Betrag (4 500 Francs) und mit Unterstützung seitens des St. Ingberter Abrichteleiters Wilhelm Hoffmann setzte sich der Polizeipräsident jedoch vergeblich im Januar 1954 für eine Anpassung auf mindestens 4 000 Francs ein. Nach zähem Ringen gestattete man ihm unter Hinweis auf die nur geringfügig höhere Blindenhundpauschale (3 800 Francs) lediglich 3 500 Francs Futtergeld, die aufgrund der Teuerung erst ab April 1957 auf 3 800 Francs angehoben wurde.[7]

Bezüglich der **Beiträge zur Haftpflichtversicherung** kam es im Verlauf der ersten fünf Nachkriegsjahre zu einer zeitlich nicht mehr fixierbaren Änderung. Während das Landesschatzamt diese Kosten zunächst unabhängig vom übrigen Unterhaltsgeld überwies, deckte die monatliche Futter- und Pflegepauschale spätestens ab Sommer 1950 auch das Versicherungsgeld mit ab, das zu dieser Zeit mit 1 380 Francs pro Jahr knapp sechs Prozent des gesamten Entgeltes betrug (24 000 Francs). Dieses Verhältnis blieb in den folgenden Jahren unverändert fortbestehen.[8]

Keinerlei Modifikation hingegen erfuhr die Begleichung der **Veterinärrechnungen**, die der Hundeführer von Beginn an zwecks Überweisung oder direkter Auszahlung an die Landeskasse weiterreichte und somit keine Vorkasse leisten musste.

Hinsichtlich der **Sonderausstattung** beinhalteten die Bekleidungsvorschriften keinerlei Informationen, lediglich unter der Rubrik „Schutzkleidung" bestimmte der Katalog die Verwendung einer „ausgetragenen Garnitur Tuchbekleidung"[9] als Übungsanzug. Hundeleinen und -halsbänder, Karabinerhaken, Fressnäpfe, Bürsten und Kämme, Maulkörbe und anderes Zubehör kaufte die Polizei zentral ein und verteilte es nach Bedarf.

Auf die korrekte **Haltung der Diensthunde** durch die zuständigen Beamten legten Polizeileitung respektive Abrichteleiter allerhöchsten Wert und zogen beim Auftauchen des geringsten Zweifels sofort Konsequenzen. So führte beispielsweise eine einzige Beschwerde Thomas Balzerts über einen Homburger Polizeiwachtmeister im September 1949 bereits acht Tage später zur Weitergabe des Tieres an einen Dienststellenkollegen, da es nicht genügend Pflege erhalten hatte, zu Hause als Hof- und Wachhund verwendet und aufgrund familiärer Umstände nicht artgerecht gehalten worden war.[10]

Die hundeführenden Polizisten ernteten aber nicht nur Tadel, sondern auch viel Lob wie im Fall des erfolgreichen Einsatzes der beiden Schäferhunde Asko aus Wadgassen und Flock aus Bildstock. Sie hatten zur schnellen Ergreifung von Einbrechern und zum Aufstöbern des Diebesgutes beigetragen.[11] Und da die Polizeihunde nicht nur dem jeweiligen Beamten, sondern auch der Bevölkerung eines gewisses Sicherheitsgefühl vermittelten, hagelte es in der Presse schon mal Proteste, wenn ein beliebter Vierbeiner plötzlich aus dem gewohnten Straßenbild verschwand. So zum Beispiel geschehen bei Arko, der mit seinem Herrchen Josef Forster seit Herbst 1955 unter anderem den Saarbrücker Südfriedhof regelmäßig observiert und damit „vielen Friedhofsbesuchern"[12] die Angst vor den dortigen Schwarzhändlern genommen hatte. Sein unangekündigtes Fernbleiben im Frühjahr 1957 hinterfragte stante pede eine Notiz in der „Saarlandbrille" ...

Anmerkungen

1 Am 13.3.1948 leitete der damalige Staatssekretär d. Innern, Hector, Albrechts Bitte weiter an Grandval unter Hinweis auf den Gendarmerieoberwachtmeister Walter Reupke aus Rohrbach, der seine private Dobermannhündin Anni v. Jägerdick für Polizeizwecke ausbilden lassen wollte; die Erlaubnis zum Diensthundewesen erfolgte seitens Grandval am 31.3., von der Sûreté am 2.4.1948 (Genehmigungsverfahren Nr. 482–1 u. Nr. 222 PG/CPS); s. hierzu a. die Ausführungen in: Dreißig Jahre Diensthundestaffel der saarländischen Polizei. Festschrift; hrsg. von der Polizeidirektion Zentrale Dienste Saarbrücken. o.O. 1997.

2 Dies bestätigt zumindest ein Hinweis in den betr. Aktenbeständen; die Bitte Walter Reupkes, seinen an Staupe erkrankten Diensthund „Anni" durch eine weitere Dobermannhündin zu ersetzen, wurde im Juni 1949 abgelehnt, da „an der Ausbildung und Verwendung von beamteneigenen Hunden ... dienstlicherweise kein Interesse mehr" bestand – s. a. das Antwortschreiben Lackmanns an Reupke v. 30.6.1949 (Quelle: Polizeiarchiv).

3 Zit. n. ebda. (1949)12 v. 25.11.1949; S. 118f.

4 Der Kurs lief v. 23.8.–13.11.1954 u. wurde von Abrichteleiter Hild, Gendarmerieobermeister, abgehalten; vgl. hierzu a. den abschließenden Lehrgangsbericht d. St. Ingberter Polizeischule an Lackmann v. 13.11.1954 – der gute internationale Ruf d. Hundeführerausbildung an der Saar bewegte den Baseler Stadtpolizeidirektor Perret im Sept. 1954 zu einer Reise mit seinem Hundedressurleiter Fricker nach Saarbrücken, bei der er auch die Polizeischule besuchte; s. a. den Briefwechsel im Aug./Sept. 1954 zw. Perret, Lackmann u. Hector (Quellen: Polizeiarchiv).

5 Vgl. a. die Budgetliste d. Polizeireferats II D I für den Unterhalt d. Polizeihunde u. -pferde v. 20.2.1957 (Quelle: Polizeiarchiv).

6 S. hierzu a. das Schreiben d. Kriminalassistenten Buchheit 1953 an Lackmann v. 7.9.1953 (Quelle: ebda.).

7 S. zum Schriftwechsel bzgl. der Futtergelderhöhung v. Sept. 1953 bis Juni 1954 a. die betr. Unterlagen im Polizeiarchiv – die neue polizeil. Hundepauschale wurde erst am 2.6.1954 festgesetzt, aber rückwirkend ab 1.1. d. Jahres ausgezahlt.

8 Den ersten Hinweis hierzu liefert der ablehnende Bescheid Lackmanns an einen Gendarmeriewachtmeister v. 1.9.1950 – das Verhältnis blieb bis Okt. 1953 unverändert: von 33 600 Francs Jahresfuttergeld waren 1 936 Francs als Versicherungsbeitrag zu zahlen; s. Schreiben d. Abrichteleiters Hoffmann an Lackmann v. 10.10.1953 (Quellen: Polizeiarchiv).

9 Zit. nach § 18 d. Polizei-Bekleidungsvorschrift. Teil II v. 1954; S. 15.

10 S. zu dem Vorgang betr. den Homburger Diensthund „Rolf" a. den Briefwechsel v. 2.9. bis 4.11.1949 (Quellen: Polizeiarchiv).
11 Vgl. a. die Anerkennung in der landespolizeil. Kommandoanordnung
v. 8.3.1950 (Quelle: ebda.).
12 Zit. n. der Notiz „Wo ist der Polizeihund Arko?" aus: Saarlandbrille Nr. 27
v. 1957 (Quelle: SZ-Archiv).

3.6 Grenzpolizei

Bedingt durch die von Dezember 1947 bis Ende 1956 dauernde Existenz als autonomer Staat ergab sich für das Saarland die Notwendigkeit, einen **Grenzdienst** einzurichten. Hierzu traf man bis zum 30. Dezember 1949 zahlreiche Zusatzvereinbarungen betreffend der ab April 1948 wirksamen Wirtschafts- und Zollunion mit Frankreich und erkannte die saarländische Staatsangehörigkeit am 15. Juli 1948 an.

Die ab Oktober 1949 anlaufenden Vorbereitungen zur Grenzpolizei gestalteten sich hinsichtlich der Anmietung von Unterkünften für die neuen Dienststellen besonders schwierig, da das Landeswohnungsamt den weiterhin knappen Wohnraum vorrangig an die Bevölkerung weitergab – zumal die unmittelbar nach dem Krieg eröffneten Zollposten diesen bereits reduziert hatten. In besonders krassen Fällen mussten die Grenzpolizisten daher zunächst in Bürobaracken oder Gaststätten logieren.[1] Trotz dieser Hindernisse nahm die Grenzpolizei wie geplant ab **1. Januar 1950** ihre Aufgaben zur Absicherung der gemeinsamen Grenzen mit Luxemburg, Frankreich und der Bundesrepublik Deutschland wahr und löste damit die hierzu bislang eingesetzten französischen Grenzler ab (s. a. Abb. 114 im Anhang).

Die Leitung des Grenzdienstes unterstand einem dem Polizeipräsidenten zugeordneten Gendarmerierat, der auch den Dauerdienst beaufsichtigte. Erst fünf Jahre später erhob man am 1. April 1955 den Bereich als Abteilung P 5 des Polizeireferats zu einer eigenständigen Sparte. Die am 12. September 1956 revidierte Zuordnung unter das Landespolizeikommando ist nicht genau datierbar, aufgrund politischer und polizeiinterner Ereignisse aber wahrscheinlich auf die Zeit ab Januar 1956 einzuschränken. Ihr folgte trotz des nahenden Anschlusses an Deutschland im Januar 1957 noch die Schaffung eines Grenzpolizeikommandos.[2] Am **14. November 1957** wurde der Grenzdienst wieder aufgelöst. Bis zum „Tag X" (6. Juli 1959) oblagen der Gendarmerie weiterhin an achtzehn Grenzübergängen zwischen dem Saarland und Frankreich die Passkontrolle und Gebietssicherung.

Die Grenzpolizei gehörte nach ihrer Gründung **organisatorisch** der Gendarmerie an, deren Bedienstete auch den Löwenanteil des Personalbe-

Grenzübergänge zwischen dem Saarland und Frankreich (1950)[3]

Grenzdienststellen	zuständige Polizeisparte
Perl-Bahnhof, Perl-Straße und Elft-Hellendorf	Gendarmeriebrigade Perl
Büschdorf und Wellingen	Gendarmeriebrigade Orscholz
Silvingen	Gendarmeriebrigade Hilbringen
Bieringen, Oberesch und Fürweiler	Gendarmeriebrigade Gerlfangen
Niedaltdorf und Niedaltdorf-Bahnhof	Gendarmeriebrigade Siersburg
Leidingen und Ittersdorf	Gendarmeriebrigade Vaudrevange
Felsberg, Bisten, Überherrn-Bahnhof und Überherrn-Straße	Gendarmeriebrigade Überherrn
Lauterbach-Kreuzwald und Lauterbach-Carlingen	Gendarmeriebrigade Lauterbach
St. Nikolaus und Naßweiler	Gendarmeriebrigade Karlsbrunn
Emmersweiler und Großrosseln	Gendarmerieaußenposten Großrosseln
Klarenthal und Gersweiler-Krughütte	Landespolizei
Saarbrücken-Bahnhof und Saarbrücken-Goldene Bremm	Gendarmerieinspektion Saarbrücken
Saarbrücken-Folsterhöhe	Landespolizei
Schönbach	Landespolizei
Kleinblittersdorf und Hanweiler-Bahnhof	Gendarmeriebrigaden Kleinblittersdorf und Hanweiler
Bliesmengen, Habkirchen, Reinheim-Bahnhof und Reinheim-Straße	Gendarmeriebrigade Gersheim
Niedergailbach, Peppenkum, Utweiler und Brenschelbach	Gendarmeriebrigade Medelsheim

standes dieser Abteilung stellten, während die Kriminalpolizei über das ganze Land verteilt nur ein gutes Siebtel und die Landespolizei infolge ihres auf den Grenzabschnitt nahe Saarbrücken beschränkten Einsatzes ein sehr kleines Kontingent bildeten (siehe S. 433).

Je nach Größe und Bedeutung verfügten die rund um die Uhr besetzten Posten über zwei bis vier Beamte. Besonders wichtige oder absicherungsbedürftige Posten wie der Hauptbahnhof Saarbrücken erhielten neben sechs Gendarmerie- auch zwei Kriminalpolizisten zugeteilt, während an der Goldenen Bremm in Richtung Frankreich nur vier Grenzler agierten. Kleinere Abschnitte wurden mit unregelmäßigen Streifengängen tagsüber wie nachts kontrolliert. Der Grenzdienst war in vier Hauptabschnitte (Saarbrücken, Merzig, St. Wendel und Homburg) unterteilt, die wiederum große und kleine Übergänge umfassten.

Entsprechend der Einteilung in kleine und große Übergänge unterschied man auch beim praktischen Grenzverkehr zwei Varianten. Während die großen Grenzdienststellen alle Personen mit Reisegenehmigung und Grenzgängerkarte passieren durften, benötigte man für die kleinen einen Grenzgängerausweis oder eine Sondererlaubnis.[5]

Hinsichtlich der **personellen Ausstattung** erfuhr der Grenzdienst während seines Bestehens nur geringfügige Abänderungen und unterlag infolge der Bestückung durch zwei andere Polizeisparten permanenten Schwankungen, da diese das Abordnungssoll nicht gleichbleibend erfüllen konnten. Im Jahr 1950 begründet mit 360 Planstellen, von denen 300 seitens der Gendarmerie und sechzig durch die Kripo zu besetzen waren, pendelte der erstgenannte Anteil 1955 zwischen 296 und 301, schrumpfte 1956 bisweilen auf 279 und angesichts der bevorstehenden Auflösung 1957 sogar auf 255 zusammen.

Im Gegensatz hierzu blieb das kriminalpolizeiliche Kontingent relativ stabil. Bis Oktober 1951 auf 54 Bedienstete reduziert, hob man es ab Frühjahr 1952 wieder auf den ursprünglichen Stand von sechzig Beamten an und beließ es dabei bis 1955. Danach bewegten sich die Mitarbeiterzahlen der Grenzkripo bis September 1956 zwischen 51 und 58, um ab Sommer 1957 ebenfalls kontinuierlich auf 41 abzufallen. Insge-

Organisation des saarländischen Grenzdienstes ab 1953[4]		
Grenzabschnitt Saarbrücken		
große Grenzübergangsstellen		
Saarbrücken-Hauptbahnhof		
Goldene Bremm		
Schönbach		
Hanweiler-Straße		
Grenzabschnitt Homburg		
Grenzunterabschnitte	*große Grenzübergangsstellen*	*kleine Grenzübergangsstellen*
Altheim		Altheim-Zweibrücken
		Brenschelbach
		Webenheim
Einöd	Einöd-Bahnhof	Kirrberg-Käshofen
	Einöd-Straße	Kirrberg-Mörsbach
	Homburg-Bahnhof	Kirrberg-Zweibrücken
Jägersburg	Eichelscheid-Straße	Höchen-Waldmohr
	Jägersburg-Bahnhof	Lautenbach-Breitenbach
	Jägersburg-Waldmohr	Sanddorf-Bechhofen
Grenzabschnitt St. Wendel		
Grenzunterabschnitte	*große Grenzübergangsstellen*	*kleine Grenzübergangsstellen*
Niederkirchen	Marth-Oberselchenbach	Freisen-Eckersweiler
	Schwarzerden-Bahnhof	Freisen-Reichweiler
	Schwarzerden-Straße	Freisen-Rückweiler
		Haupersweiler-Herschweiler
		Osterbrücken
		Werschweiler-Frohnhofen
Grenzabschnitt Merzig		
Grenzunterabschnitte	*große Grenzübergangsstellen*	*kleine Grenzübergangsstellen*
Nennig	Faha-Kollesleuken	Münzingen-Kirf
	Sinz-Beuren	Nennig-Bahnhof
	Sinz-Kreuzweiler	Nennig-Straße
Saarhölzbach		Britten-Straße
		Saarhölzbach-Bahnhof
		Saarhölzbach-Straße
		Weiten-Straße
Weiskirchen	Scheiden-Geimerath	Weiskirchen-Straße
	Steinberg-Waldweiler	
	Wadrill-Grimburg	

samt verfügte die saarländische Grenzpolizei also während ihrer siebenjährigen Existenz über ein Mitarbeiterbudget von mindestens 296 und maximal 360 Bediensteten.[6]

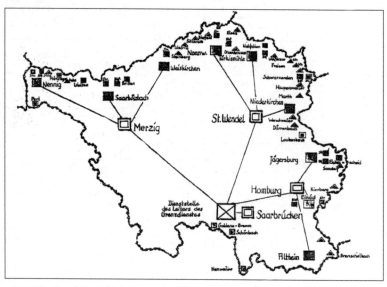

Abb. 115: die saarländischen Grenzpolizeidienststellen in den 50er Jahren

Zu den **Haupttätigkeiten** der Grenzler gehörten neben der Passkontrolle die Erfüllung der allgemeinen polizeilichen Aufgaben, die statistische Erfassung des Personen- und Kraftfahrzeugaufkommens (inklusive der mit Bahn, Bus oder Fahrrad Reisenden) an den Übergangsstellen sowie die zollspezifische Überwachung des Warenverkehrs, wobei sie mit den französischen Gendarmeriekollegen und Zöllnern eng kooperierten. Das Zusammenwirken mit dem Automobil-Club Saar erwies sich auch hier als äußerst hilfreich für die saarländischen Fahrzeughalter, da der ACS die Papiere für grenzüberschreitende Touren ohne Beisein des Wagenbesitzers ausstellte und über Neuregelungen beim Grenzverkehr in seiner Clubzeitung informierte.[7]

An den fast hundert Übergangsstellen – verteilt über knapp 380 Kilometer Grenze zu Deutschland (209), Frankreich (160) und Luxemburg (acht) –, absolvierten die Polizisten ein stetig wachsendes Pensum aufgrund der jährlich zunehmenden Passantenzahlen. Pro Tag passierten im

436

Jahr 1952 an allen Übergängen des Saarlandes durchschnittlich rund 37700 Menschen die Grenzen und steigerten sich bis 1954 auf rund 62 000. Dies waren im gesamten Jahr rund vierzehn Millionen Personen, deren Zahl bis Ende 1954 auf knapp 23 Millionen anwuchs.

Personenverkehr an den saarländischen Grenzen zu Frankreich, Luxemburg und der BRD 1951 bis 1954[8]

	Frankreich (39 Übergänge)		Luxemburg (3 Übergänge)		BRD (40 Übergänge)	
	gesamt	pro Tag	gesamt	pro Tag	gesamt	pro Tag
1951	–	–	279 083	765	7 667 394	21 006
1952	2 456 711	6 712	459 585	1 255	10 879 919	29 727
1953	–	–	715 914	1 961	14 564 494	39 903
1954	6 750 467	18 495	661 903	1 813	15 213 953	41 682

Anhand der Berichte des Homburger Grenzdienstes für die ersten neun Monate 1954 lassen sich die einzelnen Passantengruppen näher spezifizieren. Danach hielten sich die Ein- und Ausreisenden pro Monat weitgehend die Waage und schwankten zwischen 278 000 (Februar) und höchstens 485 000 (September). Im Mai reisten 420 477 Menschen ins Saarland ein, während 431 990 in die Nachbarstaaten ausreisten. Hiervon waren acht illegale Grenzgänger, 23 Personen Aus- und siebzig Zurückgewiesene; acht wurden festgenommen.[9] Für die am Bahnhof Saarbrücken tätigen Grenzler liegen keine Polizeistatistiken vor, doch bahneigene Zählungen lassen deren Kontrollpensum erahnen. 1954 frequentierten durchschnittlich 343 Züge pro Tag den Bahnhof, den 84 000 Ein- und Aussteigende nutzten.[10]

Der Grenzdienst unterlag wie alle Abteilungen regelmäßigen **Revisionen,** die auch zu ernsthaften Konsequenzen führen konnten. So stellten die inspizierenden Beamten Ende April 1951 mit siebzehn Bediensteten eine personelle Überkapazität der Grenzdienstleitung fest, die Anfang Mai die Rückversetzung von vier Bediensteten in ihre ursprüngliche Abteilung und das Auslaufen einer fünften Stelle nach sich zog. Durch diese Maßnahmen erhoffte sich Guy Lackmann für die „Zukunft eine straffere, organisatorisch wie arbeitsmässig zweckdienlichere Erledigung des ... Geschäftsbetriebes ..."[11]

Hatte bei diesem Revirement bereits das Argument eine Rolle gespielt, dass höhere Polizeibeamte nicht für einfache Aufgaben eingesetzt werden sollten, so tauchte dieser Aspekt im Herbst 1952 erneut auf. Die Erkenntnis, dass bei vielen Beamten nach dauerndem Einsatz im grenzpolizeilichen Bereich die übrigen beruflichen Fähigkeiten nachließen, bewegte den Innenminister zu deren Rückberufung am **1. November 1952** in ihre Gendarmerie- bzw. landespolizeilichen Reviere mit der Auflage, dass diese fortan täglich nur noch bis zu sechs Stunden grenzpolizeiliche Tätigkeiten ausübten. Ausgenommen hiervon waren lediglich achtzig Vollzugsbeamte, die im festen Grenzdienst verblieben und in Kooperation mit sechzig Kripokollegen künftig einen Personalstamm von 140 Bediensteten bildeten, der einzig an großen Übergängen eingesetzt wurde. Für den kleinen Grenzdienst mussten die örtlichen Gendarmerie- und Landespolizeiabteilungen einen Tagesdienst- und Streifenplan ausarbeiten, wobei besondere Vorkommnisse auch durchaus den Ausfall von Streifen rechtfertigten.[12]

Die Sympathien der Bevölkerung verscherzten sich die Grenzpolizisten vor allem durch die Behinderung des in den 50er Jahren allseits beliebten, als Kavaliersdelikt verstandenen Schmuggels westdeutscher Artikel, die man im Saarland (noch) nicht kaufen konnte.

„Ich hann do aach noch e Loch im Backezahn — — —
do könnt vielleicht noch e Reschtche Bohnekaffee drinn sinn..."

Abb. 116: Karikatur zu einem akribischen Grenzler („Tintenfisch" im November 1952)

Anmerkungen

1 Vgl. a. das Schreiben d. Homburger Bürgermeisters an Lackmann v. 22.12.1949 betr. Anmietung von Diensträumen in Sanddorf u. Eichelscheid (Quelle: Polizeiarchiv).

2 S. zur Ausklammerung aus der Landespolizei u. Gründung d. Grenzpolizeikommandos (Polizeioberrat Lerch) die Verfügung v. 12.9.1956 (Quelle: Landesarchiv d. Saarlandes, Bestand Schutzpolizeiamt, lfde. Nr. 34).

3 So zum Polizeidienst an der saarländ.-franz. Grenze lt. Verfügung d. Polizeipräsidenten v. 3.8.1950 (Quelle: ebda., lfde. Nr. 27).

4 Saarländ. Grenzdienststellen lt. Amtl. Behördenverzeichnis (Juni 1953) a. S. 12.

5 S. zur Einteilung in große u. kleine Übergänge a. die Durchführungsbestimmungen v. 22.1.1951 zum „Gesetz betr. das Ueberschreiten der Grenzen des Saarlandes v. 3. April 1948"; abgedr. im Amtsblatt des Saarlandes 1951 a. S. 659f.

6 Die Personalangaben entstammen polizeieigenen Listen (Quellen: Polizeiarchiv) u. Unterlagen zur Etatkontrolle d. Grenzpolizei ab 1955 (Quelle: Landesarchiv d. Saarlandes, Best. Polizeiabteilung der Zentralbehörde, lfde. Nr. 892 u. 893).

7 S. die Clubinfos (Sept. 1951) zur Zulassung Marths für den großen Grenzverkehr, zu Benzinzoll u. Einreisebestimmungen in „Auto Technik u. Sport" 3(1951)9/10; S. 25.

8 S. Kurzberichte d. Statistischen Amtes d. Saarlandes v. 25.7.53; S. 2 u. v. 24.5.55; S. 2ff.

9 Angaben a. den Monatsberichten d. Grenzdienstes Homburg für Jan.-Sept. 1954 (Quelle: Landesarchiv d. Saarlandes, Best. Polizeiabteilung d. Zentralbehörde, lfde. Nr. 139).

10 So in „Die Schiene". Mitteilungen für den saarländischen Eisenbahner; hrsg. von den Eisenbahnen des Saarlandes, Saarbrücken 2(1955)6/7; S. 5.

11 Zit. n. Lackmanns Verfügung (10.5.1951) zur Umorganisation d. Grenzdienstleitung; s. zur Revision a. den Bericht der Inspizienten Eckert u. Neumann v. 27.4.1951 (Quellen: Landesarchiv d. Saarlandes, Bestand Polizeiabt., lfde. Nr. 928).

12 S. zur Neuorganisation d. Grenzdienstes a. Hectors Schreiben an Lackmann v. 8.10.1952 (Quelle: ebda., Bestand Kriminalpolizeiamt, lfde. Nr. 72).

C. Personalwesen

Bei der Erläuterung des polizeilichen Personalwesens sollen neben den klassischen betriebswirtschaftlichen Gesichtspunkten, die auch das Fortkommen behördlicher Einrichtungen mitbestimmen, ebenso soziale Aspekte berücksichtigt werden. Sie prägen eine auf gemeinschaftliches Zusammenwirken hin ausgerichtete Institution wie die Polizei ganz besonders und besitzen daher für den Sektor Innere Sicherheit einen höheren Stellenwert als für andere staatliche Bereiche.

1. Personalstärke

Eine effektive Erfüllung vielfältiger Sicherheits- und Ordnungsaufgaben hängt nicht erst heutzutage von einer ausreichenden **Personalausstattung** ab, sondern war bereits nach dem Zweiten Weltkrieg von maßgeblicher Bedeutung. Der Aufbau des polizeilichen Mitarbeiterstabes wurde aber wie bei allen behördlichen Nachkriegseinrichtungen erst nach Ingangkommen einer regulären Administration möglich und von Stellenplänen bestimmt, deren Sollzahlen nur selten hundertprozentig zu erfüllen waren. Man trifft daher beim Personalstand der einzelnen Polizeisparten teilweise auf erhebliche Differenzen zwischen theoretischer Soll- und realer Ist-Stärke.

Zu beachten bleibt außerdem, dass durch die strenge Entnazifizierung und den Mangel an qualifiziertem Fachpersonal vor allem in der frühen Nachkriegszeit viele Polizisten anfänglich in einem **Angestelltenverhältnis** standen und erst nach erfolgreichem Abschluss des Säuberungsverfahrens bzw. einer Ausbildung verbeamtet wurden. Mindestens zwei Drittel der ab Sommer 1945 eingestellten Sicherheitsbediensteten waren vor dem Krieg nicht bei der Polizei tätig, bei den Wachtmeistern betrug diese Quote sogar über neunzig Prozent.

Da sich der Personalstand durch Ausmerzung von NS-Kräften permanent änderte, stehen gesicherte Zahlen erst ab 1950 zur Verfügung. Von den bis Ende Dezember 1950 registrierten Beschäftigten im öffentlichen Dienst gehörten 2 390 der Polizei an, die damit vor den Bereichen Bahn (13 700), Post (3 854) und Schulwesen (3 848) an vierter Stelle der staatlichen Arbeitgeber rangierte. Von diesen standen mittlerweile 2 200 im Beamten- und hundert (4,5 Prozent) im Angestelltenverhältnis, während neunzig als Arbeiter eingestuft waren.[1] Ein Vergleich mit anderen Bundesländern auf dem Stand vom Juni 1949 zeigt, dass der Angestelltenanteil bei der Saarpolizei verhältnismäßig schnell sank, da zu dieser Zeit von rund 8 650 hessischen Beamten noch 900 (über zehn Prozent) und von circa 8 630 württembergisch-badischen Polizisten fast 800 (rund neun Prozent) angestellt waren.

Personalstärke der saarländischen Vollzugspolizei 1946 bis 1959
(inklusive Polizeireferat des Innenministeriums)[2]

Jahr	Personalbestand der Polizei	Einwohner im Saarland	Einwohner pro Polizist (Polizeidichte in Prozent)
1946	599	–	–
1948	1 953	887 709	453 (0,22)
1949	1 826	914 277	500 (0,20)
1950	2 028	935 507	461 (0,22)
1951	2 028	948 716	467 (0,21)
1952	2 061	955 413	463 (0,22)
1953	2 066	967 928	468 (0,21)
1954	2 145	977 758	455 (0,22)
1955	2 252	987 650	434 (0,23)
1956	2 253	996 238	442 (0,23)
1957	2 247	1 005 173	447 (0,22)
1958	2 241	1 019 144	454 (0,22)
1959	2 252	1 040 146	461 (0,22)

Da im März 1948 der Planstellenetat der Polizei ohne die Mitarbeiter der innenministeriellen Polizeiabteilung 1 871 Bedienstete aufwies[3], müssen zur Festlegung der ausschließlich im Vollzugsdienst Agierenden bis 1956 rund achtzig Beschäftigte abgezogen werden. Ebenso konstant blieb der Anteil der zum Innendienst oder zur Verwaltung versetzten Polizisten mit durchschnittlich zwanzig Beamten.

Im Hinblick auf die Polizeidichte lag das Saarland von Beginn an meist unter westdeutschem Niveau, wobei die größeren und finanziell besser gestellten Länder keinesfalls über einen günstigeren Verteilungsquotient verfügten. Im Sommer 1949 kamen auf einen Polizisten in Württemberg-Baden 435, in Bayern 476 und in Hessen sogar 500 Einwohner, während die Bremer Sicherheitshüter pro Kopf nur über 185 Menschen wachten. Die hiesigen Polizeibeamten bewegten sich also mit einem zu versorgenden Anteil von 500 Personen in einem zeitgemäßen Rahmen.[4] Bis 1960 überrundete zwar die saarländische Polizeidichte mit einem Verhältnis von 1:423 ihren Durchschnitt der ersten fünfzehn Nachkriegsjahre und befand sich damit beim bundesrepublikanischen Vergleich im oberen Mittelfeld (Bayern – 1:441, Schleswig-Holstein – 1:511 und Hessen – 1:522). Im gleichen Zeitraum wiesen andere Länder aber auch schon wesentlich günstigere Quotienten auf (Berlin – 1:163, Bremen – 1:269 und Hamburg – 1:275).[5]

Bezahlung

Die Untersuchung zur Bezahlung der Polizeibediensteten berücksichtigt wegen des geringen Angestellten- und Arbeiteranteils vorrangig die verbeamteten Beschäftigten. Im vorliegenden Zusammenhang sollen aber dennoch einige Zahlenbeispiele aufgeführt werden, um zu verdeutlichen, dass die im Angestelltenverhältnis stehenden Polizisten finanziell zunächst meist nicht schlechter gestellt waren als ihre im Beamtenstand befindlichen Kollegen. Ungerechtigkeiten vor allem in den unteren Stufen verschwanden zwar später, in den 50er Jahren hingegen verdienten aber vor allem die im gehobenen und höheren Dienst Besoldeten mehr als die angestellten Beschäftigten:

Entlohnung der verbeamteten und angestellten Bediensteten des öffentlichen Dienstes im Saarland 1949 bis 1951 (in Francs)

Beamten-besoldung	niedrigste Stufe	höchste Stufe	Angestell-tenlohn	niedrigste Stufe	höchste Stufe
1949					
A 5B	14 083	23 583	BAT VII	14 500	19 936
A 4B1	22 833	30 583	BAT Vb	19 564	27 229
A 3B	26 666	36 916	BAT IV	22 150	30 151
1950					
A 8C3	14 333	14 333	BAT IX	10 980	15 750
A 4C1U	21 333	31 000	BAT VIa	19 170	29 620
A 2C2	31 000	48 250	BAT III	30 830	42 590
1951					
A 8C5	9 416	9 416	BAT X	9 510	13 510
A 3BU	33 250	44 833	BAT Va	23 100	33 230
A 2C2	33 250	51 333	BAT III	33 000	45 250

Zum besseren Verständnis der Besoldungsgruppenverteilung bedarf es vorab einiger Erläuterungen. Die grundsätzliche Eingruppierung erfolgte in den ersten drei Nachkriegsjahren noch gemäß den Vorschriften des Deutschen Reiches aus den 30ern. Via „**Gesetz betreffend die vorläufige Regelung der Beamtenbesoldung**" vom **29. Juli 1948** wurde für die Staatsbediensteten des Saarlandes rückwirkend ab April eine Entlohnungstabelle eingeführt, die sich trotz Angleichung an das französische Entlohnungssystem mit der späteren bundesrepublikanischen weitgehend deckte. Die nachstehende Konkordanzliste erleichtert den Vergleich zwischen saarländischer und BRD-Besoldung:

Besoldungsstufen im Saarland und in der Bundesrepublik Deutschland ab April 1948[6]				
einfacher Dienst				
Saarland	A 8C5	A 8C4	A 8C3	A 8C2	A 8C1
BRD	-	-	A 2	A 3	A 5
mittlerer Dienst				
Saarland	A 8A	A 7C	A 7A	A 5B
BRD	–	A 6	A 7	A 8
gehobener Dienst				
Saarland	A 4C2	A 4C1	A 4B1	A 3B
BRD	A 9	A 9	A 10	A 11
höherer Dienst				
Saarland	A 2C2	A 2C1	A 2B	A 1B
BRD	A 13	A 13a	A 14	B 2

Statt der vierzehn westdeutschen Abstufungen kannte die hiesige Besoldung siebzehn, da beim einfachen und mittleren Dienst drei zusätzliche Eingangsgruppierungen existierten. Im Übrigen kletterten die vier saarländischen Entlohnungsstufen wie in Westdeutschland über den mittleren (A 5 bis A 9) und gehobenen (A 9 bis A 13) bis zum höheren Dienst (A 13 bis A 16) mit je vier bzw. fünf Untergruppierungen hinauf.[7] Die zunächst noch der ungünstigen Besoldungsstufe C angehörenden Saarbataillonsmitglieder überführte man im Oktober 1948 in Angleichung an ihre Kollegen ebenfalls in A.[8]

Einen Kommandeur der Gendarmerie oder Landespolizei ordnete man in die Besoldungsgruppe A 2B ein, ein Kriminalkommissar erhielt die A 4C1U, während ein Hauptwachtmeister mit der A 7C entlohnt wurde. Ober- oder Unterwachtmeister im einfachen Dienst mussten mit der A 8C3 bzw. A 8C5 vorliebnehmen. Hieran änderte sich mit Ausnahme der sukzessiven Angleichung der Bataillonsbeamten in den Folgejahren nichts. Erst im Sommer 1952 hob man per Gesetz vom 20. Juni einzelne Dienstränge (Kriminaloberassistenten, Hauptwachtmeister) aus der A 8 in die A 7 an. Eine finanzielle Besserstellung ergab sich für die Polizeibeamten dieser Jahre weniger durch Modifikationen bei der Einstufung denn durch Anhebung der Grundbesoldung, verkürzte Anwartschaft im Rahmen der Dienstalterstufen oder günstigere Überleitung in die nächsthöhere Gruppe. Zu berücksichtigen bleibt bei alledem, dass die hiesigen Staatsbediensteten bis zum Ende der Jo-Ho-Ära keineswegs auf ordnungsgemäße Laufbahnverordnungen zurückgreifen konnten, da Besoldungs-, Einstellungs- und Beförderungsbestimmungen weitgehend als bloße Dienstanweisung erlassen wurden. Eine rechtskräftige Verordnung dieser Art veröffentlichte das Amtsblatt des Saarlandes erstmals am 9. Juni 1959.[9]

War für den einzelnen Polizisten die eigene Eingruppierung sicherlich das wichtigste Kriterium, so mussten die Entscheidungsträger auf ministerieller Ebene stets das gesamte Finanzbudget im Auge behalten.[10] Die aufgeführten Zahlen zeigen, dass der die Polizeibesoldung zunächst dominierende einfache Dienst ab 1950 sukzessive an den mittleren angeglichen wurde, der ab 1952 für die meisten Beamten galt:

Stellenplan der saarländischen Polizei von 1948 bis 1959[11]				
Jahr	einfacher Dienst	mittlerer Dienst	gehobener Dienst	höherer Dienst
1948	1281	614	52	6
1949	1207	560	53	6
1950	1343	1205	55	7
1951	1343	1210	61	5
1952	1227	1994	41	3
1953	1080	2053	52	4
1954	805	2095	47	2
1955	885	2199	47	7
1956	708	2174	66	10
1957	708	2181	49	13
1958	708	2162	61	12
1959	511	2117	59	11

Die späteren wichtigen Veränderungen dieses relativ unflexiblen Personalplans resultierten weniger aus Umgruppierungen denn Einstellungsschüben. In deren Folge erhöhte sich 1952 die Zahl der im mittleren Dienst Tätigen schlagartig um 800 auf knapp 2 000, mehrheitlich in A 5 bezahlt. Von 1955 bis 1959 befanden sich diese in der Besoldungsgruppe A 6, nur das Jahr 1956 bildete mit der erneuten Dominanz der A 5 eine Ausnahme. Im Gegensatz hierzu rangierte der größte Anteil im gehobenen Dienst fast durchgängig auf der untersten Stufe A 9. Die ab April 1948 geltende Besoldungsliste erfuhr regelmäßig, in den ersten Jahren sogar jährlich, eine Erhöhung, die meistens eine Optimierung für die im mittleren und gehobenen Dienst eingruppierten Beamten bedeutete. Anhand der Beispiele für die Gruppe A 8 in der Dienstaltersstufe 2 und für die A 7 in der Stufe 6 wird der prozentuale Anstieg ersichtlich, der sich bis Ende der 40er zunächst noch in kleinen, danach in größeren Schritten vollzog:

Besoldungssteigerungen 1948 bis 1956 (Jahresgehalt in Francs)						
Juli 1948	Juli 1949	Juli 1950	Juli 1951	Januar 1952	Juli 1955	Juli 1956
A 8C2						
140 000	180 000	190 000	252 000	294 000	411 000	438 000
A 7A						
177 000	218 000	230 000	305 000	356 000	490 800	523 200

Zulagensystem

Neben der Grundvergütung erhielten die Staatsbediensteten an der Saar nach dem Krieg noch verschiedene Zulagen, die das Einkommen je nach Familiensituation spürbar steigerten und daher zwecks exakter Beurteilung der hiesigen Polizeientlohnung respektive fairem Vergleich mit derjenigen in den übrigen Bundesländern eingehend zu erläutern sind. Abgesehen von den für alle Beschäftigten des öffentlichen Dienstes in der schlimmsten Not ab 1945 erlassenen Bestimmungen für einen zinsfreien Gehaltsvorschuss zum Kauf von Winterkartoffeln, Brennholz oder zur Finanzierung von Kommunion oder Konfirmation der Kinder erhielten diese im Zuge des Besoldungsgesetzes vom Juli 1948 neben dem Grundgehalt eine Familien-, eine Ausgleichs-, eine Gefahren- und eine Sonderzulage sowie einen Wohnungsgeldzuschuss und eine Fremdsprachengratifikation. Die Gewährung von Vorschüssen änderte man erst im Februar 1952 ab. Die Firmung schied als Anlass für diese aus; nur noch Wohnungswechsel, Eheschließung, Erkrankung oder Fürsorge für Verwandte sowie Brandschäden und Kleidernot galten als besonderer Umstand.[12] Beim Zulagensystem orientierte sich die Saarregierung weitgehend an den Zusatzleistungen für französische Behördenmitarbeiter.

Der **Wohnungsgeldzuschuss** war mit Bezug auf den dienstlichen Wohnsitz des betreffenden Beamten in die vier Ortsklassen A, B, C und D unterteilt und staffelte sich mit sieben Tarifrubriken in drei Tabellen, die für Familienväter mit mindestens zwei Kindern galten. Nach diesen erhielt ein verheirateter Polizist mit zwei Kindern in der Tarifklasse III und Ortsklasse B monatlich einen Zuschuss von 3 600 Francs, sein Kollege mit fünf Kindern in der gleichen Gruppe 4 800 Francs zur Finanzierung eines akzeptablen Hausstandes.

Die **Gefahrenzulage** wurde bis einschließlich Besoldungsgruppe A 3B bezahlt und betrug für alle Vollzugsbeamten 500 Francs pro Monat. Die **Sprachenzulage** hingegen stand nur denjenigen Polizisten zu, die weitreichende Kenntnisse des Französischen besaßen und diese bei der Erfüllung ihres Dienstes auch regelmäßig einsetzten. Falls die beim Kultusministerium ansässige Kommission eine positive Entscheidung fällte, steigerte dies das Salär um tausend Francs. Bei der Ausgleichszulage handelte es sich um einen sogenannten „Unterschiedsbetrag", der die Differenz zwischen der vorhergehenden höheren Grundvergütung nach Reichsbesoldungsschema und dem ab April 1948 gezahlten niedrigeren Grundgehalt plus Wohnungsgeldzuschuss auffing, um die Bediensteten mit dem neuen System nicht schlechter zu stellen. Diesen Zuschlag gewährte die Regierung so lange, bis der Beamte durch sein voranschreitendes Dienstalter bzw. eine Beförderung die ursprüngliche Besoldungsstufe erreicht hatte. Im Juli 1955 wurde diese Zulage gestrichen. Eine **Sonderzulage** konnten alle Bediensteten beantragen, die durch Kriegszerstörung erschwerte Lebensbedingungen erlitten, Verwandte oder Verschwägerte versorgten oder Pflege- bzw. Adoptivkinder aufnahmen. Bei deren Gewährung waren Geschiedene und Verwitwete verheirateten Kollegen gleichgestellt. Der Betrag belief sich auf mindestens tausend Francs und wuchs bei Verheirateten mit drei und mehr Kindern auf bis zu 4 000 Francs an.

Während die bisher erläuterten Zusatzleistungen hauptsächlich Beschäftigte mit mindestens zwei Kindern unterstützten, bedeutete die 1947 eingeführte **Familienzulage** – die allen Arbeitnehmern im Land zustand, im öffentlichen Dienst aber anfangs wesentlich niedriger ausfiel als in der freien Wirtschaft – auch für Paare ohne Nachwuchs eine deutliche Einkommenssteigerung.[13] Ein verheirateter Polizist erhielt ab November 1947 300 Francs pro Monat, diese Summe wuchs bis April 1955 auf 1 800 Francs an. Ein Familienvater mit Kind steigerte sich von 600 Francs monatlich (1947) auf 7 000 (1955), mit mehr als zwei Kindern erhielt jedes weitere anfangs 600 Francs, die auf bis zu 3 200 hochkletterten.[14] Die Zulage erhöhte sich außerdem durch einmalige Doppel- oder Dreifachausschüttungen, die bevorzugt im November/Dezember erfolgten und den Staatsbediensteten von 1951 bis 1956 ein „Weihnachtsgeld" von 3 600 bis 5 400 Francs bescherten.

Die umständliche Einzelabrechnung der **Reisekosten** fand ab **1. April 1950** ein Ende. Ab diesem Zeitpunkt gewährte man nur noch Pauschalen, die sich nach Dienstrang und -ort sowie Zeiten und benutzten Fahrzeugen richteten und auch alle anfallenden Spesen (Übernachtung, Essen etc.) abzudecken hatten. Für dienstlich verwendete Privatmotorräder erhielten die Polizisten gestaffelt nach Hubraum zwischen 1 400 und 2 600 Francs pro Monat. Außendienst im zugewiesenen Bezirk wurde mit 1 250 bis 1 500 Francs vergütet. Bei Einsätzen als Kommissar vom Dienst in vorgesetzten Abteilungen erhielten sie bei bis zu achtzehnstündiger Abwesenheit vom Wohnort 200, bei längerem Fortbleiben 350 Francs Lohnzulage.

Die Beamten der Lebensmittelkontrolle konnten aufgrund ihrer überwiegenden Außendienstfunktion erst ab elf Reisetagen monatlich Pauschalen für einen Einsatz mit (niedrigere Vergütung) und ohne Dienstwagen (höherer Ausgleich) verlangen, die zwischen 2 400 und 6 000

Francs betrugen.[15] Während letztgenannte Entschädigung ab April 1952 gekürzt wurde, stiegen die übrigen durchschnittlich um zwei Drittel an, so dass ein Gendarmeriebediensteter im Außendienst nun bis zu 2 500 Francs bekam.[16]

Vergleicht man die Bezahlung der saarländischen mit derjenigen westdeutscher Sicherheitshüter, so muss man für das hiesige Bruttoeinkommen die Grundvergütung plus Zulagen berechnen, die je nach Familienstand, Wohnort und Dienstaufgaben erheblich schwankten:

Besoldungsvergleich zwischen Polizisten des Saarlandes und der Bundesrepublik Deutschland 1948, 1951 und 1956[17]			
Jahresbruttogehalt Saarland (in französischen Francs)		Jahresbruttogehalt BRD (in Mark)	
Gendarmeriehauptwachtmeister mittleren Alters, Stufe A 8A, Ortsklasse A, ledig (Stand 1.4.1948)			
Grundbesoldung	147 500 FF	Grundbesoldung (inkl. Dienstzulagen u. Wohngeldzuschuss)	2 805,48 M
Gefahrenzulage	6 000 FF	insgesamt:	2 805,48 M
Sprachenzulage	1 200 FF		
Wohngeldzuschuss	29 280 FF		
Sonderzulage	12 000 FF		
insgesamt:	206 780 FF	in Francs (circa):	197 500 FF
Polizeimeister mittleren Alters, Stufe A 7A, Ortsklasse A, verheiratet und ein Kind (Stand 1.10.1951)			
Grundbesoldung	292 000 FF	Grundbesoldung (inkl. Dienstzulagen/Kinderzuschlag)	4 482,00 DM
Gefahrenzulage	6 000 FF	insgesamt:	4 482,00 DM
Wohngeldzuschuss	19 062 FF		
Familienzulage	40 800 FF		
Sprachenzulage	12 000 FF		
Sonderzulage	36 000 FF		
insgesamt:	405 862 FF	in Francs (circa):	396 000 FF

Kriminalsekretär, Anfangsgehalt, Stufe A 7A, Ortsklasse Saarland, verheiratet und ein Kind (Stand: 1.6.1956 Saarland/1.1.1956 BRD)			
Grundbesoldung	412 800 FF	Grundbesoldung (inkl. Zuschläge)	5 178,72 DM
Wohngeldzuschuss	111 543 FF	insgesamt:	5 178,72 DM
Gefahrenzulage	12 000 FF		
Familienzulage	45 600 FF		
insgesamt:	581 943 FF	in Francs (circa):	534 000 FF

Während in den ersten Nachkriegsjahren ein Polizist im Saarland aufgrund der Zulagen erheblich mehr verdiente als in Westdeutschland, glich sich dieser Unterschied in den 50ern durch höhere Grundbesoldung für die bundesrepublikanischen Sicherheitshüter und reduzierte polizeiinterne Zulagen bei der hiesigen Polizei zwar wieder etwas aus. Den Bediensteten an der Saar blieb aber durch feste Lohnzuschüsse (Familien-, Wohngeld) weiterhin mehr Geld im Portemonnaie.

Im vorliegenden Zusammenhang muss die saarländische Polizistenbesoldung auch mit der Entlohnung der Beschäftigten in der freien Wirtschaft in Relation gesetzt werden – ein Vergleich, der infolge der gesetzlich festgelegten Bezahlung vieler Berufsgruppen in der hiesigen Region nicht schwerfällt. Während im Sommer 1956 ein Kriminaloberassistent oder Gendarmeriehauptwachtmeister im fünften Jahr in der Stufe A 7C über ein Jahresbruttoeinkommen von 411 000 Francs verfügte, lag ein Zahntechniker bei rund 408 000 Francs und eine Hauswirtschafterin bei 193 200 Francs. Auch hier tritt die enorme Bedeutung des saarländischen Zulagensystems erneut deutlich zutage.

Soziale Absicherung

Konnte der hiesige Polizeibeamte mit seiner Besoldung inklusive Zulagen einen durchaus akzeptablen Lebensstandard bereits im einfachen Dienst erzielen, so optimierten verschiedene zusätzliche Sozialabsicherungssysteme diesen noch mehr, wobei zwischen allgemeinen und polizeieigenen Versicherungen zu unterscheiden ist.

Für alle Beschäftigten im öffentlichen Dienst sowie bei Körperschaften des öffentlichen Rechts richtete die Regierung ab Januar 1954 verpflichtend eine **Ruhegehalts- und Zusatzversorgungskasse (RZVK)** ein, die ihren Mitgliedern und deren Hinterbliebenen eine über die allgemeinen Bestimmungen für Staatsbedienstete hinausgehende Versorgung im Rentenalter und Krankheitsfall gewährte. Die RZVK besserte durch regelmäßige Zusatzzahlungen die Pensionen und Renten erheblich auf und leistete zudem Beihilfen zu Medikamenten, Arztbehandlungen, Kuren und Hilfsmitteln wie Brillen, Zahnersatz etc.[18]

Über diese Supplementversicherung hinaus konnten die Beschäftigten der hiesigen Polizei aber bereits zuvor behördenintern bei drei verschiedenen Trägern Mitglied werden: der Sterbekasse, der Freien Heilfürsorge sowie der Hilfskasse. Die **Sterbekasse der Polizei und Gendarmerie** wurde am 1. Februar 1949 „nach den Grundsätzen der kameradschaftlichen Selbsthilfe" begründet und versicherte alle Bediensteten für einen geringen Monatsbeitrag von fünfzig Francs. Sie verfolgte den Zweck, „beim Ableben eines Mitgliedes den Hinterbliebenen eine angemessene Unterstützung … zukommen zu lassen".[19] Dies bedeutete ein Sterbegeld in Höhe einer monatlichen Gesamtbeitragsleistung aller 2 000 Mitglieder, also von maximal 100 000 Francs, wobei diese Leistung vom jeweils aktuellen Kassenbestand abhing und daher auch niedriger ausfallen konnte. Pensionierte bzw. berentete Polizisten blieben, wenn sie nicht freiwillig oder unehrenhaft ausschieden, auch weiterhin Mitglieder der Sterbekasse.[20]

Wenige Monate später (1. Juli 1949) erließ das Innenministerium die „Heilfürsorgebestimmungen für die Polizei des Saarlandes", die unter dem Kürzel „**Heilfürsorge**" in den Sprachgebrauch eingingen. Die hieraus resultierenden medizinischen Zusatzleistungen kamen jedoch nur den Vollzugsbeamten zugute und wurden bei Arztbehandlungen aller Art (allgemeine, Fach- und Zahnmedizin), Krankenhaus- und Kuraufenthalten (diagnostische Untersuchungen), Verabreichung von Heil- und Hilfsmitteln (Medikamente, Zahnersatz, Brillen) und Dienstunfällen (Pflegedienste, kosmetische Korrekturen etc.) erbracht.[21]
Eine dritte Supplementversicherung bot die ebenfalls als Selbsthilfeeinrichtung begründete **Hilfskasse der Polizei und Gendarmerie**, die,

als eingetragener Verein ins Leben gerufen, ab März 1956 als staatlich kontrollierter Versicherungsverein auf Gegenseitigkeit fortbestand. Ab **1. Januar 1950** erstattete sie ihren Mitgliedern und deren Angehörigen alle Kosten, die bei Krankheit, Geburt oder Tod entstanden und die staatliche Beihilfen nicht gänzlich abdeckten, so dass die Hilfskasse letztlich als „Auffüller zu hundert Prozent" fungierte.[22] Die Mitgliedschaft war für alle Polizeibediensteten freiwillig und kostete anfänglich für den Beschäftigten selbst fünfzig Francs pro Monat sowie für die Ehefrau weitere hundert Francs; jedes Kind war mit fünfzig Francs zusatzversichert. Bereits ein Jahr später mussten die Beiträge aber auf teilweise das Fünffache angehoben werden (Bediensteter 250 Francs, Ehefrau 300 und pro Kind 150 Francs), so dass dieser Versicherungsobulus so manche Zulage wieder verschlang.[23]

Eine besondere Attraktion bot die Hilfskasse mit dem Polizeierholungsheim „Haus Mühlberg" in Krettnich bei Wadern im Primstaler Wald. Mit 35 Betten, Zentralheizung, fließend Kalt- und Warmwasser, Badewannen, finnischer Heilsauna und üppigen Mahlzeiten dreimal am Tag ermöglichte es den Vereinsmitgliedern sowie deren Angehörigen ab Sommer 1952 fast ganzjährig preisgünstige Kuraufenthalte.[24]

Abb. 117: Haus Mühlberg in Krettnich bei Wadern

2. Polizeisport

Die Ausübung sportlicher Aktivitäten besitzt bei der Polizei grundsätzlich zweierlei Bedeutung: Zum einen fördert sie die zur Berufsausübung unabdingbare körperliche Leistungsfähigkeit, zum andern das Gemeinschaftsgefühl, dessen Wert in einem dergestalt teamorientierten Arbeitsbereich nicht unterschätzt werden darf. Da infolge des ideologischen Missbrauchs von Sportvereinigungen durch das Nazi-Regime die alliierten Besatzungsbestimmungen zu diesen entsprechend strikte Vorschriften enthielten, die das französische Militärgouvernement auch im Saarland genauestens befolgte[25], konnten hier in den ersten Nachkriegsjahren solche Vereine nur mit einer, selten erteilten, Genehmigung der Besatzungsregierung begründet werden.

Erst das **Gesetz über den Vereinssport im Saarland** vom 13. **Juli 1950** ermöglichte eine freiere Handhabung, sah aber weiter eine Zulassung durch den Kultusminister vor, untersagte jede politische oder konfessionelle Bindung sowie die Mitgliedschaft von Personen mit nationalsozialistischer oder verwandter Prägung und verpflichtete bei Wertungs- und Mannschaftssport zum Beitritt in den Landesverband.[26]

Abb. 118: PSV-Läufer beim „Tag der saarländischen Polizei" im Jahr 1953

Im Gefolge dieses Gesetzes konnte nun auch offiziell die Tradition des 1925 begründeten Polizeisportvereins wieder aufleben, die Sicherheitsbedienstete bereits 1948 im geschilderten engen Rahmen einzeln oder in revier- bzw. inspektionseigenen Mannschaften aufgegriffen hatten (regionale Wald- und Straßenstaffelläufe sowie Fußballturniere). Eine erste Ausnahme von den begrenzten Aktionsmöglichkeiten verkörperte das Rückspiel der saarländischen Polizeiauswahlmannschaft der Fußballer gegen die französischen Kollegen, das die hiesigen Beamten am 6. Mai 1950 in Paris gewannen.

Im Herbst 1950 veranlasste der Polizeipräsident eine Umfrage bei den Polizeibeschäftigten bezüglich eines behördeneigenen Sportvereins, die überwiegend positiv ausfiel, so dass dessen Wiederbelebung nichts mehr im Wege stand. Die Gründungsversammlung des **Polizeisportvereins (PSV)** fand am **21. Dezember 1950** in der Landespolizeikantine im Gebäude der Grohé-Henrich-Bank statt, in deren Verlauf Guy Lackmann zunächst zum ersten Vorsitzenden gewählt wurde, um ab 1951 als Präsident zu fungieren. Der Kommandeur der Landespolizei, Karl Politz,

rangierte als dessen Stellvertreter, Kommissar Georg Frank nahm die Funktionen eines Schriftführers wahr.

Die ministerielle Zulassung erfolgte jedoch erst am 29. März 1951. Bis 1966 konnte der PSV seine Mitglieder auf tausend aus-

Abb. 119: PSV-Tischtennisspieler in der Saarbrücker Alten Feuerwehr

bauen. Zu den im PSV betriebenen **Sportarten** zählten Leichtathletik; Hand-, Faust- und Fußball; Kraft- und Motorsport; Turnen; Tischtennis und Schwimmen. Handball verkörperte nach der Gründung die erste Erweiterung, da die übrigen bereits zuvor existierten. Als zehnte Disziplin kam 1954 Boxen hinzu, bis zum Jahr 1959 ergänzt durch Fechten, Judo und Ringen.

Hatten die sportbegeisterten Polizisten schon drei Jahre nach dem Krieg an Veranstaltungen teilgenommen, so taten sie dies verstärkt ab dem Frühjahr 1950 und gewannen mit ihrer Leichtathletenauswahl vor allem regionale Staffelläufe (St. Ingbert, Mittelbexbach, Saarbrücken, Kirkel) und Waldläufe sowie zahlreiche Fußballderbys. Ab 1952 kam als dritte erfolgreiche Abteilung die Handballtruppe hinzu (1954 Kreismeister im Feldhandball und Landeskreismeister im Hallenhandball). 1953 nahmen PSV-Leichtathleten erstmals auch an internationalen Wettbewerben in Luxemburg und in der Schweiz teil. Daneben stellte der Verein allein 1954 neun Saarlandmeister – unter anderem im Hürden- (Willi Burgard) und Kurzstreckenlauf (Kiefer), Mehrkampf (O. Müller) und Langstre-

Abb. 120: Guy Lackmann überreicht den Kickern der Polizei eine Trophäe am
„Tag der saarländischen Polizei"

ckenlauf (Rainer Will) – und konnte im Mai bei einem Wettkampf des hiesigen Leichtathletikbundes den 1500-Meter-Lauf (Bolay) und Dreisprung (Burgard) für sich entscheiden.

Ebenfalls 1954 standen die Polizeiboxer im Finale der Saarmeisterschaften; 1957 wurden Willi Burgard (Dreisprung) und Berthold Kron (400-Meter-Hürdenlauf) in Ulm Deutsche Polizeimeister in ihrer Disziplin. Ein Jahr später siegten Hans Zeddies im Säbelfechten sowie Hans Baron in der Degentrostrunde beim bundesweiten Polizeifechtturnier. 1958 gewann der Ringer Antonius König die in Freiburg ausgetragenen Deutschen Polizeimeisterschaften, bei denen im Folgejahr in Wuppertal Willi Burgard und Berthold Kron erneut erste Plätze belegten.[27]

Gemeinschaftliche Veranstaltungen

Abb. 121: Schwimmer der Polizei am Saarbrücker Schwimmschiff

Neben regionalen und kommunalen Veranstaltungen wie dem Saarfest rund ums Saarbrücker Schwimmschiff, an dem sich die Taucher und

Schwimmer des PSV mit verschiedenen Vorführungen beteiligten, gab es auch polizeieigene Feste. Diese wurden zwar weitgehend von den Sportlern gestaltet, dienten aber als Gemeinschaftsfeier sowohl der Selbstdarstellung der Polizei nach außen als auch dem Zusammengehörigkeitsgefühl aller. Nach dem Krieg mit einer Familiensommerfeier am 8. September 1948 im Saarbrücker Stadtwald am Kieselhumes und dem Waldfest am 3. Juli 1949 startend, schälte sich der ab Sommer 1949 alle zwei Jahre stattfindende **„Tag der saarländischen Polizei"**[28] als wichtigstes Ereignis heraus, zumal die Premiere am **21. August 1949** bereits ein voller Erfolg war (s. a. Abb. 122 im Anhang). Bei diesem Fest ergänzten sich motorradfahrende, hundeführende und berittene Beamte mit ihren PSV-Kollegen bei den Darbietungen.

Zu **Betriebsausflügen** und sonstigen gemeinschaftlichen Veranstaltungen liegen bedauerlicherweise kaum Archivalien vor. Lediglich das seitens der Polizeiführung in den 50er Jahren regelmäßig wiederholte Verbot des Alkoholgenusses bei Geburtstags-, Weihnachts- und ähnlichen Feierlichkeiten in den Revieren wie auch nach Dienstende sowie der Hinweis auf die rechtzeitige Anmeldung solcher Feste erscheinen immer wieder in den polizeiinternen Anordnungen. Außerdem forderte sie zwecks „Pflege der … kameradschaftlichen Verbundenheit"[29] die noch aktiven Beamten auf, auch Ruheständler ihrer Dienststelle zu diesen Anlässen einzuladen.

Abb. 123: Betriebsausflug des Saarbrücker Polizeireviers 2 nach Hüttersdorf (1951)

3. Gewerkschaft

Im Hinblick auf Arbeitnehmervereinigungen verhielt sich die französische Besatzungsmacht in ihrer Zone anfänglich äußerst restriktiv. General Koenig verlangte in Artikel 1 seiner **Verordnung Nummer 6 zur „Wiederherstellung des Gewerkschaftsrechtes"** vom 10. September **1945** einen „demokratischen Charakter hinsichtlich … Grundlage, Verfassung und Betätigung" dieser sowie die ausschließliche „Wahrnehmung beruflicher Interessen"[30]. Zudem durfte eine Gewerkschaft gemäß den alliierten Dezentralisierungsvorgaben nur auf kommunaler Ebene mit Erlaubnis des Bürgermeisters und der Militärregierung gegründet werden. Die Vereinigungen mussten sich einer strengen Kontrolle unterwerfen und durften keine Verbände bilden; letztgenannte Einschränkung ließ sich aber in der Praxis nicht durchhalten.

Da die Amerikaner gewerkschaftliche Organisationen gemäß den Vorgaben aller Siegerstaaten nicht beschränkt hatten, existierten aber bereits vor Koenigs Erlass seit Ende März 1945 nicht nur Belegschaftsvertretungen, vor allem im regional bedeutsamen Bergbausektor, sondern ab 1. Juli 1945 auch eine Einheitsgewerkschaft für Arbeiter, Angestellte und Beamte. Deren Monatsheft erschien unter dem Titel „Die Arbeit" ab April 1946. Prägend für die hiesigen Arbeitnehmervereinigungen der ersten Nachkriegsjahre blieben: Dominanz einzelner Persönlichkeiten, die schon vor dem Krieg eine Funktionärsrolle gespielt hatten; Einfluss sozialdemokratischer und, im Grubenbereich, kommunistischer Bewegungen sowie Vorherrschen des Industrieverbandsprinzips zuungunsten berufsständischer Organisationen.

Im Nachgang der generellen Zulassung durch die Franzosen bildeten sich im November 1945 die Einzelgewerkschaften für Eisenbahn, Post und Fernmeldewesen sowie für Bergbau und Baugewerbe; im Dezember vereinigten sich die Drucker im Graphischen Industrieverband. Es folgten Transport und Verkehr sowie Metall, im Februar 1946 die Fabrikarbeiter, im September der Sektor Leder und Bekleidung; im November die Öffentlichen Betriebe und Verwaltungen. Und auch die Arbeitnehmer in den Bereichen Nahrung und Genuss sowie Artistik und verwandte Berufe begründeten 1946 eigene Gewerkschaften. Am 4. Oktober 1950 spaltete sich von der Einheitsgewerkschaft der Saarländische Beamtenbund ab, der für parteipolitisch neutrale Staatsdiener eintrat.[31] Bis Juli 1946 zählten die Vertretungen aller saarländischen Arbeitnehmer bereits rund 80 000 Mitglieder.

Im Gegensatz hierzu kam die gewerkschaftliche Entwicklung bei der hiesigen Polizei nur schleppend in Gang, da aufgrund der **Arbeitsbedingungen** zunächst kaum zu kritisierende Zustände herrschten. Bedingt durch das saarländische Zulagensystem verfügten die Polizisten mehrheitlich über eine im Vergleich zur BRD günstigere Entlohnung, die die Leistungen der verschiedenen Kassen noch ergänzten. Darüber hinaus kam die Polizeiführung den Beamten so weit wie möglich bei einer praktikablen Dienstgestaltung innerhalb des 24-Stunden-Wechseldienstes entgegen, der sich durch die oftmals weiten Anfahrtswege im Saarland problematisch und kostenaufwendig gestalten konnte. Die geringe personelle Fluktuation, eine mittlere Polizeidichte mit erträglicher Arbeitsbelastung und die in den ersten Nachkriegsjahren bei den Saarländern vorherrschende Tendenz zum sicheren Arbeitsplatz ohne ausgeprägtes Karrierebewusstsein trugen bei vielen Beamten zu einer schnell erreichten Zufriedenheit das ihrige bei …

Mangels massiverer Anklagepunkte sahen sich die hiesigen Vollzugspolizisten daher anfangs nicht zur Vertretung ihrer Interessen gegenüber dem Arbeitgeber genötigt, während sich zum Beispiel ihre Bremer Kollegen bereits 1946 zum „Landesverband der bremischen Polizeibeamten e.V." zusammenschlossen. Dies änderte sich jedoch zu Beginn der 50er Jahre, angeregt durch die Beförderungs- und Schichtdienstrichtlinien für BRD-Polizisten sowie die wachsende Belastung im 24-stündigen Dienst und zog die Forderung günstigerer Arbeitszeiten und gesetzlich geregelter Laufbahnbestimmungen nach sich.

Die geltenden Erlasse sahen beispielsweise die Beförderung zum Polizeimeister frühestens nach sechzehn Dienstjahren vor und machten auch diese wiederum von einer Zustimmung Edgar Hectors abhängig. Außerdem beklagte der Landespolizeikommandeur in seinem Tätigkeitsbericht für 1951 die für seine Beamten mittlerweile auf durchschnittlich dreizehn Stunden verlängerten Dienstzeiten, die ihn im März 1952 zur festen Einführung eines freien Tages für alle in 24-Stunden-Schichten eingesetzten Polizisten seiner Sparte bewegten.[32] Die sich häufenden Beschwerden veranlassten Guy Lackmann, zum Jahresbeginn 1951 bei den Polizeibediensteten eine Umfrage zu starten, die am 15. Februar ein unwiderlegbares Ergebnis zeitigte: 95,5 Prozent der angesprochenen Mitarbeiter votierten für eine Berufsorganisation, die der Innenminister am 5. März 1951 absegnen musste.

Die am 25. Juli 1951 gegründete „Vereinigung Saarländischer Polizeibeamter (VSP)" wählte Josef Brehm zum Vorsitzenden, Karl Wehling zu dessen Stellvertreter. Als Nachrichtenorgan nutzte sie ab Jahresende die Fachzeitschrift „Unsere Polizei" mit der Rubrik „VSP-Rundschau". Am 4. Januar 1956 benannte man die VSP mit Hinblick auf die kommende Anbindung an die Bundesrepublik in „Vereinigung Deutscher Polizeibeamter an der Saar (VDP)" um. Bereits ein Jahr später schloss sie sich der im September 1950 ins Leben gerufenen westdeutschen „Gewerkschaft der Polizei (GDP)" als Landesbezirk an.[33]

Ab Februar 1952 übernahm Heinrich Draeger das Ruder bei der VSP, legte aber wegen der Obstruktionspolitik etlicher Kabinettsmitglieder seinen Posten im Juli 1953 nieder, da er für eine effektive Zusammenarbeit keine Zukunft sah. Daraufhin lenkte das Innenministerium ein und stellte – unter der Voraussetzung eines künftigen Planstellenzuwachses um 200 Mitarbeiter – eine Abschaffung der bisherigen Schichtenregelung sowie ein von Einzelgenehmigungen Hectors unabhängiges Beförderungssystem in Aussicht. Draeger ließ sich daher Ende Januar 1954 von den Obmännern erneut zum Ersten Vorsitzenden wählen und blieb dies bis September 1968 ununterbrochen.[34]

Der Hartnäckigkeit der Gewerkschaftsvertreter und des vehement für die Abschaffung der bisherigen Dienstzeiten kämpfenden Landespolizeichefs verdankten die Polizisten die Einführung des Zwölf-Stunden-Dritteldienstes ab 16. Januar 1956. Statt der bisherigen Hälftendienstschichten (ein ganzer Tag Dienst wechselte mit 24 Stunden Freizeit ab) absolvierten sie nun eine zwölfstündige Tagesschicht, der eine doppelt so lange Pause folgte, um danach von zwanzig Uhr abends bis acht Uhr morgens wieder im Nachtdienst zu arbeiten.[35]

4. Dienstmoral

Da zur Dienstführung eine schier unübersehbare Anzahl und Vielfalt von Anweisungen existieren, müssen an dieser Stelle exemplarische Vorgänge genügen, um zumindest einen Eindruck über diesen wichtigen Aspekt zu vermitteln. Dieser prägte das Bild des Sicherheitswesens in der breiten Öffentlichkeit und wirft zugleich ein Licht auf den Führungsstil und das Selbstverständnis der Polizeibeamten. Als **Leitprinzipien des Vollzugsdienstes** der Nachkriegszeit schälen sich nach gründlichem Aktenstudium folgende Kernpunkte heraus:

· Einhaltung einer „distanzierten Nähe" zum Bürger
· korrektes, höfliches und moralisch einwandfreies Verhalten dienstlich wie privat (Postulat: „Gehe stets mit gutem Beispiel voran!")
· respekt- und taktvolles Benehmen sowohl gegenüber Vorgesetzten als auch Untergebenen

Diese Maximen galten für alle Einsatzbereiche und waren auf ein einwandfreies äußeres **Erscheinungsbild** (Körperhygiene, Haarschnitt, vorschriftsgemäßer Dienstanzug, Sauberkeit aller Uniformteile, gepflegtes Schuhwerk) wie das **Benehmen** gegenüber anderen im Dienst und in der Freizeit gleichermaßen anzuwenden (kein Alkohol während der Arbeit und keine betrunkenen Auftritte als Privatmann; Höflichkeit gegenüber allen, vor allem schuldhaften Menschen; Einhalten der Straßenverkehrsordnung als Polizist und privater Verkehrsteilnehmer; strikte Anwendung der Grußvorschriften bei Vorgesetzten sowie Angehörigen der französischen Militär- und saarländischen Regierungsbehörden; Untersagen ehrenrühriger Spiel- oder Wettschulden, strafbarer oder moralisch verwerflicher Handlungen wie Ehebruch, schuldhafte Scheidung[36] oder Zeugen unehelicher Kinder; Verbot von Korruption, Amtsanmaßung oder Missbrauch der dienstlichen Stellung).

Der Bedeutung dieses Ehrenkodex entsprechend wiederholen sich die Ermahnungen vor dessen nachlässiger Handhabung nicht nur in der Wachtdienstordnung von 1953, sondern auch in den beiden Bekleidungsvorschriften (1950 und 1954), den Bestimmungen für den Großen

Aufsichtsdienst von 1949 zum verstärkten Kräfteeinsatz bei Großveranstaltungen und den 1951 erlassenen Grußvorschriften.[37]

„Genau nach den Grußvorschriften, 3c, Grüßen im Sitzen, —
Herr Polizeihauptmann!"

Abb. 124: „Tintenfisch"-Karikatur zu den neuen Grußvorschriften (April 1951)[38]

Vor allem letztgenannter Katalog, resultierend aus den Einzelvorgaben der französischen Besatzer ab August 1945 respektive den Anordnungen der Polizeileitung ab 1946, unterlag permanenten Änderungen, die erstmals im **Januar 1951** einen vorläufigen Rahmen erhielten. Die **„Grußvorschriften für die uniformierte Vollzugspolizei des Saarlandes"** verstand Innenminister Hector als „sichtbaren Ausdruck der Achtung, ... Manneszucht, ... und Kameradschaft" und als „Maßstab für den Geist innerhalb der Polizei"[39], was sich in militärisch angehauchten Formulierungen für die bis ins Kleinste vorgeschriebenen Grußvarianten niederschlug, die einer satirisch gespitzten Feder breite Angriffsflächen boten... (s. Abb. 124). Diese Anweisungen fanden nach dem BRD-Anschluss weiter Anwendung und wurden erst am 23. Oktober 1957 durch eine Neufassung abgelöst, um auf innenministeriellen Wunsch hin nicht mehr länger den angeblich „einer modernen Polizei" widersprechenden „Kadavergehorsam und Untertanengeist aufrechtzuerhalten".[40] Erstaunlicherweise stimmte diese aber, mit Ausnahme der Tilgung von Verpflichtungen gegenüber Mitgliedern französischer Einrichtungen und von differenzierten Grußstellungen, in weiten Teilen mit dem Tenor des Vorgängertextes überein![41]

Die strengen Bestimmungen zur **Krankmeldung** umgingen die Bediensteten nicht selten, indem sie sich erst nach drei statt zwei Tagen bei ihrem Vorgesetzten krankmeldeten und dabei die Wohnortangabe wegließen. Auf diese Weise versuchten sie, den für den Zweifelsfall im Januar 1950 eingeführten Kontrollbesuch des Polizeiarztes zu Hause zu umgehen. Eine unkorrekte Handhabung der komplizierten Krankenscheinabgabe[43] erlaubte zudem manchen zeitlichen Unterschleif.

Bei der Einleitung von **Disziplinarverfahren** erwies sich die Polizeiführung hinsichtlich der Verletzung von Dienstpflichten wesentlich strenger als bei moralischen Verfehlungen im Privatleben. Unkorrekte Amtsführung tadelte sie selbst bei geringsten Abweichungen wie Wachwechselfehler oder vorschriftswidrig rubrizierte Straftatbestände im Dienstjournal bereits mit einem **Verweis**, ebenso private Vergehen wie das falsche Verzollen eines importierten Motorrades oder das ehrenrührige Verhältnis eines Familienvaters mit „einer ledigen weiblichen Person", das „nicht ohne Folgen geblieben"[43] war. Schwereren Vergehen wie Prügeleien, Schlafen im Dienst, verspätetes Antreten der Schicht, betrunkenes Steuern eines Mopeds, Beschädigung privat genutzter Dienstfahrzeuge, Fahrlässigkeit gegenüber Gefangenen oder nicht vorschriftsgemäßes Aufbewahren einer Pistole folgte eine **Verwarnung**.

Beide Formen dieses Vorgehens wie auch Gerichtsurteile veröffentlichten die Kommandeure zur Abschreckung anonym in ihren Anordnungen, nur bei Verhängung höherer Geld- oder gar Gefängnisstrafen erfolgte eine namentliche Erwähnung der Betroffenen. Verweise und Verwarnungen wurden nach drei Jahren in der **Dienststrafliste** der Personalakte gelöscht, alle übrigen Verfehlungen nach fünf Jahren. Diese Liste, deren Eintragungen eine Beförderung erschwerten und halbjährliche Überprüfungen der beruflichen Leistung und Verhaltensweisen nach sich zogen, war ein Ergebnis der **Bestimmungen** des Innenministers **zur Bearbeitung von Disziplinarvorgängen** vom **1. Juni 1949**, die für die Exekutivpolizei gesonderte Vorschriften enthielt.[44] Strafrechtlich relevante Vergehen und schwere Amtspflichtverletzungen führten hingegen zur fristlosen **Entlassung**.

Man sparte aber auch nicht mit **Belobigungen** und veröffentlichte diese bei außergewöhnlicher Einsatzbereitschaft oder besonders erfolgreicher Dienstausübung sogar in den behördeneigenen Rundschriften. In Ausnahmefällen erfolgte auch eine Publikation im saarländischen Amtsblatt wie beispielsweise im Juli 1953: Ein Polizeioberwachtmeister hatte einen Menschen vor dem Ertrinken gerettet und mit „diesem mutigen und selbstlosen Verhalten", bei dem er selbst „in akute Lebensgefahr" geraten war, „einen Beweis für (die) echte und vorbildliche Auffassung des Polizeiberufes"[45] geliefert.

Durften die Spartenleiter Dienstverfehlungen aufgrund menschlicher **Schwächen** selbstredend nicht kritiklos registrieren, so belegten sie diese selten mit härteren Strafen. So hatten die Beamten mehrerer Dienststellen in Gewahrsam genommene Personen nicht nach der geltenden Kostenordnung für Polizeigefängnisse verpflegt, die einfache Eintöpfe und ähnliches mit einem Maximalaufwand pro Tag von 75 Francs vorsah, sondern „nach den allgemeinen Sätzen in Restaurants" zu Lasten des Staates beköstigt. Guy Lackmann verwies trotz wiederholten Auftretens dieser zuvorkommenden Behandlung, die zweifelsohne auf der Vorliebe des Saarländers für wohlschmeckende und ausreichende Mahlzeiten beruhte, nur auf die anzuwendenden Tagessätze ohne disziplinarische Folgen.[46] Ebenso verhielt sich der Gendarmeriekommandeur bei der vorschriftswidrigen Vorführung von Gefangenen durch Polizisten, die diesen bei Gerichtsterminen ungestörte Aussprachen mit Angehörigen oder Zeugen eingeräumt hatten.[47]

Anmerkungen

1 Zahlen a.: Das Personal im öffentlichen Dienst am 31.12.1950; hrsg. vom Statistischen Amt des Saarlandes, Saarbrücken 1950 [= Einzelschriften zur Statistik des Saarlandes, Nr. 9]; S. 16ff.

2 Die Statistik wurde entnommen a.: Deutsche Polizei (1960)7; S. Saar/54.

3 Gemäß Lackmanns Personalhaushalt v. 11.3.1948 (Quelle: Polizeiarchiv).

4 Die verwendeten Zahlen beruhen a. Werkentins Berechnungen; S. 46.

5 S. zu den Länderpolizeistärken 1960 a. Hans-Ulrich Werner: Probleme der polizeilichen Neuorganisation in den Bundesländern; in: Die Polizei 51(1960)1; S. 1–5.

6 Die Konkordanzen d. Besoldungstabellen entstammen Leo Stürmer: Die Organisation der Vollzugspolizei im Saarland; in: Die Polizei im Saarland. Zum Delegiertentag 1960 der Gewerkschaft der Polizei/Landesbezirk Saarland, Hamburg 1960; S. 17–30.

7 S. zur Besoldungsordnung d. Saarlandes ab April 1948 a. das betr. Gesetz v. 29.7.1948, veröffentl. am 10.8.1948 im Amtsblatt d. Saarlandes Nr. 59; S. 880ff.

8 Vgl. a. die zweite Verordnung zur Durchführung d. vorläufigen Besoldungsgesetzes v. 8.10.1948, abgedr. in ebda. Nr. 87 v. 18.11.1948.

9 Die Laufbahnverordnungen v. 15.9.1948 (Polizei u. Gendarmerie), v. 1.12.1948 (Kripo) u. v. 20.1.1950 (Saarbataillon) beruhten meist auf innenmin. Erlassen ohne Gegenzeichnung d. Finanzministers, wurden oft nicht im Amtsblatt publiziert u. ergingen teilweise nur als mündliche Anweisung – s. a. Leo Stürmer: Verordnung über die Laufbahn der saarländischen Polizeivollzugsbeamten. Hamburg 1960; S. 9ff.

10 Der Personalkostenanteil lässt sich nicht mehr nachvollziehen; der Polizeiausgabentopf im Gesamthaushalt wuchs v. 1948 bis 1956 v. 422 084 000 auf 2 753 045 000 Francs an, die Einnahmen hingegen nur von 7 045 316 (1948) auf 35 970 000 Francs (1956) – vgl. a. die Haushalte in den Amtsblättern v. 1948–1956.

11 Die Zahlen zur Besoldung stammen a.: Fünfundzwanzig Jahre Gewerkschaft der Polizei im Saarland; hrsg. von der Verlagsanstalt Deutsche Polizei GmbH (Hilden), redaktionelle Bearbeitung: Willi Schnerwitzky. Koblenz-Neuendorf 1976.

12 S. a. den Erlass des saarländ. Finanzministers Reuter v. 7.2.1952; abgedr. im Nachrichtenblatt d. Landespolizeipräsidenten v. 21.3.1952.

13 Verheiratete ohne Kind erhielten v. der Familienkasse d. Saarregierung ab Juni 1948 800 Francs, bis 1951 1 400 u. ab Okt. 1951 1 800 Francs pro Monat; ein Paar mit Kind begann mit 1 600 Francs, bis Herbst 1951 auf 3 400 Francs ansteigend.

14 Vgl. zu den Zulagen a. E. Lürbke: Die vorläufige Besoldung der saarländischen Polizeibeamten; in: Unsere Polizei 1(1948)4; S. 26ff.

15 Vgl. a. die Vorschriften über die Gewährung v. Pauschvergütungen v. 22.5.1950 im Nachrichtenblatt d. Landespolizeipräsidiums Nr. 5 v. 22.6.1950.

16 S. neue Pauschvergütungen in der Gendarmeriekommandoanordnung v. 1.9.1952; S. 2f.

17 Die BRD-Bruttobesoldung wurde n. dem Statistischen Jahrbuch für die BRD für die Jahre 1954ff, Rubrik XXI: Löhne u. Gehälter berechnet.

18 S. RZVK-Verordnung v. 10.12.1953 im Amtsblatt Nr. 54 v. 19.12.; S. 801–803.

19 Zit. a. der Sterbekassensatzung 1949; abgedr. im Nachrichtenblatt d. Landespolizeipräsidiums v. 14.4.1949; S. 50f.

20 S. zu den Kassenstatuten a. ebda. v. 20.1.1949 a. S. 12ff.

21 Zu den detaill. Regelungen betr. die freiwilligen Heilfürsorge-Leistungen s. a. die Satzung v. 1.7.1949; in: ebda., Nr. 8 (Sonderausgabe) v. 25.7.1949; S. 84–100.

22 S. zur Geschäftsordnung a. ebda. Nr. 13 v. 19.12.1948 a. S. 120f.

23 S. zur Beitragsanhebung a. ebda. v. 20.1.1959 a. S. 6ff.

24 S. z. „Haus Mühlberg" a.: Unsere Polizei 5(1952)8; S. 99 u. 5(1952)9; S. 110f.

25 S. hierzu a. die Verordnung über Sportvereinigungen v. 6.10.1945 im Amtsblatt d. Regierungspräsidiums Saar v. Oktober 1945; S. 24.

26 Vgl. a. das Vereinssportgesetz im Amtsblatt d. Saarlandes 1950 a. S. 923f.

27 S. zu den PSV-Erfolgen a. die Beiträge in „Unsere Polizei", die Festschrift „Fünfundsiebzig Jahre Polizeisportverein e.V.", o.O. 2000 u. Georg Frank: Sportausübung innerhalb der saarländischen Polizei; in: Die Polizei im Saarland. Zum Delegiertentag 1960 der Gewerkschaft der Polizei/Landesbezirk Saarland, Hamburg 1960; S. 133.

28 Die beiden anderen Polizeitage fanden im Juli 1951 u. v. 4.–5. Juli 1953 statt.

29 Zit. n. der Kommandoanordnung d. Gendarmerie Nr. 3 v. 2.3.1955 – zur Kostenbeteiligung liegen kaum Informationen vor, eine Anweisung Lackmanns (20.1.1956) benennt eine Summe von 500 Francs pro Mitarbeiter (Quelle: Polizeiarchiv).

30 Zit. n. d. Abdruck d. Durchführungsverordnung zum Erlass Nr. 6 v. 10.9.1945 im Amtsblatt d. Regierungspräsidiums Saar v. 18.10.1945 a. S. 27ff.

31 Vgl. zur Gewerkschaftsentwicklung im Saarland a. Robert H. Schmidt: Saarpolitik. Bd. 1, S. 470ff; Gerhard Paul/Ralph Schock: Saargeschichte im Plakat 1918–1957. Saarbrücken 1987, S. 138 u. Wilfried Busemann: Kleine Geschichte der saarländischen Gewerkschaften nach 1945; hrsg. von der Arbeitskammer des Saarlandes. Saarwellingen 2005; S. 20ff.

32 Im Bericht 1951 nannte der Landespolizeileiter die Monatsdurchschnitte bei den geleisteten Streifenstunden: Saarbrücken 6193 u. St. Ingbert sowie Dillingen über 2000; s. ebda.; S. 3 (Quelle: Landesarchiv des Saarlandes, Bestand Schutzpolizeiamt, lfde. Nr. 31) – zum freien Tag s. die Gendarmeriekommandoanordnung v. 3.3.1952.

33 S. zu den VSP-Zielen a. Brehms Artikel in: Unsere Polizei 4(1951)11/12.

34 Zur Polizeigewerkschaft s. Jürgen Barth: Fünfzig Jahre Gewerkschaft der Polizei; in: Ball der Polizei 2001 – Fünfzig Jahre GdP. Polizei für Bürger, Bürger für Polizei; hrsg. v. der Gewerkschaft der Polizei/Landesbezirk Saarland, Worms 2001; S. 33–48.

35 S. zur neuen Regelung ab Jan. 1956 a. den Brief d. Polizeipräsidenten vom 30.12.1955 u. den Rundbrief d. Landespolizeikommandeurs v. 29.12.1955 (Quellen: Polizeiarchiv).

36 So wies im Dez. 1948 der Landespolizeikommandeur darauf hin, dass aufgrund der sich „mehrenden Fälle, in welchen Beamte in Ehescheidungsprozessen für allein schuldig geschieden werden", künftig a. eine „disziplinarische Bestrafung" erfolge – zit. n. der landespolizeil. Kommandoanordnung v. 12.12.1948.

37 Zur Wachtdienstordnung s. Landespolizeikommandoanordnung Nr. 1 v. 6.1.1953 u. Gr. Aufsichtsdienst v. 1949 (Quelle: Landesarchiv des Saarlandes, Bestand Schutzpolizeiamt, lfde. Nr. 31).

38 Zit. n. Grußvorschriften im Nachr.bl. d. Landespol.präs. v. 21.3.1951; S. 26ff.

39 Pkt. 3c sah eine „schnelle und straffe Ausführung der Ehrbezeigungen" vor mit „Stillsitzen unter Ansehen des zu Grüssenden" – zit. n. ebda.; S. 27.

40 Zit. n. Anordnung d. innenmin. Polizeiabteilung v. 2.6.1957 (Quelle: Polizeiarchiv).

41 Vgl. a. die „Grußvorschrift für die uniformierte Vollzugspolizei des Saarlandes" v. 23.10.1957 (Quelle: ebda.).

42 Den Krankenschein unterschrieb zuerst der Dienststellenleiter, danach erfolgte der Arzteintrag mit (!) Diagnose; erst nach Gesundung kehrte er in die Akte zurück.

43 Zit. n. einer Gendarmerieanordnung v. 13.10.1951 (Quelle: Polizeiarchiv).

44 S. zu den Disziplinarregelungen für die Saarpolizei seitens E. Hector a. den Abdruck d. Verfügung im Nachrichtenblatt des Landespolizeipräsidenten Nr. 6 v. 20.6.1949, Anl. Nr. 1.

45 Zit. n. d. Publikation d. Belobigung am 13.7.1953 im Amtsblatt 1953; S. 403.

46 Vgl. zur Verköstigung illegaler Grenzgänger u. inhaftierter Personen a. Lackmanns Belehrung in dessen Nachrichtenblatt v. 19.9.1949 a. S. 106f.

47 S. a. d. Gendarm.komm.anordnung Nr. 3 v. 1.3.1954 (Quelle: Polizeiarchiv).

D. Besondere Einsätze

Die saarländische Polizei hatte neben den klassischen Aufgaben zur Wahrung von Sicherheit und Ordnung, die sie bei sportlichen Großveranstaltungen, den Feierlichkeiten zum 1. Mai oder Arbeitnehmerstreiks bereits nicht selten an die Grenze ihrer Leistungsfähigkeit brachten, vor allem in den 50er Jahren auch außergewöhnliche politische Ereignisse zu bewältigen. Im Kontext der Wahlkämpfe zu verschiedenen regionalen Abstimmungen handelten sich die hiesigen Vollzugsbeamten aber mit ihrem Verhalten in der zeitgenössischen Presse Bezeichnungen wie zum Beispiel „Gummiknüppeldemokraten" ein, die mehr als nur einen schalen Nachgeschmack hinterließen. Dieses negative Bild der Saarpolizisten ist bis heute bei einem Großteil der Bevölkerung anzutreffen. Die nachfolgende Untersuchung soll zu einer objektiven Annäherung an die historische Wahrheit beitragen und bisherige Fehlinterpretationen korrigieren. Aus der Vielzahl der Ereignisse stechen zwei Fälle durch ihren extremen Verlauf hervor und werden daher exemplarisch eingehend erläutert: der „Fall Geiger" während der Landtagswahl im Winter 1952 und der Wahlkampf zum Saarstatutreferendum von Ende Juli bis Ende Oktober 1955.

1. Landtagswahlen 1952 und Referendum zum Saarstatut 1955

Im Vorfeld der Landtagswahlen am 30. November 1952 hatten Regierung und Innenministerium am 5. **November 1952** eine auf drei Wochen befristete **„Polizeiverordnung"** erlassen, die den Handlungsspielraum der Sicherheitsbeamten während des Wahlkampfs genauestens regelte. Ihr Schwerpunkt lag auf der Kontrolle des Plakatierens und Verteilens von Flugblättern.[1] Die Durchführungsanweisungen von Innenministerium und Polizeiführung entsprachen nach heutigem Verständnis sicherlich nicht demokratischen Grundprinzipien, bewegten sich aber auf dem durch die damalige saarländische Verfassung vorgegebenen und äußerst lückenhaften rechtsstaatlichen Boden.[2] Unter diesen juristisch teilweise bedenklichen Vorgaben konnte das eigenmächtige Handeln einzelner Entscheidungsträger oder Polizisten gegenüber Oppositionellen schnell zu Beschlagnahme, Hausdurchsuchung oder Festnahme ohne Rechtfertigung und mit völlig überzogenen Methoden führen ... So drangen am Abend des 20. **November 1952** auf Anordnung des Grenzpolizeileiters Jacques Becker vier mit Gummiknüppeln bewaffnete Polizisten in die Wohnung des siebzigjährigen Schmiedeobermeisters **Georg Geiger**, Mitglied der nicht zur Wahl zugelassenen Demokratischen Partei Saar (DPS), am Saarbrücker Rathausplatz ein, durchsuchten die Räume nach Wahlpropagandamaterial und schlugen dabei auf die anwesende Familie Geigers ein. In die blutigen Handgreiflichkeiten war der herzkranke Georg Geiger selbst nicht involviert, doch er brach nach Abzug der anonym gebliebenen Beamten in der Küche zusammen und verstarb wenige Stunden später trotz ärztlicher Nothilfe. Bezüglich dieser nicht legitimierten, in Zivilkleidung durchgeführten Hausdurchsuchung mit tödlichem Ausgang ermittelte die Kriminalpolizei auffällig lange, denn sie gab Ergebnisse erst nach der Landtagswahl Anfang Dezember bekannt. Die Täter hatten zwar bereits unmittelbar nach dem Überfall durch Meldung von Polizeikollegen festgestanden. Die Öffentlichkeit erfuhr deren Namen (unter anderem eines Gendarmeriehauptwachtmeisters, der auch bei anderen Einsätzen noch unangenehm auffallen sollte) aber erst später.

Um den auftraggebenden Chef des Grenzdienstes, der als Polizeirat einen ranghohen Polizisten an der Saar verkörperte, zu schonen, entschloss sich die Polizeileitung, die vier abgesandten Beschäftigten als aus eigener Initiative handelnde Privatpersonen anzuzeigen. Ergänzend erließ der neugewählte Landtag am 23. Dezember 1952 eine Amnestie für alle „Straftaten, die vor dem 1. Dezember 1952 im Kontext mit dem Wahlkampf ... begangen worden sind"[3] – ohne Fixierung einer Höchstgrenze. Daraufhin stellten die Behörden ihre Ermittlungen ein – und die vier, des schweren Hausfriedensbruchs, der Nötigung und schweren Körperverletzung sowie fahrlässigen Tötung angeklagten Polizeibediensteten gingen straffrei aus.[4]

Der „Fall Geiger" stellte eine ungewöhnlich massive Verletzung polizeilicher Befugnisse dar und ragt durch sein schlimmes Ende sowie das Ausbleiben jeglicher Sanktionen für die Täter aus der Menge geringfügige-

rer Vergehen und Unregelmäßigkeiten seitens der Polizei während Wahlkämpfen einsam heraus. Zudem steht er beispielhaft für das rigorose wie
brutale Vorgehen einzelner Polizisten, ob vorgesetzt oder untergeben,
und die schamlosen Schutzmechanismen, die Saarregierung bzw. Polizeiführung zu deren Gunsten in Gang setzten.

Hatten sich im November 1952 sicherlich zahllose Dienstverletzungen
ereignet, die die überregionale Presse jedoch nur selten erwähnte, so besaß das **Referendum über das Saarstatut** am **23. Oktober 1955** einen
anderen Charakter. Die Volksabstimmung über den weiteren Status des
Saarlandes interessierte aufgrund der politischen und wirtschaftlichen
Sonderstellung des Gebiets innerhalb Europas nicht nur die aus aller Her-
ren Länder anreisenden Journalisten. Auch die von offizieller Seite Abgesandten, allen voran die Delegierten der Europäischen Kommission,
beobachteten das Geschehen insbesondere unter dem Aspekt der korrekten Durchführung. Daher sah sich die Regierung einerseits gezwungen, möglichst weitreichend westeuropäischen Demokratieansprüchen
zu genügen, begrenzte diese aber andererseits völlig legitim durch
Sondergesetze zum Abstimmungskampf. An das hohe Einschränkungs-
niveau für den Landtagswahlkampf 1952 reichten diese jedoch selbstredend nicht mehr heran.

Nicht von ungefähr legte Artikel VII des im Herbst 1954 ausgearbeiteten
Saarstatuts für den Fall einer Annahme den verfassungsmäßigen Organen
des Saarlandes die Verpflichtung zur Angleichung an die Vorgaben der
Europäischen Kommission auf. Bis dahin, so Innenminister Hector in seinen Erläuterungen zu einem den Treueid der Beamten in Frage stellen-
den Zeitungsartikel, sei dieser Schwur aber „auf den derzeitigen Zustand
bezogen" und kann, „solange die demokratische Ordnung, auf die er geleistet wurde, besteht, … nicht „nach subjektiver Auffassung gebrochen
werden …".[5] Da er im selben Kontext die Verletzung der menschlichen
Grundrechte wie des Diensteides als schwere Vergehen auf eine Stufe
stellte, blieb die erhoffte einschüchternde Wirkung nicht aus.

Im Gefolge des Gesetzes Nr. 457 „betreffend die Durchführung der
Volksbefragung über die Billigung des Europäischen Statuts für das Saarland" vom 8. Juli 1955 und des taggleich verabschiedeten Gesetzes über

das Pressewesen[6] ergingen durch Hector Merksatzsammlungen zur Auswirkung auf die Polizeiarbeit. Hier sind vor allem die Erläuterungen zu den revidierten Polizeibefugnissen bei Wahlkampfveranstaltungen relevant. Demnach durften die Vollzugsbeamten bei öffentlichen Veranstaltungen nur einschreiten, wenn die Teilnehmer unberechtigt Waffen mitführten, unzulässige Uniformen trugen, verbotene Tatbestände vorlagen oder unmittelbare Gefahr für Leben oder Gesundheit der Anwesenden bestand. Als letztes Mittel war eine Auflösung nur bei Nichtanmeldung einer Veranstaltung oder einer von den Auflagen abweichenden Durchführung zulässig.[7]

Der am 29. Juli 1955 mit einer Kundgebung der Demokratischen Partei Saar (DPS) in Neunkirchen eröffnete **Wahlkampf** entwickelte sich zu einer unerwartet hitzigen Auseinandersetzung zwischen den Befürwortern („Ja-Sager") und Gegnern („Nein-Sager") des Statuts, die Familienbande wie Freundeskreise zerriss und bei öffentlichen Versammlungen zu Straßenschlachten führte, in die die Polizeikräfte eingreifen mussten. Glücklicherweise existieren zu den polizeilichen Aktionen während der zwölf Wahlkampfwochen bis auf wenige Ausnahmen (von 199 Einsätzen sind nur fünf ohne Belege geblieben) alle behördeninternen Unterlagen inklusive Diensteinteilungen, Skizzen der Örtlichkeiten sowie Tageseinsatzbefehle und -berichte, die auch Vermerke über besondere Vorkommnisse enthalten. Die Sichtung dieser Archivalien rückt zwar das durch zeitgenössische Schilderungen und bisherige Forschungsergebnisse geprägte Bild über die Polizei nicht in ein völlig neues Licht. Doch mit diesen Detailkenntnissen lassen sich etliche Fehlurteile falsifizieren und bislang unterschätzte Nebenumstände exakter bewerten. Einen Überblick zum Einsatzgeschehen bietet die nachfolgende, anhand der Polizeiakten[8] erstellte Statistik:

Übersicht zum Polizeieinsatz im Wahlkampf anlässlich des Saarstatuts (27. Juli bis 22. Oktober 1955)

Zahl der Einsätze: 199 (davon 194 quellenkundlich nachweisbar)

Einsatztage insgesamt: 45

durchschnittliche Einsätze pro Tag: rund 4,3

durchschnittlicher direkter Kräfteeinsatz (ohne Reserven): 84 Beamte

Großeinsätze mit mehr als hundert Beamten vor Ort: achtzehn
hierbei aufgewendete Kräfte: durchschnittlich 127 Polizisten
(mindestens 105 und maximal 190 Bedienstete)

Ausnahmeeinsätze mit mehr als 200 Beamten: fünf
hierbei aufgewendete Kräfte: durchschnittlich 297 Polizisten
(mindestens 210 und maximal 510 Bedienstete)

registrierte Eskalationen: fünf (= knapp drei Prozent aller Einsätze)

Erscheinen von Grenzdienstlern in Zivil: zweimal zur Beobachtung

Verhältnis zwischen unmittelbar eingesetzten und Reservekräften:
· in fünfzig Prozent der Fälle ausgewogen
· in vierzig Prozent der Fälle verschoben zugunsten der Aktiven
· in zehn Prozent der Fälle waren mehr Reserveeinheiten vorhanden

Einsatzformen der verschiedenen Polizeisparten:
· die Gendarmerie agierte nur als aktive, vor Ort eingesetzte Truppe
· ebenso die Beamten der Landes- und Grenzpolizei, die nur sehr wenige Reserveaufgaben erhielten
· für das Saarbataillon lässt sich ein fast ausgewogenes Verhältnis zwischen aktiven (22) und Reserveeinsätzen (achtzehn) nachweisen

Einsatzgröße der aktiven „Bereitschaftspolizei" der Landespolizei: maximal vier Züge mit insgesamt 120 Beamten[9]

die Reserveeinheiten wurden gebildet aus Mitgliedern von:
· Polizeischule (dreißig Reserven mit fünfzehn bis neunzig Mann)
· Saarbataillon (24 Reserven mit fünf bis sechzig Mann)
· „Bereitschaftspolizei" (23 Reserven mit dreißig bis neunzig Mann)

Einsatz des Wasserwerfers: in zwei Fällen aktiv eingesetzt, ansonsten nur in Bereitschaft stehend bzw. bei einer Reserveeinheit stationiert

von der Einsatzleitung registrierte Zwischenfälle dienstlichen Fehlverhaltens: zwei Vorkommnisse (ein Wasserwerfer beschädigt einen privaten Personenkraftwagen, und ein angetrunkener Polizist schlägt einen Veranstaltungsgast)

Der im Zusammenhang mit den Wahlkampfunterlagen erstmals auftauchende Begriff der **„Bereitschaftspolizei der Landespolizei"** bedarf wegen seiner Widersprüchlichkeit einer eingehenden Erklärung. Infolge der alliierten, von der französischen Besatzungsmacht für ihre Zone noch ausgeweiteten Entmilitarisierung durfte im Saarland trotz der zwischenzeitlich in der BRD erneut zugelassenen Bereitschaftspolizei keine Abteilung dieser Art begründet werden. Stattdessen übernahm das organisatorisch und funktionstechnisch an eine Bereitschaft angelehnte Saarbataillon deren Notfallfunktionen. Da einige Mitglieder der Polizeiführung aber seit langem die Neuerrichtung einer solchen Einheit, ungeachtet des hierfür engen juristischen Spielraums, erfolglos betrieben hatten, kam es im Sommer 1954 auf Anweisung Edgar Hectors zu deren illegaler Begründung unter dem Deckmantel einer Supplementtruppe für die Landespolizei zwecks Einführung des Dritteldienstes. Die hierzu benötigten hundert zusätzlichen Planstellen enthielt bezeichnenderweise bereits der Haushaltsplan für 1954.

Die offiziell mit dieser Abteilung verknüpften Ziele bestanden zum einen trotz Existenz des Saarbataillons, aber mit Blick auf das westdeutsche Vorbild in der Zusammenfassung der „Bewerber ... (zu) einer Bereitschaftspolizei (zwecks) polizeilicher Ausbildung", zum andern in einer weiteren „Stellenvermehrung" für diese um hundert Männer unter dem Gesichtspunkt der „bevorstehenden Volksabstimmung". Diese „Bereitschaft sollte während der Abstimmungsperiode zur besonderen Verwendung geschlossen zu Verfügung stehen."[10] Wie wenig deren Mitglieder tatsächlich Schulungsaufgaben übernehmen sollten, wird aus dem Umstand ersichtlich, dass sie weder eine vorschriftsgemäße geistige oder körperliche Eignungsprüfung noch ein reguläres Einstellungsprocedere absolvierten.[11]

Die erste aktenkundliche Erwähnung dieser landespolizeilichen Bereitschaft ist in einem Versetzungshinweis des Gendarmeriekommandos zu finden, der die Existenz der auch als „Saarbrücker Bereitschaftspolizei" bezeichneten Abteilung ab 1. September 1954 belegt.[12] Die von Hector verfolgte personelle Aufstockung lehnte der Landtag aber ab, so dass die Planstellen bei hundert eingefroren wurden und nur knapp zwanzig weitere Beamte aus anderen Dienststellen zur neuen Einheit versetzt oder abgeordnet wurden. Damit verfügte sie zu Beginn des Abstimmungskampfs über vier Züge bzw. 120 Mann Personal. Zu Beginn des Jahres 1956 löste die Regierung diese „illegale" Polizeitruppe, deren Mitglieder mangels Ausbildung keinerlei vollzugspolizeiliche Kompetenzen besaßen, auf und verteilte deren Bedienstete auf andere Abteilungen.

Zahlreiche zeitgenössische Schilderungen der Straßenschlachten zwischen Polizei und Bevölkerung während des Wahlkampfs stellen die Beamten des Saarbataillons in den Mittelpunkt der die Opposition gewaltsam unterdrückenden Polizei. Eine Spartenzuordnung der aktiv eingesetzten Polizisten war allerdings für die Kundgebungsteilnehmer kaum möglich, da seit Beginn der 50er Jahre die **dunkelblaue Uniform** der Landespolizei für alle Vollzugsbeamten als einheitlicher Dienstanzug bei offiziellen Anlässen vorgeschrieben war (diese Regelung galt auch für die Monate vor der Volksbefragung) und mittlerweile abteilungseigene Dienstabzeichen nicht mehr existierten.

Darüber hinaus erließ das Landespolizeikommando am 30. August 1955 eine Anordnung, nach der „bei jedem mit der Volksbefragung in Zusammenhang stehenden Einsatz" statt der üblichen langen Hose „die Stiefelhose (mit Gamaschen) zu tragen"[13] war. Da der überwiegende Teil der Bevölkerung mit diesem militärisch angehauchten Beinkleid das üblicherweise in khakifarbener Kleidung agierende Saarbataillon verband und in der Hitze des Gefechts meist nicht auf dessen blaue Einfärbung achtete, entstand für viele der Eindruck, mehrheitlich mit Mitgliedern dieser Polizeitruppe konfrontiert zu sein.

In Zivilkleidung und somit als Vollzugsbeamte nicht erkennbar erschienen lediglich in zwei Fällen Mitglieder des Grenzdienstes: am 12. Oktober 1955 sechzehn Polizisten in Illingen sowie am darauffolgenden Tag dreizehn in Nonnweiler.[14]

Die detaillierte Auswertung der aktiv eingesetzten Polizisten vor Ort und der Reservegruppen ergibt eine völlig andere Spartenverteilung, als es das einheitliche Uniformenbild vermittelte. Da sich bei neunzig der 194 Einsätze die exakte personelle Verteilung beziffern lässt, basiert die nachfolgende Statistik auf diesen. Fünfundvierzig der neunzig Einsätze verliefen ohne jedweden aktiven **Einsatz des Saarbataillons**, nur bei elf bildete es die größte Polizeigruppe, in drei Fällen agierte es allein, bei vier Einsätzen lassen sich ebenso viele andere Spartenpolizisten wie Bataillonsmitglieder nachweisen, und bei zwanzig waren weniger Saarbataillonsbeamte als Bedienstete der übrigen Abteilungen vertreten. In 55 Fällen überwogen die Beamten der anderen Sparten diejenigen des Bataillons, in zwölf dominierte die Bereitschaft der Landespolizei alle anderen.

Abb. 125: eine Wacheinheit des Saarbataillons in dunkelblauer Stiefelhose, aufgenommen am Tag des Saarreferendums vor dem Funkturm auf dem Tholeyer Schaumberg

Diese Zahlen widerlegen die Behauptung, das Saarbataillon habe als „Schlägertruppe" den Abstimmungswahlkampf dominiert und dabei mit „roher und sinnloser Gewalt, ... dicken Armen" und „wenig im Kopf ... Veranstaltungen der ‚Neinsager' (gestört) oder gewaltsam (aufgelöst)".[15] Der Dienstplan eines hier exemplarisch aufgeführten Einsatztages macht die prozentuale Verteilung der Spartenpolizisten sowie der aktiven und in Bereitschaft stehenden Einheiten deutlich (siehe S. 476).

Nur bei fünf der 194 nachvollziehbaren Wahlversammlungen kam es zu schweren **Eskalationen:** am 13. August vor der Saarbrücker Wartburg, am 17. im evangelischen Gemeindehaus Neunkirchen, am 18. im St. Ingberter Karlsbergsaal sowie in den katholischen Vereinsheimen von Völklingen (14. September) und Friedrichsthal (20. Oktober). Durch die Presse gingen bezeichnenderweise die frühen Zusammenstöße der Demonstranten mit der Polizei im August, bei denen es scheinbar allein infolge

Wahlkampfeinsatzplan der Saarpolizei für den 5. Oktober 1955

Versammlungsorte und Redner:

1. Rastpfuhl (19:15 Uhr): Ministerpräsident Johannes Hoffmann
2. Brebach/Turnhalle Neufechingen (19:30 Uhr):
   CVP, Johannes Hoffmann und Minister Ruland
3. Herrensohr/katholisches Vereinshaus (20:00 Uhr):
   Johannes Hoffmann und Lehnen
4. Fischbach/Lokal Kraus-Haupert (20:15 Uhr):
   Johannes Hoffmann und Josef Becker

Brebach:	1 Zug der Landespolizeiinspektion Mitte (30 Mann) 1 Zug der Grenzpolizei (30 Mann) 2 Züge des Saarbataillons (60 Mann) = 120 Beamte im direkten Einsatz vor Ort 2 Funkwagen mit Lautsprecher (bereits am Rastpfuhl)
Herrensohr:	1 Zug der Gendarmerie Merzig 1 Zug der Gendarmerie Saarlouis 1 Halbzug der Landespolizeiinspektion Mitte
Fischbach:	2 Züge der Bereitschaftspolizei der Landespolizei 1 Zug der Landespolizeiinspektion Mitte 1 Zug der Gendarmerie St. Wendel = 120 Polizisten unmittelbar am Ort

Kraftfahrzeuge zum Transport aller Kräfte:
4 Lastkraftwagen für jeweils 17 Personen,
2 Motorräder,
1 Wasserwerfer

Reserven für alle Termine: 2 Züge der Polizeischule
                            1 Zug Bereitschaftspolizei/Landespolizei
                            1 Zug des Saarbataillons
                            Sanitätsdienst: Dr. Dillschneider
= 120 Mann Reserveeinheiten

Absperrgruppen: 1 Zug der Grenzpolizei
                  2 Züge des Saarbataillons
= 90 Beamte im Absperrdienst

aktiv eingesetzte Polizisten: 375   Reserve- und Absperrdienst: 210

des Eingreifens der Sicherheitsbeamten zu massiven Krawallen kam. Die übrigen, zeitweise blutigen Auseinandersetzungen wurden hingegen durch das oftmals höchst aggressive Verhalten einzelner Teilnehmer verursacht, das eine polizeiliche Gegenwehr wie am **18. August 1955** notwendig machte.

An diesem Tag musste der St. Ingberter Karlsbergsaal wegen Überfüllung geschlossen werden. Die danach mit Lautsprechern nach draußen übertragene Rede Hoffmanns störten derart viele Gegenkundgebungen, dass ein Wasserwerfer ohne Sprenger die steine- und flaschenwerfenden Demonstranten vergeblich auseinanderzudrängen suchte. Daraufhin versuchten Mitglieder des Saarbataillons, den Tumult mit Gummiknüppeln niederzuhalten, woraufhin die Randalierer an einem parkenden Auto die Bremsen lösten, so dass es auf den Wasserwerfer prallte. Ein Polizeibeamter erlitt schwere Kopfverletzungen.

Abb. 126: Polizisten im Einsatz am 18. August 1955 in St. Ingbert

Am **14. September** sprengten die Demonstranten in Völklingen die Absperrung und gefährdeten dadurch den Durchgangsverkehr. Die Polizisten benutzen keine Waffen, obwohl sie von Steinen getroffen wurden und ein Passant mit schwerem Kupferkabel um sich schlug.[16]

Die noch heute das **negative Bild der Saarpolizei** prägenden Ereignisse im August 1955 unterliegen oft einer (wie auch immer bewussten) einseitigen Darstellung. Während der Polizeibericht über die Krawalle am 13. August vor der Saarbrücker Wartburg von der „Auflösung einer Menschenmenge" spricht, bei der es zu „verschiedenen Zusammenstößen zwischen Demonstranten und ... Polizeikräften"[17] kam, vermitteln die immer wiederkehrenden Photos eines festgenommenen Teilnehmers und der von wenigen Beamten zurückgehaltenen Menschenmasse den Eindruck eines durchweg rigiden Vorgehens der Polizei. Berücksichtigt man aber die Tatsache, dass bei dieser Versammlung nur 61 Polizisten direkt eingesetzt waren (von denen wiederum 26 Bataillonsmitglieder den Verkehr regelten und Absperrungen durchführten), während zur Absicherung des am Folgetag gefeierten Schwimmfestes das Saarbataillon allein zwanzig Bedienstete stellte, so lässt dieses Zahlenverhältnis das Ausmaß der Tumulte in einem anderen Licht erscheinen.[18]

Trotz des Wartburg-Debakels und rund 10 000 erwarteten Demonstranten entsandte man zur nächsten Kundgebung am 17. August in Neunkirchen wiederum eine aktive Einheit von nur 64 Beamten, denen aber eine Reserve von 35 Polizeischülern zur Seite gestellt wurde. Außerdem ordnete man für einige Posten Alarmbereitschaft an.

Da der Versammlungsort, das evangelische Gemeindehaus, bereits nach kurzer Zeit überfüllt war, sperrte die Polizei die Zugänge ab, um die weiterhin vordrängende Menschenmenge (Schätzungen gehen von rund 6 000 Teilnehmern aus) fernzuhalten, gegen die schließlich mit Knüppeln vorgegangen werden musste. Obwohl die Randalierer auch Steine warfen, mit Baugerüstteilen zuschlugen und Tränengas versprühten, wehrten sich die Beamten nur mit Knüppeln. Nachdem sich die Wogen geglättet hatten und, laut Polizeibericht, „die Demonstranten ... in Sprechchören (zwar) gegen Polizei, Regierungsmitglieder und Kundgebungsteilnehmer aufriefen, sich im übrigen aber ruhig verhielten"[19], kam es zu erneuten Übergriffen. An einem Privatwagen wurden die Reifen zerschnitten, ein VW-Bus der Polizei umgekippt und drei Beamte erheblich verletzt. Die von Zeitzeugen und in der gängigen Literatur genannten Einsatzkräfte in Höhe von rund zweihundert Bataillonsbediensteten bestätigen weder die Einsatzbefehle noch Berichte über besondere Vorkommnisse.[20]

Abb. 127: Neunkircher Demonstranten stoßen am 17. August einen Polizeibus um

Ein bereits drei Jahre zuvor in den „Fall Geiger" verwickelter Gendarmeriehauptwachtmeister machte während einer Versammlung in **Neunkirchen** am **22. Oktober** wiederholt mit einem schweren Dienstvergehen von sich reden. In betrunkenem Zustand wollte er nicht nur ungerechtfertigterweise angebliche Störer aus dem Saal entfernen, sondern weigerte sich auch, den Ort auf Anordnung seines Vorgesetzten zu verlassen. Zudem brüstete er sich gegenüber sein Verhalten kritisierenden Kollegen mit der Behauptung, durch gute persönliche Beziehungen unantastbar zu sein. Gegen ihn wurde wegen dieser Vorfälle ein Disziplinarverfahren eingeleitet.[21]

Ergänzend zur Beurteilung der Vorfälle aus dem polizeilichen Blickwinkel heraus lassen die vom **Landesamt für Verfassungsschutz** gesammelten Unterlagen das Eingreifen der Sicherheitshüter ebenfalls weniger drastisch erscheinen. Bei diesen Materialien handelt es sich um Polizeiberichte über die Beschlagnahmung von Flugblättern, Handzetteln, Plakaten, Zeitungen und ähnlichen Propagandamitteln, die an Regierungsstellen wie das Innenministerium gerichtet waren. Da diese in mehr als neunzig Prozent der Fälle aber ein vergebliches Vorgehen der Vollzugsbeamten mit floskelartigen Redewendungen belegen („Anzeige gegen Unbekannt", „Ermittlungen zur Feststellung der Täter verliefen erfolglos", „Kennzeichen des Fahrzeugs ... beim Vorbeifahren nicht erkannt", „Fahndung bisher erfolglos" oder „Abhängen der ... Fahne ... wegen der Höhe nicht möglich"[22]), drängt sich bei deren Durchsicht die Vermutung auf, dass die Polizisten oftmals ganz gezielt für den Täter folgenlose Maßnahmen ergriffen – sei es als bloßes Zeichen der „inneren Verweigerung" des unliebsamen dienstlichen Vorgehens gegen Oppositionelle oder aus direktem Verbundenheitsgefühl mit den Gegnern Johannes Hoffmanns heraus ...

Diese Vermutung erhärtet die Tatsache, dass auch **polizeiinterne Kritik** an den Einsätzen gegen Demonstranten aller Art geübt wurde – hinter vorgehaltener Hand und öffentlich. Im Kontext der seit Beginn der 50er Jahre sich häufenden Arbeitsniederlegungen im Saarland erschien der von Gendarmeriat Georg Frank verfasste Beitrag „Streik und Recht" in der regionalen Polizeifachzeitschrift. In diesem betonte der Autor hinsichtlich des polizeilichen Vorgehens bei solchen Gelegenheiten zwar die Notwendigkeit eines politisch neutral handelnden Beamten, dem keinerlei Werturteil über die Streikgründe zustehe. Zugleich machte er aber das Gelingen eines Polizeieinsatzes bei Streiks von der „einwandfreien Beherrschung der Grundsätze der Polizeiverwendung"[23] durch deren Führung abhängig!
Wesentlich konkreter formulierte der Schriftleiter dieser Zeitung, Hans Gethöffer, seinen Unmut im Nachhall des Referendums in einem Artikel der Novemberausgabe. Mit dem prägnanten Schlagwort „Unser Gewissen" überschrieben, beklagte er darin das „skrupellose Verlassen des recht- und gesetzmäßigen Bodens durch den Innenminister, der „verbriefte Menschenrechte mit den Füßen tritt", „Polizeibeamte in größte Gewissensnot" treibt, „die freie Meinungsäußerung mit allen nur erdenklichen Mitteln und Methoden unterdrückt" und immer wieder „Verfassungsbruch begeht".[24] Der Autor konnte zwar seine deutschtümelnde Denkweise, die er angesichts des kommenden Anschlusses an die BRD nicht mehr verhehlen musste, kaum unterdrücken, traf aber dennoch mit der übertriebenen Umschreibung Hectorscher Regierungsprinzipien den Nagel auf den Kopf.

Innerhalb des für die Nachkriegspolizei verantwortlichen **Quartetts** Hoffmann (Regierungschef), Hector (Innenminister), Grandval (Repräsentant Frankreichs) und Lackman (Polizeipräsident) schälten sich im Verlauf der Jahre **zwei gegeneinander agierende Konstellationen** heraus. Zwischen diesen beiden Fronten wurde die Polizei nicht nur bei Wahlkämpfen und anderen politischen Gelegenheiten oftmals zerrieben. Während die beiden früheren Résistance-Kämpfer Grandval und Lackmann meist einen demokratischen Schulterschluss begingen, schmiedeten Hoffmann und Hector unabhängig von diesen nicht selten Pläne aus, die sich weder auf juristisch einwandfreiem Boden bewegten noch bei ihrer praktischen Ausführung den offiziellen Dienstweg nahmen. Infolgedessen spielten sich bei der Polizei auch ohne Wissen ihres Präsidenten oder Grandvals unkorrekte Dinge ab, die vor allem Guy Lackmann bei Bekanntwerden in der Öffentlichkeit häufig in arge Bedrängnis brachten.

Ein dergestalt über den Kopf des Polizeichefs hinweg verübtes Handeln lag wahrscheinlich auch dem „Fall Geiger" zugrunde, denn Grenzdienstchef Becker erhielt offenbar seinen Auftrag direkt vom Innenminister, der keinesfalls gegen die Interessen seines Ministerpräsidenten arbeitete … Einige unschöne polizeiliche Vorgehensweisen vor dem Referendum 1955, aber auch schon vor den Landtagswahlen 1952 lassen sich nur mit diesem Einfluss Hectors erklären.[25]

Unter Berücksichtigung dieser Umstände (Lavieren der Regierung zwischen Unterdrückung Oppositioneller und Absicherung von Massenveranstaltungen; Aggressionspotential der Demonstranten gegenüber den restriktiven, nur selten gewaltsam eingreifenden Polizisten; divergierende Auffassungen bei Politikern und Behördenleitern über Polizeibefugnisse im Wahlkampf) rückt das weitverbreitete Bild vom saarländischen Polizeibeamten als gummiknüppelschwingender, gewaltverliebter Schläger mehr in den Hintergrund zugunsten eines weitgehend auf dem damaligen juristischen Fundament seines Berufs handelnden Sicherheitshüters. Dieser verfügte wie die Kundgebungsteilnehmer über eine politische Meinung, durfte sie aber als gefolgsamer Staatsdiener nicht äußern. Bedenkt man noch das grundsätzliche Recht zur Selbstverteidigung und den Einfluss menschlicher Schwächen, dann stellt sich das zeitweise heftige Aufeinanderprallen nicht als willkürliche Prügelei der Polizisten dar, sondern als ein von beiden Seiten gleichermaßen gefülltes Pulverfass, das kleinste Funken entzündeten. „Trotz aller verbalen Aggressivität blieb es doch, von den Auseinandersetzungen der heißen Augusttage abgesehen, bei verbalen Drohgebärden. Manifeste Gewalt hatte letztlich wenig Raum ..."[26]

2. Außergewöhnliche Ereignisse

Zu den die üblichen Sicherungsmaßnahmen sprengenden Aktionen zählten in den 40er Jahren die Hochwasserstände der Saar, die bei extremen Pegelständen Katastrophen in den Städten entlang des Flusslaufs verursachten. Hatte der **Hochwasserdienst** des Saarbataillons bereits in den ersten Nachkriegsjahren eine zweckbezogene Zusatzausbildung und Ausrüstung erfahren, so wurde er trotz guter Ausstattung der hiesigen Feuerwehren für Überflutungslagen kontinuierlich auf eine Stärke von zwei Zügen (= sechzig Mann) ausgebaut und konnte weiterhin uneingeschränkt Hilfsmittel anfordern.[27]

Darüber hinausgehend hatte die Polizei zahlreiche **Besuche von Politikern im Saarland**, vornehmlich aus Frankreich und Westdeutschland, zu regeln, die stets verstärkte Absicherungsvorkehrungen, vielfach aber auch umfangreiche Verkehrsumleitungen erforderten.[28] Am **10. Dezember 1956** stürzte ein kanadischer **Düsenjäger** im Saarbrücker Stadtteil Rodenhof auf mehrere Wohnhäuser ab, verursachte schwere Brände und hinterließ ein Trümmerfeld, forderte aber erfreulicherweise kein Menschenleben. Polizei und Feuerwehr sperrten den Unfallort wenige Minuten nach Auftreffen der Maschine ab, halfen bei der Bergung der Opfer und verhinderten durch ihr außergewöhnlich schnelles Eingreifen eine Ausdehnung des Brandes auf das nahegelegene Stadtzentrum und Bahnhofsgelände.[29]

Einen gänzlich aus der Reihe klassischer Polizeiaufgaben fallenden Einsatz erlebten die saarländischen Beamten im **Februar 1953** anlässlich der **Flutkatastrophe in Holland**, da das Aktionsgebiet außerhalb der eigenen Staatsgrenzen lag, und die dorthin entsandten Beamten weniger polizeiliche denn Nothilfemaßnahmen durchführen mussten. Schwere Stürme hatten etliche Küstendeiche brechen lassen, so dass Tausende von Niederländern vom Festland abgetrennt waren und, erschwert durch extremen Winterfrost, keine Versorgung mehr erhielten. Die Saarregierung schloss sich den weltweiten Hilfsaktionen an und schickte einen Eisenbahnzug mit Kohlen nach Rotterdam. Da die von der Bevölkerung gespendeten Textilien und Lebensmittel bereits nach wenigen Tagen in unerwarteten Mengen vorlagen, beauftragte sie die Polizei mit deren Transport nach Holland, zumal der Hochwasserkatastrophendienst mit Fachleuten und Spezialgerät bestens für den Einsatz in überfluteten Regionen gerüstet war. Am 5. Februar fuhr eine Kolonne aus elf Lastern (inklusive zwei Küchen) und zwei Rettungswagen der Feuerwehr unter Polizeileitung in die Niederlande und verteilte dort eine Woche lang warmes Essen und Kleidung.[30]

Abb. 128: die saarländische Spendenkolonne in Holland (Februar 1953)

483

Anmerkungen

1 Zu den Bestimmungen d. „Polizeiverordnung zur Ordnung des Wahlkampfes für die Wahl des Saarländischen Landtags am 30. November 1952" s. a. deren Abdruck im Amtsblatt d. Saarlandes v. 6.11.1952 a. S. 997.

2 Robert H. Schmidt nannte 1960 das Eingreifen d. Polizei beim Wahlkampf 1952 den „Vollzug gesetzlichen Unrechts" – vgl. hierzu a. ders., Bd. 2; S. 436ff.

3 Zit. n. § 1, Abs. 4 des „Gesetzes über Gewährung von Straffreiheit" v. 23.12.1952; abgedr. im Amtsblatt des Saarlandes v. 10.1.1953 a. S. 1f.

4 Vgl. zum „Fall Geiger" a. die Erläuterungen Hans-Joachim Hagmanns: Die saarländischen Landtagswahlen vom 30. November 1952. Köln 1953; S. 131ff (unter diesem Pseudonym publizierte der oppositionsnahe Dr. Helmut Lauk).

5 Zit. n. d. Erlass Nr. 11/15 d. Innenministers v. 12.9.1955, in dem Hector die Bediensteten unter Betonung ihres Treueides auf die saarländ. Verfassung einschwor u. jegliche Kritik an d. mangelnden Rechtsstaatlichkeit im Land bis zum Zeitpunkt nach dem Referendum abwehrte (Quelle: Polizeiarchiv).

6 Die Gesetze sind veröffentl. im Amtsblatt d. Saarlandes 1955; S. 1024 u. 1034.

7 Vgl. hierzu a. die beiden Merksätze 15 u. 16 d. innenmin. Anordnungskatalogs zum Versammlungsgesetz v. 8.7.1955 (Quelle: Polizeiarchiv).

8 Die primär vom landespolizeil. Einsatzstab stammenden Unterlagen (Diensteinteilung, taggleiche Berichte etc.) befinden sich geschlossen im Polizeiarchiv.

9 Ein Zug umfasste dreißig, ein Halbzug fünfzehn u. eine Gruppe zehn Mann.

10 Zit. n. der korrekten Einschätzung d. „Bereitschaftspolizeiabteilung" durch Staatsanwalt Müller in seinem Brief v. 17.2.1956 an den damaligen Innenminister (Quelle: Polizeiarchiv).

11 Vgl. zur Umgehung d. korrekten Einstellungsverfahrens a. ebda.

12 S. a. die Kommandoanordnungen d. Gendarmerie v. 1.10.1954 zur Versetzung eines Gendarmeriemeisters aus Türkismühle zur „Landespolizei des Saarlandes, Bereitschaftspolizei Saarbrücken" ab 1.9.1954.

13 Zit. n. dem landespolizeil. Rundspruch v. 30.8.1955 (Quelle: Polizeiarchiv).

14 S. a. die Anforderung v. Fahrzeugen für den Sondereinsatz durch Grenzpolizeileiter Becker beim KVÜ v. 11.10.1955 (Quelle: ebda.).

15 Leserbrief-Zitat a.: Saarbrücker Zeitung v. 16./17.8.2003 (Quelle: SZ-Archiv).

16 Schilderung lt. Bericht v. Bataillonschef Draeger zur CVP-Veranstaltung am 18.8. (St. Ingbert); zu Völklingen s. dessen Rapport v. 14.9. (Quellen: Polizeiarchiv).

17 Zit. n. dem Bericht d. Einsatzleiters Lehnert v. 13.8.1955 (Quelle: ebda.).

18 Vgl. zu den Diensteinteilungen für den 13. u. 14.8.1955 a. die Tageseinsatzbefehle d. Landespolizeikommandos (Quelle: ebda.).

19 Zit. a. dem Einsatzbericht Draegers v. 18.8.1955 zu Neunkirchen (Quelle: ebda.).

20 Vgl. a. den Tageseinsatzbefehl Nr. 3 des Einsatzstabes v. 16.8.1955 (Quelle: ebda.).

21 Der Ausgang des gegen den Gendarmeriehauptwachtmeister eingeleiteten Verfahrens lässt sich leider anhand der Polizeiakten heute nicht mehr eruieren (Quellen: ebda.).

22 Zit. n. den Ausführungen in den Polizeiberichten v. Ende Juli bis Ende Oktober 1955 über die Beschlagnahmung v. Wahlpropagandamitteln (Quelle: Landesarchiv des Saarlandes, Bestand Landesamt für Verfassungsschutz, lfde. Nr. 2).

23 Zit. a. d. genannten Artikel Franks in: Polizei und Recht 2(1955)4; S. 85f.

24 Zit. n. Hans Gethöffers Beitrag in: Polizei und Recht 2(1955)11; S. 285 – Gethöffer erkannte in seiner Versetzung v. der Polizeischule am 17.11.1955 zu einer anderen Stelle einen „Vergeltungsakt" Lackmanns für den Artikel u. seine jahrelange, bisher folgenlose Weigerung, sich als Ex-Kripobeamter dem Uniformzwang fürs Schulstammpersonal zu unterwerfen; da er diese Ablehnung nach dem 23.10. auch noch mit seinem deutschnat. Gewissen untermauerte, das ihn nun „erst recht" keine „blau-rot-weißen Abzeichen" tragen lasse, verfügte Lackmann am 5.11. die Verpflichtung zur Uniform; diese „Maßregelung" ließ sich Gethöffer aber von einem „Vorgesetzten mit französischer Staatsangehörigkeit" nicht bieten?! – s. a. dessen Beschwerde über Lackmann an Innenmin. Schütz v. 23.11.1955 (Quelle: Polizeiarchiv).

25 Eine Untersuchung d. Konstellation steht trotz vorhandener Nachlässe aller Beteiligten leider bis heute noch aus – Markus Gestier definiert in seiner Hoffmann-Studie dessen „hartes und unnachgiebiges" Vorgehen gg. politische Gegner ab 1950 völlig korrekt: „... Parteiverbote, eingeschränkte Grundrechte, polizeistaatliche Zwangsmaßnahmen gab es. Sie sind nicht zu beschönigen, sie allerdings in den Mittelpunkt der Ära Hoffmann ... zu stellen, ist nicht nur unredlich, sondern verkennt auch die historischen Entwicklungslinien und das politische Umfeld.", zit. n. ders.: Johannes Hoffmann – eine erste Bilanz. Blieskastel 2004 [= Malstatter Beiträge aus Gesellschaft, Wissenschaft, Politik und Kultur, Bd. 4]; S. 80f.

26 So Jürgen Hannig: Grenzen der Politik. Saarfrage und Abstimmungskampf 1955; in: Saarländische Geschichte. Eine Anthropologie; hrsg. v. Richard van Dülmen und Reinhard Klimmt, St. Ingbert 1995 [= Saarland Bibliothek, Bd. 10]; S. 326–336, hier S. 334.

27 Bis Juli 1956 verfügte er über achtzehn Schlauch-, zehn kleine Festboote,

dreißig Rettungsringe, 150 Paar Gummistiefel – s. a. Lackmanns Brief a. den Landespolizeileiter (16.4.) u. dessen Antwort (3.5.1956) (Quelle: Polizeiarchiv).

28 Es kamen u.a.: am 3.10.1945 der franz. Staatspräsident Charles de Gaulle, vom 23. bis 24.3.1948 General Koenig (franz. Oberkommandeur in Deutschl.), am 6.4.1948 der franz. Justizminister André Marie, Außenminister Robert Schumann u. Kultusminister Frankreichs Yvon Delbos am 15.12.1948 sowie mehrfach in den 50ern der franz. Außenminister Georges Bidault; am 1.1.1957 bereiste Kanzler Konrad Adenauer das Saarland, gefolgt von Bundespräsident Heinrich Lübke am 5.11.1959.

29 S. zum raschen Eingreifen d. Bereitschaftspolizei a. den Dankbrief d. Kripochefs Zeiger v. 14.12.1956 (Quelle: Polizeiarchiv) u. „Führerloser Düsenjäger raste in Saarbrücker Wohnhaus"; in: Saarbrücker Zeitung v. 11.12.1956 (Quelle: SZ-Archiv).

30 S. zum Einsatz in den Niederlanden a. J. H. Becker: Die saarländische Polizei im Katastrophen-Einsatz in Holland; in: Unsere Polizei 6(1953)5, S. 57–62.

E. Entwicklung nach der Abstimmung über das Saarstatut

Hatte die saarländische Polizei bereits durch die alliierten Besatzungsvorschriften für das deutsche Sicherheitswesen, Anpassungswünsche der französischen Okkupationsmacht an deren heimatliches Organisationsschema und Modifikationen während der Autonomie des Landes mehrfache Umbrüche erlebt, so erfuhr sie nach dem Referendum die vierte umfangreiche Umstrukturierung innerhalb von fünfzehn Jahren. Letztere zog sich allerdings durch die gestaffelte Angliederung der Region an die Bundesrepublik in vielen Einzelschritten über Jahre hinweg und endete nach einer Übergangsphase vom Spätsommer 1955 bis Dezember 1956, der anschließenden organisatorischen Integrierung in das westdeutsche Länderpolizeisystem ab 1957 und Einbindung in das Lohn- und Finanzsystem der BRD ab Juli 1959 erst verspätet zu Beginn der 60er Jahre.

Das **Saarbataillon** erlebte die Angleichung an das bundesrepublikanische Polizeiwesen als erste Abteilung und erheblich tiefgreifender als die übrigen Sparten. Hierbei spielte der Umstand, dass es sich um eine typisch saarländische Polizeiabteilung der Nachkriegszeit mit starker französischer Prägung handelte, eine große Rolle. Das Bestreben der neuen politischen Entscheidungsträger an der Saar, nach der Volksbefragung möglichst rasch alle Anklänge an das die Geschicke des Landes lange Zeit beeinflussende Nachbarland zu tilgen, traf jedoch nicht allein das Bataillon. In dem Glauben, sich vollständig an die vielgepriesene Wirtschaftswunder-Bundesrepublik anpassen zu müssen, opferte man zahlreiche, auch selbständig im Interesse der Region und ihrer Menschen errungene Vorteile. Diese Fehler erkannten aber die meisten erst, als sie nicht mehr zu revidieren waren …

Schon vier Tage nach der Saarstatutabstimmung, am **27. Oktober 1955**, wandelte man das Saarbataillon zu einer „**Polizeiausbildungsinspektion**" (PAI) nach westdeutschem Muster um und unterstellte es dem Ausbildungsreferat des noch existierenden Polizeipräsidiums. Im Frühjahr 1956 koordinierte man zunächst die Anwärterschulung in St. Ingbert mit derjenigen an der PAI durch Zusammenfassung beider Dienststellen in der neuen Abteilung P 7 des Polizeireferats, deren Leiter künftig für beide Unterrichtsstätten verantwortlich war.[1] Während dieser Umorganisation reduzierte man das Bataillon unter Wegfall aller Wachfunktionen auf die Gestellung von Ehrenformationen und Großeinsätzen im Notfall sowie Schulungsaufgaben, die es, entgegen der später polizeiintern hartnäckig vertretenen Auffassung, bereits zuvor besessen hatte.[2] Den letzten Schritt auf dem Weg zur vollständigen organisatorischen Angleichung an die Verhältnisse im Bund vollzog das Innenministerium am **15. September 1956** mit der Einführung der Bezeichnung **„Bereitschaftspolizeiabteilung" (BPA)** für das vormalige Saarbataillon.[3]

Nach dem politischen Anschluss erfolgte auch die Übernahme der westdeutschen Polizeischulung mit Herausgabe der neuen Ausbildungsrichtlinien für die BPA des Saarlandes am 7. Juli 1957, die künftig die Grundausbildung der Anwärter am BRD-Lehrplan für Polizeiwachtmeister auf Probe ausrichtete. Danach übernahm das Saarland sukzessive auch die übrigen Vorschriften des Bundesinnenministeriums ab 1951 für die Schulung der Bereitschaftspolizeien. Am 4. Oktober 1958 legte das Polizeireferat an der Saar schließlich einen Anweisungskatalog für die BPA-Führung vor, auf dem die weitere Rechtsfundierung, Aufgabenverteilung und Angleichung des Jahres 1959 basierten (Geschäftsordnung, Laufbahnbestimmungen u.ä.).

Die Personalausstattung erfuhr nach der Aufnahme in das westdeutsche System zunächst keine Erhöhung und blieb mit 209 Beamten auf dem Vorgängerniveau bis 1960 stehen. Erst im Frühjahr 1965 verfügte die saarländische BPA ohne Anwärter über 319 Bedienstete.

Im Vergleich zur bisherigen Ausbildung der Polizeianwärter umfasste der westdeutsche Unterricht weniger allgemeinbildende Stunden und konzentrierte sich stattdessen auf die unmittelbar berufs- bzw. einsatzrelevanten Fächer. Als Neuerung fanden lediglich die Schulungspunkte Maschinenschreiben, Stenographie und Kartenkunde Eingang in den Lehrplan. Fortan absolvierten die Neuzugänge eine zwölfmonatige Grundausbildung in St. Ingbert, um danach für drei weitere Jahre bei der BPA einen vertiefenden Unterricht zu erhalten, der auch Spezialkurse für Fernmelder, Kraftfahrer, Verkehrsregler etc. umfasste. Das vierte Jahr blieb dem praktischen Dienst vorbehalten, um die Polizeischüler auf den

Vollzugsdienst vorzubereiten und ihre Tauglichkeit vor Übernahme in das feste Beamtenverhältnis zu überprüfen. Ab 1957 konnten saarländische Beamte außerdem zu Lasten des Bundeshaushaltes die Lübecker Grenzschutzschule besuchen.

Bei Durchsicht der ab 1956 angefallenen Akten der Ausbildungsinspektion wird der sofortige Wechsel zu einem deutlich strengeren Umgangston mit den Anwärtern spürbar, ergänzt durch eine härtere Vorgehensweise bei Verfehlungen auch geringfügiger Art.

Hatten der politische Wechsel und die staatliche Neuzuordnung für das ehemalige Saarbataillon vergleichsweise unproblematische inhaltliche und organisatorische Änderungen bedeutet, so gestaltete sich dessen Finanzierung nach 1957 schwieriger als gedacht. Da durch die wirtschaftliche Abtrennung des Saarlandes bis zum 6. Juli 1959 die Bundeszuschüsse für die hiesige Polizei bis zu diesem Tag gesperrt waren, die Bonner Regierung diese Gelder und Ausstattung jedoch tatsächlich erst ab 1961 bereitstellte, musste die Bereitschaftspolizei an der Saar, die infolge gekürzter Haushaltsmittel ohnehin nicht mehr über das gewohnte Budget verfügte, nach dem Referendum noch sechs Jahre mit der bisherigen Ausrüstung hantieren und erhielt nur in Teilen Gerät, Waffen oder Fahrzeuge von der Bundes-BPA geliehen.[4]

Die Anpassung an die bundesrepublikanischen Polizeiverhältnisse verlief beim Saarbataillon, unter weitgehender Leugnung der positiven, bereits vor der politischen Angliederung vorhandenen bereitschaftsähnlichen Aspekte, bis Ende 1956 mit landeseigenen Übergangsbestimmungen bzw. ab 1957 mit der Übernahme westdeutscher Regelungen in einem korrekten Rahmen. Bei der Umstellung der **Uniformen** agierte man jedoch mit vorauseilendem Gehorsam und unter Umgehung der üblichen zwischenstaatlichen Bestimmungen.

Während die Saarregierung beim Wechsel der Landesflagge den vorgeschriebenen Zeitraum einhielt und die Verwendung der schwarz-rot-goldenen nach dem BRD-Anschluss ab 1. Januar 1957 anordnete, wollte das Innenministerium bei der Umgestaltung der Polizeibekleidung diesen Zeitpunkt keinesfalls abwarten. Bereits am 27. April 1956 verfügte Staatsanwalt Müller – als kommissarischer Polizeipräsident Nachfolger Lack-

Abb. 129: Beamte der Fahrbereitschaft tragen in der zweiten Jahreshälfte 1956 den westdeutschen Polizeistern an der Mütze, die alten Dienstabzeichen am linken Ärmel sind entfernt

manns – im Auftrag des neuen Innenministers die Entfernung aller mit dem autonomen Saarland verbundenen Uniformabzeichen (blau-weiß-rote Mützenkokarde, Saarwappen mit Brückenkrone am Ärmel) bis Monatsende. Deren Vollzug musste er dem innenministeriellen Referat bis zum 1. Mai 1956 melden.[5] Danach trugen die Vollzugsbeamten bis 1968 den westdeutschen Polizeistern an ihrer Dienstkappe. Die bundesweite grüne Uniform wurde hingegen vereinbarungsgemäß erst nach der Angliederung ab 1958 eingeführt.

Für die **Kriminalpolizei** dachte man sich im Gegensatz zur Bereitschaftspolizei aufgrund der ländlich bestimmten Infrastruktur der Region und des fortdauernden Personalmangels eine Sonderregelung aus, die in Teilen die bislang erfolgreiche Kooperation zwischen Kripo, Gendarmerie und Landespolizei fortbestehen ließ. Unter Beibehaltung der Landeskriminalpolizei schuf man, gemäß den Bundestagsvorschriften zur Integrierung des Saarlandes in die BRD vom 23. Dezember 1956, am **25. Februar 1959** zusätzlich ein **Landeskriminalamt**. Dessen Aufgaben nahm bis zur Einrichtung der neuen Behörde die hiesige Kripo wahr (Erlass des saarländischen Innenministers vom 15. April 1957). Ab März 1959 teilte sich der kriminalpolizeiliche Sektor unter Gendarmerie, Landes- und Kriminalpolizei wie folgt auf:

1. die Gendarmeriebeamten bearbeiten in ihrem örtlichen Zuständigkeitsbereich alle anfallenden kriminellen Delikte, solange die Kollegen der Landeskriminalpolizei hierfür nicht verantwortlich sind
2. der Landespolizei unterliegen Ordnungswidrigkeiten, kriminelle Vergehen von örtlichen Gelegenheitstätern oder geringfügiger Bedeutung und Verkehrsunfälle, auch mit tödlichem Ausgang
3. im Gegensatz zur örtlich begrenzten, kleindeliktsabhängigen Aufgabenzuweisung der anderen Sparten untersteht der Landeskriminalpolizei die Bearbeitung von schweren Vergehen, die
   · eine Beunruhigung der Bevölkerung hervorrufen
   · eine Gefährdung der öffentlichen Sicherheit bedeuten
   · eine Aufklärung mittels Spezialausbildung verlangen
   · zu den Rauschgift- oder Falschgelddelikten zählen
   · den Staatsschutz betreffen
   · von Berufs-, Gewohnheits- oder Reisenden begangen wurden
   · einen tödlichen Arbeitsunfall darstellen
   · der Bekämpfung der Jugendkriminalität oder -gefährdung dienen
   · im Rahmen der Amtshilfe anfallen

Das mit der älteren Kriminalpolizei in Personalunion existierende Landeskriminalamt beaufsichtigte alle kriminalpolizeilichen Aktivitäten bei der Verbrechensbekämpfung und -verhütung landesweit und bildete zu diesem Zweck eine zentrale Informations- und Nachrichtenstelle inklusive Presseamt, verfasste die Kriminalstatistiken, unterhielt den Kontakt zu den übrigen Bundeseinrichtungen und alle erkennungsdienstlichen, fahndungs- und kriminaltechnischen Abteilungen, erstellte kriminalwissenschaftliche Gutachten und organisierte Großeinsätze in seinem Ressort. Somit übernahm es alle zentralen, Kooperations- und Spezialaufgaben im kriminalpolizeilichen Sektor.

Trotz dieser Funktionserweiterungen und einer gesteigerten Kriminalitätsrate von bis zu 24 Prozent (1960) musste die Kripo wie bisher mit personeller Unterbesetzung kämpfen. Diese zwang die Bediensteten nochmals zu einem erhöhten Arbeitspensum, führte aber immer noch nicht zu einer zufriedenstellenden Aufgabenerfüllung. Mit 260 Beamten sowie fünfzig Verwaltungsangestellten und Arbeitern ab 1957 ließ sich eine effektive Prävention und Straftatverfolgung nicht erreichen.[6]

Konnte man einige praktische Vorzüge der Ermittlungsarbeit aus der autonomen Ära des Saarlandes auch retten, so hatte die betreffende Ausbildungsstätte an der Universität weniger Glück. Nachdem das Abstimmungsergebnis im Oktober 1955 bereits den Niedergang der eigenständigen, am französischen Vorbild orientierten Kriminalistenschulung eingeläutet hatte, besiegelte wenige Tage später der unerwartet frühe Tod Seeligs am 1. November 1955 in Wien deren Auslaufen endgültig. Obwohl das **Kriminologische Institut** auf Betreiben Seeligs mittlerweile über mehr Räume, apparative Ausstattung und Personal verfügte, stand seine weitere Existenz durch die neuzuschaffenden Rechtsgrundlagen der Universität als Mitglied der bundesdeutschen Hochschulgemeinschaft auf wackligen Füßen. Guy Lackmann intervenierte zwar als begeisterter Absolvent des ersten Lehrgangs ab Februar 1956 unter Betonung des noch anzuhebenden Ausbildungsniveaus für die Saarkripo bei Rektor Angelloz für sein Fortbestehen. Doch der hohe wissenschaftliche Anspruch des Instituts war mit dem Unterricht an der westdeutschen Schule in Münster-Hiltrup nicht in Einklang zu bringen, so dass die Nichtanerkennung des hiesigen Abschlusses die Polizeibeamten bei der künftig an BRD-Vorgaben orientierten Beförderung benachteiligen würde. Zudem zeigten einige „Angehörige des Bundeskriminalamtes" für die Errungenschaften der hiesigen Kriminalistenausbildung „nur ein mitleidiges Lächeln",[7] so dass man auch von dieser Seite keine Hilfe erwarten konnte.

Infolgedessen gab man die landeseigene fundierte und breitgefächerte Schulung der Kriminalpolizisten zugunsten einer rein praktischen Unterrichtung in Hiltrup auf, wohin die Saarpolizisten ab Oktober 1956 entsandt wurden. Damit entzog man der universitären Ausbildungsstätte ihren größten Höreranteil mit der Folge, dass die polizeirelevante Lehre mit dem Wintersemester 1956/57 auslief und künftig nur noch Jurastudenten studienspezifisch unterrichtet wurden.[8]

Die vierte und wichtigste Bildungsinstitution, die **St. Ingberter Polizei-und Gendarmerieschule**, war nach dem Referendumsentscheid den gleichen Umwälzungen unterworfen wie die übrigen Unterrichtsstätten. Wechselten bei den Anwärterkursen ab 1956 die Grundkurse der alten Form noch mit zwei für die Übergangszeit konzipierten Sonderlehrgängen B ab, so übernahm man an der ab **15. September 1956** nur noch als „Polizeischule"[9] bezeichneten Einrichtung ab 1957 den bundesdeutschen Fachlehrgang I ohne jede Änderung. Die Schulung der Beamtenanwärter für die Anstellung auf Lebenszeit ersetzte ab August 1956 der bundesrepublikanische allgemeine Fachlehrgang II. Die weiterführende Ausbildung für die Kriminalpolizei lief adäquat hierzu ab Mai 1957 als Fachlehrgang II (K).

Abb. 130: Teilnehmer eines Fachlehrgangs II an der St. Ingberter Polizeischule (1959)

Parallel zur Angleichung der drei Grundkurse erfolgte auch bei den Sonderausbildungen eine komplette Umstellung auf den BRD-Polizeiunterricht. Den kraftfahrtechnischen Lehrgang der autonomen Phase löste im März 1957 der Fachlehrgang II (TD) ab, der allerdings ab Ende 1959 für drei Jahre nicht mehr stattfand. Diese Pause hing höchstwahrscheinlich mit einem gesättigten Bedarf an Kraftfahrern für die verschiedenen Polizeisparten bzw. dem Entwicklungsstillstand bei der Bereitschaftspolizeiabteilung infolge fehlender Bundeszuschüsse zusammen. Die Hundeführerlehrgänge alter Manier endeten Anfang Oktober 1955 und pausierten für fünf Jahre, um erst im Herbst 1960 mit einer Grundausbildung für Diensthundeführer ohne Spezialunterricht für die Vierbeiner fortgeführt zu werden. Eine Weiterbildung zum Schutz- oder Fährtenhund lief erstmals wieder im September 1961 an, das komplizierte Spürhundetraining ein Jahr später.

Hatte das französische Militärgouvernement strikt auf die demilitarisierenden Vorgaben für die neuen Lehrpläne geachtet, die in dieser Form auch von der nachfolgenden Saarregierung übernommen worden waren, so hielt nur wenige Monate nach dem Referendum wieder der armeegemäße Drill grauer Vorzeiten Einzug in den Unterricht. Dies bedeutete nicht nur einen militärischen Anweisungston, sondern verlieh auch dem bislang für die Anwärter ungewohnten Bilden geschlossener Formationen erneut große Bedeutung, wie ein Besuchsprogramm für St. Ingbert vom Mai 1956 deutlich vor Augen führt.[10]

Ein besonders unschönes Amtsende widerfuhr dem **Landespolizeipräsidenten** ab dem 23. Oktober 1955. Nachdem das Abstimmungsergebnis feststand, stellte Guy Lackmann, der bis zum Schluss ohne Parteibuch geblieben war, seinen Posten sofort zur Verfügung. Seine offizielle Dienstzeit endete am 29. Januar 1956, danach verwaltete Staatsanwalt Josef Müller kommissarisch das Präsidium, während der verbeamtete Lackmann ab dem 1. Februar mit knapp fünfzig Jahren in eine sogenannte „Wartezeit" versetzt wurde.

Den Hintergrund für diesen ungewöhnlichen Amtswechsel bildete der Versuch der neuen Regierung, gegen den langjährigen Polizeichef trotz Rücktritt ein förmliches Dienststrafverfahren einzuleiten. Als Handlanger agierte in diesem wie auch in vorhergehenden anderen Fällen ein überaus dienstbeflissener und karrierebewusster Inspektionsleiter, den Lackmann bezeichnenderweise erst einen Tag vor dem Referendum zum Polizeioberrat befördert hatte![11] Im Zusammenhang mit einer Verkehrsstrafsache (Trunkenheit am Steuer) gegen einen Regierungsrat vom Juli 1955 unterstellte dieser dem Landespolizeipräsidenten, er habe ihn telefonisch um eine direkte Weitergabe der betreffenden Akte an den zuständigen Landrat gebeten unter Umgehung des regulären Dienstwegs über die Staatsanwaltschaft. Während der ab November 1955 laufenden Ermittlungen gegen den Landrat bröckelten jedoch die Anschuldigungen des Polizeibeamten gegen Lackmann immer weiter ab, bis er sich schließlich im Juni 1956 bezüglich der kritischen Stellen in besagtem Telefonat plötzlich nicht mehr an die genauen Worte seines vormaligen Chefs erinnern konnte ... Obwohl Staatsanwalt van Recum bereits nach der Befragung von Beschuldigten und Zeugen im April 1956 keine Veranlassung mehr für die Einleitung eines Verfahrens sah, wurden die Ermittlungen erst im August eingestellt, da der damalige Ministerpräsident weiterhin auf einem strafrechtlichen Vorgehen gegen Lackmann beharrte. Das Landespolizeipräsidium löste man am 22. Juni 1956 auf und integrierte es in das innenministerielle Polizeireferat D. Guy Lackmann engagierte sich ab 1. Oktober 1957 als leitender Geschäftsträger der „Gesellschaft für Wirtschaftsförderung Saar m.b.H." in Paris und ließ sich, nachdem ihm die hiesigen Ministerien auch noch den Antritt einer Nebenbeschäftigung als Beamter im Wartestand verwehrt hatten, im Dezember 1958 auf eigenen Wunsch in den Ruhestand versetzen.[12]

Verkörperte Landespolizeipräsident Lackmann als „Jude mit französischer Staatsbürgerschaft und Befürworter einer Europäisierung der Saar" sicherlich eine der „Hauptzielscheiben der nationalen Rückgliederungspropaganda im Kampf um das Referendum"[13], so wurden viele weitere Mitglieder der saarländischen Polizei ebenfalls Opfer des nach der Abstimmung sich sehr schnell drehenden Personalkarussells. Dieses sollte vor allem diejenigen Polizisten zum vorzeitigen Ausstieg zwingen, die sich in den vergangenen zehn Jahren frankophil gezeigt, einen Wohnsitz im benachbarten Lothringen genommen oder gar die französische Staatsbürgerschaft besessen hatten (diese rührte bei den meisten aus der Zeit der Emigration nach Frankreich ab 1935 bzw. der Mitgliedschaft bei der Résistance her). In der Mehrheit der Fälle versetzte man dergestalt unliebsame Bedienstete oder verärgerte sie auf andere Weise, bis sie schließlich entweder aus Krankheitsgründen oder freiwillig in einen vorgezogenen Ruhestand traten oder sogar gänzlich den Beamtenstand verließen. Ein Zitat aus der Pressekonferenz des Staatsanwalts Müller vom März 1956 zum Personalrevirement bei der saarländischen Polizei spricht Bände:

„Entschieden wandte sich Polizeipräsident Müller gegen Gerüchte, daß Strafaktionen bei der Polizei durchgeführt worden (seien) ... Seit seinem Dienstantritt seien lediglich zehn Versetzungen erfolgt, die auf das Konto des Regierungswechsels gingen ... Ein Beamter werde allerdings versetzt werden, (da) er in der Vergangenheit beim Singen des Deutschlandliedes ostentativ sitzengeblieben wäre."[14]

Anlässlich dieses Pressetermins sprachen die Journalisten einen weiteren wunden Punkt der Anpassung an das bundesrepublikanische Polizeiwesen an, nämlich das Fortbestehen der berühmt-berüchtigten **Abteilung P 6** des innenministeriellen Polizeireferats.

Diese war als „politische Polizei" in die Annalen der Jo-Ho-Ära eingegangen, ihre Bedeutung wurde aber nach heutigem Wissensstand offensichtlich völlig überbewertet. Dieser ist nicht gänzlich abgeschlossen, da bedauerlicherweise bis dato die vorliegenden vollständigen Nachlässe der betreffenden Politiker (Johannes Hoffmann und Edgar Hector sowie Gilbert Grandval) noch keine eingehende Auswertung erfahren haben. Die Existenz dieser Einrichtung ist ebenso unbestritten wie ihr teilweise illegales Vorgehen, vor allem gegen die politischen Gegner des Ministerpräsidenten Hoffmann während der CVP-Regierung. Aufgrund der bisherigen Einsicht in die Polizeiakten der 40er und 50er Jahre verfügte die P 6 aber maximal über zehn bis zwölf Mitarbeiter, so dass von dem oftmals beschriebenen massiven Terror gegenüber Feinden der herrschenden Partei an der Saar schon allein mangels Personal keine Rede sein konnte. Es erstaunt daher umso mehr, dass gerade die Opposition Jo-Hos, die das angebliche Vorgehen dieser „Geheimpolizei" im Wahlkampf vor dem Referendum für ihre Zwecke ausgeschlachtet hatte, diese Abteilung nach der Regierungsübernahme zwar zunächst auflöste, stattdessen aber mit der Nachfolgerin „I a" nicht nur einen adäquaten Ersatz schuf, sondern deren Personalstab sogar auf das Dreifache des alten Standes aufstockte?![15]

Müller rechtfertigte dies mit dem „Interesse" der Bevölkerung „an der Saar" wie „in der Bundesrepublik", „Verfassung und Demokratie zu schützen" und – in den Tenors Adenauers vom Kalten Krieg fallend – „den Kampf gegen Kommunismus und Anarchismus"[16] zu führen. Im Oktober 1956 feierte die P 6 sogar offiziell ihre Wiederauferstehung, da

Innenminister Schuster diese als kombinierte Sonderdienststelle von Landeskriminalpolizei und Verfassungsschutz einrichtete zur „Sammlung und Auswertung von Auskünften, Nachrichten und sonstigen Unterlagen über Bestrebungen, die eine Aufhebung, Aenderung oder Störung der durch den Volkswillen am 23. Oktober zum Ausdruck gebrachten ... Ordnung im Saarland ... zum Ziele haben."[17]

Der politische Anschluss an Westdeutschland brachte zwar für die Saarpolizisten die lang ersehnte Einführung einer rechtskräftig publizierten **Laufbahnverordnung** (9. September 1959), die künftig die Beförderung nach bundesweiten Bestimmungen regelte. Da man aber die Verteilung der bisherigen Planstellen diesem Beförderungsschema nicht gleichzeitig anpasste, kam es schnell zur Bildung eines ungleichmäßigen Stellenkegels, der die schon seit den 40er Jahren ungünstigen Aufstiegschancen noch weiter verschlechterte. So standen 1960 im Saarland vierzig Prozent Kriminalmeister lediglich vierzehn bei den Kriminaloberwachtmeistern gegenüber, während in Hessen das Verhältnis dieser beiden Stufen mit 48 Prozent (KOM) zu 52 Prozent (KM) fast ausgeglichen war. Folglich erreichten viele Beamte des mittleren und gehobenen Dienstes mit mehr als zwanzig Dienstjahren trotzdem nicht den vorgeschriebenen nächsthöheren Rang, so dass die Unzufriedenheit darüber erneut die Gewerkschaft auf den Plan rief.[18]

Hatte bereits der Beförderungsstillstand die Meinung manches Polizeibediensteten über die positiven Aspekte des Anschlusses an die BRD revidiert, so ebbte die Begeisterung spätestens nach der wirtschaftlichen Eingliederung Anfang Juli 1959 schlagartig ab. Nun fielen plötzlich die Vorteile des Lohn- und Familienzulagensystems sowie der geringen Versteuerung nach französischem Muster weg.[19] Durch die Anpassung an die ökonomischen Verhältnisse in Westdeutschland mussten alle Arbeitnehmer nach Auslaufen der Übergangszeit (Januar 1956 bis Juni 1959) mehr Einkommens- und Kirchensteuer sowie höhere Sozialversicherungsbeiträge zahlen und neben den weitgehend gestrichenen Familienzuschüssen auch noch die Versteuerung von Zuschlägen und den Verlust der Steuerrückvergütung durch den Arbeitgeber verkraften. Erschwerend kamen eine stark gesunkene Kaufkraft durch überzogene

Preise und ungünstige Umrechnungsgepflogenheiten hinzu: Viele Kauf-
leute berechneten statt des offiziellen Wechselkurses (117,50 Francs für
eine deutsche Mark) nur hundert Francs.[20]
Nimmt man als Berechnungsbasis einen monatlichen Bruttolohn von
33 000 Francs (= 100 Prozent), so blieben dem saarländischen Arbeitnehmer vor der Rückgliederung netto folgende Einkommen übrig: ledig
– 91,3 Prozent, verheiratet mit einem Kind – 104,3, mit drei Kindern
126,4. Nach Einführung der D-Mark am „Tag X" (6. Juli 1959) verschoben sich die Zahlen trotz meist höherer Bruttolöhne infolge der gestrichenen Zulagen zuungunsten der Beschäftigten. Von 300 DM Grundgehalt brutto (= 100 Prozent) erhielt ein lediger Arbeitnehmer nur noch
83,7 Prozent netto zurück, als Familienvater mit einem Kind 87,4, mit
dreifachem Nachwuchs 100,7. Die westdeutschen Abzüge stiegen bei
höheren Einkommen prozentual an und trafen vor allem kinderreiche
Familien. Von 500 DM brutto blieben statt 112,3 Prozent netto ab Sommer 1959 nur noch 95,3 übrig.

Entsprechend ungünstig entwickelten sich auch die Einkünfte der Polizeibediensteten an der Saar, die zwar beim ersten Blick auf ihre Besol-
dungsabrechnung ein höheres Grundgehalt registrierten. Nach Abzug
der erhöhten Abgaben, die gerade Beamte durch die nun zu versteuern-
den Feiertags- und Nachtzuschläge sowie sonstigen Gratifikationen hart
trafen, und Streichung der Lohn- und Familienzulagen sank allerdings
ihr Einkommen im Vergleich zur Zeit der Wirtschaftsunion mit dem
französischen Nachbarn wesentlich herab.

Anmerkungen

1 S. Verfügung d. Polizeipräsidenten v. 28.3.1956 in dessen Nachrichtenblatt Nr. 3/1956; S. 19.

2 So u. a. von Bereitschaftspolizeileiter Karl Deutscher in ders.: Bereitschaftspolizei Saarland; in: Die Polizei im Saarland. Zum Delegiertentag 1960 der Gewerkschaft der Polizei/Landesbezirk Saarland, Hamburg 1960; S. 61–69 a. S. 61.

3 So lt. Verteiler d. Polizeireferats v. 12.9.1956 (Quelle: Landesarchiv des Saarlandes, Bestand Schutzpolizeiamt, lfde. Nr. 34).

4 S. zum Wandel d. Ausbildungsinspektion a. Polizeioberrat Karl Deutscher: Die Bereitschaftspolizeiabteilung Saarland; in: Polizei-Technik-Verkehr. Sonderausgabe (1960)2; S. 175–180.

5 Die innenmin. Verfügung liegt bezeichnenderweise nur als indirekte Folgeanweisung vor: „Der Herr Minister des Innern hat – um dem Wunsche weiter Bevölkerungskreise nachzukommen – angeordnet, daß ab 30.4.1956, 24.00 Uhr, die saarländischen uniformierten Vollzugsbeamten das Wappentuchabzeichen am Uniformrockärmel und das Wappenzeichen an der Dienstmütze ablegen." (Quelle: Polizeiarchiv) – die Bundesfachzeitschrift „Die Polizei" meldete im Juli 1956 (Heft 13/14) sogar offiziell den Tausch d. Kokarde mit dem BRD-Stern!

6 Vgl. zum Fortgang d. Kriminalpolizei a. Ludwig Zeiger (1960).

7 Zit. n. einem Brief d. Institutsmitarbeiters W. Ullrich v. 23.11.1955, der die Nachfolge Seeligs wegen kriminaltechnischer Wissenslücken ablehnte und dabei die „Intrigen an der Universität" u. „der Kriminalpolizei der BRD" gg. das Kriminalinstitut erwähnte (Quelle: Landesarchiv d. Saarlandes, Best. Kriminalpolizeiamt, lfde. Nr. 93).

8 S. zum Niedergang der Uniausbildung für saarländ. Kripobeamte a. Kielwein; S. 10f.

9 So lt. Verfügung d. saarländ. Polizeireferats v. 12.9.1956 (Quelle: Landesarchiv des Saarlandes, Bestand Schutzpolizeiamt, lfde. Nr. 34).

10 Formationen wie „geschlossene Ordnung auf der Stelle ohne Karabiner", oder „Front nach Norden in Linie" durch die St. Ingberter Anwärter erfolgten nach dem Besichtigungsplan für den 28.5.1956 anhand d. Anweisungen v. Zug- u. Gruppenführern wie „Zug hört auf mein Kommando!" oder „In Linie antreten, marsch!" – s. „Besichtigungsprogramm für den 8. Anstellungs-Lehrgang im Rahmen der Pol.-Verwendung am 28.5.1956" (Quelle: ebda., Bestand Kriminalpolizeiamt, lfde. Nr. 82).

11 S. zur Beförderung d. Polizeirats (1908 geboren) a. Lackmanns Verfügung v. 22.10.1955 (Quelle: Polizeiarchiv).

12 Vgl. zum Vorgehen der Jo-Ho-Nachfolgeregierung gg. den Polizeipräsidenten v. November 1955 bis August 1956 die betr. Unterlagen von Polizei u. Staatsanwaltschaft in Lackmanns Personalakte, die sich in Kopie im Polizeiarchiv befindet.

13 Diese Einschätzung des gg. den Polizeichef durch prodeutsche Regierungskräfte aufgebauten Drucks treffen Mallmann u. Paul a. S. 156–160; zit. n. S. 160.

14 Zitat a. „Pressekonferenz beim Polizeipräsidenten"; in: Saarbrücker Zeitung v. 12.3.1956 (Quelle: SZ-Archiv) – zur Methodik v. Versetzen, Abordnen u. anderem Vorgehen gg. unliebsame Polizisten s. a. die Flut von Verfügungen u. Anträgen auf Entlassung bzw. Pensionierung ab Sommer 1956 (Quellen: Polizeiarchiv).

15 Diese Vermutung äußert der Beitrag „Geheime Staatspolizei" in der „Saarländischen Volkszeitung" (= CVP-Organ) v. 23.4.1956 (Quelle: SZ-Archiv).

16 Zit. n. dem SZ-Artikel v. 12.3.1956 (Quelle: ebda.).

17 Zit. n. der innenmin. Verfügung v. 10.10.1956 (Tagblatt-Nr. 971/56) zur Einrichtung d. P 6 am 1.10., abgedr. in der „Saarlandbrille" 2(1956)6 (Quelle: SZ-Archiv).

18 Zahlen aus „Laufbahn – keine Sackgasse"; in: Saarbrücker Zeitung" v. 21.5.1960 (Aussprache zw. ÖTVlern u. saarl. Parlamentariern zum Stellenplan (Quelle: ebda.).

19 Zwischenzeitlich übernahm der Landtag zwar das Bundesbesoldungsgesetz weitgehend (9.5.1958), behielt aber zugunsten d. Saarbeamten Ausnahmen bis zum Wirtschaftsanschluss bei wie: komplette Familienzulage statt bloßem Kinderzuschlag, einheitl. Ortsklasse „S" fürs Saarland (ab 1952) zwecks gerechtem Wohnungszuschlag u. Lohnzulage zur Angleichung d. niedrigen Bundeswohnungszuschusses – vgl. a.: Ortsklasse „S" für das Saarland. Die einheitliche Ortsklasse im Saarland muß erhalten bleiben; hrsg. von der Gewerkschaft Öffentliche Dienste, Transport und Verkehr – Bezirk Saar, Saarbrücken 1959; insbes. S. 9–19.

20 Zu den Nachteilen d. Wirtschaftsanschlusses s. a. Jörg Roesler: Die wirtschaftliche Rückgliederung der Saar. Erwartungen, Enttäuschungen, Entwicklungen; in: Rainer Hudemann/Burkhard Jellonek/Bernd Rauls (Hrsg.): Grenz-Fall. Das Saarland zwischen Frankreich und Deutschland 1945–1960, St. Ingbert 1997 [= Schriftenreihe Geschichte, Politik und Gesellschaft der Stiftung Demokratie Saarland, Bd. 1]; S. 445–464.

F. Fazit

Die Schilderung der saarländischen Nachkriegspolizei führt – neben etlichen anderen Schlussfolgerungen, die sich je nach Blickwinkel des einzelnen Lesers ergeben können – vor allem zu dem Resümee, dass eine durch Krieg, Okkupation, zwei Besatzungsregierungen und Wirtschaftssysteme sowie verschiedene Formen der staatlichen Existenz wechselvolle Entwicklung einer behördlichen Einrichtung nicht unweigerlich nur mit Nachteilen verbunden sein muss. Das Sicherheitswesen an der Saar nach 1945 verkörperte vielmehr die Möglichkeit, auch divergierende Prinzipien mit Hilfe von Mischformen und steter Anpassung an die regionalen Gegebenheiten in durchaus praktikable Lösungen umzusetzen. Wie gut diese oftmals den Anforderungen des täglichen Polizeidienstes entsprachen, beweist ihr teilweise langes Fortbestehen bis in die 80er Jahre hinein.

Die amerikanische Militärregierung legte unter dem Eindruck des Hitler-Regimes größten Wert auf eine demokratisch fundierte, dezentrale und entmilitarisierte Polizei und schuf hierfür die ersten Grundlagen. Unter der französischen Besatzungsmacht verlagerte sich der Schwerpunkt auf das organisatorische Revirement mit Einbeziehung heimatlicher Behördenstrukturen. Hier erlaubte der Sonderstatus des Saargebiets innerhalb der französischen Zone und dessen Ausgliederung aus dem Zuständigkeitsbereich des Alliierten Kontrollrats ab Frühjahr 1946 so manche Sonderentwicklung, die das restdeutsche Sicherheitswesen nicht kannte.

Die saarländische Gendarmerie dient hierbei fraglos als markantestes Beispiel. Als ideale Polizeisparte für die ländlichen Gebiete während der dezentralisierenden Besatzungsphase begründet, bestand sie entgegen allen sonstigen Reverstaatlichungstendenzen in der Region sowie im Bund weiter fort und erfuhr anfangs mehrfach organisatorische Modifikationen. Da das zunächst von der französischen Gendarmerie nationale übernommene Brigadensystem den hiesigen Infrastrukturen widersprach, wandelte man es schrittweise ab, bis ein den saarländischen Belangen entsprechender Aufbau erzielt war. Im Gegensatz hierzu blieb es wie in Frankreich und im ehemaligen Deutschen Reich bei den weitgefassten inhaltlichen Zuständigkeiten der Gendarmeriebeamten, die aufgrund ihrer enormen Funktionenvielfalt anstelle des „Schutzmanns" für mehrere Jahrzehnte den „klassischen Polizisten" an der Saar verkörperten. Da nach dem Krieg nur noch in Österreich diese Polizeisparte dauerhaft wiederauflebte, besaß die hiesige Gendarmerie in der bundesrepublikanischen Polizei lange Zeit eine Ausnahmestellung. Ihre Existenz endete erst im Frühjahr 1970 im Gefolge der ersten größeren Polizeireform des Saarlandes, die neben der Kriminal- nur noch eine Schutzpolizei fortbestehen ließ.

Daneben erwies sich aber auch manch anderer Einfluss des französischen Nachbarn als langfristiger Vorzug für das hiesige Sicherheitswesen, zumal die Saarregierung die Grundsätze ihrer militärischen Vorgängerin weitgehend übernahm. Die Vorliebe der Franzosen für den Einsatz neuester technischer Errungenschaften bei der Polizei zog in den 50er Jahren die frühe Verwendung moderner, auch kostspieliger Geräte nach sich. Neben einer bedarfsorientierten Kraftfahrzeugausstattung (leistungsstarke und langlebige Pkws, wendige Motorräder und multifunktionale Lkws) hoben vor allem die Tatortaufnahmen mit der Stereometerkamera sowie zahlreiche Radarkontroll- und Kraftfahrzeugprüfgeräte die saarländische Technikausrüstung über das Niveau westdeutscher Länderpolizeien.
Ebenfalls eine regionaltypische Abteilung verkörperte die Kriminalpolizei, deren frühe Sonderformen der Ermittlung und Prävention (Spezialisierung auf Problemfälle außerhalb des Gendarmeriesektors, Weibliche Kriminalpolizei, grenzüberschreitende Kooperation mit französischen Kollegen) zumindest teilweise in die 60er Jahre hinübergerettet werden konnten mit Hilfe zweier parallel existierender Kripokopfinstitutionen in einem Bundesland.
Als dritte Einrichtung, die inhaltlich wie organisatorisch äußerst flexibel gehandhabt wurde, ist die Verkehrspolizei zu nennen. Diese erwies sich sowohl bei der Absicherung des stetig anwachsenden Kraftfahrzeugaufkommens als auch bei den breit zu streuenden Unfallverhütungsaktionen trotz permanenter Überlastung als sehr innovativ.
Daneben darf auch das Landespolizeipräsidium nicht in Vergessenheit geraten, dessen merkwürdige Zwitterposition oberhalb der Spartenkom-

mandeure und unterhalb des Innenministeriums aus einem Kompromiss zwischen alliierten Dezentralisierungszielen und preußisch-französischen Behördenstrukturen erwuchs.

Der Anschluss an die Bundesrepublik Deutschland bedeutete für die Polizei in vielerlei Hinsicht eine nachteilige Entwicklung, nicht allein aufgrund der Anpassung an deren Behördenstruktur, sondern auch durch die Integration in das dortige Wirtschafts- und Sozialsystem. Die Angleichung erfolgte ab 1957 unter weitgehender Übernahme der westdeutschen Organisation, Zuständigkeitsverteilung und Ausbildung. Nur auf wenigen Sonderwegen, die das Land in der Okkupations- und autonomen Zeit beschritten hatte, konnten die Saarpolizisten wie gewohnt fortwandeln (doppelte Kriminaldirektion, Erhalt der Gendarmerie, Kripobeamtinnen im Sektor „Sitte").

Im Übrigen mussten sie sich in die bundesrepublikanischen Schwestereinrichtungen voll und ganz eingliedern und büßten dabei nicht wenige Errungenschaften der vergangenen zwölf Jahre ein:

· Aufgabe der bislang selbständigen Polizeiführung durch Einbindung in das bundespolizeiliche Organigramm, das die grundsätzliche Länderhoheit in Sachen Sicherheitswesen einschränkt
· Abschaffung des Saarbataillons mit Ausbildungs- und Notfallfunktion zugunsten der Umwandlung in eine Bereitschaftspolizeieinheit
· Übernahme der westdeutschen Polizeischulung (Angleichung des Anwärter- und Kriminalistenunterrichts an die BRD, Wegfall der Hochschulfortbildung für Kripobeamte und Einzug militärischer Aspekte in die Anwärterschulung)
· teilweise Übernahme des bundesrepublikanischen Behördenschemas für die Kriminalpolizei
· Abhängigkeit bei der Finanzierung der Bereitschaftspolizei von Bundeszuschüssen, die erst in den 60er Jahren ausgezahlt wurden

Machten sich die polizeirelevanten Neuerungen nach der politischen Angliederung beim täglichen Dienst Stück für Stück bemerkbar, so waren die negativen Auswirkungen des wirtschaftlichen Anschlusses an die BRD ab Juli 1959 infolge des wegfallenden Lohn- und Zulagensystems der autonomen Ära unmittelbar zu spüren. Die erhöhten Bruttolöhne sanken durch verstärkte Besteuerung und Wegfall der polizei- und landeseigenen Zulagen netto erheblich ab. Zudem besaßen sie durch die D-Mark-Einführung eine niedrigere Kaufkraft als bisher, wovon vor allem kinderreiche Familien hart betroffen waren. Einer der wenigen Vorteile bestand im künftig ordnungsgemäßen Erlass von Laufbahnvorschriften und Dienstregelungen.

Da die Amerikaner die Anfänge der Saarpolizei nur kurz bestimmten (Frühjahr bis Sommer 1945), schwankte deren Reorganisation bis Anfang der 60er Jahre symbolhaft zwischen französischer Marianne und deutschem Michel hin und her. Dabei bildeten weder der Neuaufbau unmittelbar nach Kriegsende gemäß französischen Sicherheitstraditionen noch die Umwandlung in eine bundesrepublikanische Länderpolizei ab 1957 eine Ideallösung. In der Zwischenzeit (1947–1955) hingegen konnte sich ein den regionalen Bedürfnissen angepasstes Sicherheitswesen entwickeln, das, sieht man einmal von permanenten Sparzwängen und abweichenden demokratischen Grundlagen ab, letztlich mehr Vorzüge denn Nachteile aufwies.

Anhang

1. Farbbildteil

Abb. 8: Karabinergewehr 98 K (Sommer 1946)

Abb. 9: Karabiner MAS 1936

Abb. 10: MAB-Pistole – Modell A – Kaliber 6,35 mm

Abb. 11: MAB-Pistole – Modell D – Kaliber 7,65 mm

506

Abb. 14: 10er „Feldvermittlung" (Baujahr 1942), die die Saarpolizei in der frühen Nach-kriegszeit sehr wahrscheinlich mangels direkter Telefonverbindungen verwendete

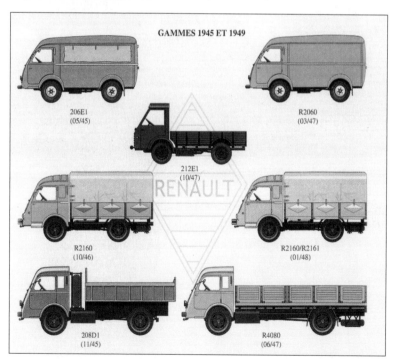

Abb. 19: Lastwagenproduktpalette der Firma Renault in den Jahren 1945–1949

Abb. 31: Schloß Elsterstein 1868 (Aquarell von Karl Friedrich Johann v. Müller, 10.7.1868)

Abb. 99: Armbinde eines saarländischen Hilfspolizisten aus der frühen Nachkriegszeit

Abb. 101: Schutzhelm der Polizeiuniform an der Saar von 1950

Abb. 114: Schild der saarländischen Grenzpolizei (1950 bis 1957)

SAARBRÜCKEN

21. AUGUST 1949

TAG DER SAARLÄNDISCHEN POLIZEI

UNTER DEM PROTEKTORAT

des Herrn Hohen Kommissars der franz.
Republik im Saarland Gilbert Grandval
des Herrn Ministerpräsidenten J. Hoffmann
des Herrn Staatssekretärs Dr. Hector
des Herrn Direktors der franz. Kontrollstelle Hacq

Das Programm berechtigt zum Besuch sämtlicher sportl. Veranstaltungen. Preis: 60.- frs.

Abb. 122: Deckblatt des Veranstaltungsprogramms für den „Tag der saarländischen Polizei"
am 21. August 1949

2. Abbildungsverzeichnis

Abbildung 1: Hans-Walter Herrmann/Georg Wilhelm Sante: Geschichte des Saarlandes. Würzburg 1972 [= Geschichte der deutschen Länder – Territorien-Ploetz: Sonderausgaben, o. Nr.]; S. 98

Abbildung 2: Hans-Christian Herrmann: Vom Wiederaufbau zur Landeshauptstadt, Europastadt und Grenzmetropole (1945–74); in: Rolf Wittenbrock (Hrsg.): Geschichte der Stadt Saarbrücken. Bd. 2: Von der Zeit des stürmischen Wachstums bis zur Gegenwart, Saarbrücken 1999; S. 339–452, S. 341

Abbildung 3: Gerhard Paul/Ralph Schock: Saargeschichte im Plakat 1918–1957. Saarbrücken 1987, S. 109

Abbildung 4: Von der „Stunde O" bis zum „Tag X". Das Saarland 1945–1959; hrsg. vom Stadtverband Saarbrücken. Katalog zur Ausstellung des Regionalgeschichtlichen Museums im Saarbrücker Schloß, Merzig 1990; S. 37

Abbildung 5: Wolf Dieter Lüddecke: Wie sich die Zeiten ändern! Polizei-Geschichte im Spiegel von Karikatur und Satire. Hilden 1988; S. 159 (Karikatur aus der Zeitschrift „Der niedersächsische Polizeibeamte" (1950)3)

Abbildung 6: Privatarchiv A. Hoffmann

Abbildungen 7 bis 11: Polizeiarchiv

Abbildung 12: Der Tintenfisch. Das humoristische Blatt des Saarlandes 4(1951)11; S. 11 (Roland Stigulinszky)

Abbildung 13: Der Tintenfisch 3(1950)13; S. 5 (Roland Stigulinszky)

Abbildung 14: Polizeiarchiv

Abbildungen 15 und 16: Deutsche Renault AG Brühl

Abbildungen 17 und 18: Udo Riegel: Motorradoldtimerkatalog. Europas größter Marktführer für klassische und historische Motorräder der Welt, Königswinter [6]1997; S. 167 und S. 182

Abbildung 19: Deutsche Renault AG Brühl

Abbildung 20: Paul/Schock, S. 132

Abbildung 21: Polizeiarchiv

Abbildung 22: Auto Technik Sport 5(1953)5

Abbildung 23: Hundert bewegte Jahre (1892–1992). Die Geschichte der Gesellschaft für Straßenbahnen im Saartal AG (Saartal-Linien); hrsg. von den Saartal-Linien, Redaktion: Siggi Petto/Karl August Schleiden. Saarbrücken 1992; S. 49

Abbildung 24: Der Tintenfisch 4(1951)21; S. 4 (Roland Stigulinszky)

Abbildung 25: Der Tintenfisch 5(1952)12; S. 5 (Robert Strauch)

Abbildung 26: Thomas Fläschner: Stahlroß auf dem Aussterbe-Etat. Zur Geschichte des Fahrrades und seiner Verdrängung in den 50er Jahren; in: Eckstein. Journal für Geschichte 12(2000)9; S. 15

Abbildung 27: eigene Graphik

Abbildungen 28 bis 30: Polizeiarchiv

Abbildung 31: SaarGeschichten (2005)1; S. 16

Abbildungen 32 und 33: Polizeiarchiv

Abbildung 34: Privatarchiv A. Hoffmann

Abbildung 35: Unsere Polizei (1948)1

Abbildungen 36 und 37: Polizeiarchiv

Abbildung 38: Jahresbericht der Gendarmerie 1955

Abbildung 39: Polizeiarchiv

Abbildung 40: www.leica-geosystems.com/media/new/product_solution/70_Jahre

Abbildung 41: Der Tintenfisch 6(1953)14; S. 3 (Robert Strauch)

Abbildung 42: Der Tintenfisch 5(1952)18; S. 2 (Roland Stigulinszky)

Abbildung 43: Saarbrücker Zeitung Nr. 56 v. 7.3.1953

Abbildungen 44 bis 49: Polizeiarchiv

Abbildung 50: Der Tintenfisch – Juni 1949 (Robert Strauch)

Abbildungen 51 und 52: Polizeiarchiv

Abbildung 53: Privatarchiv A. Hoffmann

Abbildung 54: Deutsche Renault AG Brühl

Abbildung 55: Polizeiarchiv

Abbildung 56: Hans Otto Meyer-Spelbrink. Peugeot-Personenwagen. Brilon 1992; S. 36

Abbildungen 57 bis 67: Polizeiarchiv

Abbildung 68: Auto Technik und Sport 2(1959)10

Abbildungen 69 bis 76: Polizeiarchiv

Abbildung 77: Der Tintenfisch 5(1952)9; S. 6 (Robert Strauch)

Abbildungen 78 bis 83: Polizeiarchiv

Abbildungen 84 und 85: Privatarchiv A. Hoffmann

Abbildung 86: Auto Technik und Sport 5(1953)11

Abbildungen 87 und 88: Privatarchiv Kunz

Abbildung 89: Privatarchiv A. Hoffmann

Abbildung 90: Der Tintenfisch 1(1948)3; abgedr. in: Der Tintenfisch. Das humoristische Blatt des Saarlandes – Ein Kaleidoskop der Jahre 1948 bis 1953; hrsg. von Roland Stigulinszky. Merzig 2006 [= Malstatter Beiträge aus Gesellschaft, Wissenschaft, Politik und Kultur; hrsg. von Franz Schlehofer, Rudolf Warnking und Markus Gestier]; S. 23 (Robert Strauch)

Abbildungen 91 bis 96: Privatarchiv A. Hoffmann

Abbildungen 97 und 98: Heinrich Schneider: Die Landespolizei des Saarlandes; in: Die Polizei im Saarland. Zum Delegiertentag 1960 der Gewerkschaft der Polizei – Landesbezirk Saarland, Hamburg 1960; S. 33–52, hier S. 41 u. 37

Abbildung 99: Polizeiarchiv

Abbildung 100: Polizei-Bekleidungsvorschrift. Teil I: Anzugsbestimmungen und Teil II (Durch Verfügung des Ministeriums des Innern II A – 3236, vom 2. Juni 1950, mit Wirkung vom 1.1.1950 in Kraft gesetzt), Saarbrücken 1950; S. 29

Abbildungen 101 und 102: Polizeiarchiv

Abbildung 103: Von der „Stunde O" bis zum „Tag X"; S. 210

Abbildung 104: Der Tintenfisch 4(1951)18 (Robert Strauch)

Abbildung 105: Polizeiarchiv

Abbildung 106: Fünfundsiebzig Jahre Polizeimusik an der Saar. Ein historischer Rückblick beim Polizeimusikkorps des Saarlandes vom Jubiläumsjahr 2004 bis zum Ursprung 1929, o.O. 2004; S. 35

Abbildung 107: Polizeiarchiv

Abbildung 108: Der Tintenfisch 5(1952)5 (Robert Strauch)

Abbildungen 109 bis 113: Polizeiarchiv

Abbildungen 114 und 115: Von der „Stunde O" bis zum „Tag X"; S. 10 u. 234

Abbildung 116: Der Tintenfisch 5(1952)22 (Roland Stigulinszky)

Abbildung 117: Unsere Polizei 5(1952)8; S. 99

Abbildungen 118 bis 123: Polizeiarchiv

Abbildung 124: Der Tintenfisch 4(1951)9 (Robert Strauch)

Abbildung 125: Polizeiarchiv

Abbildungen 126 und 127: Gerhard Ames/Ludwig Linsmayer (Hrsg.): Ja und Nein. Das Saarreferendum von 1955, Merzig 2005 [= Katalog zur gleichnamigen Ausstellung im Historischen Museum Saar in Saarbrücken vom 3. Oktober 2005 bis zum 19. Februar 2006]; S. 147f

Abbildungen 128 und 129: Polizeiarchiv

Abbildung 130: Privatarchiv A. Hoffmann

3. Literaturverzeichnis

Ames, Gerhard/Linsmayer, Ludwig (Hrsg.): Ja und Nein. Das Saarreferendum von 1955, Merzig 2005 [= Katalog zur gleichnamigen Ausstellung im Historischen Museum Saar in Saarbrücken vom 3. Oktober 2005 bis zum 19. Februar 2006]

Barth, Jürgen: Fünfzig Jahre Gewerkschaft der Polizei; in: Ball der Polizei 2001 – Fünfzig Jahre GdP. Polizei für Bürger, Bürger für Polizei; hrsg. von der Gewerkschaft der Polizei/Landesbezirk Saarland, Worms 2001; S. 33–48

Batsch, Rudolf: Die Polizeischule des Saarlandes; in: Die Polizei im Saarland. Zum Delegiertentag 1960 der Gewerkschaft der Polizei/Landesbezirk Saarland, Hamburg 1960; S. 71–77

Behnen, Michael (Hrsg.): Lexikon der deutschen Geschichte. Ereignisse – Institutionen – Personen im geteilten Deutschland von 1945 bis 1990, Stuttgart 2002

Benz, Wolfgang (Hrsg.): Deutschland unter alliierter Besatzung 1945–1949/55 – ein Handbuch. Berlin 1999

Benz, Wolfgang: Geschichte des Dritten Reiches. München 2000 (zugl. Diss. FU Berlin)

Berwanger, Dieter: Massenkommunikation und Politik im Saarland 1945–1959. Ein Beitrag zur Untersuchung „publizistischer Kontrolle", München 1969 (zugl. Diss. FU Berlin)

Biernath, Manfred: Die bayerische Polizei – Geschichte, Sozialstruktur und Organisation. Diss. München 1977

Billstein, Reinhold: Neubeginn ohne Neuordnung. Dokumente und Materialien zur politischen Weichenstellung in den Westzonen nach 1945, Köln 1984

Boschen, Lothar: Das große Buch der Volkswagen-Typen. Alle Fahrzeuge von 1935 bis heute, Stuttgart ²1986

Briel, Dorothea: BMW – die Motorräder. Wien 1993

Buhlan, Harald/Jung, Werner (Hrsg.): Wessen Freund und wessen Helfer? Die Kölner Polizei im Nationalsozialismus. Köln 2000 [= Schriften des NS-Dokumentationszentrums der Stadt Köln, Bd. 7]

Busch, Heiner/Funk, Albrecht/Kauss, Udo u.a.: Die Polizei in der Bundesrepublik. Frankfurt a.M./New York 1985

517

Busemann, Wilfried: Kleine Geschichte der saarländischen Gewerkschaften nach 1945; hrsg. von der Arbeitskammer des Saarlandes. Saarwellingen 2005

Conte, Arthur: Die Teilung der Welt – Jalta 1945. München 1967

Daniel, Ludwig: Straßenverkehrsplanung im Saarland; in: Das Saarland und seine Polizei; hrsg. v. Walter Scheu, redaktionelle Gestaltung: Werner Köth. Wiesbaden 1964 [= Sonderausgabe (1964)1 von „Polizei-Technik-Verkehr"]; S. 80–85

Debus, Karl Heinz (Hrsg.): Das Landesarchiv Speyer – Festschrift zur Übergabe des Neubaues. Koblenz 1987 [= Veröffentlichungen der Landesarchivverwaltung Rheinland-Pfalz, Bd. 40]

Deutscher, Karl: Bereitschaftspolizei Saarland; in: Die Polizei im Saarland. Zum Delegiertentag 1960 der Gewerkschaft der Polizei/Landesbezirk Saarland, Hamburg 1960; S. 61–69

Deutscher, o.V.: Die Bereitschaftspolizeiabteilung Saarland; in: Polizei-Technik-Verkehr. Sonderausgabe (1960)2; S. 175–180

Dillschneider, A.: Polizeiärztlicher Dienst; in: Die Polizei im Saarland. Zum Delegiertentag 1960 der Gewerkschaft der Polizei/Landesbezirk Saarland, Hamburg 1960; S. 135

Dreißig Jahre Diensthundestaffel der saarländischen Polizei. Festschrift; hrsg. von der Polizeidirektion Zentrale Dienste Saarbrücken, o.O. 1997

Frank, Georg: Organisation und Aufbau der saarländischen Gendarmerie; in: Die Polizei im Saarland. Zum Delegiertentag 1960 der Gewerkschaft der Polizei/Landesbezirk Saarland, Hamburg 1960; S. 53–59

Frank, Georg: Sportausübung innerhalb der saarländischen Polizei; in: Die Polizei im Saarland. Zum Delegiertentag 1960 der Gewerkschaft der Polizei/Landesbezirk Saarland, Hamburg 1960; S. 133

Frank, Georg: Die Aufgaben der saarländischen Gendarmerie; in: Das Saarland und seine Polizei; hrsg. v. Walter Scheu, redaktionelle Gestaltung: Werner Köth. Wiesbaden 1964 [= Sonderausgabe (1964)1 von „Polizei-Technik-Verkehr"]; S. 24–28

Freymond, Jacques: Die Saar 1945–1955. München 1961 [= hrsg. vom Carnegie Endowment for International peace european centre]

Fünfundsiebzig Jahre Polizeimusik an der Saar. Ein historischer Rückblick beim Polizeimusikkorps des Saarlandes vom Jubiläumsjahr 2004 bis zum Ursprung 1929, o.O. 2004

Fünfundsiebzig Jahre Polizeisportverein e.V. Festschrift 1925–2000, o.O. 2000

Fünfundzwanzig Jahre Gewerkschaft der Polizei im Saarland; hrsg. von der Verlagsanstalt Deutsche Polizei GmbH (Hilden), redaktionelle Bearbeitung: Willi Schnerwitzky. Koblenz-Neuendorf 1976

Fünfzig Jahre Bayerische Polizei; hrsg. vom Bayerischen Staatsministerium des Innern, Redaktion: Wolfgang Schlee/Norbert Götz/Wolfgang Stengel. München 1996 [= Jubiläumsausgabe von „Bayerns Polizei" (1996)2]

Fürmetz, Gerhard/Reinke, Herbert/Weinhauer, Klaus (Hrsg.): Nachkriegspolizei. Sicherheit und Ordnung in Ost- und Westdeutschland 1945–1969, Hamburg 2001

Gestier, Markus: Johannes Hoffmann – eine erste Bilanz. Blieskastel 2004 [= Malstatter Beiträge aus Gesellschaft, Wissenschaft, Politik und Kultur, Bd. 4]

Gier, Johann: Fachbuch und Fachzeitschrift; in: 10. ordentlicher Delegiertentag – 25 Jahre Polizeischule Saarland. o.O.1973; S. 21f

Gnad, Thomas: Hüter der Demokratie – Garant der Ordnung. Polizei und Polizeischulwesen in Hessen nach 1945; in: Fünfzig Jahre Hessische Polizeischule Wiesbaden. Wiesbaden 2000; S. 4–50

Groh, Christian: Kommunale Polizei im Wiederaufbau. Sozialgeschichte der Pforzheimer und Heilbronner Polizei von 1945 bis 1959, Heidelberg/Ubstadt-Weiher/Basel 2003 [= Quellen und Studien zur Geschichte der Stadt Pforzheim; hrsg. von Hans-Peter Brecht, Bd. 4]

Groll, Kurt H.G.: Die Entwicklung institutioneller Formen der demokratischen Kontrolle der Polizei im Nachkriegsdeutschland; in: Kriminologisches Journal 32(2000)3; S. 185–195

Günther, Dieter: Oldtimer-Lexikon. Hamburg 1994

Günther, o.V.: Die kraftfahrtechnische Entwicklung und Kraftfahrzeug-Ausrüstung der saarländischen Polizei; in: Die Polizei im Saarland. Zum Delegiertentag 1960 der Gewerkschaft der Polizei/Landesbezirk Saarland, Hamburg 1960; S. 80–81

Günther, Gustav: Verkehrsunfallwagen Mercedes, Typ L 319, im Einsatz bei der saarländischen Polizei; in: Das Saarland und seine Polizei; hrsg. v. Walter Scheu, redaktionelle Gestaltung: Werner Köth. Wiesbaden [= Sonderausgabe (1964)1 von „Polizei-Technik-Verkehr"]; S. 98–103

Hamacher, Hans-Werner: Polizei 1945 – ein neuer Anfang. Zeitzeugen erinnern sich, Hilden 1986

Hannig, Jürgen: Grenzen der Politik. Saarfrage und Abstimmungskampf 1955; in: Saarländische Geschichte. Eine Anthropologie; hrsg. von Richard van Dülmen und Reinhard Klimmt, St. Ingbert 1995 [= Saarland Bibliothek, Bd. 10]; S. 326–336

Harres, Wolfgang: Sportpolitik an der Saar 1945–1957. Saarbrücken 1997 (zugl. Diss. Saarbrücken 1996)

Herrmann, Hans-Christian: Grundzüge zur saarländischen Archivgeschichte. Archive im Kontext fehlender Verwaltungstraditionen und eines sich bildenden historischen Raumes; in: Jahrbuch für westdeutsche Landesgeschichte 22(1996); S. 213–232

Herrmann, Hans-Christian: French Connection. Die Motorisierung des Saargebietes in den vierziger und fünfziger Jahren ganz im Zeichen der Trikolore; in: Oldtimer-Markt (1996)9; S. 218–221

Herrmann, Hans-Christian: Vom Wiederaufbau zur Landeshauptstadt, Europastadt und Grenzmetropole (1945–74); in: Rolf Wittenbrock (Hrsg.): Geschichte der Stadt Saarbrücken. Bd. 2: Von der Zeit des stürmischen Wachstums bis zur Gegenwart, Saarbrücken 1999; S. 339–452

Herrmann, Hans-Walter: Literatur zur frühen Nachkriegsgeschichte des Saarlandes 1945–1957; in: Revue d'Allemagne et des pays de langue allemande 18(1986)1: La question sarroise dans les années 50; S. 115–142

Herrmann, Hans-Walter/Sante, Georg Wilhelm: Geschichte des Saarlandes. Würzburg 1972 [= Geschichte der deutschen Länder – Territorien-Ploetz: Sonderausgaben, o. Nr.]

Hudemann, Rainer/Jellonek, Burkhard: Saar-Geschichte. Neue Methoden, Fragestellungen, Ergebnisse; in: Rainer Hudemann/Burkhard Jellonek/Bernd Rauls (Hrsg.): Grenz-Fall. Das Saarland zwischen Frankreich und Deutschland 1945–1960, St. Ingbert 1997 [= Schriftenreihe Geschichte, Politik und Gesellschaft der Stiftung Demokratie Saarland, Bd. 1]; S. 11–29

Hüser, Dietmar: Frankreichs „doppelte Deutschlandpolitik". Dynamik aus der Defensive – Planen, Entscheiden, Umsetzen in gesellschaftlichen und wirtschaftlichen, innen- und außenpolitischen Krisenzeiten 1944–1950. Berlin 1996 [= Dokumente und Schriften der Europäischen Akademie Otzenhausen e.V., Bd. 77] (zugl. Diss. Saarbrücken 1994)

Hüser, Dietmar: Die Saar in den internationalen Beziehungen nach dem Zweiten Weltkrieg. Ungewisse Planspiele, zögerliche Praxis und funktionales Potential in einem nachgeordneten Politikfeld; in: Rainer Hudemann/Burkhard Jellonek/Bernd Rauls (Hrsg.): Grenz-Fall. Das Saarland zwischen Frankreich und Deutschland 1945-1960, St. Ingbert 1997 [= Schriftenreihe Geschichte, Politik und Gesellschaft der Stiftung Demokratie Saarland, Bd. 1]; S. 97-120

Kempf, Yvonne: Die Wiedergutmachung im Saarland; in: Jahrbuch für westdeutsche Landesgeschichte (1991); S. 241-262

Kielwein, Gerhard: Zur Gründungsgeschichte des Instituts für Kriminologie der Universität des Saarlandes; in: ders. (Hrsg.): Entwicklungslinien der Kriminologie. Vorträge und Beiträge anläßlich des 30. Jahrestages der Gründung des Instituts für Kriminologie der Universität des Saarlandes, Köln/Berlin/Bonn u.a. 1985 [= Schriftenreihe Annales Universitatis Saraviensis. Rechts- und Wirtschaftwissenschaftliche Abteilung, Bd. 117]; S. 1-12

Knaack, Ulrich: Citroën. Personenwagen seit 1945, Stuttgart 1999

Knemeyer, Franz-Ludwig: „Polizei"; in: Otto Brunner u.a. (Hrsg.): Geschichtliche Grundbegriffe. Historisches Lexikon zur politisch-sozialen Sprache in Deutschland, Bd. 4. Stuttgart 1978; S. 875-897

Kosyra, Herbert: Die deutsche Kriminalpolizei in den Jahren 1945-1955. Ein Beitrag zur Problematik ihres Wiederaufbaus in der Bundesrepublik im ersten Jahrzehnt nach dem Zweiten Weltkrieg, St. Michael 1980; S. 11-23

Küppers, Heinrich: Wollte Frankreich das Saarland annektieren? in: Jahrbuch für westdeutsche Landesgeschichte (1983)9; S. 345-356

Lamy, Walter: Die Ausbildung des Polizeibeamten an der Polizeischule des Saarlandes; in: Der deutsche Polizeibeamte 16(1966)5; S. 151-153

Laufer, Wolfgang/Herrmann, Hans-Walter: Das Landesarchiv Saarbrücken. Einführung in Geschichte, Aufgaben, Bestände und Benutzung; hrsg. vom Chef der Staatskanzlei, Saarbrücken [2]1983

Lesueur, Patrick: Mythos VW Käfer. Königswinter 2001

Levy, René: Polizeiforschung auf dem Prüfstand der politischen Konjunktur. Eine Analyse der Verhältnisse von Wissenschaft und Politik am Beispiel Frankreichs; in: Manfred Brusten (Hrsg.): Polizei-Politik.

Streitfragen, kritische Analysen und Zukunftsperspektiven. Weinheim 1992; S. 220–231

Lieber, Helmut: Geschichte der Polizei des Birkenfelder Landes. Vom Fürstentum zum Landkreis, Birkenfeld 1987 [= Schriftenreihe der Kreisvolkshochschule Birkenfeld, Bd. 20]

Liebert, Frank: „Die Dinge müssen zur Ruhe kommen, man muß einen Strich dadurch machen". Politische ,Säuberung' in der niedersächsischen Polizei 1945–1951; in: Gerhard Fürmetz/Herbert Reinke/Klaus Weinhauer (Hrsg.): Nachkriegspolizei. Sicherheit und Ordnung in Ost- und Westdeutschland 1945–1969, Hamburg 2001 [= FORUM ZEITGESCHICHTE; hrsg. von der Forschungsstelle für Zeitgeschichte in Hamburg, Bd. 10]; S. 71–103

Linck, Stephan: Der Ordnung verpflichtet – deutsche Polizei 1933–1949. Der Fall Flensburg, Paderborn/München/Wien u.a. 2000 (zugl. Diss. Kiel 1998)

Lisken, Hans/Denninger, Erhard (Hrsg.): Handbuch des Polizeirechts. München ²1996

Lüdtke, Alf (Hrsg.): „Sicherheit" und „Wohlfahrt". Polizei, Gesellschaft und Herrschaft im 19. und 20. Jahrhundert, Frankfurt a.M. 1992 [= Suhrkamp-Taschenbuch Wissenschaft, Bd. 991]

Mai, Gunther: Der Alliierte Kontrollrat in Deutschland 1945–1948. Alliierte Einheit – deutsche Teilung? München 1995 [= Quellen und Darstellungen zur Zeitgeschichte; hrsg. vom Institut für Zeitgeschichte, Bd. 37]

Mallmann, Klaus-Michael/Paul, Gerhard: Das zersplitterte Nein. Saarländer gegen Hitler. Bonn 1989 [= Widerstand und Verweigerung im Saarland 1935–1945; hrsg. von Hans-Walter Herrmann, Bd. 1]

Mee, Charles L.: Das Ende des Zweiten Weltkrieges. Die Potsdamer Konferenz 1945, München 1995

Meyer-Spelbrink, Hans Otto: Peugeot-Personenwagen. Brilon 1992

Möhler, Rainer: Entnazifizierung und Ausweisungen im Saarland. Vergangenheitsbewältigung oder Zukunftssicherung?; in: Von der „Stunde O" zum „Tag X" – Das Saarland 1945–1959. Katalog zur Ausstellung des Regionalgeschichtlichen Museums im Saarbrücker Schloß; hrsg. vom Stadtverband Saarbrücken, Merzig 1990; S. 49–64

Möhler, Rainer: Entnazifizierung in Rheinland-Pfalz und im Saarland unter französischer Besatzung von 1945 bis 1952. Mainz 1992 [= Veröffentlichungen der Kommission des Landtages für die Geschichte des Landes Rheinland-Pfalz, Bd. 17]

Möhler, Rainer: Entnazifizierung – Demokratisierung – „Entpreußung". Zum Spannungsverhältnis von französischer Kontrolle und saarländischer Eigenständigkeit; in: Rainer Hudemann/Raymond Poidevin (Hrsg.): Die Saar 1945–1955. Ein Problem der europäischen Geschichte – La Sarre 1945–1955. Un problème de l'histoire européenne, München 1992 und ²1995; S. 175–198

Möllers, Martin H.W. (Hrsg.): Wörterbuch der Polizei. München 2001

Mörgen, Tilo: Nachkriegszeiten; in: Das gewöhnliche Leben. Zur Geschichte des Alltags in Saarbrücken; hrsg. von der Geschichtswerkstatt Saarbrücken 1989 e.V., Saarbrücken 1995; S. 163–187

Müller, Elmar: Zur Verkehrssituation im Saarland; in: Die Polizei im Saarland. Zum Delegiertentag 1960 der Gewerkschaft der Polizei/Landesbezirk Saarland, Hamburg 1960; S. 84–93

Müller, Wolfgang: Ulrich Stock und Ernst Seelig – biographische Skizzen zu zwei Professoren der frühen Jahre der Universität des Saarlandes; in: Unrecht und Recht – Kriminalität und Gesellschaft im Wandel von 1500–2000. Gemeinsame Landesausstellung der rheinland-pfälzischen und saarländischen Archive, Koblenz 2002 [= Veröffentlichungen der Landesarchivverwaltung Rheinland-Pfalz; hrsg. von Heinz-Günther Borck und Beate Dorfey, Bd. 98]; S. 210–228

Müller, Wolfgang/Sander, Michael (Hrsg.): Saarländischer Archivführer. Saarbrücken ²2002

Nachgefragt: 23. Oktober 1955. Zeugnisse und Dokumente zum 25. Jahrestag der Volksbefragung im Saarland; zusammengestellt von Klaus Altmeyer und Franz-Rudolph Kronenberger, Saarbrücken 1980

Niethammer, Lutz: Entnazifizierung in Bayern. Säuberung und Rehabilitierung unter amerikanischer Besatzung, Frankfurt a.M. 1972

Nickel, Wolfram: Autosalon Edition Renault. Fotos – Daten – Hintergründe, Meckenheim 1999

Nitschke, Peter: Vom Umgang mit der Polizeigeschichte in Polizei und Wissenschaft; in: Archiv für Polizeigeschichte. Zeitschrift der Deutschen Gesellschaft für Polizeigeschichte 2(1991)3; S. 76f

Nitschke, Peter (Hrsg.): Die deutsche Polizei und ihre Geschichte. Beiträge zu einem distanzierten Verhältnis, Hilden 1996 [= Schriftenreihe der Deutschen Gesellschaft für Polizeigeschichte e.V., Bd. 2]

Paul, Gerhard/Schock, Ralph: Saargeschichte im Plakat 1918–1957. Saarbrücken 1987

Peters, Paul: Saarbrücker Erinnerungen II; hrsg. von der Sparkasse Saarbrücken. Riegelsberg 2001

Pfetsch, Frank R.: Die französische Verfassungspolitik in Deutschland nach 1945; in: Die französische Deutschlandpolitik zwischen 1945 und 1949. Ergebnisse eines Kolloquiums des Institut Français de Stuttgart und des Deutsch-Französischen Instituts in Ludwigsburg am 16. und 17. Januar 1986 in Stuttgart; hrsg. vom Institut Français de Stuttgart. Tübingen 1987; S. 115–137

Die Polizei im Saarland. Zum Delegiertentag 1960 der Gewerkschaft der Polizei/Landesbezirk Saarland, Hamburg 1960

Polizei im Saarland. Zum Landesdelegiertentag der Polizeigewerkschaft im Deutschen Beamtenbund 27. September 1968 in Saarbrücken, Hamburg 1968

Die Polizei und der Fernschreiber; hrsg. von der hessischen Polizeischule Wiesbaden/Lehrabteilung Technik und Verkehr, redaktionelle Bearbeitung: Horst Manikowski und Willy Hesse. Wiesbaden 1960 [= Sonderausgabe (1960)4 von „Polizei-Technik-Verkehr"]

Polizeischule des Saarlandes Lebach. Festschrift 25 Jahre (1964–1989); redaktionelle Bearbeitung: PHK Carsten Baum, o.O. 1989

Reinke, Herbert: Polizei und Kriminalität in rheinischen Großstädten nach dem Zweiten Weltkrieg; in: Volker Ackermann/Bernd-A. Rusinek/Falk Wiesemann (Hrsg.): Anknüpfungen. Kulturgeschichte – Landesgeschichte – Zeitgeschichte, Gedenkschrift für Peter Hüttenberger. Essen 1995 [= Düsseldorfer Schriften zur neueren Landesgeschichte und zur Geschichte Nordrhein-Westfalens, Bd. 39]; S. 394–402

Reinke, Herbert: Polizeigeschichte in Deutschland – ein Überblick; in: Peter Nitschke (Hrsg.): Die deutsche Polizei und ihre Geschichte. Beiträge zu einem distanzierten Verhältnis, Hilden 1996 [= Schriftenreihe der Deutschen Gesellschaft für Polizeigeschichte e.V., Bd. 2]; S. 13–26

Reinke, Herbert: Die Polizei als Objekt und als Subjekt politischen und sozialen Wandels. Beobachtungen zu den Anfängen der Polizei in Ost-

und Westdeutschland nach dem Ende des Dritten Reiches; in: Kriminologisches Journal 32(2000)3; S. 176-184

Reinke, Herbert: „Ordnung, Sicherheit und Hilfe". Die Anfänge der Volkspolizei in den sächsischen Großstädten Leipzig und Dresden 1945-1947; in: Gerhard Fürmetz/Herbert Reinke/Klaus Weinhauer (Hrsg.): Nachkriegspolizei. Sicherheit und Ordnung in Ost- und Westdeutschland 1945-1969, Hamburg 2001; S. 51-70

Reinke, Herbert/Seidel, Robert: Die Entnazifizierung und die „Säuberung" der Polizei in West- und Ostdeutschland nach 1945; in: Schriftenreihe der Polizeiführungsakademie (1997)4-(1998)1. Lübeck 1998; S. 53-67

Riegel, Udo: Motorradoldtimerkatalog. Europas größter Marktführer für klassische und historische Motorräder der Welt, Königswinter [6]1997

Roesler, Jörg: Die wirtschaftliche Rückgliederung der Saar. Erwartungen, Enttäuschungen, Entwicklungen; in: Rainer Hudemann/Burkhard Jellonek/Bernd Rauls (Hrsg.): Grenz-Fall. Das Saarland zwischen Frankreich und Deutschland 1945-1960, St. Ingbert 1997 [= Schriftenreihe Geschichte, Politik und Gesellschaft der Stiftung Demokratie Saarland, Bd. 1]; S. 445-464

Rudolf, Walther: Der Staatsanwalt am Unfallort; in: Das Saarland und seine Polizei; hrsg. von Walter Scheu, redaktionelle Gestaltung: Werner Köth. Wiesbaden 1964 [= Sonderausgabe (1964)1 von „Polizei-Technik-Verkehr"]; S. 71f

Das Saarland und seine Polizei; hrsg. von Walter Scheu, redaktionelle Gestaltung: Werner Köth. Wiesbaden 1964 [= Sonderausgabe (1964)1 von „Polizei-Technik-Verkehr"]

Schmarbeck, Wolfgang/Wollbold, Gabi: Typenkompass. Peugeot-Personenwagen seit 1948, Stuttgart 2000

Schmidt, Achim: Polizeifahrzeuge in Deutschland von 1945 bis heute. Brilon 1998

Schneider, Hans Joachim: Kriminologie für das 21. Jahrhundert. Schwerpunkte und Fortschritte der internationalen Kriminologie – Überblick und Diskussion, Münster/Hamburg/Berlin u.a. 2001 [= Wissenschaftliche Paperbacks, Bd. 4]

Schneider, Heinrich: Die Landespolizei des Saarlandes; in: Die Polizei im Saarland. Zum Delegiertentag 1960 der Gewerkschaft der Polizei/Landesbezirk Saarland, Hamburg 1960; S. 33-51

Schneider, Heinrich: Die Landespolizei des Saarlandes; in: Das Saarland und seine Polizei; hrsg. v. Walter Scheu, redaktionelle Gestaltung: Werner Köth. Wiesbaden 1964 [= Sonderausgabe (1964)1 von „Polizei-Technik-Verkehr"]; S. 17–23

Schneider, Heinrich: Die Landespolizei des Saarlandes; in: Der deutsche Polizeibeamte 16(1966)5; S. 125–129

Schnerwitzky, Willi: 25 Jahre Polizeischule des Saarlandes; aus: 10. ordentlicher Delegiertentag – 25 Jahre Polizeischule Saarland, o.O. 1973; S. 15ff

Schölzel, Stephan: Die Pressepolitik in der französischen Besatzungszone 1945–1949. Mainz 1986 [= Veröffentlichungen der Kommission des Landtages für die Geschichte des Landes Rheinland-Pfalz, Bd. 8]

Schult, Horst: Aspekte des täglichen Dienstes und der Bildungsarbeit der deutschen Polizei im gesellschaftlichen Wandel von 1945–1995; in: Fünfzig Jahre polizeiliche Bildungsarbeit in Münster-Hiltrup – Festschrift; hrsg. vom Kuratorium der Polizei-Führungsakademie. Lübeck 1995; S. 15–42

Schwede, Frank: Deutsche Polizeifahrzeuge 1945 bis heute. Stuttgart 2000

Seck, Doris: Nachkriegsjahre an der Saar. Mit einer Einführung von Hans-Walter Herrmann, Saarbrücken 1982

Seck, Doris/Peters, Paul: Die Stunde Null. Das Kriegsende an der Saar, Saarbrücken 1986

Starr, Louis M.: Oral History in den USA. Probleme und Perspektiven; in: Lutz Niethammer (Hrsg.): Lebenserfahrung und kollektives Gedächtnis. Die Praxis der „Oral History", Frankfurt a.M. 1985 [= Suhrkamp-TB Wissenschaft, Bd. 490]; S. 37–74

Stein, M.: Eine Polizeischule entsteht; aus: 25 Jahre Polizeischule Saarland. o.O. 1973; S. 11–13

Steinborn, Norbert/Krüger, Hilmar: Die Berliner Polizei 1945 bis 1992. Von der Militärreserve im Kalten Krieg auf dem Weg zur bürgernahen Polizei? Berlin 1993

Stigulinszky, Roland: Der „Tintenfisch" und was danach kam; in: Von der „Stunde O" bis zum „Tag X". Das Saarland 1945–1959; hrsg. vom Stadtverband Saarbrücken. Katalog zur Ausstellung des Regionalgeschichtlichen Museums im Saarbrücker Schloß, Merzig 1990; S. 327–334

Stöckle, Frieder: Zum praktischen Umgang mit Oral History; in: Herwart Vorländer (Hrsg.): Oral History. Mündlich erfragte Geschichte – acht Beiträge, Göttingen 1990; S. 131–158

Stürmer, Leo: Verordnung über die Laufbahn der saarländischen Polizeivollzugsbeamten. Hamburg 1960

Stürmer, Leo: Die Organisation der Vollzugspolizei im Saarland; in: Die Polizei im Saarland. Zum Delegiertentag 1960 der Gewerkschaft der Polizei/Landesbezirk Saarland, Hamburg 1960; S. 17–30

Teufel, Manfred: Vierzig Jahre staatliche Polizei in Baden-Württemberg – eine illustrierte Zeittafel 1945–1948. Die Geschichte der Polizei im heutigen Baden-Württemberg im Kontext politischer Veränderungen, Holzkirchen/Obb. 2000

Die Transporter der Aufbau-Ära. Helfer des Wirtschaftswunders, Königswinter 1996

Trautes, Hans: Erinnerungen an Saarbrücken während des zweiten [sic!] Weltkrieges 1939–1945. Saarbrücken 1974

Vierzig Jahre Landtag des Saarlandes (1947–1987); hrsg. vom Präsidenten des Landtages des Saarlandes, Redaktion: Michael Sander und Thomas Schäfer. Dillingen (Saar) 1987

Vollnhals, Clemens (Hrsg.): Entnazifizierung. Politische Säuberung und Rehabilitierung in den vier Besatzungszonen 1945–1949, München 1991

Von der „Stunde O" zum „Tag X". Das Saarland 1945–1959; hrsg. vom Stadtverband Saarbrücken, Katalog zur Ausstellung des Regionalgeschichtlichen Museums im Saarbrücker Schloß, Merzig 1990

Welter, Gilbert: Entstehung und Entwicklung der Bereitschaftspolizei; in: Vierzig Jahre Bereitschaftspolizei. Ulm 1991 [= Bereitschaftspolizei heute. Unabhängige Zeitschrift für die Bereitschaftspolizei Juni/Juli 1991]; S. 10–57

Werkentin, Falco: Die Restauration der deutschen Polizei. Innere Rüstung von 1945 bis zur Notstandsgesetzgebung, Frankfurt a.M./New York 1984

Werner, Hans-Ulrich: Probleme der polizeilichen Neuorganisation in den Bundesländern; in: Die Polizei 51(1960)1; S. 1–5

Wettig, Gerhard: Entmilitarisierung und Wiederbewaffnung in Deutschland 1943–1955. Internationale Auseinandersetzungen um die Rolle der Deutschen in Europa, München 1967 [= Schriften des Forschungsinstituts der Deutschen Gesellschaft für Auswärtige Politik e.V., Bd. 25]

Winter, Martin: Politikum Polizei. Macht und Funktion der Polizei in der Bundesrepublik Deutschland, Münster 1998 [= Arno Klönne/Sven Papcke (Hrsg.): Politische Soziologie, Bd. 10] (zugl. Diss. Halle-Wittenberg 1997)

Zeiger, Ludwig: Das Landeskriminalamt und die Landeskriminalpolizei des Saarlandes; in: Die Polizei im Saarland. Zum Delegiertentag 1960 der Gewerkschaft der Polizei/Landesbezirk Saarland, Hamburg 1960; S. 95–111

Zeiger, Ludwig: Organisation und Aufgaben der Landeskriminalpolizei und des Landeskriminalamtes Saarland. Überblick über die organisatorische Entwicklung der Kriminalpolizei seit 1918; in: Der deutsche Polizeibeamte 16(1966)5; S. 137–143

4. Quellenverzeichnis

Amtliches Behördenverzeichnis; hrsg. vom Statistischen Amt des Saarlandes. Saarbrücken 1953 [= Einzelschriften zur Statistik des Saarlandes, Nr. 8]

Amtliches Fernsprechbuch für den Bezirk der Oberpostdirektion Saar 1947. Saarbrücken 1947

Amtliches Fernsprechbuch der Post- und Telegraphenverwaltung des Saarlandes 1948. Saarbrücken 1948

Amtliches Schulblatt für das Saarland; Jahrgänge 1–14. Saarbrücken 1945–1958

1945–5.10.1946:	hrsg. vom Regierungspräsidium Saar – Abteilung Erziehung, Unterricht und Kultus
20.10.1946–20.12.1947:	hrsg. vom Mitglied der Verwaltungskommission des Saarlandes für öffentliche Erziehung
5.1.1948–1958ff:	hrsg. von der Regierung des Saarlandes – Ministerium für Kultus, Unterricht und Volksbildung

Amtsblatt des Alliierten Kontrollrates in Deutschland. Berlin 1946–1948

Amtsblätter des Saarlandes 1945–1957. Saarbrücken 1945ff

Jahrgang 1945:	Amtsblatt des Regierungspräsidiums Saar
Jahrgang 1946:	Amtsblatt des Regierungspräsidiums Saar und der Verwaltungskommission des Saarlandes
Jahrgang 1947:	Amtsblatt der Verwaltungskommission des Saarlandes
Jahrgang 1948–1957:	Amtsblatt des Saarlandes

Anordnungen des Gendarmeriekommandos. Jahrgänge 1949–1952, Saarbrücken 1949ff

Auto Technik und Sport. Die Zeitschrift des saarländischen Auto- und Motorradfahrers; hrsg. vom Automobilclub Saar (ACS), Saarbrücken 1949–1956

Aus dem Jahresbericht des Landespolizeikriminalamtes des Saarlandes für das Jahr 1952; in: Unsere Polizei. Fachzeitschrift für die gesamte Polizei des Saarlandes 6(1953)10; S. 140f

Bulletin d'informations et de statistiques. Das Saarland während des ersten Halbjahres 1948, Saarbrücken 1948

Dienstvorschrift für die Gendarmerie; hrgs. von der Regierung des Saarlandes – Ministerium des Innern, o.O.o.J.

Egidi, Hans: Gegenwartsprobleme der inneren Verwaltung unter besonderer Berücksichtigung der Aufgaben der Polizei; in: Herbert Kalicinski/Hermann Knoche (Hrsg.): Die Polizei und ihre Aufgaben. Referate anläßlich der „Wissenschaftlichen Wochen" während der Internationalen Polizeiausstellung 1956 in Essen, Essen 1957; S. 21–38

Hagmann, Hans-Joachim: Die saarländischen Landtagswahlen vom 30. November 1952. Köln 1953

Jahresbericht 1955 der Gendarmerie des Saarlandes; hrsg. vom Kommando der Gendarmerie, o.O.o.J.

Journal officiel du commandement en chef français en Allemagne – Gouvernement militaire de la zone française d'occupation (= Amtsblatt des französischen Oberkommandos in Deutschland). Baden-Baden 1945–1946

Kempner, Robert M.W.: Police Administration; in: Edward H. Litchfield (Ed.): Governing Postwar Germany. Ithaca (New York) 1953; S. 403–418

Kommandoanordnungen der Landespolizei. Jahrgänge 1948–1950, Saarbrücken 1948ff

Materialien zur Saarfrage; hrsg. vom Deutschen Büro für Friedensfragen in Stuttgart, 5 Bde. Stuttgart 1949

Bd. 1:   Frankreich und das Saarland – März 1945 bis April 1949
Bd. 2:   Die Grundlagen der französischen Stellung im Saarland
Bd. 3:   Die französische Saarforderung auf den internationalen Konferenzen seit 1945
Bd. 4:   Das Memorandum der Regierung des Saarlandes und die Entstehung der kommunistischen Partei des Saarlandes
Bd. 5:   Die Saargruben

Nachrichtenblatt des Landespolizeipräsidiums. Jahrgänge 1949–1953 und 1955–1956, Saarbrücken 1949ff

Noß, W.: Der kriminelle Jugendliche; in: Polizei und Recht 2(1955)10; S. 270–272

Ortsklasse „S" für das Saarland. Die einheitliche Ortsklasse im Saarland muß erhalten bleiben; hrsg. von der Gewerkschaft Öffentliche Dienste, Transport und Verkehr – Bezirk Saar, Saarbrücken 1959

Das Personal im öffentlichen Dienst am 31.12.1950; hrsg. vom Statistischen Amt des Saarlandes. Saarbrücken 1950 [= Einzelschriften zur Statistik des Saarlandes, Nr. 9]

Pioch, Hans-Hugo: Das Polizeirecht einschließlich der Polizeiorganisation. Tübingen ²1952 [= Grundriß des Verwaltungsrechts – Reihe B: Verfassungs- und Verwaltungsrecht, Bd. 25]

Polizei und Recht. Fachzeitschrift für die gesamte Polizei des Saarlandes; hrsg. von der Polizei- und Gendarmerieschule des Saarlandes, Hauptschriftleitung: Dr. Edgar Johann. St. Ingbert 1954–1955

Polizei-Bekleidungsvorschrift. Teil I: Anzugsbestimmungen und Teil II (Durch Verfügung des Ministeriums des Innern II A – 3236, vom 2.6.1950, mit Wirkung vom 1.1.1950 in Kraft gesetzt), Saarbrücken 1950

Polizei-Bekleidungsvorschrift. Teil II: Verwaltungsvorschrift (Durch Verfügung des Ministeriums des Innern II A – 3236, vom 21.5.1954, mit Wirkung vom 1.7.1954 in Kraft gesetzt), Saarbrücken 1954

Polizeiliche Kriminalstatistik und Jahresbericht; hrsg. vom Landeskriminalpolizeiamt des Saarlandes. o.O. 1954–56 und vom Landeskriminalamt Saarland. o.O. 1957–58

Quellen zum Neubeginn der Verwaltung im rheinisch-pfälzischen Raum unter der Kontrolle der amerikanischen Militärregierung – April bis Juli 1945, bearbeitet von Hans-Jürgen Wünschel; hrsg. im Auftrage der Kommission des Landtages bei der Landesarchivverwaltung Rheinland-Pfalz von Franz-Josef Heyen. Mainz 1985 [= Veröffentlichungen der Kommission des Landtages für die Geschichte des Landes Rheinland-Pfalz, Bd. 7]

Richtlinien für die Bewirtschaftung der Haushaltsmittel (Beschluß der Regierung des Saarlandes vom 12.5.1948). Saarbrücken 1948

Saarlandbrille – die freie und unabhängige Zeitung an der Saar. Saarbrücken 1(1956) – 3(1958)

Saarländische Bevölkerungs- und Wirtschaftszahlen, bearbeitet im Statistischen Amt des Saarlandes. Saarbrücken 1949ff

Die Schiene. Mitteilungen für den saarländischen Eisenbahner; hrsg. von den Eisenbahnen des Saarlandes, Saarbrücken 2(1955)6/7

Schmidt, Robert H.: Saarpolitik 1945–1957. 3 Bde., Berlin 1959–1962
Bd. 1: Politische Struktur
Bd. 2: Entfaltung der Saarpolitik zwischen „Wirtschaftsanschluß" und „Europäisierung" 1945–1953
Bd. 3: Entfaltung der Saarpolitik vom Scheitern der EVG bis zur Wiedervereinigung (1954–1957)

Statistik des Saarlandes; hrsg. vom Statistischen Amt des Saarlandes. Saarbrücken 1976 [= Einzelschriften zur Statistik des Saarlandes, Nr. 53]

Statistische Kurzberichte; hrsg. vom Statistischen Amt des Saarlandes, o.O.o.J.

Statistischer Jahresbericht der Stadt Saarbrücken für die Jahre 1939 bis 1947; hrsg. vom Statistischen Amt der Stadt Saarbrücken. ebda. 1948

Statistischer Jahresbericht der Stadt Saarbrücken für die Jahre 1948 und 1949; hrsg. vom Statistischen Amt der Stadt Saarbrücken. ebda. 1950

Statistisches Jahrbuch für die Bundesrepublik Deutschland; hrsg. vom Statistischen Bundesamt in Wiesbaden. Stuttgart/Köln 1952ff

Statistisches Jahrbuch der Stadt Saarbrücken 1950 bis 1956. o.O.1959

Die Straßenverkehrszählung 1953/54; aus: Statistische Kurzberichte 1956; hrsg. vom Statistischen Amt des Saarlandes, o.O.o.J.

Der Tintenfisch. Das humoristische Blatt des Saarlandes, Saarbrücken 1948–1953

Der Tintenfisch. Das humoristische Blatt des Saarlandes – Ein Kaleidoskop der Jahre 1948 bis 1953; hrsg. von Roland Stigulinszky, Merzig 2006 [= Malstatter Beiträge aus Gesellschaft, Wissenschaft, Politik und Kultur; hrsg. von Franz Schlehofer, Rudolf Warnking und Markus Gestier]

Ullrich, Wolfgang: Beiträge zur historischen Entwicklung des Begriffs „Polizei"; in: „Die Polizei". Polizei-Praxis (1956)17/18; S. 202f

Unsere Polizei. Fachzeitschrift für die gesamte Polizei des Saarlandes; hrsg. von Karl Albrecht – Kommandeur der Gendarmerie des Saarlandes, Hauptschriftleitung: St. Ingbert/Schloß Elsterstein. St. Ingbert 1948–1954

Vorlesungsverzeichnis der saarländischen Universität für das Wintersemester 1953/54. Saarlouis 1953

Wiszinsky, A.: Die Kriminalität des Saarlandes (Polizeiliche Kriminalstatistik 1954); in: Polizei und Recht. Fachzeitschrift für die gesamte Polizei des Saarlandes 2(1955)7; S. 169–175

BENUTZTE ARCHIVBESTÄNDE:

Polizeiarchiv (vom saarländischen Landesarchiv übernommen)
Landesarchiv des Saarlandes
Stadtarchiv Saarbrücken
Stadtarchiv St. Ingbert
Archiv des Rathauses Dudweiler
Archiv des ADAC
Privatarchiv Adolf Hoffmann
Privatarchiv Ulrike Kunz

Malstatter Beiträge
aus Gesellschaft, Wissenschaft, Politik und Kultur

In der Reihe „Malstatter Beiträge – aus Gesellschaft, Wissenschaft, Politik und Kultur" präsentiert die Union Stiftung ausgewählte Ergebnisse ihrer Bildungsveranstaltungen, wissenschaftliche Arbeiten saarländischer Hochschulabsolventen, Forschungsergebnisse zur Regionalgeschichte sowie literarische Arbeiten aus dem Saar-Lor-Lux-Raum und europäischen Nachbarländern.

Die Herausgeber der Reihe, Franz Schlehofer (†), Prof. Rudolf Warnking und Dr. Markus Gestier, wollen mit den „Malstatter Beiträgen" Anregungen zu Auseinandersetzung mit Themen und Literatur unserer Zeit und unserer Geschichte bieten. Sie wünschen den Leserinnen und Lesern die zur Lektüre erforderliche Muße.

In der Reihe „Malstatter Beiträge" bei Gollenstein

Jean-Paul Picaper
Nicolas Sarkozy
und die Beschleunigung der Politk

Mit einem Vorwort von Rudolf Warnking
und zahlreichen Farbfotos
440 Seiten, gebunden mit Schutzumschlag
ISBN 978-3-938823-36-1

Wer ist der agile Mann im Élysée-Palast?

Von Deutschland aus blickt man mit Verwunderung und einer gewissen Skepsis ins Nachbarland, wo mit Nicolas Sarkozy ein Präsident gewählt wurde, der die „Grande Nation" zu neuem Glanz führen will und das gesamte Land einer radikalen Erneuerungskur unterzieht. Seine Energie und sein Tempo setzen dabei Gegner und Anhänger gleichermaßen in Erstaunen.

Jean-Paul Picaper bietet als ausgewiesener Kenner der deutschen und französischen Politik dem deutschen Leser detaillierte Einblicke in die politische und soziale Landschaft des Nachbarn und scheut auch deutliche eigene Urteile nicht.

Das Buch beschränkt sich nicht auf (...) biographische Schilderungen. Es bietet gleichzeitig eine Art Computertomographie des heutigen Frankreich. Seine Leserinnen und Leser erhalten eine Vielzahl von Schnittbildern der unterschiedlichsten Problemfelder des französischen Lebens.
Rudolf Warnking im Vorwort

Gaetano Cassisi
Ich Italiener, morgen andere Baustelle
Der lange Weg eines Emigranten nach Deutschland

Aus dem Italienischen vom Autor
Mit zahlreichen Fotos und einem
Nachwort von Claudio Cicotti
230 Seiten, gebunden mit Schutzumschlag
ISBN 978-3-938823-43-9

Nachdem seine Brüder nach Deutschland ausgewandert sind, muss der junge Tano gegen seinen Willen die Schule verlassen, um dem Vater zu helfen. Eine Entscheidung, die er nicht einfach hinnimmt. Auch er hofft auf ein besseres Leben in Deutschland.

Fünfzehnjährig kommt er ins Saarland und findet sich dort in einer Welt wieder, die so ganz anders ist, als er sie sich vorgestellt hat. Schnell macht er mit der Härte der Arbeit, aber auch der Menschen Bekanntschaft. Die Enttäuschungen und Erniedrigungen der ersten Jahre bringen ihn nahe daran, nach Italien zurückzukehren. Doch er erkennt auch, dass nicht alle Deutschen den Italienern negativ gegenüberstehen.

Nach mehrfachem Wechsel der Arbeitsstelle findet er eine Anstellung bei der BAYER AG. In Köln verbessert er seine Sprachkenntnisse, absolviert eine Lehrerausbildung und erlangt das Lehrbefähigungsdiplom. Mit der Anstellung beim italienischen Konsulat beginnt eine neue Karriere als Lehrer für den italienischen muttersprachlichen Unterricht an deutschen Schulen.

Gaetano Cassisi (1946-2010), in Licata (Sizilien) geboren, lebte abwechselnd in Deutschland und Italien. Claudio Cicotti, der Verfasser des Nachwortes, lehrt Italienische Literaturwissenschaft an der Universität Luxemburg und beschäftigt sich insbesondere mit Emigrantenliteratur.

René Baltus
Pater Lorson
Grenzländer · Domprediger · Europäer – 1897-1954
272 Seiten, gebunden
ISBN 3-935713-70-1

Reinhold Bost
Bartholomäus Koßmann
Christ · Gewerkschafter · Politiker – 1883-1952
432 Seiten, gebunden
ISBN 3-935731-34-5

Johannes Hoffmann
Am Rande des Hitlerkrieges
Tagebuchblätter
Mit einer Karte des Fluchtweges
und Anmerkungen von Heinrich Küppers
184 Seiten, gebunden
ISBN 3-935731-86-8

Markus Gestier (Hg.)
Auf dem (Rück-)Weg nach Deutschland
Beiträge zu Wurzeln und Wegmarken christlicher Politik
im Saarland
Mit einem Vorwort von Rudolf Warnking und Beiträgen
von Winfried Becker, Alfred Diwersy, Heiko Engelkes, Markus Gestier,
Heinrich Küppers, Günther Schwarz und Carl-Ludwig Wagner
sowie einer Zeittafel und einem Literaturverzeichnis
184 Seiten, broschiert
ISBN 3-938823-09-7

Markus Gestier (Hg.)
Johannes Hoffmann
Eine erste Bilanz
Mit Beiträgen von Winfried Becker, Markus Gestier,
Heinrich Küppers und Franz Schlehofer
Mit 27 Abbildungen, einer Zeittafel und einer Bibliografie
144 Seiten, broschiert
ISBN 3-935731-68-X

Volker Bernardi · Martina Fischer · Peter Meyer
Olympische Geschichte des Saarlandes
Mit einem Vorwort von Dr. Jacques Rogge
Mit 150 Abbildungen
400 Seiten, gebunden
ISBN 3-935731-54-X

Edith Braun & Evelyn Treib
Keine Fisimatenten
Französische Wörter in saarländischen Mundarten
Mit einem Vorwort von Markus Gestier
und Zeichnungen von Susanne Speicher
276 Seiten, gebunden
ISBN 978-3-938-823-39-2

Monika Sommer-Hasenstein (Hg.)
Alltag · Sonntag · Feiertag
Sitten und Bräuche in Saar-Lor-Lux
Mit Beiträgen von Edith Braun, Marianne Haas-Heckel,
Dittmar Lauer und Fernand Lorang
204 Seiten, gebunden
ISBN 978-3-938823-20-0

IMPRESSUM

Alle Rechte vorbehalten
© 2010 Gollenstein Verlag, Merzig
www.gollenstein.de

Gestaltung: Timo Pfeifer
Satz: Karin Haas
Schrift: Garamond
Papier: Munken Print Cream
Druck: Merziger Druckerei und Verlag
Bindung: Buchbinderei Schwind, Trier

Der Verlag dankt Roland Stigulinszky für die freundliche Genehmigung des Abdrucks seiner Karikaturen sowie Oliver Strauch, Sohn von Robert Strauch, der daran erinnert, dass der „Tintenfisch" polizeiliche Überprüfungen erfuhr und sein Vater zeitweilig mit Berufsverbot belegt war.

Printed in Germany
ISBN 978-3-938823-62-0